Brühl
Controlling

Controlling

Grundlagen einer erfolgsorientierten Unternehmenssteuerung

von

Prof. Dr. Rolf Brühl

4., überarbeitete und erweiterte Auflage

Verlag Franz Vahlen München

Prof. Dr. Rolf Brühl ist Inhaber des Lehrstuhls für Unternehmensethik und Controlling an der ESCP Europe Wirtschaftshochschule Berlin. Er forscht und lehrt in den folgenden Gebieten: Controlling, Unternehmensethik, Corporate Social Responsibility sowie Wissenschaftstheorie.

ISBN 978 3 8006 5194 8

© 2016 Verlag Franz Vahlen GmbH, Wilhelmstr. 9, 80801 München
Satz: Fotosatz Buck
Zweikirchener Str. 7, 84036 Kumhausen
Druck und Bindung: BELTZ Bad Langensalza GmbH
Neustädter Straße 1–4, 99947 Bad Langensalza
Bildnachweise: © pressmaster, © MariBaben, © ginasanders
(alle depositphotos.com)

Gedruckt auf säurefreiem, alterungsbeständigem Papier
(hergestellt aus chlorfrei gebleichtem Zellstoff)

Vorwort

Controlling ist eine umfassende Steuerungsfunktion, die sich in vielen Unternehmen etabliert hat. Im Zentrum der Aufgaben von Controllern stehen umfassende Informations- und Koordinationsaufgaben, um das Management zu unterstützen. Controller schlüpfen dabei in viele Rollen, die vom Zahlenfuchs bis zum Berater des Managements reichen können. Von Controllern wird daher erwartet, dass sie fundierte Kenntnisse im internen Rechnungswesen besitzen, um den monetären Erfolg des Unternehmens zu bestimmen. Ohne diese Kenntnisse ist es nicht möglich, das Management bei Planungen und Kontrollen zu entlasten oder die Funktion als Berater kompetent auszufüllen. Daher werden in diesem Lehrbuch die technischen Fragen des internen Rechnungswesens behandelt, die zum Verständnis von Controlling-Instrumenten unerlässlich sind.

Die Konzentration auf die Erfolgssteuerung in diesem Buch soll jedoch nicht suggerieren, dass darüber hinaus nicht weitere Aspekte für eine erfolgreiche Führung von Unternehmen relevant sind. Der monetäre Erfolg ist jedoch in einer Marktwirtschaft, in der Unternehmen in vielfältiger Weise in Kapital-, Arbeits- und Gütermärkte eingebettet sind, ein wichtiges Kriterium zu ihrer Beurteilung. Wer nicht in der Lage ist, nachhaltige Erfolge zu erwirtschaften, wird kein Vertrauen bei seinen wichtigen Stakeholdern erwerben.

Kaum ein Unternehmen kommt heute ohne ein Bekenntnis zur Nachhaltigkeit aus, ohne dass immer ganz klar ist, was genau darunter zu verstehen ist und wie es sich in der Steuerung des Unternehmens wiederfindet. Ein wesentlicher Grundgedanke der Nachhaltigkeit findet sich in den ökonomischen Konzeptionen der Kapitalerhaltung wieder: Ein monetärer Gewinn soll erst dann ausgewiesen werden, wenn das Kapital – nach Maßgabe der jeweiligen Konzeption – erhalten ist. Dieser Gedanke, welcher in der Forstwirtschaft schon seit Jahrhunderten bekannt ist, dient einer Intergenerationen-Gerechtigkeit, bei der gegenwärtiger Gebrauch von Kapital nicht dessen zukünftigen Gebrauch beeinträchtigen soll. Neben dieser ökonomischen Nachhaltigkeit wird an verschiedenen Stellen im Buch auf die Berücksichtigung von ökologischen und sozialen Zielen in der Steuerung von Unternehmen eingegangen.

Globalisierung und Internationalisierung sind seit vielen Jahren wesentliche Faktoren, die die Unternehmenswelt in Deutschland bestimmen. Unternehmen wachsen insbesondere durch ihre Aktivitäten in dynamischen Märkten, wie dies in den vergangen Jahren in China beispielhaft der Fall war. Unternehmen setzen verschiedene Strategien der Internationalisierung ein, die sich beispielsweise dadurch unterscheiden, ob sie eigene Tochtergesellschaften gründen, ein geeignetes Unternehmen kaufen oder ein Joint-Venture mit einem lokalen Unternehmen eingehen. Je nach Art der Internationalisierungsstrategie wird das Unternehmen die Strategie implementieren, d. h.,

Controlling als Führungsfunktion, die maßgeblich die Strategie-Implementierung zu betreiben hat, ist durch die Wahl der Internationalisierungsstrategie geprägt. Controlling stellen sich durch diese Internationalisierung der Geschäftstätigkeit eine Reihe von Aufgaben, die sich von einer rein nationalen Tätigkeit unterscheiden. Daher wird in verschiedenen Kapiteln auf diese Auswirkungen hingewiesen.

Der gesamte Text wurde für diese 4. Auflage vollständig überarbeitet, um einige Abschnitte ergänzt und in einigen Abschnitten – insbesondere im 2. Kapitel – gestrafft. Die Literaturhinweise wurden aktualisiert und neuere Literatur hinzugefügt. In allen Kapiteln sind aktuelle empirische Untersuchungen und Forschungsergebnisse zum Controlling aufgenommen worden. Auch sind Unternehmensbeispiele überarbeitet oder durch neue Beispiele ersetzt worden.

Mein Dank gilt vielen, die mich in den letzten Jahren unterstützt haben. Erneut gilt mein Dank den Teilnehmern meiner Veranstaltungen an der ESCP, die wiederum viele Anregungen und Kritik geäußert haben: Eine Reihe von Änderungen in dieser Auflage geht auf sie zurück. Besonderer Dank gilt Philipp Richter, wissenschaftlicher Mitarbeiter an meinem Lehrstuhl, für seine vielfältigen Tätigkeiten bei der Überarbeitung der aktuellen Auflage, hilfreich unterstützt hat auch Carolin Kunze. Ein weiterer Dank gilt meinem Kollege Houdou Basse Mama, der das Kapitel zur markwertorientierten Rechung kritisch gelesen und kommentiert hat. Dank gilt auch allen, die mich bei den Vorauflagen unterstützt haben: Samira Besic, Marion Festing, Stefanie Friedemann, Michael Hanzlick, Nils Horch, Gabriele Krautschick, Max Kury, Mathias Osann, Ulrich Pape, Mathias Schumann und Thekla Slosarek.

Für die freundliche Aufnahme im Vahlen Verlag und für die angenehme Zusammenarbeit danke ich nicht zuletzt Herrn Thomas Ammon.

Abschließend danke ich all den Lesern und Nutzern dieses Lehrbuchs, die mir ihre Kritik und Anregungen zugesendet haben. Daher freue ich mich, wenn sie diese auch in Zukunft an meine Email-Adresse senden (rb@rolf-bruehl.de). Auf meiner Webseite finden sich weitere Informationen und Materialien zum Buch (www.rolf-bruehl.de). Für Dozenten stehen eine Reihe von Zusatzmaterialien bereit: Neben einem umfangreichen Foliensatz zu allen Kapiteln sind dies eine Datei mit allen Abbildungen des Buches und Übungsaufgaben mit Lösungen zu ausgewählten Kapiteln. Interessierte Dozenten können sie bei mir anfordern (rb@rolf-bruehl.de).

Berlin im Mai 2016   Rolf Brühl

Inhaltsverzeichnis

Vorwort V

1. Kapitel: Einleitung 1
Ziele (2) – Aufbau des Buches (3) – Lernziele (5) – Hilfsmittel (7)

Teil 1: Einführung in das Erfolgscontrolling 9

2. Kapitel: Rolle des Controllers im Unternehmen 10
Controlling und Management (11) – Zielsystem (15) – Planungssystem (19) – Kontrollsystem (23) – Informationssystem (26) – Controlling im Unternehmen (30) – Instrumente des Controllings (35) – Einflussfaktoren auf das Controllingsystem (39) – Theorien des Controllings (41) – Schlüsselwörter (43) – Kontrollfragen (44)

3. Kapitel: Erfolgsziele im internen Rechnungswesen 45
Einkommen und Erfolg (46) – Zahlungen und Erfolgsermittlung (49) – Fallbeispiel 1: Zahlungs- und Erfolgswelt (50) – Grundbegriffe des Rechnungswesens (52) – Inflation in der Erfolgsrechnung (59) – Vermögenserhaltung und Erfolgsermittlung (61) – Betriebserfolg in der Kosten- und Erfolgsrechnung (65) – Shareholder-Value und Marktwert (67) – Projekterfolg und Kapitalwert (71) – Zusammenhang zwischen Kapitalwert und Perioden-Erfolg (74) – Systeme im betrieblichen Rechnungswesen (80) – Kosten- und Erfolgsrechnungssysteme (81) – Schlüsselwörter (83) – Kontrollfragen (83) – Mathematischer Anhang: Lücke-Theorem (84) – Übungsaufgaben (85)

Teil 2: Ermittlung von Kosten für Kostenstellen, Produkte und Prozesse 89

4. Kapitel: Traditionelle Kosten- und Erfolgsrechnung 90
Rechnungszwecke in der Kosten- und Erfolgsrechnung (91) – Die Teilsysteme der Kosten- und Erfolgsrechnung (92) – Aufgabe der Kostenartenrechnung (94) – Einteilungsmöglichkeiten von Kosten (96) – Materialkosten (98) – Kalkulatorische Abschreibungen (100) – Kalkulatorische Zinsen (104) – Kapitaldienst auf finanzmathematischer Basis (107) – Kalkulatorische Wagnisse (108) – Aufgaben der Kostenstellenrechnung (110) – Ablauf der Kostenstellenrechnung (112) – Zurechnung der primären Gemeinkosten auf Kostenstellen (113) – Verrechnung der innerbetrieblichen Leistungen (116) – Fallbeispiel 2: Kostenstellenrechnung (118) – Ermittlung von Kalkulationssätzen (120) – Aufgabe der Kalkulation (Kostenträgerstückrechnung) (123) – Zuschlagskalkulationen (124) – Schlüsselwörter (127) – Kontrollfragen (128) – Übungsaufgaben (129)

5. Kapitel: Prozessorientierte Kostenrechnung................... 131

Veränderte Bedingungen für die Kostenrechnung (132) – Activity-based Costing (134) – Fallbeispiel 3: Activity-based Costing bei Plastim (135) – Konzeption der Prozesskostenrechnung (139) – Prozessorientierte Kalkulation (143) – Fallbeispiel 4: Prozesskostenrechnung für eine Einkaufsstelle (146) – Kritik an den Kalkulationsmöglichkeiten (150) – Schlüsselwörter (152) – Kontrollfragen (152) – Übungsaufgaben (153)

Teil 3: Entscheidungen über Produkte und Programme sowie Preispolitik... 155

6. Kapitel: Deckungsbeitragsrechnung........................... 156

Kritik an der Vollkostenrechnung (157) – Variable und fixe Kosten (159) – Unterschiede zur traditionellen Kostenrechnung (161) – Fallbeispiel 5: Kostenauflösung (162) – Entscheidungsrelevante Informationen (165) – Einzelentscheidung über einen Zusatzauftrag (169) – Bestimmung von Absatz- und Produktionsprogrammen (172) – Fallbeispiel 6: Optimales Absatz- und Produktionsprogramm (174) – Grafische Lösung der Programmplanung (175) – Simplexverfahren als Lösungsmethode (177) – Entscheidungen über Eigenfertigung oder Fremdbezug (183) – Fallbeispiel 7: Eigenfertigung oder Fremdbezug mit einem Engpass (184) – Ermittlung von Preisuntergrenzen für den Absatz (186) – Fallbeispiel 8: Preisuntergrenze für einen Zusatzauftrag mit Engpass (188) – Solldeckungsbeiträge (190) – Fallbeispiel 9: Solldeckungsbudget und -deckungsbeitrag (191) – Schlüsselwörter (192) – Kontrollfragen (192) – Übungsaufgaben (194)

7. Kapitel: Zielkostenplanung und -kontrolle..................... 197

Besonderheiten eines Zielkostenmanagements (198) – Ermittlung der Zielkosten (201) – Zielkostenbestandteile (205) – Zielkostenspaltung (206) – Fallbeispiel 10: Zielkostenmanagement für einen Kinderwagen (207) – Zielkostenkontrolle (210) – Kritik an den Voraussetzungen eines statischen Modells (217) – Rechnungszwecke einer Lebenszyklusrechnung (218) – Dynamische Zielgrößen und Zielkostenmanagement (219) – Langfristige Preisuntergrenzen (221) – Schlüsselwörter (225) – Kontrollfragen (225) – Übungsaufgaben (226)

Teil 4: Erfolgsplanung und -kontrolle für Unternehmen – Budgets und Verrechnungspreise......................... 229

8. Kapitel: Erfolgsrechnung.................................... 230

Erlösrechnung (231) – Die kurzfristige Erfolgsrechnung (233) – Das Gesamtkostenverfahren auf Vollkostenbasis (235) – Fallbeispiel 11a: Gesamtkostenverfahren auf Vollkostenbasis (235) – Das Umsatzkostenverfahren auf Vollkostenbasis (236) – Fallbeispiel 11b: Umsatzkostenverfahren auf Vollkostenbasis (237) – Der Betriebserfolg in der Deckungsbeitragsrechnung (238) – Fallbeispiel 11c: Umsatzkostenverfahren auf Teilkostenbasis

Inhaltsverzeichnis

(einstufige Deckungsbeitragsrechnung) (239) – Kritik an der einstufigen Deckungsbeitragsrechnung (241) – Die Entwicklung zur mehrstufigen Deckungsbeitragsrechnung (242) – Fallbeispiel 11d: Umsatzkostenverfahren auf Teilkostenbasis (mehrstufige Deckungsbeitragsrechnung) (243) – Erfolgsrechnung im internationalen Unternehmen (244) – Auswertungen mit Hilfe der Break-Even-Analyse (249) – Schlüsselwörter (251) – Kontrollfragen (251) – Übungsaufgaben (252)

9. Kapitel: Budgets und Plankostenrechnung 254

Budgets und Funktionen von Budgets (255) – Verantwortungsbereiche (257) – Aufbau der Plankosten- und Erfolgsrechnung (259) – Erlösplanung (261) – Organisatorische Voraussetzungen der Kostenplanung (263) – Kostenplanung (266) – Planung der Faktorpreise (267) – Methoden der Kostenplanung (270) – Einzelkostenplanung (271) – Gemeinkostenplanung (273) – Plankalkulation (276) – Operatives Budgetsystem (278) – Fallbeispiel 12: Budgetsystem der Gartenfreund AG (278) – Koordination der Budgetierung (289) – Schlüsselwörter (291) – Kontrollfragen (291) – Übungsaufgaben (292)

10. Kapitel: Budgetkontrolle und Abweichungsanalyse 295

Zwecke der Kostenkontrolle (296) – Kontrolle in der starren Plankostenrechnung (298) – Kontrolle in der flexiblen Plankostenrechnung (299) – Fallbeispiel 13: Kostenkontrolle bei der Gartenfreund AG (301) – Kontrolle der Prozesskosten (306) – Abweichungen höherer Ordnung in der Abweichungsanalyse (313) – Differenziert kumulative Methode (316) – Fallbeispiel 14: Kostenabweichungsanalyse in einer Fertigungskostenstelle (316) – Kumulative Methode (319) – Alternative Methode (322) – Differenziert kumulative Methode auf Min-Basis (323) – Kostensenkungspotenzial und Abweichungsanalyse (325) – Vergleich der Methoden (327) – Schlussbemerkung (329) – Abweichungsanalyse der Erlöse (Symptomanalyse) (329) – Fallbeispiel 15: Erlösabweichungen bei der Gartenfreund AG (331) – Erlösanalyse mit der Ursachenanalyse (334) – Schlüsselwörter (338) – Kontrollfragen (338) – Übungsaufgaben (340)

11. Kapitel: Verrechnungspreise 343

Divisionale Organisationsstruktur und Erfolgsrechnung (344) – Fallbeispiel 16: Entscheidungsautonomie und Suboptimierung (345) – Verrechnungspreis und Profit-Center (346) – Rechnungszwecke von Verrechnungspreisen (349) – Methoden der Verrechnungspreisbildung (350) – Grenzkostenorientierte-Verrechnungspreise (352) – Vollkostenorientierte Verrechnungspreise (357) – Knappheitsorientierte Verrechnungspreise (361) – Marktpreisorientierte Verrechnungspreise (363) – Verrechnungspreise auf Basis von Verhandlungen (366) – Verrechnungspreise in internationalen Konzernen (368) – Standardmethoden des Fremdvergleichs (371) – Verrechnungspreise in der Praxis (375) – Schlüsselwörter (377) – Kontrollfragen (377) – Übungsaufgaben (379)

Teil 5: Erfolgsmessung und -beurteilung sowie Vergütungssysteme 381

12. Kapitel: Marktwertorientierte Rechnung 382

Gründe für die Entwicklung zum Shareholder-Value (383) – Börsenkurs und Marktwert (385) – Bestimmung des Unternehmenswerts (389) – Zahlungssalden (Cashflows) (392) – Fallbeispiel 17: Kapitalflussrechnung und freier Cashflow (394) – Der Restwert (397) – Kapitalkosten des Unternehmens (401) – Kosten des Fremdkapitals (403) – Eigenkapitalkosten und Kapitalmarktmodell (406) – Capital Asset Pricing Model (409) – Risikoadjustierte Eigenkapitalkosten (412) – Bestimmung des Marktwertes des Eigenkapitals (414) – Fallbeispiel 18: Entity- und Equity-Methode und die Kapitalstruktur (415) – Entscheidungen auf Basis der gewichteten Kapitalkosten (418) – Schlüsselwörter (420) – Kontrollfragen (420) – Übungsaufgaben (421)

13. Kapitel: Kennzahlen und Balanced Scorecard 423

Von Kennzahlen zum Performance Measurement (424) – Kennzahlenarten (425) – Erfolgsanalyse (427) – Erfolgsquellen (430) – Beurteilung der Erfolge von Auslandstöchtern (433) – Rentabilitätsanalyse (435) – Betriebsrentabilität (440) – Return on Investment zur Steuerung von Profit-Center (441) – Residualerfolg (443) – Economic Value Added (445) – Market Value Added (448) – Zwecke der Balanced Scorecard (450) – Zielgrößen in der Balanced Scorecard (451) – Aufbau der Balanced Scorecard (452) – Balanced Scorecard und Strategiekarten (458) – Balanced Scorecard und Nachhaltigkeit (461) – Schlüsselwörter (462) – Kontrollfragen (462) – Übungsaufgaben (464)

14. Kapitel: Erfolgsorientierte Vergütungssysteme 465

Managementvergütung im Zwielicht (466) – Aufgaben von und Anforderungen an Vergütungsinstrumente (469) – Managementhierarchie und Vergütung (472) – Instrumente für variable Vergütung (475) – Kennzahlen und jährliche variable Vergütung (Bonus) (478) – Economic Value Added als Basis der Vergütung (481) – Bonusbank als Vergütungsmodell (484) – Gestaltungsvariablen der aktienbasierten Vergütung (487) – Das absolute Modell der Aktienoption (490) – Das relative Modell der Aktienoption (492) – Instrumente der Vergütung auf Basis von Aktienkursen (495) – Rechtlicher Rahmen für Aktienoptionsprogramme (497) – Verbreitung von Aktienoptionsprogrammen und Tendenzen (499) – Beurteilung von Aktienoptionen als Vergütungsinstrument (500) – Schlüsselwörter (502) – Kontrollfragen (502) – Übungsaufgaben (503

Glossar 505

Literaturverzeichnis 531

Stichwortverzeichnis 561

1. Kapitel: Einleitung

„Lesen ist ein bloßes Surrogat des eigenen Denkens. Man läßt dabei seine Gedanken von einem Andern am Gängelbande führen." (Arthur Schopenhauer, 1988, S. 436)

„Grau ... ist alle Theorie." (Johann Wolfgang Goethe, 1999, S. 87)

Sollten Sie SCHOPENHAUERS Zitat für kontraproduktiv und dem Verkauf des Buches nicht förderlich halten, kann ich Sie beruhigen: Der Mann hat Recht. Und für Lehrbücher ist dies auch durchaus berechtigt. Verfasser von Lehrbüchern führen ihre Leser voller Verantwortung am Gängelband und hoffentlich zu deren Nutzen. Dieses einleitende Kapitel dient dazu, das Gängelband etwas näher zu erläutern, um die verschiedenen Schritte und Hilfsmittel, die im Buch zu finden sind, besser zu verstehen. Es ist gleichzeitig Ihre Bedienungsanleitung für dieses Lehrbuch.

Controlling ist im Wesentlichen in der Praxis entstanden, erst später ist es an Hochschulen als eigenständige Disziplin entwickelt worden. Daher gibt es eine große Bandbreite an Aufgaben und Konzepten, die in der Praxis zu finden sind. Grau ist aus diesem Grund eher die Praxis, in der Theorie herrscht eher das Schwarz-Weiß-Schema vor. In diesem Lehrbuch wird der finanzielle Erfolg von Unternehmen als die wesentliche Zielsetzung des Managements und damit des Controllings ausgewählt. Durch diese Konzentration auf einen Aspekt der Controllingtätigkeit werden andere Aspekte ausgeblendet (schwarz-weiß): hoffentlich mit dem Gewinn aller Leser, in einem Gebiet zusammenhängende Kenntnisse erworben zu haben.

Warum wird gerade der Erfolg als wichtigstes Ziel gewählt? Nach wie vor steht im Zentrum der meisten Tätigkeiten in Controlling-Abteilungen die Planung und Kontrolle von Erfolgen. In seinen verschiedenen Formen und Varianten ist er Anlass für Diskussionen und Neuentwicklungen wie z. B. den stark durch den Kapitalmarkt geprägten Shareholder-Value-Konzepten. Das Erfolgscontrolling ist somit eine Kernaufgabe des Controllings, welche in diesem Buch in allen ihren Facetten beleuchtet werden soll.

Lernziele

Nach der Lektüre des Kapitels sollten Sie über Folgendes Bescheid wissen:
- Lernziel 1: Für wen das Buch geeignet ist. (2)
- Lernziel 2: Was Sie in diesem Buch erwartet. (3)
- Lernziel 3: Dass es eine Reihenfolge der Kapitel gibt, die Sie einhalten sollten. (5)
- Lernziel 4: Was Lernziele sind und wie sie im Buch eingesetzt werden. (6)
- Lernziel 5: Welchen Schwierigkeitsgrad Sie erwarten können. (7)
- Lernziel 6: Welche Hilfsmittel gegeben werden, um den Stoff zu lernen und sich im Buch zu orientieren. (7)

Ziele

Ziel dieses Buches ist es, einen grundlegenden Text vorzulegen, der die wichtigsten Techniken und Instrumente des Erfolgscontrollings darstellt, analysiert und beurteilt. Da der Teufel auch beim Controlling im Detail steckt, ist es unabdingbar, technische Details im Fachgebiet zu kennen und zu beherrschen. Allerdings ist dieses Buch nicht nur für Spezialisten oder solche, die es werden wollen, im Feld Controlling gedacht, sondern auch für diejenigen, die nicht ihre Karriere im Controlling sehen, ist es nützlich, Kenntnisse hierüber zu haben. Führungskräfte aller Hierarchieebenen werden im täglichen Geschäft mit vielen Instrumenten des Controllings konfrontiert. Für sie ist es beispielsweise sinnvoll, die Technik zu kennen, mit der sie gemessen werden.

Auch wenn es immer wieder Diskussionen über Begriff und Konzeption des Controllings gibt, sind die Aufgaben in Unternehmen von einer davon fast unberührten Konstanz. Controller sind maßgeblich für die Planung und Kontrolle des Erfolges ihrer Unternehmen verantwortlich. Erfolg ist ein schillernder Begriff, der verschiedene Erfolgskonzepte umfasst, die sich über alle Planungsebenen erstrecken können.

Betrachtet wird der Erfolg in seinen verschiedenen Facetten des internen Rechnungswesens, besonderer Schwerpunkt liegt auf der Kosten- und Erfolgsrechnung und den Techniken, die für verschiedene Controlling-Instrumente wie z. B. der Budgetierung nutzbar gemacht werden.

Wenn Technik des Controllings behandelt werden soll, dann sind Kenntnisse in den Systemen des internen Rechnungswesens zu vermitteln. Ohne diese Kenntnisse ist ein vertieftes Verständnis von Controlling nicht möglich.

Die praktischen rechentechnischen Probleme im Controlling stehen daher im Mittelpunkt dieses Lehrbuchs, denn sie sind Ausgangspunkt für viele Probleme, welche im Controlling diskutiert werden. Die Auswahl der dargestellten Probleme und Lösungsvorschläge folgt einem einfachen Leitbild: so viel Theorie wie nötig, so viel Praxis wie möglich. Es sollen die in der Praxis eingesetzten Methoden und Verfahren analysiert und diskutiert werden. Eine Diskussion findet im Lichte theoretischer Erkenntnisse statt, die auch zu Vorschlägen für weiterentwickelte Instrumente führen. Auch wenn solche Instrumente (noch) nicht häufig in der Praxis anzutreffen sind, ist mit ihrer Hilfe zu erkennen, welchen Beschränkungen einfache aber weit verbreitete Methoden unterliegen. Ihre Darstellung hat daher einen didaktischen Wert und ist somit sinnvoll.

Lernziel 1: Für wen das Buch geeignet ist.

Adressaten dieses Buches sind:
- Studenten an Universitäten, Fachhochschulen und Berufsakademien in Diplom-Studiengängen, Bachelor- oder Master-Programmen insbesondere Teilnehmer an MBA-Programmen,

1. Kapitel: Einleitung

- Mitarbeiter in Unternehmen, die im Controlling tätig sind oder sich für das Controlling interessieren.

Wenn Sie sich nicht im Controlling spezialisieren wollen, trotzdem einige Grundkenntnisse erwerben möchten, bietet sich eine Auswahl an Kapiteln an. Daher sollten Sie den Aufbau des Buches kennen.

Aufbau des Buches

Der Inhalt dieses Buches deckt sich mit typischen angelsächsischen Lehrbüchern zum Cost Accounting oder Management Accounting, mit der Einschränkung, dass Verfahren der Investitionsrechnung nicht explizit behandelt werden. Die Reihenfolge der Kapitel folgt einer einfachen Logik der Darstellung des internen Rechnungswesens und des Controllings. Es richtet sich im Wesentlichen nach bestimmten Aufgaben, die durch das interne Rechnungswesen zu erfüllen sind.

> **Lernziel 2:** Was Sie in diesem Buch erwartet.

Das Buch besteht aus fünf Teilen:
1. Einführung in das Erfolgscontrolling,
2. Ermittlung von Kosten für Kostenstellen, Produkte und Prozesse,
3. Entscheidungen über Produkte und Programme sowie Preispolitik,
4. Erfolgsplanung und -kontrolle für Unternehmen – Budgets und Verrechnungspreise sowie
5. Erfolgsmessung und -beurteilung sowie Vergütungssysteme.

Im ersten Teil wird in das Thema eingeführt und gleichzeitig die Basis für die folgenden vier Teile gelegt und es werden die wichtigsten Konzepte des Controllings und des internen Rechnungswesens vorgestellt. Es sollen Antworten auf zentrale Fragen gegeben werden, wie z. B. welche Aufgaben ein Controller im Unternehmen hat und welche unterschiedlichen Möglichkeiten es im Unternehmen gibt, Erfolge zu ermitteln.

Im zweiten Teil werden die wichtigsten Teilsysteme der **Kostenrechnung** beschrieben, um die Kosten für Kostenstellen, Produkte und Prozesse zu ermitteln. Die grundlegenden Techniken der Kostenrechnung werden an der traditionellen und der prozessorientierten Kostenrechnung gezeigt. Kosten sind ein wichtiger Baustein des Erfolges, der z. B. für Entscheidungen gebraucht wird.

Im dritten Teil sollen daher wichtige **Entscheidungen** betrachtet werden wie z. B. eine optimale Programmentscheidung oder die Entscheidung über Eigenfertigung oder Fremdbezug. Da Entscheidungen eng mit Teilkostenrechnungen verbunden sind, wird die Deckungsbeitragsrechnung erläutert. Kosten dienen auch der Unterstützung preispolitischer Entscheidungen, die in den Kapiteln zur Deckungsbeitragsrechnung und zur Zielkostenplanung und -kontrolle erörtert werden.

Der vierte Teil widmet sich der **Planung und Kontrolle von Erfolgen**. In vier Kapiteln werden jeweils die Schwerpunkte auf die Aspekte der Erfolgsrechnung, der Kostenplanung, der Kostenkontrolle und der Verrechnungspreise gelegt.

Teil 1 Einführung in das Erfolgscontrolling	
2. Kapitel Rolle des Controllers im Unternehmen	3. Kapitel Erfolgsziele im internen Rechnungswesen
Teil 2 Ermittlung von Kosten für Kostenstellen, Produkte und Prozesse	
4. Kapitel Traditionelle Kosten- und Erfolgsrechnung	5. Kapitel Prozessorientierte Kostenrechnung
Teil 3 Entscheidungen über Produkte und Programme sowie Preispolitik	
6. Kapitel Deckungsbeitragsrechnung	7. Kapitel Zielkostenplanung und -kontrolle
Teil 4 Erfolgsplanung und -kontrolle für Unternehmen – Budgets und Verrechnungspreise	
8. Kapitel Erfolgsrechnung	9. Kapitel Budgets und Plankostenrechnung
10. Kapitel Budgetkontrolle und Abweichungsanalyse	11. Kapitel Verrechnungspreise
Teil 5 Erfolgsmessung und -beurteilung sowie Vergütungssysteme	
12. Kapitel Marktwertorientierte Rechnung	13. Kapitel Kennzahlen und Balanced Scorecard
14. Kapitel Erfolgsorientierte Vergütungssysteme	

Übersicht 1: Aufbau des Buches

Im abschließenden fünften Teil steht die **Erfolgsmessung** und **-beurteilung** im Mittelpunkt, daher werden die in den letzten Jahren zunehmend verbreiteten **Shareholder-Value-Konzepte** in einem eigenen Kapitel behandelt. Die typischen finanziellen **Kennzahlen** werden neben der **Balanced Scorecard**, die nicht nur finanzielle Informationen enthält, analysiert. Den Abschluss dieses Kapitels bilden die erfolgsorientierten **Vergütungssysteme**.

1. Kapitel: Einleitung

Lernziel 3: Dass es eine Reihenfolge der Kapitel gibt, die Sie einhalten sollten.

Reihenfolge

Die fünf Teile bauen zum Teil aufeinander auf. Sie benötigen das Wissen aus dem jeweiligen Teil davor, um die einzelnen Kapitel zu verstehen. Dies liegt auch daran, dass in einigen Kapiteln jeweils ein System der Kosten- und Erfolgsrechnung behandelt wird. Wenn Sie sich beispielsweise im dritten Teil über Entscheidungen informieren wollen, sollten Sie wissen, wie der Verrechnungsgang in einer Kostenrechnung ist; dies wird im zweiten Teil dargestellt (im vierten Kapitel zur traditionellen Kosten- und Erfolgsrechnung). Eine Reihenfolge ist natürlich von Ihren Vorkenntnissen abhängig. Wenn Sie bereits Kenntnisse im internen Rechnungswesen haben, dann prüfen Sie sich einfach anhand der Kontrollfragen und den Übungen am Ende des jeweiligen Kapitels. Sollten Sie Lücken in Ihrem Wissen feststellen, so können Sie anhand der Verzeichnisse leicht die entsprechenden Stellen im Buch finden, die über das von Ihnen gewünschte Gebiet informieren.

Lernziele

Zweck von Lernzielen ist es, Ihnen klar zu machen, welche Kenntnisse Ihnen vermittelt werden. Grob werden drei Stufen von Kenntnissen unterschieden:

1. Faktenwissen (Beschreibung),
2. Methodenwissen (Ursache-Wirkung/Mittel-Ziel) und
3. Beurteilungswissen (bezieht sich auf die 2. Stufe).

Faktenwissen gibt Antwort auf die Frage, was in der Realität vorhanden ist. Es ist die erste Stufe der Erkenntnis und zwingende Voraussetzung für die nächsten Stufen. Sie können mit einer Beschreibung (Deskription) allerdings noch keine Probleme lösen. Wer ein Managementproblem erklären will, muss über die Beschreibung hinausgehen.

Er benötigt Wissen darüber, wie die wesentlichen Faktoren des Problems zusammenhängen (**Methodenwissen**). Wenn Sie die Kosten in einem Werk senken wollen, dann müssen Sie wissen, welche Einflussgrößen die Kosten im Werk verändern. Ihre Untersuchungen zeigen beispielsweise, dass die Kosten (Wirkung) immer dann steigen, wenn die Anzahl der hergestellten Stücke (Ursache) steigt. Nun ist dies zwar eine interessante Erkenntnis, allerdings werden Sie kaum Ihre Produktionsmenge verringern (Mittel) wollen, um die Kosten zu senken (Ziel). Sie werden also nach anderen Mitteln suchen, um ihre Kosten zu senken. Besonders beliebt, weil schnell wirkend, ist die Senkung der Beschaffungspreise (Mittel) zur Kostensenkung (Ziel). Die meisten eingesetzten Methoden in der Betriebswirtschaftslehre setzen eigentlich Wissen über die Ursache-Wirkungsbeziehungen voraus, denn erst, wenn sie bekannt sind, können sie als Mittel eingesetzt werden, um die Ziele zu erreichen.

Dies betrifft das „Wie", denn Sie sollen Methoden und Instrumente des Controllings und internen Rechnungswesens anwenden können. Sie sollten aber mehr als das können: Sie sollten verstehen, warum bestimmte Methoden und Instrumente eingesetzt werden. Die Voraussetzungen von Methoden zu kennen, ist für die Interpretation ihrer Ergebnisse unerlässlich.

Sie werden schnell feststellen, dass es nicht nur eine Methode gibt, um ein Problem zu lösen, sondern meist eine Vielzahl. Sie müssen daher eine Entscheidung treffen, welche Methode Sie anwenden wollen. Sie benötigen Wissen darüber, wie gut die Methoden für Ihre Zwecke geeignet sind. Dies nenne ich **Beurteilungswissen**. Für Beurteilungswissen ist die souveräne Beherrschung der Methoden Voraussetzung. Erst wenn Sie die Methoden kennen und können, sind Sie in der Lage, eine Entscheidung zu treffen. Zwecke spielen für die Frage, ob eine Methode gut geeignet ist, eine herausragende Rolle. Ohne Kenntnis der Zwecke können Sie keine Beurteilung abgeben. Wenn Sie dieses Buch aufmerksam studieren, werden Sie bemerken, dass für jede Methode angegeben wird, worin ihr spezieller Zweck besteht.

Ein übergeordnetes Lernziel dieses Buches ist es, Methoden und Instrumente so zu analysieren, dass deren Zweck klar ist und daraufhin eine Beurteilung möglich ist. Eine Methode ist daher auch nicht gut oder schlecht, sie ist zweckgerecht oder für den Zweck nicht geeignet.

Lernziel 4: Was Lernziele sind und wie sie im Buch eingesetzt werden.

Um im Buch kenntlich zu machen, welche Lernziele angestrebt werden, steht am **Anfang jeden Kapitels** eine Liste der Lernziele. Aus der Beschreibung können Sie entnehmen, welche Lernziele für einzelne Teilgebiete angestrebt werden. In der folgenden Liste sind für die drei Wissensstufen typische Beschreibungen enthalten.

Darstellung 1: Wissensstufen und Beschreibungen

Mithilfe dieser Liste können Sie auch erkennen, welcher Schwierigkeitsgrad auf Sie zukommt.

1. Kapitel: Einleitung

Schwierigkeitsgrad, Vorkenntnisse

Wie oben angedeutet, ist der Zweck dieses Buches, Sie mit den wichtigsten Konzepten und Techniken im Controlling vertraut zu machen. Als Leitgedanke dient mir dabei „so viel Theorie wie nötig, so viel Praxis wie möglich", denn frei nach KANT ist nichts so praktisch wie eine gute Theorie. Was eine gute Theorie ist, lässt sich leider nicht so eindeutig beantworten. Ein Grund dafür ist, dass es in jeder Disziplin unterschiedliche Auffassungen gibt, wie diese Wissenschaft zu betreiben ist. Dies gilt auch für das Controlling, wo eine Reihe unterschiedlicher Controlling-Ansätze diskutiert wird. Neben einem traditionellen Ansatz, der in der Neoklassik begründet ist, wird zunehmend von institutionsökonomischen Ansätzen Gebrauch gemacht. Die formalen Modelle insbesondere der Prinzipal-Agenten-Theorie werden auf viele Probleme des Controllings angewendet, die unter dem Aspekt der Verhaltenssteuerung untersucht werden. Neben diesen institutionsökonomischen Theorien beschäftigen sich verhaltenswissenschaftliche Ansätze mit dem Verhalten von Managern und Mitarbeitern im Controlling. Da diesem Lehrbuch eine traditionelle Sichtweise zugrunde liegt, wird auf ausgewählte Ergebnisse dieser Ansätze in speziellen Textboxen hingewiesen, die **Forschungsreport** genannt werden.

> **Lernziel 5:** Welchen Schwierigkeitsgrad Sie erwarten können.

Wie schwierig Sie einzelne Kapitel empfinden, hängt auch von Ihren Vorkenntnissen ab. Der Text ist so abgefasst, dass ihn Lernende mit unterschiedlichen Vorkenntnissen erarbeiten können. In meinen Veranstaltungen stelle ich insbesondere zwei zentrale Probleme der Studierenden fest:

1. Das Vorwissen beinhaltet Konzepte, die in einer Veranstaltung für Fortgeschrittene in Frage gestellt werden.
2. Der Vergleich von Methoden führt zu unterschiedlichen Ergebnissen, so lassen sich z. B. mit den Zuschlagskalkulationen verschieden hohe Selbstkosten ermitteln (Es muss doch ein richtiges Ergebnis geben!).

Wie kann man diesen Schwierigkeiten begegnen? In diesem Lehrbuch werden verschiedene Hilfsmittel eingesetzt, um diese Probleme, wenn auch nicht gänzlich abzustellen, so doch abzumildern.

> **Lernziel 6:** Welche Hilfsmittel gegeben werden, um den Stoff zu lernen und sich im Buch zu orientieren.

Hilfsmittel

Die **Lernziele** habe ich Ihnen schon vorgestellt, sie sind zentraler Bestandteil jeder Didaktik. Lesen Sie sie aufmerksam durch, Sie wissen dann, was das Kapitel für Kenntnisse vermitteln soll. Und damit Sie sie nicht vergessen, sind die Ziele nicht nur zu Beginn jeden Kapitels aufgelistet, sondern in den Text integriert.

In den Kapiteln wird mithilfe einfacher **Beispiele** oder umfangreicher **Fallbeispiele** die jeweilige Materie illustriert. Rechnen Sie diese Beispiele nach, Sie werden sonst nur oberflächliches Wissen ansammeln. Ob Sie die dargestellten Techniken beherrschen, können Sie am Ende jeden Kapitels mit Hilfe von **Übungsaufgaben** überprüfen. Sie finden hierzu auf meiner Webseite (www.rolf-bruehl.de), sowie unter www.vahlen.de/16416390 die **Lösungen**.

In den einzelnen Kapiteln sind **Unternehmensbeispiele** eingestreut, die die angesprochenen Controlling-Instrumente illustrieren sollen. Um den Stellenwert einzelner Instrumente in der Praxis näher zu beleuchten, finden Sie eine Reihe **empirischer Untersuchungen** zu verschiedenen Phänomenen des Controllings.

Insbesondere Anfänger und Neulinge im Controlling verzweifeln über die vielen unbekannten Begriffe.

- Abhilfe soll eine Liste der **Schlüsselwörter** schaffen, welche die wichtigsten Begriffe, die im Kapitel erläutert werden, aufzeigen. Jedem Schlüsselwort folgt eine Zahl in Klammern, welche auf die Seite verweist, auf der das Schlüsselwort definiert wird.
- Alle Wörter in der Liste der Schlüsselwörter sind im **Glossar** am Ende des Buches enthalten, welches alphabetisch wie ein Lexikon aufgebaut und mit Querverweisen zwischen den Schlüsselwörtern versehen ist. Sie finden dieses Glossar auf meiner Webseite (www.rolf-bruehl.de), sowie unter www.vahlen.de/16416390.
- Einen weiteren Einstieg in den Text bieten die **Englischen Schlüsselwörter zum Glossar**, die für Leser gedacht sind, die von einem englischen Fachbegriff ausgehen. Sie werden auf das Stichwort im Glossar verwiesen.
- Im abschließenden **Stichwortverzeichnis** finden Sie weitere Fundstellen im Buch, in denen die Schlüsselwörter verwendet werden. Ein Seitenverweis ist fett gedruckt und gibt die Seite im Glossar an, wo das Schlüsselwort definiert ist. Darüber hinaus finden sich im Stichwortverzeichnis weitere Stichwörter, die den Inhalt des Buches erschließen.

Wer kontrollieren will, ob er den Inhalt des Kapitels erfasst hat, für den sind am Ende eines jeden Kapitels **Kontrollfragen** aufgelistet. Lücken, die Sie in Ihrem Wissen erkennen, lassen sich so schnell erkennen. Kontrollfragen eignen sich gut für eine Wiederholung des Stoffes.

Teil 1
Einführung in das Erfolgscontrolling

Im ersten Teil werden Sie in das Controlling und das interne Rechnungswesen eingeführt. Die zwei Kapitel dieses Teils sind Voraussetzung für die folgenden Kapitel des Buches.

2. Kapitel: Rolle des Controllers im Unternehmen (10)

3. Kapitel: Erfolgsziele im internen Rechnungswesen (45)

Im zweiten Kapitel werden die Aufgaben des Controllings in einem System der Unternehmensführung entwickelt. Es wird klar herausgearbeitet, welche Informationsaufgaben das Controlling zur Planung, Steuerung und Kontrolle des Erfolges hat. Da Informationen zweckbezogen sind, wird bereits in diesem Kapitel auf den zentralen Stellenwert von Rechnungszwecken hingewiesen. Das dritte Kapitel soll Ihnen einen ersten Überblick verschaffen, welche unterschiedlichen Erfolge im Rechnungswesen gemessen werden. Für einen Anfänger ist dies sicherlich das schwierigste Kapitel, da die Vielzahl an Konzepten im Rechnungswesen schwer zu überschauen ist. Es ist daher auch ratsam, dieses Kapitel nach der Lektüre der späteren Kapitel noch einmal durchzuarbeiten.

2. Kapitel: Rolle des Controllers im Unternehmen

„In practice, people with the title of controller have functions that are, at one extreme, little more than bookkeeping and, at the other extreme, de facto general management."
(Robert N. Anthony, 1965, S. 28)

„Controlling ist heute ein unterstützendes Subsystem der Führung, das Planung, Kontrolle sowie Informationsversorgung koordiniert." (Péter Horváth, 1978, S. 202)

Controlling ist ein Fachgebiet, das sich in der Praxis entwickelt hat. Erst spät wurde diese Entwicklung in der Wissenschaft aufgegriffen und zunehmend als eigenständiges Gebiet etabliert. Als wichtigste Grundlage gilt dabei das Rechnungswesen und hierbei besonders das interne Rechnungswesen. So ist es nicht verwunderlich, dass auch heute noch das Rechnungswesen als wichtiges Tätigkeitsfeld der Controller gilt. Eine ähnliche Entwicklung lässt sich an der Gründung von Lehrstühlen an Hochschulen beobachten: Häufig sind die Lehrstühle für Rechnungswesen der Ausgangspunkt gewesen.

Erst später wurde die Koordination als wichtige Aufgabe des Controllings untersucht, sie wird inzwischen im deutschsprachigen Raum als unabdingbare Aufgabe des Controllings betrachtet.

In diesem Kapitel soll aufgezeigt werden, welche Aufgaben das Controlling im Unternehmen hat. Es werden daher die wichtigsten Teilsysteme der Führung beschrieben, insbesondere die Ziele, Planung, Kontrolle und das Informationssystem. Die Beschreibung dient dazu, den Rahmen aufzuzeigen, in dem sich die folgenden Kapitel bewegen werden.

Lernziele

Nach der Lektüre des Kapitels sollten Sie Folgendes können:

- Lernziel 1: Führungsaufgaben unterscheiden und sie zur Analyse des Führungssystems verwenden. (12)
- Lernziel 2: Verschiedene Zieldimensionen bilden und deren Relevanz für das Controlling einschätzen. (17)
- Lernziel 3: In drei Planungsebenen gliedern und deren spezielle Planungsprobleme beschreiben. (21)
- Lernziel 4: Verschiedene Formen der Ergebniskontrolle unterscheiden und ihre Einsatzschwerpunkte kennen. (24)
- Lernziel 5: Teilsysteme des Informationssystems unterscheiden und deren Bedeutung für das Controlling beurteilen. (27)
- Lernziel 6: Die Aufgaben des Controllings im Führungssystem erläutern. (31)
- Lernziel 7: Koordinationsinstrumente des Controllings kennen und erläutern. (36)
- Lernziel 8: Unterschiede zwischen operativem und strategischem Controlling erörtern. (38)

2. Kapitel: Rolle des Controllers im Unternehmen

- Lernziel 9: Wesentliche Einflussfaktoren auf das Controlling kennen und erläutern. (39)
- Lernziel 10: Wichtige Theorien des Controllings einteilen und kurz beschreiben. (41)

Controlling und Management

Sie interessieren sich für eine Tätigkeit im Controlling und wollen wissen, welche Kenntnisse von Ihnen verlangt werden? Einen ersten Eindruck vermitteln Ihnen die Ergebnisse einer Internetrecherche.

> **Beispiel 1: Aufgaben des Controllings**
>
> Betreuung der Kostenstellen-, Kostenträger- und Produktergebnisrechnung sowie Produktkalkulationen, Wirtschaftlichkeitsberechnungen, Durchführung von Soll-/Ist-Vergleichen, Kennzahlenermittlung und -analyse.
>
> Mitwirkung bei der strategischen Planung, Aufgaben in der Mittelfrist-, Budget- und Prognoseplanungen, Steuerung der operativen und strategischen Planung auf Basis von Kennzahlensystemen.
>
> Aufbau und Entwicklung eines durch Kennzahlen gestützten Controllings, Weiterentwicklung von Vertriebs- und Projektcontrolling, Weiterentwicklung von Instrumenten zur Unternehmenssteuerung.
>
> (Quellen: verschiedene Stellen-Anzeigen auf dem FAZ.NET Portal, 15. Februar 2016)

Wenn Sie die Liste genauer betrachten, können Sie drei Aufgabengruppen erkennen, die durch Absätze getrennt sind.

1. Eine erste Gruppe umfasst die Aufgaben im Rahmen der operativen Steuerung des Unternehmens wie Kosten und Kennzahlenanalyse.
2. In einer zweiten Gruppe wird dies um strategische Aufgaben wie strategische Planung oder strategische Prognose erweitert.
3. In der dritten Gruppe sind die Aufgaben der Entwicklung des internen Rechnungswesens enthalten.

Wie kommt man von einer solchen Liste zu einer theoretisch fundierten Konzeption des Controllings?

Ein erster Schritt wurde bereits vollzogen, denn in der Liste fehlt eine Reihe von Tätigkeiten, die nur vereinzelt auftraten: z. B. Finanzaufgaben oder Aufgaben des externen Rechnungswesens. Mit einer solchen Arbeitsmarktanalyse ist es möglich, Hypothesen über die Aufgaben des Controllings aufzustellen, die in einer empirischen Untersuchung überprüft werden müssen. Warum ist eine theoretische Fundierung überhaupt notwendig? Es ist sinnvoll, eine wissenschaftliche Disziplin innerhalb der Betriebswirtschaftslehre auf Basis von Problemen der Unternehmen zu entwickeln, die nicht von bereits existierenden Disziplinen dieser Wissenschaft behandelt werden. Mit welchen Problemen sich Controller im Unternehmen beschäftigen, soll an Beispiel 2 erläutert werden.

Wenn Sie die Unterhaltung der Controller analysieren, werden Sie einige Tätigkeiten aus den drei Aufgabengruppen wiederfinden: so z. B. die Tätigkeiten im Bereich Budgetierung. Wichtiger ist die Diskussion um das Customer-Relationship-Management (CRM), denn es zeigt die zentrale Aufgabe des Controllings an einem konkreten Problem: Es müssen die Zwecke und Aufgaben (des CRM) klar definiert werden, um zu erkennen, welche Informationen (z. B. den Kundenwert und die Kundenkosten) hierzu benötigt werden.

> **Beispiel 2: Controllerin bei der Plasmo AG**
>
> Sarah P. ist in der Abteilung Zentralcontrolling für die Budgetierung verantwortlich. Heute ist der Stichtag für die Abgabe der Budgets im jährlichen Rhythmus, es fehlen allerdings noch die Budgets aus der Produktion im Werk Huffenzausen und – wie immer – die Forschungs- und Entwicklungsbudgets. Sarah greift zum Telefonhörer und ruft den Werkscontroller in Huffenzausen an, der teilt ihr mit, dass er nicht in der Lage ist, ein Budget einzureichen, solange die neu installierte Software nicht funktioniert. Er vergisst natürlich nicht zu erwähnen, dass diese Software auf Anweisung der Zentrale angeschafft wurde und man selbst eine andere bevorzugt hätte …
>
> Am Nachmittag trifft sie sich mit dem Abteilungsleiter Marketing und seinem Team sowie dem zuständigen Marketing-Controller, auf der Tagesordnung stehen die Entscheidung über das CRM-Programm und die Anschaffung der dafür nötigen Software. In der Diskussion versuchen beide Controller herauszubekommen, was genau das Ziel eines Customer-Relationship-Management (CRM) ist und welche Informationen dafür benötigt werden.
>
> Mitten in der Debatte fragt der Marketingleiter: „Was ist eigentlich ein Kunde wert? Das ist doch die entscheidende Frage! Und können wir durch CRM den Wert eines Kunden steigern?" In der anschließenden Diskussion wurde schnell klar: Um den Wert eines Kunden zu ermitteln, müssen die Kosten eines Kunden bekannt sein.
>
> Sarah P. witterte Morgenluft, denn sie wusste, dass die derzeitigen Systeme diese Information nicht liefern. Sie hatte schon seit einer Weile versucht, im Unternehmen eine prozessorientierte Kostenrechnung zu propagieren. Vielleicht klappte es ja diesmal, denn der Marketing-Vorstand hatte eine starke Stellung, mit ihm als Verbündeten …

> **Lernziel 1:** Führungsaufgaben unterscheiden und sie zur Analyse des Führungssystems verwenden.

Um dies allgemein gültig zu formulieren, wird von dem konkreten Problem abstrahiert. In der Diskussion sitzen Führungskräfte wie der Marketingleiter, für die Informationen unentbehrlich sind, um ihre Aufgaben bewältigen zu können. Analysiert man die sachlichen Aufgaben eines Managers, so schälen sich folgende Tätigkeiten heraus (vgl. Wild, 1974, S. 37):

1. Die **Zielbildung** umfasst alle Tätigkeiten, bei denen die gewünschten und anzustrebenden Zukunftszustände ermittelt und festgelegt werden. Im Beispiel spielen Ziele der Kundenbindung, Kundenzufriedenheit und Kundenrentabilität eine Rolle.
2. **Planung** ist die systematische Ermittlung von Handlungsalternativen, deren Prognose und Bewertung ihrer Ergebnisse sowie die Auswahl der

2. Kapitel: Rolle des Controllers im Unternehmen

optimalen Alternative. Die Plasmo AG befindet sich noch in den frühen Phasen der Planung, denn es werden zuerst unterschiedliche Alternativen diskutiert. Die Begriffe Planung und **Entscheidung** werden in diesem Buch weitgehend synonym verwendet, Planung wird als systematischer Entscheidungsprozess verstanden.
3. Die Durchsetzung umfasst die Festlegung und Veranlassung der Entscheidung, in ihr sorgt der Manager dafür, dass die Ziele und Pläne auch tatsächlich realisiert werden.
4. Als letzte Phase wird die **Kontrolle** betrachtet: Manager untersuchen z. B. das Verhältnis zwischen dem geplanten und dem realisierten Ergebnis.

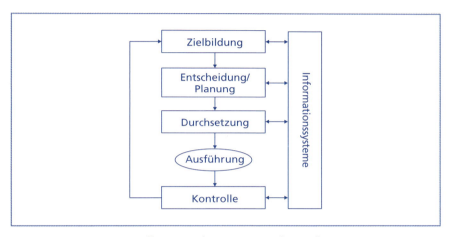

Darstellung 2: Führungsprozess als Regelkreis

In Darstellung 2 sind die Führungstätigkeiten als rechteckige Kästen symbolisiert, in und zwischen denen **informationsverarbeitende Prozesse** ablaufen. Jede Phase im Führungsprozess nimmt Informationen auf, verarbeitet sie und gibt sie weiter, daher muss der Führungsprozess ständig mit Informationen versorgt werden. Im Beispiel werden als wichtige Informationen der Kundenwert und die Kundenkosten erwähnt. Für diese Informationen müssen spezielle Informationssysteme existieren, die sie generieren. Analog ist für alle Führungsaufgaben zu ermitteln, welche Informationen benötigt werden. Die Menge und Qualität an Informationen, die notwendig sind, um eine Aufgabe zu bewältigen, ist der **Informationsbedarf**. Die Tätigkeiten lassen sich als Regelkreis darstellen, um anzudeuten, dass auf Basis der während des Prozesses stattfindenden Lernprozesse der nächste Durchlauf beginnt. Der gesamte Prozess lässt sich als **Steuerung**, analog zum englischen Begriff „Control", bezeichnen und wird als zielorientierte Beeinflussung von Akteuren in Systemen aufgefasst.

Eine der wesentlichen Aufgaben der Controllerin bei der Plasmo AG ist es, herauszufinden, welche Informationswünsche (**Rechnungszwecke**) die Kollegen aus dem Marketing für ihr CRM-System haben. Diese Informationswünsche müssen mit den Informationssystemen abgestimmt werden. Um ihre Aufgaben wie Planung oder Kontrolle zu bewältigen, müssen die Führungskräfte mit Informationen versorgt werden, aus den Aufgaben werden die Rechnungszwecke abgeleitet. Wenn die Marketing-Mitarbeiter beispielsweise periodische Kosten von Großkunden benötigen, dann muss dies im Kostenrechnungssystem berücksichtigt werden, allerdings muss es genauer festgelegt werden. Es müssen z. B. folgende Fragen geklärt werden: Wie oft werden Kosten benötigt? Was genau ist ein Großkunde? Welche Kosten sind einem Kunden zuzurechnen? Für welchen Zeitraum sollen Kosten ausgewiesen werden? An diesen Fragen erkennen Sie, dass es sinnvoll ist, in diesem frühen Stadium schon eine Controllerin einzuschalten, da sie den Beteiligten helfen kann, ihren Informationsbedarf zu präzisieren.

Unternehmen werden als soziale Systeme aufgefasst, die spezifische Ziele verfolgen. In ihnen wirken Menschen arbeitsteilig auf diese Ziele hin und bedienen sich verschiedener Hilfsmittel. Die Analyse von Systemen, deren Pflege und Weiterentwicklung ist eine abstrakte Beschreibung der Tätigkeit von Controllern, denn manchmal ist die abstrakte Sicht ganz nützlich, um zu zeigen, was allen Tätigkeiten gemeinsam ist. Es lassen sich unterschiedliche Aspekte hervorheben.

Die **funktionale Betrachtung** orientiert sich an den Aufgaben des Systems und deren Zusammenhängen, sie ist die Voraussetzung zur **institutionalen Sichtweise**, welche die Aufgabenträger und deren organisatorische Verbindungen in den Mittelpunkt stellt (vgl. für das Planungssystem Bircher, 1976, S. 79 ff.). Aufgaben eines Systems sind nichts anderes als die erläuterten Rechnungszwecke, allerdings handelt es sich bei den meisten Systemen im Rechnungswesen um multifunktionale Systeme, z. B. soll die Kosten- und Erfolgsrechnung Kosten für eine Produkteinheit und den Abweichungsbetrag für den Umsatz in einer Region ermitteln. In diesem Buch werden Sie viele Rechnungszwecke kennen lernen und erkennen, dass es eine der ersten Aufgaben des Controllers ist, den Rechnungszweck genau zu bestimmen.

Die erwähnte institutionale Sichtweise wird zwar nur eine untergeordnete Rolle spielen. Dies bedeutet jedoch nicht, dass sie unwichtig ist, denn ganz im Gegenteil beeinflusst die Organisation von Unternehmen, wie Controlling durchgeführt wird. Im Zentrum stehen die Aufgaben, die das

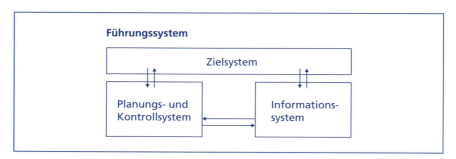

Darstellung 3: Aufbau des Führungssystems

2. Kapitel: Rolle des Controllers im Unternehmen

Management hat, und die dafür notwendigen Methoden, die das Controlling bereitstellt. Dies ist der dritte Aspekt von Systemen: Es ist die **instrumentale** Sichtweise, welche die Methoden (Instrumente) betrachtet, mit deren Hilfe es zu einem Ergebnis kommt, wenn die Aufgaben erledigt werden. Methodenkenntnis ist zwingende Voraussetzung, um Aufgaben mit entsprechenden Informationen zu unterstützen. Wenn Sie im Controlling arbeiten wollen, müssen Sie nicht nur wissen, welche Aufgaben typischerweise unterstützt werden, sondern auch welche Methoden dafür prinzipiell in Frage kommen.

Mit Hilfe der Systemanalyse lassen sich komplexe Systeme vereinfachen und auf bestimmte Aspekte untersuchen, wobei die Kriterien, welche für die Untersuchung herangezogen werden, dem Zweck der Untersuchung folgen. So lässt sich das komplexe System „Unternehmen" z.B. als soziales oder als produktionstechnisches System auffassen und je nach Fragestellung wird die Systemeinteilung dann anders aussehen. Da für das Controlling die Führungsprozesse von besonderem Interesse sind, wird in einem ersten Schritt das Führungssystem isoliert und in einem zweiten Schritt dieses Führungssystem in wichtige Teilsysteme geteilt. Der **Aufbau des Führungssystems** richtet sich nach den oben kurz beschriebenen Führungstätigkeiten, wobei eine Auswahl getroffen wird (s. Darstellung 3).

Das Zielsystem enthält die verschiedenen Ziele, die im Unternehmen angestrebt werden, sie sind die Richtschnur für die restlichen Führungsprozesse und dementsprechend für die Informationssysteme. Die Planung und Kontrolle werden in einem System zusammengefasst, um sie den anderen beiden Systemen gegenüberzustellen, sie werden aber im Folgenden in getrennten Abschnitten beschrieben.

Zielsystem

Wenn ein Vorstandsvorsitzender verkündet, dass er eine Umsatzrendite von 6,5 % anstrebt, ein Marketingleiter eines Internetunternehmens einen Marktanteil von 35 % erzielen will und der Public-Relations-Manager das angekratzte Image seines Pharma-Unternehmens verbessern will, dann verwenden sie alle Ziele. Mit **Zielen** bezeichnen sie ihre gewünschten Zustände der Zukunft. Sie setzen sich Ziele, um etwas zu erreichen. In Unternehmen werden viele unterschiedliche Ziele verfolgt, die miteinander zusammenhängen. Ziele sind die wesentlichen Informationen, die zur Steuerung im Unternehmen verwendet werden, weil an ihnen die Aktivitäten im Führungsprozess ausgerichtet werden (s. Darstellung 2, S. 13).

Das **Zielsystem** des Unternehmens verkörpert wie jedes System eine Menge von Elementen, zwischen denen Beziehungen bestehen oder hergestellt werden können. Die Elemente des Zielsystems sind die einzelnen verfolgten Ziele, die Beziehungen zwischen diesen Elementen bringen die Wechselwirkungen zwischen den einzelnen Zielen zum Ausdruck. In einer sehr einfachen Beziehung verhalten sich beispielsweise die Ziele Erfolg und Kosten gegenläufig, weil definitionsgemäß Kosten den Erfolg mindern.

Wenn Sie aufmerksamer Zeitungsleser sind, dann werden Sie Fälle wie den in Beispiel 3 in der Vergangenheit mit unterschiedlichem Ausgang beobachtet haben. Es tauchen in dem Beispiel eine Reihe von **Anspruchsgruppen (Stakeholder)** auf, die sich an der Zielbildung beteiligen wollen, weil sie aufgrund ihrer Beziehung zur Dynamo AG bestimmte Interessen haben. So wollen die Arbeitnehmer ihren Arbeitsplatz erhalten, aber auch der Zulieferer legt Wert darauf, dass die Kundenbeziehung bestehen bleibt. Wie kann es dann Ziele des Unternehmens geben? Jede Anspruchsgruppe versucht, ihre Ziele in die Zielbildung für das Unternehmen einzubinden, wobei der Rahmen, in dem das geschehen kann, durch die Rechtsordnung vorgegeben ist. In der Regel bestehen zwischen den einzelnen Personen vertragliche Beziehungen, so wird z. B. zwischen dem Vorstand und den Eigentümern ein Vertrag über die Leistungen und Vergütung ausgehandelt. Aus Sicht der Eigentümer ist es daher sinnvoll, den Vertrag so zu gestalten, dass der Vorstand die Ziele der Eigentümer verfolgt. Vielleicht ist der Unternehmenskauf in den USA im Beispiel für die Eigentümer vorteilhaft, das chinesische Projekt hingegen nur für das Prestige des Vorstands von Vorteil.

Dieser Zielkonflikt zwischen Vorstand und Eigentümer wird in der **Prinzipal-Agenten-Theorie** behandelt, die sich generell mit den Vertragsbeziehungen zwischen dem, der den Auftrag vergibt (Prinzipal), und dem, der den Auftrag erledigen soll (Agent), befasst. Wenn der Vorstand die Ziele des Eigentümers nicht als seine eigenen akzeptiert und eigene Ziele zur Grundlage seiner Entscheidungen macht, besteht die Gefahr, dass er damit dem Eigentümer schadet. Ziel der Prinzipal-Agenten-Theorie ist es, zu untersuchen, wie die Vertragsbeziehungen zwischen dem Prinzipal und dem Agenten gestaltet sein müssen, damit der Agent die Ziele des Prinzipals verfolgt.

> **Beispiel 3:** Ziele der Anspruchsgruppen in Unternehmen
>
> Die Dynamo AG in Wuselsried baut hochwertige Fahrräder und ist auf Wachstumskurs, der Vorstand plant eine Investition in China. Für ihn stehen die Kostensenkungen in der Produktion aber auch der Markteintritt in Fernost im Vordergrund. Da gleichzeitig ein attraktiver Unternehmenskauf in den USA möglich ist, der von einem Großaktionär bevorzugt wird, kommt es mit dessen Vertreter zu heftigen Diskussionen im Aufsichtsrat.
>
> Die Arbeitnehmervertreter im Aufsichtsrat finden beide Alternativen nicht gut, da sie nicht nur fehlende Investitionen im Stammhaus in Wuselsried befürchten, sondern auch die Verlagerung von Arbeitsplätzen ins Ausland.
>
> Als die Pläne des Vorstands dem Bürgermeister zu Ohren kommen, schlägt er Alarm im Rathaus, denn die Dynamo AG ist einer der wichtigsten Arbeitgeber am Ort – und nicht zu vergessen: Gewerbesteuerzahler. Er informiert die Redaktion der Wuselsrieder Neuen Presse und den Präsidenten der IHK, der gleichzeitig der Inhaber eines wichtigen Zulieferbetriebes für die Dynamo AG ist.

2. Kapitel: Rolle des Controllers im Unternehmen

Wenn der Vorstand die Ziele des Eigentümers akzeptiert und nicht seine Ziele zur Grundlage von Entscheidungen macht, dann wäre die wichtigste Ursache für Konflikte zwischen Prinzipal und Agent verschwunden. Der **Marktwert des Eigenkapitals (Shareholder-Value)** des Unternehmens wird als ein solches Ziel angesehen, denn für die Eigentümer spielt der Wert ihrer Anteile am Unternehmen eine große Rolle und daher wird er als ein wichtiges Maß für den Unternehmenserfolg angesehen.

> **Lernziel 2:** Verschiedene Zieldimensionen bilden und deren Relevanz für das Controlling einschätzen.

Der Marktwert ist eines der wichtigsten ökonomischen Ziele, der im Interesse der Unternehmenseigner verfolgt wird; es gibt jedoch weitere Anspruchsgruppen und deren ökonomische Interessen. So erwarten die Mitarbeiter für ihre geleistete Arbeit ein angemessenes Gehalt und Fremdkapitalgeber verlangen eine Verzinsung des bereitgestellten Kapitals. Beide Ansprüche werden in einer Erfolgsrechnung zu berücksichtigen sein, denn erst wenn diese beispielhaften Ansprüche erfüllt sind, kann ein Urteil über den Erfolg des Unternehmens abgegeben werden. Fremdkapitalgeber sind außerdem daran interessiert, dass das Kapital zurückgezahlt wird, d.h., das Unternehmen sollte liquide sein, um seinen Zahlungsverpflichtungen nachzukommen. Neben diesen **finanzwirtschaftlichen** Zielen, die in Geld gemessen werden, verfolgen Unternehmen **leistungswirtschaftliche** Ziele (vgl. Ulrich, 1978, S. 108), dies sind vorrangig die zu erstellenden Güter des Unternehmens nach Art, Menge und Zeitpunkt. So hat ein Möbelhersteller die leistungswirtschaftlichen Ziele Stühle, Tische und Schränke herzustellen und zu vermarkten und ein Beratungsunternehmen erbringt eine Dienstleistung z.B. in Form eines Gutachtens für einen Unternehmenskauf. In diesem Buch werden leistungswirtschaftliche Ziele auch als **Sachziele** bezeichnet.

Die **finanzwirtschaftlichen Ziele** des Unternehmens beruhen darauf, dass privatwirtschaftliche Unternehmen gegründet werden, um **Einkommen** für die Eigentümer zu erzielen. In einer Marktwirtschaft werden dazu Produkte auf Absatzmärkten verkauft. Leistungswirtschaftliche Ziele sind somit Mittel zum Zweck, Einkommen zu erlangen. Eigentümer von privatwirtschaftlichen Unternehmen erwarten für ihr eingesetztes Kapital einen Gewinn. Es ist somit eine der wichtigsten Aufgaben des Rechnungswesens, den **Erfolg** des Unternehmens zu messen; wobei unter Erfolg zum einen eine absolute Größe – Gewinn oder Verlust als Saldo – und zum anderen eine relative Größe – **Rentabilität** – verstanden wird. Da der Erfolg für das Erfolgscontrolling von zentraler Bedeutung ist, wird er ausführlich im nächsten Kapitel erläutert.

Unternehmen, welche dauerhaft nicht in der Lage sind, ihren Zahlungsverpflichtungen nachzukommen, gelten als illiquide und werden vom Marktgeschehen ausgeschlossen. Illiquidität ist ein zwingender Grund, um ein Insolvenzverfahren einzuleiten. Da in einer Geldwirtschaft alle Transaktionen mithilfe von Geld abgewickelt werden, sind Unternehmen, die nicht über die

Ökonomische Ziele	Ökologische Ziele	Soziale Ziele
Finanzwirtschaftliche Ziele Erfolg, Rentabilität, Marktwert, Liquidität **Leistungswirtschaftliche Ziele** Produktziele (Art, Menge und Qualität), Kundenziele, Marktziele (Branche, Marktanteil)	**Umwelt- und ressourcenorientierte Ziele** Schonung und Erhaltung von Luft, Wasser, Boden, Landschaft, Tier- und Pflanzenwelt: Vermeidung von Abwasser und Abfall, Verringerung des CO_2 Ausstoß, Verringerung des Energieeinsatz	Mitbestimmung der Mitarbeiter, Mitarbeiterzufriedenheit, Diversität/Inklusion Einhaltung der Menschenrechte, Verbot von Kinderarbeit

Tabelle 1: Zieldimensionen mit Beispielen

notwendigen Zahlungsmittel verfügen, vom Markt auszuschließen. Das Ziel der **Liquidität** ist ein Unternehmensziel, das jederzeit beachtet werden muss.

Eine zweite Dimension im Zielsystem von Unternehmen wird durch die **ökologischen** Ziele gebildet. Da die Tätigkeit von Unternehmen sich auf die natürliche Umwelt auswirkt, dienen ökologische Ziele dazu, diese Wirkungen im Sinne einer ökologischen Effizienz möglichst gering zu erhalten. So sollen beispielsweise Güter mit minimaler Energie produziert werden oder die Produktion ohne giftige Abfallstoffe auskommen. Während die ökonomischen Ziele in finanziellen Größen gemessen werden, gibt es für die ökologischen Ziele keine einheitliche Dimension. Wenn ökologische Auswirkungen internalisiert werden, d.h., dass Unternehmen z.B. für den Energieverbrauch bezahlen, dann werden die Auswirkungen monetarisiert. Energieverbrauch wird als Kosten und damit erfolgsmindernd im betrieblichen Rechnungswesen erfasst. Es ist jedoch zu beachten, dass hiermit zwar die Auswirkungen auf das Erfolgsziel gemessen werden und damit ein Anreiz zur Energie- als Kosteneinsparung gegeben ist, dies sagt jedoch nichts über das Erreichen von gesellschaftlichen Zielen der Energieeffizienz oder des Einsatzes von gesellschaftlich bevorzugten Energiequellen aus.

Soziale Ziele richten sich zum einen auf die Menschen im Betrieb und zum anderen auf die Gesellschaft, in die das Unternehmen eingebettet ist. Die Dynamo AG wird in ihrer Investitionsentscheidung aus dem Beispiel 3 (S. 16) auch soziale Ziele einbeziehen müssen: Zum einen sind die Belange der Mitarbeiter zu berücksichtigen, insbesondere die Sicherheit der Arbeitsplätze, die sich auf die Zufriedenheit der Arbeitnehmer auswirkt, zum anderen sind die Auswirkungen auf die Region zu bedenken. So stehen für den Bürgermeister die Arbeitsplätze im Vordergrund, weil die Gemeinde, in der das Unternehmen tätig ist, sich von der Ansiedlung Steuereinnahmen erhofft. Tabelle 1 zeigt weitere Beispiele für Unternehmen, deren Zulieferer in Ländern operieren, in denen Kinderarbeit üblich oder Menschenrechtsverletzungen häufig vorkommen.

Die drei Zieldimensionen werden auch unter dem Konzept der Nachhaltigkeit diskutiert und manchmal als Triple-Bottom-Line bezeichnet. Zwei Aspekte von Nachhaltigkeit sind hervorzuheben. Erstens wird mit **Nachhaltigkeit** angestrebt, dass die jetzige Generation nicht auf Kosten der nachfolgenden Generation lebt. Wenn dieses ursprünglich aus der Forstwirtschaft stammende Konzept verallgemeinert wird, dann bezieht es sich auf alle Ressourcen, die im Unternehmen eingesetzt werden. Es verlangt, dass der gegenwärtige Ge- oder Verbrauch von ökonomischen, ökologischen und sozialen Ressourcen nicht deren zukünftigen Ge- oder Verbrauch beeinträchtigt. Zweitens wird häufig die Balance zwischen den Zieldimensionen Ökonomie, Ökologie und Soziales betont, ohne dass geklärt wird, wie diese Balance gestaltet werden soll. Ein deutsches Industrieunternehmen erläutert z. B. auf seiner Webseite: „Bei Siemens definieren wir nachhaltige Entwicklung als das Mittel, profitables und langfristiges Wachstum zu erzielen. ... Dabei streben [wir] eine Balance der drei Dimensionen Mensch (People), Umwelt (Planet) und Gewinn (Profit) an." Somit wird eine Hierarchie der Dimensionen angedeutet.

Bei privatwirtschaftlichen Unternehmen ist daher davon auszugehen, dass die finanzwirtschaftlichen Ziele an oberster Stelle stehen und die leistungswirtschaftlichen Ziele als das Mittel angesehen werden. Soziale und ökologische Ziele spielen eine besondere Rolle, denn privatwirtschaftliche Unternehmen werden nicht vorrangig gegründet, um Arbeitsplätze zu schaffen oder um die Biosphäre zu schützen. Allerdings sind Unternehmen in ein Gesellschaftssystem eingebettet, das durch die Rechtsordnung und die Wertvorstellungen soziale und ökologische Ziele von Unternehmen beeinflusst. Beide Zieldimensionen wirken daher wie eine Nebenbedingung, die nicht verletzt werden sollte. Kompensationen zwischen den Dimensionen (sogenannte schwache Nachhaltigkeit) werden allerdings in den verschiedensten Bereichen wie z. B. durch den Handel von Verschmutzungsrechten zugelassen.

Das Konzept der Nachhaltigkeit wird zunehmend von Unternehmen aufgegriffen, in ihr unternehmerisches Zielsystem integriert und die jährliche Geschäftsberichterstattung wird durch einen speziellen Nachhaltigkeitsbericht ergänzt oder in einem integrierten Bericht aufgenommen. Weite Verbreitung findet der Standard der Global Reporting Initiative (GRI), der eine Reihe von Vorschlägen enthält, wie in Unternehmen über die drei Dimensionen Ökonomie, Ökologie und Soziales berichtet wird. Auch wenn in diesem Buch hauptsächlich die ökonomischen und insbesondere die finanzwirtschaftlichen Ziele betrachtet werden, soll im Kapitel zu den Kennzahlen (S. 423 ff.) auf Möglichkeiten der Integration mit einer Balanced Scorecard hingewiesen werden.

Planungssystem

Ziele sind gewünschte oder angestrebte Zustände in der Zukunft. So will ein Unternehmen z. B. eine Umsatzrendite von 6,5 % erreichen. Die Planung dient dem Management Wege aufzuzeigen, wie dieses Ziel erreicht werden kann. Ohne Ziele ist keine Planung möglich, es müssen wenigstens Vorstellungen über den Zielinhalt vorliegen, dafür reichen auch generelle Absichten, wie „unser Unternehmen will Technologieführer sein, unser Unternehmen will Weltmarktführer werden, unser Unternehmen will für eine nachhaltige Schonung der Umwelt sorgen".

Solche Bekenntnisse bleiben allerdings unwirksam, solange sie nicht innerhalb der Planung konkretisiert werden. **Planung** soll methodisch und systematisch die Alternativen aufzeigen, mit deren Hilfe in der Zukunft die Ziele erreicht werden können (vgl. Wild, 1974, S. 13). Daher erfüllt die Planung ihre Funktion innerhalb der Steuerung dadurch, dass sie den Mitarbeitern Informationen darüber gibt, mit welchen Handlungen die Ziele bestmöglich erfüllt werden können (s. Darstellung 2, S. 13). Ohne die Planung in Phasen zu teilen, lässt sich dies kaum erreichen. Wichtige Phasen sind:

- Ziele konkretisieren,
- Alternativen suchen,
- Unsicherheit beurteilen,
- Alternativen bewerten,
- Rangfolge bilden und
- Entschluss fassen.

Planung und Entscheidung werden in diesem Buch weitgehend synonym verwendet, allerdings wird unter Planung ein systematischer Entscheidungsprozess verstanden. Viele Entscheidungen werden im Unternehmen ohne eine systematische Vorbereitung getroffen, was am Zeitdruck, mit dem entschieden werden muss, oder an der mangelnden Tragweite des Entscheidungsproblems liegen kann. Entscheidungen ohne systematische Vorbereitung werden als Improvisation bezeichnet.

Mit Hilfe der Planung versucht das Management, eine konkrete Vorstellung zu entwickeln, wie das Unternehmen in Zukunft

- auf den **Märkten** agieren soll,
- welche **Ressourcen** dafür notwendig sind,
- mit welchen **Prozessen** sie koordiniert werden und
- welche **Ergebnisse** erwartet werden.

Für das Management wirkt die Planung wie ein Kompass, der die Wegrichtung markiert, in die sich das Unternehmen bewegen soll. Das Ergebnis der Planung ist ein Plan, der idealtypisch für ein Unternehmen über seine gesamte Lebensdauer reicht und alle Aufgaben, die zu bewältigen sind, aufführt. Ein solcher Gesamtplan des Unternehmens müsste alle sachlichen Bereiche wie Beschaffung, Produktion und Absatz über die Gesamtlebensdauer des Unternehmens abstimmen. Diese so genannte **Totalplanung** (Simultanplanung) scheitert an zwei Faktoren:

- der Komplexität und
- der Unsicherheit der Zukunft.

Auch mit sehr leistungsfähigen Rechnern sind Totalplanungen nicht zu bewältigen, da eine Fülle von Informationen beschafft und verarbeitet werden muss. Simultanplanungen werden meist nur für kleinere Teilbereiche einge-

2. Kapitel: Rolle des Controllers im Unternehmen

setzt, z. B. im Bereich der operativen Ebene die Planung der Produktions- und Absatzmengen. Da wegen der Unsicherheit der Zukunft der **Planungshorizont** (Zeitpunkt bis zu dem eine Planung möglich ist) meist kürzer als die Lebensdauer des Unternehmens ist, kann es keine Totalplanung geben. Aus beiden Gründen teilt man die Planung in unterschiedliche **Planungsebenen** auf und es stellt sich die Frage, nach welchen Kriterien dies geschehen soll.

Da sich Planung immer auf die Zukunft bezieht, bietet sich als Unterteilungskriterium die Zeit an. Die sich aus dem **zeitlichen Kriterium** ergebenden Ebenen sind: die langfristige Planung, die mittelfristige Planung und die kurzfristige Planung. Grundlage einer **zeitlichen Einteilung** ist die Kalenderzeit. Die Kalenderzeit ist jedoch als Unterteilungskriterium im Planungssystem nur bedingt geeignet, da gleiche Zeiträume unterschiedliche Planungsprobleme betreffen können. So sind für einen Schiffsbauer andere Zeiträume relevant als für einen Halbleiterhersteller. Es bietet sich daher an, die Planungsobjekte zur Einteilung heranzuziehen **(sachliches Kriterium)**, und die wichtigsten Planungsobjekte sind sicherlich die Produkte.

> **Lernziel 3:** In drei Planungsebenen gliedern und deren spezielle Planungsprobleme beschreiben.

Ausgangspunkt der Analyse des Planungssystems ist die ökonomische Zieldimension, denn die leistungswirtschaftlichen Ziele drücken aus, welche Güter in Form von Sach- und Dienstleistungen das Unternehmen am Markt anbieten will. Die Einteilung in drei Phasen der Planung beruht auf dem Gedanken des Produktlebenszyklus:

1. der **Aufbau der benötigten Ressourcen** (Potenzialfaktoren) für die gesamten dafür notwendigen Prozesse, also Produktion, Absatz, Organisation u. a. (Phase 1),
2. die nach der Phase 1 beginnende **geplante Lebensdauer des Produktes am Markt** (Phase 2) und
3. der **Abbau der Ressourcen** nach Beendigung der Marktphase des Produkts (Phase 3).

Die Planung für den Produktlebenszyklus lässt sich mit den Ebenen der Planung verbinden (Darstellung 4, S. 22), die Einteilung wird als Grundlage für den Aufbau des Planungssystems gewählt (vgl. Bircher, 1976, S. 58 ff.).

1. Die **strategische Planung** umfasst alle drei Phasen, hat also den gesamten Produktlebenszyklus zum Gegenstand.
2. Die **taktische Planung** konzentriert sich auf den Ressourcenaufbau und abbau (Phase 1 und 3).
3. Die **operative Planung** bezieht sich auf die Aktivitäten unter der Annahme gegebener Ressourcen (Phase 2).

Die **strategische Planung** bezieht sich auf das Gesamtunternehmen, also nicht nur auf ein einzelnes Produkt, sondern auf das gesamte Produktprogramm, welches das Unternehmen planen will (vgl. Bamberger & Wrona,

2012, S. 249 ff.). In ihr wird daher das Unternehmen auf den zukünftigen Märkten betrachtet. Es kann eine Konzentration auf Teilbereiche erfolgen, z. B. einzelne Produkt-Markt-Kombinationen. Ein Möbelhersteller, der bisher überwiegend in westeuropäischen Ländern tätig war, plant, sich in die zentraleuropäischen Länder auszudehnen. Allerdings soll zuerst nur eine Vertriebsstruktur aufgebaut werden. Die **taktische Planung** setzt die aus der strategischen Planung vorgegebenen Ziele und Strategien in Projekte zum nötigen Ressourcenaufbau und -abbau um. Im Rahmen eines Projektes wird die Vertriebsorganisation geplant, z. B. werden die Standorte gewählt, Mitarbeiterprofile aufgestellt u. v. m. Die **operative Planung** bereitet die Aktionen vor, die zur eigentlichen Leistungserstellung und -verwertung führen; dies erfolgt unter der Prämisse gegebener Ressourcen. Für die Vertriebsmitarbeiter werden die Besuchstermine für das nächste Geschäftsjahr aufgestellt.

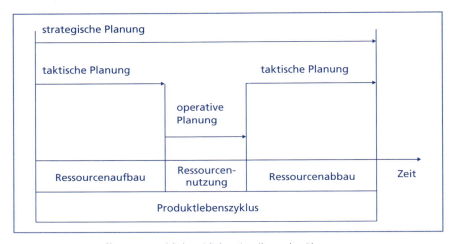

Darstellung 4: Sachlich-zeitliche Einteilung des Planungssystems

Die Einteilung in drei hierarchische Ebenen der Planung richtet sich nach den sachlichen und den zeitlichen Problemen der jeweiligen Planungsobjekte. Sie kann sich auf das Gesamtunternehmen, Teilbereiche, Produktgruppen oder Produkte sowie Projekte beziehen. Es ist auch zu beachten, dass sich in Mehrproduktunternehmen die verschiedenen Produkte in unterschiedlichen Phasen ihres Lebenszyklus und damit auch der Planung befinden können. Die Aufgabe des Planungssystems ist es, die gewählten drei Hierarchieebenen so in Beziehung zueinander zu setzen, dass eine Integration der Planungen aller Systemleistungen im Hinblick auf die Gesamtzielerreichung möglich wird.

Das Planungssystem besteht aus den drei Ebenen: strategische, taktische und operative Planung, die jeweils durch zeitliche und sachliche Beziehungen verbunden sind. Da zeitlich weiter in die Zukunft reichende Planungsprobleme von höherer Unsicherheit betroffen sind, zeichnen sich die taktische und strategische Planung durch gröbere Planungsansätze als die operative Planung aus, was selbstverständlich zu Problemen bei der Koordination der

Ebenen führt. Da die strategische über der taktischen Planung steht, bildet sie den Rahmen für die taktische Planung, d. h., in der taktischen Planung dürfen keine Maßnahmen ergriffen werden, die gegen die strategischen Pläne verstoßen. Gleiches gilt für die operative Planung, sie muss sich an der taktischen Planung ausrichten. Allerdings kann sich aufgrund der zeitlichen Nähe und damit besserer Prognosemöglichkeiten eine Korrektur der übergeordneten Pläne ergeben.

Im Vordergrund steht bei der sachlichen Einteilung in Planungsebenen, dass jeweils eigenständige, abgrenzbare Probleme entstehen. Sie lassen sich als eigene Entscheidungs-(Planungs-)bereiche auffassen und sie können damit einzelnen Organisationsbereichen übertragen werden. Damit die Delegation der Planung nicht zu einem unkoordinierten Handeln führt, benötigt das Unternehmen zentrale Koordinationsstellen, hierfür ist in der Regel das Controlling zuständig.

Die Koordination der Planungsebenen ist schwierig, weil die Ebenen auf unterschiedliche Zielgrößen ausgerichtet sind. So richtet sich die strategische Planung vorwiegend nach den Erfolgspotenzialen, die taktische und operative Planung orientieren sich an kurzfristigen Größen: Erfolg und Liquidität. Auf diese unterschiedlichen Steuerungsgrößen wirken aber unterschiedliche Einflussgrößen, die sich durchaus gegenläufig verhalten können. Sie bergen daher die Gefahr in sich, dass einseitig eine Größe bevorzugt wird. Wenn ein Profit-Center-Leiter die Weiterbildung der Mitarbeiter vernachlässigt, vermeidet er zwar Kosten, sein kurzfristiger Erfolg steigt, das Erfolgspotenzial des Profit-Centers sinkt jedoch. Der Zusammenhang zwischen den Erfolgsgrößen auf den unterschiedlichen Planungsebenen wird im nächsten Kapitel behandelt.

Kontrollsystem

Ob ein Ziel – z. B. Umsatzrendite von 6,5 % – auch tatsächlich erreicht wurde, gehört zu den wichtigsten Informationen der Führung, denn nur so lässt sich feststellen, ob der eingeschlagene Weg auch verfolgt wurde. **Kontrollen** dienen dem Zweck, Entscheidungen und Handlungen im Unternehmen zu überwachen oder zu überprüfen. Sie finden in Form eines Vergleiches zwischen zwei Größen, einer **Normgröße** und einer **realisierten (oder prognostizierten) Größe**, statt.

Für die Steuerung ist die Kontrolle deswegen notwendig, weil es in einer dynamischen und unsicheren Welt wahrscheinlich ist, dass die Planung (Sollwerte) und die Realität (Istwerte) nicht übereinstimmen. Eine Analyse der Abweichungsursachen dient den Beteiligten als Informationsgrundlage, um zukünftig zu verhindern, dass diese Abweichung wieder auftritt. Wichtigste Aufgabe der Kontrolle ist es daher, aus vergangenen Abweichungen zu lernen (vgl. Schäffer, 2001, S. 27 ff.).

Häufig werden Kontrollen mit diesem **Soll-Ist-Vergleich** gleichgesetzt, dieser Vergleich ist jedoch nur eine Form der Ergebniskontrolle. Mit Hilfe der

Ergebniskontrolle wird das Resultat von Entscheidungen und Handlungen überprüft, wobei als Resultat überwiegend die angestrebten Ziele verwendet werden, im Beispiel sind dies die Kosten. Kontrollen lassen sich auch verfahrens-, verhaltens- oder systemorientiert ausführen. Wenn der Meister dem Lehrling über die Schulter schaut und sofort eingreift, wenn er eine falsche Handlung erkennt, dann liegt eine **Verfahrenskontrolle** vor. Beauftragt eine Handelskette ein Dienstleistungsunternehmen, zu prüfen, wie freundlich die Kunden bedient werden, liegt eine **Verhaltenskontrolle** vor. Zu den schwierigsten Kontrollaufgaben gehört die **Systemkontrolle**, denn bei ihr will sich das Management vergewissern, ob das System insgesamt noch funktionsfähig ist.

> **Lernziel 4:** Verschiedene Formen der Ergebniskontrolle unterscheiden und ihre Einsatzschwerpunkte kennen.

Controlling hat seinen Schwerpunkt bei der Ergebniskontrolle. Mit einer **Ergebniskontrolle** werden zwei Größen verglichen, die das Resultat von Entscheidungen oder Handlungen anzeigen. Sie ist eine **zeitpunktbezogene Kontrolle**, d. h., es werden Zeitpunkte festgelegt, an denen die Ergebnisse von Entscheidungen und Handlungen überprüft werden. Die folgende Aufstellung der verschiedenen Kontrollformen gibt einen Einblick in die Möglichkeiten der Kontrolle (vgl. Pfohl, 1981, S. 59 ff.).

Normwert		Vergleichswert	Kontrollform
Soll	–	Ist	Realisationskontrolle
Soll	–	Wird	Fortschrittskontrolle
Ist	–	Ist	Zeit- oder Betriebsvergleich
Wird	–	Ist	Prämissenkontrolle

Tabelle 2: Formen der Ergebniskontrolle

Beim **Soll-Ist-Vergleich** wird die Differenz zwischen dem auf der Planung beruhenden Sollwert und den während oder nach der Realisation festgestellten Istwerten gebildet. Wesentlich ist daher, dass nach der Realisation (**Realisationskontrolle**) kontrolliert wird, auftretende Abweichungen können nicht mehr korrigiert werden. Im Beispiel sind die erhöhten Materialkosten tatsächlich angefallen, diese Kosten schmälern den Erfolg des Monats und lassen sich nicht mehr korrigieren. Da keine Veränderung mehr möglich ist, wird der Soll-Ist-Vergleich nur in Prozessen eingesetzt, die sich häufig wiederholen, gleichartig ablaufen und die ein geringes Risiko haben. Wenn gleichartige Prozesse auch in Zukunft stattfinden, dann lassen sich die aus der Analyse gewonnenen Lerneffekte für eine verbesserte Zielerreichung nutzen. Neben dieser Aufgabe der Kontrolle, die in die Zukunft gerichtet ist, wird der Soll-Ist-Vergleich auch eingesetzt, um Führungskräfte und Mitarbeiter anhand der vergangenen Periode zu beurteilen.

2. Kapitel: Rolle des Controllers im Unternehmen

Nachteil des Soll-Ist-Vergleichs ist es, dass keine Korrektur mehr möglich ist, da die Realisation bereits abgeschlossen ist. Beim **Soll-Wird-Vergleich** werden zwei Zukunftswerte miteinander verglichen, nämlich der in der Planung festgelegte Sollwert und der prognostizierte Realisationswert (Wirdwert). Letzterer wird an festgelegten Zeitpunkten während des Prozesses berechnet, indem auf Basis der bisherigen Realisation prognostiziert wird, wie sich die Realisation bis zum Ende des Prozesses entwickeln wird. Eine negative Abweichung während des Prozesses zeigt an, ob das Management eingreifen muss, um die Zielerreichung noch zu gewährleisten. Es soll nicht gewartet werden, bis die Realisation vorbei ist, sondern vorher gehandelt werden. Mit dem Soll-Wird-Vergleich lässt sich der Fortschritt von Plänen prüfen, wenn es möglich ist, den gesamten Plan in Teilschritte aufzulösen und die jeweiligen Ergebnisse zu messen, wie dies typisch für Projekte ist. Die **Fortschrittskontrolle** wird aus diesen Gründen insbesondere zur Kontrolle von Projekten eingesetzt.

Der **Ist-Ist-Vergleich** ist ausschließlich an der Vergangenheit orientiert, da Norm- und Vergleichswert realisierte Werte sind. Der Normwert, der zur Beurteilung des Istwertes herangezogen wird, ist ein vergangener Wert aus dem Unternehmen (Zeitvergleich) oder von anderen Unternehmen (Betriebsvergleich).

- Mit Hilfe des **Zeitvergleichs** lassen sich relative Aussagen treffen, weil das Management bei Abweichungen feststellen kann, inwieweit sich das Unternehmen in den vergangenen Perioden entwickelt hat. Allerdings ist diese Information eventuell nutzlos. Es kann nämlich sein, dass sich zwar das Unternehmen verbessert hat, aber alle konkurrierenden Unternehmen sich noch mehr verbessert haben, und sich somit die Wettbewerbsposition verschlechtert hat. Der Zeitvergleich sollte daher nur ergänzend zu den anderen Kontrollformen angewandt werden.

- Der **externe Betriebsvergleich** soll diesen Nachteil ausgleichen, da der Normwert von anderen Unternehmen übernommen wird. Eigene Analysen der Wettbewerber spielen hierbei eine große Rolle, denn die Güte der Aussagen steigt dann, wenn es sich um ähnliche Unternehmen handelt. Möglich ist auch ein **interner Betriebsvergleich**, bei dem verschiedene organisatorische Bereiche innerhalb eines Unternehmens verglichen werden.

Jede Planung beruht auf Annahmen (Prämissen). Wenn sie nicht eintreten, ist es wahrscheinlich, dass die Ziele nicht erreicht werden. Genau dieses Problem soll mithilfe des **Wird-Ist-Vergleiches** gelöst werden, bei dem der Normwert ein prognostizierter Wert (Wirdwert) ist und dem Istwert gegenübergestellt wird. Eine solche **Prämissenkontrolle** hat die Aufgabe, in regelmäßigen Abständen die Annahmen der Planung zu prüfen, und bei entsprechenden Abweichungen neue Pläne anzuregen. Pläne sollen ja solange handlungsleitend sein, wie ihre Annahmen mit der Realität übereinstimmen. Treffen sie nicht mehr zu, ist es auch nicht sinnvoll, sich an die veralteten Pläne zu klammern. Ist z.B. das Marktwachstum größer als angenommen, so stellt sich dem Management die Frage, ob auch im Unternehmen ein höheres Wachstum möglich ist. Würde das Management in diesem Fall nur an den Planwerten gemessen, so würde in der Kontrolle unterschlagen, dass sich in der Planungsperiode neue Chancen aufgetan haben. Machen Sie sich klar, dass ein Kontrollsystem, das auf veralteten Annahmen aufbaut, Manager zu Bürokraten erzieht, für die die Planerfüllung an oberster Stelle steht. An dieser Einstellung gehen nicht nur Unternehmen, sondern ganze Gesellschaften zugrunde. Sie könnten einwenden, dass doch die Prämissenkontrolle gar keine Ergebniskontrolle ist, da sie nicht die Resultate der Handlungen vergleicht. Da sie aber die Ergebnisse von Entscheidungen (Planungen) prüft, kann sie auch zu den Ergebniskontrollen gezählt werden. Meist wirken sich veränderte Annahmen auf die Sollwerte der Planung aus, was sich beispielsweise mit Sensitivitätsanalysen genauer feststellen lässt.

Das Planungssystem wurde in drei Ebenen eingeteilt, ein entsprechender Aufbau für die Kontrolle führt zur strategischen, taktischen und operativen Kontrolle. In Tabelle 3 werden einige Schwerpunkte der Kontrolle auf den drei Ebenen aufgelistet, sie werden in den folgenden Kapiteln aufgegriffen. So befasst sich beispielsweise das zehnte Kapitel mit der Realisationskontrolle auf der operativen Ebene.

Kontrollebenen	strategische Kontrolle	taktische Kontrolle	operative Kontrolle
Kontrollobjekte	Strategische Programme	Taktische Projekte	Operative Prozesse
Kontrollformen:			
Prämissenkontrolle	+	+	+
Fortschrittskontrolle	+	+	–
Realisationskontrolle	–	–	+

Tabelle 3: Kontrollebenen, Kontrollobjekte und Kontrollformen

In Tabelle 3 bedeuten die Minuszeichen, dass die jeweilige Kontrollform dort nicht ihren Schwerpunkt hat und ihr Einsatz nicht sinnvoll ist. Es ist zwar im Prinzip möglich, auf der strategischen Ebene eine Realisationskontrolle durchzuführen, allerdings stellt sich die Frage, welche Aufgabe sie in der strategischen Ebene zu erfüllen hätte. Ein genauer Blick auf die Voraussetzungen der Realisationskontrolle zeigt, wie sinnlos ein solcher Einsatz wäre. Für Realisationskontrollen werden gleichartige, wiederholbare Prozesse verlangt und dies trifft auf strategische Prozesse gerade nicht zu.

Informationssystem

Wenn ein Vorstandsvorsitzender verkündet, dass sein Unternehmen eine Umsatzrendite von 6,5 % anstrebt, dann wird er am Ende des Jahres feststellen wollen, ob sein Ziel erreicht wurde. Um die Umsatzrendite zu berechnen,

2. Kapitel: Rolle des Controllers im Unternehmen

braucht er die Umsätze und den Gewinn oder allgemein: Informationen. Die **Aufgabe von Informationssystemen** ist es, den internen und externen Adressaten Informationen zur Verfügung zu stellen, sodass sie ihre Aufgaben erfüllen können.

> **Lernziel 5:** Teilsysteme des Informationssystems unterscheiden und deren Bedeutung für das Controlling beurteilen.

Es gibt eine Vielzahl von einzelnen (Teil-)Informationssystemen im Unternehmen. Die folgende Einteilung knüpft an zwei Kriterien an:

1. die Art der Informationen und
2. die Adressaten.

Wie im Abschnitt über die Ziele angedeutet, spielen für das Controlling quantitative Informationen, insbesondere finanzielle Informationen, eine herausragende Rolle. Historisch sind die meisten Controllingstellen aus dem betrieblichen Rechnungswesen entstanden. Darstellung 5 (S. 27) zeigt die in diesem Buch verwendete Einteilung. Die Begriffe seien kurz erläutert, wobei die Art der Informationen, die überwiegend verarbeitet werden, hervorgehoben wird (vgl. Küpper, 2002, Sp. 2036 ff.).

- **Unternehmensrechnung**: Abbildung des Wirtschaftsgeschehens (Zustände, Prozesse) im Unternehmen und zwischen Unternehmen und Umwelt mithilfe von **quantitativen** Größen.
- **Betriebliches Rechnungswesen**: Abbildung des Wirtschaftsgeschehens (Zustände, Prozesse) im Unternehmen und zwischen Unternehmen und Umwelt mithilfe von **finanziellen** Größen.

Darstellung 5: Systeme der Unternehmensrechnung

Mit dem Terminus Abbildung ist gemeint, dass das wirtschaftliche Geschehen mithilfe von quantitativen und finanziellen Größen gemessen und bewertet wird. Historisch haben sich zwei Teilbereiche des betrieblichen Rechnungswesens entwickelt, das interne und das externe Rechnungswesen, wobei die Adressaten dieser Rechnungen jeweils andere Personen sind:

- Das **interne Rechnungswesen** ist auf das Management im Unternehmen gerichtet. Im angelsächsischen Sprachraum wird das interne Rechnungswesen als **Management Accounting** bezeichnet, wodurch deutlich wird, wer der Adressat der Informationen ist (vgl. Upchurch, 1998, S. 15 ff.).

- Hingegen soll das **externe Rechnungswesen** Personen außerhalb des Unternehmens wie Aktionäre, Kreditinstitute und das Finanzamt informieren.

Da das **externe Rechnungswesen** der Information von Außenstehenden dient, die nicht erkennen können, wie die Rechnung zustande kommt, legen der Gesetzgeber oder vom Gesetzgeber befugte Organisationen Inhalt und Form relativ umfangreich fest. Im Mittelpunkt des externen Rechnungswesens steht der Jahresabschluss mit seinen Bestandteilen und hier insbesondere die **Gewinn-und-Verlust-Rechnung**, die **Bilanz** sowie die **Kapitalflussrechnung**, die ein Bild über die Vermögens-, Ertrags- und Finanzlage vermitteln.

Seit einigen Jahren ist eine Tendenz zu beobachten, die vormals insbesondere in Deutschland sehr strikte Trennung zwischen internem und externem Rechnungswesen abzumildern. Ein wesentlicher Grund für diese Entwicklung ist die zunehmende Bedeutung der Kapitalmärkte und die damit einhergehende Veränderung der externen Rechnungslegung, die in Europa zur Einführung der IFRS (International Financial Reporting Standards) geführt hat. Durch ihre stärkere Ausrichtung an den Interessen der Eigenkapitalgeber gestatten die IFRS eine Angleichung an das interne Rechnungswesen, indem beispielsweise wesentliche Erfolgs-Steuerungsgrößen des Controllings aus einem IFRS-Abschluss abgeleitet werden. Daher nutzen eine Reihe von international agierenden Unternehmen die IFRS für eine weltweite einheitliche Steuerung ihres Konzerns und verknüpfen sie mit den Vergütungssystemen ihrer Top-Manager. Aus ihrer Sicht werden dadurch internationale Vergleiche innerhalb des Konzerns erleichtert, und nicht zuletzt erhoffen sie sich dadurch Kosteneinsparungen.

Im **internen Rechnungswesen** hingegen besteht die Fessel von Vorschriften des Gesetzgebers nicht, das Management ist frei zu entscheiden, wie die Rechnungen zu gestalten sind. In Darstellung 5 sind einige Teilsysteme des Rechnungswesens aufgelistet, die für Unternehmen besonders relevant sind. Dem internen Rechnungswesen wird die allgemeine **Aufgabe** zugewiesen, Informationen für unternehmensinterne Adressaten bereitzustellen. Dies schließt natürlich nicht aus, dass sie auch für die Kommunikation mit Kapitalmarktteilnehmern verwendet werden. Das Wort intern deutet darauf hin, dass die Vorgänge in diesem Informationssystem nicht für Außenstehende zugänglich sind. Informationen über die Kosten eines Produktes oder für einzelne Prozesse gehören zu den geschäftlichen Geheimnissen eines Unternehmens, die nicht an die Öffentlichkeit gelangen sollen. Es gibt viele

2. Kapitel: Rolle des Controllers im Unternehmen

verschiedene Ansätze, das interne Rechnungswesen zu definieren, für das Folgende soll eine einfache Abgrenzung genügen.

> Das **interne Rechnungswesen** ist ein Informationssystem, das unternehmensinternen Adressaten für ihre Aufgaben finanzielle Informationen zur Verfügung stellt.

Es besteht aus einer Reihe von Teilsystemen, die sich hinsichtlich ihrer Zielgrößen und Rechnungszwecke unterscheiden:
- Die **Kosten- und Erfolgsrechnung** ist eine kurzfristig orientierte Rechnung, die einen intern orientierten Erfolg berechnet;
- hingegen richtet sich die **Investitionsrechnung** auf einen langfristigen, intern orientierten Erfolg, der sich auf Projekte, Produkte (Produktlebenszyklusrechnung) oder das gesamte Unternehmen (Unternehmensbewertung) beziehen kann;
- die **Finanzrechnung** dient der Überwachung des Liquiditätsziels.

Da in diesem Buch der intern orientierte Erfolg des Unternehmens im Mittelpunkt steht, ist die Kosten- und Erfolgsrechnung das zentrale Informationssystem für das Controlling. Methoden der Investitionsrechnung sind jedoch relevant, weil auch langfristige Erfolgsrechnungen betrachtet werden sollen. Eine Reihe von Entwicklungen im internen Rechnungswesen spricht für eine zunehmende Berücksichtigung von langfristigen Aspekten. Das externe Rechnungswesen spielt in den Kapiteln zu den Erfolgszielen des internen Rechnungswesens und der marktwertorientierten Rechnung eine Rolle, da einerseits die interne Kosten- und Erfolgsrechnung und die externe Gewinn-und-Verlust-Rechnung abzugrenzen sind und andererseits zur Cashflow-Rechnung die Kapitalflussrechnung eines IFRS-Abschlusses herangezogen wird. Liquidität spielt in diesem Buch praktisch keine Rolle, daher wird die Finanzrechnung nicht behandelt.

Ausgangspunkt der Anforderungen an ein Informationssystem ist der **Rechnungszweck**, der den Wissenswunsch eines Mitarbeiters anzeigt. So ist ein Mitarbeiter im Marketing daran interessiert, die Umsatzzahlen für eine bestimmte Kundengruppe zu kennen, eine Geschäftsführerin will den Gewinn einer Unternehmenssparte erfahren und ein Werksleiter ist an den Kosten für einen Produktionsprozess interessiert. Dies führt zu den Rechnungszwecken.
- Der Marketingmitarbeiter **kontrolliert** eine Reihe von Marketingmaßnahmen, die an dieser Kundengruppe durchgeführt wurden.
- Die Geschäftsführung **steuert** ihre Sparten anhand von Kapitalrenditen, wofür sie Prognosen über die Gewinne benötigt.
- Die Werksleitung **kontrolliert** die neu eingeführten Prozesse, um die prognostizierten Kosteneinsparungen zu überprüfen.

Alle drei Mitarbeiter haben unterschiedliche Aufgaben im Unternehmen zu bewältigen, für die sie Informationen benötigen. Allerdings müssen die Aufgaben genauer festgelegt werden, da die Informationssysteme auf bestimmte Aufgaben spezialisiert sind. Wenn die Controller im Unternehmen von der

Geschäftsleitung gefragt werden, wie hoch denn der Gewinn im nächsten Jahr voraussichtlich sein wird, dann benötigen sie Informationen über die geplanten Erlöse und Kosten. Auskünfte über die geplanten Kosten werden mithilfe eines Systems der Plankostenrechnung eingeholt. Plankostenrechnungen dienen dem **Rechnungszweck** Planung der Kosten. Interessiert sich ein Werksleiter für die Gründe, warum die Materialkosten in der Fertigung gestiegen sind, so braucht er neben den Plankosten die Istkosten sowie die Abweichungen. Ein weiterer Rechnungszweck ist somit die Kontrolle der Kosten.

Planungs-ebene	Informations-systeme	Rechnungszwecke
strategisch	Investitions-rechnung	Planung von strategischen Programmen, Unternehmensbewertung
taktisch	Investitions-rechnung	Planung von Investitionsprojekten und -programmen
operativ	Kosten- und Erfolgsrechnung	Planung von Absatz- und Produktionsprogrammen Planung von einzelnen Kundenaufträgen Planung und Kontrolle von Produktkosten und Produkterfolgen Planung und Kontrolle von Periodenerfolgen (Betriebserfolg) für organisatorische Bereiche (Unternehmen, Bereiche, Profit-Center) Planung und Kontrolle von Kosten und Erlösen (Ermittlung der Vorgaben von Budgets) Planung und Kontrolle von Kosten und Erlösen für Projekte (Ermittlung der Vorgaben von Budgets)

Tabelle 4: Rechnungszwecke im internen Rechnungswesen

Jedes System lässt sich hinsichtlich dieser Rechnungszwecke genauer beschreiben, in Tabelle 4 sind für die Systeme des internen Rechnungswesens die wichtigsten Rechnungszwecke aufgelistet.

- Die **Kosten- und Erfolgsrechnung** versorgt die operative Planung und Kontrolle mit Informationen.
- Die **Investitionsrechnung** versorgt die strategische und taktische Planung und Kontrolle mit Informationen.

Wesentliche Unterschiede zwischen beiden Rechnungen sind die verwendeten Zielgrößen (Ein- und Auszahlungen sowie Kosten und Erlöse) und die Berücksichtigung der Zeitwerte der Rechnungen. All dies wird ausführlich im nächsten Kapitel erläutert.

Controlling im Unternehmen

Welche Aufgaben übernimmt nun das Controlling im Führungssystem, das in das Zielsystem, das Planungs- und Kontrollsystem sowie das Informationssystem geteilt wird? Sarah P., die Controllerin aus der Plasmo AG im

2. Kapitel: Rolle des Controllers im Unternehmen

Beispiel 2 (S. 12) versuchte in der Diskussion mit den Managern zu klären, welche Informationen erforderlich sind. Sie bringt die Manager dazu, klar darzulegen, warum sie bestimmte Informationen benötigen. Solche Prozesse laufen immer wieder ab, weil Informationssysteme geprüft werden, ob sie die notwendigen Informationen liefern. Idealtypisch steht der Informationsnachfrage des Managements ein Informationsangebot gegenüber, beide gelten als subjektive Größen, die es zu hinterfragen gilt, wie dies das Gespräch zwischen Manager und Controllerin zeigt. Wonach kann sich die Controllerin richten, gibt es ein objektives Vorgehen? Gemeinhin gilt der Informationsbedarf als objektive Komponente.

> **Lernziel 6:** Die Aufgaben des Controllings im Führungssystem erläutern.

Die **Ermittlung des Informationsbedarfs** erfolgt direkt im Zusammenhang mit den Planungs- und Kontrollaufgaben. Wenn eine Managerin prüfen will, ob die Kosten in einem Geschäftsbereich eine bestimmte Höhe nicht überschritten haben, dann muss es eine Rechnung im Unternehmen geben, die sämtliche Kosten des Geschäftsbereichs in einem bestimmten Zeitraum zusammenstellt.

In der betrieblichen Praxis ergeben sich aufgrund der Arbeitsteilung und der damit einhergehenden unterschiedlichen Sichtweisen der Beteiligten Diskrepanzen zwischen den drei Größen **Informationsbedarf, Informationsnachfrage und Informationsangebot**. Die laufende Abstimmung zwischen diesen drei Größen gehört zu den **zentralen Aufgaben des Controllings** im Führungssystem (vgl. Müller, 1974, S. 686 ff.). Sarah P. muss daher über Kenntnisse im Marketing und im Rechnungswesen verfügen, wenn sie die Marketing-Manager bei ihren Aufgaben unterstützen soll. Ihr Ziel ist es, die drei Kreise in Darstellung 6 zur Deckung zu bringen (vgl. Berthel, 1975, S. 30 ff.).

In dem Gespräch zwischen Controllerin und Marketing-Manager wird auch klar, dass die Controllerin nicht die Planungsaufgabe des Managements übernimmt, sie hat eine unterstützende, beratende Funktion. Der Marketing-Manager hält es für sinnvoll, einen Kundenwert zu ermitteln, er artikuliert eine Informationsnachfrage. Als Erstes ist zu fragen, wozu er dies ermitteln will. Zweck einer solchen Information ist die Möglichkeit, die Marketing-Instrumente gezielter nach Kundengruppen einzusetzen; bei der Planung der Marketing-Instrumente soll in Zukunft der Kundenwert berücksichtigt werden.

Rechnungszwecke im Beispiel sind die Planungsaufgaben im Management. Während des Gespräches ergeben sich weitere Möglichkeiten den Kundenwert einzusetzen. So ist schnell klar, dass der Kundenwert eine wichtige Information ist. Auf die Frage von Sarah P., was sich denn die Manager unter einem Kundenwert vorstellen, erhält sie doch sehr merkwürdige Antworten: „was uns ein Kunde bringt", „was uns ein Kunde wert ist", „was uns ein Kunde kostet" und „den Mehrwert, den ein Kunde schafft".

Sie können an diesen Formulierungen erkennen, dass es gar nicht so einfach ist, eine Informationsnachfrage derart auszusprechen, dass sie direkt mit dem Informationsangebot verglichen werden kann. Meist wird ein Übersetzer benötigt, der dies in die Sprache des Rechnungswesens übertragen kann (Sie werden dies in den nächsten Kapiteln lernen). Diese Aufgabe übernimmt das Controlling. Als Ergebnis der Diskussion könnte stehen, dass die Kosten- und Erfolgsrechnung die Kosten und Erlöse für Kunden jeden Monat bereitzustellen hat, so würde der Erfolgsbeitrag einzelner Kunden erkennbar sein. Da im internen Rechnungswesen der Plasmo AG eine solche Information nicht ermittelbar ist, muss die Kosten- und Erfolgsrechnung geändert werden.

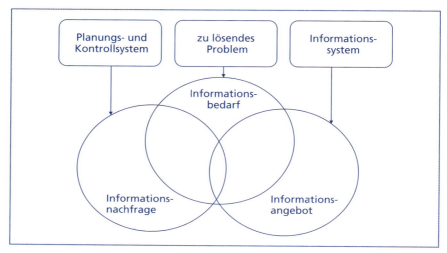

Darstellung 6: Controlling und Informationskoordination
(Quelle: in Anlehnung an BERTHEL, 1975, S. 30)

Das Controlling soll dafür sorgen, dass dem Management die relevanten Informationen zur Verfügung gestellt werden. Wie das Beispiel gezeigt hat, setzt dies voraus, dass die Aufgaben des Managements und damit die Rechnungszwecke bekannt sind, d. h., es muss analysiert werden, welche Entscheidungen in Zukunft zu treffen sind. Da es in der Regel etwas kostet, Informationen bereitzustellen, ist es sinnvoll, sich zu fragen, ob diese Information auch in Zukunft benötigt wird und das Informationssystem eine laufende Versorgung zu gewährleisten hat. Im Beispiel wurde dies bejaht und folglich muss die Kosten- und Erfolgsrechnung erweitert werden.

Im Beispiel wurde das Planungs- und Kontrollsystem mit dem Informationssystem verknüpft, genau dies ist die Aufgabe des Controllings: Controlling steuert die Planungs- und Kontrollprozesse sowie die Informationsprozesse, um sie aufeinander abzustimmen. Planungs-, Kontroll- und Informationsprozesse werden gesteuert, weil die Ziele des Unternehmens erreicht und überprüft werden sollen. Controlling richtet sich insbesondere an den Zielen

2. Kapitel: Rolle des Controllers im Unternehmen

aus, die sich in finanzielle oder quantitative Größen darstellen lassen. Eine kurze schlagwortartige Definition lautet damit:

> **Controlling** ist die unterstützende erfolgszielorientierte Steuerung von Führungssubsystemen.

Auch wenn dieses Buch primär dem Erfolgsziel gewidmet ist, wird in diesem Kapitel Controlling als Konzeption vorgestellt, die weitere Ziele von Unternehmen berücksichtigt. Es ist allerdings im Hinblick auf die Koordination zu bedenken, dass eine Abstimmung erheblich erleichtert wird, wenn die Ziele in einer Dimension gemessen werden. Dies ist ein Grund, warum im Controlling finanzielle Ziele vorherrschen und die Instrumente sich dementsprechend auch auf finanzielle Ziele beziehen.

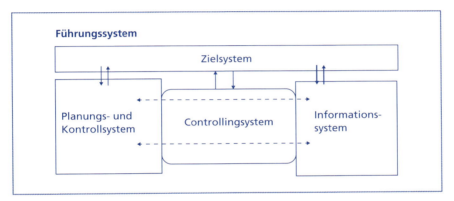

Darstellung 7: Controlling als Teil des Führungssystems

Sarah P. und ihre Controller sorgen dafür, dass im Unternehmen geplant und kontrolliert wird und die erforderlichen Informationen bereitgestellt werden. Das Selbstverständnis von Sarah P. und ihren Kollegen ist das von internen Beratern, die den Managern bei der Bewältigung ihrer Aufgaben helfen. Diese Auffassung des Controlling entspricht auch der Rolle, welche die überwiegende Mehrheit der Controller in Unternehmen gegenwärtig und zukünftig einnehmen wollen (vgl. Weber et al., 2006, S. 44 f., umfassend zum Verständnis von Konzerncontrollern der DAX 30-Unternehmen Weber, 2008). Darstellung 7 ist nur eine sehr grobe Skizze und zeigt daher nicht, welche besonderen Aufgaben das Controlling innehat. Daher soll auf eine aktuelle Studie Bezug genommen werden, die die zeitliche Aufteilung der Aufgaben des Controllings in deutschen Unternehmen beschreibt (s. Empirische Untersuchung 1).

Sie zeigt, dass nach wie vor der Mitwirkung bei der Planung und Kontrolle in allen seinen Ausprägungen eine hohe Bedeutung zukommt, dass Controller nicht primär Kostenrechner sind, sondern diese Systeme z. B. in der Budgetplanung und -kontrolle nutzen, dass Projektarbeit und Beratung des Manage-

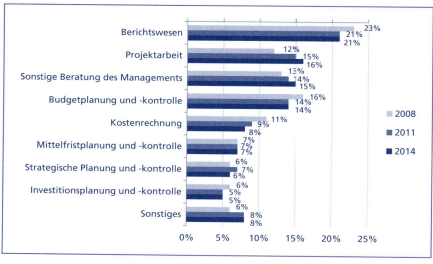

Empirische Untersuchung 1: Aufgaben des Controllings in Deutschland (Verteilung der Arbeitszeit; Quelle: Schäffer & Weber, 2015, S. 13)

ments tendenziell mehr Zeit in Anspruch nehmen. Abschließend skizziert Forschungsreport 1 die wissenschaftlichen Bemühungen, die Besonderheiten von Controlling-Systemen zu erklären

Forschungsreport 1: Controlling-Systeme

In der Forschung zum Controlling ist viel von Systemen die Rede. So werden in diesem Buch wichtige Teilsysteme wie das Planungs- und Kontrollsystem sowie das Informationssystem behandelt. Die Vorzüge dieser Betrachtungsweise werden häufig damit begründet, dass so die Zusammenhänge und Abhängigkeiten angemessen beschrieben und erklärt werden können. Darüber hinaus wird die ganzheitliche Betrachtung von Systemen betont, d. h., dass die Betrachtung des Gesamtsystems zeigt, dass es mehr als die Summe der einzelnen Teilsysteme ist. In der deutschsprachigen Literatur wurde besonderes Gewicht auf die Koordination zwischen den Teilsystemen gelegt. Und in Folge dieser Diskussion kristallisierten sich **koordinationsorientierte** (HORVÁTH, KÜPPER) Ansätze heraus, die später mit einem stärker auf individuelle Fragestellungen zielenden Ansatz erweitert wurden. Dieser **rationalitätsorientierte** (WEBER, SCHÄFFER) Ansatz des Controllings führte zu einer vermehrten Beachtung verhaltenswissenschaftlicher Theorien.

In jüngster Zeit wird in der Controlling-Forschung die ganzheitliche Betrachtung näher beleuchtet. So schlugen MALMI & BROWN einen Bezugsrahmen vor, der dazu dienen soll, Konfigurationen von Controlling-Systemen zu beschreiben. Sie nehmen an, dass Unternehmen ihr gesamtes Controlling-System gestalten und somit in der betrieblichen Praxis bestimmte Kombinationen von Ausprägungen der Teilsysteme zu finden sind. Es ist nicht ganz leicht, diese **Konfigurationen** in der Praxis zu erforschen, denn die Erfassung von sehr vielen Variablen eines Controlling-Systems sprengt häufig den Rahmen wissenschaftlicher Untersuchungen. Dies ist ein Grund, warum in der Controlling-Forschung Studien dominieren, die sich einzelnen Teilaspekten widmen.

2. Kapitel: Rolle des Controllers im Unternehmen

> Als noch gravierender stellt sich allerdings ein anderes Problem heraus. Wer behauptet, dass nur die gesamthafte Analyse von Controlling-Systemen sinnvoll ist, um den Erfolg bestimmter Konfigurationen (Kombinationen) zu erklären, lädt sich eine hohe Beweislast auf. Es muss dann gezeigt werden, dass die Interaktion zwischen den Teil-Systemen des Controllings positiv auf den Erfolg wirkt. Wenn der Nachweis von positiven Interaktionen hingegen nicht erbracht werden kann, dann ist die isolierte Betrachtung völlig ausreichend. Mit der Anzahl der Variablen, die für eine solche Analyse herangezogen werden, steigen die Anforderung an eine statistische Analyse. Dies ist sicherlich ein weiterer Grund, warum Untersuchungen, die sich ausdrücklich dieser Interaktionen widmen, äußerst selten sind.
> (Quellen: Brühl, 1992; Brynjolfsson & Milgrom, 2013; Grabner & Moers, 2013; Hanzlick & Brühl, 2013; Horváth, 1978; 2009; Küpper, 1987; 2013; Malmi & Brown, 2008; Müller, 1974; Ossadnik, 2009; Richter, 1987; Weber & Schäffer, 1999; 2014)

Instrumente des Controllings

Controller setzen für die Bewältigung ihrer Aufgaben Instrumente ein. Da der Begriff Instrument auch im Folgenden verwendet wird, ist sein Inhalt klarzustellen.

- **Instrumente** sind reglementierte Anweisungen zur Informationsgewinnung, -verarbeitung und -übermittlung für das Führungssystem. Sie werden als Hilfsmittel verwendet, um Managementaufgaben zu lösen.

Dabei sollte die Reglementierung nicht zu eng gesehen werden, denn Regeln müssen flexibel einsetzbar und veränderbar sein. Wird die Definition mit der Koordination verknüpft, so erhält man folgenden Begriff:

- **Koordinationsinstrumente** sind Regelungen, die unter Berücksichtigung der Interdependenzen zwischen den Systemen und Menschen im Unternehmen eine Abstimmung im Hinblick auf das angestrebte Ziel ermöglichen. Koordinationsinstrumente dienen dem Zweck, Interdependenzen zwischen den Planungen (Entscheidungen) so zu berücksichtigen, dass die Ziele des Unternehmens bestmöglich erfüllt werden.

Die Planung von Absatz- und Produktionsmengen ist ein Beispiel für **sachliche Interdependenzen**, die es vielfältig im Unternehmen gibt, z. B. bestehen gleiche Interdependenzen zwischen Beschaffung und Produktion. Sachliche Interdependenzen sind das Ergebnis der Arbeitsteilung im Unternehmen, ihnen wird mit Koordinationsinstrumenten wie z. B. einer Budgetierung begegnet. Sachliche Interdependenzen beruhen auf der Arbeitsteilung und Organisation im Unternehmen, sie verändern sich daher je nach gewählter Organisationsform. Wichtige Interdependenzen treten auf, wenn Ressourcen gemeinsam genutzt werden, Leistungen zwischen Bereichen ausgetauscht werden oder Bereiche auf den gleichen Märkten operieren (vgl. Rollberg, 2001, S. 16 ff.). **Verhaltensinterdependenzen** treten zwischen Menschen in Unternehmen auf, denn gegenseitige Beeinflussung zwischen Managern oder Mitarbeitern ist dort die Regel. Da davon auszugehen ist, dass in Unternehmen Menschen handeln, ist damit zu rechnen, dass sie sich gegenseitig beeinflussen.

> **Lernziel 7:** Koordinationsinstrumente des Controllings kennen und erläutern.

Die Definition ist bewusst allgemein gehalten, um die verschiedenen Interdependenzen zu berücksichtigen (vgl. den Überblick in Kieser & Walgenbach, 2010, S. 100 ff.). Im Wesentlichen lassen sich die Koordinationsinstrumente in zwei große Gruppen teilen, wobei als Kriterium das angestrebte Ziel gewählt wird (vgl. Brühl, 1992, S. 81 ff.):

1. **aufgabenorientierte** (Sachziel-) Koordinationsinstrumente und
2. **erfolgszielorientierte** Koordinationsinstrumente.

Wie kann die oberste Leitung dafür sorgen, dass alle Manager und Mitarbeiter daran arbeiten, die gemeinsamen Ziele zu erreichen? Sie kann zum einen sagen, welche konkreten Sachziele von jedem erwartet werden, und zum anderen, welche Erfolgsziele erreicht werden sollen. **Aufgabenorientierte Koordinationsinstrumente** dienen dazu, die Aufgaben (Sachziele) im Unternehmen so zu organisieren, dass eine Abstimmung im Hinblick auf die Aufgabe (Sachziel) möglich ist. Die Leitung schafft damit allerdings nur den Rahmen, in dem sich die Prozesse im Unternehmen bewegen: Sie schafft eine Struktur, in der Regel eine Aufbau- und Ablaufstruktur. Da sich die Zukunft nicht vorhersagen lässt, müssen die strukturellen Instrumente wie Stellenbildung und Prozesse um einzelfallbezogene Regelungen ergänzt werden. Wenn die Produktmengen und die Absatzmengen aufeinander abgestimmt werden sollen, ist die Frage, wie denn festgelegt werden soll, welche Mengen produziert und abgesetzt werden sollen. Innerhalb des strukturellen Rahmens lassen sich viele unterschiedliche Alternativen realisieren, für welche soll sich das Management entscheiden?

Solche Entscheidungen können mithilfe der **erfolgszielorientierten Koordinationsinstrumente** getroffen werden. Es wird z. B. mithilfe einer Erfolgsplanung die optimale Produktionsmenge ausgewählt. Eine ausschließliche Koordination und Entscheidung auf Basis der aufgabenorientierten Instrumente ist nicht möglich, da sich aus dem Sachziel keine Kriterien ableiten lassen, durch die die unterschiedlichen Alternativen beurteilt werden können; insbesondere ist es nicht möglich, etwas über den Erfolg einzelner Maßnahmen zu sagen. Da die Koordination im Hinblick auf Ziele erfolgt, ist es von Vorteil, wenn die zu koordinierenden Alternativen in einer gemeinsamen Dimension gemessen werden können. Finanzielle Koordinationsinstrumente sind am weitesten verbreitet, da sie eine Messung in der gemeinsamen Dimension Währung ermöglichen. Es ist daher nicht verwunderlich, dass eines der wichtigsten Ziele der monetäre Erfolg ist. Controlling unterstützt daher die Führung bei der erfolgszielorientierten Koordination im Führungssystem.

> **Controlling-Instrumente** sind Regelungen, die unter Berücksichtigung von Interdependenzen zwischen und innerhalb des Planungs- und Kontrollsystems sowie der Informationssysteme zur erfolgszielorientierten Steuerung dieser Subsysteme verwendet werden.

2. Kapitel: Rolle des Controllers im Unternehmen

Tabelle 5 zeigt die in diesem Buch behandelten Instrumente des Controllings. Die periodischen Instrumente sind in Unternehmen weit verbreitet und sie werden in vielen Unternehmen anzutreffen sein.

Controlling-Instrumente werden **periodisch** eingesetzt, um in bestimmten Zeitabständen wiederkehrend Erfolgsziele zu planen und zu kontrollieren, der jährliche Budgetprozess in vielen Unternehmen ist dafür ein Beispiel. Soll das Controlling das Management von Projekten unterstützen, werden **aperiodische** Instrumente wie eine Projektkostenplanung und -kontrolle verwendet.

	Zielsystem	Planungssystem Kontrollsystem	Informationssystem
periodisch	Erfolgsplanung und -kontrolle (internes Rechnungswesen) (Kapitel 4, 5, 6 und 8)		
	Budgetsystem (Kapitel 9 und 10)		
	Kennzahlensystem (Kapitel 13)		
	Verrechnungspreissystem (Kapitel 11)		
aperiodisch	Zielkostenplanung und -kontrolle (Kapitel 7)		
	Unternehmensbewertung (Kapitel 12)		

Tabelle 5: Ausgewählte Controlling-Instrumente

Insbesondere in großen deutschen Unternehmen wandelt sich die Rolle des externen Rechnungswesens für das Controlling. Durch die Einführung der IFRS für kapitalmarktorientierte Unternehmen wird den Interessen der Eigenkapitalgeber mehr entsprochen als in der HGB-Rechnungslegung. Etwas verkürzend lässt sich konstatieren, dass das externe Rechnungswesen mit seiner stärkeren Entscheidungsorientierung einige Schritte in Richtung des internen Rechnungswesens getan hat. Dies hängt unter anderem mit dem Grundsatz des Management-Approach zusammen, der verlangt, dass die Unternehmenssituation aus Sicht des Managements dargestellt werden soll. Da er in verschiedenen Standards fixiert ist (vgl. Weißenberger & Maier, 2006, S. 2079), ergeben sich unterschiedliche neue Aufgaben. Mit dieser Entwicklung geht daher einher, dass Controller zunehmend Aufgaben als Dienstleister für das externe Rechnungswesen übernehmen (vgl. Weißenberger & Arbeitskreis „Controller und IFRS" der International Group of Controlling, 2006, S. 348 ff.).

Nicht explizit erwähnt sind die Anreizsysteme, die am Ende des Buches behandelt werden, da **Anreizsysteme** als Koordinationsinstrument eingesetzt werden, um Verhaltensinterdependenzen zu berücksichtigen. Sie lassen sich daher parallel zu allen Controlling-Instrumenten einsetzen.

Wenn Sie die Instrumente des Controllings genauer betrachten, sehen Sie, dass einige Instrumente für Entscheidungen über Projekte eingesetzt werden. Solche Entscheidungen sind typisch für die taktische oder strategische Planungsebene. Controlling unterstützt das Management auf allen Planungs-

und Kontrollebenen, allerdings werden speziell in Deutschland nur zwei Controllingebenen unterschieden:

1. das **operative Controlling**, das sich auf die operative und taktische Ebene richtet, und
2. das **strategische Controlling**, welches strategische Planung und Kontrolle steuert.

Warum ist eine solche Trennung sinnvoll? Hierzu ist es hilfreich, sich wesentliche Unterschiede zwischen den zwei Varianten klarzumachen (s. Tabelle 6).

> **Lernziel 8:** Unterschiede zwischen operativem und strategischem Controlling erörtern.

Operatives Controlling konzentriert sich auf die Planungs- und Kontrollprobleme der operativen und taktischen Ebene, was sich insbesondere auf den Einsatz der Controlling-Instrumente auswirkt. Es überwiegen Instrumente, die mit finanziellen Zieldimensionen arbeiten, wie Budget- oder Kennzahlensysteme, viele Informationen stammen aus dem betrieblichen Rechnungswesen. **Strategisches Controlling** hingegen orientiert sich an den strategischen Problemen, die sich dadurch auszeichnen, dass sie qualitativen Charakter haben und die wichtigen Informationen aus der Umwelt des Unternehmens stammen (weitere Unterschiede in Langguth, 1994, S. 24).

Controlling hat sich in den Unternehmen in vielen Schritten entwickelt, wobei meist zuerst das interne Rechnungswesen weiterentwickelt wurde, denn es sollte zu einem Informationssystem ausgebaut werden, welches das Management unterstützt. Erst viel später und insbesondere in Deutschland wurden dem Controlling klassische Aufgaben im Bereich der strategischen Planung und Kontrolle übertragen. Getragen war diese Entwicklung von dem Gedanken, die ohne Zweifel fruchtbare Implementierung des operativen Controllings auf die strategische Ebene zu übertragen.

Controllingtypen / Kriterien	Operatives Controlling	Strategisches Controlling
Planungsebenen	operativ, taktisch	strategisch
Zielgrößen	kalkulatorischer Erfolg, Liquidität, Return on Investment, Kapitalwert	Erfolgspotenzial (Chancen/Risiken, Stärken/Schwächen)
Zieldimension	überwiegend finanziell	überwiegend qualitativ
Herkunft der Informationen	überwiegend Unternehmen	überwiegend Umwelt
Freiheitsgrad	gering	hoch
Strukturiertheit	stark	schwach

Tabelle 6: Unterschiede zwischen operativem und strategischem Controlling (Quelle: erweitert übernommen aus Horváth et al., 2015, S. 109)

2. Kapitel: Rolle des Controllers im Unternehmen

Einflussfaktoren auf das Controllingsystem

Das Controlling ist somit in seinen wesentlichen Bestandteilen beschrieben und sein Instrumentarium eingeteilt. Wenn Sie sich Controllingsysteme in der Praxis anschauen, werden Sie Gemeinsamkeiten feststellen, Sie werden aber auch bemerken, dass sie sich in vielerlei Hinsicht unterscheiden. So verwenden manche Unternehmen eine Balanced-Scorecard, andere Unternehmen setzen sie hingegen nicht ein. In der Forschung wird danach gefragt, warum sich Unternehmen in ihren Controlling-Systemen unterscheiden. Es wird meist allerdings ein eingeschränkter Blick gewählt und einzelne Controllingphänomene betrachtet, um sie auf Einflussfaktoren zu untersuchen. Im Folgenden wird ein Grundmodell skizzenhaft vorgestellt, um die im Buch referierten Forschungsergebnisse einzuordnen.

> **Lernziel 9:** Wesentliche Einflussfaktoren auf das Controlling kennen und erläutern.

Darstellung 8 zeigt beispielhaft Faktoren, die das Controlling beeinflussen; es ist keine Vollständigkeit angestrebt. Es lassen sich drei Kategorien unterscheiden.

- **Kollektive Faktoren** (Makro-Ebene): Sie beruhen auf Einflüssen, die sich aus dem Unternehmensumfeld ergeben, insbesondere Kulturdimensionen und weitere institutionelle Faktoren.
- **Organisationale Faktoren** (Meso-Ebene): Sie werden in Darstellung 8 als organisationaler Kontext beschrieben, weil sie sich maßgeblich auf Entscheidungen im Unternehmen zurückführen lassen.
- **Individuelle Faktoren** (Mikro-Ebene):

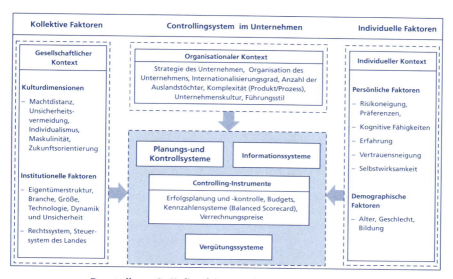

Darstellung 8: Einflussfaktoren des Controllingsystems

Die Gestaltung und Nutzung von Controlling-Systemen ist von kollektiven, organisationalen und individuellen Faktoren abhängig, d. h., je nach Ausprägung dieser unabhängigen Variablenkategorien werden sich Controlling-Phänomene als abhängige Variable verändern. Dies sei an einigen Beispielen für die drei Kategorien erläutert.

In der Regel haben **organisationale Faktoren** einen sehr hohen Einfluss. Wenn ein Unternehmen eine Qualitätsstrategie verfolgt, die mit einem hohen Grad an Innovation einhergeht, dann wird das Unternehmen tendenziell mehr Wert auf den Einsatz von subjektiven, nicht-finanziellen Indikatoren zur Leistungsmessung legen. Konkurriert ein Unternehmen eher über den Preis und weniger über die Qualität, dann wird es tendenziell mehr quantitative, insbesondere finanzielle Kennzahlen einsetzen (vgl. Van der Stede et al., 2006).

Mit dem Internationalisierungsgrad, der Anzahl der Auslandstöchter und einem komplexen Produktprogramm steigt tendenziell die Verflechtung zwischen den Organisationseinheiten in einem internationalen Unternehmen. Dies führt wiederum zu einem hohen Stellenwert von Verrechnungspreisen zur erfolgsorientierten Steuerung des Unternehmens. Wenn Tochterunternehmen eines Konzerns untereinander Güter liefern, entstehen konzerninterne Leistungsverflechtungen, für die angemessene Preise zu entrichten sind. Überqueren die Güter nationale Grenzen, dann sind Verrechnungspreise zu bilden, die sich nach internationalen Standards zu richten haben. Verrechnungspreise haben jedoch nicht nur steuerrechtliche Konsequenzen, die sich in entsprechenden Steuerzahlungen niederschlagen. Verrechnungspreise schlagen sich in den Erfolgsrechnungen der am Leistungstransfer beteiligten Unternehmen nieder und wirken sich somit auf deren Beurteilung aus.

Kollektive Faktoren wirken vielfach auf das Controlling. Internationalisierung und Globalisierung prägen seit vielen Jahren die Unternehmenswelt in Deutschland und in anderen Nationen. Deutschland gehört seit vielen Jahren zu den exportstärksten Nationen der Welt und deutsche Unternehmen sind auf vielen internationalen Märkten Weltmarktführer. Jeder Nationalstaat ist souverän in der Setzung von Recht innerhalb seiner Landesgrenzen, so dass sich Unternehmen an andere gesellschafts-, steuer-, arbeits-, sozial- und umweltrechtliche Vorschriften anpassen müssen. So gibt es in Deutschland eine Reihe von Rechten für Arbeitnehmer, z. B. die Mitbestimmung, die in anderen Ländern nicht gewährt werden.

Dynamik und Unsicherheit sind sehr allgemeine Kategorien, die spezifiziert werden. Für internationale Unternehmen sind das z. B. Länderrisiken; die aufgrund der ökonomischen, sozialen oder politischen Situation eines Landes auftreten. Sie können zu Verfehlung von Zielen in diesem Land führen. So bestehen in manchen Ländern eingeschränkte Dispositionsfreiheiten oder es treten gar Enteignungen von Privatunternehmen auf. Möglich sind auch weniger drastische Beschränkungen, die es den Unternehmen erschweren, Gewinn- und Kapitaltransfers zwischen dem Land und dem Stammland des Unternehmens durchzuführen.

2. Kapitel: Rolle des Controllers im Unternehmen

Kulturelle Unterschiede zwischen den Mitarbeitern im Stammland und dem Gastland haben einen Einfluss auf das Controlling-System, weil sich die oft als Routinen, nicht bewusst gesteuerten kulturellen Praktiken in Handlungen der Mitarbeiter niederschlagen. Aufbauend auf einer Studie von HOFSTEDE (1980) wird versucht diese Unterschiede auf Kulturdimensionen wie der Machtdistanz oder der Unsicherheitsvermeidung zurückzuführen (vgl. den Überblick in Hoffjan et al., 2005). So wundern sich beispielsweise Mitarbeiter aus Ländern Süd-Amerikas über den hohen Formalisierungsgrad der Planungs- und Kontrollprozesse deutscher Unternehmen und ziehen eine deutlich geringere Formalisierung vor. Eine mögliche Erklärung könnte sein, dass in der deutschen Kultur formale Regeln zur Unsicherheitsvermeidung eingesetzt werden, die tendenziell höher ist als in Süd-Amerika (vgl. Sully de Luque & Javidan, 2004, S. 622). Des Weiteren kann es Missverständnisse bei der Informationsversorgung geben, weil es in einigen Ländern üblich ist, zu informieren (Bringschuld), in anderen Ländern hingegen davon ausgegangen wird, dass Information eine Holschuld ist.

Controlling-Systeme werden aber auch von Individuen beeinflusst (**individuelle Faktoren**). Individuelle Unterschiede können sich z. B. auf die Erfahrung im Unternehmen beziehen. So verfügen erfahrenere Manager (Experten) über weniger komplexe Ursache-Wirkungsbeziehungen der Sachverhalte in ihrem Unternehmen als Manager mit geringerer Erfahrung (Novizen); dies ist ein Grund, warum sie häufig schneller und präziser entscheiden. Da für die Beratung im Controller-Manager-Verhältnis Vertrauen notwendig ist, spielt das Vertrauen in die Fähigkeiten des Controllers eine große Rolle (vgl. Nitzl et al., 2015).

Theorien des Controllings

In der Controlling-Forschung wird eine unübersehbare Vielzahl von Theorien eingesetzt, um die Wirkungen der Einflussfaktoren auf das Controlling zu erklären. In diesem Abschnitt werden nur einige davon kurz angerissen, um eine Orientierung zu erlauben.

> **Lernziel 10:** Wichtige Theorien des Controllings einteilen und kurz beschreiben.

Um sich in der Vielfalt der Forschung zum Controlling orientieren zu können bietet es sich an, die Forschung zumindest grob zu kategorisieren (vgl. Brühl, 2011b, S. 769 ff.).

- **Betrachtungsebene der Theorien**: (1) Theorien, die Individuen untersuchen (Mikro-Ebene); (2) Theorien, die sich auf Unternehmen und Unternehmenskooperationen konzentrieren (Meso-Ebene); (3) Theorien, welche die Umfeldperspektive zu Organisationen wie z. B. Märkte einnehmen (Makro-Ebene). Die Ebenen sind zwar als Betrachtungsschwerpunkte aufzufassen, dies bedeutet jedoch nicht, dass die Phänomene der anderen Ebenen nicht berücksichtigt werden.

- **Wissenschaftsprogramme**: (1) Das ökonomische Wissenschaftsprogramm legt ein Modell wirtschaftlicher Handlungen zugrunde, dass sich am Rationalprinzip orientiert und von einer Nutzenmaximierung der nur von ihren eigenen Interessen geleiteten Akteure ausgeht. (2) Das sozial- und verhaltenswissenschaftliche Wissenschaftsprogramm bedient sich zum Einen der psychologischen Forschung, um beispielsweise die kognitiven und affektiven Eigenschaften der Akteure im Rechnungswesen zu untersuchen, und zum Anderen der Soziologie oder Politikwissenschaft, um beispielsweise die sozialen und politischen Funktionen des Controllings in Unternehmen und der Gesellschaft zu analysieren.

Ausgehend vom **ökonomischen Wissenschaftsprogramm** wurden rationale Handlungstheorien (rational choice theory) konzipiert, die auch Anhänger in der Soziologie und Politikwissenschaft fanden. Sie teilen gemeinsame Modellvorstellungen für die Rationalität und die Nutzenvorstellungen von sozialen Akteuren, aus denen sich durch Variation ihrer Annahmen eine Vielzahl weiterer Modelle entwickeln lassen. Auf der Mikro-Ebene haben sich auf dieser Basis die Modelle der präskriptiven **Entscheidungs- und Spieltheorie** entwickelt, wobei insbesondere letztere auch die Interaktion zwischen Individuen und zwischen Organisationen modelliert (Meso). Es ist zu beachten, dass ökonomische Theorien vom Vorrang des Individuums vor der kollektiven Ebene der Organisation ausgehen; sogenannter methodologischer Individualismus (vgl. Brühl, 2015, S. 52 ff.).

Mit der **Prinzipal-Agenten-Theorie** werden Beziehungen zwischen dem Agent und dem Prinzipal mit dem Zweck untersucht, Regelungen zu finden, die es dem Prinzipal ermöglichen, den Agenten so zu steuern, dass seine Ziele erreicht werden (vgl. zum Gegenstand der Prinzipal-Agenten-Theorie Elschen, 1991, S. 1004 ff.). Eine Steuerung ist notwendig, wenn davon ausgegangen wird, dass der Agent nicht im Interesse des Prinzipals handelt. Dies kann auf verschiedenen Ursachen beruhen (vgl. Ewert & Wagenhofer, 2014, S. 392 ff.; Ewert, 1992, S. 279 ff.):

- Aufgrund unterschiedlicher Ziele und Präferenzen zwischen Menschen kommt es zu **Zielkonflikten**.
- Die notwendige Delegation im Unternehmen führt dazu, dass die Bereichs- und Spartenmanager im Unternehmen über bessere Informationen verfügen als die Zentrale, es besteht eine **Informationsasymmetrie** zwischen Bereich und Zentrale.

In der Prinzipal-Agenten-Theorie wird in der Regel normativ gearbeitet, da auf Basis von Annahmen mathematische Modelle formuliert werden. Aus mathematischen Modellen lassen sich nur analytische Aussagen ableiten, d.h., sie erklären nicht die Realität – hierzu ist eine positive Theorie notwendig –, sondern liefern das Bild einer Modellwelt. Ihre Lösungen müssen daher immer mit Blick auf ihre Annahmen bewertet werden. Insbesondere für komplexe Sachverhalte, wie sie häufig in Führungs- und Controllingsystemen vorliegen, ist es allerdings erst mit solchen Modellen möglich, typische Gestaltungsvarianten zu unterscheiden und zu beurteilen (ähnlicher Ansicht Dierkes & Schäfer, 2008, S. 26).

Als weiteres Beispiel für eine Theorie des ökonomischen Wissenschaftsprogramms sei die **Transaktionstheorie** genannt, mit deren Hilfe Phänomene beschrieben und erklärt werden, die sich auf die Gestaltung von Controlling-Systemen in einer Supply Chain beziehen.

Im **sozial- und verhaltenswissenschaftlichen Wissenschaftsprogramm** werden sehr vielseitige Theorien eingesetzt. Wenn sich die Forschung auf individuelles Verhalten konzentriert, ist meist die Psychologie beteiligt. Denn das Verhalten von Menschen ist das bevorzugte **Forschungsobjekt von Psychologen**, die insbesondere in den Disziplinen Organisations- und Betriebspsychologie betriebswirtschaftliche Fragestellungen unter dem Aspekt der Psychologie behandeln. **Menschliches Verhalten** hängt von den kognitiven, emotionalen und sozialen Fähigkeiten des Einzelnen ab und da Menschen unterschiedliche Fähigkeiten haben, ist die Vorhersage von Verhalten nicht mit Sicherheit möglich. Da die Steuerung von Menschen im Unternehmen als Aufgabe dem Controlling zugewiesen wird, sind verhaltenswissenschaftliche Untersuchungen über z. B. die Wirkung von Controlling-Instrumenten zu berücksichtigen (vgl. den Überblick in Hirsch, 2008; Littkemann, 2009; umfassend in Hirsch, 2007). Bisher gibt es aber keine systematische und bestätigte Theorie des menschlichen Verhaltens, auf die das Controlling zurückgreifen kann.

Eine prominente Theorie der **Soziologie**, die über die Organisationsforschung ihren Weg in die Controlling-Forschung genommen hat, ist der Neoinstitutionalismus. Kernaussage des Neoinstitutionalismus ist, dass ein aus institutionalisierten Erwartungsstrukturen bestehendes Makroumfeld die formale Struktur und das Handeln von Organisationen nachhaltig prägt. Organisationen sind mit Erwartungen ihres Umfeldes konfrontiert, wie eine für sie effektive und effiziente Struktur auszugestalten ist. Illustrieren lässt sich dies mit dem Druck, der in den 90er Jahren des 20. Jahrhunderts von finanziellen Stakeholder-Gruppen auf kapitalmarktorientierte Unternehmen ausgeübt wurde, ihre Steuerungssysteme stärker auf Kapitalmärkte auszurichten. Diese Gruppen bewerteten Unternehmen, wenn die Kapitalmarktorientierung gelang, dadurch, indem sie ihnen Legitimität verlieh.

Schlüsselwörter

Betriebsvergleich (25)
Controlling (33)
Controlling-Instrumente (36)
Entscheidung (13)
Ergebniskontrolle (24)
Fortschrittskontrolle (25)
Informationsasymmetrie (42)
Informationsbedarf (13)
Kontrolle (23)
Koordinationsinstrument (35)
Nachhaltigkeit (19)

Planung (12)
Planung, operative (22)
Planung, strategische (21)
Planung, taktische (22)
Planungsebene (21)
Planungshorizont (21)
Prämissenkontrolle (25)
Realisationskontrolle (24)
Rechnungswesen, betriebliches (27)
Rechnungswesen, internes (29)
Rechnungszweck (29)

Rentabilität (17)
Sachziel (17)
Steuerung (13)

Unternehmensrechnung (27)
Zeitvergleich (25)
Ziel (15)

Kontrollfragen

1. Welche Phasen des Führungsprozesses lassen sich unterscheiden?
2. Erläutern Sie die drei Betrachtungsweisen der Systemanalyse.
3. Beschreiben Sie die verschiedenen Teilsysteme des Führungssystems.
4. Welche Anspruchsgruppen im Unternehmen kennen Sie, und welche Ziele verfolgen diese Gruppen?
5. Beschreiben Sie die drei Zieldimensionen, nennen Sie jeweils Beispiele für die Zielkategorien.
6. Welche Dimensionen der Nachhaltigkeit sind Ihnen bekannt?
7. Welche grundlegenden Merkmale kennzeichnen die Planung?
8. Was ist ein Planungshorizont?
9. Erläutern Sie die zeitliche und sachlich-zeitliche Einteilung des Planungssystems.
10. Beschreiben Sie wichtige Probleme, die bei der Planung in internationalen Unternehmen auftreten.
11. Definieren Sie die Kontrolle.
12. Beschreiben Sie die vier Formen der Ergebniskontrolle.
13. Erläutern Sie die unterschiedlichen Teilsysteme des Informationssystems.
14. Was ist ein Rechnungszweck?
15. Nennen Sie wichtige Rechnungszwecke für die einzelnen Teilsysteme des internen Rechnungswesens.
16. Definieren Sie den Begriff Informationsbedarf.
17. Beschreiben Sie die Aufgabe des Controllings im Führungssystem anhand der Informationsnachfrage, dem -angebot und dem -bedarf.
18. Definieren Sie den Begriff Controlling.
19. Charakterisieren Sie die Steuerungsleistung des Controllings im Führungssystem.
20. Unterscheiden Sie die unterschiedlichen Interdependenzen, die im Unternehmen auftreten können.
21. Warum treten im Unternehmen Verhaltensinterdependenzen auf?
22. Erläutern Sie den Zweck von Koordinationsinstrumenten und gehen Sie auf die Systematik von Koordinationsinstrumenten ein.
23. Nennen Sie die Controllinginstrumente.
24. Erläutern Sie die Unterschiede zwischen operativem und strategischem Controlling.
25. Erklären Sie anhand von Beispielen, welche Einflussfaktoren auf die Gestaltung und Nutzung von Controlling-Systemen wirken.
26. Welche Wissenschaftsprogramme lassen sich unterscheiden? Skizzieren Sie deren Schwerpunkte.

3. Kapitel: Erfolgsziele im internen Rechnungswesen

> *„Der betriebswirtschaftliche, „wirkliche" Gewinn erinnert an Schneewittchen: unvergleichlich wahr, aber auch unvergleichlich spröde, unzugänglich, hinter sieben Bergen versteckt."* (Adolf Moxter, 1982, S. III)

> *„Daraus folgt, das es so viele „richtige" Gewinnbegriffe gibt, als in der Betriebswirtschaft mithilfe der Gewinnrechnung vernünftigerweise Zwecke verfolgt werden können."* (Karl Hax, 1926, S. 106)

Diskussionen über den Erfolgsbegriff haben in der Betriebswirtschaftslehre eine lange Tradition, Einigung konnte allerdings bis heute nicht erzielt werden. Verwirrung stiftet dabei, dass es viele unterschiedliche Erfolgsbegriffe gibt. Es ist weltweit üblich, in internes und externes Rechnungswesen zu trennen. Während im externen Rechnungswesen die Maßstäbe der Bewertung vorgegeben werden, können sie im internen Rechnungswesen weitgehend selbst gewählt werden. In beiden Systemen muss die Frage beantwortet werden: Was ist ein erfolgreiches Unternehmen?

Mithilfe des Rechnungswesens versucht man eine Teilantwort auf die Frage zu geben, denn es wird nur ein Aspekt betrachtet: die finanzielle Dimension des Zielsystems. Einfach gesagt, ist ein erfolgreiches Unternehmen in der Lage, seine Produkte auf dem Markt so gut abzusetzen, dass die Ansprüche aller Unternehmensmitglieder bestmöglich erfüllt werden. Zentral ist die Frage, wie die Ansprüche gemessen werden. Im Rechnungswesen stehen verschiedene Konzepte zur Verfügung, die sich alle um die Begriffe Erfolg und Vermögen ranken.

Lernziele

Nach der Lektüre des Kapitels sollten Sie Folgendes können:
- Lernziel 1: Den Unterschied zwischen Einkommen und Erfolg beschreiben. (46)
- Lernziel 2: Das Vermögen in seine Bestandteile zerlegen und die Aufgabe des Eigenkapitals erläutern. (47)
- Lernziel 3: Den Unterschied zwischen Zahlungssaldo und Erfolg erklären. (50)
- Lernziel 4: Die Definition des wertmäßigen Kostenbegriffs und seine drei Bestandteile erläutern. (54)
- Lernziel 5: Das Problem der Inflation und der Scheingewinne im Rechnungswesen erklären. (59)
- Lernziel 6: Die unterschiedlichen Methoden der Vermögenserhaltung mit ihren Vor- und Nachteilen beschreiben. (62)
- Lernziel 7: Den Betriebserfolg der Kosten- und Erfolgsrechnung erläutern. (65)
- Lernziel 8: Die Berechnung des Shareholder-Value erläutern. (68)
- Lernziel 9: Den Kapitalwert als Projekterfolg erläutern. (72)
- Lernziel 10: Das Lücke-Theorem in Grundzügen erläutern. (74)
- Lernziel 11: Systeme der Kosten- und Erfolgsrechnung einteilen. (81)

Einkommen und Erfolg

Wenn Sie die Welt des Rechnungswesens betreten, werden Sie alsbald mit sehr unterschiedlichen Sichtweisen konfrontiert. Anfänger im Rechnungswesen müssen sich mit den so genannten Grundbegriffen des Rechnungswesens vertraut machen, dies sind drei – manchmal auch vier – Begriffspaare, die umgangssprachlich zumeist synonym verwendet werden. Bevor diese Paare vorgestellt werden, soll erläutert werden, zu welchen unterschiedlichen Sichtweisen diese Begriffe gehören. Es wird im Folgenden darum gehen, aufzuzeigen, was die finanziellen Zielgrößen eigentlich messen (eine frühe Analyse der Grundbegriffe in Geldmacher, 1929).

Was erwarten die Anspruchsberechtigten vom Unternehmen? Mitarbeiter und Eigentümer erwarten einen finanziellen Beitrag. Zwar wird als wesentliches Ziel von Menschen der Konsum betrachtet, da dessen Messung jedoch als zu schwierig angesehen wird, wählt man als Ersatzmaßstab das Einkommen. Mitarbeiter und Eigentümer beurteilen ihr Engagement im Unternehmen anhand der Zahlungen, die ihnen zufließen.

> **Lernziel 1:** Den Unterschied zwischen Einkommen und Erfolg beschreiben.

Während die meisten Mitarbeiter ein vertragliches Entgelt beziehen, das meist konstant ist, erhalten Eigentümer einen Anteil am entstandenen Gewinn. Wenn Sie Aktien eines sehr jungen Internetunternehmens besitzen, dann werden Sie wissen, dass bei solchen Unternehmen Verluste auftreten: Es entstehen keine Gewinnansprüche. Ökonomen sprechen von **Residualansprüchen**, was nichts anderes bedeutet, als dass Sie nur etwas bekommen, wenn am Ende des Jahres etwas übrig bleibt. Sie werden als Eigentümer ihr Unternehmen daran messen, ob Sie Gewinne ausgeschüttet bekommen oder nicht. Ist dann der Erfolg gleich der Ausschüttung? Dies ist mit einem klaren Nein zu beantworten.

- **Ausschüttungen** werden mit Zahlungen gemessen: Bargeld und Buchgeld. Sie erhalten am Ende des Jahres eine Ausschüttung von 10.000 Euro, die auf Ihr Konto überwiesen wird. Sie ist Teil Ihres Einkommens und eventuell erhalten Sie noch weitere Zahlungen: Zinsen auf Rentenpapiere oder ein Gehalt als Arbeitnehmer.
- Ihr **Einkommen** eines Jahres misst, ob Sie sich am Ende des Jahres besser oder schlechter stellen als am Anfang des Jahres. Sie vergleichen ihr Vermögen am Anfang des Jahres mit dem Vermögen am Ende des Jahres. Sollten Sie Schulden haben, sind sie vom Vermögen abzuziehen und Konsumausgaben zu berücksichtigen (so genannter Reinvermögenszugang Moxter, 1982, S. 13–16). Da Einkommen dem Konsum dient, sollte der Begriff auch nur für Menschen verwendet werden.
- Für Unternehmen ist der Begriff Rein- oder Nettovermögen unüblich, da das Vermögen auf der Aktivseite und die Schulden auf der Passivseite

3. Kapitel: Erfolgsziele im internen Rechnungswesen

der Bilanz stehen. Das Rein- oder Nettovermögen entspricht damit dem **Eigenkapital**.

Man könnte auf die Idee kommen, einfach alle Ausschüttungen an die Anteilseigner zu addieren und die Summe als Erfolg zu bezeichnen. Leider ist dies nicht so einfach, denn die Ausschüttung zeigt nur an, wie der Gewinn verwendet wird und nicht wie der Gewinn entsteht. Es kann durchaus sein, dass sich die Geschäftsleitung entschließt mehr auszuschütten, als eigentlich Erfolg entstanden ist – Stichwort: Dividendenkontinuität. Eine Addition aller Ausschüttungen über die gesamte Lebenszeit sollte zwar den gesamten Erfolgen dieser Zeit entsprechen. Allerdings ist diese Information erst bei der Liquidation des Unternehmens erhältlich, für die laufende Geschäftsführung folglich nicht sehr nützlich. Was ist aber ein Erfolg?

> **Erfolg** ist vereinfacht gesagt, wenn das Unternehmen am Ende des Jahres ein anderes Eigenkapital besitzt als am Anfang (zur Vereinfachung wird vorerst von Einlagen und Entnahmen durch die Eigentümer abgesehen.), wenn es höher ist, spricht man von Gewinn, wenn es niedriger ist, spricht man von Verlust (vgl. Kilger, 1962, S. 23 f.). Zu Beginn dieses Kapitels steht der Erfolg einzelner Zeitabschnitte (Perioden) im Vordergrund. Im Laufe des Kapitels werden Sie weitere Möglichkeiten kennen lernen, einen Erfolg zu berechnen.

Da zu Beginn und am Ende der Periode, für die ein Erfolg berechnet werden soll, Vermögensgüter vorhanden sind, ist es eine wichtige Aufgabe des Rechnungswesens, die Veränderungen an den Vermögensgütern festzuhalten.

> **Lernziel 2:** Das Vermögen in seine Bestandteile zerlegen und die Aufgabe des Eigenkapitals erläutern.

Hierzu ist sinnvoll, das Vermögen einzuteilen und aufzuzeigen, wie sich das Eigenkapital berechnet. Das **Vermögen** in der Bilanz wird im Wesentlichen in zwei Arten unterschieden:

1. das **Anlagevermögen** mit den Positionen immaterielle Vermögensgegenstände, Sachanlagen und Finanzanlagen steht dem Unternehmen auf Dauer zur Verfügung sowie
2. das **Umlaufvermögen,** z. B. Vorräte, Forderungen, Wertpapiere, Bankguthaben und Kasse.

Dem Vermögen steht das **Kapital** gegenüber: Eigenkapital und die Verbindlichkeiten (**Fremdkapital**): Wenn das Unternehmen Kredite bei einer Bank aufgenommen hat oder einen Warenkredit bei einem Lieferanten, müssen diese **Verbindlichkeiten** vom Vermögen abgesetzt werden. Werden alle Vermögensgüter zu einem Zeitpunkt aufgelistet und bewertet, entsteht eine Bestandsrechnung (**Bilanz**). Eine einfache Erfolgsmessung setzt an dieser Bilanz an: Es wird am Anfang und am Ende des Jahres eine Bilanz erstellt und aus der Differenz ergibt sich der Erfolg: In Darstellung 9 entsteht ein Gewinn, da das Eigenkapital am Ende des Jahres größer ist als am Anfang des Jahres. Sind die einzelnen Positionen detailliert aufgelistet, lässt sich erkennen,

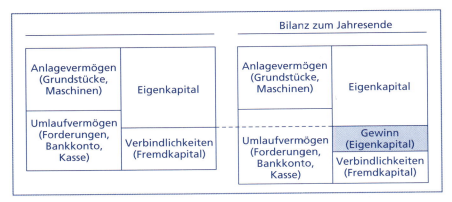

Darstellung 9: Erfolg als Eigenkapitaländerung

welche Vermögensgüterveränderungen dazu geführt haben, dass sich das Eigenkapital geändert hat. Allerdings ist eine Rechnung nur auf Basis von Bestandsgrößen nicht ausreichend, dies illustriert folgendes Beispiel.

> **Beispiel 4:** **Bestands- und Stromgrößen**
>
> Sie sitzen in einem Restaurant und trinken zu einem ausgezeichneten Lammfilet einen 82er Bordeaux. Da Sie mit dem eigenen Wagen zum Restaurant gefahren sind, stellen Sie sich im Laufe des Abends die Frage, ob Sie soviel getrunken haben, dass Sie sich besser ein Taxi nach Hause nehmen. Wie viel haben Sie getrunken?
>
> Im ersten Moment wollen Sie diese Frage mithilfe einer Bestandsdifferenzrechnung beantworten. Sie vergleichen den Bestand im Weinglas vor dem Essen mit dem Bestand im Weinglas nach dem Essen:
>
> Vorher: 0,2 l – Nachher: 0 l
>
> Ein Blick auf die Werte und Sie berechnen aufgrund der Differenz, dass Sie 0,2 l getrunken haben. Ihre angeheiterte Stimmung macht Sie jedoch stutzig, außerdem erinnern Sie sich, dass der Kellner mehrfach nachgeschenkt hat. Nehmen wir an, er hat Ihnen während des Essens 0,5 l eingegossen. Dann haben Sie nicht 0,2 l sondern 0,7 l getrunken und sollten besser mit dem Taxi nach Hause fahren.
>
> Endbestand – Anfangsbestand = Zugang – Abgang
>
> 0 – 0,2 = 0,5 – 0,7
>
> Aus der Bestandsdifferenz können Sie nicht erkennen, was während des Essens passiert ist oder in der Sprache des Rechnungswesens: Die Veränderungen während des Zeitraums sind durch Bestandsgrößen nicht zu erkennen, hierzu benötigen Sie Stromgrößen.

Rechnungen auf Basis von Stromgrößen sollen dem Management zeigen, was während eines Zeitraums passiert ist. Erst sie ermöglichen es, detaillierte Einblicke in die Veränderung zu erhalten. Trotzdem verbleibt das Problem, dass Sie am Anfang und am Ende des Jahres die Vermögensbestände auflisten müssen. Auf den ersten Blick erscheint ein solches Vorgehen doch recht einfach, aber der Teufel steckt im Detail. Schaut man sich die Vermögensgüter genauer an, so ist es unterschiedlich schwierig, einen Wert zu ermitteln. Für

3. Kapitel: Erfolgsziele im internen Rechnungswesen

Zahlungsmittel ist dies sehr einfach: Bargeld wird gezählt und den Kontoauszügen des Stichtages lässt sich die Buchgeldhöhe entnehmen. Welchen Wert soll man aber beispielsweise bei Aktien wählen: den Anschaffungspreis oder vielleicht den Marktpreis (Börsenkurs am Stichtag)? Wie sind Güter des Sachvermögens anzusetzen? Sollen Grundstücke mit ihren Anschaffungspreisen oder mit ihren Marktpreisen (wie soll der ermittelt werden?) angesetzt werden? Wonach bestimmt sich, welcher Preis genommen werden soll? Gibt es womöglich einen richtigen (objektiven) Wert? Zur Beantwortung dieser Fragen müssen Sie einen tieferen Einblick in die Welt des Rechnungswesens wagen, ohne Kenntnisse der Grundbegriffe des Rechnungswesens ist es kaum möglich, ein solches Verständnis zu erlangen.

In diesem Abschnitt habe ich Ihnen zwei unterschiedliche Konzepte aufgezeigt: Ausschüttungen als Teil des Einkommens von Menschen und Erfolg als Maßstab für Unternehmen. Bevor auf die Bewertung des Vermögens eingegangen wird, wird in die zwei unterschiedlichen Welten des Rechnungswesens eingeführt.

Zahlungen und Erfolgsermittlung

Wer zum ersten Mal mit dem Rechnungswesen konfrontiert wird, ist in der Regel ob der vielen Begriffe verwirrt. Zum Einstieg ist es daher sinnvoll, nur zwei Welten zu unterscheiden: die Zahlungswelt und die Erfolgswelt. Fangen wir mit der Zahlungswelt an. Zahlungen sind **Bewegungen von Bar- und Buchgeld**.

- Wenn Sie von jemandem 10 Euro Bargeld erhalten, dann bezeichnet man das als **Einzahlung**.
- Geben Sie jemanden 20 Euro, dann ist das eine **Auszahlung**.

Zahlungsmittel haben den unschätzbaren Vorteil, dass ihr Wert sehr leicht feststellbar ist. Das macht sie auch bei Betriebswirten sehr beliebt. Wozu brauchen wir Zahlungen im Rechnungswesen? Da Unternehmen und Haushalte in eine Geldwirtschaft eingebettet sind, werden die Tauschbeziehungen mit anderen Marktteilnehmern in Geld abgewickelt, und da das Rechnungswesen diese Tauschbeziehungen erfassen muss, ist eine Abbildung der Zahlungsbewegungen erforderlich. Zahlungen werden verwendet, um ein wichtiges Unternehmensziel zu messen (vgl. Chmielewicz, 1973, S. 79 ff.).

> **Liquidität** ist die Fähigkeit, jederzeit seinen Zahlungsverpflichtungen nachkommen zu können.

Dies wird in einer Geldwirtschaft als unabdingbar angesehen, wer dazu dauerhaft nicht in der Lage ist, wird als Marktteilnehmer ausgeschlossen: Illiquidität ist ein wesentlicher Insolvenzgrund. Eine ständige Beobachtung der Liquidität wird durch eine Finanzplanung und Finanzrechnung erleichtert, die in der Regel auf Zahlungen aufbaut.

| **Lern-ziel 3:** | Den Unterschied zwischen Zahlungssaldo und Erfolg erklären. |

Wie im vorigen Abschnitt angedeutet, gibt es neben dem Geldvermögen auch Sachvermögen, deren Änderung lässt sich nicht einfach mit Zahlungen messen. Wenn Sie die Erfolgswelt betreten, werden Sie aus diesem Grund mit weiteren Begriffen konfrontiert. Sehen Sie sich dazu folgendes Beispiel an.

Fallbeispiel 1: Zahlungs- und Erfolgswelt

Ein Unternehmen schafft sich für seine Produktion eine Maschine an, die es in den nächsten fünf Jahren nutzen will, der Kaufpreis beträgt 100.000 Euro und das Unternehmen zahlt sofort bar. Wie wirkt sich das in einer Zahlungswelt und in einer Erfolgswelt aus?

t	1	2	3	4	5
Auszahlung	100.000	0	0	0	0
Aufwand/Kosten	20.000	20.000	20.000	20.000	20.000

Tabelle 7 zu Fallbeispiel 1

In der Zahlungswelt wird diese Auszahlung nur im ersten Jahr wirksam, in den folgenden Jahren 2 bis 5 wird die Maschine zwar eingesetzt, aber nicht mehr berücksichtigt. In der Erfolgswelt wird die Auszahlung zum Ausgangspunkt genommen, um eine Verteilung (Annahme: gleichmäßige Verteilung) vorzunehmen. Man geht davon aus, dass die Verteilung auf die gesamte Nutzungszeit besser zeigt, wie sich in den einzelnen Perioden das Unternehmen entwickelt.

Der **Unterschied** zwischen der Auszahlung (Zahlungswelt) und dem Aufwand sowie den Kosten (Erfolgswelt) besteht darin, dass sie zu verschiedenen Zeitpunkten erfasst werden können. Das Beispiel in Tabelle 7 beruht auf einer Verteilung der Auszahlung auf die folgenden Jahre, ein weiteres Beispiel zeigt Darstellung 10.

In der Darstellung wird Material für ein Produkt beschafft: Zuerst wird der Lagerzugang erfasst, im Monat März erfolgt der Verzehr des Materials, dies

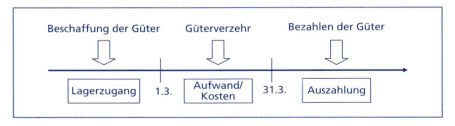

Darstellung 10: Realisationszeitpunkte von Erfolgs- und Zahlungsgrößen

3. Kapitel: Erfolgsziele im internen Rechnungswesen

wird als Aufwand oder Kosten erfasst, nach dem Monatsende wird die Rechnung bezahlt, erst dann wird dieser Vorgang als Auszahlung registriert. Aus dem Beispiel können Sie den Unterschied zwischen den Größen erkennen und wie sie sich im Rechnungswesen auswirken:

> Die Beträge in der Erfolgsrechnung werden unabhängig von den Zahlungen erfasst, in einem Monatsabschluss für den März sind die Aufwendungen und Kosten nicht zahlungswirksam.

Beachten Sie, dass in Darstellung 10 nur eine Möglichkeit wiedergegeben ist, die Auszahlung kann auch vor dem März oder im März getätigt werden: Die Entscheidung über den Güterverzehr ist in der Regel unabhängig von der Entscheidung die Rechnung zu bezahlen. Trotzdem hängen die drei Vorgänge in der Darstellung zusammen, und es besteht auch ein Zusammenhang zwischen dem Erfolg und dem Zahlungssaldo.

Dazu soll das Beispiel aus Tabelle 7 erweitert werden, indem zusätzlich die Einzahlungen und Erlöse betrachtet werden (die Begriffe Erlöse und Kosten werden im nächsten Abschnitt definiert, bis dahin sehen Sie diese Größen als Positiv- und Negativkomponenten des Erfolgs an).

t		1	2	3	4	5
Zahlungs-welt	Einzahlung	50.000	50.000	50.000	50.000	50.000
	Auszahlung	−100.000	0	0	0	0
	Zahlungs-saldo	= −50.000	= 50.000	= 50.000	= 50.000	= 50.000
Erfolgs-welt	Erlöse	50.000	50.000	50.000	50.000	50.000
	Kosten	−20.000	−20.000	−20.000	−20.000	−20.000
	Erfolg	= 30.000	= 30.000	= 30.000	= 30.000	= 30.000

Tabelle 8 zu Fallbeispiel 1

Im Beispiel wurde mit Absicht angenommen, dass die Einzahlungen und Erlöse gleich hoch sind, somit ergeben sich die Unterschiede ausschließlich durch die Verteilung der Anfangsauszahlung von 100.000 Euro. Die Summe der Zahlungssalden und die Summe der Erfolge stimmen überein: 150.000 Euro (von Zinseffekten wird in diesem Beispiel abgesehen, dies wird in einem späteren Abschnitt nachgeholt). In der Zahlungswelt zeigt der **Zahlungssaldo** (**Cashflow**, Zahlungsüberschuss) die Veränderungen des Zahlungsmittelbestandes genau an. Was zeigt der Überschuss (Erfolg) in der Erfolgswelt an?

- Im ersten Jahr zeigt die Zahlungswelt einen negativen Saldo, da die Investition in voller Höhe als Auszahlung anfällt. Für den Zahlungsmittelbestand ist dieser Ausweis auch richtig: Wie sieht das aber für das Gesamtvermögen aus?

- Der Auszahlung von 100.000 Euro steht ein Sachvermögenszugang in Höhe von 100.000 Euro gegenüber, d.h., im Augenblick des Kaufes verändert sich das **Eigenkapital** des Unternehmens nicht.
- In der Erfolgswelt geht man davon aus, dass im ersten Jahr das Vermögensgut Maschine in seinem Wert sinkt, im Beispiel um 20.000 Euro. Da dem jedoch ein Umsatz von 50.000 Euro gegenübersteht, wächst das Eigenkapital insgesamt um 30.000 Euro.

Sie sehen an diesem Beispiel, dass Zahlungen nur die Veränderungen für einen Teil des Vermögens aufzeigen, nämlich des Zahlungsmittelbestandes. **Erfolge** zeigen hingegen an, wie sich das Eigenkapital verändert. Der Vorteil der Erfolgswelt wird darin gesehen, dass durch die Verteilung der Anfangsauszahlung die schrittweise Entwicklung der Vermögensveränderung besser ausgewiesen wird. Das Beispiel zeigt, dass zwischen Zahlungs- und Erfolgswelt ein Zusammenhang besteht, denn die Summe der Zahlungssalden und der Erfolge ist gleich. Allerdings fällt auf, dass z.B. der Betrag im fünften Jahr eine hohe zeitliche Entfernung zur ursprünglichen Zahlung hat.

Für die exakte Ermittlung der Eigenkapitalveränderung des Unternehmens müssen jedoch noch zwei Zahlungsmittelbewegungen zwischen den Eigentümern und dem Unternehmen berücksichtigt werden. Angenommen Sie haben als Eigentümer einer Personengesellschaft jeden Monat 10.000 Euro von einem Unternehmenskonto auf Ihr Privatkonto überwiesen, dann handelt es sich in diesem Fall um eine **Entnahme** von 120.000 Euro für das Jahr. Wenn ein Mitgesellschafter noch eine **Einlage** in Höhe von 30.000 Euro zu leisten hat, dann steigt in diesem Fall das Eigenkapital um diesen Betrag, dies soll jedoch nicht als Erfolg angesehen werden, deshalb wird dieser Betrag abgezogen. Die allgemeine Gleichung für die Ermittlung des Erfolges lautet daher:

Erfolg	=	Eigenkapital am Ende des Jahres
	−	Eigenkapital am Anfang des Jahres
	+	Entnahmen
	−	Einlagen

Tabelle 9: Gleichung zur Erfolgsermittlung

Wie Sie aus dem Beispiel 4 (S. 48) wissen, können Sie aus den Bestandsdifferenzen nicht immer erkennen, wie der Erfolg zustande gekommen ist. Um dies genauer zu erkennen, brauchen Sie die Stromgrößen der Erfolgsrechnung: Ertrag und Aufwand sowie Erlöse und Kosten.

Grundbegriffe des Rechnungswesens

Im vorigen Abschnitt sind Eigenkapitaländerungen als Bestandsdifferenzen dargestellt worden, ein typisches Beispiel sind die Abschreibungen für Maschinen, die den Bestand in der Bilanz verringern. Welchen Bestand verändern die Personalaufwendungen?

3. Kapitel: Erfolgsziele im internen Rechnungswesen

> **Stromgrößen** verändern Bestände – das sind die Vermögensgegenstände (Sach- und Geldvermögen). Da niemand an Menschen Eigentum erwerben kann – die Sklaverei ist bekanntlich abgeschafft –, erscheint das Personal nicht in der Bilanz. Die Personalaufwendungen und -kosten finden Sie in den Stromgrößenrechnungen: Gewinn-und-Verlust-Rechnung sowie Kosten- und Erfolgsrechnung.

Um einen genaueren Einblick in den Geschäftsverlauf zu haben, sind die verschiedenen Stromgrößenrechnungen entwickelt worden. Im letzten Abschnitt haben Sie schon die Zahlungen kennen gelernt, sie sind zu ergänzen um die Stromgrößen der Erfolgswelt, wobei wir zwei Varianten unterscheiden.

Zahlungssaldo	=	Einzahlung	–	Auszahlung
Betriebserfolg	=	Erlös	–	Kosten
Unternehmenserfolg	=	Ertrag	–	Aufwand

Tabelle 10: Stromgrößen im Rechnungswesen

Ein- und Auszahlungen verändern den Zahlungsmittelbestand: **Einzahlungen** erhöhen ihn, **Auszahlungen** vermindern ihn (in einigen betriebswirtschaftlichen Schriften sind auch die Begriffe Einnahmen und Ausgaben üblich, so z. B. in CHMIELEWICZ (1972, S. 43). Zur Steuerung der Liquidität ist Kenntnis des Zahlungssaldos notwendig:

> Der **Zahlungssaldo** ist die Differenz aus Einzahlungen und Auszahlungen.

Ein- und Auszahlungen sind Bewegungsgrößen (Stromgrößen), sie verändern Bestandsgrößen, dies trifft auch auf die beiden Begriffe der Erfolgswelt zu. Die zwei Begriffspaare unterscheiden sich jedoch in ihrem Inhalt, da Ertrag und Aufwand Begriffe des externen Rechnungswesens sind und Erlöse und Kosten Begriffe des internen Rechnungswesens.

> Da es in der Erfolgswelt offenbar um die Frage geht, wie sollen Änderungen des Vermögens bewertet werden, muss es eine Vorstellung darüber geben, was als Erfolg angesehen werden soll. Erst nach diesem ersten Schritt ist es dann möglich festzulegen, wie zu bewerten ist (vgl. Schneider, 1997, S. 46). Genau genommen, gilt das allerdings nur für das Begriffspaar Erlös – Kosten, da im externen Rechnungswesen der Gesetzgeber seine Vorstellungen in entsprechenden Normen festlegt und damit ein nur geringer Spielraum verbleibt. Auch der Gesetzgeber hat eine Vorstellung darüber, was ein Erfolg ist: diese und andere Ansichten werden im Abschnitt Vermögenserhaltung und Erfolgsermittlung (S. 61 ff.) dargestellt.

Die Definition der Kosten ist abhängig vom Zweck der Rechnung, denn durch die Definition legt man fest, was als Kosten betrachtet wird und im System der Kosten- und Erfolgsrechnung zu verarbeiten ist. Da mit der Kosten- und Erfolgsrechnung eine Reihe von Zwecken erreicht werden soll, ist die Definition von Kosten allgemein zu halten. Sie wird für den jeweiligen Rechnungszweck präzisiert. Für den Anfänger im internen Rechnungswesen ist es nicht ganz einfach, zu erkennen, dass der Input der Kosten- und Erfolgsrechnung – Kostenbegriff – davon abhängt, was als Output – Rechnungszweck – angestrebt wird.

> **Lernziel 4:** Die Definition des wertmäßigen Kostenbegriffs und seine drei Bestandteile erläutern.

Die wertmäßige Kostendefinition hat **drei Bestandteile** (vgl. Kosiol, 1958, S. 11 ff.).

1. **Güterverzehr** – genauer: Vermögensgüterverzehr –: Wie im Abschnitt Einkommen und Erfolg erörtert wurde, soll jede Erfolgsrechnung feststellen, ob sich das Eigenkapital des Unternehmens verändert hat. Da sich das Vermögen aus vielen verschiedenen Vermögensgütern zusammensetzt, müssen diese Güter betrachtet werden. Es sind alle Güter des Unternehmens in die Rechnung einzubeziehen, das können einzusetzende Maschinen, Arbeitsleistungen oder Rohstoffe sein, allerdings auch Rechte wie z. B. Patente.

2. **Sachziel**: Es werden nicht alle Eigenkapitaländerungen betrachtet, sondern nur die, die im Zusammenhang mit dem Sachziel des Unternehmens stehen (leistungswirtschaftliche Dimension des Zielsystems). Der Erfolg in einer Kosten- und Erfolgsrechnung bezieht sich nur auf die Aktivitäten im Unternehmen, die mit den Produkten auf den Absatzmärkten zusammenhängen. Wenn ein international tätiges Pharma-Unternehmen durch Spekulationen am Devisenmarkt Verluste erleidet, wird dies nicht in der Kosten- und Erfolgsrechnung berücksichtigt, diese Aktivität beruht nicht auf dem Sachziel.

3. **Bewertung**: Wenn ein Möbelhersteller einen Stuhl produziert, setzt er dafür Holz (= sachzielbezogener Güterverzehr) ein. Wie ist der Güterverzehr zu bewerten und welcher Preis ist anzusetzen? Prinzipiell kommen zwei unterschiedliche Ansätze in Frage:
   - **Anschaffungspreise**: Sie sind die in der Vergangenheit tatsächlich gezahlten Preise (auch als Durchschnitt einer Periode möglich),
   - **Wiederbeschaffungspreise** treten in verschiedener Form auf, z. B. als **Tagespreise** zum Zeitpunkt der Bewertung oder als **Wiederbeschaffungspreis,** der sich auf den Zeitpunkt der Ersatzbeschaffung bezieht; möglich ist auch ein **Festpreis**, der als durchschnittlicher Wiederbeschaffungspreis während einer Periode konstant gehalten wird.

Dies führt zusammengefasst zur folgenden Definition:

> **Kosten** sind der bewertete Güterverzehr, welcher zur Erreichung des Sachziels benötigt wird.

Herausragendes Merkmal ist die Bewertung, die nicht festgelegt wird. Was ist denn **ein Wert** eines Vermögensgegenstandes?

Es herrscht heute eine **subjektive Auffassung von Werten**, die Vorstellung eines objektiven einzigen Wertes wird allgemein abgelehnt (vgl. im Hinblick auf den Kostenbegriff Adam, 1970, S. 25 ff.). Der Wert eines Gegenstandes drückt dann die Zweckeignung für den Bewertenden aus, d. h., um zu bewerten, ist

3. Kapitel: Erfolgsziele im internen Rechnungswesen

die Angabe des Zweckes notwendig. Für die Frage, ob Anschaffungspreise oder Wiederbeschaffungspreise angesetzt werden sollen, ist es also erforderlich anzugeben, welcher Zweck mit der Erfolgsermittlung verfolgt wird.

Die wertmäßige Kosteninterpretation schreibt nicht eine bestimmte Form der Bewertung vor, sie soll zweckabhängig festgelegt werden können. Im Gegensatz zum externen Rechnungswesen wird bewusst auf die subjektiven Vorstellungen im Unternehmen Rücksicht genommen. Es bleibt dem einzelnen Unternehmen überlassen, ob und wie es diesen Spielraum nutzt.

Meist werden die drei Bestandteile der Kostendefinition um zusätzliche Merkmale erweitert, auch dies erfolgt im Hinblick auf den Rechnungszweck und der Erfolgsvorstellung. Nützlich ist hierbei die Abgrenzung der Kosten vom Aufwand.

Da jedes Unternehmen zur Buchführung verpflichtet ist, existiert im Unternehmen ein Informationssystem, in dem die Geschäftsvorfälle festgehalten werden. Zur Vermeidung von Doppelarbeit ist es sinnvoll, Informationen aus der Finanzbuchhaltung zu übernehmen, wenn sie den Prinzipien der Kosten- und Erfolgsrechnung entsprechen. **Aufwand** ist der Güterverzehr, der aufgrund der gesetzlichen Vorschriften im externen Rechnungswesen erfasst wird (Beachten Sie allerdings Folgendes: die Informationen der Finanzbuchhaltung sind vergangenheitsorientiert, sie beruhen auf realisierten Geschäftsvorfällen.)

Zur Abgrenzung zwischen diesen Größen wird seit langer Zeit ein Schaubild von Schmalenbach verwendet (vgl. Schmalenbach, 1963b, S. 10, der allerdings alle kalkulatorischen Kosten als Zusatzkosten bezeichnet).

Ob und wie Informationen aus der Finanzbuchhaltung in die Kosten- und Erfolgsrechnung übernommen werden, kann in vier Fälle unterschieden werden.

(1) Informationen werden nicht übernommen: **neutraler Aufwand**,

(2) Informationen werden ohne Veränderung der Bewertung übernommen: **Zweckaufwand = Grundkosten**,

(3) Informationen werden übernommen, jedoch anders bewertet: **Anderskosten**,

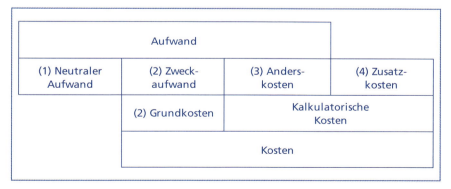

Darstellung 11: Abgrenzung zwischen Aufwand und Kosten

(4) Informationen müssen speziell für die Kostenrechnung erstellt werden: **Zusatzkosten**.

Schmalenbach wollte mit diesem Schaubild zeigen, dass die Kostenrechnung eine eigenständige Rechnung darstellt, die streng von den handelsrechtlichen Vorstellungen zu trennen ist. Aufwand wird im externen Rechnungswesen auf Basis der gesetzlichen Regelungen erfasst und verarbeitet, insbesondere der **neutrale Aufwand (1)** wird nicht in die Kosten- und Erfolgsrechnung übernommen; er tritt in drei Formen auf.

1. **Betriebsfremder Aufwand**: Dabei handelt es sich um Aufwand, der nicht mit dem Sachziel des Unternehmens zusammenhängt, wie z. B. Spenden für eine Hilfsorganisation oder Verluste durch Währungsspekulationen. Der Erfolg, der in der Kosten- und Erfolgsrechnung ermittelt wird, soll aufzeigen, wie gut das Unternehmen am Markt mit seinen Produkten dasteht, es sollen alle Faktoren, die damit nicht zusammenhängen, eliminiert werden.
2. **Periodenfremder Aufwand**: Als Kosten sollen nur Informationen erfasst werden, die in der Periode angefallen sind. Wird eine Erfolgsrechnung für den Mai erstellt und muss ein Unternehmen die Gewerbesteuer für den Januar nachzahlen, wird dieser Aufwand nicht in der Kosten- und Erfolgsrechnung berücksichtigt.
3. **Außerordentlicher Aufwand**: Brennt einem Möbelhersteller eine Lagerhalle ab, so entsteht durch dieses Feuer ein Schaden, der als Aufwand in der Finanzbuchhaltung erfasst wird. In die Kosten- und Erfolgsrechnung wird dieser Aufwand nicht übernommen, weil er nicht auf der gewöhnlichen, normalen Geschäftstätigkeit beruht.

Eine Reihe von Aufwendungen wird ohne Bewertungsveränderung in die Kosten- und Erfolgsrechnung übernommen, sie werden als **(2) Zweckaufwand** und **Grundkosten** bezeichnet. Beispielsweise werden Versicherungsprämien oder Gehälter unverändert übernommen.

Im Fall **(3)** werden die Aufwendungen in die Kostenrechnung übernommen, allerdings anders bewertet: **Anderskosten**. So werden im externen Rechnungswesen Abschreibungen auf Basis der Anschaffungspreise gebildet, hingegen wird in der Kosten- und Erfolgsrechnung häufig auf Basis von Wiederbeschaffungspreisen abgeschrieben.

In der Kostenrechnung werden **(4) Zusatzkosten** ermittelt, um Güterverzehre zu berücksichtigen, die im externen Rechnungswesen nicht enthalten sind, hierzu zählen die kalkulatorischen Eigenkapitalzinsen, der kalkulatorische Unternehmerlohn, die kalkulatorische Miete und die kalkulatorischen Wagnisse.

Zusatzkosten wie die Eigenkapitalzinsen lassen sich theoretisch mit den so genannten **Opportunitätskosten** begründen. In der Finanzbuchhaltung werden nur die Fremdkapitalzinsen berücksichtigt, Zinsen auf das Eigenkapital dürfen nicht berücksichtigt werden, hingegen setzt man in der Kostenrechnung Zinsen für das gesamte eingesetzte Kapital an.

3. Kapitel: Erfolgsziele im internen Rechnungswesen

> **Beispiel 5: Kalkulatorische Zinsen**
>
> Zwei Unternehmen A und B haben das gleiche Gesamtkapital von 10 Mio. Euro, Unternehmen A hat Fremdkapital von 60 %, B hingegen von 40 %. Würde man nur die Fremdkapitalzinsen (10 %) berücksichtigen, wären die Kapitalkosten bei B niedriger als bei A (A: 600.000 Euro bzw. B: 400.000 Euro), obwohl der Gesamtkapitaleinsatz in beiden Unternehmen gleich ist. Eine einfache Überlegung zeigt eine Lösung.
>
> Im Unternehmen B werden 6.000.000 Euro Eigenkapital eingesetzt, dieses Eigenkapital hätte auch am Kapitalmarkt angelegt werden können; es hätte dann einen Gewinn erwirtschaften können. Wenn man neben den Fremdkapitalzinsen Eigenkapitalzinsen berechnet, dann führt dies zum Ansatz von Opportunitätskosten.

Opportunitätskosten sind die nicht realisierten Gewinne einer alternativen Handlungsmöglichkeit (vgl. Michel, 1964, S. 86; Hax, 1965b, S. 199). Da das Eigenkapital im Unternehmen eingesetzt wird, entzieht man es anderen Alternativen; im Beispiel ist die verdrängte Alternative die Anlage am Kapitalmarkt zum Kapitalmarktzins. Wie der Ausdruck „nicht realisiert" andeutet, handelt es sich um eine fiktive Größe, die auf Berechnungen oder Schätzungen beruht. Zu beachten ist ferner, dass keine Auszahlungen anfallen, ein Ansatz aus diesem Grund im externen Rechnungswesen verboten ist.

Um einen Erfolg zu berechnen, sind neben den Kosten die Erlöse zu erfassen.

> **Erlöse** sind sachzielbezogene, bewertete Güterentstehungen.

Auch der Erlösbegriff wird durch drei Merkmale festgelegt.

1. In Unternehmen werden die Einsatzgüter schrittweise in marktfähige Produkte verwandelt, dieser Prozess der **Güterentstehung** führt zu Erlösen. Allerdings führen nicht alle Güterentstehungen zu Erlösen, sie müssen
2. **sachzielbezogen** sein. Aussagen über den Erfolg des Unternehmens sollen sich auf die Produkte des Unternehmens beziehen, mit denen es auf den Absatzmärkten tätig ist. Wenn ein internationales Textilunternehmen Erträge aus Devisengeschäften erwirtschaftet, dann gehören diese Geschäfte nicht zum Sachziel des Unternehmens und werden in der Kosten- und Erfolgsrechnung nicht als Erlös betrachtet.
3. Wie beim Kostenbegriff müssen entsprechend die sachzielbezogenen Güterentstehungen **bewertet** werden. Auch bei den Erlösen kommen zwei unterschiedliche Ansätze in Frage:
   - Zum einen die **tatsächlich erzielten Absatzpreise**, sie können auch als durchschnittliche in der Vergangenheit erzielte Absatzpreise ermittelt werden,
   - zum anderen die **zukünftig zu erzielenden Absatzpreise**, die z. B. auf den geplanten Absatzpreisen beruhen oder in Form von Festpreisen auftreten.

Welcher Ansatz der Bewertung gewählt wird, ist abhängig vom Rechnungszweck und von der Vorstellung, was als Erfolg anzusehen ist.

Analog zum wertmäßigen Kostenbegriff wird der Erlös vom Ertrag abgegrenzt, dabei gelten die gleichen Kriterien wie zwischen Kosten und Aufwand. **Ertrag** ist die Güterentstehung, die aufgrund der gesetzlichen Vorschriften im externen Rechnungswesen erfasst wird. Für das interne Rechnungswesen wird anhand der Merkmale des Erlösbegriffs entschieden, was als Erlös anzusehen ist.

Ertrag			
(1) Neutraler Ertrag	(2) Zweckertrag	(3) Anderserlös	(4) Zusatzerlös
	(2) Grunderlös	Kalkulatorische Erlöse	
Erlös			

Darstellung 12: Abgrenzung von Ertrag und Erlös

Was lässt sich aus der Finanzbuchhaltung in die Erlösrechnung übernehmen und was nicht?

(1) Informationen werden nicht übernommen: **neutraler Ertrag**,

(2) Informationen werden ohne Veränderung der Bewertung übernommen: **Zweckertrag = Grunderlös**,

(3) Informationen werden übernommen, jedoch anders bewertet: **Anderserlös**,

(4) Informationen müssen speziell für die Erlösrechnung erstellt werden: **Zusatzerlös**.

Erträge im externen Rechnungswesen enthalten auch die **neutralen Erträge** (1), die wie die neutralen Aufwendungen in drei Formen auftreten:

1. Ein **betriebsfremder Ertrag** entsteht, wenn der Ertrag nicht auf dem Sachziel des Unternehmens beruht. Wie bereits erwähnt, ist ein Ertrag aus Devisengeschäften bei einem Textilunternehmen kein Erlös.

2. Erhält ein Unternehmen vom Finanzamt eine Rückvergütung der Gewerbesteuer, so handelt es sich um einen **periodenfremden Ertrag**, der nicht in der betrachteten Periode entstanden ist.

3. Nur die gewöhnliche (normale) Geschäftstätigkeit soll berücksichtigt werden, alles Außergewöhnliche wird daher nicht in die Kostenrechnung übernommen, ein solcher **außerordentlicher Ertrag** entsteht z. B., wenn eine Maschine verkauft wird und mehr als der Restbuchwert erzielt wird.

Wenn die Produkte des Unternehmens auf dem Markt abgesetzt werden, sind sie als **Zweckertrag und Grunderlös (2)** zu erfassen. Bestandserhöhungen von Halb- und Fertigfabrikaten sind im externen Rechnungswesen mit ihren Herstellungskosten zu bewerten, im internen Rechnungswesen kann

3. Kapitel: Erfolgsziele im internen Rechnungswesen

davon abgewichen werden, z. B. indem die erwarteten Absatzpreise angesetzt werden: kalkulatorische Erlöse als **Anderserlöse (3)**. Für eine Reihe von Güterentstehungen im Unternehmen ist ein Ansatz im externen Rechnungswesen grundsätzlich verboten, dies gilt z. B. für selbst erstellte immaterielle Vermögensgegenstände wie Patente oder Software, im internen Rechnungswesen können sie jedoch als **Zusatzerlöse (4)** berücksichtigt werden.

Für die Frage der Bewertung von Güterverzehren und Güterentstehungen ist es notwendig, Vorstellungen zu haben, warum ein Erfolg ermittelt wird und welche Aussagekraft er haben soll. In den nächsten Abschnitten wird erläutert, dass es viele Möglichkeiten gibt, einen Erfolg zu bestimmen und dass sie auf unterschiedlichen Vorstellungen darüber beruhen, was der Erfolg anzeigen soll.

Inflation in der Erfolgsrechnung

Was hat Inflation mit der Erfolgsermittlung zu tun? Ganz einfach: Historisch sind viele Vorschläge der Erfolgsermittlung in den Zeiten entstanden, in denen hohe Inflation in Deutschland herrschte. Warum das so ist, klärt dieser Abschnitt.

> **Inflation** ist ein Phänomen, das in jeder Geldwirtschaft auftreten kann, und beschreibt den Sachverhalt einer Verringerung der Kaufkraft des Geldes. Für eine Geldeinheit können bei einem steigenden Preisniveau weniger Gütereinheiten erworben werden.

Die Aufgaben, die das Geld in einer Volkswirtschaft hat, sind dann nur noch eingeschränkt erfüllbar. Vordergründig bleibt der Wert einer Geldeinheit auch bei Inflation gleich, da auch nach einem Jahr mit einer Inflationsrate von 5 % auf dem Hunderteuroschein 100 Euro gedruckt sind. Der so genannte **nominale Wert des Geldes** bleibt tatsächlich gleich, der substanzielle Wert (Realwert) sinkt jedoch, da nach einem Jahr nur noch Güter im Wert von 95 Euro erworben werden können. Bei Inflation verliert der Wertmaßstab Geld weitgehend seine Aufgabe als Recheneinheit, das ist für eine Geldwirtschaft eine unangenehme Begleiterscheinung der Inflation. Dies ist einer der Gründe, warum in den meisten entwickelten Industrieländern die Inflation von Zentralbanken verhindert werden soll.

Lernziel 5:	Das Problem der Inflation und der Scheingewinne im Rechnungswesen erklären.

Wenn durch die Inflation die Recheneinheit Geld beeinträchtigt wird, welcher Maßstab soll dann an seine Stelle gesetzt werden? Auch hier ist die Antwort des Gesetzgebers in den Industriegesellschaften fast gleich: Die Vorteile des Geldes sind so zahlreich, dass es durch keinen anderen Maßstab ersetzt werden soll.

> Die Gesetzgeber im Euroraum geht in der Regel noch einen Schritt weiter, indem sie einen folgenreichen Grundsatz verbindlich festlegt: **Euro gleich Euro**. Obwohl ihnen das Phänomen der Inflation nicht unbekannt ist, schreiben sie vor, dass der Nomi-

nalwert der Währung zu verwenden ist. Was in Zeiten der Inflation bekanntlich den Schuldner gegenüber dem Gläubiger begünstigt, da er zwar nominal seine Schuld begleichen muss, dieses Geld jedoch weniger wert ist. Dieser Grundsatz ist auch für die externe Rechnungslegung von Unternehmen zwingend vorgeschrieben und wird als **Nominalprinzip** bezeichnet.

Ein Vorteil des internen Rechnungswesens ist, sich von Gesetzen und Vorschriften lösen zu können. Im Folgenden ist daher zu untersuchen, welche Möglichkeiten die Unternehmensführung hat, auf das Phänomen der Inflation zu reagieren. Da das interne Rechnungswesen die Aufgabe der finanziellen Abbildung des Wirtschaftsgeschehens hat, muss in einer Kosten- und Erfolgsrechnung aufgezeigt werden, wie sich die Inflation auf die Erfolge des Unternehmens auswirkt, denn Planungs- und Kontrollrechnungen müssen entsprechend korrigiert werden, um zielgerechte Entscheidungen treffen sowie überprüfen zu können (vgl. Dearden, 1981, S. 8 f.).

Wie verändern sich bei Inflation die Werte, die in einer Kosten- und Erfolgsrechnung enthalten sind? In einer Kosten- und Erfolgsrechnung werden die Güterentstehungen und Güterverzehre im Leistungs-(Sachziel-)bereich des Unternehmens erfasst und bewertet, gemeinsamer Wertmaßstab ist Geld. Da die Recheneinheit das nominale Geld ist, dies jedoch als nicht mehr zweckgerecht angesehen wird, soll eine Korrektur vorgenommen werden; umstritten ist bis heute allerdings, wie die Korrektur auszusehen hat. Warum ist aus Sicht des Managements eine Korrektur notwendig?

- Durch die nominale Berechnung von Erfolgen wird ein so genannter Scheingewinn ausgewiesen, sein Name beruht auf der Tatsache, dass **nur scheinbar ein Gewinn entstanden** ist. Insbesondere im externen Rechnungswesen hat dies zur Konsequenz, dass solche Scheinerfolge als Grundlage von Ausschüttungen für Anteilseigner und Steuerzahlungen an das Finanzamt gelten, und damit dem Unternehmen entzogen werden.

Ähnliches gilt für das interne Rechnungswesen. Am Beispiel der Kosten- und Erfolgsrechnung soll das Auftreten von Scheingewinnen erläutert werden.

- Der **Transformationsprozess** im Unternehmen zeichnet sich durch gegenläufige Güter- und Geldströme aus, was zur Folge hat, dass die Beschaffung und der Verzehr von Gütern zeitlich vor dem Absatz der Güter am Markt liegen.
- Kosten entstehen also zeitlich vor den entsprechenden Erlösen. Inflation bedeutet einen geringeren Wert des Geldes beim Verkauf der Produkte.
- Der **Scheingewinn** lässt sich dadurch berechnen, dass man den Anschaffungs- und Herstellkosten zur Zeit des Verzehrs die entsprechenden Kosten zum Zeitpunkt des Verkaufes gegenüberstellt (s. Darstellung 13).
- Der **Nominalgewinn** setzt sich aus den beiden Komponenten realer Gewinn und Scheingewinn zusammen.

Darstellung 13 zeigt die große Gefahr, die mit dem mangelhaften Gewinnausweis verbunden ist. Wird der volle Nominalgewinn dem Unternehmen entzogen, so ist es nicht mehr in der Lage, die für die Produktion und Absatz

3. Kapitel: Erfolgsziele im internen Rechnungswesen

notwendigen Güter zu finanzieren: Ein **schleichender Prozess der Auszehrung** des Unternehmens hat begonnen. Diese Wirkung tritt auch bei geringen Inflationsraten auf, wird aber meist erst bei hohen Inflationsraten als bedrohlich empfunden. Wesentliche Einflussgrößen für diesen Effekt sind die Höhe der Inflationsrate sowie die Zeit zwischen Verzehr der Güter und der Erfolgsrealisierung.

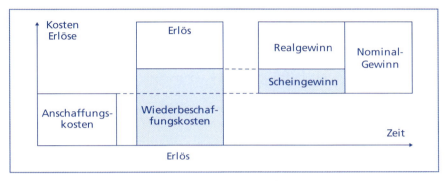

Darstellung 13: Ermittlung von Scheingewinnen

Das externe Rechnungswesen ist aus den genannten Gründen nicht in der Lage, ein den tatsächlichen Verhältnissen entsprechendes Bild über die Erfolgssituation des Unternehmens zu zeigen. Im internen Rechnungswesen wird ein solches Bild jedoch angestrebt.

Vermögenserhaltung und Erfolgsermittlung

Wie bereits erläutert, hat sich der Gesetzgeber im externen Rechnungswesen auf eine Form der Erfolgsermittlung festgelegt: Es soll der nominale Gewinn ausgewiesen werden. Es gibt jedoch eine Reihe weiterer Ansätze der Erfolgsermittlung mit sehr unterschiedlichen Vorstellungen darüber, was als Erfolg anzusehen ist. Sie beruhen darauf, inwieweit das Vermögen oder das Kapital zu erhalten ist. Bei der Bewertung der Vermögensgüter spielen diese Varianten der **Vermögenserhaltung** eine herausragende Rolle. Warum ist das so bedeutend für die Erfolgsermittlung?

- Die Erhaltungskonzeptionen wirken wie eine Hürde, die erst übersprungen werden muss, bevor ein Gewinn entsteht. Diese Hürde liegt in den Konzeptionen zur Vermögenserhaltung auf unterschiedlicher Höhe, damit entsteht auch ein unterschiedlich hoher Gewinnausweis.
- Wenn die Kosten einer Maschine auf Wiederbeschaffungspreisen beruhen und nicht auf Anschaffungspreisen, dann führt dies bei Inflation zu einem geringeren Gewinnausweis.

Eine Konzeption der Vermögenserhaltung muss Aussagen über den Rechnungszweck der Erfolgsermittlung enthalten. So muss eine Konzeption, die das nominale Vermögen (Kapital) erhalten will, festlegen, was der dann ermittelte Erfolg für einen Aussagewert hat und für welchen Rechnungszweck er gedacht ist. Vermögenserhaltung und Erfolgsermittlung sind die zwei Seiten einer Medaille und nicht zwei unterschiedliche Ziele. Das Ziel Erfolg schließt Vorstellungen über die Form der Vermögenserhaltung ein, eine eigenständige Zielsetzung Vermögenserhaltung ist daher überflüssig (vgl. Schildbach, 1993, Sp. 1888 f.).

Lernziel 6:	Die unterschiedlichen Methoden der Vermögenserhaltung mit ihren Vor- und Nachteilen beschreiben.

In Tabelle 11 sind die bekanntesten Formen der Vermögenserhaltung aufgelistet, die sich hinsichtlich ihrer Idee unterscheiden, was als Erfolg angesehen wird und was daher als Vermögensgegenstand zu erhalten ist. Sie stellen alternative Konzeptionen für eine einzelwirtschaftliche Betrachtung der ökonomischen Dimension der **Nachhaltigkeit** dar, weil sie bestimmen, ab wann gegenwärtiger Erfolg (Einkommen) entsteht, ohne dass die zukünftigen Erfolgsmöglichkeiten geschmälert werden. Allerdings bezieht sie sich nur auf die Ansprüche der Kapitalgeber und ökonomische Ansprüche anderer Stakeholder sind damit nicht erfasst.

Substanzerhaltung		(Geld-)Kapitalerhaltung
reproduktiv = gleiche Güter	leistungsmäßig = mindestens gleiche Güter	Nominal = gleicher Nominalbetrag
Reproduktive Substanzerhaltung	Leistungsmäßige Substanzerhaltung	Nominale Kapitalerhaltung
(Real-)Güter		Geld

Tabelle 11: Formen der Vermögenserhaltung auf Basis der Einzelbewertung (Quelle: Brühl, 1996b, S. 33)

Es lassen sich zwei Gruppen unterscheiden: Kapitalerhaltung und Substanzerhaltung. Wobei Sie die **nominale Kapitalerhaltung** bereits kennen gelernt haben, als ich Ihnen im vorletzten Abschnitt Ertrag und Aufwand erläutert habe, denn im handelsrechtlichen Jahresabschluss gilt diese Form der Kapitalerhaltung. In der Kosten- und Erfolgsrechnung wird hingegen überwiegend die **Substanzerhaltung** eingesetzt, die daher ausführlicher behandelt werden soll.

Kapitalerhaltung

Die **nominale Kapitalerhaltung** ist dann gewährleistet, wenn das im Unternehmen eingesetzte Kapital zu seinem Nennbetrag vorhanden ist. Aufwendungen richten sich daher nach den Anschaffungspreisen, jeder Überschuss über diesen Nominalbetrag gilt als Gewinn. Das Nominalprinzip funktioniert nur in einer Welt ohne Inflation, ansonsten ergeben sich die bereits erläuterten Probleme der Scheingewinne.

3. Kapitel: Erfolgsziele im internen Rechnungswesen

Substanzerhaltung

Zweck der **Substanzerhaltung** ist es, die Güter, die für die am Markt abgesetzten Leistungen verzehrt wurden, wiederzuerlangen (vgl. Busse von Colbe & Greeß, 1984, S. 48). Es soll so **die Leistungsfähigkeit des Unternehmens gewährleistet bleiben**. Ein Gewinn soll also erst dann ausgewiesen werden, wenn ein Überschuss über die Wiederbeschaffungspreise der verzehrten Güter erwirtschaftet wird. Im Unterschied zur realen Kapitalerhaltung wird jedoch nicht ein allgemeiner Preisindex gewählt, sondern Preisindizes für die einzelnen eingesetzten Güter, z. B. für eine Fräsmaschine oder einen bestimmten LKW-Typ.

Die in Tabelle 11 unterschiedenen Varianten der Substanzerhaltung sind die reproduktive und die leistungsmäßige Substanzerhaltung. Die **reproduktive** Substanzerhaltung erfordert, dass die verzehrten Güter in der gleichen Menge und der gleichen Qualität wiederbeschaffbar sind. Die **leistungsmäßige** Substanzerhaltung ist nur dann erhalten, wenn mindestens die gleichen Güter wiederbeschafft werden können, meist wird dies jedoch um die Forderung erweitert, auch den technischen Fortschritt zu berücksichtigen. So besteht bei der Bestimmung der Wiederbeschaffungspreise das Problem, dass aufgrund des technischen Fortschritts die in der Vergangenheit eingesetzten Güter nicht mehr am Markt angeboten werden.

Bei den bisher behandelten Substanzerhaltungstheorien wird die Inflation dadurch berücksichtigt, dass für die einzelnen eingesetzten Vermögensgüter eine Preisbereinigung vorgenommen wird. Für eine Maschine mit einem geschätzten Wiederbeschaffungspreis von 120.000 Euro anstatt einem Anschaffungspreis von 100.000 Euro erhöhen sich die jährlichen Abschreibungen (unter der Annahme einer gleichen Nutzungsdauer). Wenn der Gesamtbetrag eines Vermögensgutes als zu erhalten angesehen wird, dann spricht man von **Brutto-Substanzerhaltung**. Gegen diese Gesamterhaltung wird geltend gemacht, dass die Finanzierung der Vermögensgüter nicht beachtet wird. Die Vermögensteile, die fremdfinanziert werden, sollten jedoch von der Erhaltung ausgenommen werden, da sie aufgrund des Nominalprinzips nicht der Inflation unterliegen.

Dies erfolgt im Rahmen der **Netto-Substanzerhaltung**, die unterstellt, dass die Finanzierungsstruktur gleich bleibt (vgl. Busse von Colbe, 1990, S. 302 f.). Ausgangspunkt der Überlegung ist die Annahme, dass alle Verbindlichkeiten in nominalen Werten zurückzahlbar sind und daher bei Inflation Schuldnergewinne entstehen. Die Scheingewinne für das fremdfinanzierte Vermögen und die Schuldnergewinne lassen sich saldieren und somit ist ein Inflationsausgleich nicht notwendig. Ein fremdfinanziertes Vermögensgut wird dann mit seinem Anschaffungspreis bewertet. Vermögensgüter, die mit Eigenkapital finanziert werden, sind hingegen der Inflation unterworfen und werden mit Wiederbeschaffungspreisen bewertet.

Da einem einzelnen Vermögensgut nicht angesehen werden kann, wie hoch die Anteile der Fremd- und Eigenfinanzierung sind, ergibt sich die Schwierigkeit, wie die Kapitalposten den verschiedenen Vermögensgütern zuzuteilen sind. Regeln der Zuordnung müssen bestimmen, mit welchen Anteilen ein Anlagegut fremd- und eigenfinanziert ist. Solche Regeln sind z. B.

- eine proportionale Aufteilung der Kapitalanteile auf die einzelnen Vermögensgegenstände oder
- eine Verteilung nach Art der Finanzierungsregeln, z. B. wird Eigenkapital auf die langfristigen Anlagegüter verteilt.

In der Kosten- und Erfolgsrechnung sollten die Finanzierungsstrukturen des Unternehmens zugrunde gelegt werden, die Aufteilung erfolgt dann aufgrund der angestrebten Finanzierungsstruktur. Die Leistungsfähigkeit ist im Rahmen der Netto-Substanzerhaltung dann gesichert, wenn alle eigenfinanzierten Vermögensteile ihren Wiederbeschaffungspreis und alle fremdfinanzierten Vermögensteile ihren Anschaffungspreis erwirtschaften und wenn die Finanzierungsstruktur gleich bleibt.

> **Unternehmensbeispiel 1:** Kalkulatorische Kosten in der Wasserwirtschaft
>
> Seit einer Reihe von Jahren tobt ein Streit um angemessene Wasserpreise. So hat das Bundeskartellamt im Jahr 2012 gegenüber den Berliner Wasserbetrieben eine erhebliche Senkung der Preise verfügt, die durch die Gerichte im Wesentlichen bestätigt wurde. Generell gilt es als zulässig, Kosten anzusetzen, die bei einer rationellen Betriebsführung anfallen. Ähnlich wie andere Versorgungsbetriebe sind bei der Versorgung mit Wasser erhebliche Investitionen in Anlagegüter notwendig, die zum Teil 40 oder gar mehr Jahre genutzt werden (Rohrleitungen, Brunnen etc.).
>
> Der Streit ging im Wesentlichen um die Fragen, ob die kalkulatorischen Kosten (insbesondere Abschreibungen und Zinsen) als angemessen zu bezeichnen sind. Es ist zwar anerkannt, dass Versorgungsbetriebe vom Nominalprinzip abweichen dürfen, allerdings kann das Kartellamt prüfen, inwieweit ein Unternehmen unangemessene Preise kalkuliert hat. Im Fall der Berliner Wasserbetriebe führte insbesondere ein Vergleich mit anderen Wasserbetrieben zum Vorwurf einer unangemessenen Kalkulation verbunden mit einer behördlichen Anordnung der Preissenkung.
>
> Kalkulatorische Abschreibungen und Zinsen beruhen häufig auf Annahmen und Schätzungen, die bei monopolartigen Marktstrukturen schnell zum Verdacht führen können, dass sich in ihnen Gewinne (Monopolrenten) verstecken, die bei Wettbewerb nicht auftreten würden.
>
> (Quellen: Bundeskartellamt, 2012, Gawel & Bedtke, 2013)

Im Unternehmensbeispiel 1 ist eine Branche angesprochen, die besonders an Fragen der Substanzerhaltung interessiert ist. In der Wasserwirtschaft, wie auch in der Energiewirtschaft, wird das Anlagevermögen über sehr lange Zeiträume genutzt und bei solch hohen Nutzungsdauern wirken sich auch schon geringe Inflationsraten auf den Wiederbeschaffungswert aus.

> In einer Untersuchung zur Kostenrechnung in der deutschen Industrie (ohne Energieversorger) gaben 41 % der Unternehmen an, auf Basis von Wiederbeschaffungswerten abzuschreiben, 54,4 % hingegen verwenden Anschaffungswerte wie im externen Rechnungswesen (vgl. Währisch, 1998, S. 101 f.). In einer Studie, die verschiedene Branchen umfasst, verwenden 39 % der Unternehmen kalkulatorischen Abschreibungen (vgl. Schäffer & Weber, 2015, S. 92).

3. Kapitel: Erfolgsziele im internen Rechnungswesen

Betriebserfolg in der Kosten- und Erfolgsrechnung

Für die Kosten- und Erfolgsrechnung wird die **Substanzerhaltung** als die wesentliche Form der Vermögenserhaltung angesehen. Einen Erfolg zu ermitteln, erfüllt dann den Zweck, zu erkennen, ob ein Unternehmen auch für die **Zukunft** in der Lage ist, seine Produktion aufrechtzuerhalten. Für das interne Rechnungswesen ist insbesondere eine Eigenschaft wichtig: Eine Erfolgsrechnung sollte zukunftsorientiert sein. Sich über vergangene Erfolge zu freuen, ist für ein zukunftsorientiertes Controlling irrelevant, im Vordergrund steht auch bei der Erfolgsermittlung, inwieweit die heutigen Erfolge noch morgen möglich sind.

In den letzten Abschnitten wurde gezeigt, dass der Erfolg eine Größe ist, die zwar von den subjektiven Wertungen im Unternehmen geprägt wird, allerdings sollte das Management mit dem Controlling konsistente Vorstellungen entwickeln, zu welchem Zweck Erfolge im internen Rechnungswesen ermittelt werden. Je nach der Wahl einer geeigneten Vermögenserhaltung wird der Erfolg unterschiedlich hoch ausfallen.

> Sie sollten sich klarmachen, dass Controller nicht willkürlich handeln, wenn sie festlegen, wie der interne Erfolg im Unternehmen ermittelt wird. Eine Erfolgsrechnung soll der Unternehmensführung dazu dienen, zu erkennen, ob sich das Unternehmen wie geplant entwickelt. In der Praxis großer Unternehmen beklagen sich viele Manager über die unterschiedlichen Erfolgsrechnungen, neben der handelsrechtlichen und steuerrechtlichen gibt es neuerdings noch internationale und nicht zuletzt interne Erfolgsrechnungen. Nicht nur die Manager fragen sich: Welcher ist der richtige Erfolg?

Welche Aussagen sollen mithilfe des Erfolges in einer Kosten- und Erfolgsrechnung getroffen werden? Der wichtigste Aspekt wurde bereits erwähnt, Erfolge sollen Auskunft über die Zukunft geben.

Lernziel 7:	Den Betriebserfolg der Kosten- und Erfolgsrechnung erläutern.

Das Management ist daran interessiert, ob das Unternehmen auch in Zukunft dauerhaft Erfolge erwirtschaften kann. Mit einer Erfolgsrechnung soll nicht ein zeitlich isolierter Ausschnitt betrachtet werden, denn mit einem einzelnen Monatsabschluss wird der Controller nicht in der Lage sein, die Entwicklung des Unternehmens zu erkennen. Wie muss eine Erfolgsrechnung aussehen, aus der sich erkennen lässt, ob ein Unternehmen auch in Zukunft dauerhaft Gewinne erwirtschaften wird? Es lässt sich nahtlos an den Abschnitt zum Kostenbegriff anknüpfen, denn dort wurden wichtige Eigenschaften diskutiert. Ein wichtiger Hinweis sei jedoch vorausgeschickt: Niemand kann die Zukunft mit Sicherheit vorhersehen, im Folgenden geht es um plausible Annahmen, nicht um Gewissheit.

- **Markterfolg**: Nur die Erfolge, die auf dem **Sachziel** beruhen, sind für die Erfolgsrechnung relevant; entscheidend für den Erfolg sind die Erfolge auf den Absatzmärkten. Das Sachziel drückt aus, mit welchen Produkten und Dienst-

- **Erfolgsquellen**: Aus welchen Quellen speist sich der Erfolg? Die Controllerin will den Erfolgsbeitrag jedes einzelnen Produktes erkennen. Sie untersucht aufgrund der Erfolgsbeiträge das gesamte Produktionsprogramm, prüft, ob es notwendig ist, bestimmte Produkte zu fördern oder andere Produkte zu eliminieren. Ob das Unternehmen auch in Zukunft Gewinne erwirtschaftet, wird davon abhängen, ob es neue Produkte im Produktprogramm hat. Es sollten Produkte aus allen Phasen des Lebenszyklus vorhanden sein. Für die Erfolgsanalyse bietet es sich an, die Anteile der einzelnen Produkte an den Gesamterlösen zu berechnen. Neben Produkten und Produktgruppen werden häufig Kunden, Regionen aber auch interne Bereiche wie Profit-Center betrachtet.
- **Betriebsgewöhnlich**: Der Verkauf eines Tochterunternehmens trägt zwar zum Erfolg des Unternehmens bei, allerdings gehört dies nicht zur normalen Geschäftstätigkeit. Solche Sondereffekte sind in der Kosten- und Erfolgsrechnung zu vermeiden, denn sie sind in der Regel nicht von Dauer. An dieser Stelle ist Vorsicht geboten: Es muss sich wirklich um außergewöhnliche Ereignisse handeln, sonst besteht die Gefahr, dass ein Bereich als profitabel angesehen wird, nur weil er es schafft, Kosten als außergewöhnlich zu bezeichnen.
- **Potenzialaufbau**: Will die Controllerin zukünftige Erfolge in die Kosten- und Erfolgsrechnung einbeziehen, ist es notwendig, die Kosten und Erlöse für den Aufbau von Potenzialen getrennt auszuweisen. Trennt sie diese Erfolge, kann sie besser entdecken, welcher Teil des Erfolges operativ bedingt ist.

Wen der letzte Punkt verwirrt, sollte sich Folgendes klarmachen: In einer Erfolgsrechnung schlagen sich **alle** Kosten und Erlöse einer Periode nieder. Meist denkt man nur an die Produkte, die derzeit am Markt abgesetzt werden, es gibt aber auch junge Produkte, die erst seit kurzem oder noch gar nicht auf dem Markt sind. Bei diesen Produkten fallen in der Regel hohe Kosten wie z. B. für Forschung und Entwicklung oder Werbung an, Erlöse fließen allerdings nur spärlich oder gar nicht.

Im internen Rechnungswesen sollte der Erfolg in zwei Kategorien getrennt werden:

1. in einen **Markterfolg**, der Auskunft darüber gibt, wie gut das aktuelle Produktprogramm auf dem Markt abgesetzt wird, und
2. in einen **Potenzialerfolg**, der anzeigt, welche Potenziale im Unternehmen entwickelt werden, die erst zukünftige Markterfolge ermöglichen.

Beispiel 6: Erfolgsanalyse in der Kosten- und Erfolgsrechnung

Die EasySoft AG stellt Software her, von den 300 Mio. Euro Umsatz im Jahre 2000 werden 220 Mio. Euro von der 8 Jahre alten Standardsoftware „BusinessPerfect" erwirtschaftet, 70 Mio. Euro stammen aus dem Lizenzgeschäft und 10 Mio. Euro

3. Kapitel: Erfolgsziele im internen Rechnungswesen

aus der neuen Software „BusinessInternet". Der Controller ermittelt als Erfolgsbeiträge für die 3 Produkte 14 Mio. Euro (BusinessPerfect), 7 Mio. Euro (Lizenzen) und –20 Mio. Euro (BusinessInternet). Der magere Gewinn von 1 Mio. Euro alarmiert die Geschäftsleitung, die folgende Analystenkonferenz endet damit, dass eine Reihe von Investmentbanken die Aktie herabstuft. Der Kurs bricht daraufhin um 25 % ein.

Der Controller untersucht die Erfolgsstrukturen genauer. Er stellt fest, dass das negative Ergebnis für „BusinessInternet" auf den hohen Entwicklungs- und Marketingkosten beruht, die im Jahre 2000 angefallen sind. Insgesamt belaufen sie sich auf 7 Mio. Euro Entwicklungskosten und 10 Mio. Euro Marketingkosten. In einem Gespräch zwischen Vorstand und Controller fallen Sätze wie: „Ich verstehe nicht, warum man uns bestraft, wir haben in unserer Branche eine der höchsten Quoten der Forschung am Umsatz." „Komisch, ich dachte, an der Börse wird die Zukunft gehandelt." „Sollen wir jetzt nicht mehr forschen und keine Werbung mehr für unsere Produkte machen?"

Diskutieren Sie, welche unterschiedlichen Erfolgsvorstellungen bei den Beteiligten eine Rolle spielen?

Wie Ihnen das Beispiel 6 zeigt, ist eine solche Trennung notwendig, um die Erfolge des Unternehmens analysieren zu können. Es können trotzdem noch andere Vorstellungen aufeinander prallen: Die Analysten und der Vorstand hatten andere Einschätzungen über die Situation des Unternehmens. Der Vorstand – gestützt durch den Controller – ist der Meinung, dass die Entwicklungs- und Marketingkosten nicht berücksichtigt werden sollten, da sie nur einmalig anfallen, und wenn man den Markterfolg um diese Potenzialkosten bereinigt, ein stattlicher Gewinn entstanden wäre.

Die Analysten meinen jedoch, dass eine Gewinndelle auf schlechtes Management schließen lasse. Das Management habe für ein ausgewogenes Portfolio an Produkten zu sorgen, sodass die Produkte, die derzeit am Markt sind, ausreichend Gewinne für Forschung und Marketing junger Produkte erwirtschaften. EasySoft habe viel zu spät ein Programm für die Internetwelt entwickelt, der Anteil der in den letzten 3 Jahren entwickelten Programme am Umsatz sei mit ca. 4 % viel zu gering.

Welcher Auffassung Sie sich anschließen, bleibt Ihnen überlassen, dass Sie sich als Controller eines börsennotierten Unternehmens nicht der Meinung von Analysten entziehen können, versteht sich von selbst.

Shareholder-Value und Marktwert

Neben dem Periodenerfolg gibt es weitere Möglichkeiten einen Erfolg zu ermitteln, daher lassen sich verschiedene **erfolgszielorientierte Teilsysteme des Rechnungswesens** betrachten (s. Beispiel 7).

Beispiel 7: Erfolg aus langfristiger Sicht

Im Juni 2011 wird das soziale Netzwerk Facebook nach Berichten verschiedener Wirtschaftsmedien mit einem Wert von 100 Mrd. US-Dollar für einen Börsengang vorbereitet. Zu diesem Zeitpunkt ist dieses Unternehmen noch nicht zur Veröffentlichung seiner finanziellen Ergebnisse verpflichtet. Allerdings ist bekannt, dass der

> Umsatz ca. 2 Mrd. US-Dollar und der Gewinn 600 Mill. US-Dollar beträgt. Ausgehend von diesen Schätzungen würde das Unternehmen mit dem 50fachen seines Umsatzes und dem 167fachen seines Gewinns bewertet. Kommentatoren vergleichen dies mit dem sozialen Netzwerk LinkedIn, das von den Eignern mit einem Wert von 4 Mrd. US-Dollar taxiert wird, bei rund 240 Mill. US-Dollar Umsatz und einem vorhergesagten Verlust. Nach den Erfahrungen mit der Internetblase um die Jahrtausendwende gelten beide Unternehme zwar als äußerst interessante Börsenkandidaten, aber viele Analysten halten die Unternehmenswerte für zu hoch.
>
> Einige Kommentatoren weisen darauf hin, dass Facebook in den Industrieländern ohnehin an eine Sättigungsgrenze gestoßen ist und daher vor überschäumender Wachstumsphantasie zu warnen ist. Für den Unternehmerswert spielen allerdings die zukünftig erwirtschafteten Gewinne die ausschlaggebende Rolle, wie dies in diesem Abschnitt noch erläutert wird. Nur sie können die hohen Werte beider Unternehmen rechtfertigen.

Stellen Sie sich nicht auch die Frage, wie kann für ein Unternehmen wie z. B. LinkedIn, das einen Verlust erwirtschaftet, ein Unternehmenswert von 4 Mrd. US-Dollar geboten werden? Offensichtlich ist der **kurzfristig orientierte Erfolg** für die Bewertung des Unternehmens nicht ausschlaggebend, zum einen ist er **vergangenheitsbezogen** und zum anderen spiegelt er nur **eine Periode** wieder.

An der Börse werden Anteile des Unternehmens gehandelt, Aktien stellen ein Bruchteil des Eigenkapitals dar. Wer eine Aktie kauft, wird Miteigentümer dieses Unternehmens. Für den Kauf einer Aktie ist es nicht nur wesentlich, ob der gegenwärtige Kurs (Preis) gerechtfertigt ist, sondern es sind auch Annahmen zu treffen, wie die Zukunftsaussichten des Unternehmens sind.

- Ein Anleger kauft zwar nur einen Anteil eines Unternehmens, aber es ist für seine Entscheidung unerheblich, ob er nur eine Aktie kaufen will oder alle. Er muss auf jeden Fall **das ganze Unternehmen bewerten**.
    - Er kann auch die zukünftigen Ausschüttungen prognostizieren, allerdings muss er erstens Annahmen darüber treffen, welche Gewinne erwirtschaftet werden, um überhaupt etwas auszuschütten und zweitens Annahmen über das Ausschüttungsverhalten treffen
- Wer Aktien eines Unternehmens kaufen will, orientiert sich nicht ausschließlich am Periodenerfolg des Jahres, denn der Wert des Unternehmens richtet sich nicht nach einem einzelnen Periodenerfolg. Das ist auch der Grund, warum es an der Börse auch Nachfrage nach Aktien gibt, die gegenwärtig Verlust machen.

> **Lernziel 8:** Die Berechnung des Shareholder-Value erläutern.

Sie sind damit in der Erfolgswelt angekommen, die den Erfolg ganzer Unternehmen misst: die **Unternehmensbewertung**. Es schwirrt eine Reihe von Bezeichnungen für diesen Erfolg durch die Literatur und Presse, am bekanntesten sind der Shareholder-Value und der Marktwert des Eigenkapitals. Der Begriff Shareholder-Value entbehrt nicht einer gewissen Komik, weil natürlich nicht der Wert des Aktionärs, sondern der der Aktie gemeint ist.

3. Kapitel: Erfolgsziele im internen Rechnungswesen

> **Shareholder-Value** ist nichts anderes als der Marktwert des Eigenkapitals, er wird bei börsennotierten Unternehmen täglich festgestellt.

Es ist jedoch zu unterscheiden zwischen der Berechnung des Shareholder-Value (rechnerischer Marktwert des Eigenkapitals) und dem Kurs an der Börse. Um den Marktpreis zu berechnen, der an der Börse bestimmt wird, benötigt man neben dem Kurs die Anzahl der Aktien, so lässt sich durch Multiplikation mit dem Kurs der Marktpreis des Unternehmens ermitteln – dies entspricht der Markt- oder Börsenkapitalisierung. Wenn zwischen dem berechneten Shareholder-Value und dem Marktpreis an der Börse ein Unterschied besteht, reden Analysten von einem unter- oder überbewerteten Unternehmen.

- Warum kaufen Anleger eine Aktie? Die meisten werden antworten, dass sie auf Kurssteigerungen hoffen.
- Leider machen sich die meisten Käufer von Aktien nicht klar, dass Kurssteigerungen einen Grund haben müssen. Wann steigt denn der Kurs einer Aktie? Eigentlich nur dann, wenn das Unternehmen höhere Gewinne erwirtschaftet.
- Wann kann noch auf Kurssteigerungen gehofft werden? Ein Anleger hat beispielsweise berechnet, dass der derzeitige Marktpreis zu gering ist. Seiner Meinung nach ist das Unternehmen unterbewertet und deswegen erwartet er in Zukunft höhere Kurse. Er sollte sich klarmachen, dass dies auch auf höheren Gewinnen beruht. Er erwartet aufgrund seiner eigenen Berechnung höhere Gewinne, die Marktteilnehmer aber noch nicht, erst, wenn außer ihm noch weitere Nachfrager auf den Markt kommen, die von höheren Gewinnen ausgehen, wird der Kurs steigen. Wenn seine Annahmen für das Unternehmen zu optimistisch waren und niemand diese Ansichten teilt, bleibt der Kurs, wo er ist.

Die Börsenentwicklung bis zum Frühjahr 2000 ist ein schönes Beispiel dafür, was passiert, wenn viele Marktteilnehmer diese einfachen Zusammenhänge vergessen. Allerdings sollte auch klar sein: Den Wert eines Unternehmens zu ermitteln ist nicht einfach, insbesondere dann nicht, wenn es sich um junge, wachsende Unternehmen handelt, die erst in ferner Zukunft Gewinne erwirtschaften werden.

Was hat aber der Marktwert des Eigenkapitals mit dem Erfolg des Unternehmens zu tun? Warum wird der Shareholder-Value zunehmend als Maßstab der Managementleistung eingesetzt? Ist damit tatsächlich ein so gravierender Wandel der Zielgrößen verbunden?

> **Forschungsreport 2:** Diskontierung und ungeduldige Männer
>
> In der ökonomischen Forschung wurden und werden unterschiedliche Antworten auf die Frage gegeben, warum Gegenwartsgüter zukünftigen Gütern vorgezogen werden. Eine klassische und auch typische, allerdings nicht sehr erhellende Antwort

> ist die menschliche Ungeduld, die nach FISHER zu einer höheren Bewertung führt. Interessanter ist natürlich die Frage nach den Gründen dieser Ungeduld. Aufbauend auf RAE und BÖHM-BAWERK argumentiert FISHER, dass unterschiedliche Grade der Ungeduld auf verschieden hohe Einkommensströme und auf verschiedene Persönlichkeitsfaktoren zurückzuführen sind. Insbesondere Letzteres verleitete dazu, Ungeduld als Reflex auf relativ stabile Persönlichkeitsmerkmale anzunehmen. Wie FREDERICK ET AL. jedoch ausführlich berichten, wurde in der empirischen Forschung festgestellt, dass von einer stabilen Zeitpräferenz ökonomischer Akteure keine Rede sein kann. Situationsspezifische Bedingungen beeinflussen Menschen bei der Diskontierung in sehr unterschiedlicher Weise.
>
> Ein besonders prägnantes Beispiel für einen situativen Effekt liefern WILSON & DALY in einem Experiment veröffentlicht in den Biology Letters der Royal Society. Bekannt ist das Männer tendenziell höher diskontieren als Frauen: Lässt sich dieser Befund aber auch in einem Experiment durch variierende Situationsbedingungen halten? Hierzu wurden Männern und Frauen aufgefordert zu diskontieren und zwar vor und nachdem sie attraktive und nicht so attraktive Bilder vom jeweils anderen Geschlecht und von Autos gezeigt bekamen. Und siehe da: Männer, denen Bilder von attraktiven Frauen gezeigt wurden, sind sehr ungeduldig und hatten nach dem Betrachten signifikant höhere Diskontierungsraten. Es spricht daher viel dafür, dass die Höhe von Diskontierungsraten nicht konstant ist, sondern von situativen Faktoren abhängt.
>
> (Quellen: Fisher, 1932; Frederick et al., 2002; Frederick, 2006; Laibson, 2001; Wilson & Daly, 2004)

In den letzten Jahren haben sich zur Unternehmensbewertung die finanzmathematischen Methoden durchgesetzt, da sie insbesondere die Zeit, über die sich das Unternehmen erstreckt, einbeziehen. Warum spielt bei der Berechnung die Zeit eine Rolle? Überlegen Sie, ob es möglich ist, Geldbeträge, die zu unterschiedlichen Zeitpunkten anfallen, zu addieren.

> Warum dies nicht möglich ist, können Sie sich mit einem einfachen Experiment klarmachen. Wenn Sie sich zwischen zwei völlig identischen Äpfeln entscheiden müssen und Sie wissen, dass beide gleich gut schmecken, dann ist es Ihnen egal, welchen Apfel Sie bekommen.
>
> Stellen Sie sich nun vor, dass Ihnen jemand einen Hundert-Euroschein anbietet und zwar entweder sofort oder in einem Jahr. Wie entscheiden Sie sich? Nun ich vermute, dass die meisten von Ihnen den Euroschein jetzt nehmen wollen, obwohl es sich doch um den gleichen Schein handelt. Offensichtlich hat Geld zu unterschiedlichen Zeitpunkten für Sie nicht den gleichen Wert, Sie ziehen Geld heute dem Geld morgen vor. Für das Rechnen mit Geld bedeutet dies, dass Geld zu verschiedenen Zeitpunkten nicht einfach addiert werden kann, dann würde man Äpfel und Birnen addieren.

Wenn man Geldbeträge, die zu unterschiedlichen Zeitpunkten anfallen, addieren will, dann müssen sie auf einen gemeinsamen Zeitpunkt bezogen werden. Für die folgende Betrachtung ist dies der Zeitpunkt t_0, der gegenwärtige Bewertungszeitpunkt. Wie berechnet man den Unternehmenswert?

> Man benötigt die zukünftigen **Zahlungssalden (Cashflows)**, die auf den heutigen Zeitpunkt abgezinst werden.

Eine Unternehmensbewertung setzt voraus, dass Prognosen über die Entwicklung des Cashflows vorhanden sind, außerdem müssen Vorstellungen über die Höhe des Zinses vorhanden sein.

3. Kapitel: Erfolgsziele im internen Rechnungswesen

$$EK_0 = \sum_{t=1}^{T} \frac{ZS_t}{(1+i)^t} + \frac{R_T}{(1+i)^T} - FK_0 \qquad (1)$$

EK_0 Marktwert des Eigenkapitals oder Shareholder-Value
ZS_t Zahlungssaldo im Zeitpunkt t
i Zinssatz
R_T Restwert nach dem Planungshorizont T
FK_0 Marktwert des Fremdkapitals
T Planungshorizont

Mit beiden Angaben wird der Gegenwartswert der Cashflows ermittelt, allerdings ist der Prognosezeitraum meist begrenzt, das Unternehmen soll jedoch weiter existieren. Für den Zeitraum nach dem Prognosezeitraum wird eine Pauschalannahme gewählt:

- der **End- oder Restwert**. Er ist der geschätzte Wert, den das Unternehmen am Ende des Prognosezeitraums hat. Auch der Restwert wird auf die Gegenwart abgezinst.

Wenn Sie diese beiden Bestandteile des Unternehmenswertes berechnet haben, dann kennen Sie den Gegenwartswert aller zukünftigen Zahlungssalden. Dies ist allerdings der Brutto-Unternehmenswert, aber noch nicht der Netto-Unternehmenswert (Marktwert des Eigenkapitals). Ein Blick in die Bilanz zeigt Ihnen, wer noch Ansprüche an das Unternehmen hat.

- Es ist noch das **Fremdkapital** FK_0 abzuziehen, da die Schulden des Unternehmens auch zurückgezahlt werden müssen.

Die Eigenkapitalgeber kommen immer zum Schluss, erst werden alle anderen Anspruchsgruppen bedient. Wenn Sie den Shareholder-Value durch die Anzahl der ausgegebenen Aktien teilen, können Sie ihn anhand des Kurses der Aktie beurteilen. Bei einem Vergleich mit dem tatsächlichen Kurs der Aktie stellen Sie eventuell Diskrepanzen fest, auf die Sie entsprechend durch Kauf oder Verkauf reagieren.

Einen Erfolg kann man damit jedoch nicht ermitteln, es handelt sich bisher nur um einen Wert zu einem Zeitpunkt. Im Prinzip ließe sich auf diesen Gedanken auch eine Erfolgsermittlung konstruieren, indem diese Rechnung zu verschiedenen Zeitpunkten wiederholt wird.

Projekterfolg und Kapitalwert

Wenn sich ein Unternehmen entschieden hat, sich nach dem Shareholder-Value zu richten, dann müssen auch andere Erfolgsziele im Unternehmen darauf eingestellt werden. Ausgehend vom Planungssystem mit den Ebenen strategisch, taktisch und operativ wird in diesem Abschnitt der Erfolg für **taktische Planungsprobleme** betrachtet wie z. B. Entscheidungen über Investition und Desinvestition.

Auf der taktischen Ebene werden **Entscheidungen über den Aufbau und Abbau von Ressourcen** (Investition und Desinvestition) mithilfe der **Investitionsrechnung** getroffen, die in der Regel eine mittel- bis langfristige Bindung für das Unternehmen bedeuten. Sie wird immer dann eingesetzt, wenn Projekte beurteilt werden sollen; sie wird also nicht wie die Kosten- und Erfolgsrechnung laufend zur Informationsversorgung benötigt. Da die Bindungswirkung über mehrere Perioden wirksam ist, werden unperiodisierte Größen verwendet: Ein- und Auszahlungen.

> **Lernziel 9:** Den Kapitalwert als Projekterfolg erläutern.

Zur Beurteilung von Investitionen haben sich die finanzmathematischen oder dynamischen Methoden der Investitionsrechnung (Discounted-Cashflow-Methoden) durchgesetzt und auch unter diesen Methoden gibt es einen Favoriten: die **Kapitalwertmethode** (Net present value).

Diese Methode beruht auf der Betrachtung der Zeit, daher wird sie als dynamische Methode bezeichnet. Warum die Zeit bei Zahlungen, die zu unterschiedlichen Terminen anfallen, wichtig ist, wurde im letzten Abschnitt geklärt. Ohne die Zahlungen vergleichbar zu machen, ist es nicht sinnvoll, sie zu addieren. Um Zahlungen gleichnamig zu machen, verwendet man den Diskontfaktor:

$$\frac{1}{1+i} = \frac{1}{q} \qquad (2)$$

i Zinssatz
q Zinsfaktor

Sie können sich leicht überzeugen, dass der Diskontfaktor bei einem positiven Zinssatz immer zu einem Wert kleiner 1 führt. Ein Euro in einem Jahr ist daher immer weniger wert als ein Euro heute. Wenn Sie diese einfache Überlegung auf eine Investition anwenden, die sich über mehrere Jahre erstreckt, erhalten Sie die Formel für den Kapitalwert (Net present value).

$$KW_0 = \sum_{t=1}^{T} \frac{ZS_t}{(1+i)^t} - I_0 \qquad (3)$$

KW_0 Kapitalwert
I_0 Anfangsinvestition
ZS_t Cashflow der Periode t
T Letzte Periode des Projekts

Die Formel zeigt, wie bei in der Regel mehrperiodigen Projekten ein Erfolg berechnet wird.

> Der **Projekterfolg** zeigt den Vermögenszuwachs an, der mit der Durchführung des Projektes verbunden ist.

3. Kapitel: Erfolgsziele im internen Rechnungswesen

Er wird mithilfe des **Kapitalwerts** gemessen: Der Anfangsinvestition I_0 stehen die diskontierten Cashflows der Zukunft gegenüber und wenn sie größer sind als die Anfangsinvestition – der Kapitalwert ist größer null –, lohnt es sich, das Projekt zu realisieren. Daraus leitet sich eine einfache **Entscheidungsregel** für Manager ab: Jedes Projekt mit einem positiven Kapitalwert kann akzeptiert werden (ausführlich in Brealey et al., 2014, S. 105 ff.; Schmidt & Terberger, 1997, Kapitel 3).

> Vergleichen Sie, wie bei Projekten und bei der Unternehmensbewertung berechnet wird, dann erkennen Sie sicherlich das ähnliche Vorgehen. In beiden Fällen werden zukünftige Cashflows auf den Zeitpunkt der Betrachtung diskontiert, um zu einem Wert des Unternehmens oder des Projektes zu kommen.

Unternehmen, die den Shareholder-Value als Ziel verfolgen, steht so ein passendes Erfolgsziel für Investitionen zur Verfügung. Denn der Kapitalwert gibt den Erfolg des Projektes wieder, der **zusätzlich** dadurch entsteht, dass dieses Projekt ausgeführt wird. Versetzen Sie sich in die Lage eines Aktienkäufers, der aufgrund seiner Analyse des Unternehmenswertes zum Ergebnis kommt, dass der derzeitige Kurs der Aktie gerechtfertigt ist und seiner Meinung nach die Aktie fair bewertet ist. Am nächsten Tag gibt der Vorstand die Entscheidung für eine Investition in eine neue Produktlinie bekannt, die Analysen über diese neue Produktlinie führen zu einem positiven Kapitalwert. Unter der Annahme, dass sich im restlichen Unternehmen nichts ändert, wächst der Unternehmenswert um diesen Kapitalwert. Wenn Sie den neuen Unternehmenswert durch die Anzahl der Aktien teilen, erhalten Sie den neuen Wert der Aktie.

Damit ist der Zusammenhang zwischen dem Shareholder-Value und dem Kapitalwert aufgezeigt, für die Eigentümer eines Unternehmens bietet es sich daher an, dem Management den Kapitalwert als die Zielgröße vorzuschreiben, die ausschlaggebend ist, wenn über neue Projekte entschieden werden soll.

Sie haben bis zu dieser Stelle wichtige Varianten kennen gelernt, die in Unternehmen eingesetzt werden, um den Erfolg zu messen. Eine wichtige Erkenntnis hieraus ist es, dass es nicht den einzelnen unverwechselbaren Erfolg gibt, sondern eben viele unterschiedliche Konzepte. Da sie in den folgenden Kapiteln immer wieder auftauchen, werden die wesentlichen drei **Konzepte der Erfolgsmessung** aufgelistet.

1. Der Erfolg einer Periode als **Veränderung des Eigenkapitals** im Unternehmen. Steigt das Eigenkapital, entsteht ein Gewinn, sinkt es, ergibt sich ein Verlust (ohne Berücksichtigung von Einlagen und Entnahmen).
2. Erfolg in der Kosten- und Erfolgsrechnung oder **Betriebserfolg** zeigt den Teil des Unternehmenserfolgs, der dadurch entsteht, dass die Sachziele des Unternehmens verfolgt werden.
3. Erfolg als **Projekterfolg**, wie er in der Investitionsrechnung berechnet wird, zeigt die Vermögensänderung durch ein Projekt an.

Insbesondere die letzten beiden Konzepte werden im internen Rechnungswesen verwendet, um über den Erfolg in Unternehmen aussagen zu können.

Bevor in den nächsten Kapiteln systematisch der Betriebserfolg analysiert wird, soll erläutert werden, wie der kurzfristige (Perioden-) Erfolg mit dem Kapitalwert zusammenhängt.

Zusammenhang zwischen Kapitalwert und Perioden-Erfolg

In den vorigen Abschnitten ist mehrfach darauf hingewiesen worden, dass zwischen Zahlungssalden und Erfolgen unterschieden wird. Wenn Sie sich das Fallbeispiel 1 auf S. 50 in Erinnerung rufen, dann sehen Sie, dass in einer Erfolgswelt Zahlungen verteilt (periodisiert) werden. Die Investitionssumme, die in der ersten Periode anfällt, wird in fünf gleiche Beträge aufgeteilt. Offensichtlich kann durch die Art der Verteilung der Erfolg manipuliert werden, denn wenn Sie beispielsweise die Verteilung in fallenden Beträgen vornehmen, verlagern sich die höheren Gewinne in die letzten Perioden.

Jahr		1	2	3	4	5
Zahlungs-welt	Einzahlung	50.000	50.000	50.000	50.000	50.000
	Auszahlung	–100.000	0	0	0	0
	Zahlungs-saldo	= –50.000	= 50.000	= 50.000	= 50.000	= 50.000
Erfolgs-welt	Erlöse	50.000	50.000	50.000	50.000	50.000
	Kosten	–30.000	–25.000	–20.000	–15.000	–10.000
	Erfolg	= 20.000	= 25.000	= 30.000	= 35.000	= 40.000

Tabelle 12 zum Fallbeispiel 1

Die Summe der Erfolge bleibt in diesem Beispiel gleich, der Totalerfolg (150.000 Euro) hat die gleiche Höhe, unabhängig davon, ob er als Zahlungssaldo oder als Erfolg gemessen wird. Er dient hier, um zu zeigen, wie Zahlungs- und Erfolgswelt miteinander verknüpft sind. Aber warum will man überhaupt so einen Zusammenhang herstellen?

Lernziel 10: Das Lücke-Theorem in Grundzügen erläutern.

Zahlungen haben den Vorteil, dass sie praktisch nicht manipuliert werden können – von Betrug wie beispielsweise Rechnungsfälschung ist natürlich abzusehen –, sie fallen zu einem bestimmten Zeitpunkt an und die Höhe lässt sich einfach feststellen. Erfolge gelten hingegen als manipulationsanfällig, wie Sie dem vorangegangenen Beispiel entnehmen können. Das Beispiel zeigt aber auch, dass die Summe aller Erfolge gleich bleibt. Was passiert aber, wenn die Erfolge als Zahlungsreihen aufgefasst werden und auf den Zeitpunkt t_0 abgezinst werden?

3. Kapitel: Erfolgsziele im internen Rechnungswesen

t		1	2	3	4	5
Kapitalwert: 113.723,60	Erlöse	50.000	50.000	50.000	50.000	50.000
	Kosten	−20.000	−20.000	−20.000	−20.000	−20.000
	Erfolg	= 30.000	= 30.000	= 30.000	= 30.000	= 30.000
Kapitalwert: 110.124,74	Erlöse	50.000	50.000	50.000	50.000	50.000
	Kosten	−30.000	−25.000	−20.000	−15.000	−10.000
	Erfolg	= 20.000	= 25.000	= 30.000	= 35.000	= 40.000

Tabelle 13 zum Fallbeispiel 1

Jeder, der mit dem Kapitalwertkonzept vertraut ist, wird dieses Ergebnis kaum verwundern, es müssen unterschiedlich hohe Kapitalwerte als Ergebnis herauskommen.

Das Kapitalwertkonzept dient dazu, eine Übereinstimmung zwischen der Zahlungs- und Erfolgswelt herzustellen. Es soll gezeigt werden, dass die Zahlungssalden und die Erfolge unter bestimmten Voraussetzungen übereinstimmen. Am besten lässt sich das am Ausgangsbeispiel zeigen.

t		1	2	3	4	5
Zahlungswelt	Einzahlung	50.000	50.000	50.000	50.000	50.000
	Auszahlung	−100.000	0	0	0	0
Kapitalwert: 89.539,34	Zahlungssaldo	= −50.000	= 50.000	= 50.000	= 50.000	= 50.000
Erfolgswelt	Erlöse	50.000	50.000	50.000	50.000	50.000
	Kosten	−20.000	−20.000	−20.000	−20.000	−20.000
Kapitalwert: 117.723,60	Erfolg	= 30.000	= 30.000	= 30.000	= 30.000	= 30.000

Tabelle 14 zum Fallbeispiel 1

Wie Sie sehen, unterscheiden sich die Kapitalwerte der beiden Rechnungen um 24.184,26 Euro. Wie lassen sich diese beiden Zahlungsreihen in Übereinstimmung bringen? Am besten fragen Sie sich, was die beiden Reihen unterscheidet.

- In der Zahlungswelt werden nur die Zahlungen betrachtet, dadurch wird das eingesetzte Vermögensgut praktisch sofort abgeschrieben: Im Zeitpunkt t_0 ist die Kapitalbindung 100.000 Euro.
- In der Erfolgswelt wird hingegen eine periodenweise Abschreibung vorgenommen, die Rechnung zeigt damit eine periodische Vermögensminderung an.

- Während bei der Zahlungswelt am Anfang der ersten Periode der Buchwert des Vermögens gleich null ist (Sofortabschreibung zum Zeitpunkt t_0 von 100.000 Euro), beträgt der Buchwert des Vermögens in der Erfolgswelt 100.000 Euro (Anschaffungswert).
- Offensichtlich unterstellen beide Berechnungen unterschiedlich hohe Kapitalbindungen und an dieser unterschiedlichen Kapitalbindung knüpft die folgende Überlegung an.

Wenn man will, dass die Kapitalwerte der Zahlungssalden und der Erfolge übereinstimmen, dann muss berücksichtigt werden, dass in der Erfolgswelt die Kapitalbindung in späteren Perioden angezeigt wird. Wie man das erreicht, zeigen die folgenden Tabellen. Der Kapitalwert für die Zahlungssalden lautet:

$$KW_0 = \sum_{t=0}^{T}(EZ_t - AZ_t)(1+i)^{-t} \text{ oder } KW_0 = \sum_{t=0}^{T}ZS_t \cdot q^{-t} \qquad (4)$$

KW	Kapitalwert
EZ	Einzahlung
AZ	Auszahlung
ZS	Zahlungssaldo
i	Zinssatz
q	Zinsfaktor (1 + i)

Zuerst wird der Kapitalwert für die Zahlungssalden berechnet, entsprechend der üblichen Vorgehensweise wird die Anschaffungsauszahlung auf den Zeitpunkt t_0 gelegt und die Einzahlung auf das Ende der jeweiligen Periode (nachschüssige Berechnung). Der **Barwert** ist der Wert der auf den betrachteten Zeitpunkt abgezinsten Zahlungssalden.

t	0	1	2	3	4	5
Einzahlung	0	50.000	50.000	50.000	50.000	50.000
Auszahlung	−100.000	0	0	0	0	0
Zahlungssaldo	= −100.000	= 50.000	= 50.000	= 50.000	= 50.000	= 50.000
Barwert		45.454,55	41.322,31	37.565,74	34.150,67	31.046,07
Summe	189.539,34					
Kapitalwert	89.539,34					

Tabelle 15 zum Fallbeispiel 1

In der Erfolgswelt wird nun der Erfolg der einzelnen Perioden korrigiert, um die längere Kapitalbindung zu berücksichtigen. Die Größe, mit der diese Kapitalbindung berücksichtigt wird, sind die Zinsen auf den Buchwert des Vermögens. (In der Literatur werden sie häufig als kalkulatorische Zinsen bezeichnet. Da dieser Begriff in der Kostenrechnung benutzt

3. Kapitel: Erfolgsziele im internen Rechnungswesen

wird, soll er hier nicht verwendet werden). Als Wert für die Kapitalbindung wird der Buchwert des Vermögens, der am Anfang der Periode besteht, angesetzt. Diese Kapitalbindung wird verzinst und vom Erfolg abgezogen (Zins i = 10%).

$$KW_0 = \sum_{t=0}^{T}(E_t - K_t - i \cdot RW_{t-1})q^{-t} \tag{5}$$

E   Erlös
K   Kosten
RW Buchwert

t	0	1	2	3	4	5
Erlöse		50.000	50.000	50.000	50.000	50.000
Kosten		−20.000	−20.000	−20.000	−20.000	−20.000
Buchwert	100.000	(80.000)	(60.000)	(40.000)	(20.000)	0
Zinsen		−10.000	−8.000	−6.000	−4.000	−2.000
Erfolg		= 20.000	= 22.000	= 24.000	= 26.000	= 28.000
Barwert		18.181,82	18.181,82	18.031,56	17.758,35	17.385,80
Summe	89.539,35					

Tabelle 16 zum Fallbeispiel 1

Dadurch, dass bei der Erfolgsberechnung die Kapitalbindung auf spätere Perioden verschoben wird, wäre ohne eine Korrektur der Kapitalwert höher. Die Berücksichtigung von Zinsen auf diesen späteren Anfall soll diesen Unterschied verschwinden lassen.

Im vorliegenden Beispiel zeigt sich, dass die Barwerte der Zahlungssalden und der Erfolge genau dann übereinstimmen, wenn man die Erfolge um die Zinsen auf den Buchwert des Vermögens korrigiert. (Die Differenz von 1 Cent beruht auf der Rundung im Beispiel). Dass es sich hierbei nicht um ein zufälliges Ergebnis handelt, zeigt der folgende Gedankengang.

Der Unterschied beruht auf der Verzinsung des Vermögens, man muss also einen Ausgleich dafür schaffen, dass der negative Zahlungssaldo der Investitionsauszahlung näher am Zeitpunkt t_0 liegt als die Abschreibungen. Denn die Investitionsauszahlung ist bei der Erfolgsberechnung auf die Perioden verteilt, und je weiter die Abschreibungen vom Zeitpunkt t_0 entfernt sind, umso weniger fallen sie ins Gewicht. Dieser Unterschied lässt sich auf verschiedene Weise berechnen, in Tabelle 16 habe ich Ihnen die übliche Berechnung gezeigt, die auf die Kapitalbindung abzielt, die im Vermögensgut steckt. In Tabelle 17 sehen Sie eine alternative Berechnung, die aber ökonomisch die gleiche Bedeutung hat.

t	0	1	2	3	4	5
Erfolg		30.000	30.000	30.000	30.000	30.000
Zahlungssaldo	–100.000	50.000	50.000	50.000	50.000	50.000
Differenz	= 100.000	= –20.000	= –20.000	= –20.000	= –20.000	= –20.000
Kumulierte Differenz	100.000	80.000	60.000	40.000	20.000	0
Buchwert	100.000	80.000	60.000	40.000	20.000	0

Tabelle 17 zum Fallbeispiel 1

Die kumulierte Differenz zwischen den Zahlungssalden und den Erfolgen entspricht genau dem Buchwert des Vermögensgutes. Für diejenigen, die ein Problem haben, das zu verstehen, noch einmal:

> Wodurch unterscheiden sich Erfolge und Zahlungssalden in den Perioden nicht?
> In allen Perioden ist der Erlös gleich den Einzahlungen. Wenn Sie in dem Beispiel diese 50.000 Euro in der Erfolgsrechnung eliminieren, dann bleibt nur die Abschreibung übrig. Als Unterschiede sind diese Abschreibungen und die Anschaffungsinvestition in t_0 festzuhalten. Im Zeitpunkt t_0 zieht man von einem Erfolg von 0 die Anfangsinvestition ab: $E_0 - ZS_0 = 0 - (-100.000) = 100.000$ Euro. Im Zeitpunkt t_0 ist das volle Kapital der Anschaffungsinvestition gebunden, am Ende der ersten Periode ist es entsprechend 20.000 Euro weniger usw.

Der Unterschied zwischen Erfolg und Zahlungssaldo, über alle Perioden kumuliert, entspricht also genau dem im betrachteten Vermögensobjekt gebundenen Kapital.

$$RW_n = \sum_{t=0}^{n} (E_t - K_t) - (EZ_t - AZ_t) \qquad (6)$$

Für den Zeitpunkt t_0 ergibt sich entsprechend

$$RW_0 = (E_0 - K_0) - (EZ_0 - AZ_0) \qquad (7)$$
$$= (E_0 - EZ_0) - (K_0 - AZ_0)$$

Geht man davon aus, dass Einzahlungen und Erlöse gleich sind, bleibt als Unterschied nur die Differenz von Kosten und Auszahlungen. Da im Beispiel weitere Auszahlungen nicht berücksichtigt werden, verbleibt nur der Unterschied zwischen Anschaffungszahlungen und Abschreibungen (Kosten). Der Term $(AZ_t - K_t)$ zeigt diesen Speichercharakter des Vermögensgutes: Im Zeitpunkt t_0 ist der Unterschied gleich der Anschaffungszahlung und in den folgenden Perioden gleich der Abschreibung. Diese Gedanken lassen sich auch mathematisch formulieren (sehen Sie dazu den mathematischen Anhang zu diesem Kapitel auf S. 84).

Die vorgestellten Gedanken sind in Deutschland erstmals von LÜCKE formuliert worden, daher wird dieser Zusammenhang zwischen Erfolgen und

3. Kapitel: Erfolgsziele im internen Rechnungswesen

Zahlungssalden im deutschsprachigen Raum als LÜCKE-Theorem bezeichnet (Lücke, 1955; 1960; 1987; in den USA wurde dies von Preinreich, 1936; 1937 entwickelt).

$$KW_0 = \sum_{t=0}^{T}(E_t - K_t - i \cdot RW_{t-1})q^{-t} = \sum_{t=0}^{T}(EZ_t - AZ_t)q^{-t} \qquad (8)$$

> Wer bereits mit dem Konzept des **Residualerfolgs** vertraut ist, wird unschwer erkennen, dass die Formel zeigt: Der Barwert der Residualerfolge ist gleich dem Barwert der Zahlungsüberschüsse (mehr zum Residualerfolg im 13. Kapitel: Kennzahlen und Balanced Scorecard, S. 443 ff.).

Damit ist der Zusammenhang zwischen Erfolgen und Zahlungssalden dargestellt und es ist zu diskutieren, welche Konsequenzen aus dieser Erkenntnis zu ziehen sind.

> Wie Ihnen aus dem letzten Abschnitt bekannt ist, gelten Investitionsrechnungen als langfristig orientierte Rechnungen. Sie stellen für die kurzfristigen Rechnungen den Rahmen dar. Aus dem LÜCKE-Theorem lässt sich dann folgern, dass, ausgehend von der Investitionsrechnung und dem berechneten Kapitalwert, die **Kontrolle mithilfe des Periodenerfolgs** entsprechend dem LÜCKE-Theorem zu erfolgen hat (vgl. Hax, 1989, S. 160).

Damit dies erreicht werden kann, sind bei der kurzfristigen Erfolgsermittlung folgende Voraussetzungen einzuhalten:

1. Die Rechnungsgrößen (Kosten/Erlöse) müssen sich an den Zahlungen orientieren, insbesondere die Höhe der Zahlungen darf nicht überschritten werden. Ein Ansatz von Wiederbeschaffungswerten nur in der kurzfristigen Kosten- und Erfolgsrechnung ist daher nicht zulässig, es müssen dann Anpassungen vorgenommen werden (vgl. zu Erweiterungen des LÜCKE-Theorems Kloock, 1981, S. 878 ff.; Sieben & Maltry, 2002, S. 413 ff.).
2. Die Zinsen sind auf der Grundlage der Restbuchwerte zu berechnen.
3. Kalkulatorische Abschreibungen auch dann zu berechnen, wenn der Buchwert bereits null ist – so genannte Überabschreibungen –, ist ebenfalls nicht zulässig. Warum in der unternehmerischen Praxis solche Abschreibungen gebildet werden, wird im Kapitel zur traditionellen Kosten- und Erfolgsrechnung (s. Kalkulatorische Abschreibungen; S. 100 ff.) erläutert.
4. Außerordentliche Beträge, die üblicherweise nicht in der Kosten- und Erfolgsrechnung berücksichtigt werden, müssen nach dem LÜCKE-Theorem angesetzt werden.

> **Forschungsreport 3:** Residualerfolg und ungeduldige Manager
>
> In Prinzipal-Agenten-Modellen wird u.a. der Frage nachgegangen, welche Rechnungswesengrößen sich als Grundlage des Anreizsystems für einen Bereichsmanager eignen, wenn die dezentralen Investitionsentscheidungen im Sinne der Unternehmenszentrale getroffen werden sollen. Als wichtiges Kriterium zur Beurteilung einer Rechengröße gilt die **Anreizkompatibilität**, die besagt, dass sich die vom Bereichs-

> manager getroffenen Investitionsentscheidungen nur dann positiv auf seine Vergütung auswirken dürfen, wenn sie auch bei der Zentrale positiv wirken.
>
> Ungeduldige Manager zeichnen sich dadurch aus, dass sie einen höheren Zinssatz zum Diskontieren der Zahlungen verwenden. Sie haben deswegen eine andere Zeitpräferenz als die Zentrale. Da spätere Zahlungen durch den höheren Zinssatz geringer gewichtet werden, gelten sie als kurzfristiger orientiert als die Zentrale, welche die Zeitpräferenz der Bereichsmanager nicht kennt.
>
> In den verschiedenen Modellvarianten zeigte sich die Überlegenheit des Residualerfolgs gegenüber den reinen Zahlungsgrößen, allerdings sind an die Periodisierung bestimmte Anforderungen zu stellen, z. B. sind die Abschreibungsraten relativ zu berechnen und zwar zu den diskontierten Zahlungssalden des Investitionsprojekts.
>
> (Quellen: Baldenius et al., 1999; Dierkes & Hanrath, 2002; Pfaff, 1998; Pfeiffer, 2003; Reichelstein, 1997; 2000; Rogerson, 1997)

Diese Anforderungen werden zum Teil in den Unternehmen nicht erfüllt und damit wird die Aufgabe der Kontrolle von Investitionsentscheidungen auf Basis einer zur Investitionsrechnung konformen Periodenrechnung nicht erreicht. Da die Kosten- und Erfolgsrechnung sehr viele Rechnungszwecke hat, beruht ihr Aufbau auf Kompromissen zwischen diesen verschiedenen Zwecken (zur Diskussion des LÜCKE-Theorems vgl. Ewert, 1993, Sp. 1157 f.; Kloock, 1997, S. 69 ff.; Küpper, 2013, S. 205 f.; Maltry, 1989, S. 31 f.; Schneider, 1997, S. 56 ff.).

Systeme im betrieblichen Rechnungswesen

Zum Abschluss dieses Kapitels soll Ihnen ein kurzer Überblick über die wichtigsten Systeme des Rechnungswesens und die verschiedenen Kostenrechnungssysteme gegeben werden, die einen Erfolg berechnen.

- Im externen Rechnungswesen wird der Gesamterfolg des Unternehmens nach den Vorstellungen des Gesetzgebers mithilfe der **Gewinn-und-Verlust-Rechnung** ermittelt.
- Auf der operativen Ebene ermittelt die **Kosten- und Erfolgsrechnung** den Betriebserfolg in Form des Überschusses der Erlöse über die Kosten.
- Die **Investitionsrechnung** ermittelt den Projekterfolg z. B. mit dem Kapitalwert als Überschuss der diskontierten zukünftigen Zahlungssalden über die Anfangsinvestition.
- In der **Produktlebenszyklusrechnung** wird analog zur Investitionsrechnung vorgegangen, allerdings konzentriert sich dieses Informationssystem auf die Zahlungen, die mit den Produkten zusammenhängen.
- Die **Unternehmensbewertung** wird für die Messung des Erfolges auf der strategischen Ebene verwendet. Sie soll wie die Kosten- und Erfolgsrechnung periodisch eingesetzt werden, um den Marktwert des Unternehmens zu messen; zunehmend wird versucht, mit diesen Ansätzen den Erfolg der strategischen Geschäftseinheiten zu planen und zu kontrollieren.

3. Kapitel: Erfolgsziele im internen Rechnungswesen

Kosten- und Erfolgsrechnungssysteme

Neben dem externen Rechnungswesen ist besonders die Kosten- und Erfolgsrechnung geeignet, einen periodischen Erfolg zu ermitteln, da sie als laufende Rechnung das wirtschaftliche Geschehen im Unternehmen aufzeichnet. Im Laufe der Zeit haben sich verschiedene Formen der **Kosten- und Erfolgsrechnung** entwickelt. Ein System der Kosten- und Erfolgsrechnung besteht aus einer Reihe von Teilsystemen, in denen die Methoden festgelegt sind, nach denen die Kosten und Erlöse zu erfassen und zu verrechnen sind. Häufig wird es kurz als **Kostenrechnungssystem** bezeichnet.

> **Lernziel 11:** Systeme der Kosten- und Erfolgsrechnung einteilen.

Um bei der Vielzahl unterschiedlicher Systeme nicht den Überblick zu verlieren, bietet sich eine seit langem gebräuchliche Einteilung an, die sich nach
- dem **Zeitbezug** der Kosten und Erlöse und nach
- dem **Sachumfang** der verrechneten Kosten richtet.

Mit dem **Zeitbezug** lassen sich vergangenheitsorientierte und zukunftsorientierte Systeme unterscheiden, in die Sprache der Kostenrechnung übersetzt, sind dies die vergangenheitsorientierten Systeme der **Istkostenrechnung** und die zukunftsorientierten **Plankostenrechnungen**. Wenn in einem Kostenrechnungssystem alle Kosten einer Periode auf die Produkte verrechnet werden, handelt es sich um eine **Vollkostenrechnung**, wird hingegen nur ein Teil der Kosten auf Produkte verrechnet, dann bezeichnet man sie als **Teilkostenrechnungen**. Werden diese Kriterien kombiniert, lassen sich in einer Matrix die wichtigsten Systeme der Kosten- und Erfolgsrechnung zeigen.

Zeitbezug / Sachumfang	Istkosten	Plankosten
Vollkosten	traditionelle Kostenrechnung Prozesskostenrechnung	starre Plankostenrechnung als Planprozesskostenrechnung flexible Plankostenrechnung auf Vollkostenbasis
Teilkosten	Deckungsbeitragsrechnung • einstufig • mehrstufig	flexible Plankostenrechnung auf Teilkostenbasis als Grenzplankostenrechnung

Tabelle 18: Systeme der Kosten- und Erfolgsrechnung

Die folgenden Kapitel haben diese Systeme zum Inhalt, wobei die Darstellung einigen einfachen Überlegungen folgt:

1. Am Anfang steht die traditionelle Kosten- und Erfolgsrechnung, die auch historisch zu Beginn stand; an ihr wird der grundsätzliche Aufbau der Kosten- und Erfolgsrechnung erklärt.

System	Gewinn- und Verlustrechnung	Kosten- und Erfolgsrechnung	Investitions-rechnung	Produktlebens-zyklusrechnung	Unternehmens-bewertung
Positive Komponente	Ertrag	Erlöse		Einzahlung	
Definition	Güterentstehung, die nach den gesetzlichen Vorschriften erfaßt wird.	Sachzielorientierte, bewertete Güterentstehung	Zugänge an Bar- und Buchgeld		
Negative Komponente	Aufwand	Kosten		Auszahlung	
Definition	Güterverzehr, der nach den gesetzlichen Vorschriften erfaßt wird.	bewerteter Güterverzehr	Abgänge an Bar- und Buchgeld		
Saldo	Jahresüberschuß/ Jahresfehlbetrag	Betriebserfolg		Zahlungssaldo (Cashflow)	
Zeitaspekte	keine	keine		Barwert der Zahlungssalden	
gibt Auskunft über ...	Periodenerfolg des Gesamtunternehmens	Periodenerfolg des Sachzielbereichs	Projekterfolg	Produkterfolg (langfristig)	Marktwert des Unternehmens

Übersicht 2: Systeme im betrieblichen Rechnungswesen

3. Kapitel: Erfolgsziele im internen Rechnungswesen

2. In den folgenden Kapiteln wird dieser Aufbau vorausgesetzt, denn der Aufbau der Systeme ist prinzipiell gleich, es wird daher nur das beschrieben, was an dem jeweiligen System spezifisch ist. Mit anderen Worten: Das Kapitel zur traditionellen Kosten- und Erfolgsrechnung ist Voraussetzung für die folgenden Kapitel.
3. In jedem Kapitel lege ich einen etwas anderen Schwerpunkt der zu besprechenden Rechnungszwecke, so steht z. B. im Kapitel zur traditionellen Kosten- und Erfolgsrechnung die Kalkulation im Mittelpunkt. Die Kalkulation wird dann in den anderen Kapiteln nicht noch einmal aufgegriffen, da sich am prinzipiellen Vorgehen der Zuschlagskalkulation nichts ändert, wenn mit Teilkosten anstelle von Vollkosten gerechnet wird.

Schlüsselwörter

Anderskosten (55)
Anlagevermögen (47)
Aufwand (55)
Aufwand, neutraler (56)
Ausschüttung (46)
Auszahlung (49)
Barwert (76)
Cashflow (53)
Eigenkapital (47)
Einkommen (46)
Einlagen (52)
Einzahlung (49)
Entnahmen (52)
Erfolg (47)
Erlös (57)
Ertrag (58)
Forderung (47)
Fremdkapital (47)
Grundkosten (55)
Investitionsrechnung (72)

Kapital (47)
Kapitalerhaltung (62)
Kapitalwert (73)
Kosten (54)
Kostenrechnungssystem (81)
Kosten- und Erfolgsrechnung (81)
Liquidität (49)
Opportunitätskosten (57)
Reinvermögen (46)
Scheingewinn (60)
Shareholder-Value (69)
Substanzerhaltung (63)
Umlaufvermögen (47)
Verbindlichkeiten (47)
Vermögen (47)
Vermögenserhaltung (61)
Zahlungsmittel (49)
Zahlungssaldo (53)
Zusatzkosten (56)

Kontrollfragen

1. Wie wird das Einkommen von Privathaushalten gemessen?
2. Wie berechnet sich der Erfolg von Unternehmen?
3. Wie wird das Eigenkapital ermittelt?
4. Zeigen Sie anhand einer Bilanz die Aufteilung des Vermögens und des Kapitals.
5. Was ist der Unterschied zwischen einer Bestands- und einer Stromgröße?
6. Erläutern Sie an Beispielen Einzahlungen und Auszahlungen.
7. Definieren Sie die Liquidität.

8. Erklären Sie den Unterschied zwischen dem Erfolg und dem Zahlungssaldo.
9. Was ist der Unterschied zwischen Auszahlungen und Aufwendungen?
10. Zeigen Sie an Beispielen, wann Auszahlungen und Aufwendungen zeitlich auseinander fallen können.
11. Was ist der Unterschied zwischen Einzahlungen und Erträgen?
12. Zeigen Sie mithilfe von Beispielen die Merkmale des Kostenbegriffs auf.
13. Welche Aufwendungen werden nicht in der Kostenrechnung übernommen? Geben Sie Beispiele.
14. Zeigen Sie an einem Beispiel, wie Opportunitätskosten zu berücksichtigen sind.
15. Definieren sie den Erlösbegriff.
16. Grenzen Sie Erlöse von den Erträgen ab und zeigen Sie an Beispielen, welche Erträge nicht als Erlöse angesehen werden.
17. Warum ist das Phänomen der Inflation für das Rechnungswesen wichtig?
18. Erläutern Sie den Begriff des Scheingewinns und seine Gefahren für die Substanz des Unternehmens.
19. Vergleichen Sie das Konzept der nominalen Kapitalerhaltung mit der Substanzerhaltung und erläutern Sie die wesentlichen Unterschiede.
20. Welche Unterschiede bestehen zwischen der reproduktiven und der leistungsmäßigen Substanzerhaltung?
21. Welche Kritik wird an der Brutto-Substanzerhaltung geübt, und warum gilt die Netto-Substanzerhaltung als eine Weiterentwicklung?
22. Erläutern Sie wichtige Eigenschaften, die Sie vom Betriebserfolg in der Kosten- und Erfolgsrechnung erwarten.
23. Nach welchen Kategorien sollte der Betriebserfolg aufgeteilt werden?
24. Zeigen Sie auf, wie der Shareholder-Value oder Marktwert des Eigenkapitals berechnet wird.
25. Erläutern Sie, warum Zahlungssalden für ein Projekt mit einer Laufzeit von zehn Jahren nicht einfach addiert werden können.
26. Wie berechnen Sie den Erfolg eines Projektes?
27. Welche Entscheidungsregel gilt für die Kapitalwertmethode?
28. Beschreiben Sie den Grundgedanken des Lücke-Theorems.
29. Welche Konsequenzen ergeben sich aus dem Lücke-Theorem für die Kosten- und Erfolgsrechnung?
30. Nennen Sie die Ihnen bekannten Systeme im internen Rechnungswesen, in denen ein Erfolg ermittelt wird.
31. Teilen Sie die Ihnen bekannten Systeme der Kosten- und Erfolgsrechnung in eine Matrix ein.
32. Was ist der Unterschied zwischen Plan- und Istkosten?

Mathematischer Anhang: Lücke-Theorem

Zu zeigen ist, dass der Kapitalwert der Betriebserfolge mit dem der Zahlungssalden übereinstimmt, wenn die Zinsen auf den Buchwert des Vermögens der Vorperiode vom Betriebserfolg abgezogen werden. Die beiden Kapital-

3. Kapitel: Erfolgsziele im internen Rechnungswesen

wertgleichungen lassen sich ineinander überführen. Auszugehen ist von der Kapitalgleichung für den Betriebserfolg (hier nach Ewert & Wagenhofer, 2014, S. 70; vgl. auch Franke, 1976, S. 189 f.; Laux, 2006, S. 100 ff.).

$$KW_0 = \sum_{t=0}^{T}(E_t - K_t - i \cdot RW_{t-1})q^{-t}$$

Da die Erlöse und Kosten durch die Zahlungen ersetzt werden müssen, wird die Kapitalbindungsgleichung (s. Formel (6), S. 78) herangezogen.

$$RW_t - RW_{t-1} = (E_t - K_t) - (EZ_t - AZ_t)$$
$$E_t - K_t = RW_t - RW_{t-1} + EZ_t - AZ_t$$

Durch Einsetzen und Umformen ergibt sich

$$KW_0 = \sum_{t=0}^{T}(RW_t - RW_{t-1} + EZ_t - AZ_t - i \cdot RW_{t-1})q^{-t}$$

$$KW_0 = \sum_{t=0}^{T}(EZ_t - AZ_t)q^{-t} + \sum_{t=0}^{T}RW_t \cdot q^{-t} - \sum_{t=0}^{T}(RW_{t-1} + i \cdot RW_{t-1})q^{-t}$$

$$KW_0 = \sum_{t=0}^{T}(EZ_t - AZ_t)q^{-t} + \sum_{t=0}^{T}RW_t \cdot q^{-t} - \sum_{t=0}^{T}q \cdot RW_{t-1} \cdot q^{-t}$$

Nun bleibt nur noch zu zeigen, dass die beiden letzten Terme äquivalent sind, wobei der letzte Term entsprechend umgeformt wird. Die Summe wird um eine Periode verschoben, was möglich ist, da RW_{-1} und RW_T beide gleich null sind (Buchwert des Vermögens).

$$KW_0 = \sum_{t=0}^{T}(EZ_t - AZ_t)q^{-t} + \sum_{t=0}^{T}RW_t \cdot q^{-t} - \sum_{t=1}^{T+1}RW_{t-1} \cdot q^{-(t-1)}$$

$$KW_0 = \sum_{t=0}^{T}(EZ_t - AZ_t)q^{-t} + \sum_{t=0}^{T}RW_t \cdot q^{-t} - \sum_{t=0}^{T}RW_t \cdot q^{-t}$$

$$KW_0 = \sum_{t=0}^{T}(EZ_t - AZ_t)q^{-t}$$

Übungsaufgaben

Übung 1: Bestandsdifferenzen

Sie möchten gern wissen, ob Sie im vergangenen Jahr Ihr Vermögen vergrößert haben. Am Anfang des Jahres haben Sie ihr Vermögen aufgelistet.

Girokonto, Bargeld	2.800,–
Aktien	10.500,–
Rentenpapiere	6.800,–
Sachvermögen	10.000,–
Verbindlichkeiten	–

Anfang dieses Jahres haben Sie sich mithilfe eines Kredites einen Gebrauchtwagen gekauft (15.000,– Euro); Sie gehen davon aus, diesen Wagen 5 Jahre zu nutzen. Am Ende stellen Sie folgende Rechnung auf (der Gebrauchtwagen ist in der folgenden Tabelle noch nicht berücksichtigt):

Girokonto, Bargeld	1.500,–
Aktien	12.500,–
Rentenpapiere	6.900,–
Sachvermögen	9.000,–
Verbindlichkeiten	–

Berechnen Sie den Erfolg durch die Bestandsdifferenz und geben Sie Beispiele, wodurch die Veränderungen der verschiedenen Positionen aufgetreten sein können. Eine Tilgung des Kredites erfolgt noch nicht.

Übung 2: Erfolgsbegriffe

In einem Produktionsunternehmen beklagt sich ein Manager: „Diese Controller denken, wir haben den ganzen Tag nichts anderes zu tun, als ihre Berichte zu lesen. Und dann diese verschiedenen Erfolgszahlen! In jedem Bericht ist der Erfolg anders definiert. Können die sich denn nicht auf einen Erfolg einigen?"

Diskutieren Sie diese Aussagen vor dem Hintergrund der verschiedenen Erfolgsbegriffe.

Übung 3: Kalkulatorische Miete

Sie besuchen einen Freund, der ein kleines Unternehmen hat. Das Unternehmen ist in einem Haus untergebracht, das Ihrem Freund gehört. Der Gewinn betrug im letzten Jahr 80.000,– Euro, vom Ansatz kalkulatorischer Kosten hat Ihr Freund noch nie etwas gehört. Sie erkundigen sich bei einem Immobilienmakler über Gewerbemieten und erfahren, dass die Vermietung des Hauses 140.000,– Euro im Jahr einbringen würde.

Was raten Sie Ihrem Freund?

Übung 4: Lücke-Theorem

Für ein Investitionsprojekt muss ein Unternehmen 60.000 Euro als Anfangsauszahlung zum Zeitpunkt t_0 ausgeben. Die Planung ergab für die Ein- und Auszahlungen folgende Werte:

	1	2	3
Einzahlung	60.000	70.000	80.000
Auszahlung	–30.000	–35.000	–40.000

3. Kapitel: Erfolgsziele im internen Rechnungswesen

a) Berechnen Sie den Kapitalwert für das Projekt (Zins = 10%) und entscheiden Sie, ob Sie das Projekt annehmen.

b) Berechnen Sie die zu diesem Investitionsprojekt entsprechenden Periodenerfolge (Residualerfolge). Es wird angenommen, dass die Erlöse und Einzahlungen sowie die Auszahlungen und die Kosten bis auf die Anfangsauszahlung in der gleichen Periode anfallen, für die Abschreibungen verwenden Sie eine lineare Verteilung.

c) Zeigen Sie, dass die Barwerte der Periodenerfolge und der Zahlungsreihe übereinstimmen.

Teil 2
Ermittlung von Kosten für Kostenstellen, Produkte und Prozesse

Eine der wichtigsten Voraussetzungen für Entscheidungen über Produkte ist es, Informationen über die Produktkosten zu haben. In der Kostenrechnung steht dieser Rechnungszweck auch heute noch an der Spitze. In den Kapiteln dieses Teils wird daher aufgezeigt, wie in einer Kostenrechnung die Kosten ermittelt werden.

4. Kapitel: Traditionelle Kosten- und Erfolgsrechnung (90)

5. Kapitel: Prozessorientierte Kostenrechnung (131)

Da es eine Reihe von Kosten gibt, die sich nicht direkt den Produkten zurechnen lassen, wird in einer traditionellen Kostenrechnung zuerst auf organisatorische Bereiche (Kostenstellen) zugerechnet. Erst in einem nachfolgenden Schritt werden dann die Kosten für die Produkte ermittelt. Im vierten Kapitel wird dieser Verrechnungsweg schrittweise anhand der traditionellen Kosten- und Erfolgsrechnung aufgezeigt. Durch die steigenden Gemeinkosten geriet dieses System der Kostenrechnung in die Kritik und es wurde als Alternative das Activity-Based Costing und in Deutschland die Prozesskostenrechnung entwickelt. Beide Systeme sind Rechnungen auf Basis von Vollkosten, erst im nächsten Teil werden die Erweiterungen zur Deckungsbeitragsrechnung vorgestellt.

4. Kapitel: Traditionelle Kosten- und Erfolgsrechnung

„Grundbedingung aber für jede erfolgreiche Produktion bleibt für alle Fälle eine genaue fachgemäße Ermittelung der Selbstkosten in einer Form, die eine stete Kontrolle der einzelnen Preisansätze gestattet." (C. M. Lewin, 1912, S. 3)

„Die Bestimmung von Selbstkosten für eine Leistungseinheit ist unser Ziel." (Eugen Schmalenbach, 1919b, S. 264)

Die Kosten- und Erfolgsrechnung ist entstanden, weil das Management Informationen über die Kosten einzelner Produkte benötigte – Selbstkosten konnte das externe Rechnungswesen nicht ermitteln –, sie wurde daher zu Beginn ihrer Entwicklung als Kalkulation oder Selbstkostenrechnung bezeichnet. Neben diesem Rechnungszweck traten jedoch weitere Zwecke, wie die Kontrolle der betrieblichen Prozesse und die Erfolgsbestimmung. Am Anfang der Entwicklung stand die traditionelle Kosten- und Erfolgsrechnung, die eine Istkostenrechnung auf Vollkostenbasis ist. Vor- und Nachteile dieses Systems sollen in diesem und den nächsten Kapiteln beschrieben und erläutert werden.

Dieses Kapitel ist grundlegend für die nachfolgenden Kapitel, die sich mit Kosten- und Erfolgsrechnungen beschäftigen, da der Aufbau der Systeme grundsätzlich gleich ist. Die Abfolge der Teilsysteme Kostenarten-, Kostenstellen- und Kostenträgerrechnung sowie die abschließende Erfolgsrechnung ist in allen Systemen gegeben. Auf diese Abfolge wird ausführlich eingegangen und in den Folgekapiteln wird die Kenntnis dieses Ablaufs vorausgesetzt.

Lernziele

Nach der Lektüre des Kapitels sollten Sie Folgendes können:

- Lernziel 1: Die Aufgaben der Teilsysteme der Kosten- und Erfolgsrechnung erklären und ihren Zusammenhang erläutern. (92)
- Lernziel 2: Kostenarten nach verschiedenen Merkmalen einteilen. (96)
- Lernziel 3: Materialverzehre erfassen und bewerten. (98)
- Lernziel 4: Kalkulatorische Abschreibungen berechnen und Fehlschätzungen der Nutzungsdauer berücksichtigen. (100)
- Lernziel 5: Verfahren zur Berechnung der kalkulatorischen Zinsen einsetzen. (104)
- Lernziel 6: Kalkulatorische Wagnisse an Beispielen erläutern. (109)
- Lernziel 7: Aufgaben des Betriebsabrechnungsbogens erläutern. (112)
- Lernziel 8: Aufgabe der Bezugsgröße für die Kalkulation erklären. (113)
- Lernziel 9: Problem der Leistungsverflechtung erläutern und Verfahren der innerbetrieblichen Leistungsverrechnung anwenden. (117)

4. Kapitel: Traditionelle Kosten- und Erfolgsrechnung

- Lernziel 10: Probleme der Wahl von Bezugsgrößen erkennen und Beispiele von Bezugsgrößen geben. (120)
- Lernziel 11: Kalkulationsverfahren unterscheiden und Zuschlagskalkulationen anwenden. (123)

Rechnungszwecke in der Kosten- und Erfolgsrechnung

Die Ermittlung von Produktkosten ist eine wichtige Information im Unternehmen, denn das Management kann bei einem Vergleich zwischen Kosten und den Preisen am Markt erkennen, ob das Unternehmen im Wettbewerb mithalten kann. Dieses Kapitel widmet sich daher der Frage, was ein Produkt kostet. Historisch ist dies der erste Rechnungszweck der Kosten- und Erfolgsrechnung, es stellte sich nämlich heraus, dass das externe Rechnungswesen auf die Frage nach den Produktkosten keine Antwort geben konnte. Schon damals galten die **Produktkosten** als eine der wichtigsten Informationen im Unternehmen, daran hat sich bis heute nichts geändert. In einer Marktwirtschaft sendet der Markt Preisinformationen an die Unternehmen, die sie daraufhin überprüfen, ob es sich lohnt, als Anbieter aufzutreten. Für einen Möbelhersteller, der anspruchsvolle Holztische anbietet, ist es wichtig zu wissen, wie hoch die Kosten für die einzelnen Modelle sind. Erst dann kann eine Controllerin in Verbindung mit den Gewinnvorstellungen feststellen, ob es rentabel ist, sich auf diesem Markt zu engagieren.

Wenn Sie schon die Grenzen der **traditionellen Kosten- und Erfolgsrechnung** kennen, dann wissen Sie, dass Sie ihm nur begrenzt helfen können, denn die traditionelle Kostenrechnung ist eine Rechnung mit Istkosten und auf Vollkostenbasis.

- **Istkosten** sind die realisierten Kosten der Vergangenheit,
- **Vollkosten** bedeutet, dass alle in einer Periode angefallenen Kosten auf die Produkteinheiten zugerechnet werden. Beachten Sie, dass das Wort Produkteinheit mit Absicht gewählt ist, denn in einer Kostenrechnung werden die Kosten auf die einzelnen Stücke zugerechnet.

Um festzustellen, ob die Kosten tatsächlich zu hoch sind, müsste der Marketing-Leiter einen Maßstab haben, den bietet die traditionelle Kosten- und Erfolgsrechnung jedoch nicht. Als ersten Anhaltspunkt könnte er versuchen, die Kosten der letzten Periode mit denen der vergangenen Perioden zu vergleichen, wobei er beachten muss, dass es sich dabei nur um einen relativen Vergleich handelt (diesen Nachteil einer Istkostenrechnung kritisierte bereits Schmalenbach, 1919b, S. 350).

Wenn den Kosten des Produktes die Erlöse gegenübergestellt werden, dann lässt sich ein Erfolg für das Produkt berechnen. Sie können damit den Erfolgsbeitrag eines einzelnen Produktes zum gesamten Erfolg des Unternehmens ermitteln. Wenn Sie Erfolge für alle Produkte in einem Zeitraum zusammenfassen, erhalten Sie den **Betriebserfolg**, der den Erfolg anzeigt, der im Sachziel-(Leistungs-)bereich des Unternehmens erwirtschaftet wird. Welche

Möglichkeiten Sie haben, einen Betriebserfolg zu ermitteln, finden Sie im Kapitel zur Erfolgsrechnung.

Die Teilsysteme der Kosten- und Erfolgsrechnung

Wenn Sie sich an die Tabelle mit den verschiedenen Systemen der Kosten- und Erfolgsrechnung erinnern, werden Sie vielleicht denken, dass es doch umfangreich werden muss, alle diese Systeme zu beschreiben. Es wäre tatsächlich sehr aufwendig, aber es ist nicht nötig, denn der Aufbau der Systeme der Kosten- und Erfolgsrechnung ist recht ähnlich. Somit ist es ausreichend, bei einem System diesen Aufbau genau zu erläutern, und dann bei den anderen Systemen nur auf die Besonderheiten hinzuweisen. Es stellt sich daher die Frage, welches System ausgewählt werden soll?

> **Lernziel 1:** Die Aufgaben der Teilsysteme der Kosten- und Erfolgsrechnung erklären und ihren Zusammenhang erläutern.

In diesem Kapitel wird die traditionelle Kosten- und Erfolgsrechnung vorgestellt, weil sie das älteste System ist und weil sie von allen Systemen am einfachsten aufgebaut ist. Die nachfolgenden Systeme sind entwickelt worden, indem einzelne Teilsysteme an neue Kenntnisse angepasst wurden, am grundlegenden Aufbau der Kosten- und Erfolgsrechnung hat sich dadurch jedoch nichts geändert. Jedes System der Kosten- und Erfolgsrechnung enthält die folgenden Teilsysteme, die kurz vorgestellt werden (eine Ausnahme ist das System der relativen Einzelkosten von PAUL RIEBEL (1994), das nicht behandelt wird):

1. Kostenartenrechnung,
2. Kostenstellenrechnung,
3. Kostenträgerrechnung,
4. Erlösrechnung und
5. kurzfristige Erfolgsrechnung.

Bisher wurde die Kosten- und Erfolgsrechnung als schwarzer Kasten behandelt, jetzt wird dieser Kasten mit einer Struktur versehen. Zur Illustration dient Darstellung 14, denn sie zeigt, dass die Teilsysteme nacheinander angeordnet sind und ihre Reihenfolge nicht zufällig gewählt ist. Das Informationssystem Kosten- und Erfolgsrechnung nimmt Informationen auf (in der Darstellung beispielhaft Preis- und Mengeninformationen) und verarbeitet sie in den verschiedenen Teilsystemen schrittweise zu Kosten-, Erlös- und Erfolgsinformationen z. B. den Kosten eines Produktes. Die im Schaubild enthaltenen Begriffe werden in den nächsten Abschnitten schrittweise erläutert.

Bevor in den nächsten Abschnitten die einzelnen Teilsysteme betrachtet werden, sollen sie kurz beschrieben werden (vgl. Friedl et al., 2013, S. 62 ff.):

- Als Erstes werden in der **Kostenartenrechnung** die einzelnen Güterverzehre erfasst und nach verschiedenen Kriterien gegliedert.

4. Kapitel: Traditionelle Kosten- und Erfolgsrechnung

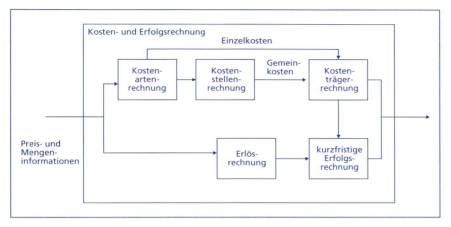

Darstellung 14: Teilsysteme der Kosten- und Erfolgsrechnung

- Ein Teil der Kosten – die Gemeinkosten – werden in die **Kostenstellenrechnung** übernommen und dort den Kostenstellen zugerechnet.
- Alle Kosten werden dann in der **Kostenträgerrechnung** den Produkten zugerechnet.
- Gleichzeitig werden in der **Erlösrechnung** für die einzelnen Produkte ihre Erlöse erfasst,
- um sie dann den **gesamten Kosten** der Periode in der **kurzfristigen Erfolgsrechnung** gegenüberzustellen und den Betriebserfolg zu berechnen.

Dem aufmerksamen Leser ist vielleicht die unschöne Wiederholung des Verbs „zurechnen" aufgefallen, das allerdings mit Bedacht zweimal verwendet wurde. Die **Zurechnung** gehört zu den wichtigsten Aufgaben in der Kostenrechnung und für die folgenden Abschnitte ist es nützlich, dass Sie sich ständig den Rechnungszweck vor Augen halten: die Kosten einer Einheit des Produktes zu berechnen. Für einen Möbelhersteller ist das beispielsweise eine Einheit des Esstisches „Toskana", für einen Druckerhersteller eine Einheit des Models „Megalaser". Neben der Produkteinheit gibt es weitere **Kostenobjekte**, die von Interesse sind, einige werden Sie in diesem Kapitel kennen lernen, so z. B. das Objekt Kostenstelle. Kostenobjekten werden Kosten zugerechnet, um Rechnungszwecke zu erfüllen. Worin besteht das Problem der Kostenzurechnung?

Ein Möbelhersteller bietet für Privathaushalte 700 verschiedene Möbel an, darunter auch den Esstisch „Toskana". Es sollen nun die Kosten eines Tisches berechnet werden, am Ende dieses Prozesses erwartet man z. B. die Information: Ein Esstisch „Toskana" kostet 1.200 Euro. Um dies berechnen zu können, muss das Unternehmen wissen, welche Produktionsfaktoren für seine Herstellung benötigt werden.

Darstellung 15 zeigt die beiden Schwerpunkte in der Informationsverarbeitung der Kostenrechnung: die Kostenerfassung und Kostenzurechnung. Im ersten Schritt – der Kostenartenrechnung – treten Fragen der Messung und

Teil 2: Ermittlung von Kosten für Kostenstellen, Produkte und Prozesse

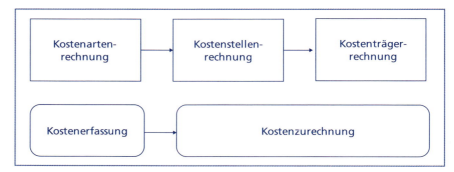

Darstellung 15: Kostenerfassung und Kostenzurechnung

Bewertung in den Vordergrund und danach wird behandelt, wie Kosten den Kostenstellen und Kostenträgern zugerechnet werden. Übersicht 3 gibt einen genaueren Blick auf die Schritte der Kostenrechnung, die in den nächsten Abschnitten dargestellt werden.

Aufgabe der Kostenartenrechnung

Der Prozess der Kostenzurechnung beginnt damit, die im Unternehmen eingesetzten Produktionsfaktoren zu erfassen und zu bewerten: Dies ist die Aufgabe der **Kostenartenrechnung**. Wenn Sie sich an den **Kostenbegriff** erinnern, dann war ein wesentliches Merkmal der Güterverzehr, und dahinter verbergen sich die ge- oder verbrauchten Produktionsfaktoren: Für den Möbelhersteller sind dies beispielsweise das Holz für den Esstisch oder der Strom für die Beleuchtung der Fabrikhalle. Der Kostenbegriff legt daher fest, welche Informationen im System der Kosten- und Erfolgsrechnung verarbeitet werden.

In Darstellung 16 ist der güterwirtschaftliche Prozess, der als Grundlage der Kostenerfassung dient, abgebildet. Gesucht sind die Produktionsfaktoren, die benötigt werden, um die Sachziele des Unternehmens zu erreichen. Da in der Kosten- und Erfolgsrechnung alle Güterverzehre in finanziellen Größen abgebildet werden, müssen sie entweder direkt in Währungseinheiten, z. B. in Euro, vorliegen oder die gemessenen Mengen sind zu bewerten. So werden beispielsweise Materialkosten aufgrund der Güterverzehre berechnet, während Versicherungsprämien bereits in Euro vorliegen.

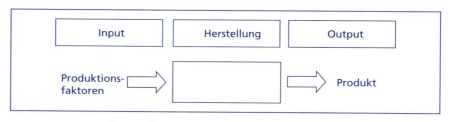

Darstellung 16: Güterwirtschaftlicher Prozess

4. Kapitel: Traditionelle Kosten- und Erfolgsrechnung

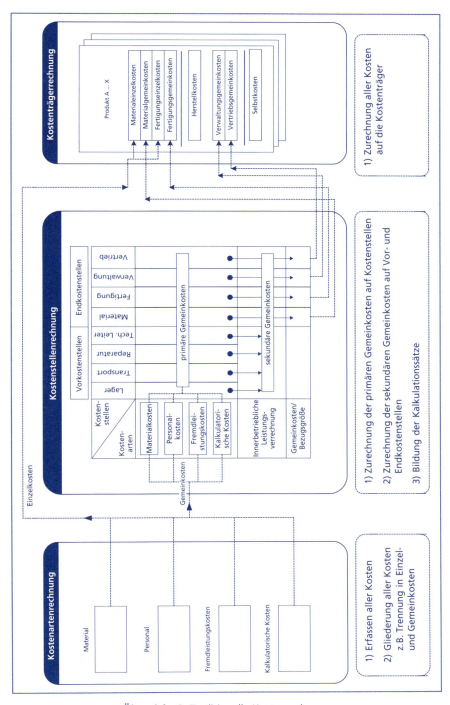

Übersicht 3: Traditionelle Kostenrechnung

Die Abgrenzung von Aufwand und Kosten hat gezeigt, wie beide Rechnungen miteinander verbunden sind. Eine Reihe von Kosten sind aufwandsgleich und können daher aus der Finanzbuchhaltung übernommen werden (Zweckaufwand = Grundkosten). Eine Istkostenrechnung kann die Informationen aus der Finanzbuchhaltung übernehmen, da sie ausschließlich **realisierte Geschäftsvorfälle** registriert.

In einem ausgebauten Rechnungswesen wird es neben der Finanzbuchhaltung weitere spezielle Bereiche der Buchhaltung geben, die für wichtige Produktionsfaktoren alle wesentlichen Informationen erstellen, z. B.:

- Personalbuchhaltung,
- Anlagenbuchhaltung und
- Materialbuchhaltung.

Diese speziellen Buchhaltungen erbringen in der Regel für beide Informationssysteme (Finanzbuchhaltung und Jahresabschluss sowie Kosten- und Erfolgsrechnung) Serviceleistungen wie z. B. die Berechnung von Abschreibungen für Maschinen in der Anlagenbuchhaltung.

Somit ist es die **Aufgabe der Kostenartenrechnung**, die Kosten vollständig zu erfassen, zu bewerten und systematisch zu gliedern.

Einteilungsmöglichkeiten von Kosten

Im letzten Abschnitt wurde bereits darauf hingewiesen, dass der Kostenbegriff Anhaltspunkte dafür gibt, wie eine Gliederung der Kosten vorzunehmen ist. Ein Merkmal des Kostenbegriffs ist der Güterverzehr, der als wichtigstes Kriterium gilt, die Kosten einzuteilen.

> Eine **Kostenart** ist demnach der unter einem gleichen Merkmal untergeordnete sachzielbezogene und bewertete Güterverzehr.

Welche Merkmale herangezogen werden, um die Kosten einzuteilen, hängt davon ab, was das Management wissen will: Auch die Kosteneinteilung erfolgt im Hinblick auf die Rechnungszwecke.

Lernziel 2: Kostenarten nach verschiedenen Merkmalen einteilen.

Die gesamten Kosten eines Betriebes werden nach den Merkmalen aufgegliedert, die in Tabelle 19 aufgeführt sind. Es ist jedoch zu beachten, dass sich jede Kostengröße jedem Einteilungskriterium zuordnen lässt. So lässt sich beispielsweise das Gehalt einer Sekretärin der Geschäftsleitung nach den einzelnen Kriterien den folgenden Kostenarten zuordnen: Personalkosten, aufwandsgleiche Kosten, Gemeinkosten, fixe Kosten, primäre Kosten und Verwaltungskosten.

4. Kapitel: Traditionelle Kosten- und Erfolgsrechnung

Merkmal	Beispiele
Nach der Art der verzehrten Produktionsfaktoren	Materialkosten, Personalkosten, Betriebsmittelkosten, Fremdleistungskosten
Nach der Art der Kostenerfassung	Aufwandsgleiche Kosten, kalkulatorische Kosten
Nach der Art der Zurechnung auf Kostenobjekte insbesondere Kostenträger	Einzelkosten, Gemeinkosten
Nach dem Verhalten bei Beschäftigungsschwankungen	Beschäftigungsabhängige (variable) Kosten, beschäftigungsunabhängige (fixe) Kosten
Nach der Herkunft der Einsatzgüter	Primäre Kosten (Herkunft: Beschaffungsmarkt), sekundäre Kosten (Herkunft: Unternehmen)
Nach der betrieblichen Funktion	Beschaffungs-, Fertigungs-, Absatz- und Verwaltungskosten

Tabelle 19: Die Einteilung der Kostenarten

Allgemein lassen sich die Kosten nach der **Art der verzehrten Güter** in vier große Gruppen unterteilen:

1. **Material- oder Werkstoffkosten**: Hierunter fallen die bewerteten Verbrauchsmengen an Roh-, Hilfs- und Betriebsstoffen, bezogene Fertigteile und Handelswaren.
2. **Betriebsmittelkosten**: Dies sind z.B. Energie und Schmiermittel für Maschinen.
3. **Personalkosten**: Dazu zählen Löhne, Gehälter, gesetzliche und freiwillige Sozialkosten.
4. **Fremdleistungskosten**: Hierunter lassen sich weit gefasst die Kosten für alle von außen bezogenen Leistungen wie Transport-, Werbungs-, Rechtsberatungs-, Mietkosten sowie öffentliche Abgaben und Gebühren zusammenfassen.

Nach der **Art der Kostenerfassung** ergibt sich noch als fünfte Gruppe die der

5. **kalkulatorischen Kosten**, die den aufwandsgleichen Kosten gegenüberstehen. Kalkulatorische Kosten sind Kosten, die
    - nicht in der Finanzbuchhaltung erfasst werden dürfen (**Zusatzkosten**): kalkulatorische Miete, kalkulatorischer Unternehmerlohn und kalkulatorische Wagnisse sowie kalkulatorische Eigenkapitalzinsen oder die
    - in der Finanzbuchhaltung enthalten sind, aber in der Kosten- und Erfolgsrechnung anders bewertet werden (**Anderskosten**): kalkulatorische Abschreibungen und kalkulatorische Fremdkapitalzinsen.

Ein weiteres Kriterium ist die **Art der Zurechnung** auf die Kostenträger, welches für dieses Kapitel besonders wichtig ist, weil als Rechnungszweck die Ermittlung von Produktkosten (und das sind die Kostenträger) betrachtet wird:

- **Einzelkosten** lassen sich den Produkten direkt zurechnen,
- **Gemeinkosten** lassen sich den Produkten nur indirekt zurechnen.

Das Begriffspaar wird meist für die Zurechnung auf die Kostenträger verwendet (an der Definition können Sie erkennen, warum im Englischen diese Kosten als Direct Cost und Indirect Cost bezeichnet werden). Aus der Tabelle können Sie jedoch entnehmen, dass dies auch für andere Kostenobjekte gelten kann. Im Abschnitt über Bezugsgrößen werden die grundlegenden Zusammenhänge für die Zurechnung erörtert.

Einige Kostenarten reagieren auf **Beschäftigungsschwankungen** gar nicht, sie gelten daher als fix, andere wiederum ändern sich mit der Beschäftigung, sie sind daher variabel. Diese Unterscheidung spielt in einer Vollkostenrechnung keine Rolle, sie wird daher erst im Kapitel Deckungsbeitragsrechnung relevant.

Wenn die eingesetzten Güter vom Beschaffungsmarkt bezogen werden, sind es **primäre Kosten**; ist die Herkunft der Einsatzgüter jedoch das Unternehmen – selbst erstellte Güter oder innerbetriebliche Leistungen –, dann spricht man von **sekundären Kosten**. Sie werden bei der Beschreibung der innerbetrieblichen Leistungsverrechnung wieder auftauchen.

Es können nicht alle Kostenarten mit ihren Problemen der Erfassung und Bewertung beschrieben werden, daher müssen einige beispielhaft ausgewählt werden, im Folgenden werden

1. die Materialkosten und
2. die kalkulatorischen Kosten

in ihren Grundzügen beschrieben, dabei geht es nicht darum, alle technischen Einzelheiten zu analysieren, sondern die prinzipielle Technik aufzuzeigen und auf Bewertungsprobleme hinzuweisen.

Materialkosten

Wenn ein Mitarbeiter in der Marketingabteilung eines Möbelherstellers die Frage beantworten will, was kostet ein Tisch vom Typ „Toskana", dann wird er sich u. a. fragen, welche Materialien in einen Tisch eingehen. Er will die Materialkosten bestimmen: Zu den **Materialkosten** zählen die Roh-, Hilfs- und Betriebsstoffe sowie die fremd bezogenen Fertigteile. Angenommen sei, dass es sich um einen Holztisch handelt, der aus Eschenholz gefertigt wird, wobei weiter anzunehmen ist, dass für einen Tisch 1 m^3 Eschenholz benötigt wird.

> **Lernziel 3:** Materialverzehre erfassen und bewerten.

Kosten liegen dann vor, wenn es sich um sachzielbedingten bewerteten Güterverzehr handelt; es müssen alle drei Merkmale vorliegen. Im Beispiel ist

4. Kapitel: Traditionelle Kosten- und Erfolgsrechnung

klar, dass der Güterverzehr sachzielbedingt ist, es müssen daher vor allem zwei Probleme auseinander gehalten werden:

1. die Erfassung des Güterverzehrs und
2. die Bewertung des Güterverzehrs.

Wann gelten Güter als verzehrt? Die Antwort auf diese Frage gibt Auskunft darüber, wann der Verzehr zu erfassen ist. Als Zeitpunkt des Verzehrs gilt der Moment, in dem die Güter im Produktionsprozess verarbeitet werden, für das Holzbeispiel ist das der erste Bearbeitungsschritt, z. B das Hobeln des Holzes. Beachten Sie, dass es sich bei der Frage, wann Güterverzehre vorliegen, nicht um eine nebensächliche technische Angelegenheit handelt, vielmehr wird mit dem Realisationszeitpunkt festgelegt, dass ab diesem Zeitpunkt das Holz relevant für den Erfolg wird. Vorher war es nur ein Lagerbestand, der zwar im Rechnungswesen aufgezeichnet wurde, aber sich nicht auf den Erfolg auswirkte – er war bis zu diesem Zeitpunkt erfolgsneutral.

Der Zeitpunkt des Güterverzehrs lässt sich **erfassen**, indem die Lagerabgänge registriert werden, es wird davon ausgegangen, dass jeder Lagerabgang einen Verbrauch darstellt. Am bekanntesten ist der Einsatz von **Materialentnahmescheinen**, dabei wird jede Lagerentnahme durch einen solchen Schein belegt, wobei diese Scheine durch die Arbeitsvorbereitung (Produktionsplanung) erstellt werden. Alle Lagerentnahmen einer Periode ergeben dann die Güterverzehre in dieser Periode, für eine Lagerbuchhaltung ergibt sich dies aus der allgemeinen Lagergleichung:

Anfangsbestand + Zugänge – Verzehr = Endbestand

Es verbleibt allerdings noch das Problem, wie die **Güterverzehre zu bewerten** sind. Auch wenn die Beschaffungspreise bekannt sind, muss überlegt werden, welcher Preis für die Bewertung verwendet wird, denn häufig werden die Materialien zu verschiedenen Zeitpunkten und nicht für einzelne Aufträge beschafft. Das Lager setzt sich also aus Positionen mit verschiedenen Preisen zusammen. Es stehen somit diverse Preise zur Verfügung, die für eine Bewertung in Frage kommen und in einer Istkostenrechnung besonders relevant sind:

1. Bewertung zu durchschnittlichen Istpreisen pro Periode und
2. Bewertung zu durchschnittlich gleitenden Istpreisen.

Das Vorgehen ist bei beiden Möglichkeiten ähnlich, allerdings ist der Aufwand bei der zweiten Möglichkeit größer, da nach jeder Bewegung eine neue Berechnung erfolgen muss. Ein kleines Beispiel kann dies erläutern.

Würde in dem Beispiel mit einem periodischen Durchschnitt gerechnet, dann wären sämtliche Abgänge mit 16 €/ME (= 4.800 € : 300 ME) zu bewerten. Die im Beispiel angenommene Preissteigerung wird auf alle Abgänge in der Periode verteilt.

Bei der Bewertung stellt sich das Problem, dass einem Vorrat an Material mit unterschiedlichen Preisen ein Güterverzehr gegenüber steht. Dieser Vorrat ist jedoch nicht für ein einzelnes Produkt oder einen einzelnen Auftrag, sondern

Materialbestandskonto			
Anfangsbestand 100 ME à 15,00 €/ME = 1.500,- € Zugänge 100 ME à 16,00 €/ME = 1.600,- € 100 ME à 17,00 €/ME = 1.700,- €		Abgänge 100 ME à 15,50 €/ME = (3.100 € : 200 ME = 15,50 €/ME) 150 ME à 16,25 € = (3.250 € : 200 ME = 16,25 €/ME) Endbestand 50 ME à 16,25 € = (812,50 : 50 = 16,25 €/ME)	1.550,- € 2.437,50 € 812,50 €
	4.800,- €		4.800,- €

Tabelle 20: Materialbewertung mit gleitenden Durchschnitten

für die Produkte oder Aufträge einer ganzen Periode beschafft worden. Meist wird in der Kostenrechnung die Durchschnittsbildung anderen Bewertungsverfahren vorgezogen, da sie einfach zu berechnen ist.

Kalkulatorische Abschreibungen

Mit den **kalkulatorischen Abschreibungen** sollen Güterverzehre erfasst werden, die auf Produktionsfaktoren (Potenzialfaktoren) beruhen, die dem Unternehmen für einen längeren Zeitraum zur Verfügung stehen. Langlebige Produktionsfaktoren zeichnen sich dadurch aus, dass sie ein Leistungspotenzial haben, das sie abgeben, ohne in einem einmaligen Produktionsprozess unterzugehen. **Potenzialfaktoren** werden in jedem Unternehmen eingesetzt, in Industrieunternehmen sind es insbesondere Maschinen, die zur Produktion benötigt werden, für eine Spedition sind es die Lastkraftwagen und für ein Kreditinstitut sind es die Laptops der Kundenberater.

Potenzialfaktoren verlieren ihren Wert durch ihre Nutzung im Produktionsprozess, allerdings ist es nicht ganz einfach, diesen technischen Verschleiß zu messen und zu bewerten. Der Wert von Potenzialfaktoren sinkt allerdings nicht nur, weil sie im Unternehmen eingesetzt werden, sondern auch weil die Zeit vergeht. Beide Aspekte werden angeführt, um zu begründen, warum die zeitliche Verteilung der Abschreibungssumme in der Praxis überwiegt.

Lernziel 4: Kalkulatorische Abschreibungen berechnen und Fehlschätzungen der Nutzungsdauer berücksichtigen.

Wenn Sie jährliche oder monatliche kalkulatorische Abschreibungen berechnen wollen, dann brauchen Sie dafür eine Reihe von Informationen.

4. Kapitel: Traditionelle Kosten- und Erfolgsrechnung

1. Sie benötigen die **Abschreibungsbasis**, das kann sein
   a. der Anschaffungswert,
   b. der Wiederbeschaffungswert zum zukünftigen Beschaffungszeitpunkt oder
   c. der Tageswert zum Stichtag der Bewertung.
2. Wenn der Potenzialfaktor ausscheidet, fällt eventuell ein **Liquidationsüberschuss** an, und zwar bei einem
   a. Verkauf, wenn dies auf dem Sekundärmarkt möglich ist, oder beim
   b. Verschrotten, wenn nur noch Recycling möglich ist.

Aus 1. und 2. ergibt sich die **Abschreibungssumme**, die verteilt werden kann. Eine Verteilung kann erfolgen auf Basis

3. der **Nutzungsdauer** oder des **Nutzungspotenzial**s, es müssen die zukünftigen Nutzungsmöglichkeiten geschätzt werden, entweder
   a. zeitlich mit der Gesamtnutzungsdauer oder
   b. über die Leistung mit dem Gesamtnutzungspotenzial.
4. Wer sich für Letzteres entscheidet, hat die **Abschreibungsmethode** bereits gewählt, nämlich
   a. die **nutzungsabhängige**,

   bei einer zeitlichen Verteilung sind die Abschreibungskosten

   b. **linear** (gleich bleibend),
   c. degressiv (fallend),
   d. progressiv (steigend).

Von den Abschreibungsmethoden sind zwei in der Kostenrechnung weit verbreitet: die nutzungsabhängige und die lineare Abschreibung.

Die **nutzungsabhängige Abschreibung** soll den Güterverzehr anhand des tatsächlichen Gebrauchs des Abschreibungsobjektes erfassen, umso den Wertverlust in einen direkten Zusammenhang mit seiner Nutzung zu bringen. Um die Abschreibung zu berechnen, muss man das gesamte Nutzungspotenzial schätzen. Die jährliche Abschreibung berechnet sich nach der folgenden Formel.

$$K_A = \frac{A_A - L}{B_T} b$$

K_A jährliche Abschreibung
A_A Abschreibungsbasis auf Anschaffungswert
L Liquidationserlös
B_T Gesamtes Nutzungspotenzial
b Beschäftigung des Jahres

Wenn die Abschreibungssumme gleichmäßig auf die Nutzungsdauer verteilt wird, dann handelt es sich um die **lineare Abschreibung**. Es wird von einem gleich bleibenden Wertverlust des Abschreibungsobjektes ausgegangen, dies dient hauptsächlich der Vereinfachung der Abschreibungsberechnung. Tabelle 21 zeigt beispielhaft die Ermittlung der zeitabhängigen Abschreibungsbeträge nach der linearen Methode auf Basis des Anschaffungswertes und des Wiederbeschaffungswertes. Sie ermitteln sich nach den folgenden Formeln:

$$K_A = \frac{A_A - L}{n} \text{ oder } K_A = \frac{A_W - L}{n} \text{ (Lineare Abschreibung)}$$

K_A jährliche Abschreibung
A_A Abschreibungsbasis auf Anschaffungswert
A_W Abschreibungsbasis auf Wiederbeschaffungswert
n Nutzungsdauer in Jahren
L Liquidationserlös

Der Restbuchwert eines Vermögensgegenstandes ist der in der Bestandsrechnung (Bilanz) ausgewiesene Betrag am Ende der jeweiligen Periode.

Jahr	Lineare Abschreibung		Lineare Abschreibung
	Abschreibung	Restbuchwert	
1.	44.000,–	206.000,–	50.000,–
2.	44.000,–	162.000,–	50.000,–
3.	44.000,–	118.000,–	50.000,–
4.	44.000,–	74.000,–	50.000,–
5.	44.000,–	30.000,–	50.000,–

Anschaffungswert 250.000,– € Wiederbeschaffungswert 280.000,– €
Liquidationserlös 30.000,– €
Nutzungsdauer 5 Jahre

Tabelle 21: Beispiel zur Ermittlung von Abschreibungen

Um Abschreibungen berechnen zu können, muss die Nutzungsdauer geplant werden. Nun hängt die Nutzungsdauer von den Unwägbarkeiten der Zukunft ab, es kann zu **Fehlschätzungen der Nutzungsdauer** kommen. Die geplante Nutzungsdauer kann größer oder kleiner als die tatsächliche Nutzungsdauer sein. Wenn die geplante Nutzungsdauer größer als die tatsächliche Nutzungsdauer ist, scheidet der Gegenstand aus dem Produktionsprozess aus, es werden in der Kosten- und Erfolgsrechnung keine Abschreibungen mehr berücksichtigt.

> Eine Maschine ist zu diesem Zeitpunkt noch nicht abgeschrieben – der Restbuchwert ist größer null. Während im externen Rechnungswesen außerordentliche Erträge und Aufwendungen erfasst werden müssen, ist dies in der Kostenrechnung nicht üblich.
> Wenn Sie sich nicht erklären können, warum dies so ist, schauen Sie noch einmal im 3. Kapitel nach, in dem der Kostenbegriff erklärt ist.

Wenn ein Betriebsmittel länger als geplant genutzt werden kann, so ist es sinnvoll, die Höhe der Abschreibungen neu zu berechnen. Da die Abschreibungsrechnung der Vergangenheit fehlerhaft war, erscheint es nicht sachge-

4. Kapitel: Traditionelle Kosten- und Erfolgsrechnung

recht, die alten Abschreibungswerte einfach fortzuschreiben. Für die Neuberechnung werden zwei Ansätze diskutiert:

1. Es wird so getan, als ob die Nutzungsdauer von Anfang bekannt gewesen wäre. Ging man ursprünglich von 5 Jahren aus, stellt jedoch später fest, dass es wahrscheinlich 8 Jahre werden, so wird die Abschreibung auf Basis von 8 Jahren berechnet (Sehen Sie dazu das Beispiel in Tabelle 22).

   Gegen diesen Vorschlag spricht, dass dann über die gesamte Nutzungsdauer mehr als der Anschaffungsbetrag abgeschrieben wird, es ergeben sich negative Buchwerte. Befürworter dieser Möglichkeit argumentieren jedoch mit dem kurzfristigen Charakter der Kosten- und Erfolgsrechnung, es sei wichtiger, dass die zukünftigen Periodenerfolge richtig sind (vgl. Kilger, 1987, S. 118 f.).

2. Um eine „Überabschreibung" zu vermeiden, wird der Restbuchwert auf die Restnutzungsdauer verteilt.

   Kritisiert wird an dieser Methode, dass der tatsächliche Güterverzehr in keiner Periode richtig ermittelt wird. Denn bis die Fehlschätzung entdeckt wurde, war die Abschreibung zu hoch und danach ist sie zu niedrig.

Beide Varianten sollen noch kurz an dem Zahlenbeispiel aus Tabelle 21 illustriert werden, wobei die Berechnung auf Basis der Abschreibung auf die Anschaffungswerte gewählt wurde.

Jahr	Neue Nutzungsdauer		Restbuchwert verteilen	
	Abschreibung	Restbuchwert	Abschreibung	Restbuchwert
4.	44.000,–	74.000,–	44.000,–	74.000,–
5.	27.500,–	46.500,–	11.000,–	63.000,–
6.	27.500,–	19.000,–	11.000,–	52.000,–
7.	27.500,–	–8.500,–	11.000,–	41.000,–
8.	27.500,–	–36.000,–	11.000,–	30.000,–
Neue Nutzungsdauer: $\frac{250.000 - 30.000}{8} = 27.500$ €/Jahr				
Restbuchwert verteilen: $\frac{74.000 - 30.000}{4} = 11.000$ €/Jahr				

Tabelle 22: Beispiel zur Fehlschätzung der Nutzungsdauer

Die zwei Möglichkeiten zeigen unterschiedliche Auffassungen über die Berechnung des Periodenerfolges auf. Wer den Restbuchwert auf die Restnutzungsdauer aufteilt, sieht die Periodenerfolge in einem Zusammenhang über einen längeren Zeitraum, insbesondere will er eine konsequente Umsetzung der Substanzerhaltung erreichen.

Anhänger der ersten Methode sehen den Zusammenhang über alle Perioden als nicht relevant an, es wird entscheidungsorientiert argumentiert: Fehler der Vergangenheit sind irrelevant, in der Zukunft sollten jedoch Fehler vermieden werden (vgl. Ueberbach, 1993, S. 454 f.). Wenn der Periodenerfolg auf Basis des Lücke-Theorems bestimmt werden soll, dann ist die letzte Vorgehensweise nicht zulässig, da sie mehr Zahlungen verrechnet, als die ursprüngliche Auszahlung betrug.

Kalkulatorische Zinsen

Zinsen sind der Preis, den Unternehmen zahlen müssen, um Kapital am Markt aufzunehmen. Umstritten ist in der Kostenrechnung, ob neben den Fremdkapitalzinsen auch Zinsen auf das Eigenkapital berücksichtigt werden sollen. Fremdkapitalzinsen werden in der Finanzbuchhaltung erfasst, ihr Kostencharakter steht außer Frage. Mit Eigenkapitalzinsen verbinden sich keine direkten Auszahlungen, daher lassen sie sich nur begründen, wenn man sie als Opportunitätskosten interpretiert. Dies ist bereits im Kapitel Erfolgsziele im internen Rechnungswesen geschehen. **Kalkulatorische Zinsen** werden angesetzt, um den gesamten Kapitaleinsatz für die Leistungserstellung zu berücksichtigen. Dies entspricht dem Grundsatz, in der Kosten- und Erfolgsrechnung alle eingesetzten Produktionsfaktoren zu erfassen. Für den Kostencharakter von Eigenkapitalzinsen spielt die Frage, ob sie auf Auszahlungen zurückzuführen sind, keine Rolle.

In der Kostenrechnung werden jedoch nur die Anteile des Vermögens berücksichtigt, die für das Sachziel eingesetzt werden – das Merkmal „leistungsbezogen" des Kostenbegriffs. Den einzelnen Vermögensgütern lässt sich jedoch nicht ansehen, mit welchen Anteilen von Fremd- und Eigenkapital sie finanziert wurden. Aus diesem Grund werden in der Kostenrechnung kalkulatorische Zinsen auf das betriebsnotwendige Vermögen berechnet, eine Unterscheidung in Eigen- und Fremdkapitalzinsen entfällt. Als **betriebsnotwendiges Vermögen** bezeichnet man den Teil des Vermögens, der eingesetzt wird, um das Sachziel zu erreichen.

> **Lernziel 5:** Verfahren zur Berechnung der kalkulatorischen Zinsen einsetzen.

Es gibt zwei Möglichkeiten, das betriebsnotwendige Vermögen zu ermitteln:

1. **Globalverfahren**: Ausgangspunkt ist die Bilanz des Unternehmens, wobei die einzelnen Vermögenspositionen daraufhin untersucht werden, ob sie dem Sachziel dienen; dies trifft z. B. auf Wertpapiere nicht zu. Im zweiten Schritt muss das Vermögen mit dem Zinssatz multipliziert werden, um die kalkulatorischen Zinsen zu erhalten. Sie müssen auf die Kostenstellen mithilfe geeigneter Schlüssel verteilt werden, die der durchschnittlichen Kapitalbindung in den Kostenstellen entspricht.

2. **Einzelermittlung der Vermögenspositionen**: In jeder Kostenstelle werden die eingesetzten Vermögensgegenstände erfasst. Zu unterscheiden sind das Umlaufvermögen z. B. die Bestände an Roh-, Hilfs- und Betriebsstoffen und das Anlagevermögen z. B. Maschinen.

4. Kapitel: Traditionelle Kosten- und Erfolgsrechnung

Bei Gütern des Anlagevermögens müssen Annahmen getroffen werden, wie viel Kapital noch in diesem Vermögensgut gebunden ist. Da der Wert einer Maschine mit der Nutzungszeit abnimmt, sinkt auch die **Kapitalbindung**; sie zeigt an, wie hoch das Kapital im Vermögensgut gebunden ist. Zwei Verfahren werden in der Praxis eingesetzt, um die Kapitalbindung zu berechnen:

1. Durchschnittsverfahren und
2. Restwertverfahren.

Beim **Durchschnittsverfahren** wird das während der gesamten Nutzungsdauer durchschnittlich gebundene Kapital verzinst. Dabei muss jedoch ein eventueller Liquidationserlös beachtet werden, der sich auf die Kapitalbindung auswirkt. An Darstellung 17 lässt sich das anschaulich zeigen (im Folgenden wird von einer linearen Abschreibung ausgegangen).

> Schauen Sie sich zuerst die linke Abbildung an. Die horizontale, gestrichelte Linie entspricht der gesamten Abschreibungsbasis A. Da der Wert des Vermögensgutes sinkt, verläuft die Linie des Restwertes natürlich darunter. Beim Durchschnittsverfahren nimmt man an, dass die Hälfte des Kapitals in jeder Periode gebunden ist.

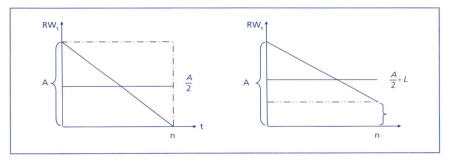

Darstellung 17: Durchschnittsverfahren mit und ohne Liquiditätserlös

Wenn Sie sich die Frage stellen: Warum A durch 2 geteilt wird, schauen Sie sich noch einmal die Abbildung an:

> Wenn das gesamte Kapital bis zum Ende gebunden ist, dann ist die Kapitalbindung gleich der Abschreibungsbasis. Da aber angenommen wird, dass über die Nutzungsdauer nur die Hälfte gebunden ist, wird durch 2 geteilt.

Auf der rechten Seite fällt am Ende der Nutzungsdauer ein Liquidationserlös an, entsprechend ist die Kapitalbindung zu korrigieren:

$$K_Z = \left(\frac{A-L}{2} + L\right) \cdot i$$

K_Z Kalkulatorische Zinsen
i Zins

Die Kapitalbindung setzt sich aus zwei Teilen zusammen:

1. Der Wert sinkt von der Abschreibungsbasis am Anfang der Nutzungsdauer auf den Wert in Höhe des Liquidationserlöses, dieser Betrag ist durchschnittlich zur Hälfte gebunden.
2. Der Liquidationserlös ist über die gesamte Nutzungsdauer zu verzinsen, dieser Teil der Abschreibungsbasis verliert seinen Wert nicht, er ist deswegen über die gesamte Nutzungsdauer in voller Höhe gebunden.

Der größte Vorteil des Durchschnittsverfahrens ist seine Einfachheit, ohne großen Rechenaufwand können die jährlichen Zinsen errechnet werden. Allerdings entspricht die gleich bleibende Zinsbelastung nicht der tatsächlichen Kapitalbindung, denn durch den Wertverlust sinkt die Kapitalbindung, am Ende der Nutzungsdauer müsste die Zinsbelastung sinken. Aus diesem Grund wurde das Restwertverfahren entwickelt.

Das **Restwertverfahren** trifft eine realistischere Annahme über den Verlauf der Kapitalbindung: Es wird angenommen, dass in jeder betrachteten Periode das Vermögensgut von seinem Restwert am Anfang der Periode auf den Restwert am Ende der Periode fällt. Auch in diesem Verfahren wird eine durchschnittliche Kapitalbindung angenommen:

$$K_{Zt} = \left(\frac{RW_{t-1} + RW_t}{2}\right) \cdot i$$

K_{Zt} Kalkulatorische Zinsen in der Periode t
RW_t Restwert am Ende der Periode t

Darstellung 18 zeigt, dass das Restwertverfahren nach dem gleichen Prinzip vorgeht, dies jedoch auf die einzelnen Perioden der Nutzungsdauer anwendet. Mit Ablauf der Nutzungsdauer sinkt in jeder Periode die Kapitalbindung um den konstanten Abschreibungsbetrag.

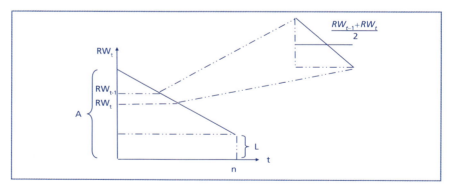

Darstellung 18: Restwertverfahren mit Liquiditätserlös

Ein Vorteil des Restwertverfahrens ist, die Kapitalbindung genauer aufzuzeigen, und daher sinken bei diesem Verfahren die kalkulatorischen Zinsen im Verlaufe der Nutzungszeit. Genau dies wird von manchen als Nachteil

4. Kapitel: Traditionelle Kosten- und Erfolgsrechnung

empfunden, da Kostenstellen mit neueren Maschinen eine höhere Zinsbelastung haben. Aus diesem Grund wählen viele Unternehmen das Durchschnittsverfahren.

Beide Verfahren sollen wieder mit dem bereits bekannten Beispiel illustriert werden, es wird wieder auf die lineare Abschreibung auf den Anschaffungswert zurückgegriffen (s. Tabelle 23, der Zinssatz beträgt 12%).

Kapitaldienst auf finanzmathematischer Basis

An den verschiedenen Methoden, die kalkulatorischen Zinsen und Abschreibungen zu berechnen, wird allerdings auch grundsätzlich Kritik geübt. Ausgangspunkt der Überlegungen sollte der Rechnungszweck sein, der mit dem Ansatz dieser Kostenarten verbunden ist. Wird von dem Zweck der Substanzerhaltung ausgegangen, dann haben die Abschreibungen die Aufgabe, für eine entsprechende Ersatzinvestition zu sorgen. Von den Umsatzerlösen wird ein Betrag in Höhe der Abschreibungen einbehalten, um durch Sparen die zukünftigen Investitionen zu ermöglichen. An den beschriebenen Methoden wird kritisiert, dass sie die Wiederanlage der einbehaltenen Erlöse nicht berücksichtigen, d.h., ein Modell verwendet wird, das keinen Kapitalmarkt kennt: Die einbehaltenen Erlöse werden in einen Sparstrumpf gesteckt. Dadurch entstehen zu hohe Abschreibungen, denn eine Verzinsung würde die anzusparenden Raten verringern.

Jahr	Restbuchwertverfahren			Durchschnittsverfahren	
	Restbuchwert	Kapitalbindung	Zinsen	Kapitalbindung	Zinsen
1.	206.000,–	228.000,–	27.360,–	140.000,–	16.800,–
2.	162.000,–	184.000,–	22.080,–	140.000,–	16.800,–
3.	118.000,–	140.000,–	16.800,–	140.000,–	16.800,–
4.	74.000,–	96.000,–	11.520,–	140.000,–	16.800,–
5.	30.000,–	52.000,–	6.240,–	140.000,–	16.800,–
		Summe	84.000,–		84.000,–
Restbuchwertverfahren (1. Jahr): $\left(\dfrac{250.000 + 206.000}{2}\right) \cdot 12\% = 27.360$ €/Jahr					
Durchschnittsverfahren: $\left(\dfrac{250.000 - 30.000}{2} + 30.000\right) \cdot 12\% = 16.800$ €/Jahr					

Tabelle 23: Beispiel zur kalkulatorischen Zinsberechnung

Der zweite Kritikpunkt richtet sich auf die kalkulatorischen Zinsen. Wenn mit den Abschreibungen die Substanzerhaltung erreicht wird, wozu dann noch eine gesonderte Verrechnung von Zinsen?

Auf Grund dieser Kritik wurde ein Kapitaldienst – als Äquivalent zu den Abschreibungen und Zinsen – vorgeschlagen, der die anzusparenden Beträge auf finanzmathematischer Basis berechnet, umso die Verzinsung der einbehaltenen Erlöse zu berücksichtigen (vgl. Schneider, 1984, S. 2523 ff.). Die einfachste Formel ist die für gleich bleibende, nachschüssige Renten: Zu berechnen ist die Rente. Die folgende Formel beantwortet die Frage, wie viel jedes Jahr in gleich hohen Beträgen angespart werden muss, um einen bestimmten Endbetrag zu erreichen.

$$K_A = A_W \cdot \frac{i}{q^n - 1}$$

q   Zinsfaktor (= 1 + i)

Das Beispiel der Abschreibungsberechnung in Tabelle 21 (s. S. 102) führt dann zu folgenden Abschreibungen (es wird auf den Wiederbeschaffungswert minus des Liquidationserlöses abgeschrieben):

$$K_A = 250.000 \cdot \frac{0{,}12}{1{,}12^5 - 1} = 40.949{,}37$$

Dieser Kapitaldienst reicht aus, um am Ende der Nutzungsdauer die Wiederbeschaffung zu gewährleisten. Eine separate Berechnung von Zinsen ist nicht erforderlich. Vergleicht man diesen Wert mit der Summe aus kalkulatorischen Abschreibungen und Zinsen (Wiederbeschaffungswert und Durchschnittsverfahren), so steht den

> 40.937,37 Euro eine Summe von 66.800 Euro (50.000 Euro und 16.800 Euro) gegenüber. Den Wert für die Abschreibung können Sie Tabelle 21 (S. 102) entnehmen, den Wert für die Zinsen Tabelle 23 (S. 107).

Die jährliche Belastung ist bei den konventionellen Verfahren über 60 % höher als nach dem finanzmathematischen Verfahren (von der Berücksichtigung von Steuern wird im Beispiel abgesehen).

Kalkulatorische Wagnisse

Das Möbelunternehmen EKIA AG hat in der Nähe der Oder eine seiner Fabrikhallen stehen. Der Mai 2001 ist ein ergiebiger Regenmonat und die Fluten, die in die Oder strömen, halten sich nicht mehr im Flussbett. Am 23. Mai ist es soweit: In die Halle von EKIA dringt Wasser ein und steht bis zu 1,50 m hoch, erst nach 10 Tagen sinkt der Wasserspiegel wieder auf normale Höhe. Ein Gutachter schätzt den Schaden auf 500.000 Euro. Ein solches Ereignis ist wohl außerordentlich und daher zu den neutralen Aufwendungen zu zählen, es sind daher keine Kosten.

Zweifellos ist ein solcher Wasserschaden ein Risiko, das zum Sachziel des Unternehmens gehört, denn Fabrikhallen können nun einmal durch widrige Umstände wie Hochwasser aber auch Sturm, Gewitter oder Feuer beschädigt oder sogar zerstört werden. Gegen einige dieser Schäden kann sich das

4. Kapitel: Traditionelle Kosten- und Erfolgsrechnung

Unternehmen versichern, aber nicht gegen alle. Sollen solche Schäden gar nicht in der Kosten- und Erfolgsrechnung erfasst werden? Bevor diese Frage beantwortet wird, lesen Sie das Unternehmensbeispiel 2.

> **Unternehmensbeispiel 2:** Rückruf bei VW
>
> Im September 2015 kam es zu einem der größten Wirtschaftsskandale in der Geschichte der Bundesrepublik durch den Automobilhersteller VW. Durch den Einbau einer Software wurden Dieselmotoren so gesteuert, dass erkannt wurde, wann getestet wurde, um somit günstige Abgaswerte vorzuspiegeln, die im normalen Betrieb der Autos um ein vielfaches höher waren. Im Zuge dieses Skandals wurde offensichtlich, dass es sich dabei nicht um ein regionales Fehlverhalten handelte, vielmehr weltweit 11 Millionen Fahrzeuge betroffen sein könnten.
>
> Die Aufwendungen einer daraufhin anlaufenden Rückruf- oder gar Rückkaufaktion beliefen sich auf schätzungsweise 7,8 Mrd. Euro, die als Rückstellung in die Bilanz eingestellt wurden. Die Rückstellungen wurden um weitere Rückstellungen für Rechtsrisiken von 7 Mrd. Euro. VW wird damit wohl einsamer Spitzenreiter in einer der teuersten Rückrufaktionen in der Automobilbranche aller Zeiten.
>
> Wie lassen sich solche Aufwendungen in der Kosten- und Erfolgsrechnung berücksichtigen?

> **Lernziel 6:** Kalkulatorische Wagnisse an Beispielen erläutern.

Unternehmensbeispiel 2 beschreibt ein ungewöhnliches Ereignis, denn zweifelsohne sind solche Rückrufaktionen nicht der normale Geschäftsablauf eines Automobilherstellers. Andererseits sträubt man sich, diese Aufwendungen nicht in die Kosten- und Erfolgsrechnung aufzunehmen, weil diese Vorfälle, auch wenn sie vom Gewohnten abweichen, doch zum Geschäft von Automobilherstellern gehören. Beide Beispiele zeigen unternehmerische Risiken auf, die mit dem jeweiligen Geschäft verbunden sein können. Solche Risiken beeinträchtigen den Erfolg eines Unternehmens und sollten daher in der Kosten- und Erfolgsrechnung erfasst werden. Da in vielen Fällen eine Fremdversicherung nicht möglich ist, bleibt als Ausweg nur eine Art von Selbstversicherung.

> **Kalkulatorische Wagnisse** sind geschätzte Kosten, die dazu dienen, spezielle Risiken des Unternehmens abzudecken.

Spezielle Risiken müssen sich identifizieren lassen und in ihren finanziellen Folgen geschätzt werden können. Kalkulatorische Wagnisse sollen nicht ein diffuses Risiko abdecken, Unternehmer zu sein. Es sollen wahrscheinlich auftretende Risiken, die mit dem Geschäft zusammenhängen und einmalige, in der Regel hohe finanzielle Wirkungen auf die Erfolgsrechnung haben würden, auf eine größere Anzahl von Perioden verteilt werden.

Sie könnten einwenden, dass es sich doch um einmalige Ereignisse handelt, die aus der Erfolgsrechnung einfach herausgerechnet werden, weil sie nicht zum normalen Geschäftsbetrieb gehören. In der Tat wird dies auch immer wieder gern getan, um Erfolge zu schönen. Der Trick ist dabei, möglichst viele negative Vorkommnisse als außerordentlich zu deklarieren, um damit im normalen operativen Geschäft zu glänzen. Bei der Analyse von Erfolgsrechnungen sollten Sie daher das außergewöhnliche Ergebnis daraufhin untersuchen, ob es wirklich so außergewöhnliche Vorfälle sind oder ob nicht vielleicht doch auch in Zukunft mit diesen oder ähnlichen Vorfällen zu rechnen ist.

Für die Kosten- und Erfolgsrechnung ist es aus diesem Grund sinnvoll, kalkulatorische Wagnisse zu berücksichtigen, denn mit ihrem Ansatz wird berücksichtigt, dass diese Risiken den Erfolg schmälern. In der unternehmerischen Praxis kann es eine Reihe von speziellen Risiken geben:

1. das **Entwicklungswagnis** tritt auf, wenn Aufwendungen für Projekte eingegangen werden, die nicht zum Erfolg führen;
2. ein **Beständewagnis** entsteht durch Materialschwund wie Diebstahl;
3. im Beispiel beruht die Rückrufaktion auf einem **Gewährleistungswagnis**;
4. ein **Debitorenwagnis** führt zu einem Forderungsausfall.

Kalkulatorische Wagnisse dienen dazu, auch die außergewöhnlichen Ereignisse zu berücksichtigen, sie allerdings in der Erfolgsrechnung zu glätten. Die Hürde, ab der ein Gewinn entsteht, wird höher gelegt.

Aufgaben der Kostenstellenrechnung

Für den Rechnungszweck „Kalkulation der Leistung" im Unternehmen wäre es angenehm, wenn alle Kosten Einzelkosten der Produkteinheit wären, denn dann könnten in der Kosten- und Erfolgsrechnung alle Kosten auf die Produkte verteilt werden. Leider ist dies aber in der Realität nicht anzutreffen, vielmehr sind in vielen Betrieben die Gemeinkosten größer als die Einzelkosten.

> **Gemeinkosten** lassen sich einzelnen Produkteinheiten nicht direkt zurechnen, weil sie auf Güterverzehr beruhen, der für viele Produkteinheiten benötigt wird. Bei einem Möbelhersteller, der Tische in einer Fabrikhalle herstellt, ist um das Fabrikgelände ein Zaun mit Pförtnerhaus, das Gehalt des Pförtners lässt sich nicht direkt auf einen einzelnen Tisch zurechnen.

Für den Rechnungszweck „Kalkulation" wird die Kostenstellenrechnung benötigt, denn sie nimmt eine Zurechnung auf Kostenstellen vor, die gesammelten Kosten werden dann auf die Produkte zugerechnet.

> Wenn es keine direkten Beziehungen zwischen dem Produkt und dem Güterverzehr gibt, dann werden indirekte gesucht, da nur auf diesem Wege eine Zurechnung von einem Teil der Kosten möglich ist. So sind die nutzungsabhängigen Abschreibungen für eine Maschine Güterverzehre, die nicht für ein einzelnes Produkt, sondern für viele unterschiedliche Produkte anfallen.

Wie können solche indirekten Beziehungen gefunden werden, die zur Grundlage der Zurechnung gemacht werden? Ein erster Schritt ist, Kostenstellen zu bilden, mit deren Hilfe diese Zurechnung möglich wird.

4. Kapitel: Traditionelle Kosten- und Erfolgsrechnung

> Eine **Kostenstelle** ist eine Organisationseinheit im Unternehmen, für die Kosten erfasst, geplant und kontrolliert werden.

In der Kosten- und Erfolgsrechnung sollen die Kosten des Unternehmens vollständig erfasst und berechnet werden, daher ist es sinnvoll, das Unternehmen lückenlos in Kostenstellen aufzuteilen. Während es in der Kostenartenrechnung darum ging, alle Kosten zu erfassen, wird mit der Kostenstellenrechnung dafür gesorgt, dass alle Kosten auf organisatorische Bereiche verteilt werden. Geht man davon aus, dass alle Bereiche im Unternehmen dazu dienen, etwas dazu beizutragen, das Sachziel zu erreichen, ist die Kostenstelle der richtige Ort, die Gemeinkosten zu sammeln.

> Die **Kostenstellenrechnung** ist das Teilsystem in der Kosten- und Erfolgsrechnung, in dem die Gemeinkosten im Unternehmen auf die Kostenstellen verteilt werden.

Die Aufgabe der Kostenstellenrechnung ist es dann, die gesammelten Gemeinkosten für eine Zurechnung auf Produkteinheiten vorzubereiten, um sie in der Kostenträgerrechnung (Kalkulation) den Produkten zuzurechnen. Wie in einer Kostenstellenrechnung vorgegangen wird, ist in den folgenden Abschnitten erläutert.

Wer die Definition genau liest, wird dort die Verben planen und kontrollieren entdecken. Kostenstellen haben im internen Rechnungswesen viele **Aufgaben**, sie dienen

- der **Kalkulation**,
- der **Planung der Gemeinkosten** und
- der **Kontrolle der Gemeinkosten**.

Die letzten beiden Aufgaben spielen in diesem Kapitel noch keine Rolle, werden aber im Kapitel zu den Budgets und der Plankostenrechnung im Mittelpunkt stehen. Für Kostenstellen sind Mitarbeiter verantwortlich, d. h., sie werden am Erfolgsziel Kosten gemessen. Ein wichtiger Grundsatz, Kostenstellen zu bilden, ist es daher,

1. **selbstständige Verantwortungsbereiche** zu schaffen.

Ein zweiter Grundsatz der Kostenstellenbildung ist für den Kalkulationszweck wesentlicher:

2. Für die Leistungen, die in der Kostenstelle erbracht werden, müssen sich **Bezugsgrößen** finden lassen, die diese Leistungen messen können.

Für eine Zurechnung von Kosten auf Produkteinheiten werden quantifizierbare Beziehungen gesucht, Bezugsgrößen sind nichts anderes als Größen, die dies ermöglichen.

> Die Kostenrechnung dient der Abbildung des wirtschaftlichen Geschehens wie z. B. der Prozesse in der Beschaffung, Produktion oder im Absatz. Prozesse werden durch die Kostenstellen erbracht, durch sie können die Prozesse abgebildet werden.

In einem ersten Schritt werden die Kostenstellen danach eingeteilt, ob sie Leistungen für den Markt oder den Betrieb erbringen.

- **Marktleistungen** sind die Produkte, die das Unternehmen am Markt absetzen will.
- **Innerbetriebliche Leistungen** werden erbracht, um Marktleistungen zu ermöglichen.

Kostenstellen werden eingeteilt in Vorkostenstellen und Endkostenstellen, wobei die

- **Vorkostenstellen** ihre Kosten auf andere Vorkostenstellen oder Endkostenstellen verrechnen und die
- **Endkostenstellen** ihre Kosten auf die Produkte verrechnen.

In der Literatur wird unterschieden zwischen Vor- und Endkostenstellen sowie Hilfs- und Hauptkostenstellen, dabei wird die Unterteilung in **Vor- und Endkostenstellen** nach abrechnungstechnischen Aspekten, die in **Hilfs- und Hauptkostenstellen** nach leistungstechnischen Gesichtspunkten vorgenommen (vgl. Schweitzer et al., 2016, S. 143 ff.). Im Folgenden werden die Begriffe Vor- und Endkostenstellen verwendet. Typische Vorkostenstellen erbringen Leistungen für andere Kostenstellen, wie z. B. eine Reparaturstelle in einem Maschinenbaubetrieb, während Endkostenstellen an den Marktleistungen beteiligt sind, wie z. B. eine Fräserei in einem Möbelunternehmen.

Ablauf der Kostenstellenrechnung

In der Kostenstellenrechnung sollen die Gemeinkosten so auf einzelne Kostenstellen verteilt werden, dass sie dann problemlos auf Kostenträger zugerechnet werden können. Damit dies gelingt, hat sich ein Vorgehen durchgesetzt, das eng mit dem Betriebsabrechnungsbogen (BAB) verbunden ist.

> Der **Betriebsabrechnungsbogen** ist eine Tabelle, in deren Zeilen die Gemeinkosten und deren Spalten die Vor- und Endkostenstellen (vgl. Tabelle 24) enthalten sind. Allerdings finden Sie nur in Lehrbüchern Tabellen, die auf eine Seite passen, in Unternehmen gibt es in der Regel zu viele Kostenarten und Kostenstellen.

Lernziel 7: Aufgaben des Betriebsabrechnungsbogens erläutern.

Anknüpfend an die Unterscheidung in Vor- und Endkostenstellen, ist der Leistungsfluss Ausgangspunkt für die Verteilung der Kosten in der Kostenstellenrechnung, die Zurechnung erfolgt in mehreren Schritten:

1. die Zurechnung der primären Gemeinkosten auf Kostenstellen,
2. die Verrechnung der innerbetrieblichen Leistungen und
3. die Bildung von Kalkulationssätzen.

Sie müssen sich immer wieder den Rechnungszweck Kalkulation vor Augen halten, damit Sie verstehen, dass ein Zweck der Kostenstellenrechnung ist, alle

4. Kapitel: Traditionelle Kosten- und Erfolgsrechnung

Kosten auf die Produkte zu verteilen. Das Wort „alle" bedeutet in der Vollkostenrechnung wirklich die gesamten angefallenen Kosten. Im Betriebsabrechnungsbogen der Tabelle 24 sind die drei Aufgaben noch einmal aufgelistet.

Es sei daran erinnert, dass in der Kostenstellenrechnung nur Gemeinkosten verrechnet werden, während Einzelkosten direkt den Kostenträgern zugerechnet werden können. Einzelkosten tauchen allerdings trotzdem manchmal in der Kostenstellenrechnung auf, wenn sie als Grundlage für Kalkulationssätze verwendet werden.

Kostenarten \ Kostenstellen	Vorkostenstellen	Endkostenstellen
Primäre Gemeinkosten	1. Zurechnung der primären Gemeinkosten auf die Vorkostenstellen	1. Zurechnung der primären Gemeinkosten auf die Endkostenstellen
Sekundäre Gemeinkosten	2. Durchführung der innerbetrieblichen Leistungsverrechnung	Zurechnung sekundärer Gemeinkosten auf die Endkostenstellen
		3. Bildung von Kalkulationssätzen in den Endkostenstellen

Tabelle 24: Der formale Aufbau eines Betriebsabrechnungsbogens

Zurechnung der primären Gemeinkosten auf Kostenstellen

Erster Schritt der Kostenstellenrechnung muss es sein, alle primären Gemeinkosten den Kostenstellen zuzurechnen, wobei primäre Gemeinkosten die von den Beschaffungsmärkten verzehrten Güter sind. Da die Zurechnung von Kosten zu den Grundproblemen jeder Kostenrechnung gehört, soll sie in diesem Abschnitt eingehend erörtert werden.

> Probleme der **Kostenzurechnung** treten in der Kostenrechnung immer dann auf, wenn einem Kostenobjekt – z.B. einer Kostenstelle – ein Kostenbetrag aus einem größeren Kostenblock zugeordnet werden soll. Wenn beispielsweise zwei Kostenstellen eine Maschine nutzen, dann sollen die Kosten für diese Maschine auf die beiden Kostenstellen verteilt oder zugerechnet werden.

> **Lernziel 8:** Aufgabe der Bezugsgröße für die Kalkulation erklären.

Offensichtlich wird für eine Verteilung einer Summe von Kosten eine quantitative Größe benötigt, denn es muss ja eine Division vorgenommen werden. Eine solche Größe soll als Bezugsgröße bezeichnet werden.

> Eine **Bezugsgröße** ist eine Variable, mit deren Hilfe Kosten auf Kostenobjekte zugerechnet werden.

Für die Kostenstellen müssen daher Bezugsgrößen gefunden werden, um Kosten zurechnen zu können. Wie können Bezugsgrößen ermittelt werden? Um diese Frage zu beantworten, müssen Sie sich klar machen, wie unterschiedliche Kostenhöhen in einer Kostenstelle entstehen. In einem Möbelunternehmen gibt es einige Fertigungsstellen, darunter auch eine Fräserei. Für diese Fräserei soll eine Bezugsgröße gefunden werden, die der Kostenzurechnung dient. Darstellung 19 zeigt den prinzipiellen Zusammenhang zwischen Kosten und Bezugsgröße, wobei für die Form der Funktion vorerst angenommen sei, dass sie proportional (linear) sei.

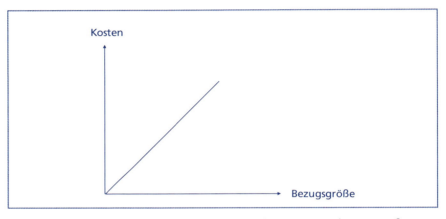

Darstellung 19: Funktionale Beziehung zwischen Kosten und Bezugsgröße

Offensichtlich sollen die Kosten steigen, wenn die Bezugsgröße größer wird, und sinken, wenn auch die Bezugsgröße kleiner wird. Die Kosten sind die abhängige Variable, Bezugsgrößen die unabhängige. In der Kostentheorie bezeichnet man die unabhängigen Variablen als **Kosteneinflussgrößen** oder Kostenbestimmungsfaktoren. Knapp formuliert

- bestimmen **Kosteneinflussgrößen** die Höhe der Kosten. Nach **Gutenberg** lassen sich hauptsächlich fünf Größen nennen (vgl. Gutenberg, 1973, S. 344 ff.):
    – die **Beschäftigung**,
    – die **Qualität** der eingesetzten Produktionsfaktoren,
    – die **Preise** der eingesetzten Produktionsfaktoren,
    – die **Betriebsgröße** und das
    – das **Produktionsprogramm**.

Für das Beispiel der Fräserei ist insbesondere die Kosteneinflussgröße „Beschäftigung" interessant, denn die Darstellung zeigt einen idealtypischen Zusammenhang zwischen der Beschäftigung einer Kostenstelle und den Kosten. Die **Beschäftigung** einer Kostenstelle zeigt die Leistung an, welche sie in einer Periode erbracht hat; wird von einer bestimmten Kapazität ausgegangen, so ist die Beschäftigung die Nutzung dieser Kapazität. Wenn Sie

4. Kapitel: Traditionelle Kosten- und Erfolgsrechnung

sich daran erinnern, dass die Kosten- und Erfolgsrechnung als eine Rechnung charakterisiert wurde, die für die optimale **Ressourcennutzung** zuständig ist, sehen Sie, dass für die Kosten- und Erfolgsrechnung die Beschäftigung zu einer der wichtigsten Kosteneinflussgrößen gehört. Vielleicht haben Sie sich beim Lesen der letzten Absätze gefragt, was das denn mit der Bezugsgröße zu tun hat. Ganz einfach: die **Bezugsgröße** ist nichts anderes als eine operationalisierte **Kosteneinflussgröße**.

Mithilfe der Bezugsgröße wird versucht, die Beziehungen zwischen Kosteneinflussgröße und Kosten abzubilden. Die Beschäftigung einer Kostenstelle kann häufig nicht einfach dadurch gemessen werden, dass die in einer Periode erbrachten Leistungen addiert werden. Stellen Sie sich einfach die Fräserei vor, in ihr werden Tische, Stühle, Schrankteile, Betten usw. bearbeitet. Es leuchtet unmittelbar ein, dass die unterschiedlichen Leistungen nicht einfach addiert werden können, dies ist nur möglich, wenn nur eine Leistungsart vorliegt. Für die Fräserei wird eine Größe benötigt, welche die unterschiedlichen Leistungen addierbar macht. Ob eine Bezugsgröße gefunden werden kann, die das leistet, ist ein empirisches Problem, das sich nur durch Messen und Prüfen feststellen lässt. Für die Fräserei bietet es sich an, Bezugsgrößen für die eingesetzten Maschinen zu wählen, z. B. indem geprüft wird, ob die Maschinenstunden und die Kosten in der Fräserei in einem funktionalen besser linearen Zusammenhang stehen. Damit ist die erste wichtige **Anforderung an eine Bezugsgröße** formuliert:

1. Bezugsgrößen sollen ein **Maßstab für die Kostenstellenleistung** sein.

Allerdings ist dies nicht ausreichend, um die Kosten den Kostenträgern zurechnen zu können. Daher wird als zweite Anforderung formuliert:

2. Bezugsgrößen sollen in **direkter Beziehung zu den Kostenträgern** stehen.

Schauen Sie sich Darstellung 20 an, in der für das Beispiel der Fräserei beide Anforderungen illustriert sind. Auf der linken Seite ist die **erste Beziehung** in der Kostenstelle gezeichnet, die Summe der Kostenarten wird in Beziehung

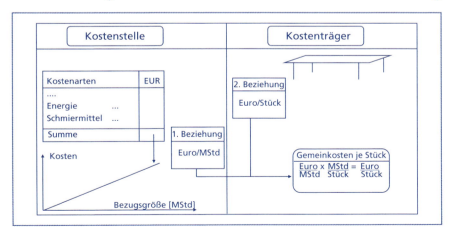

Darstellung 20: Bezugsgrößen und Doppelfunktion

Teil 2: Ermittlung von Kosten für Kostenstellen, Produkte und Prozesse

gesetzt zu der Bezugsgröße, gemessen in Maschinenstunden (MStd). Die rechte Seite zeigt die zweite Beziehung, die gebraucht wird, um eine Zurechnung auf den Kostenträger zu ermöglichen. Aus der Dimension MStd/Stück erkennen Sie, dass gemessen werden muss, inwieweit eine einzelne Produkteinheit die Kostenstelle in Anspruch nimmt.

> Die Kosten je Maschinenstunde (Euro/MStd) funktionieren wie eine Gebühr pro Zeiteinheit: Jede Produkteinheit wird mit einer Zeitgebühr belastet. Wenn diese Gebühr 50 Euro/MStd beträgt und der Tisch 30 Minuten in der Kostenstelle bearbeitet wird, dann sind 25 Euro/Tisch zuzurechnen.
> Benötigt ein Stuhl 15 Minuten, sind entsprechend nur 12,50 Euro/Stuhl zuzurechnen.

In Darstellung 20 sind die Einheiten, in denen die zwei Beziehungen gemessen werden, beispielhaft angegeben, sie lauten in allgemeiner Form:

1. Beziehung: $\dfrac{\text{Gemeinkosten}}{\text{Bezugsgröße}}$

2. Beziehung: $\dfrac{\text{Bezugsgröße}}{\text{Leistungseinheit}}$

Im Beispiel der Darstellung wurde angenommen, dass sich für die Bezugsgröße Maschinenstunden beide Beziehungen herstellen lassen. Was aber, wenn die zweite Beziehung nicht möglich ist?

Wenn z. B. in einem Schreibbüro die Anzahl der geschriebenen DIN-A4-Seiten als Bezugsgröße für die erste Beziehung geeignet ist, wird trotzdem die zweite Beziehung nicht herstellbar sein, denn es wird kaum möglich sein, zwischen den geschriebenen DIN-A4-Seiten und einer Produkteinheit eine Beziehung herzustellen.

> In der traditionellen Kosten- und Erfolgsrechnung wird das Problem dadurch gelöst, dass anstatt einer zweiten Beziehung eine andere Bezugsgröße gewählt wird, meist nicht in Form einer Mengen- sondern einer Wertgröße (hierzu mehr im Abschnitt Ermittlung von Kalkulationssätzen).

Wenn Sie einmal diesen grundlegenden Zusammenhang zwischen den Kosten in den Kostenstellen, der Bezugsgröße und dem Kostenträger verstanden haben, dann sind Sie zum Kern des Problems der Zurechnung vorgestoßen. Und das Zurechnungsproblem ist für jedes System der Kosten- und Erfolgsrechnung relevant.

Verrechnung der innerbetrieblichen Leistungen

In Tabelle 24 (S. 113) ist als zweiter Schritt die Verrechnung innerbetrieblicher Leistungen aufgelistet, die sich auf das Problem bezieht, dass zwischen den Kostenstellen ein gegenseitiger Leistungsaustausch stattfindet. **Innerbetriebliche Leistungen** sind Leistungen, die im Betrieb verbleiben, sie werden erstellt, ohne dass man die Absicht hat, sie am Markt abzusetzen. Zu unterscheiden sind

4. Kapitel: Traditionelle Kosten- und Erfolgsrechnung

- Leistungen, die in der gleichen Periode verzehrt werden (Reparaturen), und
- Leistungen, die mehrere Perioden genutzt werden (selbst erstellte Maschinen).

Lernziel 9: Problem der Leistungsverflechtung erläutern und Verfahren der innerbetrieblichen Leistungsverrechnung anwenden.

Nur Erstere werden in der innerbetrieblichen Leistungsverrechnung berücksichtigt. Die **innerbetriebliche Leistungsverrechnung** hat den Zweck, sämtliche sekundäre Gemeinkosten auf die Endkostenstellen zu verteilen. Nun ist der Leistungsfluss zwischen den Kostenstellen nicht immer nur einseitig, sondern es kann auch **Leistungsverflechtungen** zwischen den Vorkostenstellen geben, wie sie in Darstellung 21 beispielhaft für drei Vorkostenstellen gezeigt sind. Warum ist diese Leistungsverflechtung ein Problem?

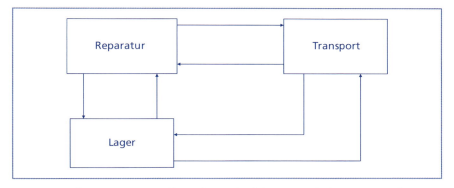

Darstellung 21: Gegenseitige Leistungsbeziehungen zwischen Kostenstellen

Stellen Sie sich einfach folgende Situation vor:

Möller, der Leiter der Reparaturabteilung, will seine Kosten für die Periode zusammenstellen. Er listet sämtliche primären Gemeinkosten auf und stößt auf mehrere Positionen, für die er nur Mengenangaben hat, z. B. Transportleistungen (40 Stunden). Da er Euro und Stunden schlecht addieren kann, ruft er Koslowski, den Chef der Transportabteilung, an. „Koslowski, ich mache gerade meine Abrechnung, mir fehlen nur von dir noch die Kosten." Worauf Koslowski zu seiner Verblüffung antwortet: „Da bin ich auch dran, allerdings bevor ich dir meine Kosten sagen kann, musst du mir erst mal deine geben." Möller: „Ja, wie? Das geht doch nicht, ohne deine komme ich hier nicht weiter …"

Warum kommen die beiden Kostenstellenleiter nicht so recht voran?

Am einfachsten ist es, sich anzuschauen, wie jeder von den beiden seine Kosten ermitteln will. Dazu ist es nützlich, die folgende Gleichung aufzustellen:

$$\text{Kostensatz-Reparatur} \cdot \text{Reparaturstunden} = \begin{array}{l} \text{primäre Gemeinkosten der Reparaturabteilung} \\ + \text{Kostensatz-Transport} \cdot \text{Transportstunden} \end{array}$$

Versetzen Sie sich in die Lage des Reparaturleiters: Er kennt die Reparaturstunden, die primären Gemeinkosten und die Transportstunden. Wenn er nicht die Transportkosten kennt, dann kann er nicht seinen Kostensatz je Reparaturstunde berechnen; dem Transportleiter geht es ebenso. Beide benötigen die Angaben des anderen, um ihre Kosten zu berechnen.

Zur Durchführung der innerbetrieblichen Leistungsverrechnung werden hier **zwei Verfahren** vorgestellt, die sich in ihrer Genauigkeit bei der Verrechnung dieses wechselseitigen Leistungsaustausches unterscheiden. Während das Stufenleiterverfahren als Beispiel für ein Näherungsverfahren gilt, werden beim Gleichungsverfahren exakte Verrechnungssätze ermittelt.

1. Stufenleiterverfahren und
2. Gleichungsverfahren.

Beim **Stufenleiterverfahren** werden für die Vorkostenstellen sukzessiv die Kostensätze ermittelt, wobei möglichst mit einer Vorkostenstelle begonnen werden sollte, die keine oder nur geringe Leistungen von anderen Vorkostenstellen empfängt. Die Kosten werden bei diesem Verfahren auf die Endkostenstellen und alle noch nicht abgerechneten Vorkostenstellen verrechnet.

Das Problem lässt sich exakt mithilfe eines Gleichungssystems lösen, wie es in der Gleichung für die Reparaturstelle aufgestellt ist. Nur das **Gleichungsverfahren** ermittelt mithilfe eines Systems linearer Gleichungen die exakten Verrechnungssätze.

$$q_i \cdot b_i = K_i + \sum_{j=1}^{n} r_{ij} q_j$$

q   Verrechnungssatz
b   erstellte innerbetriebliche Leistungseinheiten
K   primäre Kosten
r   verbrauchte innerbetriebliche Leistungseinheiten
i,j   Indizes leistender oder empfangender Kostenstellen
n   Anzahl der Vorkostenstellen

Für jede Vorkostenstelle wird eine Gleichung aufgestellt. So entspricht die Anzahl der Gleichungen der Anzahl der Vorkostenstellen. Wenn die innerbetrieblichen Leistungen verrechnet sind, dann sind alle Gemeinkosten – primäre und sekundäre – auf Endkostenstellen zugerechnet, in den Vorkostenstellen verbleiben keine Kosten. Die vollständige Verteilung der sekundären Gemeinkosten von den Vorkostenstellen auf die Endkostenstellen entspricht einer Verrechnungspreisgestaltung auf vollen Kosten.

Fallbeispiel 2: Kostenstellenrechnung

In einem Unternehmen mit acht Kostenstellen soll eine innerbetriebliche Leistungsverrechnung mit dem Stufenleiterverfahren durchgeführt werden. In der Tabelle sind die primären Gemeinkosten dieser Kostenstellen und die Leistungen der drei Vorkostenstellen (Reparatur in Stunden, Transport in Stunden und Lager in qm) aufgeführt.

4. Kapitel: Traditionelle Kosten- und Erfolgsrechnung

	Reparatur	Transport	Lager	Material	Fertigung I	Fertigung II	Vertrieb	Verwaltung	Summe
primäre Gemeinkosten (Euro)	40.000	55.000	50.000	50.000	100.000	120.000	80.000	100.000	595.000
abgegebene Leistungen									
Reparatur (h)		200	160	80	120	200	120	120	1.000
Transport (h)	160		200	40	160	200	160	80	1.000
Lager (qm)	500	500		2100	500	500	500	400	5.000

Als erstes müssen die Verrechnungssätze (q) der drei Kostenstellen berechnet werden, im Beispiel in der Reihenfolge Reparatur, Transport und Lager. Während die Reparatur ihre Kosten auf sämtliche Vor- und Endkostenstellen verteilt, werden bei der Kostenstelle „Transport" die Leistungen an die Reparaturabteilung nicht berücksichtigt, und dies gilt auch für das Lager, es werden die Leistungen an die Reparatur und den Transport von den gesamten Leistungen abgezogen.

$$q_{Reparatur} = \frac{40.000}{1.000} = 40 \left[\frac{Euro}{h}\right]$$

$$q_{Transport} = \frac{55.000 + 8.000}{1000 - 160} = 75 \left[\frac{Euro}{h}\right]$$

$$q_{Lager} = \frac{50.000 + 6.400 + 15.000}{5.000 - 500 - 500} = 17,85 \left[\frac{Euro}{qm}\right]$$

In Tabelle 25 sind die mit den Verrechnungssätzen bewerteten Leistungen für jede Kostenstelle enthalten. Aus der Summe der sekundären und primären Gemeinkosten ergeben sich die gesamten Gemeinkosten der Endkostenstellen, mit denen die Kalkulationssätze für jede Kostenstelle festgesetzt werden können.

Für das Beispiel sieht das Gleichungssystem folgendermaßen aus:

$$q_{Reparatur} \cdot 1.000 = 40.000 + 160 \cdot q_{Transport} + 500 \cdot q_{Lager}$$
$$q_{Transport} \cdot 1.000 = 55.000 + 200 \cdot q_{Reparatur} + 500 \cdot q_{Lager}$$
$$q_{Lager} \cdot 5.000 = 50.000 + 160 \cdot q_{Reparatur} + 200 \cdot q_{Transport}$$

Die Lösung mit dem Gleichungsverfahren führt zu folgenden Ergebnissen.
Reparatur: 59,3231 (Euro/h)
Transport: 74,2998 (Euro/h)
Lager: 14,8703 (Euro/qm)

Bei einem Vergleich mit den Ergebnissen des Stufenleiterverfahrens zeigt sich, dass bei der Reparaturstelle und dem Lager unterschiedliche Verrechnungssätze auftreten, da beim Stufenleiterverfahren die Transportstelle und das Lager ihre Kosten nicht auf alle Vorkostenstellen verrechnen.

Teil 2: Ermittlung von Kosten für Kostenstellen, Produkte und Prozesse

			Lager	Material	Fertigung I	Fertigung II	Vertrieb	Verwaltung	Summe
Reparatur		8.000	6.400	3.200	4.800	8.000	4.800	4.800	40.000
Transport			15.000	3.000	12.000	15.000	12.000	6.000	63.000
Lager				37.485	8.925	8.925	8.925	7.140	71.400
sekundäre Gemeinkosten				43.685	25.725	31.925	25.725	17.940	145.000
primäre Gemeinkosten				50.000	100.000	120.000	80.000	100.000	450.000
Summe				93.685	125.725	151.925	105.725	117.940	595.000

Tabelle 25: Innerbetriebliche Leistungsverrechnung mit dem Stufenleiterverfahren

Als letzter Schritt in der Kostenstellenrechnung verbleibt noch die Ermittlung von Kalkulationssätzen.

Ermittlung von Kalkulationssätzen

Im Abschnitt „Zurechnung der primären Gemeinkosten auf Kostenstellen" sind schon die grundlegenden Fragen der Zurechnung erklärt worden, dort sind die zwei Beziehungen, die erfüllt sein müssen, erläutert. Idealerweise findet man in jeder Endkostenstelle eine oder mehrere Bezugsgrößen, die beide Beziehungen erfüllt. Es wurde aber bereits darauf hingewiesen, dass es nicht in jeder Kostenstelle möglich ist, solche Bezugsgrößen zu finden. Trotzdem besteht der Rechnungszweck in einer traditionellen Kosten- und Erfolgsrechnung weiter: Volle Kosten je Produkteinheit sollen berechnet werden.

> **Lernziel 10:** Probleme der Wahl von Bezugsgrößen erkennen und Beispiele von Bezugsgrößen geben.

Wenn eine direkte Beziehung zwischen Bezugsgröße und Kostenträger nicht vorhanden ist, wie lässt sich dann eine Zurechnung begründen?

> Eine Antwort versucht man, durch die Zurechnungsprinzipien zu geben (s. Forschungsreport 4), die seit langem in der Literatur zur Kostenrechnung diskutiert werden. Im Forschungsreport 4 wird auf die Schwierigkeiten hingewiesen, ein einheitliches Zurechnungsprinzip aufzustellen, welche dadurch entstehen, dass alle auftretenden Kosten den Kostenträgern zugeordnet werden sollen.
>
> Als Maßstab gilt in der Regel das Verursachungsprinzip, da es vermeintlich am besten begründet, warum Kosten zugerechnet werden können. Denn die anderen Prinzipien stellen geringere Anforderungen an die Güte der Beziehung zwischen Kostenträger und Kosten. Im Sprachgebrauch dieses Lehrbuchs wird daher so verfahren, dass meist Begriffe wie verursachungsgerechte Zurechnung verwendet werden, und dann im jeweiligen Kontext auf Vereinfachungen hingewiesen wird.

4. Kapitel: Traditionelle Kosten- und Erfolgsrechnung

Erinnert sei noch einmal an das Beispiel der DIN-A4-Seiten als Bezugsgröße, die keine Beziehung zum einzelnen Tisch eines Möbelherstellers zulässt. In der betrieblichen Praxis und auch durch Vorschläge der Wissenschaft hat sich eine große Palette an Bezugsgrößen entwickelt. Synonym zum Begriff Bezugsgröße wird der Begriff Schlüssel oder Schlüsselgröße verwendet, es wird dann anstatt von Zurechnung auch von Kostenschlüsselung gesprochen.

Forschungsreport 4: Zurechnungsprinzipien

Zurechnungsprinzipien werden benötigt, um Kosten auf bestimmte Kostenobjekte wie Produkte oder Kostenstellen zuzuordnen. Mithilfe der Zurechnung werden Werte (Einzel- und Gemeinkosten) einzelnen Kostenobjekten zugeordnet, die Zurechnung von Gemeinkosten auf einzelne Kostenobjekte wird jedoch meistens als das eigentliche Zurechnungsproblem angesehen.

An herausragender Stelle steht das **Verursachungsprinzip**, das besagt, dass das Kostenobjekt die Kosten verursacht haben muss, d. h., wenn ein Produkt nicht erstellt wird, fallen die Kosten auch nicht an, dies gilt z. B. für die vier Reifen eines Autos. Mit dem Verursachungsprinzip lassen sich in der Regel die Einzelkosten begründen. Gemeinkosten fallen aber an, wenn mehrere Produkte gefertigt werden, wie z. B. die Wartungskosten für eine Maschine. Es fällt schwer, die Zuordnung von Gemeinkosten auf einzelne Produkteinheiten mithilfe des Verursachungsprinzips zu begründen. Denn der Ursache-Wirkungs-Zusammenhang lässt sich für Gemeinkosten, insbesondere wenn sie fix sind, nicht nachweisen.

Da die Produkte nur entstehen können, wenn Produktionsfaktoren bereitgestellt werden, wird mit dem **Veranlassungsprinzip** (Finalitätsprinzip) argumentiert. Die Kosten sind daher das Mittel zum Zweck der Erstellung von Produkten, die Ursache-Wirkungs-Beziehung wird in eine Zweck-Mittel-Beziehung umgedeutet. Allerdings fällt auch bei diesem Prinzip auf, dass es wie auch das Verursachungsprinzip sehr allgemein formuliert ist und es schwer fällt, genau zu bestimmen, welche Gemeinkosten einzelnen Produkten zuzurechnen sind und welche nicht.

Große Probleme bereitet es, fixe Kosten auf einzelne Stücke zuzurechnen und dies mit einem konsistenten Prinzip zu rechtfertigen. In jüngster Zeit wird dies z. B. mit einem **Beanspruchungsprinzip** versucht, bei dem Voraussetzung ist, dass ein Beanspruchungskoeffizient gefunden wird, mit dem der Gebrauch des Produktionsfaktors gemessen werden kann.

Eine Zurechnung ist immer möglich mit dem **Durchschnittsprinzip**, sie ist verbunden mit der Voraussetzung, dass jedes Kostenobjekt die Produktionsfaktoren auch tatsächlich in gleichem Maße gebraucht. Beim **Tragfähigkeitsprinzip** wird hingegen auf die Fähigkeit des einzelnen Produkts abgestellt, Kosten entsprechend seiner Erlöse zu tragen.

Die fünf vorgestellten Prinzipien werden insbesondere für die Rechnungszwecke der Planung und Kalkulation diskutiert. Wenn hingegen die Steuerung in den Vordergrund rückt, die der Beeinflussung des Verhaltens von Mitarbeitern dient, bietet es sich an, von einem genauen auf ein einfaches Prinzip zu wechseln. So lassen sich teure Produkte fördern, wenn nicht das genaue Verursachungsprinzip, sondern das Durchschnittsprinzip gewählt wird, da so eine gleichmäßige Verteilung auf alle Produkte erfolgt. Ein solches Vorgehen bietet sich an, wenn innovative, aber teurere Produkte forciert werden sollen.

(Quellen: Börner, 1981; Dierkes & Kloock, 2002; Kloock, 1993; Lingnau, 2000; Wagenhofer & Riegler, 1994)

In Tabelle 26 ist eine Systematik der Bezugsgrößen entwickelt, die in die beiden Gruppen trennt:

1. Bezugsgrößen auf Mengen (**Mengenschlüssel**) und
2. Bezugsgrößen auf Werte (**Wertschlüssel**).

Auch diese Darstellung zeigt nur Beispiele auf, für die Vielzahl an Möglichkeiten Bezugsgrößen zu bilden.

		Beispiele
Mengen	Raum	Fläche in m² Inhalt in m³
	Zeit	Fertigungsstunden Maschinenstunden Rüststunden
	technische Größen	installierte Kilowatt Tonnenkilometer
	Gewicht	Transport in kg Materialeinsatz in kg produzierte Stück in kg
	Mengen	produzierte Stücke Maschinen Beschäftigte
Werte	Bestände	Anlagenwert (Buchwert) Forderungsbestand
	Beschaffungswerte	Wareneingangswert
	Kosten	Materialkosten Gehaltskosten
	Absatz	Erlöse

Tabelle 26: Systematik der Bezugsgrößen

Für jede Endkostenstelle muss in der traditionellen Kosten- und Erfolgsrechnung ein **Kalkulationssatz** gebildet werden, der allgemein lautet:

$$\text{Kalkulationssatz} = \frac{\text{Gemeinkosten}}{\text{Bezugsgröße}}$$

Wird als Bezugsgröße eine Mengengröße verwendet, dann ist die Dimension Euro/Bezugsgrößeneinheit, bei einer Wertgröße ermittelt man einen Prozentsatz. In der folgenden Tabelle wird das Fallbeispiel 2 fortgeführt.

	Material	Fertigung I	Fertigung II	Vertrieb	Verwaltung
Gemeinkosten (Euro)	93.685	125.725	151.925	105.725	117.940
Bezugsgröße	Materialeinzelkosten	Maschinenstunden	Maschinenstunden	Herstellkosten	Herstellkosten
	900.000	10.000	10.000	1.735.000	1.735.000
Kalkulationssatz	10,41 %	12,57 (€/h)	15,19 (€/h)	6,09 %	6,80 %

4. Kapitel: Traditionelle Kosten- und Erfolgsrechnung

In diesem Abschnitt wurde die Zuschlagskalkulation vorbereitet, in dem erläutert wurde, wie Kalkulationssätze zu bilden sind. Wenn in einem Unternehmen nicht die Zuschlagskalkulation verwendet wird, ist dieser letzte Schritt nicht notwendig. Welche Kalkulationsverfahren dann eingesetzt werden können, wird zu Beginn des nächsten Abschnitts geklärt.

Aufgabe der Kalkulation (Kostenträgerstückrechnung)

Mithilfe der **Kostenträger(stück)rechnung** oder einfacher **Kalkulation** soll die Information erzeugt werden, wie hoch die Kosten je Stück sind. In der Kostenrechnung wird hierfür ein spezieller Begriff verwendet.

> **Kostenträger** sind die Produkte (Leistungen) des Unternehmens, auf die die Kosten zugerechnet werden.

Dies sind in einem Unternehmen die Leistungen, die auf dem Markt abgesetzt werden.
1. Stückgüter wie im Automobilbau,
2. Fließgüter wie in der chemischen Industrie oder
3. Dienstleistungen wie in der Beratungsbranche.

Die Kalkulation fällt bei den verschiedenen Produkten unterschiedlich aus, dies gilt auch für die unterschiedlichen Verfahren der Kalkulation. Es gibt kein einheitliches Kalkulationsverfahren, da es von den jeweiligen technologischen Bedingungen im Unternehmen abhängt, welche Verfahren eingesetzt werden können.

> **Lernziel 11:** Kalkulationsverfahren unterscheiden und Zuschlagskalkulationen anwenden.

In der Tabelle 27 sind weit verbreitete Kalkulationsverfahren kurz beschrieben, wobei zwei Gruppen unterschieden werden können:
1. Divisionskalkulationen und
2. Zuschlagskalkulationen.

Der entscheidende Unterschied ist, wie die Gemeinkosten behandelt werden. In den **Divisionskalkulationen** – dies gilt auch für die Äquivalenzziffernkalkulation – werden die gesamten Kosten durch die Anzahl der Stücke geteilt, es wird nicht in Einzel- und Gemeinkosten getrennt. Streng genommen kann dies nur für Einproduktunternehmen richtig sein. Wird mit **Äquivalenzziffern** gearbeitet, wird vorausgesetzt, dass die verschiedenen Sorten in allen Gemeinkostenbereichen gleiche Güterverzehre in Anspruch nehmen und dies durch die Äquivalenzziffern richtig wiedergegeben wird.

Sobald in einem Unternehmen eine heterogene Produktstruktur vorhanden ist, wird die **Zuschlagskalkulation** eingesetzt. Heterogen aus Sicht der Kostenrechnung bedeutet, dass die Produkte unterschiedlich hohe Güterverzehre im Unternehmen veranlassen. Es ist erforderlich, dass in Einzel- und Gemeinkosten getrennt wird, da nur auf diesem Wege die unterschiedlichen Güterverzehre ermittelt werden können.

Kalkulationsverfahren	Kurzbeschreibung
Divisionskalkulation	Selbstkosten (s. S. 127) werden berechnet, indem die gesamten Kosten durch die Anzahl produzierten oder abgesetzten Stücke geteilt werden. Es muss nicht in Einzel- und Gemeinkosten getrennt werden. Fertigungstyp: Einproduktfertigung Beispiel: Energieerzeuger
Äquivalenzziffernkalkulation	Entspricht der Divisionskalkulation, bei den produzierten oder abgesetzten Stücken muss es sich um artverwandte Produkte handeln. Fertigungstyp: Sortenfertigung Beispiel: Bierbrauereien
Zuschlagskalkulation	Selbstkosten setzen sich aus Einzel- und Gemeinkosten zusammen, wobei je nach Verfahren ein oder mehrere Zuschläge ermittelt werden, mit denen Gemeinkosten auf Kostenträger verteilt werden. Fertigungstyp: Serienfertigung, Einzelfertigung Beispiel: Automobilbauer

Tabelle 27: Kalkulationsverfahren

Im Folgenden werde ich ausschließlich auf die Zuschlagskalkulationen eingehen und das im Wesentlichen aus einem Grund:

- In unserer Wirtschaft sinkt die Anzahl der Unternehmen, die nur ein Produkt herstellen oder eine homogene Produktstruktur haben. Dagegen steigt die Anzahl der Unternehmen, die eine heterogene Produktstruktur haben, dieser Prozess wird sich auch in der Zukunft fortsetzen. So setzen nach einer Studie zur Kostenrechnung in der Industrie 8,9 % der Unternehmen eine Divisionskalkulation und 3,4 % eine Äquivalenzziffernkalkulation ein (vgl. Währisch, 1998, S. 135).
- Die Veränderungen im Energiemarkt haben dafür gesorgt, dass Energieerzeuger – als Beispiel in der Tabelle 27 – häufig eine Vielzahl von Stromtarifen anbieten, und somit die Voraussetzungen der Divisionskalkulation nicht erfüllt sind.

Zuschlagskalkulationen

Zuschlagskalkulationen setzen eine Trennung in Einzel- und Gemeinkosten voraus, wie dies in den Abschnitten zur Kostenstellenrechnung bereits vorbereitet wurde. Dort wurden auch die Grundfragen der Zurechnung von Kosten erläutert. Worauf beruht der Name Zuschlagskalkulation?

> Die ersten Formen der Zuschlagskalkulation beruhen auf Prozentsätzen, die auf Basis der Einzelkosten berechnet wurden und die dann als Grundlage dienten, um die Gemeinkosten den Einzelkosten zuzuschlagen.

4. Kapitel: Traditionelle Kosten- und Erfolgsrechnung

Nach diesem Prinzip funktionieren auch heute noch einige Verfahren der Zuschlagskalkulation, es werden den Einzelkosten die Gemeinkosten zugeschlagen, allerdings werden Gemeinkostenanteile heute häufig unabhängig von Einzelkosten berechnet, trotzdem werden auch diese Verfahren als Zuschlagskalkulationen bezeichnet. Jede Zuschlagskalkulation lässt sich durch folgende Grundgleichung charakterisieren:

$$z_i = \frac{K_{GK}}{BG_i} \text{ oder } z_i = \frac{K_{GK}}{K_{EKi}}$$

z_i Zuschlagssatz
K_{GK} Gemeinkosten
BG_i Bezugsgröße
K_{EKi} Einzelkosten

Die Gleichungen zeigen, dass sich die Zuschlagssätze unterscheiden können, in der

1. Anzahl der Zuschläge (i = 1 ... n) und der
2. Grundlage der Zuschläge (wie wird z_i ermittelt?).

Der Phantasie, Zuschlagssätze zu bilden, sind folglich kaum Grenzen gesetzt, doch haben sich in Theorie und Praxis bestimmte Grundformen gebildet. Neben sehr einfachen Formen haben sich auch komplexe Verfahren entwickelt, die Zuschlagsätze für einzelne Kostenstellen einsetzen.

> Schon früh erkannten Kostenrechner in der Industrie, dass bei heterogener Produktstruktur eine starke Differenzierung der Gemeinkosten notwendig ist. So konstatierte Lewin im Jahre 1912: „Sie wird um so genauer, je mehr wir dazu übergehen, die Gemeinkosten [Unkosten] nach den einzelnen Betriebszweigen und deren einzelnen Werkstätten zu zergliedern ..." (Lewin, 1912, S. 21, im Original steht anstatt Gemeinkosten der Begriff Unkosten, der erst in den 20er und 30er Jahren langsam verdrängt wurde.

Die einfachste Form der Zuschlagskalkulation zeichnet sich dadurch aus, dass sie nur **einen Zuschlag** für alle Gemeinkosten verwendet, dies ist die summarische Zuschlagskalkulation, die für den gesamten Betrieb einen Zuschlag ermittelt und zwar auf Basis der Material- oder Fertigungseinzelkosten oder der Summe aus beiden. Demgegenüber stehen die Zuschlagskalkulationen, die auf die Kostenstellenrechnung zurückgreifen, und die Gemeinkosten der Endkostenstellen mithilfe von Zuschlägen (Kalkulationssätzen) auf die Kostenträger verteilen.

Zuschlagskalkulation auf Basis von Kostenstellen

In einer ausgebauten Kosten- und Erfolgsrechnung wird der Prozess der Leistungserstellung abgebildet, indem die Güterverzehre der einzelnen Produkte möglichst genau festgehalten werden. Gemeinkosten werden dann den einzelnen Kostenträgern dadurch zugerechnet, dass in jeder Kostenstelle eine oder mehrere Bezugsgrößen verwendet werden, die in einer Beziehung mit den Kostenträgern stehen. Allerdings lassen sich solche Beziehungen zwischen Bezugsgrößen und Kostenträger nicht immer finden. Daher ist folgende Unterscheidung nützlich (vgl. zu den Bezugsgrößen Kilger, 1987, S. 163 ff.):

1. **direkte Bezugsgrößen**, die sich direkt aus den Leistungen der Kostenstelle ableiten lassen, wobei einige auch zur
   – **Kalkulation** verwendet werden können (Doppelfunktion), und
2. **indirekte Bezugsgrößen**, die sich nicht aus den Leistungen der Kostenstelle ableiten lassen.

In den Kostenstellen der Fertigung werden häufig direkte Bezugsgrößen gewählt, die auch gleichzeitig zur Kalkulation verwendet werden (hierzu nochmals das Schaubild in Darstellung 20, S. 115). In den Kostenstellen des Materialbereichs, des Vertriebs und der Verwaltung ist es schwierig direkte Bezugsgrößen zu finden, die auch zur Kalkulation benutzt werden können. Dort herrschen indirekte Bezugsgrößen vor, die meist auf Werten beruhen, z. B.

- für den Materialbereich: Materialeinzelkosten in Euro,
- für den Vertriebsbereich: Herstellkosten der produzierten oder der abgesetzten Produkte in Euro,
- für den Verwaltungsbereich: Herstellkosten der produzierten oder der abgesetzten Produkte in Euro.

Für diese Bereiche aber auch für die fertigungsnahen Kostenstellen ist die Prozesskostenrechnung entwickelt worden, bei der trotz der schwierigen und aufwendigen Erfassung direkte Bezugsgrößen eingesetzt werden (genaueres folgt im nächsten Kapitel zur prozessorientierten Kostenrechnung).

	Materialeinzelkosten
+	Materialgemeinkosten
+	Fertigungseinzelkosten
+	Fertigungsgemeinkosten
+	Sondereinzelkosten der Fertigung
=	Herstellkosten
+	Verwaltungsgemeinkosten
+	Vertriebsgemeinkosten
+	Sondereinzelkosten des Vertriebs
=	Selbstkosten

Tabelle 28: Kalkulationsschema der Zuschlagskalkulation

Das allgemeine Schema der Kalkulation demonstriert Tabelle 28, es dient der Kalkulation der Selbstkosten.

- Die Summe aus Materialkosten und Fertigungskosten sind die **Herstellkosten**, mit denen die Bestände an Halb- und Fertigfabrikaten im internen Rechnungswesen bewertet werden.

4. Kapitel: Traditionelle Kosten- und Erfolgsrechnung

- Herstellkosten des internen Rechnungswesens sind zu unterscheiden von den Herstellungskosten des externen Rechnungswesens. Der Ansatz der Herstellungskosten ist gesetzlich geregelt und ist an den buchhalterischen Aufwendungen angelehnt, daher ist ein Ansatz von Zusatzkosten verboten, z. B. die Eigenkapitalzinsen auf eine Fertigungsmaschine (vgl. Coenenberg et al., 2014, S. 98 ff.; und Freidank, 2012, S. 177 ff.).

- **Sondereinzelkosten** gehören zur Kategorie der Einzelkosten und lassen sich daher einzelnen Produkten zurechnen. Sie fallen meist nur für bestimmte Produkte an.
- **Sondereinzelkosten der Fertigung** sind beispielsweise Kosten für Werkzeuge, Modelle und Lizenzen (Stücklizenzen), einige Unternehmen setzen auch die Kosten für Forschung und Entwicklung an.
- **Sondereinzelkosten des Vertriebs** sind z. B.
  - Verpackungsmaterial, Provisionen und Frachten sowie Versicherungen.
- **Selbstkosten** sind das Ergebnis der Kostenrechnung, sie stellen die Summe aller auf die Produkteinheit zugerechneten Kosten dar.

Zum Abschluss soll zur Illustration das Fallbeispiel fortgesetzt werden.

Produkt	Easy	
Materialeinzelkosten	50,00 €	
Materialgemeinkosten	5,21 €	10,41 % auf 50 € Materialkosten
Fertigungseinzelkosten	47,00 €	
Fertigungsgemeinkosten I	6,29 €	12,57 € auf 30 Minuten
Fertigungsgemeinkosten II	3,80 €	15,19 € auf 15 Minuten
Herstellkosten	112,30 €	
Vertriebsgemeinkosten	6,84 €	6,09 % auf die Herstellkosten
Verwaltungsgemeinkosten	7,64 €	6,8 % auf die Herstellkosten
Selbstkosten	126,78 €	

Mit diesem letzten Schritt der Kostenrechnung ist der erste Rechnungszweck erfüllt: Es sind die Kosten für die einzelne Produkteinheit bestimmt worden. Selbstkosten werden benötigt, um den Erfolg in einer kurzfristigen Erfolgsrechnung zu ermitteln.

Schlüsselwörter

Abschreibung, kalkulatorische (100)
Beschäftigung (114)
Bezugsgröße (113)

Einzelkosten (98)
Endkostenstelle (112)
Gemeinkosten (98)

Gesamtkosten (93)
Herstellkosten (126)
Herstellungskosten (127)
Istkosten (91)
Kalkulation (123)
Kalkulationssatz (122)
Kapitalbindung (105)
Kapazität (114)
Kosten, kalkulatorische (97)
Kosten, primäre (98)
Kosten, sekundäre (98)
Kostenart (96)
Kostenartenrechnung (94)
Kosteneinflussgröße (114)
Kostenobjekt (93)
Kosten- und Erfolgsrechnung, traditionelle (91)
Kostenstelle (111)

Kostenstellenrechnung (111)
Kostenträger (123)
Kostenträgerrechnung (123)
Kostenzurechnung (113)
Leistungsverrechnung, innerbetriebliche (117)
Mengenschlüssel (122)
Selbstkosten (127)
Sondereinzelkosten (127)
Vermögen, betriebsnotwendiges (104)
Vorkostenstelle (112)
Wagnisse, kalkulatorische (109)
Wertschlüssel (122)
Zinsen, kalkulatorische (104)
Zurechnung (113)
Zuschlagskalkulation (124)

Kontrollfragen

1. Warum sind die Kosten eines Produktes ein wichtiger Rechnungszweck der Kosten- und Erfolgsrechnung?
2. Charakterisieren Sie die traditionelle Kosten- und Erfolgsrechnung.
3. Nennen Sie die Teilsysteme der Kosten- und Erfolgsrechnung und erläutern Sie den Zusammenhang zwischen ihnen an einem Schaubild. Gehen Sie auch auf die Aufgaben der einzelnen Teilsysteme ein.
4. Erläutern Sie den Begriff Kostenart.
5. Welche Kriterien kennen Sie, um Kosten einzuteilen?
6. Zeigen Sie an selbst gewählten Beispielen, welche unterschiedlichen Ausprägungen der von Ihnen genannten Kriterien es gibt.
7. Wie wird Material in der Kostenartenrechnung erfasst und bewertet?
8. Welche Informationen benötigen Sie zur Berechnung von kalkulatorischen Abschreibungen?
9. Wie korrigiert man die Rechnung, wenn die Nutzungsdauer von Maschinen falsch prognostiziert wurde?
10. Welche Verfahren kennen Sie, kalkulatorische Zinsen zu berechnen? Beschreiben Sie deren wesentliche Unterschiede.
11. Erläutern Sie den Grundgedanken eines Kapitaldienstes auf finanzmathematischer Basis.
12. Warum werden in der Kosten- und Erfolgsrechnung kalkulatorische Wagnisse angesetzt? Beschreiben Sie drei Wagnisse.
13. Erläutern Sie die Aufgaben der Kostenstellenrechnung.
14. Welche Grundsätze kennen Sie, Kostenstellen zu bilden?
15. Beschreiben Sie den Unterschied zwischen Vor- und Endkostenstellen.
16. Welche Aufgaben hat der Betriebsabrechnungsbogen?

4. Kapitel: Traditionelle Kosten- und Erfolgsrechnung

17. In welchen Schritten werden die Kosten mithilfe des Betriebsabrechnungsbogens zugerechnet?
18. Was verstehen Sie unter einer Bezugsgröße? Wie wird Sie gebildet? Erläutern Sie den Unterschied zur Kosteneinflussgröße.
19. Welche zwei Beziehungen sind notwendig, um eine Zurechnung von Gemeinkosten auf Kostenträger zu erreichen?
20. Erläutern Sie an Beispielen die innerbetrieblichen Leistungen.
21. Warum ist eine innerbetriebliche Leistungsverrechnung notwendig?
22. Erläutern Sie die wesentlichen Unterschiede zwischen dem Gleichungsverfahren Stufenleiterverfahren.
23. Wozu werden Kalkulationssätze gebildet?
24. Was ist ein Zurechnungsprinzip?
25. Erklären Sie den Unterschied zwischen dem Verursachungsprinzip und dem Veranlassungsprinzip.
26. Was ist der Unterschied zwischen dem Durchschnittsprinzip und dem Tragfähigkeitsprinzip?
27. Skizzieren Sie beispielhaft eine Systematik der Bezugsgrößen.
28. Beschreiben Sie die unterschiedlichen Kalkulationsverfahren.
29. Erläutern Sie, wie in einer Zuschlagskalkulation auf der Basis von Kostenstellen die Kosten auf Kostenträger verrechnet werden.
30. Nennen Sie die einzelnen Positionen des Kalkulationsschemas einer Zuschlagskalkulation und geben Sie für jede Position ein Beispiel für eine Bezugsgröße.

Übungsaufgaben

Übung 1: Kalkulatorische Abschreibungen

Die Transit GmbH ermittelt für einen ihrer Busse ein Gesamtnutzungspotenzial von 1.000.000 km, die Anschaffungskosten sind € 2.000.000,–. Die Planungsabteilung geht davon aus, dass die jährliche Leistung während der Nutzungszeit bei 125.000 km liegen wird. Die Abschreibung wird nutzungsabhängig berechnet.

Nach 4 Jahren wird aufgrund einer umfassenden Wartung des Busses festgestellt, dass das tatsächliche Gesamtnutzungspotenzial bei 1.250.000 km liegen wird.

a) Zeigen Sie anhand von drei Möglichkeiten, wie Sie die Abschreibungen aufgrund des veränderten Gesamtnutzungspotenzials berechnen (die jährliche Leistung bleibt gleich). Stellen Sie dafür den gesamten Abschreibungsplan auf (jährliche Abschreibungen für die drei Möglichkeiten).
b) Diskutieren Sie Ihre Ergebnisse.

Übung 2: Kalkulatorische Zinsen

Herr Fixrechner soll die kalkulatorischen Zinsen für einen LKW berechnen. Sein Chef, der Controller, will wissen, wie sich unterschiedliche Abschreibungsverfahren auf die kalkulatorischen Zinsen auswirken. Es wurden folgende Angaben ermittelt: Anschaffungspreis: 1.000.000,– Euro; geschätzte Nutzungsdauer 5 Jahre; geschätztes Nutzungspotenzial 1.000.000 km; geschätzte Jahresleistungen:

Jahr	km
1	300.000
2	200.000
3	200.000
4	200.000
5	100.000

Berechnen Sie die kalkulatorischen Zinsen (Zinssatz: 8 %) nach dem Durchschnittsverfahren und dem Restwertverfahren, gehen Sie

a) von einer linearen Abschreibung,

b) von einer nutzungsabhängigen Abschreibung aus.

c) Kommentieren Sie Ihre Ergebnisse.

Übung 3: Kalkulation (Zuschlagskalkulation)

In einer Unternehmung existieren sieben Kostenstellen. Aus der Kostenrechnung sind folgende Kosten einer Periode bekannt:

Kostenstelle	Gemeinkosten	Bezugsgröße	
Materialstelle 1	16.000 Euro	Materialeinzelkosten 1	400.000 Euro
Materialstelle 2	36.000 Euro	Materialeinzelkosten 2	600.000 Euro
Fertigung 1	420.000 Euro	Lohneinzelkosten 1	560.000 Euro
Fertigung 2	448.000 Euro	Lohneinzelkosten 2	280.000 Euro
Fertigung 3	372.000 Euro	Lohneinzelkosten 3	620.000 Euro
Verwaltung	300.000 Euro	Herstellkosten	
Vertrieb	360.000 Euro	Herstellkosten	

a) Ermitteln Sie die Gemeinkostenzuschlagssätze für jede Kostenstelle.

Für eine Einheit des Produktes A fallen folgende Einzelkosten an: Materialeinzelkosten 1: 200 Euro, Materialeinzelkosten 2: 80 Euro, Lohneinzelkosten 1: 60 Euro, Lohneinzelkosten 2: 90 Euro, Lohneinzelkosten 3: 200 Euro, Sondereinzelkosten des Vertriebs: 80 Euro.

b) Wie hoch sind die Selbstkosten einer Einheit von Produkt A? (Verwenden Sie für die Ermittlung der Selbstkosten Ihre unter a) errechneten Ergebnisse)

5. Kapitel: Prozessorientierte Kostenrechnung

„Die Prozesskostenrechnung kann als neuer Ansatz verstanden werden, die Kostentransparenz in den indirekten Bereichen zu erhöhen, einen effizienten Ressourcenverbrauch sicherzustellen, die Kapazitätsauslastung aufzuzeigen, die Produktkalkulation zu verbessern und damit strategische Fehlentscheidungen zu vermeiden."
(Reinhold Mayer, Péter Horváth, 1989, S. 216)

*„Activity-based costing systems estimate the cost of resources **used** in organizational processes to produce outputs." (Robin Cooper, Robert S. Kaplan, 1992, S. 1)*

Prozessorientierte Untersuchungen in den Unternehmen führten in den achtziger Jahren des zwanzigsten Jahrhunderts zu Fragen an die Kostenrechnung nach den Kosten für Prozesse. Angeregt durch PORTERS Analyse von Wertketten, begann sich Kritik an den traditionellen Methoden der Zurechnung von Kosten auf Produkte zu regen, ins Visier kamen dabei insbesondere in den USA die Lohnkosten als Zuschlagsgrundlage. Sie galten als Relikt aus der Zeit, in der die Industrie und die Fertigung die Gesamtwirtschaft bestimmten. Die Industriegesellschaften wandeln sich jedoch zu Dienstleistungsgesellschaften und dies führt in den Unternehmen zu steigenden Gemeinkosten. Hier soll die Prozesskostenrechnung Abhilfe schaffen. Auch wenn manche Wortwahl in der Literatur dies nicht vermuten lässt, die Rechnungszwecke einer Prozesskostenrechnung sind die gleichen wie die aller anderen Systeme der Kosten- und Erfolgsrechnung.

Unterschiede bestehen in der Art der Verrechnung der Kosten und durch die Wahl eines neuen Kalkulationsobjekts: Kosten werden auf Prozesse verteilt. Das folgende Kapitel klärt daher eingehend, wie in einer Prozesskostenrechnung die Kosten auf Prozesse und Produkte verrechnet werden.

Lernziele

Nach der Lektüre des Kapitels sollten Sie Folgendes können:

- Lernziel 1: Die wesentlichen Gründe für die Entwicklung der prozessorientierten Kostenrechnung beschreiben. (132)
- Lernziel 2: Activity-based Costing als prozessorientierte Kostenrechnung erläutern und beurteilen. (135)
- Lernziel 3: Die Zwecke und den grundsätzlichen Ablauf der Prozesskostenrechnung kennen und erläutern. (141)
- Lernziel 4: Die Zurechnung der Kosten mithilfe der Prozesskostenrechnung erklären. (143)
- Lernziel 5: Die Kalkulation in einer Prozesskostenrechnung durchführen. (148)
- Lernziel 6: Kritisch zur prozessorientierten Kostenrechnung Stellung nehmen. (150)

Veränderte Bedingungen für die Kostenrechnung

Die Entwicklung in den Industriegesellschaften in den letzten fünfzig Jahren ist geprägt durch eine zunehmende Dienstleistungsorientierung. Der Anteil der Dienstleistungsunternehmen am Bruttosozialprodukt nimmt zu und gleichzeitig steigen auch die Dienstleistungen, die innerhalb von Industrieunternehmen erbracht werden. Mit dieser Entwicklung ist es in der Regel verbunden, dass die Gemeinkosten im Unternehmen einen großen Anteil an den Gesamtkosten haben.

> **Lernziel 1:** Die wesentlichen Gründe für die Entwicklung der prozessorientierten Kostenrechnung beschreiben.

Gestiegene Gemeinkosten führen in Industriebetrieben zu einer erhöhten Bedeutung des Gemeinkostenmanagements. Neben aperiodisch einzusetzenden Instrumenten wie der Gemeinkosten-Wertanalyse und dem Zero-Base-Budgeting wurden prozessorientierte Kostenrechnungen als Baustein eines umfassenden Prozesskostenmanagements entwickelt. Das Wachstum von Gemeinkosten in Industriebetrieben beruht zum großen Teil auf einer Zunahme von Leistungen in den fertigungsnahen Bereichen wie z. B. der Qualitätssicherung, der Arbeitsvorbereitung oder der Fertigungssteuerung sowie in einer vermehrten Produktion von Dienstleistungen rund um die Sachgüter (vgl. Schehl, 1994, S. 204 ff.; vgl. auch die skeptische Sicht und entsprechende Befunde in Troßmann & Trost, 1996). Gerade diese häufig als indirekt bezeichneten Bereiche sind das Objekt der prozessorientierten Kostenrechnung. Die Struktur dieser Bereiche weist folgende Besonderheiten auf (vgl. Horváth & Mayer, 1993, S. 16, 19):

- ein hoher Gemeinkostenanteil, in der Regel Personalkosten;
- ein geringer Anteil an Kosten, die mit dem Leistungsvolumen der Kostenstelle schwanken;
- eine Vielzahl heterogener Leistungen in einzelnen Kostenstellen;
- häufig nur indirekte Beziehungen zwischen den Leistungen einer Kostenstelle und den Kostenträgern des Betriebes.

Ein Anstieg der Gemeinkosten führt zu Problemen, die Kosten verursachungsgerecht Kostenträgern zuzurechnen. Wie im Kapitel zur traditionellen Kostenrechnung erläutert, ist ein Zweck der Kostenrechnung die Kalkulation von Gemeinkosten auf Kostenträger. Sie soll verursachungsgerecht mit Hilfe von Bezugsgrößen (Mengen- oder Wertschlüssel) auf die Produkte erreicht werden. Insbesondere die Wertschlüssel, die in der Zuschlagskalkulation verwendet werden, spiegeln jedoch nur ungenügend die Beziehungen zwischen den Kosten und den Kostenobjekten wider.

Welche Aufgaben hat die **Bezugsgröße** und welche Funktionen soll sie erfüllen? Sie hat im Wesentlichen zwei **Aufgaben**:

1. Sie soll ein **Maßstab für die Kostenstellenleistung** sein; es soll mit ihrer Hilfe möglich sein, die Leistung einer Kostenstelle zu messen, und die

Kosten dieser Stelle sollen mit dieser Bezugsgröße in einer bekannten, wenn möglich proportionalen Beziehung stehen (1. Beziehung).
2. Für die Kalkulation ist es zum Zweiten nötig, dass die Bezugsgröße in einer **Beziehung zum Kostenträger** steht (2. Beziehung). Der erste Schritt ist also für die Kalkulation nicht ausreichend; eine Bezugsgröße muss anzeigen, inwieweit der Kostenträger Gemeinkosten in der Kostenstelle verursacht hat.

Die Kritik an Bezugsgrößen, die auf Basis von Wertgrößen (Wertschlüsseln) gebildet werden, beruht darauf, dass Wertschlüssel weder die erste Beziehung noch die zweite Beziehung erfüllen können. So ist die Prozesskostenrechnung, die im angelsächsischen Sprachraum zuerst entwickelt wurde und dort als Activity-based Costing bezeichnet wird (vgl. Cooper & Kaplan, 1988), ein Versuch, Wertschlüssel durch Mengenschlüssel zu ersetzen.

- Untersuchungen in den USA haben insbesondere gezeigt, dass sehr viele Betriebe eine traditionelle Zuschlagskalkulation mit nur einem Zuschlagssatz einsetzen, meist in der Form, dass der Fertigungslohn als Bezugsgröße verwendet wird.
- Wenn jedoch der Anteil der Fertigungslöhne gering ist und dem ein sehr hoher Gemeinkostenblock gegenübersteht, werden die Zuschlagssätze sehr hoch. So lassen sich in diesen Betrieben Zuschlagssätze von mehreren tausend Prozent beobachten. Dies führt bei Fehlern zu erheblichen Verzerrungen in der Kalkulation, denn bei einem angenommenen Zuschlagssatz von 1.000 % führt ein Fehler von 1 Euro zu einer falschen Belastung von 10 Euro.
- Neben diesem technischen Aspekt der Fehleranfälligkeit zielt die Kritik jedoch auf die damit zusammenhängende Betonung des Fertigungsbereiches, der heute auch in Industriebetrieben nicht mehr den überwiegenden Anteil der Kosten ausmacht. Vielmehr ist einhergehend mit der Kostenentwicklung zu höheren Gemeinkosten die Planung und Kontrolle von Gemeinkosten zu einer wesentlichen Aufgabe des Managements geworden.

Auch für Unternehmen, die Verfahren der differenzierten Zuschlagskalkulation einsetzen, gelten diese Kritikpunkte, denn auch wenn andere Wertgrößen gewählt werden, treten diese Probleme auf. So werden in einer differenzierten Zuschlagskalkulation Wertschlüssel für die Verrechnung von Verwaltungs- und Vertriebskosten eingesetzt: Als **Zuschlagsgrundlage** werden überwiegend die **Herstellkosten** (der gefertigten oder der abgesetzten Produkte) verwendet.

Da die Bezugsgröße eine Beziehung zwischen sich und dem Kostenträger herstellt, lässt sich folgende Aussage formulieren: Die Bezugsgröße Herstellkosten in Euro verhält sich **proportional** zu den Kosten für Verwaltung und Vertrieb. Steigen beispielsweise die Materialkosten eines Produktes, so wird diesem Produkt ein höherer Anteil an Verwaltungs- und Vertriebsgemeinkosten zugeteilt. Ob allerdings ein solcher Zusammenhang im Unternehmen tatsächlich besteht, lässt sich zwar nur empirisch überprüfen, ist aber wohl unwahrscheinlich.

- Wenn man zwei unterschiedlich wertvolle Produkte miteinander vergleicht, so wird dem Produkt mit den höheren Herstellkosten ein höherer Anteil an den Gemeinkosten zugerechnet. Für die Beschaffungskosten der Produkte wird ihr Wert beispielsweise unerheblich sein. So werden die Prozesse, die dazu notwendig sind, die Materialien zu beschaffen, ähnlich sein, und damit auch die Kosten, die beide Produkte verursachen.

- Die pauschale Annahme, dass zwischen dem Wert eines Produktes und den Ressourcen, die es in den Kostenstellen in Anspruch nimmt, ein proportionaler Zusammenhang besteht, muss in den Unternehmen geprüft werden. Wovon die Kosten in diesen indirekten Bereichen (Gemeinkostenbereichen) allerdings abhängen, ist bisher nur ansatzweise erforscht worden. Letztlich müsste für diesen Zweck eine Produktions- und Kostentheorie für administrative Tätigkeiten entwickelt werden. Allerdings hat man bereits im Fertigungsbereich einige Veränderungen festgestellt, die erhebliche Konsequenzen für die Kosten hatten.

Insbesondere die steigende Automatisierung und die hohe Variantenanzahl führen in Industrieunternehmen zu einem Verlust an Kostentransparenz. Tendenziell lässt sich jedoch vermuten, dass die Höhe der Kosten in den Gemeinkostenbereichen nicht von dem Wert der Produkte abhängt, sondern beispielsweise

1. von der Anzahl der Produktvarianten,
2. der Produktkomplexität,
3. von der Auflagenhäufigkeit und -größe.

Jede Verrechnung von Gemeinkosten auf Produkte muss berücksichtigen, dass eine Verrechnungsgrundlage (Bezugsgröße) gefunden werden muss, die in einem funktionalen oder besser in einem proportionalen Zusammenhang zu den Kostenträgern steht. Da das Activity-based Costing ein Vorläufer zur Prozesskostenrechnung in Deutschland ist, soll sie zuerst dargestellt werden.

Activity-based Costing

In amerikanischen Textbüchern zum Cost Accounting und Management Accounting wird als eine der wesentlichen Gründe für die Einführung von Activity-based Costing die große Schwäche von Zuschlagskalkulationen auf Basis der gesamten Einzelkosten eines Betriebes angeführt (vgl. z. B. Horngren et al., 2015, S. 151 ff.). Wie im Kapitel zur traditionellen Kosten- und Erfolgsrechnung gezeigt, ist in Deutschland eine ausgebauten Kostenstellenrechnung häufig anzutreffen. Auch in Deutschland verbleibt allerdings das Problem, dass häufig Wertschlüssel zur Grundlage der Gemeinkostenverrechnung gewählt werden; ähnliches berichten Bescos & Mendoza (1995) für Frankreich.

5. Kapitel: Prozessorientierte Kostenrechnung

> **Lernziel 2:** Activity-based Costing als prozessorientierte Kostenrechnung erläutern und beurteilen.

Anstatt Kostenstellen als Hilfsmittel zur Verrechnung heranzuziehen, wird im **Activity-based Costing** die Aktivität (Activity) als Kostenobjekt festgelegt. Aktivitäten sind die Tätigkeiten im Unternehmen, die auf ein Ergebnis zielen. Daher sind sie mit den Gütern im Unternehmen verbunden, denn mit den Aktivitäten wie „Material beschaffen" oder „Produkte entwickeln" werden die Güter im Unternehmen erstellt und vermarktet. In Darstellung 22 sehen Sie, dass sich am grundlegenden Ablauf einer Kostenrechnung nichts ändert, anstatt der Kostenstellen sind jetzt allerdings die Aktivitäten getreten.

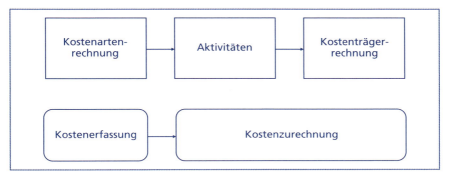

Darstellung 22: Aktivitäten und Kostenzurechnung

Es wird im Folgenden gezeigt, dass das Activity-based Costing für Unternehmen, die bereits über eine ausgebaute Kosten- und Erfolgsrechnung – insbesondere eine Kostenstellenrechnung – verfügen, nur geringe Vorteile bringen.

Fallbeispiel 3: Activity-based Costing bei Plastim

Plastim ist ein Automobilzulieferer, der im Fallbeispiel zwei Lampen für Rückscheinwerfer herstellt (das Beispiel ist übernommen aus Horngren et al., 2015, S. 152 ff.). Es werden zwei Lampentypen hergestellt: eine einfache und eine komplexe Lampe; Stückzahlen: 60.000 von der einfachen Lampe und 15.000 von der komplexeren Lampe.

In Tabelle 29 sehen Sie die Einzelkosten der beiden Lampen, bei der sich keine Unterschiede zu einer traditionellen Kostenrechnung ergeben. Die zweite Spalte enthält eine Kategorisierung, die beim Activity-based Costing verwendet wird. Die Prozesse und die entsprechenden Kosten werden in vier verschiedene Kategorien eingeteilt (vgl. Horngren et al., 2015, S. 161 ff.):

1. **Mengeneinheiten (output unit-level):** Dies sind Prozesse und Kosten, die sich direkt auf einzelne Mengeneinheiten beziehen. Es lassen sich Bezugsgrößen finden, die sich proportional zu den Kosten entwickeln, wie gefertigte Stücke oder Maschinenstunden.

	Kosten-hierarchie	Einfach		Komplex		Summe
		Kosten	Stück-kosten	Kosten	Stück-kosten	
Einzel-material	Mengen-einheiten	1.125.000	18,75	675.000	45	1.800.000
Einzel-löhne	Mengen-einheiten	600.000	10,–	195.000	13	795.000
Reinigung, Wartung	Losgrößen	120.000	2,–	150.000	10	270.000
		1.845.000	30,75	1.020.000	68	2.865.000

Tabelle 29: Einzelkosten der Rücklampen (in $)

2. **Losgrößen (batch-level)**: Prozesse, die nicht mit einzelnen Produkteinheiten schwanken, sondern für eine Anzahl von Produkten konstant ist wie z. B. Rüstkosten für Maschinen oder Bestellvorgänge für Material.
3. **Produkt (product sustaining)**: Entwicklungsprozesse oder Marktforschungsaktivitäten hängen mit Aktivitäten für eine Produktart zusammen, sie sind unabhängig von den einzelnen Mengeneinheiten dieses Produktes.
4. **Unternehmen (facility sustaining)**: Es gibt Prozesse wie die allgemeine Verwaltung, die sich nicht einzelnen Produkten zurechnen lassen, sondern für das gesamte Unternehmen eingegangen werden.

Sie werden eine ähnliche Einteilung im Kapitel zur Erfolgsrechnung wiederfinden, dort allerdings dient sie der Zuordnung von Fixkosten zu Kostenobjekten bei der Erfolgsanalyse in einer mehrstufigen Deckungsbeitragsrechnung. Im Activity-based Costing gibt es keine Kostenauflösung, daher werden die vollen Kosten einzelnen Prozessen und Produkten zugeordnet. Sie finden diese Einteilung der Kostenhierarchie auch in der Tabelle 30 (Spalte 2),

Aktivität	Kosten-hierarchie	Kosten		Bezugs-größe		$ je Bezugs-größe
		Summe	Menge	Bezeich-nung		
Entwicklung	Produkt	450.000	100	Anteil qm Fläche		4.500,0
Rüsten von Maschinen	Losgrößen	300.000	2.000	Rüstzeit		150,0
Produktion	Mengen-einheiten	637.500	12.750	Maschinen-stunden		50,0
Versandvorbereitung	Losgrößen	81.000	200	Lieferungen		405,0
Distribution	Mengenein-heiten	391.500	67.500	Kubikmeter		5,8
Verwaltung	Unterneh-men	255.000	39.750	Fertigungs-stunden		6,4151

Tabelle 30: Gemeinkostenschlüsselung im Activity-based Costing

5. Kapitel: Prozessorientierte Kostenrechnung

die für die sechs identifizierten Prozesse die Bildung der Aktivitätskostensätze enthält.

Mithilfe dieser Kostensätze kann in einem weiteren Schritt die eigentliche Zuschlagskalkulation erfolgen, sie ist in Tabelle 31 enthalten. Wenn Sie die Vorgehensweise mit der Verrechnung in der traditionellen Kostenrechnung vergleichen, so besteht formal kein Unterschied. Es müssen anstatt der Kostenstellen Prozesse gefunden werden, für die es Bezugsgrößen gibt, mit denen sich die Kosten zurechnen lassen. Ob dies für die sechs Beispiele gilt, lässt sich in der Regel nicht theoretisch ableiten, sondern es muss im Unternehmen anhand des Zahlenmaterials überprüft werden.

Allerdings teilen sich traditionelle Kostenrechnung und Activity-based Costing eine Eigenschaft: Es sind beides Systeme der Vollkostenrechnung. Daher findet keine Trennung in fixe und variable Kosten statt, und damit ist es zweifelhaft, ob es möglich ist Bezugsgrößen zu finden, die sich proportional zu den Kosten der Aktivitäten verhalten.

> So verwenden HORNGREN ET AL. in ihrem Beispiel die Bezugsgröße Fertigungsstunden für die Zurechnung der Verwaltungsgemeinkosten. Es ist jedoch sehr fraglich, ob sich die fixen Gehälter, die üblicherweise in der Verwaltung gezahlt werden, proportional zu den Fertigungsstunden entwickeln.

Meist wird mit dem Ressourcenverbrauch argumentiert, der mit der Inanspruchnahme durch die Prozesse steigt. Diese Argumentation ist allerdings mit Vorsicht zu behandeln, weil Kosten nicht nur verzehrte Güter sind – Mengenkomponente –, sie sind auch Werte. Wenn Potenzialfaktoren wie Personal, die ein fixes Gehalt beziehen, eingesetzt werden, lässt sich dieser Einsatz natürlich mit der Arbeitszeit messen, und in der Sprache der Kostenrechnung wird formuliert: Der Ressourcengebrauch steigt mit zunehmender Arbeitszeit. Die Kosten bleiben hingegen konstant: in Höhe des fixen Gehaltes (vgl. Friedl, 1994b, S. 154 f.; Franz, 1990, S. 128 ff.).

- Sie können trotzdem ausrechnen, was Sie im Durchschnitt eine Arbeitsstunde kostet. Bei einem Monatsgehalt von 5.000 Euro und einer Arbeitszeit von 176 Stunden erhalten Sie einen Kostensatz von 28,41 Euro je Stunde. Bei der Verwendung dieser Zahl müssen Sie sich jedoch vor zwei typischen Fehlern hüten:
  – Wenn in einem Monat festgestellt wird, dass die Arbeitskraft nur für 170 Stunden ausgelastet war, dann sinken Ihre Kosten nicht etwa um 170,46 Euro auf 4.829,54 Euro: Ihre Kosten bleiben weiterhin bei 5.000 Euro.
  – Wenn Sie wissen, dass Sie dauerhaft nur 170 Stunden benötigen, ändert dies auch nichts an Ihren Kosten, weil Potenzialfaktoren nur in bestimmten Verhältnissen teilbar sind. Sie werden im Beispiel für die sechs Stunden eine andere Beschäftigung im Unternehmen suchen müssen.
- Wenn Sie einen Durchschnittskostensatz ausrechnen, dann suggeriert Ihnen diese Zahl die Teilbarkeit des Potenzialfaktors Personal, die aber in der Realität nicht gegeben ist. Ihre Kosten steigen eben nicht um 28,41 Euro, wenn die Arbeitskraft im nächsten Monat 171 Stunden arbeitet.

	Einfach		Komplex		
	Kosten	Stück-kosten	Kosten	Stück-kosten	Summe
Einzelkosten					
Einzelmaterial	1.125.000	18,75	675.000	45,00	1.800.000
Einzellöhne	600.000	10,00	195.000	13,00	795.000
Reinigung, Wartung	120.000	2,00	150.000	10,00	270.000
Summe Einzelkosten	**1.845.000**	**30,75**	**1.020.000**	**68,00**	**2.865.000**
Gemeinkosten					
Entwicklung					
E: 30 x 4.500	135.000	2,25			
K: 70 x 4.500			315.000	21,00	450.000
Rüsten von Maschinen					
E: 500 x 150	75.000	1,25			
K: 1.500 x 150			225.000	15,00	300.000
Produktion					
E: 9.000 x 50	450.000	7,50			
K: 3.750 x 50			187.500	12,50	637.500
Versandvorbereitung					
E: 100 x 405	40.500	0,68			
K: 100 x 405			40.500	2,70	81.000
Distribution					
E: 45.000 x 5,80	261.000	4,35			
K: 22.500 x 5,80			130.500	8,70	391.500
Verwaltung					
E: 30.000 x 6,4151	192.453	3,21			
K: 9.750 x 6,4151			62.547	4,17	255.000
Summe Gemeinkosten	**1.153.953**	**19,23**	**961.047**	**64,07**	**2.115.000**
Summe Gesamtkosten	**2.998.953**	**49,99**	**1.981.047**	**132,07**	**4.980.000**

Tabelle 31: Kalkulation im Activity-based Costing (in $)

5. Kapitel: Prozessorientierte Kostenrechnung

In Deutschland wurde zwar eine andere Variante einer prozessorientierten Kostenrechnung entwickelt, allerdings ist auch die Prozesskostenrechnung deutscher Herkunft eine Vollkostenrechnung und teilt so die Schwächen eines Activity-based Costing.

Konzeption der Prozesskostenrechnung

Dreh- und Angelpunkt der Prozesskostenrechnung ist der **Prozessbegriff**; hierunter „ist eine auf die Erbringung eines Leistungsoutputs gerichtete Kette von Aktivitäten" (Horváth & Mayer, 1989, S. 16) zu verstehen. Jede Leistung, die im Unternehmen erstellt wird, lässt sich als Ergebnis von Prozessen interpretieren.

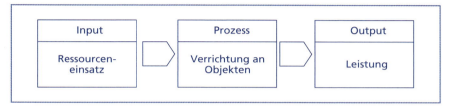

Darstellung 23: Prozessansatz

Da sich der Ablauf innerhalb des Unternehmens als eine Aufeinanderfolge von vielen einzelnen Teilprozessen interpretieren lässt, wird versucht, für diese Prozesse eine geeignete Quantifizierung zu finden. Prozesse sind Verrichtungen an Objekten: Jeder Prozess lässt sich als Input-Output-Beziehung darstellen. Alle Ablaufprozesse im Unternehmen lassen sich somit mit einem Tätigkeitswort (Verrichtung) und dem zugehörigen Substantiv (Objekt) beschreiben, beispielsweise Rechnung prüfen, Personalbedarf ermitteln usw. In den letzten Jahren hat es eine zunehmende Beschäftigung mit Fragen von Prozessen gegeben. Ausgehend von der Wertkettenanalyse Porters haben Unternehmen sich auf Basis ihrer Prozesse organisiert. Für die Prozesskostenrechnung sind im Wesentlichen drei Prozesstypen zu unterscheiden:

1. Geschäftsprozesse,
2. Hauptprozesse und
3. Teilprozesse

Geschäftsprozesse sind die grundlegenden Abläufe im Unternehmen, die notwendig sind, um am Markt Güter in Form von Sach- und Dienstleistungen anbieten zu können. Wird als Ausgangspunkt einer Prozessanalyse die Wertkette nach Porter gewählt, lassen sich alle Prozesse in primäre und unterstützende Prozesse unterteilen. So ist in Darstellung 24 der Geschäftsprozess Beschaffung als unterstützende Aktivität gekennzeichnet. Geschäftsprozesse sind für eine Kostenanalyse allerdings noch nicht geeignet, hierzu ist eine weitere Einteilung sinnvoll.

Darstellung 24: Wertkette nach Porter (Quelle: Porter, 1985, S. 37)

Geschäftsprozesse lassen sich in Hauptprozesse teilen, wobei sich **Hauptprozesse** durch ihren Kostenstellen übergreifenden Charakter auszeichnen. Sie setzen sich wiederum aus verschiedenen **Teilprozessen** zusammen, die in den einzelnen Kostenstellen erbracht werden. Gesucht werden in einer Prozesskostenrechnung möglichst wenige Hauptprozesse, die einen großen Teil der Gemeinkosten verursachen. Gerade die Betrachtung von Kostenstellen übergreifenden Hauptprozessen wird von Vertretern einer Prozesskostenrechnung als herausragendes Merkmal bezeichnet (vgl. Horváth et al., 1993, S. 617).

Wenn Prozesse als zusätzliche Kostenobjekte in einer Kosten- und Erfolgsrechnung eingeführt werden, dann müssen sie ähnlich wie Kostenstellen oder Kostenträger eindeutig abgrenzbar sein. Viel wichtiger ist allerdings ihre Messbarkeit, da sie als Mittel angesehen werden, Kosten auf Kostenträger zuzurechnen. Daher gilt die Prozessmenge (= Anzahl der Haupt- oder Teilprozesse) in der Prozesskostenrechnung als Kosteneinflussgröße, die über **Cost Driver** und Maßgrößen gemessen wird (vgl. Horváth & Mayer, 1993, S. 18). Leider hat sich eine spezielle Terminologie entwickelt, die den im vorigen Kapitel eingeführten Begriff Bezugsgröße ersetzen soll, sie ist in der Tabelle 32 wiedergegeben (vgl. zur Wahl von Bezugsgrößen Glaser, 1997).

Prozesstypen	Charakteristikum	gemessen durch
Hauptprozess	Kostenstellen übergreifend	Cost Driver
Teilprozess	In der Kostenstelle	Maßgröße

Tabelle 32: Messgrößen in der Prozesskostenrechnung

Voraussetzung jeder Form von Kostenrechnung – auch einer Prozesskostenrechnung – ist es, dass die Leistungen **gleichartig** oder gleichförmig (homogen) sind und sich **häufig wiederholen** (vgl. Coenenberg & Fischer, 1991, S. 25; Plötner et al., 2010, S. 113, 121).

5. Kapitel: Prozessorientierte Kostenrechnung

Erst die Gleichartigkeit gewährleistet, dass einzelne Prozesse aggregiert und ihnen Kosten gegenübergestellt werden können. Die Höhe der Kosten lässt sich dann im Hinblick auf die Gesamtmenge der Prozesse feststellen und planen. Einen Einblick in die Technik der Verrechnung der Kosten in der Prozesskostenrechnung gibt Darstellung 25. Von den Kostenstellen ausgehend werden die Kosten zuerst einzelnen Teilprozessen zugeordnet, diese Teilprozesskosten werden dann auf Hauptprozesse verteilt, erst danach erfolgt eine Zurechnung auf Kostenträger. Eine **Prozesskosten- und Erfolgsrechnung** unterscheidet sich daher von einer traditionellen Kosten- und Erfolgsrechnung durch die zusätzliche Berücksichtigung von Prozessen bei der Zurechnung von Gemeinkosten. Sie ergänzt eine traditionelle Kostenrechnung, indem sie die Gemeinkosten in einer Reihe von Kostenstellen auf Basis von Prozessen verrechnet.

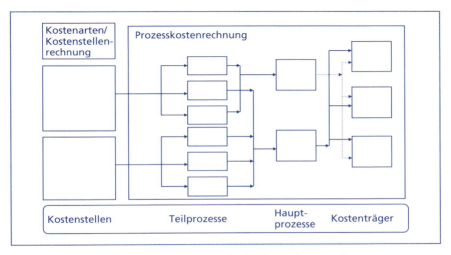

Darstellung 25: Verrechnung in der Prozesskostenrechnung
(Quelle: Brühl, 1995, S. 74)

Lernziel 3: Die Zwecke und den grundsätzlichen Ablauf der Prozesskostenrechnung kennen und erläutern.

Welche Zwecke werden mit einer Prozesskostenrechnung verfolgt? Eine kurzfristig orientierte Kosten- und Erfolgsrechnung soll Informationen für die operativen Aufgaben der Unternehmensführung bereitstellen. Als wichtigste dieser Aufgaben gelten Planung und Kontrolle der Unternehmenstätigkeit. Die Zwecke der Prozesskostenrechnung entsprechen denen, die mit der Kosten- und Erfolgsrechnung üblicherweise verfolgt werden, nur beziehen sie sich ausschließlich auf Gemeinkosten.

Die Prozesskostenrechnung hat zwei primäre **Aufgaben** zu unterstützen:

1. die Planung und Kontrolle von Gemeinkosten für
   - Kostenstellen,

- Teilprozesse,
- Hauptprozesse sowie
2. die Kalkulation von Produkten.

Eine Gemeinkostenplanung und -kontrolle soll einen **effizienten Ressourcenverbrauch** gewährleisten, die **Kapazitätsauslastung aufzeigen** und die **Kostentransparenz** in den indirekten Leistungsbereichen erhöhen (vgl. Mayer & Kaufmann, 2000, S. 294). Durch eine prozessorientierte Kalkulation wird eine verursachungsgerechtere Zuordnung von Gemeinkosten auf einzelne Kostenträgereinheiten angestrebt.

In einer Untersuchung wurden deutsche Großunternehmen (Mitarbeiterzahl über 1.000) im Zeitraum 1997/98 über ihre Erfahrungen mit der Prozesskostenrechnung befragt, an der Studie nahmen 86 Unternehmen teil (vgl. Stoi, 1999, S. 139 ff.). In der Tabelle (Empirische Untersuchung 2, S. 142) sind die Aufgaben, die überwiegend in den Unternehmen mit der Prozesskostenrechnung verfolgt werden, aufgelistet. Sie zeigt, dass der in diesem Kapitel hauptsächlich behandelte Rechnungszweck „Kalkulation" bei den Unternehmen eine herausragende Rolle spielt. In der Tabelle werden neben den typischen Aufgaben, die jede Kostenrechnung zu erfüllen hat, einige weitere Aufgaben

Aufgaben	Aufgaben gesamt		fallweise	laufend
	%	Bedeutung	%	%
Produktkalkulation	78 %	3,0	35 %	43 %
Kostensenkungspotenzial ermitteln	77 %	2,6	59 %	18 %
Ergebnisrechnung	56 %	2,7	16 %	40 %
Innerbetriebliche Leistungsverrechnung	56 %	2,8	23 %	33 %
Benchmarking	56 %	2,8	41 %	15 %
Performance Measurement	54 %	2,5	34 %	20 %
Budgetierung	53 %	2,6	26 %	27 %
Produktentwicklung	53 %	2,7	29 %	23 %
Operative Entscheidungsunterstützung	52 %	2,6	37 %	15 %
Strategische Entscheidungsunterstützung	45 %	2,7	34 %	11 %
Analyse der Kundenrentabilität	43 %	2,7	26 %	17 %
Sonstige	6 %	2,8	5 %	1 %

Empirische Untersuchung 2: Aufgaben der Prozesskostenrechnung
(Quelle: Stoi, 1999, S. 177)

5. Kapitel: Prozessorientierte Kostenrechnung

aufgeführt, die als taktische und strategische Aufgaben angesehen werden: Produktentwicklung und strategische Entscheidungsunterstützung. Begründet wird dies meist damit, dass die Prozesskostenrechnung auf einen mittel- bis langfristigen Planungszeitraum ausgerichtet ist, weil sie auf den Fixkostencharakter vieler Gemeinkosten Rücksicht nehmen muss. So erfolgt ihr Einsatz z. B. für eine jährliche Budgetplanung, eine strategische Kalkulation oder im Rahmen der Zielkostenrechnung mit Planungszeiträumen von bis zu drei Jahren. Inwieweit eine Kostenrechnung solche Aufgaben unterstützt, soll im Kapitel zur Zielkostenplanung und -kontrolle analysiert werden.

Prozessorientierte Kalkulation

Das Vorgehen der Prozesskostenrechnung lässt sich anhand eines Phasenschemas veranschaulichen (vgl. Mayer, 1991, S. 85; Horváth & Mayer, 1993, S. 20 ff.).

1. Hauptprozesse und Cost Driver suchen
2. Teilprozesse und Maßgrößen festlegen
3. Zuordnung von Kapazitäten und Kosten
4. Festlegung der Prozesskostensätze
5. Prozessorientierte Kalkulation

Tabelle 33: Phasen der Prozesskostenrechnung

Lernziel 4: Die Zurechnung der Kosten mithilfe der Prozesskostenrechnung erklären.

1. Hauptprozesse und Cost Driver suchen

Herausragendes Charakteristikum einer Prozesskostenrechnung ist die Festlegung von Hauptprozessen; ein **Hauptprozess** ist eine „Kette homogener Aktivitäten, die demselben Kosteneinflußfaktor unterliegt" (Horváth & Mayer, 1993, S. 16). Zweck ist es, möglichst wenige Hauptprozesse zu finden, die einen möglichst großen Teil der Gemeinkosten bestimmen. So lässt sich der Geschäftsprozess „Beschaffung" (s. Darstellung 24, S. 140) in mehrere Hauptprozesse aufteilen (die folgenden Beispiele nach Horváth & Mayer, 1993). Hauptprozesse sind den einzelnen Teilprozessen in den Kostenstellen übergeordnet, sie setzen sich in der Regel aus mehreren Teilprozessen zusammen.

So wird sich in einem Kreditinstitut ein Hauptprozess „Auslandsüberweisung abwickeln" aus Teilprozessen wie Kundenauftrag bearbeiten (Zweigstelle), eventuell Belegtransport/EDV und Bearbeitung in der Auslandsabteilung zusammensetzen. Als Cost Driver für die Gemeinkosten des Hauptprozesses kann die Anzahl der bearbeiteten Auslandsüberweisungen verwendet werden. Stellt sich bei der Analyse der eingesetzten Produktionsfaktoren ein Unterschied z. B. zwischen verschiedenen Empfangsländern heraus, dann ist bei großen Divergenzen eine weitere Differenzierung des Hauptprozesses vorzunehmen, da homogene Prozesse gesucht werden. Aufgrund der Analyse der Teilprozesse in den Kostenstellen können neue Hauptprozesse ermittelt werden.

Nr.	Hauptprozesse	Cost Driver
HP1	Lieferanten betreuen	Anzahl Lieferanten
HP2	Beschaffung Serienmaterial (Rahmenverträge)	Anzahl Abrufe
HP3	Beschaffung Serienmaterial (Einzelbeschaffung)	Anzahl Einzelbestellungen
HP4	Beschaffung Gemeinkostenmaterial	Anzahl Bestellungen

Tabelle 34: Hauptprozesse für den Geschäftsprozess „Beschaffung"

2. Festlegung der Teilprozesse und der Maßgrößen

In den Kostenstellen werden die Prozesse und Leistungen analysiert, um einen vollständigen Prozesskatalog zu erhalten. Ausgangspunkt einer Analyse und eines Gesprächs mit dem Kostenstellenleiter können die Beiträge der Kostenstelle zu den Hauptprozessen sein. Wenn alle Prozessarten in einer Kostenstelle zusammengestellt sind, müssen deren Maßgrößen ermittelt werden.

Maßgrößen sollen die Leistung (Output) einer Kostenstelle messen. Es muss überprüft werden, ob zwischen den eingesetzten Produktionsfaktormengen in der Kostenstelle und diesen Maßgrößen eine mengenproportionale Beziehung besteht, d. h., für jeden vollzogenen Prozess müssen stets die gleichen Faktormengen verzehrt werden. In der Prozesskostenrechnung wird zwischen **leistungsmengeninduzierten** (lmi) und **leistungsmengenneutralen** (lmn) Prozessen unterschieden (vgl. Horváth & Mayer, 1993, S. 20 f.; Reckenfelderbäumer, 1998, S. 58 f.). Alle Prozesse werden daraufhin untersucht, ob sie sich zur Leistungsmenge der Kostenstelle variabel oder fix verhalten.

> Zu beachten ist, dass es sich um eine rein mengenmäßige Betrachtung handelt, die nichts mit der Unterscheidung in fixe und variable Kosten zu tun hat. Die Prozesskostenrechnung ist eine Vollkostenrechnung, bei der es keine Kostenauflösung gibt (vgl. Mayer, 1998b, S. 11, zum Zusammenhang zwischen Zurechnungsprinzip und Kostenkategorien Schiller & Lengsfeld, 1998, S. 528).

Nur für die leistungsmengeninduzierten Prozesse sollen geeignete Maßgrößen festgelegt werden. Die leistungsmengenneutralen Prozesse wie z. B. „Abteilung leiten" fallen unabhängig vom Leistungsvolumen der Kostenstelle an, eine Maßgröße ist nicht erforderlich.

In einigen Kostenstellen wird eine Maßgröße nicht ausreichen. Wenn die Kostenstelleneinteilung nicht zu fein werden soll, dann muss mit mehreren

5. Kapitel: Prozessorientierte Kostenrechnung

Prozesse	Maßgröße	Zuordnung
Rahmenverträge abschließen	Anzahl der Rahmenverträge	HP2
Abrufe über Rahmenverträge	Anzahl der Abrufe	HP2
Bestellungen Serienmaterial Einzelbestellungen	Anzahl der Einzelbestellungen	HP3
Bestellungen Gemeinkostenmaterial	Anzahl der Bestellungen	HP4
Kontakte mit Lieferanten halten	Anzahl der Lieferanten	HP1
Abteilung leiten	–	

Tabelle 35: Beispiel für Teilprozesse in einer Einkaufsstelle

Maßgrößen gearbeitet werden. In Tabelle 35 sind Teilprozesse einer Einkaufsstelle aufgelistet und die entsprechenden Maßgrößen angegeben (nach Mayer, 1998a, S. 148). Für jeden leistungsmengeninduzierten Teilprozess ist eine Maßgröße festzulegen. Somit gibt es so viel Maßgrößen, wie unterschiedliche leistungsmengeninduzierte Teilprozesse in den Kostenstellen ermittelt wurden.

Wenn Sie die Tabellen auf S. 144 vergleichen, dann erkennen Sie, dass die Teilprozesse „Rahmenverträge abschließen" und „Abrufe über Rahmenverträge" beide in den Hauptprozess „Beschaffung Serienmaterial (Rahmenverträge)" eingehen. Für die Teilprozesse werden jedoch unterschiedliche Maßgrößen eingesetzt. Welche soll dann für den Hauptprozess als Cost Driver verwendet werden? HORVÁTH & MAYER schlagen vor, nur **eine** Größe zu nehmen, und zwar die wichtigere. So auch im vorliegenden Beispiel, in dem die Anzahl der Abrufe als Cost Driver gewählt wird.

3. Zuordnung von Kapazitäten und Kosten

Wie können innerhalb einer Kostenstelle die eingesetzten Kapazitäten und die Kosten einander zugeordnet werden?

HORVÁTH & MAYER empfehlen folgendes Verfahren (vgl. Horváth & Mayer, 1993, S. 22): Aus einem bereits vorhandenen Kostenbudget wird die gesamte Summe einer Kostenstelle mithilfe des Schlüssels Mitarbeiterzeiten gemessen in Mitarbeiterjahren auf die Prozesse verteilt. Nach einer Aufteilung der gesamten Prozesskosten auf die Prozessarten in einer Kostenstelle kann die Kalkulation einzelner Prozesse erfolgen.

4. Festlegung der Prozesskostensätze

Durch Division wird aus den beiden Größen „Prozesskosten und Prozessmenge" ein Prozesskostensatz gebildet. Er zeigt die durchschnittlichen Kosten pro ausgeführten Prozess an.

$$\text{Prozesskostensatz} = \frac{\text{Prozesskosten}}{\text{Prozessmengen}}$$

Neben den Prozesskostensätzen für leistungsmengeninduzierte (lmi) Prozesse werden die Kalkulationssätze für leistungsmengenneutrale (lmn) gebildet; ihre Berechnung erfolgt auf der Basis der Kosten der leistungsmengeninduzierten Prozesse. Für die Schlüsselung könnten als Basis anstatt von Werten auch Zeiten verwendet werden, für das Ergebnis spielt dies allerdings wegen der Gesamtaufteilung der Kosten auf Prozesse keine Rolle. In einer Prozesskostenrechnung werden die gesamten Kosten einer Kostenstelle auf die Teilprozesse dieser Kostenstelle verteilt. Die Technik der Verrechnung und die damit verbundenen Annahmen lassen sich anhand eines Beispiels verdeutlichen; es ist übernommen von HORVÁTH & MAYER (1993, S. 22).

Fallbeispiel 4: Prozesskostenrechnung für eine Einkaufsstelle

Für die Einkaufsstelle ergeben sich ausgehend von einem Kostenbudget von 800.000 Euro und einer Kapazität von 8 Mitarbeiterjahren (MJ) sowie des Verteilungsschlüssels (MJ), der auf Schätzungen oder Messungen der Zeitanteile der Prozesse an der Gesamtzeit beruht, für die sechs betrachteten Teilprozesse die Werte, die Sie Tabelle 36 (S. 147) entnehmen können.

1. In einem ersten Schritt sind die Gesamtkosten mithilfe des Schlüssels „Mitarbeiterjahre" auf die Prozesse zu verteilen.
2. Im zweiten Schritt sind die lmn-Kosten für den Prozess „Abteilung leiten" auf die leistungsmengeninduzierten Prozesse zuzurechnen.
3. Der Prozesskostensatz wird dann entweder auf Basis der leistungsmengeninduzierten oder der gesamten Prozesskosten gebildet.

Dies wird kurz am Beispiel des Teilprozesses Nr. 1 „Rahmenverträge abschließen" gezeigt:

$$K_{lmi} = \frac{800.000}{8,0} \cdot 0,7 = 70.000 \text{ [Euro]}$$

$$K_{lmn} = 100.000 \cdot \frac{0,7}{7} = 10.000 \text{ [Euro]}$$

$$k_{P,lmi} = \frac{70.000}{70} = 1.000 \left[\frac{\text{Euro}}{\text{Prozess}}\right]$$

$$k_{P,ges} = \frac{80.000}{70} = 1.142,86 \left[\frac{\text{Euro}}{\text{Prozess}}\right]$$

Sie erkennen an diesem Beispiel, dass der Kostenschlüssel „Mitarbeiterzeiten" zur Verteilung aller Kosten herangezogen wird. Denn auch die Division durch die Anzahl der Prozesse beruht auf den Mitarbeiterzeiten, da jeder Prozess einen bestimmten Anteil der Mitarbeiterzeit enthält. Damit ist jedoch zunächst nur ein Rechnungszweck bewältigt: die Zurechnung von Kosten auf Prozesse. Eine weitere Aufgabe ist jedoch die Zurechnung auf Produkte.

5. Kapitel: Prozessorientierte Kostenrechnung

Teilprozesse		Maßgröße	Menge	Schlüssel	Prozesskosten			Prozesskostensatz	
Nr.				MJ	lmi (Euro)	lmn (Euro)	Gesamt (Euro)	lmi (Euro)	Gesamt (Euro)
1.	Rahmenverträge abschließen	Anzahl Rahmenverträge	70	0,7	70.000,00	10.000,00	80.000,00	1.000,00	1.142,86
2.	Abrufe über Rahmenverträge	Anzahl Abrufe	5.000	1,5	150.000,00	21.428,57	171.428,57	30,00	34,29
3.	Bestellungen Serienmaterial	Anzahl Einzelbestellungen	2.000	2,0	200.000,00	28.571,43	228.571,43	100,00	114,29
4.	Bestellungen Gemeinkostenmaterial	Anzahl Bestellungen	3.000	1,8	180.000,00	25.714,29	205.714,29	60,00	68,57
5.	Kontakte mit Lieferanten halten	Anzahl Lieferanten	70	1,0	100.000,00	14.285,71	114.285,71	1.428,57	1.632,65
6.	Abteilung leiten	–		1,0					
Summen				8,0	700.000,00	100.000,00	800.000,00		

Tabelle 36: Prozesskosten für eine Einkaufsstelle

> **Lernziel 5:** Die Kalkulation in einer Prozesskostenrechnung durchführen.

5. Prozesskostenkalkulation

Da ein Rechnungszweck der Prozesskostenrechnung die Kalkulation ist, müssen die Beziehungen zwischen Prozessen und Produkten messbar sein. Es muss daher für die Haupt- und Teilprozesse angegeben werden können, wie sie von den einzelnen Produkten beansprucht werden.

Eine prozessorientierte Kalkulation ergänzt die Zuschlagskalkulation, wie Sie sie in der traditionellen Kostenrechnung kennen gelernt haben, indem insbesondere die Prozesse der Materialbeschaffung und -logistik oder der Fertigungsauftragsplanung und abwicklung in den Herstellkosten berücksichtigt werden (vgl. Horváth & Mayer, 1993, S. 25). Dies sind im Beispiel der Materialbeschaffung die Prozesse

1. HP2 Beschaffung Serienmaterial (Rahmenverträge),
2. HP3 Beschaffung Serienmaterial (Einzelbeschaffung) und
3. HP4 Beschaffung Gemeinkostenmaterial.

Da die Kosten je Prozess bekannt sind, wird die Beanspruchung durch die Produkte benötigt.

$$\text{Prozesskosten je Stück} = \frac{\text{Prozesskosten}}{\text{Produktmenge}}$$

Anstatt Produktmenge können auch Losgrößenmengen, Auftragsmengen oder Teilepositionen stehen. Während diese einfache Kalkulationserweiterung in einer Zuschlagskalkulation nichts prinzipiell Neues bringt, stellt die Kalkulation von Varianten eine Besonderheit dar, die sich dadurch auszeichnet, dass die Prozesskosten auf die Gesamtmenge und die Mengen der einzelnen Varianten aufgeteilt werden. Für die Höhe der Aufteilung ist man auf Schätzungen angewiesen. In der Tabelle 37 wird das Beispiel für eine Einkaufsstelle fortgesetzt und eine Kalkulation von Varianten aufgezeigt, wobei im Beispiel drei Varianten produziert werden: A (4.000 Stück), B (1.000 Stück) und C (5.000 Stück). Als Beispiel dienen die Variante A und der Teilprozess 1 (P1).

Mengenabhängige Produktkosten sind für alle Varianten gleich:

$$k_{P_i,Var_j,vol} = \frac{\text{Prozesskosten} \cdot \text{volumenabhängiger Anteil}}{\text{gesamte Produktmenge}}$$

$$k_{P1,A,vol} = \frac{80.000 \cdot 0{,}1}{10.000} = 0{,}80 \left[\frac{\text{Euro}}{\text{Stück}}\right]$$

5. Kapitel: Prozessorientierte Kostenrechnung

Teilprozesse		Maßgröße	Prozesskosten	Volumenabhängige Prozesse	Variantenabhängige Prozesse	A		B		C	
Nr.			Gesamt (Euro)			Volumenabhängig	Variantenabhängig	Volumenabhängig	Variantenabhängig	Volumenabhängig	Variantenabhängig
1.	Rahmenverträge abschließen	Anzahl Rahmenverträge	80.000,00	10 %	90 %	0,80	6,00	0,80	24,00	0,80	4,80
2.	Abrufe über Rahmenverträge	Anzahl Abrufe	171.428,57	100 %	0 %	17,14	–	17,14	–	17,14	–
3.	Bestellungen Serienmaterial	Anzahl Einzelbestell.	228.571,43	80 %	20 %	18,29	3,81	18,29	15,24	18,29	3,05
4.	Bestellungen Gemeinkostenmaterial	Anzahl Bestellungen	205.714,29	60 %	40 %	12,34	6,86	12,34	27,43	12,34	5,49
5.	Kontakte mit Lieferanten halten	Anzahl Lieferanten	114.285,71	0 %	100 %	–	9,52	–	38,10	–	7,62
Summen						48,57	26,19	48,57	104,77	48,57	20,96
Prozessstückkosten							74,76		153,34		69,53

Tabelle 37: Beispiel für eine Variantenkalkulation einer Einkaufsstelle

Variantenabhängige Produktkosten:

$$k_{P_i,Var_j,var} = \frac{\text{Prozesskosten} \cdot \text{variantenabhängiger Anteil}}{\text{Anzahl der Varianten} \cdot \text{Produktmenge der Variante}}$$

$$k_{P1,A,var} = \frac{80.000 \cdot 0,9}{3 \cdot 4.000} = 6 \left[\frac{\text{Euro}}{\text{Stück}}\right]$$

An den Formeln lässt sich erkennen, dass bei dieser Kalkulationsmöglichkeit die Verrechnung über Prozesskosten und Mitarbeiterzeiten keine Rolle spielt. Die gesamten Kosten der Prozesse werden durch die Stücke geteilt und bei den variantenabhängigen Produktkosten durch die Anzahl der Varianten und dann durch die Stücke der Variante.

Kritik an den Kalkulationsmöglichkeiten

Im Abschnitt zum Activity-based Costing ist bereits angedeutet, dass beide Ansätze der prozessorientierten Kostenrechnung Vollkostenrechnungen sind, und daher sind beide einer grundsätzlichen Kritik ausgesetzt.

> **Lernziel 6:** Kritisch zur prozessorientierten Kostenrechnung Stellung nehmen.

- Entscheidungsrelevante Kosten geben die Änderung der operativen Zielgröße Erfolg an, die durch eine bestimmte Handlungsalternative ausgelöst wird. Die Multiplikation der durch arbeitswissenschaftliche Verfahren ermittelten Standardbearbeitungszeiten und -mengen je Prozess mit Planpreisen ergibt Vollkostensätze, die proportionalisierte Fixkostenanteile enthalten.
- Durch die Entscheidung über die Erstellung einer einzelnen Teilleistung werden keine zusätzlichen Kosten ausgelöst. Die mengenmäßige Zurechnung von Produktionsfaktoren auf Teilleistungen führt nicht zu entscheidungsrelevanten Kosten, weder bei Unterbeschäftigung noch bei Überbeschäftigung (vgl. Kloock, 1992a, S. 187 f.; Glaser, 1992, S. 287 f.). Wenn zusätzlich Personal beschafft werden muss, wird diese Entscheidung nicht auf Basis einer zusätzlichen zu produzierenden Einheit geschehen, sondern auf Basis zukünftiger Erwartungen über die Geschäftsentwicklung (vgl. Riebel, 1994, S. 85).

Als Cost Driver wird die Anzahl der zu bearbeitenden Geschäftsvorfälle angegeben. Die Kosten je Teilleistung ergeben sich dann aufgrund dieser Annahme aus der Bewertung der Prozessmenge und -zeit aufgrund technisch-kostenwirtschaftlicher Analysen. Nicht die Prozesse veranlassen die Kosten, sondern das erwartete Leistungsvolumen einer Periode. Durch die Unterstellung, dass sich die Kosten proportional mit den Prozessmengen ohne Berücksichtigung zeitlicher und sachlicher Remanenzen ändern, ignoriert sie den Fixkostencharakter, insbesondere den der Personalkosten (vgl. Götze, 2010, S. 237).

> Bereitschaftskosten werden daher durch Entscheidungen über die zur Ausschöpfung bestehender Erfolgspotenziale notwendigen Kapazitäten in Form von Sach- und

5. Kapitel: Prozessorientierte Kostenrechnung

Personalressourcen ausgelöst. Die Prozesskostenrechnung täuscht eine Abhängigkeit der Kosten von der Anzahl der erstellten Teilleistungen vor. Anstelle des Verursachungsprinzips sind nur einfachere Prinzipien der Zurechnung anwendbar (zu den verschiedenen Arten von Zurechnungsprinzipien vgl. Kloock, 1993, S. 56 f.). Diese Rechnung kann aufgrund der eingeschränkten Verwendung von Vollkosteninformationen zu nicht zielgerechten Entscheidungen führen (s. Kapitel zur Deckungsbeitragsrechnung).

Forschungsreport 5: Erfolg der prozessorientierten Kostenrechnung

Wenn ein Unternehmen ein neues Verfahren oder eine neue Technologie einführt, erhofft es sich davon, dass es eine rentable Investition getätigt hat. Nicht anders ist es bei Einführung eines betriebswirtschaftlichen Verfahrens wie z. B. einer Weiterentwicklung der Kosten- und Erfolgsrechnung. Auch aus wissenschaftlicher Sicht ist es interessant zu erfahren, ob eine Neuerung wie die prozessorientierte Kostenrechnung zum Erfolg des Unternehmens beigetragen hat. Allerdings ist es nicht ganz einfach zu ermitteln, ob tatsächlich ein höherer Erfolg eines Unternehmens auf diese einzelne Maßnahme zurückzuführen ist. Da viele bekannte und unbekannte Faktoren auf den Erfolg des Unternehmens wirken, ist es fast unmöglich, einen isolierten Beitrag zu berechnen. Daher finden sich auch in den Untersuchungen zu den prozessorientierten Kostenrechnungen unterschiedliche Möglichkeiten, ihren Erfolgsbeitrag zu messen, und es wird versucht Erfolgsfaktoren zu bestimmen, die einen Erfolg der Einführung wahrscheinlich machen.

So untersuchte SHIELDS die Einführung eines Activity-based Costing in 143 Unternehmen mit einem Fragebogen. Eine erfolgreiche Einführung war z. B. verbunden mit der Unterstützung der Unternehmensleitung, der Verbindung zur Strategie, der Verbindung zur Vergütung und entsprechenden Trainingsmaßnahmen für die Mitarbeiter. Ähnliche Ergebnisse ermittelte auch STOI für deutsche Unternehmen, die eine Prozesskostenrechnung eingeführt haben. MCGOWAN & KLAMMER bestätigen diese Gründe in ihrer Studie, in der die Anwender eines Activity-based Costing befragt wurden, inwieweit sie mit diesem System zufrieden sind.

Ob die Einführung eines prozessorientierten Kostenrechnungssystems auch den Unternehmenserfolg steigerte, ist bisher noch nicht eindeutig geklärt. SHIELDS konstatiert bei seiner Befragung einen Erfolg, ohne dies quantifizieren zu können. KENNEDY & AFFLECK fanden, dass Unternehmen, die Activity-based Costing einführten, signifikant bessere Kursentwicklungen verzeichneten als die entsprechende Kontrollgruppe. Die Studie verfolgte die Kursentwicklung über einen Dreijahreszeitraum und das Ergebnis sollte daher mit Vorsicht interpretiert werden, da sehr viele Variable auf den Börsenkurs wirken.

(Quellen: Ittner et al., 2002; Kennedy & Graves, 2001; McGowan & Klammer, 1997; Shields, 1995; Stoi, 1999)

Neben dieser Kritik, die grundsätzlich gegen jedes System der Vollkostenrechnung geäußert werden kann, sind einige technische Details in einer Prozesskostenrechnung zu hinterfragen (zu den Anforderungen an eine Prozesskalkulation Friedl, 1993, S. 39 f.).

- Es werden Maßgrößen für die Teilprozesse gesucht, die sich zum Leistungsvolumen der Kostenstelle proportional verhalten. Dies ist allerdings nicht mit der Aufteilung in fixe und variable Kosten zu verwechseln, wie sie in Teilkostenrechnungen vollzogen wird. Für die Zwecke der Prozesskostenrechnung ist es jedoch entscheidend, dass es gelingt, Hauptprozesse zu finden, die große Anteile der Gemeinkosten beeinflussen.

- Hauptprozesse setzen sich aus mehreren Teilprozessen zusammen, die, um die Homogenität von Hauptprozessen zu gewährleisten, ebenfalls homogen sein müssen. Die relativen Anteile der Teilprozesse an den Hauptprozessen müssen konstant sein. Die Kosten für den Hauptprozess berechnen sich durch die Addition der mit ihren relativen Anteilen gewichteten Kosten aller Teilprozesse.
- Für einen Hauptprozess „Rahmenverträge abschließen" ist beispielsweise die Annahme zu überprüfen, ob die Bearbeitungszeit konstant ist. Nur wenn die genannten Voraussetzungen erfüllt sind, lassen sich Prozessstandards ermitteln.

Die vorgetragenen Argumente gegen eine Verwendung von Prozesskosten zur Bestimmung entscheidungsrelevanter Kosten haben die Vertreter der Prozesskostenrechnung veranlasst, den Aussagegehalt dieser Rechnung einzuschränken. Bei der Prozesskalkulation handelt es sich dann um eine langfristig orientierte und strategische Kalkulation (vgl. Horváth et al., 1993, S. 612). Es soll der tatsächliche Ressourcenverbrauch durch die Prozesse abgebildet werden, um so Informationen für strategische Entscheidungen zu liefern (vgl. Cooper & Kaplan, 1998, S. 110).

Es ist allerdings zu beachten, dass strategische Entscheidungen sich meist nicht auf die derzeitigen Produkte, sondern auf zukünftige Produkte beziehen. Deren Kostenstruktur ist allerdings unbekannt. Vollkosteninformationen für langfristige Entscheidungen zu verwenden, führt daher bestenfalls zu einer Näherungslösung.

Schlüsselwörter

Activity-based Costing (134)
Cost Driver (140)
Hauptprozess (143)
Prozess (139)
Prozess, leistungsmengeninduziert (144)

Prozess, leistungsmengenneutral (144)
Prozesskostenkalkulation (148)
Prozesskostensatz (145)
Prozesskosten- und Erfolgsrechnung (141)
Teilprozess (140)

Kontrollfragen

1. Erläutern Sie die Gründe, die zur Entwicklung der Prozesskostenrechnung geführt haben.
2. Welche Besonderheiten weisen die so genannten Gemeinkostenbereiche (indirekte Bereiche) auf?
3. Warum wird der Einsatz von Bezugsgrößen auf Basis von Wertgrößen (Wertschlüsseln) kritisiert?
4. Beschreiben Sie den grundlegenden Gedanken des Activity-Based Costing und erläutern Sie den Unterschied zu einer traditionellen Kostenrechnung.

5. Kapitel: Prozessorientierte Kostenrechnung

5. Welche unterschiedlichen Kostenkategorien im Activity-Based Costing kennen Sie? Geben Sie für jede Hierarchie Beispiele an.
6. Diskutieren Sie den Vollkostencharakter des Activity-Based Costing und zeigen Sie an einem Beispiel, welche Fehlurteile möglich sind.
7. Kennzeichnen Sie die Grundgedanken der Prozesskostenrechnung.
8. Was ist ein Geschäftsprozess?
9. Erklären Sie den Unterschied zwischen Haupt- und Teilprozessen.
10. Welche Voraussetzung muss erfüllt sein, damit Prozesskosten ermittelt werden können?
11. Welche Zwecke werden mit einer Prozesskostenrechnung verfolgt?
12. Beschreiben Sie den Verrechnungsgang der Prozesskostenrechnung im Vergleich zur traditionellen Kostenrechnung.
13. Erläutern Sie die Vorgehensweise der Prozesskostenrechnung.
14. Kennzeichnen Sie den Unterschied zwischen der Bezugsgröße, dem Cost Driver und der Maßgröße.
15. Definieren Sie die Begriffe leistungsmengenneutrale und leistungsmengeninduzierte Prozesse. Wie erfolgt ihre Verrechnung?
16. Erläutern Sie das Verhältnis zwischen Teil- und Hauptprozessen sowie den dazugehörigen Maßgrößen und Cost Driver.
17. Wie werden in einer Prozesskostenrechnung die Kapazitäten und Kosten zugeordnet?
18. Zeigen Sie, wie die Prozesse kalkuliert werden.
19. Wie werden unterschiedliche Varianten in einer Prozesskostenrechnung kalkuliert?
20. Stellen Sie den Unterschied in der Kalkulation dar, der zwischen einer traditionellen Kostenrechnung und der Prozesskostenrechnung besteht.
21. Liefert die Prozesskostenrechnung entscheidungsrelevante Informationen? Begründen Sie Ihre Antwort.
22. Beurteilen Sie die Prozesskostenrechnung, inwieweit sie die Kalkulationsaufgabe der Kostenrechnung erfüllt.

Übungsaufgaben

Übung 1: Kalkulation in der Prozesskostenrechnung

Die Deolux GmbH führt in ihren Gemeinkostenbereichen die Prozesskostenrechnung ein. Für die Planung der Gemeinkosten in der Qualitätssicherung wurde eine Analyse der Prozesse durchgeführt, dabei wurden vier Prozesse

Prozesse	Mitarbeiterjahre	Planprozessmengen
1. Prüfpläne aufstellen	2	100
2. Qualitätsüberwachung	3	1.000
3. Prüfpläne ändern	1	200
4. Kostenstelle leiten	1,5	–

ermittelt. Die Tätigkeitsanalyse ergab die in der folgenden Tabelle enthaltenen Mitarbeiterzeiten (gemessen in Mitarbeiterjahren) für die einzelnen Prozesse. In der Tabelle sind auch die sich aus der Prozessplanung ergebenden Prozessmengen enthalten.

Der Prozess „Kostenstelle leiten" wurde als leistungsmengenneutral angenommen. Die Planung der Gemeinkosten dieser Kostenstelle ergab Euro 450.000,–. Für die Produktkalkulation (2 Varianten) liegen folgende Angaben vor

Prozesse	Produktions-volumenabhängige Prozessmenge	Variantenzahl-abhängige Prozessmenge
1. Prüfpläne aufstellen	40 %	60 %
2. Qualitätsüberwachung	80 %	20 %
3. Prüfpläne ändern	0 %	100 %

Es werden 2 Varianten (A und B) produziert: 7.000 A und 3.000 B.

a) Berechnen Sie die Gesamtkosten für alle Prozessarten (leistungsmengeninduziert, leistungsmengenneutral und insgesamt).

b) Berechnen Sie die Prozesskostensätze (leistungsmengeninduziert, leistungsmengenneutral und insgesamt).

c) Berechnen Sie die Kosten für eine Einheit der Varianten A und B.

(Lösungshinweis: Die Verteilung der leistungsmengenneutralen Kosten erfolgt auf Basis der Mitarbeiterzeiten der einzelnen Prozesse.)

Teil 3
Entscheidungen über Produkte und Programme sowie Preispolitik

In diesem Teil geht es um die Entscheidungen, die mit Hilfe der Kostenrechnung getroffen werden. Sie werden daher mit dem Konzept der relevanten Kosten vertraut gemacht. Zuerst wird das System der Deckungsbeitragsrechnung vorgestellt, insbesondere die Unterschiede zur traditionellen Kosten- und Erfolgsrechnung werden aufgezeigt.

6. Kapitel: Deckungsbeitragsrechnung (156)

7. Kapitel: Zielkostenplanung und -kontrolle (197)

Im sechsten Kapitel wird das Grundprinzip der relevanten Informationen für Entscheidungen erläutert, das für Einzel- und Programmentscheidungen verwendet wird. Am Beispiel einer Entscheidung über das optimale Produktionsprogramm soll gezeigt werden, wie kurzfristige Entscheidungen unterstützt werden können. Erweitert wird dies um ein Beispiel für den Entscheidungstyp Eigenfertigung oder Fremdbezug. Die Preispolitik steht am Ende dieses Kapitels. Die unterschiedlichen Horizonte der Preispolitik (kurz- und langfristige Preisuntergrenzen) werden im sechsten und siebten Kapitel betrachtet. Daher wurde in diesem Teil die Zielkostenrechnung aufgenommen, die sich in den letzten Jahren zunehmend als ein Verfahren entwickelt hat, das die langfristige orientierte Preispolitik unterstützt.

6. Kapitel: Deckungsbeitragsrechnung

„Alle Entscheidungen, die auf der Grundlage der vollen Kosten der Kostenstellen und -träger getroffen werden, sind daher mit größter Wahrscheinlichkeit falsch."
(Paul Riebel, 1959, S. 213)

„Das praktische Ergebnis … ist, dass der Kalkulator bis ans Ende der Kalkulation die konstanten Unkosten von den proportionalen zu trennen hat, dass … ein Übertrag der Konstanten auf die Waarenkonten nicht stattfinden darf, sondern umgekehrt die Waarenkonten ihren Bruttogewinn in besonderen Konten abführen, wo sie die hier zur Last liegenden konstanten Unkosten vorfinden." (Eugen Schmalenbach, 1963a, S. 383)

Früh wurden die Schwächen einer Vollkostenrechnung erkannt, die in einer schematischen Verteilung der Fixkosten auf die Kostenträger liegen. SCHMALENBACH hat in Deutschland maßgeblich auf eine Trennung in fixe und variable Kostenbestandteile gedrungen, die für ihn unabdingbar zur Selbstkostenrechnung gehörte.

Die Deckungsbeitragsrechnung gilt daher als Weiterentwicklung der traditionellen Kosten- und Erfolgsrechnung, sie ist eine Teilkostenrechnung, bei der nur ein Teil der Kosten, nämlich der variable, auf die Kostenträger verrechnet wird. Dadurch verändert sich der Verrechnungsweg der Kosten gegenüber der traditionellen Kosten- und Erfolgsrechnung.

Im Zentrum dieses Kapitels stehen die Entscheidungen, die mithilfe der Deckungsbeitragsrechnung unterstützt werden. Es wird gezeigt, wie optimale Entscheidungen mithilfe von Deckungsbeiträgen und variablen Kosten getroffen werden.

Lernziele

Nach Lektüre des Kapitels sollten Sie Folgendes können:
- Lernziel 1: Die traditionelle Vollkostenrechnung beurteilen, inwieweit sie wichtige Rechnungszwecke erfüllt. (158)
- Lernziel 2: Fixe und variable Kosten unterscheiden und Verfahren der Kostenauflösung anwenden. (159)
- Lernziel 3: Unterschiede zur traditionellen Kosten- und Erfolgsrechnung erläutern und Verfahren der Kostenauflösung beschreiben. (162)
- Lernziel 4: Eigenschaften von entscheidungsrelevanten Informationen beschreiben. (167)
- Lernziel 5: Entscheidungen über das Produktprogramm treffen (auch mit Engpässen). (172)
- Lernziel 6: Entscheidungen über Eigenfertigung und Fremdbezug treffen. (183)
- Lernziel 7: Preisuntergrenzen erklären und berechnen können. (186)
- Lernziel 8: Solldeckungsbeiträge und -budgets erklären und berechnen. (190)

6. Kapitel: Deckungsbeitragsrechnung

Kritik an der Vollkostenrechnung

Die Entwicklung von der Vollkostenrechnung zur Teilkosten- oder Deckungsbeitragsrechnung ist durch die Kritik an der Vollkostenrechnung zu erklären. **Deckungsbeitragsrechnungen** zeichnen sich dadurch aus, dass nicht die gesamten in einer Periode anfallenden Kosten den Kostenträger zugerechnet werden, sondern nur ein Teil, nämlich die variablen Kosten. Die Kritik an der Vollkostenrechnung setzt genau an diesem Punkt an: Da in der **Vollkostenrechnung** keine Trennung in fixe und variable Kosten vorgesehen ist, werden auch die fixen Kosten auf die Kostenträger verteilt. Diese Fixkostenproportionalisierung führt zu Problemen der Interpretation, die an einem Beispiel erläutert werden sollen.

> **Beispiel 8: Fixkostenproportionalisierung**
>
> Ein Unternehmen hat eine Kapazität von 1.000 Stück je Monat und volle Kosten von 100.000,– Euro. Es wird somit ein Preis von 100,– Euro je Stück ermittelt.
> Im folgenden Monat werden jedoch nur 800 Stück abgesetzt, das Unternehmen berechnet daraufhin Kosten von 90.000,– Euro und einen Preis von 112,50 Euro je Stück.
> Der nächste Monat bereitet eine weitere Enttäuschung: Der Absatz geht auf 500 Stück zurück, die ermittelten Kosten betragen 75.000,– Euro und der neue Preis liegt bei 150,– Euro je Stück.
> Welchen Fehler begeht das Unternehmen?

Es nimmt eine volle Zurechnung aller Kosten auf einzelne Stücke vor, damit muss eine sinkende Menge einen konstanten Betrag, nämlich die Fixkosten, tragen. Wie sieht nun die Kostenfunktion in der Deckungsbeitragsrechnung aus? Man nimmt einen linearen Verlauf der Kosten an, die Funktion besteht aus einem Fixkostenblock (K_F) und den variablen Stückkosten (k_v) multipliziert mit der Produktmenge.

$$K = K_F + k_v \cdot x \tag{9}$$

Im Beispiel 8 betragen die Fixkosten 50.000 Euro und die variablen Stückkosten 50 Euro je Stück, so ergeben sich für die einzelnen Situationen die folgenden kostenorientierten Preise:

$$50.000 + 50 \cdot 1.000 = 100.000 \Rightarrow \frac{100.000}{1.000} = 100 \left[\frac{\text{Euro}}{\text{Stück}}\right]$$

$$50.000 + 50 \cdot 800 = 90.000 \Rightarrow \frac{90.000}{800} = 112,50 \left[\frac{\text{Euro}}{\text{Stück}}\right]$$

$$50.000 + 50 \cdot 500 = 75.000 \Rightarrow \frac{75.000}{500} = 150 \left[\frac{\text{Euro}}{\text{Stück}}\right]$$

Die von 1.000 auf 500 sinkende Menge muss die Fixkosten tragen, was dementsprechend einen steigenden Preis zur Folge hat. Eine Preispolitik, die sich an den vollen Kosten orientiert, führt bei schwankenden Mengen zu schwankenden Preisen. Sie tendiert zu prozyklischem Verhalten, da auf sinkende Nachfrage und damit niedrigerer Kapazitätsauslastung mit erhöhten Preisen reagiert wird: Das Unternehmen kalkuliert sich aus dem Markt. Eine flexible Preispolitik wird durch die Vollkostenrechnung nicht unterstützt, da man nicht erkennen kann, welcher Teil der Kosten mit der Menge schwankt. Am Ende dieses Kapitels wird noch eingehend auf die unterschiedlichen Möglichkeiten der Preispolitik mithilfe der Deckungsbeitragsrechnung eingegangen.

> **Lernziel 1:** Die traditionelle Vollkostenrechnung beurteilen, inwieweit sie wichtige Rechnungszwecke erfüllt.

Das am Beispiel der Preispolitik aufgezeigte Problem der proportionalisierten Fixkosten ist der wichtigste Kritikpunkt an den Systemen der Vollkostenrechnung, da eine Verteilung von Fixkosten als ein Verstoß gegen das Verursachungsprinzip gilt. Die Argumentation dieser Kritik ist denkbar einfach: Da bei einer Variation der Menge die Fixkosten gleich bleiben, kann das einzelne Stück nicht die Ursache für die Existenz der Fixkosten sein. Eine Zurechnung von Fixkosten auf einzelne Stücke ist daher auf der Grundlage des Verursachungsprinzips nicht möglich, eine indirekte Beziehung zwischen den Fixkosten und den einzelnen Stücken reicht als Begründung nicht aus.

> Das Verursachungsprinzip ist eine von mehreren Möglichkeiten, die Zurechnung auf Kostenobjekte, z.B. Kostenträger, zu begründen. Wie im Kapitel zur traditionellen Kosten- und Erfolgsrechnung erläutert, werden als Grundlage der Zurechnung Bezugsgrößen eingesetzt. Für diese Größen müssen Beziehungen zu den Kostenträgern empirisch fundiert sein, ansonsten ist eine Zurechnung nur mit einfachen Prinzipien wie dem Durchschnittsprinzip möglich.

Die Verwendbarkeit von Vollkostenrechnungen wird in der Regel an den wichtigsten Rechnungszwecken der Kosten- und Erfolgsrechnung überprüft: die Planung und Kontrolle des Unternehmensprozesses.

- **Preispolitik**: Wie im Beispiel 8 (S. 157) aufgezeigt, besteht bei Preisforderungen auf Basis der vollen Selbstkosten die Gefahr, dass eine prozyklische und damit fehlerhafte Preispolitik betrieben wird. Preise bilden sich auf dem Markt durch Angebot und Nachfrage. Mit überhöhten Preisen an den Markt zu gehen, weil aufgrund von Nachfrageschwächen und geringer Kapazitätsauslastung die einzelnen Stücke einen höheren Fixkostenanteil zu tragen haben, kann dazu führen, dass das Unternehmen seine Produkte gar nicht absetzen kann (vgl. zur Kritik an der Vollkostenrechnung Reichmann, 1973, S. 26 f.).
- **Kurzfristige Entscheidungen**: Bei kurzfristigen Entscheidungen oder genauer: Entscheidungen unter der Annahme von gegebenen Ressourcen wird davon ausgegangen, dass ein Teil der Kosten konstant bleibt. Diese Fixkosten sind aber Teil der vollen Selbstkosten, ohne dass dies erkannt wird. Bei einer kurzfristigen Entscheidung sollten nur die Kosten eine Rolle spielen, die sich aufgrund dieser Entscheidung tatsächlich verändern, dies trifft auf die vollen Selbstkosten nicht zu.

6. Kapitel: Deckungsbeitragsrechnung

- **Kontrolle**: Wird in einer Kostenstelle ein Soll-Ist-Vergleich durchgeführt, dann stören die Fixkostenanteile in den vollen Kosten, da nicht zu erkennen ist, worauf eine Kostenveränderung in der Periode zurückzuführen ist. Es kann sich z. B. um eine Beschäftigungsänderung handeln, die vom Kostenstellenleiter nicht zu beeinflussen ist. Aus Sicht der Kontrolle ist daher eine Anforderung an eine Kosten- und Erfolgsrechnung, dass sie zwischen beschäftigungsvariablen und beschäftigungsfixen Kosten trennt.

Aus diesen kritischen Anmerkungen zur Vollkostenrechnung können Sie ersehen, dass es eine Reihe von Gründen gibt, eine Teilkostenrechnung zu entwickeln.

Variable und fixe Kosten

In den Systemen der Teilkostenrechnung werden die Kosten in zwei Bestandteile getrennt:

1. in die **variablen Kosten** und
2. in die **fixen Kosten**.

Die Trennung zwischen variablen und fixen Kosten beruht darauf, ob sich die Kosten bei einer Variation der Beschäftigung verändern. Bleiben Sie bei einer Beschäftigungsänderung konstant, dann sind es fixe Kosten. Schwanken sie mit der Beschäftigung, so handelt es sich um variable Kosten.

> Die Bezeichnung fix und variabel ist eine abkürzende Rede- und Schreibweise. Präziser müsste es beschäftigungsfix und beschäftigungsvariabel lauten, denn es wird das Verhalten zu einer Kosteneinflussgröße, der Beschäftigung, beschrieben (vgl. Rummel, 1939, S. 5 f.).

Lernziel 2:	Fixe und variable Kosten unterscheiden und Verfahren der Kostenauflösung anwenden.

In Darstellung 26 zeigt ein typischer Kostenverlauf in einer Kostenstelle, dass zu einem Block an Fixkosten je nach Beschäftigungshöhe variable Kosten addiert werden. Im Beispiel ist als Kostenverlauf eine lineare Funktion angenommen, d.h., bei einer Erhöhung oder Senkung der Bezugsgröße um eine Einheit, erhöhen sich oder sinken die Kosten um einen gleichen Betrag. Im Beispiel 8 (S. 157) sind das die variablen Stückkosten in Höhe von k_v gleich 50 Euro, da dort die Bezugsgröße in Stück gemessen wurde. Die Steigung dieser Geraden entspricht genau den variablen Stückkosten (k_v):

$$K = K_F + k_v x$$

Die Grenzfunktion dieser Geraden wird ermittelt, indem die 1. Ableitung gebildet wird. Der Wert der Grenzkostenfunktion zeigt an, um welchen Betrag die Kosten fallen oder steigen (**Grenzkosten**), wenn die Bezugsgröße (im Beispiel Stück) um eine Einheit fällt oder steigt (mathematisch exakt muss es eine infinitesimal kleine Veränderung sein).

Kostensysteme, die auf Basis von variablen Kosten rechnen, werden daher auch Grenzkostenrechnungen genannt (einer der ersten Vertreter von Kosten- und Erfolgsrechnung auf Basis von variablen Kosten war neben E. Schmalenbach K. Rummel). Voraussetzung ist allerdings, dass die Kostenfunktion wirklich linear (proportional) oder angenähert linear ist. Wie steht es um diese Annahme?

1. **Linearitätsannahme**: In der Kostenrechnung wird allgemein davon ausgegangen, dass die Kostenfunktionen linear sind. Dies ist zwar eine vereinfachende Annahme, allerdings zeigen Untersuchungen, dass die Fälle nichtlinearer Funktionen nicht so bedeutend sind (vgl. die ausführliche Analyse zu den Sollkostenfunktionen in Kilger et al., 2012, S. 129 ff.).

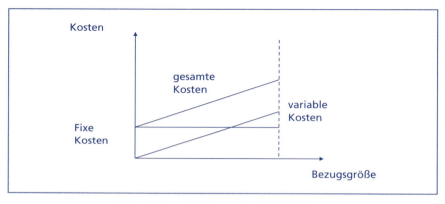

Darstellung 26: Fixe und variable Kosten

Warum ist es für die praktische Arbeit mit den Kosteninformationen wichtig, dass es sich um konstante Stückkosten handelt?

> **Beispiel 9:** Kalkulation und konstante Stückkosten
>
> Marie Besancon, Produktmanagerin im Kosmetikunternehmen ALERO, will für zwei Artikel aus ihrem Produktprogramm die Kosten für die Fertigung wissen. Sie ruft ihren Kollegen aus dem Controlling an: „Hallo Gilbert, wie hoch sind eigentlich die Fertigungskosten für die beiden Sprays ‚Betonfest' und ‚Betonfestplus'."
> Darauf kommt die verstörende Antwort: „Das kommt darauf an, in welchem Beschäftigungsintervall wir uns befinden."
> Warum kann der Controller nicht präzise antworten?

Bei einer nichtlinearen Kostenfunktion gibt es über die gesamte Beschäftigung keine konstanten Stückkosten, es hängt von der Art der Funktion ab, ob es lineare Intervalle gibt. Wenn im Unternehmen Mehrarbeit durch Überstunden abgefangen wird, dann führen die Überstundenzuschläge zu höheren Kosten je Beschäftigungseinheit. Das Unternehmen müsste daher mit zwei Kalkulationen arbeiten, bei weiteren Kostensprüngen müsste die Anzahl

6. Kapitel: Deckungsbeitragsrechnung

der Kalkulationen weiter erhöht werden. In Unternehmen wird in der Regel mit einer Standardkalkulation gearbeitet, nur bei besonderen Aufträgen wird eine Sonderkalkulation durchgeführt.

Die **zweite Annahme**, die für die Praxis der Kostenrechnung wichtig ist, bezieht sich auf die

2. **Anzahl der Einflussgrößen**: Es wird meist davon ausgegangen, dass auf die Höhe der variablen Kosten nur eine Einflussgröße wirkt, z. B. die Beschäftigung.

Es wird untersucht, wie sich die Kosten verändern, wenn die Beschäftigung variiert. Gleichzeitig wirken allerdings noch weitere Einflussgrößen, wie der Preis oder bestimmte Prozessbedingungen im Unternehmen

> Ökonomen arbeiten in diesen Fällen mit der so genannten **Ceteris-Paribus-Annahme**, mit der vorausgesetzt wird, dass sich nur die untersuchte Einflussgröße ändert, alle anderen Einflussgrößen jedoch konstant bleiben. Es ist so möglich, abzuschätzen, wie sich Veränderungen der Einflussgröße wie z. B. der Beschäftigung auf die Zielgröße Kosten auswirkt.

Welche Einflussgröße wirkt auf die fixen Kosten? **Fixe Kosten** beruhen auf Entscheidungen über Potenzialfaktoren (Ressourcen) im Unternehmen, wie z. B. den Mietkosten für Verwaltungsräume oder den Zeitabschreibungen für eine Maschine. Sie beruhen auf den Erwartungen der Unternehmen, wie sich die Nachfrage nach den Produkten des Unternehmens in der Zukunft entwickelt, und es wird darauf abgestimmt, eine Kapazität für die Zukunft bereitgestellt. Da die Entscheidungen über die Potenzialfaktoren sich in einem Zeitraum auswirken (Planungsperiode), wird als Bezugsgröße für fixe Kosten die Zeit gewählt (vgl. Haberstock, 2008, S. 54).

Unterschiede zur traditionellen Kostenrechnung

Wenn Sie sich an die Darstellung zu den Systemen der Kosten- und Erfolgsrechnung erinnern, dann stehen den Vollkostensystemen die Teilkostensyste-

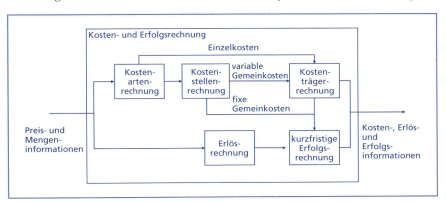

Darstellung 27: Aufbau der Deckungsbeitragsrechnung

me gegenüber. Beide unterscheiden sich durch die Zurechnung der Kosten auf die Kostenträger, wobei in Teilkostensystemen nur die variablen Kosten auf Kostenträger zugerechnet werden. In diesem System wird darauf verzichtet, sämtliche Kosten einer Periode auf die Stücke zu verteilen.

In Darstellung 27 können Sie erkennen, dass nur die Einzelkosten und die variablen Gemeinkosten in die Kostenträgerrechnung (Kalkulation) aufgenommen werden, die fixen Gemeinkosten werden direkt in die kurzfristige Erfolgsrechnung aufgenommen.

> **Lernziel 3:** Unterschiede zur traditionellen Kosten- und Erfolgsrechnung erläutern und Verfahren der Kostenauflösung beschreiben.

1. Kostenauflösung in der Kostenarten- und Kostenstellenrechnung

In der Kostenarten- und Kostenstellenrechnung sind die variablen und fixen Kosten zu trennen, dadurch ändert sich der Ablauf der Kostenrechnung allerdings nicht. Einige Kostenarten lassen sich bereits in der Kostenartenrechnung als eindeutig fix oder variabel identifizieren, bei anderen ist es hingegen notwendig, eine Kostenauflösung vorzunehmen.

> Mit Hilfe der **Kostenauflösung** werden die Kosten in ihre fixen und variablen Bestandteile gespalten, d. h., sie werden auf ihr Verhalten bei Schwankungen der Beschäftigung untersucht.

Am einfachsten lassen sich die unterschiedlichen Möglichkeiten an einem Beispiel erläutern.

Fallbeispiel 5: Kostenauflösung

In einer Kostenstelle der Fertigung wurden in den vergangenen Monaten Betriebsstoffkosten und Maschinenstunden in folgender Höhe gemessen:

	Betriebsstoffkosten (Euro)	Maschinenstunden
Januar	6.000,–	2.000
Februar	4.400,–	1.200
März	5.000,–	1.450
April	4.600,–	1.400
Mai	6.600,–	2.100
Juni	4.000,–	1.000
Juli	5.300,–	1.800

Für diese Werte soll eine lineare Kostenfunktion aufgestellt werden, wobei davon ausgegangen wird, dass sich die Prozesse in der Fertigungsstelle nicht verändern.

6. Kapitel: Deckungsbeitragsrechnung

Der letzte Halbsatz stellt eine wichtige Voraussetzung dar, vergangene Werte zu verwenden. Sie müssen sicher sein, dass die Prozesse im Zeitraum von Januar bis Juli auch für die Zukunft gültig bleiben.

Ein einfaches Vorgehen besteht darin, sich zwei Punkte aus der Tabelle herauszugreifen, um die Steigung zu berechnen, wobei es sinnvoll ist, möglichst weit auseinander liegende Punktepaare zu wählen (bereits SCHMALENBACH hat 1919 diese Kostenauflösung vorgeschlagen – Hochpunkt-Tiefpunkt-Methode –, vgl. Schmalenbach, 1919b, S. 294 ff.):

$$\frac{6.600 - 4.000}{2.100 - 1.000} = \frac{2.600}{1.100} = 2,36 \left[\frac{\text{Euro}}{\text{MStd}}\right]$$

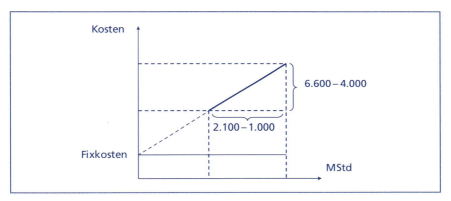

Darstellung 28: Kostenauflösung

Da die Steigung bei einer linearen Funktion den variablen Kosten je Einheit entspricht, lassen sich die variablen Kosten ermitteln:

$2,36 \cdot 1.000 = 2.360$ [Euro]

Als letzter Schritt verbleibt, die fixen Kosten zu berechnen:

$4.000 - 2.360 = 1.640$ [Euro]

Als Kostenfunktion ergibt sich:

$K = 1.640 + 2,36 \cdot B$ [Euro]

B   Bezugsgröße, hier Maschinenstunden

Es sei noch einmal betont, dass für diese Rechnung ein linearer Kostenverlauf vorliegen muss (vgl. Kosiol, 1928, S. 348, 352; Stackelberg, 1932, S. 117 ff.). Allerdings fällt auf, dass obwohl sieben Wertepaare vorhanden sind, nur zwei verwendet werden. Wenn Sie alle Informationen nützen wollen, bietet es sich an, eine **Regressionsanalyse** durchzuführen.

Auch bei der Regressionsanalyse gilt die Linearitätsprämisse, d. h., die abhängige Variable (Kosten) und die unabhängige Variable (Bezugsgröße, z. B. Maschinenstunden) verändern sich in proportionalen Verhältnissen.

Für unser Beispiel bedient man sich der einfachen Regression, wobei aus dem empirischen Material – die sieben Wertepaare – eine Regressionsgerade gebildet wird. Das Verfahren arbeitet mit dem Abstand jedes einzelnen Punktes zu der gesuchten Gerade, es sucht die Gerade, bei der die quadrierten Abstände zwischen den Punkten und der Geraden möglichst klein sind (Methode der kleinsten Quadrate). Da die Abweichungen von der Geraden positiv und negativ sind, je nachdem ob die Punkte über oder unter der Geraden liegen, müssen sie quadriert werden (vgl. zur einfachen Regressionsanalyse Backhaus et al., 2016, S. 64 ff.; zur Anwendung in der Kostenrechnung Horngren et al., 2015, S. 383 ff.). Die sich aus der Regression ergebende Kostenfunktion lautet:

$K = 1.747{,}84 + 2{,}16 \cdot B$ [Euro]

Sie zeigt kleine Unterschiede zur Hochpunkt-Tiefpunkt-Methode, wie an der Punktwolke erkennbar, zeigt die „Realität" im Beispiel lineare Eigenschaften, sodass beide Methoden zu brauchbaren Ergebnissen führen.

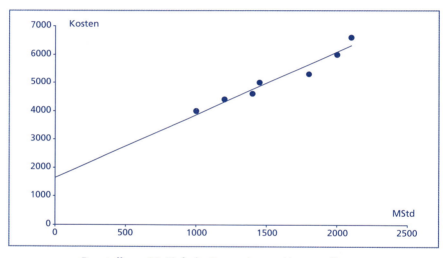

Darstellung 29: Einfache Regression zur Kostenauflösung

Es werden zwar die Kostenarten aufgelöst, allerdings kann dies häufig nur in der Kostenstellenrechnung ausgeführt werden, da in der Regel Entscheidungen einen Einfluss haben, wie hoch die fixen und die variablen Anteile der Kosten sind. Damit sind die wichtigsten Unterschiede zur traditionellen Kosten- und Erfolgsrechnung beschrieben. Es verbleibt darauf hinzuweisen, wie sich dies in der Kostenstellen- und Kostenträgerrechnung und der abschließenden kurzfristigen Erfolgsrechnung auswirkt.

6. Kapitel: Deckungsbeitragsrechnung

2. Kostenstellenrechnung in einer Deckungsbeitragsrechnung

In der Kostenstellenrechnung werden ausschließlich die variablen Gemeinkosten auf die Kostenstellen verteilt, die fixen Kosten werden hingegen direkt in die kurzfristige Erfolgsrechnung aufgenommen. Trotzdem ist es üblich, für jede Kostenart ihren fixen Anteil im Kostenstellenbogen auszuweisen.

Bei der innerbetrieblichen Leistungsverrechnung können Sie die Ihnen bekannten Verfahren (s. Kapitel traditionelle Kosten- und Erfolgsrechnung) anwenden. Der einzige Unterschied besteht darin, dass die Verfahren nur mit den variablen Gemeinkosten gerechnet werden.

3. Die Kalkulation auf der Basis von variablen Kosten

Sie können jedes Verfahren der Kalkulation anwenden, so z.B. eine Zuschlagsrechnung. Es werden allerdings nur die variablen Kosten (Einzel- und Gemeinkosten) auf die Kostenträger zugerechnet. Als Ergebnis erhalten Sie die variablen Selbstkosten, es werden keine Fixkosten auf Kostenträger verrechnet, und daher gibt es auch nicht das Problem der Fixkostenproportionalisierung.

Entscheidungsrelevante Informationen

Eine wichtige Aufgabe des Managements ist es, Entscheidungen zu treffen. Wenn Sie als Manager bestimmen müssen, welche Produkte im nächsten Monat gefertigt werden sollen, dann werden Sie Informationen benötigen, z.B. welche Kosten mit der Produktion einer Produktart verbunden sind. Die allgemeine Struktur solcher Entscheidungen ist relativ ähnlich, daher lässt sich jede Entscheidung in einem Entscheidungsmodell wiedergeben. Ein entsprechendes Schema wie in Darstellung 30 dient als Hilfe, ob an alle wesentlichen Bestandteile gedacht wurde (vgl. zum Grundmodell der Entscheidungstheorie Schildbach, 2005; Bitz, 1981; Eisenführ et al., 2010; Bamberg et al., 2008).

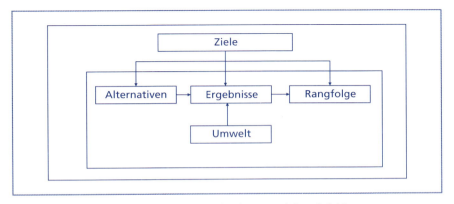

Darstellung 30: Entscheidungsmodell und -feld

Ein Manager muss sich zuerst über seine **Ziele** klar werden. Für operative Entscheidungen mit der Kosten- und Erfolgsrechnung wird der Betriebserfolg mit seinen Komponenten Kosten und Erlöse als das Ziel betrachtet, das es zu optimieren gilt.

Als zweiter Schritt sind die verschiedenen **Alternativen** aufzulisten, um zu erkennen, welche Möglichkeiten zu handeln bestehen. In manchen Fällen ist dies sehr einfach, z. B., wenn ein Kunde einen Auftrag bearbeitet haben möchte, dann muss nur über diesen Auftrag bestimmt werden. Häufig ist aber die Zahl der Möglichkeiten so groß, dass nicht alle aufgelistet werden können. Wie in diesem Fall zu verfahren ist, zeige ich im Abschnitt Bestimmung von Absatz- und Produktionsprogrammen.

Für eine Entscheidung ist es notwendig, die erwarteten **Ergebnisse** festzuhalten. Um sie abzuschätzen, muss analysiert werden, wie sich die Erlöse und Kosten ändern, wenn die untersuchte Alternative durchgeführt wird. In der Kosten- und Erfolgsrechnung wird von sicheren Ergebnissen ausgegangen, d. h., es gibt in der Rechnung nur einen **Umweltzustand**: Sicherheit. Prinzipiell lässt sich auch in einer Kosten- und Erfolgsrechnung berücksichtigen, dass zukünftige Ergebnisse unsicher sind, allerdings ist der damit verbundene zeitliche Aufwand recht hoch.

Forschungsreport 6: Fixkosten und Unsicherheit

Bei der Beschreibung des Entscheidungsmodells der Kostenrechnung wurde die Annahme getroffen, dass Entscheidungen unter Sicherheit getroffen werden. Im Jahre 1984 zeigt Dieter Schneider mit einem Zahlenbeispiel, dass in einer Risikosituation fixe Kosten relevant sind. Es wurde die Annahme der Sicherheit aufgehoben und die zukünftigen Erlöse unter Risiko betrachtet. Mussten deswegen alle Lehrbücher zur Kostenrechnung umgeschrieben werden?

Die Reaktionen auf das Zahlenbeispiel waren äußerst vielfältig und lassen sich in mehrere Gruppen teilen.

1. Eine große Gruppe innerhalb der Gemeinde der Kostenrechner ignorierte die Diskussion um die Relevanz von Fixkosten.
2. Es setzte eine Diskussion um die einzelnen Bestandteile des Beispiels ein. Als wichtig wurde die Frage der Präferenzfunktion erörtert.

   In der Präferenzfunktion wird festgelegt, wie sich der Manager zum Risiko verhält. Im Wesentlichen werden die drei Typen risikoneutral, risikoscheu und risikofreudig unterschieden. Es zeigt sich, dass nur bei bestimmten Formen der Risikoscheu die Relevanz von Fixkosten auftritt. Eine empirische Bestimmung von Präferenzfunktionen gilt als äußerst schwierig und daher kann auch über die Bedeutung von solchen Präferenzfunktionen kaum etwas gesagt werden.
3. Alle Überlegungen zur Fixkostenrelevanz bei Risiko blenden jedoch den Kapitalmarkt völlig aus, obwohl dies der Markt ist, auf dem riskante Titel gehandelt werden und daher Risiko abgefedert werden kann. Ewert ging in einem Beitrag der Frage nach, wie die Fixkostenrelevanz zu beurteilen ist, wenn die Marktwertmaximierung eines börsennotierten Unternehmens betrachtet wird. In diesem Fall spielen die Fixkosten keine Rolle bei der Entscheidung.

   Die Begründung für dieses Ergebnis ist sehr ähnlich zur Begründung der Marktwertmaximierung als allgemeines Unternehmensziel. Eine Entscheidung über das

6. Kapitel: Deckungsbeitragsrechnung

> Produktionsprogramm lässt sich von anderen Entscheidungen im Unternehmen mithilfe von Märkten trennen, daher muss mit der Programmentscheidung nicht auch das Risiko behandelt werden. Dies kann durch die Möglichkeit, über den Kapitalmarkt Risiken zu diversifizieren, erfolgen. Ein ähnliches Ergebnis ergibt sich für nicht-börsennotierte Unternehmen, wenn die Möglichkeiten gegeben sind, über den Kapitalmarkt zu diversifizieren.
>
> Als Ergebnis lässt sich festhalten: Wer die Marktwertmaximierung als Ziel für Unternehmen verwendet, akzeptiert Annahmen, mit denen gezeigt werden kann, dass Fixkosten auch unter Unsicherheit irrelevant sind.
>
> (Vgl. den Überblick in Ewert, 2002; weitere Quellen: Dillon & Nash, 1978; Dyckhoff, 1991; Ewert, 1996; Kett & Brink, 1985; Maltry, 1990; Monissen & Huber, 1992; Nitzsch, 1992; Scheffen, 1993; Schneider, 1984; 1992; Siegel, 1985; 1991; 1992)

Eine pauschale Berücksichtigung des Risikos haben Sie im Kapitel traditionelle Kosten- und Erfolgsrechnung kennen gelernt, als die kalkulatorischen Wagnisse vorgestellt wurden. Sie sollen zukünftige Risiken normalisieren, um den Erfolg zu glätten.

Aus den Ergebnissen lässt sich im Falle der einfachen Zielsetzung problemlos die Rangfolge der Alternativen bilden:

- bei der Minimierung von Kosten beginnend mit den niedrigsten Kosten und
- Maximierung von Erfolgen beginnend mit den höchsten Erfolgen.

Sobald jedoch mehrere Ziele betrachtet werden, die in unterschiedlichen Dimensionen gemessen werden, müssen andere Verfahren gewählt werden, wie z. B. das Nutzwertverfahren.

> **Lernziel 4:** Eigenschaften von entscheidungsrelevanten Informationen beschreiben.

Wenn Sie den Absatz zu den Ergebnissen genau analysieren, erhalten Sie eine Antwort auf die Frage, wie sich allgemein entscheidungsrelevante Informationen beschreiben lassen. Sie müssen bei Ihrer Analyse versuchen, herauszufinden, ob und was sich ändert, wenn Sie eine bestimmte Alternative wählen. **Entscheidungsrelevante** Informationen sollen

1. **spezifisch** für eine Alternative sein und
2. **zukünftige Änderungen** betreffen (vgl. zu relevanten Kosten und Erlösen ausführlich Upchurch, 1998, S. 206 ff.; Horngren et al., 2015, S. 426 f.; Hummel, 1992, S. 79).

Warum sollen Informationen **spezifisch für eine Alternative** sein? In der Regel erleichtert dies die Arbeit, denn die Informationen müssen ja zusammengestellt werden. Treffen Sie eine Produktionsentscheidung, die Ihre Kapazitäten nicht verändert, dann sind bei jeder alternativen Produktionsmenge die Kosten der Kapazität gleich, z. B. die linearen Abschreibungen für eine Maschine. Sie können diese Kosten natürlich für jede Alternative ansetzen, allerdings wird dies Ihr Ergebnis nicht verändern und dann können Sie sie auch gleich weglassen.

> **Beispiel 10: Versunkene Kosten**
>
> Der Baukonzern Männerholz steht vor dem Aus, die Insolvenzgerüchte reißen nicht ab. Die Eigenkapitalgeber lassen sich nochmals überzeugen, „frisches" Geld in das marode Unternehmen zu pumpen. M. Meier stellt nochmals 1 Mio. Euro zur Verfügung. Ein neuer Vorstand wird installiert.
>
> So zieht die Zeit ins Land …
>
> Nach zwei Jahren stellt sich heraus, dass es das Unternehmen nicht geschafft hat, aus der Talsohle zu kommen. Die Verluste nehmen wieder ein Ausmaß an, dass von einer Bestandsgefährdung geredet wird. Auch der neue Vorstand tritt an die Eigenkapitalgeber heran, denn neues frisches Geld wird gebraucht.
>
> M. Meier stellt sich allerdings die Frage, ob das sinnvoll ist, … dann fällt ihm die 1 Mio. Euro ein, die er vor Jahren investiert hat, und irgendwie wäre es um die doch schade.

Entscheidungen betreffen die Zukunft, daher ist es nicht verwunderlich, dass entscheidungsrelevante Informationen ebenfalls die Zukunft betreffen sollen. Für Entscheidungen sind allerdings ausschließlich **zukünftige Änderungen** relevant. Bei einer Produktionsentscheidung interessieren daher die zusätzlich anfallenden Kosten, die aufgrund der Entscheidung zu erwarten sind. Sollten Sie mit dem dahinter steckenden Gedanken – dem Denken in Änderungen – noch nicht vertraut sein, dann werden die folgenden Abschnitte einiges Anschauungsmaterial für Sie liefern. Warum spielen Beträge, die nicht mehr geändert werden können, für Entscheidungen keine Rolle?

M. Meier hat das typische Problem der versunkenen Kosten (sunk cost), er kann sich nicht von der Vorstellung trennen, dass diese in der Vergangenheit getätigte Zahlung relevant für seine Entscheidung sein müsste. Besonders schmerzhaft ist natürlich die Höhe von sunk cost, je höher sie wird, umso mehr drängen sie sich als entscheidungsrelevant auf. Aber die Botschaft, die wir für Herrn Meier haben, ist für ihn ernüchternd:

> Gleichgültig, wie hoch der Betrag war, den er in der Vergangenheit getätigt hat, für eine zukünftige Entscheidung ist er nicht relevant.

Er muss die zukünftigen Gewinne des Unternehmens abschätzen, die mit seiner Investition verbunden sind. Wenn sich dabei herausstellt, dass er bessere Alternativen der Geldanlage hat, dann sollte er sie wählen, denn seine vergangenen Eigenkapitalzahlungen sind bereits „versunken", er sollte gutes Geld nicht schlechtem hinterherwerfen.

> **Forschungsreport 7: Theaterkarten und versunkene Kosten**
>
> Am Anfang einer Spielsaison eines Theaters wurden die Abonnenten in drei Gruppen geteilt. Eine erste Gruppe musste die volle Summe zahlen, eine zweite Gruppe erhielt einen Abschlag auf den Preis und eine dritte Gruppe zahlte den geringsten Preis.

6. Kapitel: Deckungsbeitragsrechnung

> Das erstaunliche Ergebnis dieses Experiments war, dass die erste Gruppe am häufigsten die Vorstellungen besuchte, die zweite Gruppe weniger und die dritte Gruppe noch weniger.
>
> Für alle Gruppen ist die Ausgangslage für eine Entscheidung – besuche ich die Vorstellung oder nicht – die gleiche, die Zahlung am Anfang der Saison ist versunken.
>
> Offensichtlich setzen die Karteninhaber den Nichtbesuch einer Vorstellung mit einem Verlust des Betrages gleich, und je höher der Betrag, der in der Vergangenheit bezahlt wurde, ist, desto eher gehen die Karteninhaber in die Vorstellung.
>
> In vielen Experimenten lässt sich dieser Sunk-Cost-Effekt nachweisen, ARKES und BLUMER vermuten, dass Menschen vermeiden zuzugeben, dass eine Investition in der Vergangenheit fehlgeschlagen ist. Und dadurch dass sie auch in der Zukunft bereit sind, zu investieren, zeigen sie, dass ihre vergangene Entscheidung richtig war.
>
> Übrigens: Es wurde auch festgestellt, dass der Besuch eines ökonomischen Kurses vor dem Experiment keine Auswirkung auf die Ergebnisse des Experiments hatte.
>
> (Quelle: Arkes & Blumer, 1985)

Versunkene Kosten (sunk cost) sind in der Vergangenheit getätigte Kosten, an denen in der Zukunft nichts geändert werden kann und die endgültig verloren sind. Wenn Sie eine Maschine für 500.000 Euro gekauft haben, die keinen Wiederverkaufswert hat, dann belaufen sich Ihre versunkenen Kosten auf genau diese Summe.

- Ob **fixe Kosten** versunken sind, hängt von der Situation ab. Wenn Sie die Maschine über 10 Jahre linear abschreiben, dann bleiben die 500.000 Euro trotzdem versunken. Wenn Sie die Maschine gemietet haben und eine Kündigungsmöglichkeit besteht, dann ist nur der Teil der fixen Kosten, der nicht mehr rückgängig gemacht werden kann, versunken.
- Versunkene Kosten spielen als Markteintrittsbarriere für neue Marktteilnehmer eine große Rolle, da sie für die etablierten Unternehmen nicht entscheidungsrelevant sind, für die neuen Unternehmen allerdings den Markteintritt erschweren.

Wie kommt es eigentlich, dass viele Menschen Probleme mit versunkenen Kosten haben? Psychologen erklären dies damit, dass sie versuchen, Verluste zu vermeiden. Ihr Verhalten beruht auf einer Strategie, Verluste – auch wenn es sich um vergangene Zahlungen handelt – in vermeintliche Gewinne zu verwandeln.

Relevant für Entscheidungen sind die zukünftigen Beträge, die durch die Entscheidungen verändert werden, dies soll in den folgenden Abschnitten an wichtigen Entscheidungsproblemen der Kosten- und Erfolgsrechnung illustriert werden.

Einzelentscheidung über einen Zusatzauftrag

Ein Hersteller von Büromöbeln wird von einem Kunden gefragt, ob er ihm 20 Schreibtische des Modells „Elegant" zum Preis von 900 Euro je Stück im nächsten Monat liefern kann. Die Produktions- und Absatzplanung für den folgenden Monat ist bereits abgeschlossen, daher wird eine solche Anfrage als **Zusatzauftrag** bezeichnet. Über diesen Zusatzauftrag soll eine Einzelentscheidung getroffen werden.

Eine **Einzelentscheidung** bezieht sich auf die Alternative „Zusatzauftrag realisieren". Da Entscheiden Wählen bedeutet, muss es mindestens eine zweite Alternative geben, denn sonst gibt es ja nicht zu entscheiden. Im Beispiel bietet sich die Unterlassensalternative an, d. h., der Zusatzauftrag wird nicht realisiert und damit wird das ursprünglich geplante Programm für den nächsten Monat realisiert.

Die Differenz zwischen Erlösen und variablen Kosten ist der **Deckungsbeitrag** (der Begriff „Deckungsbeitrag" wurde maßgeblich durch Paul Riebel geprägt, der ihn in einem Aufsatz 1959 einführte, vgl. Riebel, 1959, S. 225; ebenso Agthe, 1959, S. 406). Die wichtigste Information, mit der der Ergebnisbeitrag einer einzelnen Alternative gemessen wird, ist der **absolute Deckungsbeitrag** eines Produkts, er stellt den Bruttogewinn dar.

$$d_j = e_j - k_{vj} \tag{10}$$

d_j Stückdeckungsbeitrag der Produktart j
e_j Stückerlös der Produktart j
k_{vj} variable Stückkosten der Produktart j

Er lässt sich nutzen, um anhand der Deckungsbeiträge eine **Rangfolge** aufzustellen, mit der entschieden werden kann, welche Produktarten in welchen Mengen zu fertigen sind. Produkte, die den höchsten Deckungsbeitrag erreichen, werden bevorzugt gefertigt, und es folgen dann in der Reihenfolge der Höhe ihrer Deckungsbeiträge die anderen Produkte. Was ist mit Produkten, deren Deckungsbeitrag Null oder sogar negativ ist? Produkte mit negativen Deckungsbeiträgen werden nicht gefertigt, da sie den Betriebserfolg vermindern, Produkte mit Deckungsbeiträgen von null können gefertigt werden, da sie den Betriebserfolg nicht verändern.

Im Eingangsbeispiel hat der Kunde ein Angebot für den Preis abgegeben und damit stehen die relevanten Erlöse fest, es müssen noch die **relevanten Kosten** bestimmt werden.

> **Relevante Kosten** sind die durch die betrachtete Alternative (in der Zukunft) zusätzlich ausgelösten Kosten.

Um die Entscheidung treffen zu können, müssen diese relevanten Kosten bestimmt werden. Angenommen sei, dass für die Produktion eines Produktes drei Kostenarten notwendig sind.

1. Bei den **Personalkosten** sind die zusätzlich ausgelösten Kosten in der Regel nur die Überstunden, weil in diesem Fall zusätzliche Kosten entstehen. Gleiches gilt für leistungsabhängige Vergütungsformen wie Akkordlohn. Werden Gehälter gezahlt, sind diese meist konstant, da sie nach der Zeit bezahlt werden.
2. Lineare Zeit-**Abschreibungen** für Maschinen sind über die Zeit konstant, daher verändern sie sich nicht. Ob wir den Auftrag annehmen oder nicht, die Abschreibungen bleiben konstant.
3. Das **Material** gehört zu den Einzelkosten, durch seinen Einsatz werden Kosten ausgelöst.

6. Kapitel: Deckungsbeitragsrechnung

Allerdings ist es beim Material fraglich, ob Kosten in der Zukunft zusätzlich entstehen, wenn es bereits auf dem Lager liegt. Wie bereits erläutert, könnte es sich dann um versunkene Kosten handeln, die grundsätzlich nicht zu berücksichtigen wären.

- Für die Beurteilung ist es zunächst wichtig, die Produktionsfaktoren in **zeitelastische** und **zeitunelastische** einzuteilen (vgl. Engels, 1962, S. 166 ff.; Heinen, 1983, S. 419, 441 ff.). Material ist zeitelastisch und lässt sich daher auch in der Folgeperiode einsetzen, Personal hingegen nicht, wenn die Zeit verstrichen ist, sind die Kosten angefallen.
- Auch bei der Bewertung des Materialeinsatzes kann das Opportunitätskosten-Prinzip angewendet werden. Allerdings liegt die verdrängte Alternative im Beispiel in der Zukunft:
  – Wenn das Material jetzt verbraucht wird, steht es einer zukünftigen Nutzung nicht mehr zur Verfügung. Eine zukünftige Produktion wird daher genau mit diesen Wiederbeschaffungskosten (Menge an Material multipliziert mit dem zukünftigen Wiederbeschaffungspreis oder Tagespreis) belastet, ihr Gewinn schmälert sich um diese Wiederbeschaffungskosten (vgl. Hax, 1967, S. 753; Heinen, 1965, S. 365). Opportunitätskosten sind im Beispiel die in der Zukunft verdrängten Gewinne.
- Daher werden entscheidungstheoretisch die Wiederbeschaffungskosten als die relevanten Kosten für Material, das auch in Zukunft eingesetzt werden soll, angesehen (so auch schon Clark, 1923, S. 197 f.).

Die Kosten- und Erfolgsrechnung ist ein **Partialmodell**, das sich dadurch auszeichnet, dass es einen kurzfristigen Charakter hat und auf den Leistungsbereich (Sachziel) des Unternehmens beschränkt ist. Wenn nur ein Teil z. B. ein Jahr der Zukunft im Modell Kosten- und Erfolgsrechnung abgebildet wird, stellt sich die Frage, wie die Verbindungen zu den Folgejahren im Modell berücksichtigt werden sollen (allgemein zur Bewertung im Partialmodell Bohr, 1985, S. 68 f.). Der Ansatz von Wiederbeschaffungskosten für das Material im Beispiel zeigt eine Möglichkeit auf: Es werden Opportunitätskosten gebildet. Um dies tun zu können, benötigen Sie Vorstellungen darüber, was Sie in Zukunft vorhaben.

> Im Beispiel wird die Bewertung mit Opportunitätskosten vorgenommen, der Zusatzauftrag wird auf Basis einer anderen Alternative bewertet. Es ist wichtig zu erkennen, dass auf der Basis von Alternativen bewertet wird. Dem Material kommt nicht irgendein objektiver Wert zu, sondern es wird im Hinblick auf bestimmte Verwendungszwecke bewertet, im Beispiel eine zukünftige Verwendung zur Produktion.

Häufig ist nicht exakt zu klären, was außerhalb des Partialmodells zu berücksichtigen ist und mit welchen Größen dies anzusetzen ist, daher wird dann eine **Standardalternative** gewählt. Standardalternativen zeichnen sich dadurch aus, dass in ihnen pauschale Annahmen enthalten sind (vgl. Bitz, 1977, S. 73 ff.; zu Pauschalannahmen und Separationstheorem Bohr, 1988, S. 1176 ff.). Ein typisches Beispiel ist die Anlage zum Kalkulationszinsfuß bei der Kapitalwertmethode oder eben wie im Beispiel dieses Abschnitts die Annahme der zukünftigen Produktion, die zum Ansatz von Wiederbeschaffungskosten führt.

Bestimmung von Absatz- und Produktionsprogrammen

Die Informationen der Kostenrechnung sollen dazu genutzt werden, um mit ihnen Entscheidungen treffen zu können. Aus dem Grundmodell der Entscheidungstheorie ergibt sich, dass für jede Alternative die entsprechenden Kosten und Erlöse aufzuzeigen sind. Bei Einzelentscheidungen wie bei einem Zusatzauftrag ist dies auch durchaus möglich, bei Programmentscheidungen ist dies jedoch viel zu umfangreich.

> Stellen Sie sich einfach vor, dass Sie darüber entscheiden wollen, wie viele Produkte Sie in einem Monat fertigen. Sie können zwei Produkte auf einer Maschine fertigen, sie können, wenn Sie die Maschine voll auslasten, von jedem Produkt höchstens 500 Stück herstellen. Wenn Sie für dieses nur sehr kleine Problem alle Möglichkeiten aufstellen wollen, sind Sie eine Weile beschäftigt. Sie können folgende Kombinationen fertigen: 1 Stück von Produkt A und ein Stück von Produkt B oder vielleicht zwei Stück von Produkt A und drei Stück von Produkt B ... Alle Möglichkeiten aufzuzählen, ist schon bei einem Problem mit zwei Produkten nicht zu bewältigen. Im Folgenden wird gezeigt, wie dieses Problem eingegrenzt und gelöst werden kann.

Von Entscheidungen über ein Programm wird gesprochen, wenn die Zusammensetzung des Produktionsprogramms zu wählen ist, für das Folgende geht es um die Bestimmung eines optimalen Absatz- und Produktionsprogramms. Gesucht ist die optimale Kombination der zu produzierenden Mengen der verschiedenen Produkte eines Unternehmens. Wie findet man ein solches Optimum und welche Informationen werden dazu benötigt?

Lernziel 5: Entscheidungen über das Produktprogramm treffen (auch mit Engpässen).

Im vorigen Abschnitt ist der Deckungsbeitrag als Entscheidungskriterium eingeführt worden. Er dient dazu, eine Rangfolge zwischen den verschiedenen Alternativen herzustellen. Wenn ein Produkt den höchsten Deckungsbeitrag hat, entsteht allerdings ein Problem. Wie kann verhindert werden, dass als Ergebnis nur eine einzige Produktart, nämlich die mit dem höchsten Deckungsbeitrag, gefertigt wird?

Das Entscheidungsproblem bezieht sich auch auf die Absatzmengen, es werden als weitere Informationen Angaben über die Absatzmengen benötigt. Für ein Produktprogramm ist in der Regel davon auszugehen, dass die einzelnen Produktarten am Markt präsent sein müssen, sodass davon auszugehen ist, dass von jedem Produkt bestimmte **Mindestmengen** zu fertigen sind. Damit wird unterbunden, dass ausschließlich das deckungsbeitragsmaximale Produkt produziert wird.

> Solche Mindestmengen verhindern, dass Produkte mit Deckungsbeiträgen von null oder negativen Deckungsbeiträgen überhaupt nicht gefertigt werden. Denn es kann eine Reihe von Gründen geben, solche Produkte trotzdem am Markt anzubieten. So kann es sich um ein Produkt handeln, dass mit einer Penetrationsstrategie am Markt eingeführt wird, sodass die Erlöse die variablen Kosten noch nicht decken. Im Falle reifer am Markt etablierter Produkte können sortimentspolitische Gründe dafür sprechen, das Produkt weiterhin am Markt anzubieten.

6. Kapitel: Deckungsbeitragsrechnung

Damit ist die Anzahl der möglichen Lösungen bereits eingeschränkt, eine weitere Restriktion wird dadurch eingeführt, dass der Absatzmarkt nicht beliebig viele Produkte aufnimmt, die Absatzmenge ist nach oben beschränkt (**Absatzhöchstmengen**). Gesucht wird dann die Kombination an zu fertigenden Produktmengen, die zu einem maximalen Deckungsbeitrag führt. Bestehen keine weiteren Restriktionen, dann ist das Problem eigentlich keines, denn es werden einfach die höchsten Mengen gefertigt, die am Markt abgesetzt werden können. Als Mindestvoraussetzung gilt jedoch, dass jede Produktart einen positiven Deckungsbeitrag haben sollte, hat ein Produkt hingegen einen negativen Deckungsbeitrag, so werden gerade die Mindestmengen gefertigt. Die bisherige Entscheidungssituation bezeichnet man als Unterbeschäftigung: Wenn ein Unternehmen **unterbeschäftigt** ist, dann sind freie Kapazitäten vorhanden und es werden alle Produkte ins Programm genommen, die einen positiven Deckungsbeitrag haben (vgl. Kilger et al., 2012, S. 670). Wenn **eine Engpasssituation** vorliegt, konkurrieren alle Aufträge und Produkte um die knappen Ressourcen im Unternehmen.

> Dies muss nicht bedeuten, dass alle Kapazitäten im Betrieb ausgeschöpft sind. **Vollbeschäftigung** liegt auch schon dann vor, wenn nur in einem Teilbereich, der von den Produkten (Aufträgen) durchlaufen werden muss, eine volle Kapazitätsauslastung vorhanden ist. Dieser Teilbereich stellt dann für die Produkte (Aufträge) einen **Engpass** dar. Solche Engpässe können in allen betrieblichen Teilbereichen auftreten, z.B. in der Fertigung die Anzahl von Spezialmaschinen oder in der Materialwirtschaft ein benötigter Rohstoff.

Es sollen dann nur die Produkte berücksichtigt werden, die den **Engpass am besten nutzen**. Eine einfache Überlegung zeigt auf, wie das Kriterium Deckungsbeitrag verändert werden muss, um diesem Gedanken Rechnung zu tragen. Da der auftretende Engpass verhindert, dass alle Produkte, die abgesetzt werden könnten, produziert werden, müssen alle Produkte um diesen Engpass konkurrieren. Man benötigt ein Kriterium, mit dessen Hilfe angezeigt wird, wie gut ein Produkt den Engpass nutzt. Ein solches Kriterium ist der **relative Deckungsbeitrag**, der den Deckungsbeitrag auf die Engpasseinheit bezieht:

$$\hat{d}_{ij} = \frac{d_j}{a_{ij}} \tag{11}$$

$\hat{d}_{ij}$ relativer Deckungsbeitrag der Produktart j im Engpass i
d_j Stückdeckungsbeitrag der Produktart j
a_{ij} Belastung des Engpasses i durch die Produktart j

Der **relative Deckungsbeitrag** (spezifische Deckungsbeitrag) zeigt, wie hoch der Bruttogewinn je genutzter Engpasseinheit ist. Wenn die Maschinen einer Fertigungsstelle den Engpass darstellen, bietet es sich an, die **Engpasseinheit** in Maschinenstunden zu messen. Für jede Produktart muss dann festgestellt werden, wie hoch der Deckungsbeitrag des Produktes pro Maschinenstunde ist, um eine Rangfolge der zu produzierenden Produkte festzulegen. Je größer der Deckungsbeitrag je Engpasseinheit ist, umso förderungswürdiger ist die jeweilige Produktart. Produkte, die zwar einen hohen absoluten Deckungsbeitrag haben, jedoch die Engpasseinheit zeitlich lange belasten, werden aus diesen Gründen in der Rangfolge nach hinten fallen. Um Programmentscheidungen in einer Engpasssituation treffen zu können, sind weitere Informationen notwendig: Angaben über die Kapazität und wie die einzelnen Produkte diese Kapazität beanspruchen.

Fallbeispiel 6: Optimales Absatz- und Produktionsprogramm

Zur Vorgehensweise und schrittweisen Erweiterung dient das folgende Beispiel. Ein Unternehmen fertigt zwei Produktarten 1 und 2, die alle auf einer Maschine gefertigt werden müssen, für die zwei Produktarten sind die notwendigen Informationen in der Tabelle angegeben.

Produktart		1	2
Deckungsbeitrag	Euro/Stück	2	3
Höchstmenge	Stück/Monat	50	50
Beanspruchung der Kapazität	h/Stück	2	4
Gesamtkapazität der Maschine	h/Monat	200	

Welche Produkte sollen gefertigt werden? Eine einfache Rechnung zeigt, dass nicht alle Höchstmengen der Produkte gefertigt werden können.

Produktart		1	2	Gesamt
Beanspruchung · Menge	h/Monat	2 · 50 = 100	4 · 50 = 200	300 > 200

Für Produkt 2 spricht der höhere Deckungsbeitrag, dagegen spricht jedoch die Tatsache, dass es die Maschine zeitlich länger belastet. Für die Rangfolge der Produkte müssen somit die relativen Deckungsbeiträge berechnet werden, für das Beispiel werden die Engpasseinheiten in Stunden (h) gemessen.

Produktart		1	2
Deckungsbeitrag	Euro/Stück	2	3
Beanspruchung der Kapazität	h/Stück	2	4
Relativer Deckungsbeitrag	Euro/h	2 : 2 = 1	3 : 4 = 0,75
Rangfolge		1.	2.

6. Kapitel: Deckungsbeitragsrechnung

Der relative Deckungsbeitrag für das Produkt 1 ist höher, obwohl es den geringeren absoluten Deckungsbeitrag hat; dies deshalb, weil er den Engpass nur halb so stark belastet. Damit braucht man nur noch nach der Rangfolge die Produktionsmengen auf die Kapazität verteilen. Im vorliegenden Fall wird zuerst das Produkt 1 mit seiner Höchstmenge von 50 Stück in das Produktionsprogramm aufgenommen, danach wird mit der restlichen Kapazität das Produkt 2 gefertigt.

Produktart		1	2	Gesamt
Rangfolge		1.	2.	
Beanspruchung · Menge	h/Monat	2 · 50 = 100		100
Restkapazität	h/Monat			100
Beanspruchung · Menge	h/Monat		4 · 25	−100
Restkapazität	h/Monat			0
Optimales Produktionsprogramm	Stück/Monat	50	25	
Deckungsbeitrag	Euro/Monat	50 · 2 = 100	3 · 25 = 75	175

Wenn die bisherigen Überlegungen zutreffend sind, dann ist diese Mengenkombination das optimale Produktionsprogramm: Mithilfe des Entscheidungskriteriums relativer Deckungsbeitrag können Entscheidungssituationen mit nur einem Engpass gelöst werden.

Grafische Lösung der Programmplanung

Das vorliegende Problem lässt sich auch als ein Problem der linearen Programmierung formulieren, hier wurde zuerst der Weg über den relativen Deckungsbeitrag gewählt, weil dies klar zeigt, dass die Auswahl der optimalen Mengenkombination auf Basis der effizienten Nutzung des Engpasses erfolgen muss. Bei der Formulierung eines linearen Modells zeigt sich das nicht so offensichtlich. Um die Lösungstechnik zu zeigen, ist es von Vorteil sich die grafische Lösung anzuschauen, da damit klar erkennbar wird, auf welche Lösungen sich das danach darzustellende Simplex-Verfahren konzentriert (vgl. zur linearen Programmierung am Beispiel der Programmplanung Tietze, 2014, S. 575 ff.; Ewert & Wagenhofer, 2014, S. 97 ff.).

Das Beispiel hat nur zwei Entscheidungsvariable, aus diesem Grund ist es möglich, es graphisch zu lösen. Das entsprechende Koordinatensystem besteht aus den beiden Koordinatenachsen für x_1 und x_2, da nur positive Mengen zulässig sind, wird nur der 1. Quadrant betrachtet. Jeder Punkt in diesem 1. Quadranten stellt potenziell eine Lösung des Problems dar, da aber Restriktionen gelten, wird der Lösungsraum eingeschränkt. Wie sehen die Restriktionsgleichungen für das Beispiel aus? Die Ungleichungen werden zu Gleichungen gewandelt, und damit ergibt sich aus

$2x_1 + 4x_2 = 200$

folgende drei Geraden

$x_2 = 50 - 0,5x_1$ sowie

$x_1 = 50$ und $x_2 = 50$

Wählt man anstatt der Ungleichungen die Gleichungen bedeutet dies, dass die Obergrenzen in das Koordinatensystem eingetragen werden. Trägt man diese drei Geraden in das Koordinatensystem ein, ergibt sich Darstellung 31.

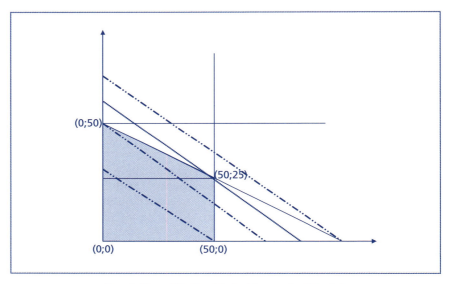

Darstellung 31: Graphische Lösung des Beispiels

Die drei Geraden begrenzen die Anzahl der möglichen Lösungen, die graue Fläche stellt den zulässigen Lösungsraum dar, die Geraden sind die Ränder dieses Lösungsraums. Alle Kombinationen der Produkte x_1 und x_2, die innerhalb des Lösungsraums liegen, stellen zulässige Lösungen dar, dies trifft insbesondere auf die im Schaubild herausgestellten Punkte (0;0), (50;0), (0;50), (50;25) zu. Es handelt sich um die so genannten Eckpunkte des Lösungsraums, dies sind die Schnittstellen der drei Geraden und der beiden Koordinatenachsen.

Gesucht wird nicht irgendeine zulässige, sondern die deckungsbeitragsmaximale Lösung. Zu diesem Zweck muss die Zielfunktion umgeformt werden, aus $D = 2x_1 + 3x_2$ erhält man

$x_2 = \dfrac{D}{3} - \dfrac{2}{3}x_1$

6. Kapitel: Deckungsbeitragsrechnung

An der Gleichung ist zu erkennen, dass eine Schar von parallelen Geraden vorliegt, die eine Steigung von –2/3 haben. Je größer der Deckungsbeitrag D gewählt wird, umso weiter entfernt man sich vom Ursprung. Im Schaubild sind als Beispiel einige Geraden der Zielfunktion gestrichelt eingezeichnet. Wie findet man die optimale Lösung? Da in der Grafik jede Zielfunktionsgerade, die weiter weg vom Ursprung ist, einen höheren Deckungsbeitrag erzielt, verschiebt man die Geraden parallel, solange bis sie gerade noch den Lösungsraum berührt, im vorliegenden Beispiel ist das der Eckpunkt (50;25). Bei einer weiteren Verschiebung vom Ursprung weg wird der Lösungsraum verlassen, ein höherer Deckungsbeitrag ist bei diesem Beispiel nicht möglich. Dass sich aus dieser Mengenkombination der optimale Deckungsbeitrag ergibt, ist durch die Lösung bereits bekannt (D = 175).

Simplexverfahren als Lösungsmethode

Diese grafische Lösung soll nun verwendet werden, um die Lösung mithilfe des Simplex-Verfahrens zu erläutern. An dem Vorgehen der grafischen Lösung ist die Grundidee zu erkennen, nicht alle mögliche Kombinationen zu überprüfen, sondern sich auf die Kombinationen zu konzentrieren, die die Eckpunkte des Lösungsraums darstellen. Nur dort ist die optimale Lösung zu erwarten, da in der Menge von Eckpunkten die Kombinationen enthalten sind, die eine hohe Auslastung der Kapazitäten gewährleisten.

Wie wird ein solches lineares Problem formuliert?

> Maximiere die Zielfunktion:
>
> $$D = \sum_{j=1}^{n} d_j \cdot x_j$$
>
> unter den Nebenbedingungen:
>
> $$\sum_{j=1}^{n} a_{ij} \cdot x_j \leq b_i \text{ (Kapazitätsrestriktionen) für } i = 1, \ldots, m$$
>
> $0 \leq x_j \leq \tilde{x}_j$ (Nichtnegativitätsbedingung, Höchstmengen)

x_j Entscheidungsvariablen, mit den Höchstmengen $\tilde{x}_j$ (j = 1, ..., n);
d_j Zielkoeffizienten der Entscheidungsvariablen;
a_{ij} Koeffizienten der Entscheidungsvariablen in den Restriktionen;
b_i stellen die zahlenmäßigen Grenzen der Restriktionen dar (i = 1, ..., m).

In der Zielfunktion sind die Zielbeiträge der Entscheidungsvariablen, d.h. die Deckungsbeiträge der Produktarten, mit den Entscheidungsvariablen verknüpft, diese x_j als Entscheidungsvariablen sind die gesuchten Mengen. Als Nebenbedingungen (Restriktionen) sind im Beispiel mehrere enthalten: die Kapazitätsrestriktion der Maschine, die Höchstmengenrestriktion und die so genannte Nichtnegativitätsbedingung. Für das Beispiel sieht das lineare Problem so aus:

Maximiere die folgende Zielfunktion

$D = 2x_1 + 3x_2$

unter den Nebenbedingungen

$2x_1 + 4x_2 \leq 200$ (Kapazitätsrestriktion)

$x_1 \leq 50, x_2 \leq 50$ (Höchstmengen)

$x_1, x_2 \geq 0$ (Nichtnegativität).

Die Formulierung als lineares Problem ist notwendig, da es Entscheidungssituationen gibt, bei denen der relative Deckungsbeitrag als Entscheidungskriterium nicht ausreicht. Es soll gezeigt werden, wie ein solches lineares Problem gelöst wird. Es soll dies schrittweise erfolgen. Da die Lösung des Problems bekannt ist, lässt sich besser erkennen und beurteilen, wie die angewendeten Lösungsverfahren funktionieren.

Die lineare Programmierung ist ein Teilgebiet der linearen Algebra, die Algorithmen zur Lösung von ökonomischen Problemen zur Verfügung stellt, bei denen die Gleichungen linear sind. Im Folgenden wird das Simplex-Verfahren vorgestellt. Dabei wird anhand des bisherigen Beispiels gezeigt, welche Lösungsreihenfolge angestrebt wird.

Der Algorithmus beruht auf der Vorgehensweise, die zur Lösung eines linearen Gleichungssystems verwendet wird. Aus diesem Grund ist der erste Schritt, das vorhandene Problem in ein lineares Gleichungssystem zu bringen. Da die Nebenbedingungen in Form von Ungleichungen vorliegen, werden sie in Gleichungen umgewandelt.

$2x_1 + 4x_2 + y_1 = 200$

Die hinzukommende Variable y_1 (Schlupfvariable) stellt die nicht ausgenutzte Kapazität dar. Wenn nichts produziert wird ($x_1 = 0$ und $x_2 = 0$), dann ist sie genau gleich der Gesamtkapazität ($y_1 = 200$). Dies muss auch für die Höchstmengenrestriktionen durchgeführt werden.

$x_1 + y_2 = 50$

$x_2 + y_3 = 50$

Wie muss die Zielfunktion umgestellt werden? Aus

$D = 2x_1 + 3x_2$ wird durch Umformen

$-2x_1 - 3x_2 + D = 0$.

Werden die Gleichungen untereinander geschrieben, wobei die Gleichungen mit allen Variablen aufgefüllt werden

$2x_1 + 4x_2 + 1y_1 + 0y_2 + 0y_3 + 0D = 200$
$1x_1 + 0x_2 + 0y_1 + 1y_2 + 0y_3 + 0D = 50$
$0x_1 + 1x_2 + 0y_1 + 0y_2 + 1y_3 + 0D = 50$
$-2x_1 - 3x_2 + 0y_1 + 0y_2 + 0y_3 + 1D = 0$

6. Kapitel: Deckungsbeitragsrechnung

lässt sich dies in ein so genanntes Simplextableau überführen:

Basis-variable	x_1	x_2	y_1	y_2	y_3	D	b
y_1	2	4	1	0	0	0	200
y_2	1	0	0	1	0	0	50
y_3	0	1	0	0	1	0	50
D	−2	−3	0	0	0	1	0

Wie ist nun dieses Tableau zu deuten?

In der ersten Spalte stehen die so genannten Basisvariablen, das sind für das Beispiel die Schlupfvariablen y_1, y_2 und y_3. Ihr Wert lässt sich in der letzten Spalte (b) ablesen. Wenn $y_1 = 200$, $y_2 = 50$ und $y_3 = 50$, dann werden offensichtlich keine Produkte gefertigt und der entsprechende Deckungsbeitrag ist gleich null; auch dieser Wert lässt sich aus der letzten Spalte entnehmen. Diese Lösung wird als erste zulässige Basislösung bezeichnet, die Mengenkombination (0;0) stellt eine zulässige Lösung dar, auch sie ist ein Eckpunkt des Lösungsraums. Allerdings stellt sie keine optimale Lösung dar. Wie lässt sich eine bessere Lösung finden?

Auch hier hilft ein Blick auf das Schaubild: Gesucht sind andere Ecklösungen, die auf den Restriktionsgeraden liegen; es kann sich auch um den Schnittpunkt zu einer Koordinatenachse handeln. Restriktionsgeraden zeichnen sich aber gerade dadurch aus, dass die jeweilige Schlupfvariable Null ist, denn die Punkte auf der Restriktionsgeraden nehmen den höchsten zulässigen Wert an. Also muss das obige Tableau dadurch verändert werden, dass eine Entscheidungsvariable zur Basisvariablen wird. Welche soll aber ausgewählt werden: x_1 oder x_2?

Eine weit verbreitete Möglichkeit ist die Auswahl des größten Elementes. Meistens wählt man nämlich als erste Pivotspalte die mit dem größten Zielkoeffizienten, in unserem Fall die −3 und damit die, wie Sie wissen, falsche Spalte. Dass man trotzdem zum richtigen Zielwert kommt, soll gezeigt werden.

Basis-variable	x_1	x_2	y_1	y_2	y_3	D	b	
y_1	2	4	1	0	0	0	200	200 : 4 = 50
y_2	1	0	0	1	0	0	50	
y_3	0	1	0	0	1	0	50	50 : 1 = 50
D	−2	−3	0	0	0	1	0	

Nach der Auswahl der Spalte muss noch die Zeile ausgewählt werden. x_2 wird nun zur Basisvariablen. Es wird geprüft, welche Restriktion greift, dazu werden die Kapazitätsschranken durch die Koeffizienten geteilt. Im vorliegenden Fall ergeben die erste und die dritte Zeile den geringsten Wert, d.h., es kann frei gewählt werden, hier wird die 1. Zeile gewählt. In der gewählten Spalte wird nun der Einheitsvektor erzeugt, indem durch die Addition eines vielfachen der Zeile, die anderen Elemente der Spalte zu null gebracht werden. Im ersten Schritt werden die Elemente der gewählten Zeile durch 4 geteilt.

Basis-variable	x_1	x_2	y_1	y_2	y_3	D	b	
x_2	2/4 = 0,5	4/4 = 1	1/4 = 0,25	0	0	0	200/4 = 50	: 4
y_2	1	0	0	1	0	0	50	
y_3	0	1	0	0	1	0	50	
D	−2	−3	0	0	0	1	0	

Das Dreifache der ersten Zeile wird zur letzten Zeile und das −1fache zur dritten Zeile addiert, um den Einheitsvektor zu erzeugen.

Basis-variable	x_1	x_2	y_1	y_2	y_3	D	b	
x_2	0,5	1	0,25	0	0	0	50	· 3 und · (−1)
y_2	1	0	0	1	0	0	50	
y_3	−0,5	0	−0,25	0	1	0	0	
D	−0,5	0	0,75	0	0	1	150	

Da noch ein negativer Koeffizient in der Zielfunktionszeile ist, lässt sich die Lösung noch verbessern. Die Auswahl der entsprechenden Zeile erfolgt wieder durch die Prüfung der Restriktionen, in diesem Fall greift die Restriktion der Höchstmenge für x_1.

Basis-variable	x_1	x_2	y_1	y_2	y_3	D	b	
x_2	0,5	1	0,25	0	0	0	50	50 : 0,5 = 100
y_2	1	0	0	1	0	0	50	50 : 1 = 50
y_3	−0,5	0	−0,25	0	1	0	0	
D	−0,5	0	0,75	0	0	1	150	

Die Hälfte der zweiten Zeile wird zur letzten Zeile addiert und von der ersten Zeile subtrahiert.

6. Kapitel: Deckungsbeitragsrechnung

Basis-variable	x_1	x_2	y_1	y_2	y_3	D	b
x_2	0,5 − 0,5 = 0	1	0,25	0 − 0,5 = −0,5	0	0	50 − 25 = 25
x_1	1 · 0,5 = 0,5	0	0	1 · 0,5 = 0,5	0	0	50 · 0,5 = 25 · 0,5
y_3	−0,5 + 0,5 = 0	0	−0,25	0,5	1	0	25
D	−0,5 + 0,5 = 0	0	0,75	0 + 0,5 = 0,5	0	1	150 + 25 = 175

Damit ist die – bereits bekannte – optimale Lösung gefunden. Sie lässt sich für alle Variablen aus dem Tableau entnehmen.

Basis-variable	x_1	x_2	y_1	y_2	y_3	D	b
x_2	0	1	0,25	−0,5	0	0	25
x_1	1	0	0	1	0	0	50
y_3	0	0	−0,25	0,5	1	0	25
D	0	0	0,75	0,5	0	1	175

Der optimale Deckungsbeitrag von 175 Euro beruht auf den Produktionsmengen $x_1 = 50$ und $x_2 = 25$; die beiden Schlupfvariablen y_1 und y_2 sind beide gleich null, die Maschinenkapazität ist voll ausgelastet und die Höchstmengen von Produkt 1 konnte genau erreicht werden. Die Schlupfvariable y_3 beträgt 25 und zeigt damit an, dass beim Produkt 2 die Höchstmenge nicht erreicht wurde.

Interessante Einsichten vermittelt auch die Zielfunktionszeile, sie soll daher noch mal ausführlich dargestellt werden (vgl. zur Interpretation ausführlich Coenenberg et al., 2012, S. 370 ff.). In der optimalen Lösung interessieren insbesondere die Koeffizienten für die Schlupfvariablen y_1 und y_2, die beide den Wert Null annehmen. Betrachtet man die Zielfunktionszeile

$$0,75 y_1 + 0,5 y_2 + D = 175$$

und formt sie um

$$D = 175 - 0,75 y_1 - 0,5 y_2$$

so zeigt sich, dass für die Schlupfvariable y_1, welche die nicht ausgenutzte Kapazität ausdrückt, der Deckungsbeitrag um 0,75 Euro zurückgehen würde, wenn man eine Zeiteinheit weniger produzieren würde. Woher kommt der Wert 0,75? Wenn Sie sich erinnern, dann tauchte er bei der Bestimmung des relativen Deckungsbeitrages des Produktes 2 (s. die Tabelle auf Seite 174) auf. Er zeigt an, wie ergiebig ein Produkt den Engpass nutzt. Sie sehen, dass, obwohl der relative Deckungsbeitrag beim Simplex-Verfahren nicht verwendet wurde, er doch zur Anwendung kommt. Die letzte Einheit der Kapazität wird genutzt, um ein Produkt 2 zu fertigen, diese Reihenfolge entspricht auch der ersten Lösung, die mithilfe des relativen Deckungsbeitrages gelöst wurde, erst sollen 50 Produkte 1 und dann 25 Produkte 2 gefertigt werden, d. h., der **Grenzgewinn** der letzten Kapazitätseinheit beträgt 0,75 Euro. Diesen Grenzgewinn bezeichnet man auch als Opportunitätskosten. **Opportunitätskosten** bezeichnen den entgangenen Gewinn der besten nicht realisierten Alternative. Im vorliegenden Beispiel würde man auf einen Gewinn von 0,75 Euro pro Zeiteinheit verzichten, wenn man die letzte Kapazitätseinheit nicht einsetzt.

Welche Bedeutung hat der Wert von 0,5 als Koeffizient von der Schlupfvariablen y_2? Diese Variable zeigt an, ob die Höchstmenge des Produktes 1 erreicht ist, was für die optimale Lösung zutrifft. Verzichtet man auf die letzte Einheit des Produktes 1, dann sinkt der Deckungsbeitrag um 0,5 Euro. Warum nicht um den vollen Deckungsbeitrag von 2 Euro? Ganz einfach, weil ich beim Verzicht auf ein Produkt 1 zwei Kapazitätseinheiten nicht mehr benötige, und dafür kann ich Produkt 2 fertigen (2 − 2 · 0,75 = 0,5). Denn für Produkt 2 ist die Höchstmenge nicht erreicht; man verliert daher nicht den vollen Deckungsbeitrag.

> **Forschungs-report 8:** Dilemma des wertmäßigen Kostenbegriffs
>
> Im Beispiel wird ein Grenzgewinn von 0,75 Euro ausgewiesen, der als Opportunitätskosten bezeichnet wird. Setzt man diesen Grenzgewinn je Faktoreinheit als Teil der wertmäßigen Kosten an, so erhält man: für Produkt 1 den Deckungsbeitrag 2 − 2 · 0,75 = 0,5 Euro und für Produkt 2 den Deckungsbeitrag 3 − 4 · 0,75 = 0. Wenn alle Produkte mit positivem Deckungsbeitrag bis zu ihren Höchstmengen gefertigt werden, Produkte mit dem Deckungsbeitrag gleich null bis zur Kapazitätsgrenze, erhält man das gleiche Produktionsprogramm. Allerdings ist es für diese schnellere Lösung des Problems Voraussetzung, dass der Grenzgewinn von 0,75 Euro bereits vorliegt, das Problem also bereits gelöst ist. In dem Grenzgewinn von 0,75 Euro spiegelt sich die konkrete Entscheidungssituation wider, sobald sich eine Variable ändert, wird sich auch dieser Grenzgewinn ändern. Der Umstand, dass erst das Problem vollständig gelöst werden muss und dann als Nebenprodukt die wertmäßigen Kosten festliegen, bezeichnet man als das Dilemma des wertmäßigen Kostenbegriffs.
>
> Allerdings sollte man sich davor hüten, vorschnell wertmäßige Kosten als unbrauchbar abzulehnen. Opportunitätskosten berücksichtigen auch Wirkungen auf den Erfolg, die außerhalb des betrachteten Entscheidungsfeldes anfallen. Bei einer rein pagatorisch (nur an den Auszahlungen) orientierten Bewertung werden sie nicht betrachtet, d. h., implizit wird angenommen, dass es keine Wirkungen gibt, die zu berücksichtigen sind.
>
> Das Fallbeispiel 6 zeichnet sich gerade dadurch aus, dass alle Alternativen bekannt sind, in diesem Fall sind Opportunitätskosten ein Nebenprodukt der optimalen Lösung. Wenn im restlichen, nicht explizit betrachteten Entscheidungsfeld jedoch nicht alle Alternativen bekannt sind, weil eine Vereinfachung des Entscheidungsproblems gewollt ist, dann müssen Pauschalannahmen getroffen werden. Und dies lässt sich nur mithilfe von Opportunitätskosten erreichen.
>
> (Quellen: Adam, 1970; 1993; Berens & Schmitting, 2000; Ewert & Wagenhofer, 2014; Hax, 1965b; 2001; Schildbach & Homburg, 2008; Münstermann, 1966)

6. Kapitel: Deckungsbeitragsrechnung

Wenn Sie sich das letzte Simplextableau anschauen, finden Sie wieder in der Zielfunktionszeile für die Schlupfvariable y_3 den Koeffizienten 0. Was besagt der Wert 0? Es liegt kein Engpass vor, denn y_3 steht für die Höchstmengenrestriktion für das Produkt 2 und vom Produkt werden nur 25 Stück gefertigt, die Restriktion wirkt nicht. Der Grenzgewinn ist in diesem Fall gleich null.

Entscheidungen über Eigenfertigung oder Fremdbezug

Entscheidungen über das Produktionsprogramm sind häufig mit einem anderen Entscheidungstyp verbunden. Es kann bei Vor- und Zwischenprodukten (manchmal auch Endprodukten) die Möglichkeit bestehen, diese Produkte von anderen Unternehmen fremd zu beziehen anstatt sie selbst zu produzieren. Es geht in diesem Entscheidungstyp um die Wahl zwischen Eigenfertigung – es wird im Unternehmen produziert – und Fremdbezug – es wird von anderen Unternehmen gefertigt. Es gelten die gleichen Überlegungen wie für die Programmplanung zuvor, allerdings muss für den Entscheidungstyp das Entscheidungskriterium an die Situation angepasst werden.

Für das optimale Absatz – und Produktionsprogramm war das wichtigste Kriterium der Deckungsbeitrag, der an die jeweilige Entscheidungssituation angepasst wurde, denn gesucht wurde eine gewinnmaximale Mengenkombination. Für die Frage, ob ein Zwischenprodukt selbst gefertigt oder fremd bezogen werden soll, sind die Kosten allein entscheidend, da keine Auswirkungen auf die Erlöse zu erwarten sind. Ziel dieses Entscheidungstyps ist die **Kostenminimierung**: Gesucht wird das Produktionsprogramm, das die geringsten Kosten verursacht. Im Folgenden wird davon ausgegangen, dass die Entscheidung über die Absatzmengen bereits getroffen ist, gefragt wird, ob diese Mengen und Vorprodukte selbst gefertigt werden oder fremd bezogen werden sollen.

> **Lernziel 6:** Entscheidungen über Eigenfertigung und Fremdbezug treffen.

Ausgangsfall soll wieder die **Unterbeschäftigung** im Unternehmen sein, es tritt also **kein Engpass** auf. Alle Produktarten, bei denen eine Produktion für die nächste Periode geplant ist, können auch tatsächlich produziert werden. Welcher Anreiz besteht, Produkte dennoch von anderen Unternehmen fremd zu beziehen? Dies wird nur dann in Betracht gezogen, wenn der Preis für den Fremdbezug unter den variablen Kosten für die Eigenfertigung liegt. Die Entscheidung zwischen Produktion oder Einkauf wird ausschließlich anhand des Kriteriums Kosten getroffen, das setzt voraus, dass die betrachteten Produkte von der gleichen Qualität sind und somit keine Auswirkungen auf die Erlöse zu erwarten sind.

Im Fall der **Überbeschäftigung** lässt sich dieses Kriterium als erster Schritt für die Entscheidung einsetzen. Wenn es günstiger ist einzukaufen als zu produzieren, dann spielt die Beschäftigungslage keine Rolle. Es gilt daher beim Vorliegen eines Engpasses: Produkte, für die der Fremdbezugspreis unter den variablen Kosten für die Eigenfertigung liegt, werden eingekauft. In der Regel werden allerdings die variablen Kosten für die Fertigung unter den Fremdbezugspreisen liegen. Welche Produkte sollen dann eigengefertigt und welche fremd bezogen werden? Ein Vergleich zwischen den Produkten auf Basis von variablen Kosten ist nicht sinnvoll, da völlig vernachlässigt würde, dass für die einzelnen Produkte die Möglichkeit besteht, sie auch einzukaufen.

Wenn für die Entscheidung Eigenfertigung oder Fremdbezug festgestellt wird, dass ein Engpass vorliegt, sind die Produkte, die den Engpass am besten nutzen, zu produzieren. Produziert das Unternehmen ein Produkt selbst und kauft es nicht vom Beschaffungsmarkt, dann spart es die Differenz zwischen dem Einkaufspreis und den variablen Kosten (**absolute Einsparung**):

$$s_j = q_j - k_{vj} \tag{12}$$

s_j Einsparung der Eigenfertigung gegenüber dem Fremdbezug des Vorproduktes j

q_j Einkaufspreis der Vorproduktart j

Liegt ein Engpass vor, muss diese Einsparung auf die Engpasseinheit bezogen werden. Die Einsparung zeigt den Vorteil an, den eine Alternative aufweist, wenn man sie im Unternehmen realisiert. Es wird dieser Betrag gespart, wenn man selbst fertigt. Gibt es keine Engpässe im Unternehmen, dann ist es sinnvoll, nach diesem Kriterium die Rangfolge festzulegen. Können nicht alle Zwischenprodukte eigengefertigt werden – es liegt dann ein Engpass vor –, stellt sich die Frage, wie die beste Alternative gefunden wird. Analog zum relativen Deckungsbeitrag wird die Einsparung (s) auf die Engpasseinheit bezogen (**relative Einsparung**) (vgl. Kilger, 1969, S. 82):

$$\hat{s}_{ij} = \frac{q_j - k_{vj}}{a_{ij}} \tag{13}$$

$\hat{s}_{ij}$ relative Einsparung der Produktart j im Engpass i

a_{ij} Belastung des Engpasses i durch die Produktart j

Eine Rangfolge bildet sich dann nach der Einsparung je Engpasseinheit: je höher die Einsparung je Engpasseinheit desto höher der Rang. Es gilt eine analoge Überlegung wie beim spezifischen Deckungsbeitrag. Eine Einsparung pro Produkt ist umso wertvoller für das Unternehmen, je geringer dieses Produkt den Engpass belastet.

Fallbeispiel 7: Eigenfertigung oder Fremdbezug mit einem Engpass

Ein Maschinenbaubetrieb produziert bisher alle Teile seiner Maschinen selbst, für Teilaggregate einer Maschine liegen aber jetzt Angebote für einen Fremdbezug vor.

6. Kapitel: Deckungsbeitragsrechnung

Teile	A	B	C	D	E
Stück	10	20	20	30	20
Beschaffungspreis (€)	2.000,–	2.600,–	3.000,–	1.800,–	1.200,–
variable Kosten (€)	1.200,–	1.500,–	1.800,–	800,–	1.500,–
Kapazitätsbeanspruchung (Std./Stück)	8	10	8	4	8
Gesamtkapazität (Std.)	480				

Geprüft werden soll, ob und wenn ja welche Teile fremd bezogen werden können. Ein Blick auf die Tabelle zeigt, dass das Teil E kostengünstiger zu beschaffen als zu fertigen ist, es wird daher fremdbezogen. Im nächsten Schritt muss geprüft werden, ob ein Engpass vorliegt:

$10 \cdot 8 + 20 \cdot 10 + 20 \cdot 8 + 30 \cdot 4 = 560 > 480$

Es liegt ein Engpass vor, sodass nicht alle Teile selbst gefertigt werden können. Mithilfe der relativen Einsparung wird eine Rangfolge der Teile aufgestellt.

Teile	A	B	C	D
relative Einsparung (€/Std.)	$\frac{2.000 - 1.200}{8} = 100$	$\frac{2.600 - 1.500}{10} = 110$	$\frac{3.000 - 1.800}{8} = 150$	$\frac{1.800 - 800}{4} = 250$
Rangfolge	4.	3.	2.	1.

Nach der Rangfolge wird die Kapazität auf die Teile D, C und B verteilt. A muss fremd bezogen werden.

Teile	A	B	C	D	E	Summe
Beanspruchung	0	200	160	120	0	480
Fertigungsmengen	0	20	20	30	0	
Beschaffungsmengen	20	0	0	0	30	

Die Gesamtkosten für das Programm ergeben sich durch die Bewertung der Beschaffungs- und Fertigungsmengen mit den Preisen und Kosten.

Teile	A	B	C	D	E	Summe
Kosten der Fertigungsmengen (€)	0	30.000	36.000	24.000	0	90.000
Kosten der Beschaffungsmengen (€)	20.000	0	0	0	24.000	44.000
Gesamtkosten (€)						134.000

Das berechnete Programm ist das kostenminimale Programm, d. h., es gibt keine Kombination von Fertigungs- und Beschaffungsmengen, die geringere Kosten verursacht.

Das Beispiel kann prinzipiell erweitert werden, sodass mehrere Engpässe auftreten, eine Lösung muss dann auch wieder mithilfe der linearen Programmierung gefunden werden. Wer den Abschnitt zur Programmplanung durchgearbeitet hat, müsste hierzu ohne weiteres in der Lage sein.

Ermittlung von Preisuntergrenzen für den Absatz

Die Kosten- und Erfolgsrechnung soll auch Informationen für preispolitische Entscheidungen liefern, wobei grundsätzlich zu beachten ist, dass sich in einer Marktwirtschaft die Preise auf dem Markt bilden. Unter bestimmten Marktbedingungen lassen sich Preisvorstellungen des Unternehmens nicht durchsetzen, sodass eine kostenorientierte Preisbildung nicht in Frage kommt. Zur Preisbildung tragen die Kunden und die Wettbewerber des Unternehmens bei, daher ist es gefährlich Preise nur auf Grund von Kosten festzulegen, ohne die Reaktionen von Konkurrenten und Nachfragern zu berücksichtigen.

Zweck der Preispolitik ist es, den Preis herauszufinden, der den Gewinn des Unternehmens maximiert. Um dies zu berechnen, benötigt man neben der Kostenfunktion die Preisabsatzfunktion. Liegen beide in analytischer Form vor, kann eine Maximierung der Gewinnfunktion vorgenommen werden. Allerdings scheitern solche Rechnungen in der Praxis daran, dass keine oder nur unvollkommene Preisabsatzfunktionen bekannt sind (vgl. den Überblick zur Preispolitik in Simon, 1995a; b).

> **Lernziel 7:** Preisuntergrenzen erklären und berechnen können.

Allerdings sind Kosteninformationen auch bei einer nachfrageorientierten oder konkurrenzorientierten Preisbildung von Nutzen. Solche Informationen sind die so genannten **Preisuntergrenzen für den Absatz**, die anzeigen sollen, ab wann der Absatz von Produkten die jeweiligen finanziellen Ziele nicht mehr erreicht.

Preisuntergrenzen dienen nicht dazu, Preise der Produkte festzulegen, sondern sie legen einen Schwellenwert fest, der nicht unterschritten werden darf. Liegt der Preis unterhalb der Preisgrenze, droht die Gefahr einer Zielverfehlung, diese Mengen werden nicht ins Absatzprogramm aufgenommen. Je nachdem welches Ziel im Vordergrund steht, werden verschiedene Preisuntergrenzen ermittelt (vgl. Zentes, 2002, Sp. 1489 ff.):

1. liquiditätsorientierte Preisuntergrenze (Ziel: Liquidität),
2. kurzfristige Preisuntergrenze (Ziel: Erfolg) und
3. langfristige Preisuntergrenze (Ziel: Erfolg).

6. Kapitel: Deckungsbeitragsrechnung

Liquiditätsorientierte Preisuntergrenzen werden immer dann benötigt, wenn eine angespannte Liquiditätslage vorliegt. Vorübergehend dominiert dann das Ziel Liquidität über das Erfolgsziel. Sie spielen insbesondere in Krisensituationen wie einer Sanierung eine Rolle. **Kurzfristige Preisuntergrenzen** dienen dazu, die Absatzpreise zu beurteilen, z. B., wenn ein Kunde einen Zusatzauftrag gefertigt haben will. Die Eigenschaft kurzfristig bezieht sich auf die Anpassungsfähigkeit des Unternehmens, so wird für einen einzelnen Zusatzauftrag nicht dauerhaft die Kapazität aufgebaut. Kurzfristig relevant sind daher ausschließlich die variablen Kosten, Preisuntergrenzen werden daher in der Deckungsbeitragsrechnung auf Basis der variablen Kosten ermittelt. Mithilfe von **langfristigen Preisuntergrenzen** soll beurteilt werden, ob über eine längere geplante Periode die anfallenden Kosten gedeckt werden.

Bei **kurzfristigen Preisuntergrenzen** liegt der Preis bei den variablen Stückkosten allerdings nur unter der Voraussetzung, dass kein Engpass im Unternehmen vorliegt und keine Erlösinterdependenzen auftreten.

$p_{UGj} = k_{vj}$ [Euro/Stück]

p_{UGj} Preisuntergrenze der Produktart j

Handelt es sich um ein Standardprodukt, so wird eine Kalkulation vorliegen, der die variablen Kosten entnommen werden können. Allerdings ist zu betrachten, ob zusätzliche Kosten im Unternehmen entstehen, diese können auf folgenden Ursachen beruhen

- Mehrarbeit und dadurch Überstunden,
- Ausweichen auf ältere Maschinen mit höheren Kosten und
- andere Materialien mit höheren Einstandspreisen.

Solche Positionen müssen natürlich addiert werden, sie erhöhen dann die Preisuntergrenze. Liegt ein **Engpass** vor, dann müssen, wie bereits erläutert, die verdrängten Produkte mit dem Ansatz von Opportunitätskosten berücksichtigt werden. Die kurzfristige Preisuntergrenze erhöht sich für diesen Fall um die Opportunitätskosten, also die Deckungsbeiträge der verdrängten Produkte. Wenn **Erlösinterdependenzen** wirksam werden, ist die kurzfristige Preisuntergrenze in Höhe der variablen Kosten zu niedrig. In der Regel führen Erlösinterdependenzen zu Erlöseinbußen, da ein niedrigerer Preis auch von anderen Kunden des Unternehmens verlangt wird. Es ist allerdings sehr schwierig Erlösinterdependenzen festzustellen, meist ist man auf Schätzungen angewiesen.

Ein Kunde eines Möbelhersteller bestellt 50 Tische vom Modell „Toskana" (derzeitiger Listenpreis: 495 Euro) in einer Sonderanfertigung, die eine höherwertige Tischplatte haben soll. Die Kalkulation für diesen Auftrag führt zu folgendem Ergebnis:

- variable Selbstkosten Modell Toskana: Standard 200 Euro/Stück, darin enthalten Material für eine Tischplatte von 50 Euro/Stück, Beschaffungspreis für die Sonderausfertigung der Platte 70 Euro/Stück;

- da der Kunde schon im nächsten Monat beliefert werden will, sind Überstunden notwendig, die zu Mehrkosten von insgesamt 4.000 Euro führen.

Werden die Materialkosten korrigiert und die Mehrkosten addiert, so ergibt sich eine kurzfristige Preisuntergrenze von:

200 − 50 + 70 + 4.000/50 = 240 [Euro/Stück]

Welche Information bietet nun diese Preisuntergrenze? Das Unternehmen kennt aufgrund der Kalkulation die Grenze, ab der ein negativer Deckungsbeitrag erwirtschaftet wird. Denn liegt der Preis für die Sonderanfertigung unter der Preisgrenze, dann ist der Erlös kleiner als die variablen Kosten, womit der Deckungsbeitrag negativ wird.

Liegt im Unternehmen **Vollbeschäftigung** vor und kann der Auftrag nur bearbeitet werden, wenn auf einen anderen Auftrag verzichtet wird, dann muss der Auftrag auch den Gewinn des verdrängten Auftrages (Opportunitätskosten) erwirtschaften. Hätte der verdrängte Auftrag einen Deckungsbeitrag von 5.000 Euro erreicht, dann erhöht sich die Preisuntergrenze um 100 Euro je Stück.

Dieser Entscheidungstyp wird an dem Fallbeispiel 6 (S. 174) illustriert.

Fallbeispiel 8: Preisuntergrenze für einen Zusatzauftrag mit Engpass

Es wird angenommen, dass nach der Planung im Fallbeispiel 6 (S. 174) eine Kundenanfrage über einen Zusatzauftrag eines dritten Produktes erfolgt. In der Tabelle sind die wichtigsten Informationen enthalten, Sie sollen für die Produktart 3 eine Preisuntergrenze bestimmen.

Produktart		1	2	3 (Zusatzauftrag)
Deckungsbeitrag	Euro/Stück	2	3	−
variable Kosten	Euro/Stück			10
Höchstmenge	Stück/Monat	50	50	20
Beanspruchung der Kapazität	h/Stück	2	4	2
Gesamtkapazität der Maschine	h/Monat	200		
Relativer Deckungsbeitrag	Euro/h	1	0,75	
Mengen	Stück/Monat	50	25	
Deckungsbeitrag	Euro/Stück	100	75	

Für die kurzfristige Preisuntergrenze benötigen Sie die variablen Kosten des Produktes und da die Kapazität voll ausgelastet ist, werden andere Produkte verdrängt. Der neue Auftrag von 20 Produkten konkurriert mit dem bisherigen Programm um die knappe Fertigungszeit der Maschine.

6. Kapitel: Deckungsbeitragsrechnung

Dies wird im relativen Deckungsbeitrag ausgedrückt, er gibt an, wie hoch der Deckungsbeitrag je Stunde ist. Um mindestens den Deckungsbeitrag des bisherigen Programms zu erhalten, muss neben den variablen Kosten der relative Deckungsbeitrag der verdrängten Produkte verdient werden.

Die Rechnung für das Zusatzprodukt lautet:

Preisuntergrenze = variable Kosten + verdrängter Deckungsbeitrag

$11{,}5 = 10 + 2 \cdot 0{,}75$

Wenn das Unternehmen die Preisuntergrenze von 11,5 Euro verlangt, dann bleibt der Deckungsbeitrag des Programms gleich – wie Sie der Tabelle entnehmen können –, jeder Betrag darüber verbessert den Deckungsbeitrag dementsprechend.

Produktart		1	2	3 (Zusatzauftrag)
Deckungsbeitrag	Euro/Stück	2	3	1,5
Mengen	Stück/Monat	50	15	20
Deckungsbeitrag	Euro/Stück	100	45	30

Wenn der Kunde ein Preisangebot wünscht, so ist klar, dass das Unternehmen nur in Ausnahmefällen kurzfristige Preisuntergrenzen wählen werden. Kann die Kosten- und Erfolgsrechnung Informationen liefern, die auch für eine langfristige Preispolitik nützlich sind?

Viele Unternehmen verwenden dazu die Vollkosten und einen prozentualen Gewinnaufschlag – **Kostenaufschlagsmethode** –, zusätzlich zu den variablen Kosten werden die fixen Kosten benötigt. Die Tabelle (Empirische Untersuchung 3) listet hierzu die Ergebnisse einer Studie auf.

Preisuntergrenzen Untergrenzen enthalten	kurz- fristige	lang- fristige	kurz- und lang- fristige
Nur variable Kosten	60 %	46 %	64 %
Vollkosten	34 %	52 %	18 %
Beide	6 %	2 %	18 %
Summe	100 %	100 %	100 %

Empirische Untersuchung 3: Preispolitik und Kostenrechnung
(Quelle: Küpper et al., 1990, S. 452, die Studie bezieht sich auf 300 Industrieunternehmen in Deutschland)

Die Studie zeigt, dass den Vollkosten eine große Bedeutung bei der Preispolitik zukommt, ein Drittel der Unternehmen, die Vollkosten verwenden, setzen diese auch für kurzfristige Preisuntergrenzen ein.

In einer Zusammenstellung verschiedener europäischer Studien kommen BRIERLEY ET AL. zu ähnlichen Ergebnissen. So verwenden z. B. 85 % der untersuchten Unternehmen in Großbritannien die Kostenaufschlagsmethode und 77 % nutzen die vollen Kosten für Preisentscheidungen (vgl. Brierley et al., 2001, S. 231 ff.). Gleichlautende Zahlen werden z. B. aus den USA berichtet, so fanden SHIM & SUDIT in einer Untersuchung von 141 Unternehmen, dass 70 % ihre Preise auf Basis von vollen Kosten ermitteln (vgl. Shim & Sudit, 1995, S. 38).

Wenn Sie sich an das Beispiel 8 (S. 157) erinnern, wissen Sie, dass dieses Vorgehen nicht ganz ungefährlich ist, weil die Fixkosten bei schwankenden Absatzmengen zu unterschiedlich hohen Preisen führen. Bei einer Rezession mit geringerer Auslastung führt dies zu berechneten höheren Preisen, die am Markt nicht durchsetzbar sind. Die Argumentation für diese Methode ist einfach: Langfristig müssen alle Kosten gedeckt und ein Gewinn erreicht werden, sonst ist das Unternehmen nicht überlebensfähig.

So richtig diese Aussage ist, wird sie doch häufig fehlerhaft interpretiert. Mithilfe der Kosten- und Erfolgsrechnung wird der Preis nur **berechnet**, da sich Preise auf dem Markt bilden, muss er dort allerdings auch **durchgesetzt** werden. Die Kostenaufschlagsmethode führt zwar zu einer Berechnung, damit ist der Preis allerdings noch nicht realisiert.

Vollkostenorientierte Preisuntergrenzen werden häufig als **langfristige Preisuntergrenzen** bezeichnet, sie werden für die strategische und taktische Planung des Absatzes benötigt. Solche langfristigen Entscheidungen werden aber mit Informationen aus der Investitionsrechnung unterstützt. In der Praxis wird allerdings versucht, langfristige Preisuntergrenzen mithilfe der Vollkostenrechnung festzulegen, indem die vollen Stückkosten berechnet werden.

Eine andere Möglichkeit, einen Betrag zu ermitteln, der die fixen Kosten und den Gewinn abdeckt, soll im Folgenden dargestellt werden.

Solldeckungsbeiträge

Preispolitische Entscheidungen zeichnen sich durch ein grundlegendes Problem aus. Eine an der Gewinnmaximierung orientierte Preisbildung benötigt Informationen über die verschiedenen Preis-Mengen-Kombinationen, die auf dem Markt abgesetzt werden können. Diese Preisabsatzfunktion ist allerdings in der Praxis sehr schwer zu ermitteln, sodass eine rechnerische Ermittlung des gewinnmaximalen Preises ausscheidet. Es bleibt dann nur der oben beschriebene Weg, Preisuntergrenzen zu bestimmen. Unternehmen müssen aber ihre Fixkosten decken und wollen darüber hinaus einen Gewinn erwirtschaften; ihnen stellt sich das praktische Problem, wie man einen Aufschlag ermittelt, der dem Optimum nahe kommt. Ein solcher Zuschlag wird als **Solldeckungsbeitrag** bezeichnet (vgl. Riebel, 1980, S. 1134; Kilger, 1980, S. 322).

> **Lernziel 8:** Solldeckungsbeiträge und -budgets erklären und berechnen.

Aufgabe des **Solldeckungsbeitrages** ist es, zu gewährleisten, dass die Preise des Unternehmens mit den Markterfordernissen und den eigenen Zielvorstellungen abgestimmt sind. Wie lässt sich ein Solldeckungsbeitrag ermitteln?

6. Kapitel: Deckungsbeitragsrechnung

Ausgangspunkt ist die Unternehmensplanung, wobei in der Regel eine Zielrendite von der Geschäftsleitung vorgegeben wird, sie wird auf das eingesetzte Vermögen berechnet und ergibt dann den absoluten Zielgewinn.

Fallbeispiel 9: Solldeckungsbudget und -deckungsbeitrag

Ein Unternehmen mit vier Produkten strebt eine Rendite von 15 % an, da ein Vermögen von 4.500.000 Euro eingesetzt wird, ist ein Gewinn von 675.000 Euro zu erwirtschaften. Damit ist der erste Baustein für den Solldeckungsbeitrag berechnet, für den zweiten sind die fixen Kosten notwendig.

Produkte	A	B	C	D	Summe
Produkt-Fixkosten	150.000	300.000	250.000	150.000	850.000
Unternehmens-Fixkosten					200.000
Gewinn					675.000
Solldeckungsbudget					1.725.000

Die Gesamtsumme der von allen Produkten zu erwirtschaftenden Solldeckungsbeiträge wird als **Solldeckungsbudget** bezeichnet (vgl. Riebel, 1980, S. 1132 ff.). Wie sollen nun diese 1.725.000 Euro auf die Produkte verteilt werden?

Eine einfache Möglichkeit leitet sich aus den gesamten fixen Kosten und den Gewinnvorstellungen des Unternehmens sowie den Absatzmengen ab:

$$\text{Solldeckungsbeitrag} = \frac{\text{fixe Kosten} + \text{Gewinn}}{\text{Absatzmenge}}$$

Ein solches Vorgehen erinnert an die Vollkostenrechnung und entspricht der oben bereits kritisierten Kostenaufschlagsmethode, da auch bei diesem Vorgehen der Solldeckungsbeitrag mit der Absatzmenge schwankt. Das Problem lässt sich allerdings weder durch diese einfache Bestimmung des Solldeckungsbeitrages noch durch kompliziertere Vorgehensweisen umgehen, denn jede schematische Berechnung kann zu falschen Preisansätzen führen.

Produkte	A	B	C	D	Summe
Deckungsbeitrag (Ist)	30	40	40	20	
Veränderungsfaktor	1,1	1,1	0,9	1,05	
Deckungsbeitrag (Soll)	33	44	36	21	
Absatzmenge	10.000	12.000	12.500	15.000	
Deckungsbeitrag (Soll)	330.000	528.000	450.000	315.000	1.623.000
Solldeckungsbudget					1.725.000

Befinden sich die vier Produkte in unterschiedlichen Märkten und Lebenszyklusstadien, dann ist es nicht sinnvoll, alle mit gleich hohen Solldeckungsbeiträgen zu belasten. Bei Produkten mit hohem Wettbewerbsdruck sind eventuell die Preise nicht durchsetzbar, dort wo eine sichere Marktstellung vorhanden ist, kann ein höherer Solldeckungsbeitrag erwirtschaftet werden. Eine Näherungslösung könnte beispielsweise darin bestehen, von den realisierten Deckungsbeiträgen der letzten Periode auszugehen und mit Zu- und Abschlägen den geschätzten Veränderungen auf den Märkten Rechnung zu tragen (vgl. Kilger, 1980, S. 322). Wenn wie im vorliegenden Fall eine Differenz zwischen den Zielwerten der Geschäftsleitung und den korrigierten Werten aus der letzten Periode auftritt, müssen die kurzfristig beeinflussbaren Faktoren geprüft werden:

- z. B. welche variablen Kostenanteile der Produkte sich kurzfristig senken lassen oder
- ob Preiserhöhungen ohne Mengeneinbußen möglich sind.

Mithilfe der Kosten- und Erfolgsrechnung sollen preispolitische Entscheidungen unterstützt werden. Bewegt sich ein Unternehmen auf Märkten mit hohem Wettbewerbsdruck, dann liefern ihr Kosten einen Beurteilungsmaßstab für die Marktpreise.

Schlüsselwörter

Deckungsbeitrag, absoluter (170)
Deckungsbeitrag, relativer (173)
Deckungsbeitragsrechnung (157)
Einsparung, absolute (184)
Einsparung, relative (184)
Engpass (173)
Engpasseinheit (173)
Grenzkosten (159)
Kosten, fixe (159)
Kosten, relevante (170)

Kosten, variable (159)
Kosten, versunkene (169)
Kostenauflösung (162)
Preisuntergrenze (186)
Preisuntergrenze, kurzfristige (187)
Preisuntergrenze, langfristige (190)
Preisuntergrenze, liquiditätsorientierte (187)
Regressionsanalyse (163)
Solldeckungsbeitrag (190)
Vollkostenrechnung (157)

Kontrollfragen

1. Erläutern Sie, welche Probleme auftreten, wenn zur Preisbildung die vollen Kosten herangezogen werden.
2. Welche weiteren Kritikpunkte lassen sich zur traditionellen Kostenrechnung äußern?
3. Wodurch unterscheiden sich variable von fixen Kosten?
4. Was sind die Grenzkosten?
5. Erklären Sie, warum die Annahme, dass der Kostenverlauf linear ist, für die praktische Arbeit mit der Kostenrechnung wichtig ist.
6. Wozu werden die Kosten aufgelöst?

6. Kapitel: Deckungsbeitragsrechnung

7. Zeigen Sie, wie die Kosten mithilfe der Hochpunkt-Tiefpunkt-Methode aufgelöst werden.
8. Erläutern Sie die lineare Regression als Instrument, Kosten aufzulösen.
9. Skizzieren Sie die Unterschiede in der Verrechnung der Kosten zwischen einer traditionellen Kosten- und Erfolgsrechnung und einer Deckungsbeitragsrechnung.
10. Beschreiben Sie die Bestandteile eines Entscheidungsmodells.
11. Zeigen Sie auf, mit welchen Standardannahmen in der Kosten- und Erfolgsrechnung gearbeitet wird.
12. Welche Eigenschaften zeichnen entscheidungsrelevante Informationen aus?
13. Zeigen Sie an einem Beispiel, wann Kosten als versunken gelten.
14. Erläutern Sie, warum Manager und andere Entscheidungsträger versunkene Kosten häufig als entscheidungsrelevant ansehen.
15. Erklären Sie den Deckungsbeitrag als Erfolgsgröße.
16. Zeigen Sie an einem Zusatzauftrag, welche Kostenarten typischerweise als entscheidungsrelevant gelten.
17. Was ist der Unterschied zwischen zeitelastischen und zeitunelastischen Produktionsfaktoren?
18. Kennzeichen Sie die Kosten- und Erfolgsrechnung als Partialmodell.
19. Unterscheiden Sie Einzel- von Programmentscheidungen
20. Wann treten Engpässe im Unternehmen auf?
21. Was unterscheidet einen absoluten von einem relativen Deckungsbeitrag?
22. Erläutern Sie am Beispiel einer Programmentscheidung, wie sich unterschiedliche Beschäftigungslagen des Unternehmens auf die Entscheidung auswirken.
23. Zeigen Sie, wie ein lineares Planungsproblem formuliert wird.
24. Beschreiben Sie, wie das Simplexverfahren ein lineares Planungsproblem löst.
25. Was ist das Dilemma des wertmäßigen Kostenbegriffs?
26. Erläutern Sie am Beispiel der Entscheidung über Eigenfertigung und Fremdbezug, wie sich unterschiedliche Beschäftigungslagen des Unternehmens auf die Entscheidung auswirken.
27. Welche Preisgrenzen lassen sich unterscheiden und welche Informationen werden für sie benötigt?
28. Wie müssen Sie die kurzfristige Preisgrenze ändern, wenn ein Engpass vorliegt?
29. Warum wird in der Unternehmenspraxis häufig die Kostenaufschlagsmethode eingesetzt?
30. Nehmen Sie kritisch zu der folgenden Aussage Stellung: „Langfristig müssen alle Kosten gedeckt werden, daher kalkulieren wir unsere Preise mit vollen Kosten."
31. Was unterscheidet einen Solldeckungsbeitrag von einem Solldeckungsbudget?
32. Wie wird ein Solldeckungsbudget bestimmt?
33. Wie lässt sich ein Solldeckungsbeitrag berechnen und welche Gefahr ist damit verbunden?

Übungsaufgaben

Übung 1: Optimales Absatz- und Produktionsprogramm mit Engpass

Das Unternehmen Surfstar stellt Surfbretter in drei Varianten A, B und C her. Für den folgenden Monat erhalten Sie aus der Planung einige Angaben

	A	B	C
Erlös/Stück	1.000	1.200	1.000
Variable Kosten/Stück	600	600	500
Absatzhöchstmengen	300	500	200

Die Produkte werden auf drei verschiedenen Maschinen gefertigt. Die nachfolgende Tabelle zeigt den Produktionsablauf und die Fertigungszeit der Produkte auf den Maschinen (alle Angaben in Stunden). (Beispiel: Variante A wird auf der Maschine 1 0,5 Stunden und danach auf der Maschine 2 0,5 Stunden gefertigt.)

	A	B	C	Kapazität
Maschine 1	0,5	–	1	400
Maschine 2	0,5	0,5	0,5	360
Maschine 3	–	1	–	500

Bestimmen Sie das optimale Produktionsprogramm für den nächsten Monat und, berechnen Sie den Gesamtdeckungsbeitrag.

Übung 2: Eigenfertigung und Fremdbezug mit Engpass

Ein Unternehmen stellt bisher eine Reihe von Zwischenprodukten selbst her, aufgrund zunehmender Engpässe in der Fertigung wird jedoch die Vergabe von Produktionsaufträgen an andere Hersteller erwogen. Sie erhalten die folgenden Angaben für den nächsten Monat:

Zwischenprodukt	Preis des Fremdbezugs	Kosten der Eigenfertigung
I	26,–	20,–
II	36,–	18,–
III	16,–	12,–
IV	45,–	36,–

Aus der Produktionsplanung werden die benötigten Mengen für die Zwischenprodukte angegeben:

6. Kapitel: Deckungsbeitragsrechnung

Zwischenprodukt	Menge in Stück
I	1.000
II	700
III	500
IV	800

In einer Kostenstelle, die alle Zwischenprodukte durchlaufen müssen, stehen 2 Maschinen des gleichen Typs (Kapazität je Maschine 5.000 Min). Die Zwischenprodukte können auf der Maschine 1 oder Maschine 2 gefertigt werden. Die zeitliche Beanspruchung einer Maschine durch die Zwischenprodukte entnehmen Sie der folgenden Tabelle.

Zwischenprodukt	Beanspruchung
I	1,5 Min/Stück
II	6 Min/Stück
III	2 Min/Stück
IV	9 Min/Stück

Bestimmen Sie das kostenminimale Fertigungsprogramm und berechnen Sie die Gesamtkosten des Programms.

Übung 3: Preispolitische Entscheidungen

Die Gartenfreund GmbH plant für das folgende Jahr.

Umsatz	2.000.000,–
Fixe Kosten	1.000.000,–
Gewinn	200.000,–

Ein Kunde fragt an, ob sie 500 Zwerge (Adalbert) liefern kann. Sie werden beauftragt, verschiedene Preisangebote für den Kunden vorzubereiten. Aus der Kostenrechnung erhalten sie die folgenden Daten für den Auftrag:

Fertigungslohn	2.000,–
Material	3.500,–
Sondereinzelkosten	700,–

a) Bestimmen Sie die kurzfristige Preisuntergrenze.
b) Bestimmen Sie die langfristige Preisuntergrenze auf Basis der vollen Kosten.

Der Einkäufer gibt Ihnen weitere Informationen, er rechnet damit, dass es bei der Beschaffung des Materials Probleme gibt und aus diesem Grund nicht alle Aufträge im Jahr bearbeitet werden können (Engpass). Er schätzt, dass er insgesamt nur 20.000 kg zur Verfügung stellen kann, was für die ursprüngliche Programmplanung genau ausreicht. Für den Auftrag benötigen Sie 350 kg.

c) Berechnen Sie für den Auftrag einen Preis, der die Kosten und den Gewinn enthält.

7. Kapitel: Zielkostenplanung und -kontrolle

„Unternehmen, die in einem Umfeld rapider technologischer Entwicklungen und infolgedessen kürzerer Produktlebenszyklen im Wettbewerb miteinander stehen, müssen einen Weg finden, in der Planungs- und Entwicklungsphase effektive Kostensenkungen zu erzielen." (Yasuhiro Monden, 1999, S. 7)

„… target costing can be defined as a cost management tool for reducing the overall cost of a product over its entire life cycle …" (Michiharu Sakurai, 1989, S. 41)

Japanische Wirtschaftserfolge in den siebziger und achtziger Jahren des zwanzigsten Jahrhunderts veranlassten die Europäer und US-Amerikaner genauer auf die Managementmethoden zu schauen, die vermeintlich zu diesem Erfolg beigetragen hatten. Die japanischen Unternehmen waren in der Nachkriegszeit genauso stark von amerikanischen Managementmethoden beeinflusst wie West-Europa. Mit dem Zielkostenmanagement (Target Costing) änderte sich diese Richtung: amerikanische Unternehmen fingen an, sich für japanische Methoden im Controlling zu interessieren.

Zielkosten sind nicht, wie der Begriff vermuten lässt, eine spezielle Kostenkategorie, es handelt sich um Kostenobergrenzen und sie ähneln vielmehr Budgets. Im ersten Teil des Kapitels wird gezeigt, wie die gesamten Zielkosten des Produkts zu ermitteln sind, wie sie auf einzelne Produktkomponenten verteilt werden und wie eine Zielkostenkontrolle aufzubauen ist. Im zweiten Teil wird das statische Modell der Zielkostenrechnung dynamisiert, eine dementsprechende Produktlebenszyklusrechnung beschrieben und auf dieser Basis erläutert, wie die langfristige Preisuntergrenze von Produkten mithilfe finanzmathematischer Methoden bestimmt wird.

Lernziele

Nach der Lektüre des Kapitels sollten Sie Folgendes können:

- **Lernziel 1:** Die Besonderheiten des Zielkostenmanagements beschreiben. (198)
- **Lernziel 2:** Bestandteile der Zielkosten ermitteln. (202)
- **Lernziel 3:** Zielkosten spalten und auf Produktkomponenten aufteilen. (206)
- **Lernziel 4:** Zielkostenindex berechnen, das entsprechende Zielkostenkontrolldiagramm zeichnen und beide kritisch diskutieren. (210)
- **Lernziel 5:** Die relative Zielkostenabweichung berechnen und ein Zielkostenkontrolldiagramm auf Basis der absoluten Kosten zeichnen. (213)
- **Lernziel 6:** Kritisch zu den Annahmen des Zielkostenmanagements Stellung nehmen. (217)
- **Lernziel 7:** Rechnungszwecke und Zielgrößen für eine Produktlebenszyklusrechnung ableiten. (218)
- **Lernziel 8:** Langfristige Preisuntergrenzen mithilfe finanzmathematischer Methoden erläutern und ermitteln. (222)

Besonderheiten eines Zielkostenmanagements

Unternehmen sehen sich in den letzten Jahren einer Reihe von Einflüssen ausgesetzt, die mit den Schlagworten komplex und dynamisch beschrieben werden. Als besondere Faktoren gelten der beschleunigte technische Fortschritt und die sich aus gesättigten Märkten ergebende differenziertere Nachfrage. Der beschleunigte technische Fortschritt führt zu kürzeren Produktlebenszyklen und einer Variantenvielfalt, da die neuen Fertigungstechnologien aufgrund ihrer größeren Flexibilität eine individuellere Fertigung der Produkte ermöglichen. Die Kundenwünsche und die technologischen Möglichkeiten der Unternehmen führen dazu, dass die Standardisierung von Produkten tendenziell abnimmt. Produkte werden daher in Form verschiedener Varianten angeboten. Die strategische Programmplanung muss sich auf diese veränderten Rahmenbedingungen ausrichten. Objekte der strategischen Planung sind neben den Produkten die hierfür notwendigen Ressourcen und Prozesse. Bei der Beurteilung von Strategien tritt allerdings das Problem auf, dass hierfür die zukünftigen Kostenstrukturen festgelegt werden, es jedoch bisher an Instrumenten fehlt, die zu einem solch frühen Zeitpunkt der Planung verlässliche Kosteninformationen zur Verfügung stellen. Die Zielkostenplanung und -kontrolle wird als ein Instrument des Kostenmanagements verstanden (vgl. Franz, 1992, S. 1494), das zur Lösung dieses Problems beitragen soll.

> Unter **Kostenmanagement** wird die Planung und Kontrolle von Maßnahmen verstanden, die sich auf die Beeinflussung der Zielgröße Kosten richten (vgl. Reiß & Corsten, 1990, S. 390).

Es sind insbesondere drei wesentliche Kostenobjekte, auf die sich Maßnahmen des Kostenmanagements richten (vgl. Kajüter, 2000, S. 161 ff.):

1. Produkte,
2. Prozesse und
3. Ressourcen.

In diesem Kapitel wird sich auf das Kostenobjekt Produkt konzentriert und aufgezeigt, wie die Zielkostenplanung und -kontrolle durchgeführt wird.

> **Lernziel 1:** Die Besonderheiten des Zielkostenmanagements beschreiben.

Das Zielkostenmanagement unterscheidet sich in einer Reihe von Aspekten gegenüber der operativen Kosten- und Erfolgsplanung: Dies sind insbesondere

- die **Marktorientierung**,
- der Einsatzbereich **Produktentwicklung und -konstruktion** sowie
- die **Lebenszyklusbetrachtung**.

7. Kapitel: Zielkostenplanung und -kontrolle

Zielkosten sollen nicht einfach die Kosten der vorhandenen Technik im Unternehmen abbilden, es sollen Kosten auf Basis der Kundenwünsche abgeleitet werden, da auch das interne Rechnungswesen sich an den Wünschen der Kunden zu orientieren hat. Die **Marktorientierung** wird unter anderem dadurch ausgedrückt, dass die Kunden nach ihren Präferenzen für das Produkt befragt werden.

Die Phasen der **Produktentwicklung und -konstruktion** sind aus Sicht eines Kostenmanagements deswegen so wichtig, weil es während dieser Phasen am besten möglich ist, die Kosten der Produkte zu beeinflussen. Mit zunehmender Dauer der Produktentwicklung nimmt diese Möglichkeit ab, denn die Eigenschaften des Produktes wie das verwendete Material oder die Fertigungsverfahren, die eingesetzt werden sollen, legen die Kostenbestandteile fest (vgl. Zehbold, 1996, S. 168 ff.).

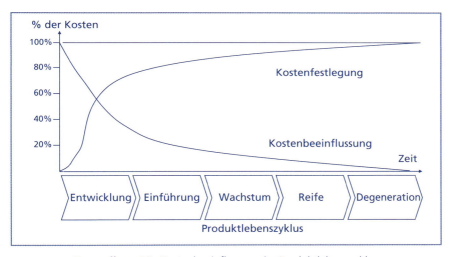

Darstellung 32: Kostenbeeinflussung im Produktlebenszyklus

Aus Darstellung 32 ist abzuleiten, dass während der Entwicklungs- und Konstruktionsphase die Kosten aktiv zu gestalten sind, um effiziente Kostenstrukturen zu schaffen. Allgemeiner **Zweck der Zielkostenplanung und -kontrolle** ist es daher, Informationen für die frühen Phasen der Produktentstehung zu erarbeiten (vgl. als eine der ersten deutschsprachigen Quellen Kunz, 1978, S. 81 f., 139 ff.). Ansatzpunkt ist somit nicht die laufende Produktion, sondern es sind die vorgelagerten Phasen der Produktentwicklung und konstruktion (vgl. die Aufgaben in Friedl, 1994a, S. 499 f.).

Objekte der Zielkostenplanung und -kontrolle sind die Produkte, die Produkt- und Prozessqualität sowie die bereitzustellenden Potenzialfaktoren und zwar für den **gesamten Lebenszyklus**. Dies drückt sich auch in der verfolgten Zielsetzung aus: Als oberste Zielsetzung soll der Erfolg für den gesamten Lebenszyklus des Produktes optimiert werden (vgl. Sakurai, 1989, S. 41). Da ein Lebenszyklus eines Produktes in der Regel mehrere Jahre umfasst, handelt es sich um eine mehrperiodige Planung, die dynamischen Charakter hat. Die Zielkostenplanung und -kontrolle unterstützt daher auch Entscheidungen der langfristigen Preispolitik.

Zielkosten sind geplante Kosten, die sich in erster Linie an den Kundenwünschen und Wettbewerbern am Markt ausrichten, erst in zweiter Linie werden die notwendigen Technologien betrachtet und eventuell angepasst. Während Plankosten in einer Grenzplankostenrechnung auf den vorhandenen Technologien und Verfahren beruhen, sollen die Zielkosten Veränderungen von Technologien berücksichtigen. In der Darstellung 33 sind die unterschiedlichen **Einsatzbereiche** aufgezeigt: Zielkosten sollen während der **Produktentwicklung und -konstruktion** eingesetzt werden; Einsatzgebiet der Plankostenrechnungen bleibt weiterhin die laufende Produktion.

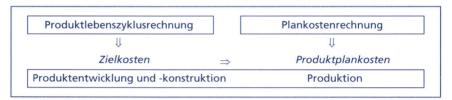

Darstellung 33: Phasen des Lebenszyklus und Kostenrechnung

Die besonderen Merkmale der Zielkostenplanung und -kontrolle sollen die Unterschiede zur operativen Kosten- und Erfolgsplanung und -kontrolle zeigen. Diese Aspekte sind hervorzuheben, weil dem in der Theorie und Praxis überwiegenden statischen Modell des Zielkostenmanagements am Ende des Kapitels ein dynamisches Modell gegenübergestellt wird.

In empirischen Untersuchungen zum Kostenmanagement zeigt sich, dass das Zielkostenmanagement (Target Costing) einen steigenden Stellenwert in deutschen Unternehmen hat. Während Kajüter über einen Verbreitungsgrad von 55 % berichtet (vgl. Kajüter, 2005, S. 92) zeigt eine neuere Untersuchung einen höheren Verbreitungsgrad von 76 % (s. Empirische Untersu-

	Target Costing	Kein Target Costing	Gesamt
	76 % (91)	24 % (29)	(120)
Lebenszyklus-kostenrechnung	70 % (64)	45 % (13)	64 % (77)
Benchmarking	59 % (54)	45 % (13)	(56 % (67)
Prozesskosten-rechnung	31 % (28)	28 % (8)	30 % (36)

Empirische Untersuchung 4: Einsatz von Kostenmanagement-Instrumenten (Quelle: Knauer & Möslang, 2015, S. 162, in Klammern Anzahl der Unternehmen)

7. Kapitel: Zielkostenplanung und -kontrolle

chung 4). Auch wenn unterschiedliche Stichproben beachtet werden, zeigt sich doch eine Tendenz für dieses Instrument des Kostenmanagements. Des Weiteren zeigen die Ergebnisse, dass Unternehmen die Target Costing einsetzen, die Lebenszykluskostenrechnung und das Benchmarking intensiver nutzen.

Ermittlung der Zielkosten

Primärer **Zweck** des Zielkostenmanagements (Target Costing) ist die markt- und kundenorientierte Bestimmung von finanziellen Vorgaben für die Entwicklung von Produkten (vgl. Tani et al., 1996, S. 83; Becker, 1993, S. 282). Betrachtungsobjekt ist in sachlicher Hinsicht das Produkt, in der Regel ein neues Produkt, und in zeitlicher Hinsicht alle Prozesse, die von der Produktidee bis zur endgültigen Abwicklung reichen. Eine Übersicht der Zwecke von deutschen Unternehmen, die ein Zielkostenmanagement eingeführt haben, zeigt die folgende Tabelle (s. Empirische Untersuchung 5, S. 201).

Kostensenkungen	1,86
Erhöhung der Kostentransparenz	1,44
Beeinflussung der Kostenstrukturen	1,48
Verringerung der Produktkomplexität	0,84
Verringerung der Programmkomplexität	0,47
Qualitätsverbesserungen	0,66
Erhöhung der Markt-/Kundenorientierung in der Produktentwicklung	1,43
Vorverlagerung der Kostenbeeinflussungszeitpunkte	1,30
Verkürzung der Entwicklungszeit	0,72
Koordination der Entwicklungstätigkeiten	0,66
Beurteilung auf einer Skala von 0 (keine Bedeutung) bis 2 (sehr hohe Bedeutung) durch 68 Großunternehmen in Deutschland, die Zielkostenmanagement eingeführt haben.	

Empirische Untersuchung 5: Zwecke des Zielkostenmanagements bei Einführung
(Quelle: Arnaout, 2001, S. 292)

Dies spiegelt sich auch in einer Untersuchung wieder, in der Unternehmen, die ein Zielkostenmanagement eingeführt haben, den Nutzen des Zielkostenmanagements beurteilen: Kostensenkung (4,65), Verbesserung der Kostentransparenz (4,78), Stärkung des Kostenbewusstseins (4,82), Verbesserung der Entscheidungsbasis (4,96) und Identifikation von Kostentreibern (5,02) (vgl. Knauer & Möslang, 2015, S. 163 f., Einschätzung auf Basis einer Skala von 1 – sehr geringer Einfluss – bis 7 – sehr großer Einfluss)

Lernziel 2: Bestandteile der Zielkosten ermitteln.

Die Marktorientierung im Zielkostenmanagement soll insbesondere bei der Bestimmung der Zielkosten des Produkts zum Tragen kommen. Ausgangspunkt sind die gesamten Zielkosten einer Produkteinheit. Sie werden auf Basis der Marktforschung und der entsprechenden Strategie sowie des gewünschten Gewinns festgelegt (vgl. zur Subtraktionsmethode Tanaka, 1989, S. 52).

1. Aus der Differenz zwischen Marktpreis und Zielgewinn ergeben sich die **Allowable Cost**, die als vom Markt erlaubte Höchstgrenze der Kosten interpretiert werden. Sofern vorhanden kann an dieser Stelle ein Vergleich zwischen den im Unternehmen möglichen Plankosten (Drifting Cost) und den Ausgangs-Zielkosten erfolgen (vgl. Sakurai, 1989, S. 43).
2. Die so ermittelten Zielkosten pro Produkteinheit dienen als Vorgabewert für die anschließenden Phasen der Ermittlung der Komponenten-Zielkosten.

Der Planungsprozess zur Ermittlung der Zielkosten hat daher zwei Ausgangsgrößen:

1. den **Marktpreis** und
2. eine **Gewinnvorstellung** des Unternehmens,

die beide ein Ergebnis einer strategischen und taktischen Planung sind.

Preise sind die am Markt erzielbaren Erlöse je Stück (**Zielpreis**), sie werden im Rahmen der strategischen Produktplanung festgelegt. Informationen über die möglichen Marktpreise erhält das Unternehmen mithilfe von Instrumenten der Marktforschung, so werden z. B. mit dem Conjoint-Measurement Kunden aufgefordert, Produktnutzen und verschiedene Preise zu beurteilen (vgl. zum Conjoint-Measurement Jacob, 2009, S. 68 ff.; Backhaus et al., 2016, S. 518 ff.; Bauer et al., 1995). Aus all diesen Informationen wird in der strategischen Planung eine Preisstrategie festgelegt, die sich auf den gesamten Lebenszyklus des Produktes bezieht. Zwei idealtypische Preisstrategien sind die Skimming-Strategie und die Penetration-Strategie.

Darstellung 34: Zielkostenbestimmung

7. Kapitel: Zielkostenplanung und -kontrolle

1. Erst einen hohen Preis verlangen, um dann den Preis schrittweise zu senken, kennzeichnet die **Skimming-Strategie**; sie strebt kurzfristig Gewinne an.
2. Charakteristikum der **Penetration-Strategie** ist es hingegen, in den ersten Perioden mit einem niedrigen Preis, Marktanteile zu erobern, um durch die Skaleneffekte langfristig Gewinn zu erzielen.

Die Festlegung eines Preises ist jedoch mit dem Problem verbunden, dass er sich während des Lebenszyklus ändern kann. Welcher Preis soll dann als Zielpreis angesehen werden? Als Möglichkeiten kommt der Markteintrittspreis, der sich aus der Strategie ergibt, der niedrigste Preis oder ein Durchschnittspreis in Betracht.

- Bei der Skimming-Strategie den Markteintrittspreis zu verwenden, ist nicht sinnvoll, da Preissenkungen vorgesehen sind.
- Bei der Penetration-Strategie kann ein ähnliches Problem auftreten, da der Preis als strategischer Hebel verwendet werden soll, um Marktanteile zu erreichen.

In einem statischen Modell, wie es der Kosten- und Erfolgsrechnung zugrunde liegt, ist die Abbildung einer Preisdynamik nur mit recht groben Annahmen möglich. Im einfachen statischen Modell müssen Durchschnittswerte für den Zielpreis berechnet werden.

Die zweite wichtige Information ist der geplante Gewinn des Produkts (**Zielgewinn**), wobei zu beachten ist, dass es sich um einen Stückgewinn handelt. Wie lässt sich ein solcher Stückgewinn ermitteln? Als Grundlage der Bestimmung wird die Kennzahl Umsatzrentabilität vorgeschlagen, was kurz begründet werden soll (vgl. z. B. Sakurai, 1989, S. 43; Franz, 1993, S. 127 f.):

- Die **Umsatzrentabilität** ist das Verhältnis von Erfolg zu Umsatz, das vom Unternehmen angestrebt wird. Sie hat den Vorteil, dass mit ihrer Hilfe bei Kenntnis des Preises des Produktes – der stellt den Umsatz pro Stück dar – schnell ein Stückgewinn berechnet werden kann.
- Die **Kapitalrentabilität** ist in vielen Unternehmen die Spitzenkennzahl, die auf Basis der Informationen des Rechnungswesens Auskunft darüber gibt, wie ergiebig das Kapital genutzt wird (eine genauere Analyse lesen Sie ab S. 433). Voraussetzung hierfür ist allerdings, dass die Kapitalbindung berechnet wird. Aufgrund der Schwierigkeit ihrer Ermittlung für Neuproduktprojekte wird den Zielkostenteams nicht die Kapitalrentabilität sondern die Umsatzrentabilität vorgegeben.

Über den Kapitalumschlag ist die Umsatzrentabilität allerdings mit der Kapitalrentabilität verbunden.

$$R_K = \frac{G}{K} = R_U \cdot UH_K = \frac{G}{U} \cdot \frac{U}{K} \; [\%] \tag{14}$$

G Gewinn (Unternehmenserfolg)
K Kapital
R_K Rentabilität (des Kapitals)
R_U Umsatzrentabilität

U   Umsatz
UH_K Kapitalumschlag

Wenn dem Zielkostenteam die Umsatzrentabilität als oberstes Ziel vorgegeben wird, ist jedoch Folgendes zu beachten: Werden einer organisatorischen Einheit (hier: Zielkostenteam) Subziele der Oberzielsetzung Kapitalrentabilität vorgegeben, besteht die Gefahr, dass suboptimale Entscheidungen getroffen werden. Eine Möglichkeit, dies zu verhindern, zeigt die obige Formel: Wenn die Unternehmensleitung dem Zielkostenteam eine konstante Umschlagshäufigkeit des Kapitals vorgibt, dann kann sie sich sicher sein, dass bei einer Erreichung der Umsatzrentabilität auch die Kapitalrentabilität erreicht wird. Versäumt sie dies, dann führt eine Verschlechterung dieser Kennziffer bei konstanter Umsatzrentabilität unweigerlich zu einer sinkenden Kapitalrentabilität. Gibt also die Unternehmensleitung eine Umsatzrentabilität von 20 % und einen konstanten Kapitalumschlag von 1 vor, erwartet sie eine Kapitalrentabilität von ebenfalls 20 %. Wenn jedoch das Zielkostenteam solche Maßnahmen einleitet, dass der Kapitalumschlag sinkt, dann wird trotz Erreichen des Ziels der Umsatzrentabilität die Kapitalrentabilität sinken.

Verknüpft man die beiden Informationen Zielpreis und Zielgewinn, so erhält man die **Zielkosten** für das Gesamtprodukt:

$$k^{(z)} = p^{(z)} - g^{(z)} \tag{15}$$

$k^{(z)}$ Zielkosten für das Produkt
$p^{(z)}$ Zielpreis für das Produkt
$g^{(z)}$ Zielgewinn für das Produkt

> Die **Zielkosten** sind die vom Markt erlaubten Kosten (**Allowable Cost**), die einer Kostenobergrenze je Produkteinheit oder Produktkomponente entsprechen.

Zielkosten als Kostenobergrenze müssen eingehalten werden, wenn unter der Voraussetzung des Zielpreises die Renditevorstellung des Unternehmens erfüllt werden soll. Häufig werden den Zielkosten (Allowable Cost) die so genannten **Drifting Cost** (Plan- oder Standardkosten) gegenübergestellt. Dies sind die Kosten, die aufgrund der technologischen Möglichkeiten des Unternehmens entstehen würden; sie beruhen auf dem gegebenen Stand der Technik. Es wird vorgeschlagen, die Zielkosten zwischen den Allowable und Drifting Cost festzulegen, da die vom Markt erlaubten Kosten als zu niedrig und nicht erreichbar angesehen werden. Eine solche Vorgehensweise erscheint jedoch widersinnig, denn geht man davon aus, dass die Preise am Markt nicht verändert werden können, bedeutet dies, dass die Gewinnvorstellungen des Unternehmens nicht erreicht werden. Ein Vergleich mit den Drifting Cost zeigt den Mitgliedern des Planungsteams allerdings an, wie groß der Rationalisierungsbedarf ist.

In den folgenden Phasen der Zielkostenspaltung wird von der Berechnung der Zielkosten nach der Formel (15) ausgegangen, d.h., dass eine Planung der optimalen Kosten für die Neuprodukte angestrebt wird. Erst in einem

7. Kapitel: Zielkostenplanung und -kontrolle

zweiten Schritt wird dieser Zielwert mit den technischen Möglichkeiten im Unternehmen abgeglichen, um Maßnahmen zur Kostensenkung oder zur Qualitätserhöhung anzuzeigen (s. Abschnitt „Zielkostenkontrolle", S. 210 ff.).

Zielkostenbestandteile

Im Kapitel „Erfolgsziele im internen Rechnungswesen" werden die Grundbegriffe des Rechnungswesens erklärt, dort wird auch der Kostenbegriff erläutert. Das finanzielle Ziel Kosten wird in der operativen Planung als eine Größe verwendet, die auf der Basis gegebener Potenziale gebildet wird. Die Kosten- und Erfolgsrechnung soll Entscheidungen unterstützen, die nicht Veränderungen der Potenziale berühren: Es werden nur Nutzungen dieser Potenziale betrachtet.

Der Kostenbegriff im Konzept einer Zielkostenplanung und -kontrolle bezieht sich hingegen auf den gesamten Lebenszyklus des Produktes: Entwicklungs-, Markt- und Nachsorgephase (vgl. den Überblick in Siegwart & Senti, 1995, S. 81 ff.).

> **Lebenszykluskosten** sind die gesamten Kosten, die ein Produkt während eines Lebenszyklus verursacht.

Zielkosten gelten für eine vorgegebene Produktqualität eines solchen Zyklus. Aus der Bestimmung der Zielkosten ist auch ersichtlich, dass der Wortbestandteil Kosten nicht wörtlich zu nehmen ist. Es handelt sich eher um ein marktorientiertes Verfahren, Kostenobergrenzen festzulegen, die materiell völlig unbestimmt sind. Ein solcher Top-Down-Ansatz wird für den Planungsprozess als nicht ausreichend angesehen, es soll daher kurz auf den Inhalt von Zielkosten eingegangen werden. Dabei stellt sich die Frage: Welche Bestandteile sollen in die Zielkosten Eingang finden?

Kein Problem ist es, die Fertigungskosten und die Materialkosten einzubeziehen; daneben sollen fixe Kosten der Unternehmensführung, Entwicklungskosten und Werbekosten nicht einbezogen werden (vgl. Seidenschwarz, 1993, S. 184 f., 195); andererseits wird festgestellt, dass Zielkosten Vollkosten sein sollen (vgl. Horváth & Seidenschwarz, 1992, S. 144).

Es besteht in der Literatur Unklarheit hinsichtlich der materiellen Bestandteile der Zielkosten, d. h., welche Kostenarten im Einzelnen berücksichtigt werden sollen. Da der gesamte Lebenszyklus betrachtet wird, sind **alle zukünftigen Kosten** zu berücksichtigen. In der Zielkostenplanung und -kontrolle bedient man sich einer Vollkostenrechnung, um die gesamten Kosten auf das Produkt zu verrechnen. Wenn nur Teile der Kosten berücksichtigt werden, muss der erste Schritt zur Bestimmung der Zielkosten modifiziert werden. Es müssen die Gewinnvorstellungen erhöht werden, da mit dem Gewinn ein Teil der nicht berücksichtigten Kosten abgedeckt werden soll.

Zielkostenspaltung

Gesamtvorgaben von Zielkosten für ein Produkt sind noch nicht operational, sie müssen auf die Produktkomponenten aufgeteilt werden. Eine marktorientierte Bestimmung von Zielkosten legt die Kundenwünsche zugrunde, die sich auf die Eigenschaften und Funktionen des Produktes beziehen. Dieser kundenbezogenen Analyse steht die traditionelle technologisch orientierte Betrachtung gegenüber. Der Vergleich der Bewertung des Produktes durch den Kunden auf der einen Seite und der entsprechenden Kosten auf der anderen Seite hilft eventuelle Missverhältnisse zwischen Kundenbedürfnissen (Wünschen der Kunden) und Einschätzungen der Techniker, Produktgestalter im Unternehmen zu identifizieren.

Im Rahmen der Zielkostenplanung werden daher ausgehend von den Gesamtzielkosten schrittweise Vorgaben für die Komponenten des Produktes ermittelt. So sollen insbesondere Entwickler und Konstrukteure Vorgaben für ihre Leistungsprozesse erhalten, um möglichst gewinnmaximale Produkte auf den Markt zu bringen. Wie bei jedem Planungsprozess wird auch für die Zielkostenplanung ein Phasenschema vorgeschlagen (zu einer Modifikation bei komplexeren Produkten vgl. Rösler, 1997, S. 280 ff.).

Lernziel 3: Zielkosten spalten und auf Produktkomponenten aufteilen.

1. Das Produkt wird in seine Eigenschaften und Funktionen aufgelöst, um so die vom Kunden gewünschten Eigenschaften herauszukristallisieren.

   Ergebnis: Liste mit allen Eigenschaften und Funktionen des Produktes

2. Alle Eigenschaften und Funktionen des Produktes müssen gewichtet werden (Kundeneinschätzung).

   Ergebnis: gewichtete Eigenschaften und Funktionen des Produktes

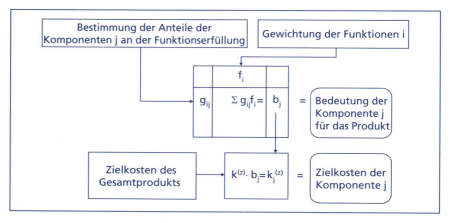

Darstellung 35: Spaltung der Zielkosten

7. Kapitel: Zielkostenplanung und -kontrolle

3. Entwicklung eines Prototyps, der die Eigenschaften und Funktionen des Produktes erfüllt.
4. Die Produktkomponenten des Prototyps sind Ausgangsbasis für eine Kostenschätzung. Es sollen Anteile der Kosten für jede Komponente bestimmt werden.
5. Gewichtung der Komponenten. Sie erfolgt, indem die Funktionen, die das Produkt erfüllen soll, den Komponenten gegenübergestellt werden. Es muss geschätzt werden, mit welchem Gewicht jede einzelne Komponente eine Funktion bewirkt.
6. Für die Produktkomponenten werden Zielkosten mithilfe der Bedeutung bestimmt.

Eine **Zielkostenspaltung** dient einer schrittweisen Teilung der Kostenobergrenzen auf die einzelnen Komponenten des Produkts. Zweck ist es, die Budgets für einzelne Komponenten marktorientiert zu bestimmen. Da die Zielkosten für das Gesamtprodukt ermittelt werden, sind sie als Vorgabe zu pauschal. Für den Entwickler von Automobilmotoren ist eine Vorgabe von 13.000 Euro für einen Mittelklassewagen nicht ausreichend, er muss wissen, wie viel Kosten er für seine Komponenten verursachen darf. Die Vorgehensweise soll durch ein einfaches Beispiel illustriert werden.

Fallbeispiel 10: Zielkostenmanagement für einen Kinderwagen

Die kidstar GmbH plant, einen neuen Kinderwagen auf den Markt zu bringen. Die strategische Position des Unternehmens soll auch für das neue Modell gelten: Hohe Qualität rechtfertigt einen hohen Preis. Erste Analysen der Marketingabteilung ergaben als Marktpreis für ein anspruchsvolles Modell 400 Euro. Die Geschäftsführung erwartet als Mindestrendite auf das Kapital 15 %, die Umschlagshäufigkeit des Kapitals wird mit 1,5 veranschlagt.

Zielpreis	Euro	400
Umsatzrentabilität	%	10 % = 15 % / 1,5
Zielgewinn	Euro	40 = 400 · 10 %
Zielkosten	Euro	360

Tabelle 38: Ausgangswerte (Fallbeispiel 10)

Ausgangsbetrag für die Teilung ist eine Zielkostenhöhe von 360 Euro. Die Kunden wurden nicht nur über ihre Preisvorstellungen befragt, sie wurden auch gebeten, anzugeben, welche Funktionen der Kinderwagen erfüllen muss und für wie wichtig sie diese Funktionen halten.

Die Festlegung der Vorgaben für den Konstruktionsprozess beginnt mithilfe der Funktionenbewertung des Produkts. Die Grundidee bei der Verteilung der Gesamtsumme auf die Komponenten ist es, dass die Kunden in einem ersten Schritt ihre Wertschätzung der einzelnen Funktionen mitteilen, und diese Kundenpräferenzen als prozentualer Maßstab für eine Verteilung verwendet wird (vgl. zur Vorgehensweise Hieke, 1994, S. 499 ff.; Buggert & Wielpütz, 1995, S. 91 ff.):

F_i Funktion i des Produkts, i = 1, ..., n

Mithilfe des Conjoint-Measurement werden die Gewichtungen einzelner Funktionen des Produkts ermittelt.

f_i Gewichtung der Funktion i des Produkts

Sie müssen in ihrer Gesamtsumme den Wert 1 ergeben.

$\sum_{i=1}^{n} f_i = 1$ Summe der Gewichtungen der Funktionen i des Produkts

In Tabelle 39 sind die Beurteilungen der Kunden für einen Kinderwagen enthalten.

Funktion (F)	Gewichtung (f)
Transport	0,4
Sicherheit	0,3
Handhabbarkeit	0,2
Haltbarkeit	0,1
Summe	1,0

Tabelle 39: Funktionsgewichte (Fallbeispiel 10)

In einem zweiten Schritt wird das Produkt in seine Komponenten zerlegt, die die Funktionen des Produkts erfüllen sollen.

K_j Komponente j des Produkts, j = 1, ..., m

Die Schätzung des Anteils an der Funktionserfüllung erfolgt durch ein Expertenteam im Unternehmen.

g_{ij} Gewichtung der Komponente j an der Funktion i des Produkts

Auch hier muss die Summe der einzelnen Gewichtungen für eine Funktion den Wert 1 ergeben.

$\sum_{j=1}^{m} g_{ij} = 1$ Summe der Gewichtungen der Funktionserfüllungen

	Transport	Sicherheit	Handhabbarkeit	Haltbarkeit
Gestell	0,3	0,2	0,4	0,3
Korb	0,3	0,6	0,4	0,3
Radkonstruktion	0,4	0,2	0,2	0,4
Summe	1	1	1	1

Tabelle 40: Funktionserfüllung der Komponenten (Fallbeispiel 10)

7. Kapitel: Zielkostenplanung und -kontrolle

Beide Gewichtungen werden miteinander verknüpft, sodass sich die Bedeutung der Komponente für das Produkt ergibt.

$$b_j = \sum_{i=1}^{n} f_i \cdot g_{ij} \text{ (Bedeutung der Komponente j) für j = 1, ... , m} \quad (16)$$

	Transport (0,4)	Sicherheit (0,3)	Handhabbarkeit (0,2)	Haltbarkeit (0,1)	Bedeutung
Gestell	0,3 · 0,4 = 0,12	0,2 · 0,3 = 0,06	0,4 · 0,2 = 0,08	0,3 · 0,1 = 0,03	0,29
Korb	0,3 · 0,4 = 0,12	0,6 · 0,3 = 0,18	0,4 · 0,2 = 0,08	0,3 · 0,1 = 0,03	0,41
Radkonstruktion	0,4 · 0,4 = 0,16	0,2 · 0,3 = 0,06	0,2 · 0,2 = 0,04	0,4 · 0,1 = 0,04	0,30
Summe					1

Tabelle 41: Bedeutung der Komponenten (Fallbeispiel 10)

Durch die Normierung der Gewichtungen der Funktionen und der Funktionserfüllung der Komponenten ist gewährleistet, dass auch die Summe der Bedeutungen der Komponenten den Wert 1 ergibt.

Die Bedeutung einer Komponente soll eine Verbindung schaffen zwischen der marktorientierten Beurteilung der Produktfunktionen und den internen Schätzungen über die Erfüllung der Funktionen durch einzelne Produktkomponenten.

$$k_j^{(z)} = b_j \cdot k^{(z)} \quad (17)$$

$k_j^{(z)}$ Anteil der Komponente j an den Zielkosten $k^{(z)}$ des Produkts

Diese Bedeutung der Komponente wird verwendet, um die Zielkosten für ein Produkt auf einzelne Komponenten aufzuteilen.

	Bedeutung	Zielkosten des Gesamtprodukts	Zielkosten je Komponente
Gestell	0,29	360	104,40
Korb	0,41	360	147,60
Radkonstruktion	0,30	360	108,00
Summe	1		360,–

Tabelle 42: Komponentenzielkosten (Fallbeispiel 10)

Die Aufteilung dient einer kunden- und marktorientierten Spaltung des Gesamtvolumens, um nur Leistungen anzubieten, die vom Kunden gewünscht werden.

Zielkostenkontrolle

Mithilfe der Zielkostenkontrolle werden verschiedene Zwecke verfolgt: Zum Einen geht es um eine Kontrolle des Nutzen-Kosten-Verhältnisses der Produktkomponenten und zum Zweiten soll abgeleitet werden, ob ein Kostenreduktionsbedarf für eine Komponente besteht. In diesem Abschnitt werden zunächst die übliche Berechnung mit dem Zielkostenindex und die mit ihm verbundenen Probleme aufgezeigt sowie im Anschluss daran ein Vorschlag entwickelt, wie diese Probleme zu vermeiden sind.

> **Lernziel 4:** Zielkostenindex berechnen, das entsprechende Zielkostenkontrolldiagramm zeichnen und beide kritisch diskutieren.

Zielkosten werden häufig auf Basis der Kostenstrukturen von Projekten der Vergangenheit geplant, die Zielkostenstruktur beruht daher auf der im Unternehmen vorhandenen Technik. Um zu überprüfen, ob diese Kostenstruktur mit den Wünschen der Kunden übereinstimmt, wird ein Vergleich mit der Bedeutung der einzelnen Komponente vorgenommen (vgl. Tanaka, 1989, S. 60 ff.). Da die Bedeutung dem Anteil der jeweiligen Komponente an den Zielkosten entsprechen soll, werden in der folgenden Kennzahl zwei Kostenanteile in Beziehung gebracht. In Form einer dimensionslosen, relativen Kennzahl wird sie als **Zielkostenindex** bezeichnet (vgl. z. B. Horváth & Seidenschwarz, 1992, S. 147).

$$ZI_j = \frac{k_j^{(p)}}{b_j} \tag{18}$$

ZI_j Zielkostenindex der Komponente j
$k_j^{(p)}$ Kostenanteil der Komponente j an den Plan(Standard)kosten des Gesamtproduktes

Im Folgenden wird die Bezeichnung dieser Kennzahl und ihre Berechnung kritisiert und eine alternative Bezeichnung und Berechnung vorgeschlagen: Die Bezeichnung als Index ist inkonsistent, da Kennzahlen in Form von Indexzahlen eine zeitliche Entwicklung von Phänomen aufzeigen sollen (s. hierzu den Abschnitt Kennzahlenarten, S. 425). Typische Beispiele sind Preisindizes zur Inflationsmessung oder Aktienindizes als aggregierte Marktpreisentwicklung. Der Zielkostenindex ist hingegen eine Beziehungskennzahl aus der Gruppe der relativen Kennzahlen. Bevor jedoch eine andere Bezeichnung vorgeschlagen wird, soll gezeigt werden, dass die Berechnung mithilfe von prozentualen Kostenanteilen nur unzureichend für die Zwecke der Zielkostenkontrolle geeignet ist.

Der Zielkostenindex soll anzeigen, ob Handlungsbedarf besteht, die Kosten oder die Qualität zu verändern. Dabei geht man von dem Grundgedanken aus, dass ein Zielkostenindex von 1 anzustreben ist, denn in diesem Fall stimmen die Wünsche der Kunden und die Kosten überein. Jede Abweichung von diesem Wert ist zu untersuchen.

7. Kapitel: Zielkostenplanung und -kontrolle

	Kostenanteil	Bedeutung	Zielkostenindex
Gestell	0,30	0,29	1,03
Korb	0,38	0,41	0,93
Radkonstruktion	0,32	0,30	1,07
Summe	1	1	

Tabelle 43: Zielkostenindex (Fallbeispiel 10)

Die Zielkostenindices der Komponenten lassen sich im **Zielkostenkontrolldiagramm** visualisieren (Darstellung 36), indem auf der x-Achse die Bedeutung der Komponente und auf der y-Achse der Kostenanteil der Komponente abgetragen wird. Die Komponenten des Produkts sollen möglichst nahe an der Ideallinie sein, da auf ihr der Kostenanteil der Komponente gleich der Bedeutung der Komponente ist.

Vorgeschlagen wird eine Toleranzzone mit zwei Grenzen, zwischen denen Lösungen zulässig sind (vgl. Coenenberg et al., 2012, S. 571). Sie werden meist so konstruiert, dass mit zunehmender Bedeutung immer weniger Abweichung zulässig ist (vgl. Tanaka, 1989, S. 67; Hieke, 1994, S. 500).

$$y_{UG} = \sqrt{\max\{b^2 - \alpha^2, 0\}} \text{ und } y_{OG} = \sqrt{b^2 + \alpha^2} \tag{19}$$

Der Parameter α legt die Toleranz fest und liegt häufig zwischen 10% und 20%, im Fallbeispiel wird ein $\alpha = 0{,}15$ angenommen.

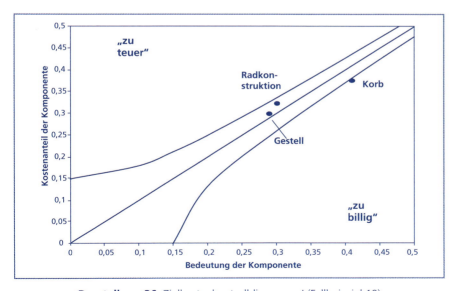

Darstellung 36: Zielkostenkontrolldiagramm I (Fallbeispiel 10)

Im Beispiel weichen alle Komponenten vom Normwert ab, wobei das Gestell und Radkonstruktion knapp drüber und der Korb darunter liegen. Welche Aussagen lassen sich aus dieser Abweichung ableiten?

- Die Komponenten Gestell und Radkonstruktion zeichnen sich dadurch aus, dass der Kostenanteil höher ist als die Bedeutung. Sie gelten damit als zu teuer, da die Kunden diesen Komponenten weniger Gewicht beimessen als ihren Kostenanteilen entsprechen. An dieser Stelle zeigt sich die wichtige Funktion der Zielkostenkontrolle: Sie soll verhindern, dass technisch aufwendige Lösungen ins Produkt eingebaut werden, die der Kunde nicht zu bezahlen bereit ist.
- Anders liegt das Problem bei der Komponente Korb, denn in diesem Fall ist die technische Lösung nicht anspruchsvoll genug: Die Kosten können durch Qualitätsverbesserungen erhöht werden.

Ob ein solches Vorgehen ratsam ist, muss allerdings eine genauere Analyse zeigen. Ein weiterer Analyseschritt muss daher darin bestehen, dass die Zielkostenabweichung für jede Komponente berechnet wird. Bei der kidstar GmbH lagen die Kosten für das Vorgängermodell bei 400 Euro (Drifting Cost), der gesamte Kostenreduktionsbedarf für das neue Modell ist daher 40 Euro. Interessanter ist es allerdings, den Kostenreduktionsbedarf für jede Komponente zu erfahren, indem die Zielkosten für jede Komponente (s. Tabelle 42, S. 209) mit ihren Kosten am alten Modell verglichen werden.

	Kostenanteil	Zielkostenindex	Kostenanteil (Euro)	Zielkostenabweichung (Euro)
Gestell	0,30	1,03 (= 0,30/0,29)	120 (= 400 · 0,30)	120 − 104,40 = 15,60
Korb	0,38	0,93 (= 0,38/0,41)	152 (= 400 · 0,38)	152 − 147,60 = 4,40
Radkonstruktion	0,32	1,07 (= 0,32/0,30)	128 (= 400 · 0,32)	128 − 108,00 = 20,00
Summe	1		400	40

Tabelle 44: Kostenreduktionsbedarf (Fallbeispiel 10)

Die Analyse zeigt, dass neben den relativen Anteilen, die im Zielkostenindex berücksichtigt werden, gleichzeitig die absoluten Beträge beachtet werden sollten. Ein Handlungsbedarf besteht im Beispiel auch für die Komponente, derer Zielkostenindex unter 1 liegt: für den Korb ergibt sich eine Kostenreduktion von 4,40 Euro. Für die beiden anderen Komponenten entspricht der jeweilige Kostenreduktionsbedarf den Aussagen aus dem Zielkostendiagramm. Allerdings sind beide nicht sehr weit von der Ideallinie entfernt und liegen innerhalb einer Toleranzzone, für die häufig kein unmittelbarer Handlungsbedarf angenommen wird.

Das Zielkostendiagramm (Darstellung 36) suggeriert, dass überhaupt kein Handlungsbedarf besteht: die Komponenten liegen entweder unter der Ideallinie oder innerhalb der Toleranzgrenze. Es zeigt sich eindringlich die

7. Kapitel: Zielkostenplanung und -kontrolle

Problematik des Zielkostenindex und seine übliche Berechnung auf Basis relativer Größen. Obwohl die Komponente Korb durch ihren Zielkostenindex als zu billig angezeigt wird, ist ein Kostenreduktionsbedarf gegenüber dem alten Modell vorhanden (vgl. Fischer & Schmitz, 1994, S. 428 ff., dort auch ein Vorschlag für ein alternatives Zielkostenkontrolldiagramm). Auch wenn der absolute Betrag im Beispiel nicht hoch ist, zeigt er in eine falsche Richtung. Der Effekt tritt im Beispiel auf, weil der Zielkostenindex der Komponente „Korb" von 0,93 größer ist als das Verhältnis der gesamten Zielkosten zu den gesamten Plankosten (Drifting Cost) des Produkts (0,9 = 360/400). Es lässt sich zeigen, dass dies generell gilt (vgl. Brühl, 2010, S. 121):

$$\frac{k_j^{(p)}}{b_j} > \frac{k^{(z)}}{k^{(p)}} \text{ lässt sich umformen zu } k_j^{(p)} \cdot k^{(p)} > b_j \cdot k^{(z)}$$

Wenn der Zielkostenindex größer als das Verhältnis von gesamten Ziel und Plankosten ist, dann gibt es immer einen Kostenreduktionsbedarf, weil die Plankosten der Komponente über den Zielkosten der Komponente liegen. Ist der Unterschied zwischen den Zielkosten und den Plankosten sehr hoch, sodass das Verhältnis sehr niedrig ist – z. B. 0,5 – zeigen alle Zielkostenindices, deren Werte über 0,5 und unter 1 liegen, in die falsche Richtung.

> **Lernziel 5:** Die relative Zielkostenabweichung berechnen und ein Zielkostenkontrolldiagramm auf Basis der absoluten Kosten zeichnen.

Um eine solche Fehlinterpretation zu vermeiden, lässt sich als Kennzahl die **relative Zielkostenabweichung** auf Basis der Kostenbeträge je Komponente berechnen, in dem das Verhältnis von gesamten Plankosten zu den gesamten Zielkosten einbezogen wird: Dies führt zu einem Quotienten aus Plankosten und Zielkosten je Komponente (vgl. Mussnig, 2001b, S. 270; Kremin-Buch, 2007, S. 141).

$$ZA_j = \frac{k_j^{(p)} \cdot k^{(p)}}{b_j \cdot k^{(z)}} \text{ oder } ZA_j = \frac{\text{Plankosten je Komponente}}{\text{Zielkosten je Komponente}} \qquad (20)$$

ZA_j Relative Zielkostenabweichung der Komponente j
$k_j^{(p)}$ Kostenanteil der Komponente j an den Plan(Standard)kosten des Gesamtproduktes
$k^{(p)}$ Plankosten des Gesamtprodukts (Drifting Cost)
$k^{(z)}$ Zielkosten für das Gesamtprodukt
b_j Bedeutung der Komponente j

Während die Zielkostenabweichung aus Tabelle 44 eine absolute Größe ist, zeigt die relative Zielkostenabweichung eine relative oder, wenn gewünscht, ein prozentuale Abweichung der Plankosten (Drifting Cost) einer Komponente von den Zielkosten an. So zeigt die relative Zielkostenabweichung von 1,15 der Komponente Gestell an, dass die Plankosten 15 % über den Zielkosten liegen (s. Tabelle 45). Diese Kennzahl liefert daher Informationen für beide Zwecke der Zielkostenkontrolle:

1. Sie zeigt an, inwieweit eine Komponente den Kundenwünschen entspricht. Da auch für die relative Zielkostenabweichung der Wert 1 die Ideallinie darstellt, wird angestrebt sie zu erreichen.
2. Die Kennzahl zeigt die relative Abweichung von den Zielkosten und damit den Kostenreduktionsbedarf an.

Die relative Zielkostenabweichung ist aus diesen Gründen dem Zielkostenindex überlegen und sollte für die Zwecke der Zielkostenkontrolle eingesetzt werden; sie soll daher auf Fallbeispiel 10 angewendet werden.

	Kostenanteil	Relative Zielkostenabweichung	Kostenanteil (Euro)	Zielkostenabweichung (Euro)
Gestell	0,30	1,15 (= 0,30 · 400/ 0,29 · 360)	120 (= 0,30 · 400)	120 – 104,40 = 15,60
Korb	0,38	1,03 (= 0,38 · 400/ 0,41 · 360)	152 (= 0,38 · 400)	152 – 147,60 = 4,40
Radkonstruktion	0,32	1,19 (= 0,32 · 400/ 0,30 · 360)	128 (= 0,32 · 400)	128 – 108,00 = 20,00
Summe	1		400	40

Tabelle 45: Relative und absolute Zielkostenabweichung (Fallbeispiel 10)

Durch die Berücksichtigung des Verhältnisses der Plankosten mit den Zielkosten je Komponente zeigt die relative Zielkostenabweichung für alle Komponenten einen Kostenreduktionsbedarf an, was im vorliegenden Fall korrekt ist. Die Kennzahl kann nur kleiner als 1 werden, wenn folgende Bedingung erfüllt ist:

$$k_j^{(p)} \cdot k^{(p)} < b_j \cdot k^{(z)} \tag{21}$$

Ein Kostenreduktionsbedarf wird also nur angezeigt, wenn die Plankosten der Komponente (Drifting Cost) unter den Zielkosten der Komponente liegen.

Wenn die absoluten Grenzen für die Zielkosten einzelner Komponenten berechnen werden sollen, sind die festgelegten Grenzen mit den gesamten Zielkosten zu multiplizieren (vgl. Glaser, 2006, S. 218).

$$k^{(z)} \cdot \sqrt{\max\{b_j^2 - \alpha^2, 0\}} \leq k_j^{(p)} \leq k^{(z)} \cdot \sqrt{b_j^2 + \alpha^2} \tag{22}$$

Dies soll exemplarisch für die Komponente „Gestell" des Ausgangs-Fallbeispiels (s. Tabelle 41, S. 209) berechnet werden (α = 0,15).

$$360 \cdot \sqrt{0,29^2 - 0,15^2} \leq 104,40 \leq 360 \cdot \sqrt{0,29^2 + 0,15^2} \tag{23}$$

$$89,35 \leq 104,40 \leq 117,54$$

7. Kapitel: Zielkostenplanung und -kontrolle

Die Werte für die beiden anderen Komponenten können Sie Tabelle 46 entnehmen.

	Bedeutung	Zielkosten/ Komponente	ZielkostenUntergrenze	Zielkosten-Obergrenze	Plankosten (Drifting Cost)
Gestell	0,29	104,40	89,35	117,54	120
Korb	0,41	147,60	137,37	157,17	152
Radkonstruktion	0,30	108,00	93,53	120,75	128
Summe	1	360,–			400

Tabelle 46: Ober- und Untergrenzen der Komponentenzielkosten (Fallbeispiel 10)

Da bei dieser Berechnung konsequent von den Zielkosten ausgegangen wird, liegen nun auch die beiden Komponenten mit dem höchsten Kostenreduktionsbedarf (Gestell und Radkonstruktion) außerhalb der Zielkostenzone. Die Ober- und Untergrenzen können auch visualisiert werden, in dem das Zielkostendiagramm auf Basis der Kosten der Komponenten erstellt wird (s. Darstellung 37). Diese Darstellung hat insbesondere zwei Vorteile:

1. Die relative Zielkostenabweichung wird als Quotient aus Plankosten (Drifting Cost) und Zielkosten gebildet: Ist sie größer als 1, liegt sie auf jeden Fall über der Ideallinie und es ist ein Kostenreduktionsbedarf vorhanden.
2. Die Höhe des Kostenreduktionsbedarfs kann unmittelbar dem Zielkostendiagramm entnommen werden, da es dem Abstand zwischen der relativen

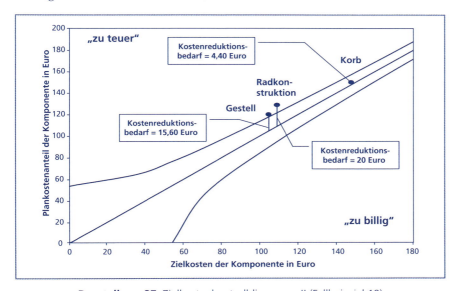

Darstellung 37: Zielkostenkontrolldiagramm II (Fallbeispiel 10)

Zielkostenabweichung einer Komponente und der Ideallinie entspricht (vgl. Mussnig, 2001b, S. 271 f.).

Wie bereits eingangs des Kapitels betont, führt jedes Abweichen von den Zielkosten unter der Prämisse der Preiskonstanz zu einer Verfehlung der Renditeziele. Daher ist bei Anwendung von Toleranzgrenzen Vorsicht geboten. Werden solche Abweichungen zugelassen, ist ein Abgleich mit der Preis- und Gewinnplanung notwendig.

Die vorgestellten Rechentechniken dienen der Zielkostenkontrolle, die zum Abschluss im Unternehmensbeispiel 3 illustriert werden. Dem Beispiel sind auch erste Hinweise für Maßnahmen der Zielkostenerreichung zu entnehmen, die je nach Zielkostenprojekt durch das Zielkosten-Team zu erarbeiten sind.

Unternehmensbeispiel 3: Target Costing in der Automobilindustrie

Target Costing (Zielkostenmanagement) ist in der Automobilindustrie weit verbreitet, insbesondere die japanischen Autohersteller haben dieses Konzept mit entwickelt und die deutsche Automobilindustrie hat es ebenfalls seit vielen Jahren eingeführt.

AUDI bettet sein Zielkostenmanagement in die strategische Produktplanung ein, aus der wesentliche Informationen wie Positionierung des neuen Modells im strategischen Produktportfolio oder Rentabilitätsvorstellungen übernommen werden. Um die Abstimmung mit allen Geschäftsbereichen sicherzustellen, wird ein entsprechend zusammengesetztes Produktplanungsteam eingesetzt. Marktanalysen und die Analyse von Wettbewerbsfahrzeugen gibt Aufschluss über mögliche Kundengewichtungen, die sich in Eigenschaftsprofilen des neuen Modells beschreiben lassen. Sie werden zur Gewichtung von Kompenten der Fahrzeuge herangezogen. Ein Einsatz der Conjoint-Analyse erfolgt aufgrund der Komplexität nicht, weil bis zu 5.000 Komponenten zu betrachten sind.

Im Fokus der Produktergebnisrechnung stehen die durch das Produkt ausgelösten Einzelkosten, Entwicklungskosten oder Investitionen in Spezialwerkzeug. Sie richten sich nach den Gewinnvorstellungen, Vorgängermodellen und Schätzungen, welche Bedingungen sich gegenüber den Vorgängermodellen ändern werden. Der Gewinn wird mithilfe der Umsatzrentabilität berechnet, die mit der langfristig zu erzielenden Kapitalrendite abgestimmt wird. Meist wird ein Vergleich zwischen den Zielkosten und den geschätzten Kosten eine Differenz erbringen, sodass auf Basis der geschätzten Kosten der Zielgewinn nicht erreicht werden kann. Die Zielkostenteams müssen dann versuchen, durch Kostenreduktionen diese Lücke zu schließen. Für die Komponenten wird untersucht, ob Eigen- oder Fremdbezug günstiger ist, inwieweit Lieferanten an der Entwicklung zu beteiligen sind, Bauteile für verschiedene Fahrzeugmodelle vereinheitlicht werden können oder gar gleiche Teile verwendet werden können.

Da in der Automobilindustrie eine sehr geringe Fertigungstiefe herrscht – einige Unternehmen beziehen bis zu 75 % ihrer Bauteile fremd – kommt der Beschaffung im Zielkostenmanagement eine zentrale Rolle zu. Zielkostenmanagement beschränkt sich daher nicht nur auf das fokale Unternehmen einer Supply-Chain, sondern es wird auf die Zulieferer ausgedehnt. Von den Zulieferern wird erwartet, dass sie Vorschläge für Kostensenkungen machen. TOYOTA untersucht regelmäßig die Fabriken ihrer Zulieferer, um eigene Vorschläge zur Optimierung von Prozessen zu machen.

(Quellen: Bhimani, 1995; Ehrlenspiel et al., 2014; Rückert & Hofbauer, 2015; Tanaka, 1993)

7. Kapitel: Zielkostenplanung und -kontrolle

Kritik an den Voraussetzungen eines statischen Modells

Die Informationen, die die Lebenszykluskostenrechnung zur Verfügung stellen soll, beziehen sich auf den gesamten Lebenszyklus eines Produktes bis zum Planungshorizont. Da in der Produktplanung bis zu 80 % der Kosten eines Produktes festgelegt werden, ist die grundlegende Idee des Zielkostenmanagements, möglichst früh auf diese Kosten Einfluss zu nehmen (vgl. Becker, 1993, S. 279 ff.; Männel, 1994, S. 106 ff.). Es wird bei der Planung der Kosten von der Möglichkeit der Veränderung der Potenziale ausgegangen.

> **Lernziel 6:** Kritisch zu den Annahmen des Zielkostenmanagements Stellung nehmen.

- Solche Entscheidungen entfalten ihre Wirkung weit in die Zukunft, daher werden sie als mittel- bis langfristig wirksam bezeichnet und der taktischen und strategischen Planung zugeordnet. Entscheidungen über Potenzialveränderungen werden mithilfe von Modellen der Investitionsrechnung getroffen, z. B. Modelle der Nutzungsdauer. Für solche über das Jahr hinaus wirksamen Entscheidungen ist die Kapitalbindung zu berücksichtigen.

- Zahlungen zwischen mehreren Zeitpunkten sind nicht gleichwertig, es muss eine explizite Berücksichtigung der Abzinsung erfolgen. Die pauschale Berechnung von Zinsen wie in der Kosten- und Erfolgsrechnung üblich ist dafür nicht ausreichend.

- Somit wird das sachlich und zeitlich abgegrenzte Objekt der Kosten- und Erfolgsrechnung verlassen und folglich gelten die Prämissen der Kostenrechnung nicht mehr. Denn die Kostenrechnung beruht auf konstanten Kapazitäten, gegebenen Verfahren und gegebenen Produkteigenschaften. Insbesondere die Produkteigenschaften werden ausdrücklich zum Gegenstand der Zielkostenplanung und -kontrolle.

Das Zielkostenmanagement muss von einer Reihe von Annahmen ausgehen. Da es ein statisches Modell voraussetzt, geht sie bei einer mehrperiodigen Betrachtung von einer fiktiven Durchschnittsperiode aus. Statische Modelle sind grundsätzlich nicht in der Lage, zeitliche Entwicklungen oder gar zeitliche Abhängigkeiten zu berücksichtigen. Im Gegensatz zum propagierten Anwendungsbereich, nämlich dynamische und wettbewerbsintensive Märkte, setzt ein statisches Modell stabile, gleich bleibende Verhältnisse voraus. Als grundsätzlicher Widerspruch tritt aus diesem Grund auch die Berücksichtigung von zukünftigen Kostensenkungsmöglichkeiten auf, denn das Konzept der Erfahrungskurve ist ja gerade ein dynamisches Modell.

So lassen sich beispielsweise die finanziellen Wirkungen verschiedener Konstruktionsalternativen in der Markt- und Entsorgungsphase nicht angemessen abbilden. Dieser Zweck erfordert eine mehrperiodige Rechnung, die auf den theoretischen Grundlagen der Investitionsrechnung aufbaut (vgl. Riezler, 1996, S. 93; Fischer & Schmitz, 1998, S. 215). Eine solche Rechnung wird hier als

Produktlebenszyklusrechnung im Sinne einer mehrperiodigen Produkt Rechnung bezeichnet. Diese Rechnung ist an der Schnittstelle von strategischer und taktischer Planungsebene angesiedelt, da die Auswirkungen strategischer Entscheidungen auf das finanzielle Ergebnis transparent gemacht werden sollen.

Rechnungszwecke einer Lebenszyklusrechnung

Die Produktlebenszyklusrechnung hat wie jeder Teil des Informationssystems Informationen entsprechend den Rechnungszwecken bereitzustellen. Welche Informationen werden benötigt? Hauptsächlicher **Zweck** der Produktlebenszyklusrechnung für die Zielkostenplanung und -kontrolle ist es, Informationen für die frühen Phasen der Produktentwicklung zu liefern (vgl. Sakurai & Keating, 1994, S. 86), sie wird daher zum wichtigsten Informationssystem für die Zielkostenplanung und -kontrolle.

> **Lernziel 7:** Rechnungszwecke und Zielgrößen für eine Produktlebenszyklusrechnung ableiten.

Die Planung sämtlicher während des Lebenszyklus anfallenden Ein- und Auszahlungen ist daher Voraussetzung für eine Optimierung über den gesamten Lebenszyklus. Als wichtigster Rechnungszweck kann daher die **Planung** sämtlicher für das Produkt anfallenden Zahlungen angesehen werden. Dieser Rechnungszweck wird insbesondere beim Konzept des Life-Cycle-Costing verfolgt, das als Vorläufer der Produktlebenszyklusrechnung gelten kann (vgl. Pfohl & Wübbenhorst, 1983, S. 142 ff.). Noch enger wird der Produktbezug, wenn die langfristig angelegte Preispolitik unterstützt werden soll, weil beispielsweise **langfristige Preisuntergrenzen** ermittelt werden sollen.

Im Zusammenhang mit dem Zielkostenmanagement steht die Planung der durch das Produkt veranlassten Kosten im Vordergrund. Ein weiterer wichtiger Rechnungszweck ist daher das Aufzeigen von Erfolgswirkungen verschiedener Konstruktionsalternativen, die der **Steuerung** des Entwicklungsprozesses dienen.

- Es sollen finanzielle Zielgrößen für Produkte den Entwicklungs- und Konstruktionsabteilungen vorgegeben werden, die entsprechend der Strategie einzuhaltende Kostenobergrenzen gewährleisten sollen (vgl. Franz, 1992, S. 1500). Denn es sind nur solche Konstruktionsalternativen zu berücksichtigen, die sich in dem vorher festgelegten Budget befinden.
- Eine Vorgabe von Kosten für das Gesamtprodukt ist jedoch nicht ausreichend. Die Kostenvorgaben müssen daher in unterschiedliche Budgets münden, für die einzelne Mitarbeiter oder Teams verantwortlich sind. Die Bemessung dieser Budgets erfolgt marktorientiert, bei der Bestimmung der Höhe der Budgets sollen die Wünsche der Kunden eine herausragende Rolle spielen.

Im nächsten Abschnitt soll das grundsätzliche Vorgehen eines dynamischen Zielkostenmanagements beschrieben werden, in dem an ausgewählten As-

7. Kapitel: Zielkostenplanung und -kontrolle

pekten der Zielkostenplanung und -kontrolle aufgezeigt wird, welche Informationen von einer Produktlebenszyklusrechnung benötigt werden.

Dynamische Zielgrößen und Zielkostenmanagement

Eine Produktlebenszyklusrechnung dient der Planung und Kontrolle von Produkten und Produktgruppen. Der Lebenszyklus von Produkten dient als Anknüpfungspunkt der Rechnung. Als Lebenszyklus wird die gesamte Zeit betrachtet, in der Entscheidungen und Handlungen für ein Produkt anfallen. Da die lebenszyklusorientierte Planung von Produkten auch die Veränderung von Potenzialen umfasst, ist sie der taktischen oder strategischen Ebene zuzuordnen (s. Darstellung 38). Die Produktlebenszyklusrechnung soll als Teil des Informationssystems die Schnittstelle zwischen strategischer und taktischer Ebene unterstützen. Es werden die Produktstrategien mithilfe dieser Rechnung abgebildet. In der Produktlebenszyklusrechnung soll somit eine Detaillierung der strategischen Entscheidungen vorgenommen werden. Die Produktlebenszyklusrechnung dient damit der Konkretisierung der strategischen Rahmenpläne in Form einer taktischen, mehrperiodigen Rechnung.

Mehrperiodige Rechnungen wie die verschiedenen Verfahren der dynamischen Investitionsrechnung beruhen auf Zahlungsgrößen, d. h. Ein- und Auszahlungen. Mit Ein- und Auszahlungen werden Geldbewegungen zwischen dem Unternehmen und seiner Umwelt erfasst. Im Rahmen einer Produktlebenszyklusrechnung werden jedoch nur Zahlungen erfasst, die ihren Ursprung im Leistungsbereich des Unternehmens haben (vgl. zur Zahlungsorientierung der Produktlebenszyklusrechnung Riezler, 1996, S. 134 ff.; Coenenberg et al., 1994, S. 29). Damit werden alle rein finanzwirtschaftlichen Transaktionen wie Kredittilgungen oder Dividendenzahlungen aus der Betrachtung ausgeschlossen. Liquiditätsanalysen, für die eine solche Betrachtung notwendig ist, lassen sich daher nur eingeschränkt mit diesem Konzept durchführen.

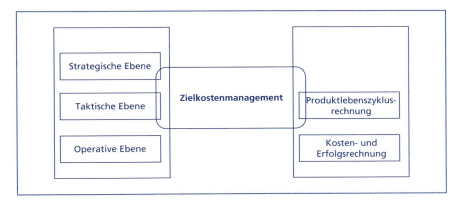

Darstellung 38: Produktlebenszyklusrechnung und Zielkostenmanagement

Voraussetzung für die Erfolgsbetrachtung ist jedoch trotzdem, dass die berücksichtigten Vorgänge zahlungswirksam werden. Aus dem Produktbezug leitet sich ein Kriterium ab, nach dem die Zahlungen, die für die Produktlebenszyklusrechnung relevant sind, abgegrenzt werden können: das Sachziel des Unternehmens. In der **Produktlebenszyklusrechnung** sind alle sachzielbezogenen Zahlungen zu berücksichtigen, die als erfolgswirksame Zahlungen oder Erfolgszahlungen bezeichnet werden (vgl. Chmielewicz, 1973, S. 85). Es werden deswegen alle durch eine Entscheidung über das Produkt veranlassten Zahlungen, die nicht kompensiert werden, in die Produktlebenszyklusrechnung aufgenommen.

> Ein positiver **Erfolgszahlungssaldo** eines Produktes zeigt an, dass sich das Produkt finanziell selbst trägt und zusätzlich in der Lage ist, für andere Zwecke im Unternehmen finanzielle Mittel bereitzustellen. Er ist damit ein Anzeiger für die Innenfinanzierungskraft der leistungswirtschaftlichen Prozesse des Produkts.

Der Ansatz von Zahlungen hat den Vorteil, dass eine direkte Ermittlung möglich ist, außerdem kann eine Ermittlung häufig auf Basis eines Investitionsprojektes erfolgen (vgl. Rückle & Klein, 1994, S. 355 f.). Die sich auf Basis von Zahlungen ergebenden Überschüsse sind direkt ermittelte Cashflows, die zusätzlich im Rahmen einer zahlungsorientierten und damit rein finanziellen Erfolgspotenzialrechnung verwendet werden können. Die produktbezogene Sicht kann somit um eine organisatorische erweitert werden, z. B., indem die Produktlebenszyklusrechnung in eine Rechnung für strategische Geschäftseinheiten eingebettet wird (vgl. zum Aufbau einer Erfolgspotenzialrechnung Breid, 1994, S. 140 ff.).

Um eine Beurteilung des Produkterfolges in einer zahlungsorientierten Produktlebenszyklusrechnung zu ermöglichen, ist es notwendig, mithilfe von Investitionsrechenverfahren zu arbeiten. Diese Vorgehensweise garantiert, dass analog zu den Verfahren der dynamischen Investitionsrechnung ein Erfolg des Produktes z. B. auf Basis des **Kapitalwerts** berechnet werden kann. Diese Zielgröße gibt die Vermögensänderung an, die mit der Entscheidung über das Produkt verbunden ist.

Die grundsätzliche Vorgehensweise der Zielkostenplanung, wie sie in diesem Kapitel dargestellt wird, lässt sich mit einer zahlungsorientierten Sichtweise verbinden (vgl. Mussnig, 2001a, S. 140 ff.; 2001b, S. 176 ff.; Götze & Linke, 2008, S. 114 ff.). Es ist daher eine mehrperiodige Rechnung analog zu den dynamischen Verfahren der Investitionsrechnung zu wählen. Wie lässt sich diese Sichtweise mit den von der Zielkostenplanung und -kontrolle benötigten Informationen verbinden (vgl. Brühl, 1996a, S. 326 f.).

- Voraussetzung, um Vorgaben zu bestimmen, ist die Prognose der Zahlungsströme. Anzusetzen sind die Umsatzeinzahlungen, die auf Basis der gewählten Preisstrategie erwartet werden.
- Die Einzahlungen sind auf den Budgetzeitpunkt abzuzinsen, sodass man den Barwert aller zukünftig, zu erwartenden Umsätze erhält.
- Die Zielrendite wird bei der Kapitalwertmethode durch den Kalkulationszinsfuß wiedergegeben: Er drückt die Verzinsung aus, die vom Investor

angestrebt wird. Bei einem Kapitalwert von 0 ist folglich die angestrebte Verzinsung erreicht (vgl. Schild, 2005, S. 282).

Wird davon ausgegangen, dass die Zielpreise und die abgesetzten Mengen durch die Strategie vorgeben sind, dann lassen sich die vom Markt erlaubten Auszahlungen AZ_t in ihrer Gesamtheit bestimmen. Ihre Höchstgrenze ist durch die Bedingung Kapitalwert = 0 gegeben. Dem Barwert der Einzahlungen EZ_t wird ein entsprechend hohes Ausgabenvolumen gegenübergestellt. Der Barwert der Auszahlungen stellt das Volumen für das betrachtete Produkt (P) für den gesamten Lebenszyklus dar.

$$BW_0^P = \sum_{t=1}^{n} EZ_t^P (1+i)^{-t} = \sum_{t=1}^{n} AZ_t^P (1+i)^{-t}$$

Vorteil dieses Vorgehens ist es, dass die Renditevorstellungen ausgedrückt durch den Zins i und die Abbildung der zeitlichen Struktur der Zahlungen explizit im Modell berücksichtigt werden. Wenn im Unternehmen mit gewichteten Kapitalkosten (WACC) diskontiert wird, so sind sie entsprechend in die Formel einzusetzen. So lassen sich die finanziellen Wirkungen unterschiedlicher Alternativen in der Rechnung messen und ihre Auswirkungen auf die Zielkosten (Allowable Cost) darstellen.

Eine Lebenszyklusorientierung erfordert eine Bemessung der Zielkosten-Budgets in Abhängigkeit von der betrachteten Phase des Lebenszyklus. Entsprechend der gewählten Strategie sind die prognostizierten und anzustrebenden Kostensenkungen während des Lebenszyklus als Vorgaben zu ermitteln. So weit wie möglich, sind die auf Basis von Lernkurven ermittelten Kostensenkungen zu berücksichtigen. Erreichbare Kostensenkungen sind abhängig von den Erfahrungseffekten, die in Zukunft gesammelt werden (vgl. Betz, 1995). Somit wird eine dynamische Analyse des Kostenanfalls über den gesamten Produktlebenszyklus erreicht, die dann für eine periodenbezogene Planung von Zielkosten verwendet werden kann.

Zum Abschluss des Kapitels soll auf Basis der dynamischen Sichtweise eine wichtige produktbezogene Information ermittelt werden, die zur langfristigen Steuerung des Unternehmens benötigt wird.

Langfristige Preisuntergrenzen

Im Kapitel zur Deckungsbeitragsrechnung werden verschiedene Preisuntergrenzen vorgestellt, die zur Beurteilung von Preisen zu bilden sind. Kurzfristige Preisuntergrenzen beruhen auf den variablen Kosten (Grenzkosten) und dienen der Unterstützung von kurzfristig orientierten Entscheidungen. Viele Unternehmen verwenden jedoch Vollkosten für ihre Preisuntergrenzen, da sie die Preispolitik eher als langfristig orientiert ansehen. Ob Vollkosten als geeignete Informationsgrundlage dienen können, soll nicht näher untersucht werden, vielmehr soll eine investitionstheoretische Bestimmung von langfristigen Preisuntergrenzen aufgezeigt werden (vgl. Raffée, 1974, S. 146).

> **Lernziel 8:** Langfristige Preisuntergrenzen mithilfe finanzmathematischer Methoden erläutern und ermitteln.

Um langfristige Preisuntergrenzen dynamisch zu bestimmen, werden die finanzmathematischen Methoden der Investitionsrechnung verwendet.

1. Für kurzfristige Preisgrenzen wird angenommen, dass sie auf Entscheidungssituationen beruhen, bei denen die Kapazitäten als gegeben angenommen werden. Die dann verwendeten statischen Modelle zeigen den Erfolg nicht in der Zeit an (vgl. Langen, 1966, S. 650).
2. Bei langfristigen Preisuntergrenzen wird davon ausgegangen, dass Kapazitäten veränderlich sind, z. B. können zusätzliche Investitionen erforderlich sein (vgl. Listl, 1998, S. 66; zum Zusammenhang zwischen Investitions- und Preispolitik Swoboda, 1966).

Daher sind bei langfristigen Preisuntergrenzen Investitionsrechenverfahren wie z. B. die Kapitalwertmethode angebracht.

- Der **Barwert** einer Investition setzt sich aus den zukünftigen abgezinsten Zahlungsüberschüssen zusammen. Für eine Entscheidung über ein Investitionsprojekt sind ausschließlich die zukünftigen Ein- und Auszahlungen, die durch das Projekt ausgelöst werden, relevant.
- Gleiches gilt für eine langfristige Preisuntergrenze: Es sind ausschließlich zukünftige Zahlungen zu betrachten.

Während die Investitionsrechnungen Entscheidungen über Projekte unterstützen sollen, wird für die langfristige Preisuntergrenze das Produkt in den Vordergrund gerückt.

> Unter einer **langfristigen Preisuntergrenze** werden die durchschnittlichen Auszahlungen eines Stückes (einer Mengeneinheit) verstanden, die den zeitlichen Anfall der Auszahlungen Rechnung trägt.

Um die langfristige Preisuntergrenze zu berechnen (vgl. zum Modellcharakter einer solchen Rechnung Bohr & Listl, 2000, S. 251 ff.), müssen zuerst die Auszahlungen, die mit dem Produkt verbunden sind, geplant werden (vgl. Bosse, 1991, S. 103). Wird von Kosten ausgegangen, sind die Kosten zu bestimmen, welche variabel sind und zu Auszahlungen führen und welche fix sind und zu Auszahlungen führen. Zum Zweiten müssen die zukünftigen Mengen geschätzt werden, all diese Informationen sollten in einer Produktlebenszyklusrechnung verfügbar sein.

Im Folgenden soll an einem einfachen Zahlenbeispiel eine langfristige Preisuntergrenze berechnet werden. Im Beispiel werden vier Perioden betrachtet, wobei Schätzungen für die variablen und fixen Kosten für die vier Perioden vorliegen, ebenso bestehen Schätzungen für die Mengen des Produktes (der Zinssatz beträgt 10 %).

Bei einer investitionstheoretischen Preisuntergrenze nach der Kapitalwertmethode ist zuerst der Barwert der Auszahlungen – im Beispiel die Kosten – zu

7. Kapitel: Zielkostenplanung und -kontrolle

bestimmen. Er beläuft sich im Beispiel auf fast 2,8 Mio. Euro und dient als Ausgangspunkt zu Berechnung der langfristigen Preisuntergrenze.

1. Die Preisuntergrenze ist erreicht, wenn der Barwert Null ist (vgl. Küpper, 1990, S. 89; 1985, S. 41). Dies ist dann der Fall, wenn der Barwert der Auszahlungen (Kosten) dem der Einzahlungen (Erlöse) entspricht.
2. Wenn der Barwert Null ist, dann ist auch gewährleistet, dass die Gewinnvorstellungen, die sich im Zinssatz ausdrücken, erfüllt werden.
3. Daher wird der Barwert der Auszahlungsreihe als Ausgangspunkt einer stückbezogenen Betrachtung gewählt.

			2	3	4		Summe
variable Kosten			500.000,00	600.000,00	700.000,00	1.000.000,00	
Fixkosten			200.000,00	200.000,00	200.000,00	200.000,00	
Summe			700.000,00	800.000,00	900.000,00	1.200.000,00	
Barwert			636.363,64	661.157,02	676.183,32	819.616,15	2.793.320,13
Mengen			10.000	12.000	14.000	20.000	56.000
Mengen (gewichtet)			9.090,91	9.917,36	10.518,41	13.660,27	43.186,94
dynamische Stückkosten (PUG)		64,6797					
Umsatz			646.797,41	776.156,89	905.516,37	1.293.594,81	
Barwert			587.997,64	641.451,97	680.327,85	883.542,66	2.793.320,13

Tabelle 47: Langfristige Preisuntergrenze

SEICHT hat zur Berechnung von Preisuntergrenzen – er bezeichnet sie als dynamische Stückkosten – die Division der abgezinsten Zahlungen durch die abgezinsten Mengen vorgeschlagen (vgl. Seicht, 1979, S. 203 f.; 2001, S. 326 f.; Däumler, 1991, S. 41 f.).

$$PUG_{langfristig} = \frac{\sum_{t=1}^{n} AZ_t \cdot q^{-t}}{\sum_{t=1}^{n} x_t \cdot q^{-t}} = \frac{2.793.320,13}{43.186,94} = 64,6797$$

PUG Preisuntergrenze
AZ_t Auszahlung
x Produktmenge
q Zinsfaktor

In der Tabelle 47 sind daher die „abgezinsten" Mengen berechnet, die zu der Preisuntergrenze führen (dort als gewichtet bezeichnet). In den Zeilen darunter wird zur Probe dieser Preis verwendet, die Umsätze ergeben den Barwert der Auszahlungsreihe (die Ergebnisse in der Tabelle 47 und Tabelle 48 sind auf 4 Nachkommastellen aufgerundet).

- Die Bezeichnung „Abzinsung von Mengen" bereitet allerdings einem Ökonomen Unbehagen und daher soll die Stückbetrachtung in etwas anderer Form interpretiert werden.
- Berechnet werden sollen die durchschnittlichen Auszahlungen je Stück unter Berücksichtigung ihres zeitlichen Anfalls. Der Barwert wird berechnet, indem die Zahlungen abgezinst werden. Dies entspricht mathematisch einer Gewichtung, wobei die Gewichtung dem Diskontfaktor entspricht. Jede Zahlung wird daher entsprechend ihrem zeitlichen Anfall gewichtet.

Sollen die durchschnittlichen Auszahlungen berechnet werden, müssen Auszahlungen und Mengen, die in der gleichen Periode anfielen, mit der gleichen Gewichtung versehen werden, damit das Verhältnis von nicht abgezinsten Zahlungen und Mengen pro Periode gleich bleibt. Es muss gelten:

$$\frac{AZ_t}{x_t} = \frac{AZ_t \cdot q^{-t}}{x_t \cdot q^{-t}} \tag{24}$$

Die durchschnittlichen Auszahlungen sind dann das gewichtete arithmetische Mittel der Durchschnittsauszahlungen einer Periode; dies lässt sich zeigen, indem die Formel umgestellt wird. Die gewichtete Menge $w_t = x_t \cdot q^{-t}$ wird eingesetzt und ergibt

$$PUG_{langfristig} = \frac{\sum_{t=1}^{n} w_t \cdot \frac{AZ_t}{x_t}}{\sum_{t=1}^{n} w_t} = \sum_{t=1}^{n} g_t \cdot \frac{AZ_t}{x_t} \quad \text{mit} \quad \sum_{t=1}^{n} g_t = 1$$

Für das Beispiel aus Tabelle 47 ist dies in Tabelle 48 berechnet. Zur Illustration sei der Wert für die erste Periode angegeben.

$$g_t = \frac{w_t}{\sum_{t=1}^{n} w_t}$$

$$\frac{9.090,91}{43.186,94} = 0,2105$$

$$0,2105 \cdot \frac{700.000}{10.000} = 14,7350$$

	1	2	3	4	Summe
Auszahlungen	700.000,00	800.000,00	900.000,00	1.200.000,00	
Mengen	10.000	12.000	14.000	20.000	56.000
Mengen (gewichtet)	9.090,91	9.917,36	10.518,41	13.660,27	43.186,94
Gewichte	0,2105	0,2296	0,2436	0,3163	1
dynamische Stückkosten	(14,7350)	(15,3067)	(15,6600)	(18,9780)	64,6797

Tabelle 48: Preisuntergrenze als gewogenes arithmetisches Mittel

7. Kapitel: Zielkostenplanung und -kontrolle

Dass es sich bei dem Wert von 64,6797 um den korrekten Wert handelt, der, wenn er als Einzahlung (Erlös) eingesetzt wird, zu einem Barwert von 0 führt, können Sie nochmals Tabelle 47 entnehmen.

> Die langfristige Preisuntergrenze ist ein gewogenes arithmetisches Mittel der Durchschnittszahlungen der einzelnen Perioden. Die Gewichtung erfolgt mithilfe der mit dem Diskontfaktor gewichteten Mengen.

Mit dem berechneten Wert von 64,6797 ist eine Preisuntergrenze ermittelt, die über den gesamten Planungszeitraum konstant ist und sowohl die geplanten Auszahlungen abdeckt, als auch den gewünschten Gewinn erwirtschaftet (zu Erweiterungen des Modells vgl. Riezler, 1996, S. 29 f.).

Schlüsselwörter

Allowable Cost (204)
Kostenmanagement (198)
Lebenszykluskosten (205)
Preisuntergrenze, langfristige (222)
Produktlebenszyklusrechnung (220)
Umsatzrentabilität (203)
Zielgewinn (203)
Zielkosten (204)
Zielkostenabweichung, relative (213)
Zielkostenindex (210)
Zielkostenplanung und -kontrolle (200)
Zielkostenspaltung (207)
Zielpreis (202)

Kontrollfragen

1. Was versteht man unter Kostenmanagement?
2. Beschreiben Sie die Besonderheiten des Zielkostenmanagements.
3. Definieren Sie Zielkosten.
4. Erläutern Sie die Zwecke des Zielkostenmanagements.
5. Unterscheiden Sie zwischen Allowable und Drifting Cost.
6. Erläutern Sie die Vorgehensweise zur Bestimmung von Zielkosten.
7. Welche zwei idealtypischen Preisstrategien lassen sich unterscheiden?
8. Wie wird der Zielpreis ermittelt?
9. Welche Kennzahl wird zur Bestimmung des Zielgewinns verwendet?
10. Erläutern Sie die Vorteile der Umsatzrentabilität gegenüber der Kapitalrentabilität. Welche Nachteile sind mit dieser Kennzahl verbunden?
11. Definieren Sie den Begriff Lebenszykluskosten.
12. Welche Bestandteile enthalten die Zielkosten?
13. Beschreiben Sie die Zielkostenspaltung und erläutern Sie die einzelnen Rechenschritte.
14. Wer gewichtet die Funktionen bei der Zielkostenspaltung und wer bestimmt die Anteile der Komponenten an der Funktionsbestimmung?
15. Erklären Sie den Zielkostenindex.
16. Beschreiben Sie das Zielkostenkontrolldiagramm.
17. Welche Annahmen sind mit dem Zielkostenmanagement verbunden? Nehmen Sie zu diesen Annahmen kritisch Stellung.

18. Welche Rechnungszwecke werden mit einer Produktlebenszyklusrechnung verfolgt?
19. Erläutern Sie, welche Zielgrößen in einer Produktlebenszyklusrechnung verwendet werden.
20. Was ist ein Erfolgszahlungssaldo?
21. Erklären Sie, wie in einer Produktlebenszyklusrechnung die sachlichen Bezugsobjekte miteinander verbunden sind.
22. Welche Phaseneinteilung wird für eine Produktlebenszyklusrechnung gewählt?
23. Wie wird auf Basis der Kapitalwertmethode ein Budget ermittelt?
24. Welchen Nachteil hat die Marginalbetrachtung bei der Bestimmung eines Budgets?
25. Welche Verbundenheiten müssen beachtet werden, wenn der Deckungsbedarf für ein Produkt ermittelt werden soll?
26. Warum ist es sinnvoll auch Ressourcen zu betrachten, die bereits im Unternehmen vorhanden sind? Geben Sie Beispiele.
27. Unterscheiden Sie kurz- und langfristige Preisuntergrenzen.
28. Erläutern Sie eine langfristige Preisuntergrenze, die auf finanzmathematischer Basis ermittelt wurde.
29. Warum ist die Preisuntergrenze erreicht, wenn der Barwert der Auszahlungen gleich null ist?
30. Erklären Sie die Preisuntergrenze als gewogenes arithmetisches Mittel.

Übungsaufgaben

Übung 1: Zielkostenmanagement in der Znemis AG

Nach Ihrem erfolgreichen BWL-Studium haben Sie sofort eine Festanstellung bei der Beratungsgesellschaft „McKimmi" bekommen. Einer Ihrer ersten Klienten ist der Elektronikhersteller „Znemis". Die Znemis AG ist ein international tätiges Unternehmen mit einem diversifizierten Produktportfolio im Bereich Elektronikprodukte. Sie werden beauftragt nach Optimierungspotentialen bei „Znemis" zu suchen und diese umzusetzen. Dabei fällt Ihnen schnell der Geschäftsbereich „Phasenprüfer" auf.

Dieser Geschäftsbereich stellt sogenannte Phasenprüfer zur Kontrolle von Wechselspannungen im Niederspannungsbereich her. Ein Phasenprüfer besteht dabei aus drei Einheiten: einer Glimmlampe, einem Kunststoffgehäuse und einem Kontaktstift. Beim Gebrauch des Phasenprüfers sind zwei Eigenschaften von Bedeutung: Sicherheit und Anzeigezuverlässigkeit. Zur Berechnung der Kosten wird nicht das branchenübliche „Target-Costing" verwendet. Der Controllingleiter stellt Ihnen außerdem folgende Informationen zur Verfügung:

7. Kapitel: Zielkostenplanung und -kontrolle

Funktion	Gewichtung in Prozent
Sicherheit	80
Anzeigezuverlässigkeit	20

Auf einer gemeinsamen Sitzung wurde geschätzt, welchen Anteil die Komponenten des Phasenprüfers an der Erfüllung der Funktion haben.

Funktion / Komponente	Sicherheit (%)	Anzeigezuverlässigkeitt (%)
Glimmlampe	10	70
Kontaktstab	10	25
Kunststoffgehäuse	80	5
Summe	100	100

Der Zielverkaufspreis wird mit 5,50 Euro angegeben und die Geschäftsleitung erwartet eine Umsatzrendite von 20 %.

Die Controlling-Abteilung nahm eine Schätzung der Plankosten (Drifting Cost) vor und ermittelte 5,00 Euro, die sich, wie folgt, auf die Komponenten verteilen.

Komponenten	Kostenanteil in Prozent
Glimmlampe	20
Kontaktstab	30
Kunststoffgehäuse	50

a) Berechnen Sie zuerst die Bedeutung der Komponente.
b) Ermitteln Sie für jede Komponente ihren Zielkostenindex.
c) Ermitteln Sie die relative Zielkostenabweichung und den Kostenreduktionsbedarf für jede Komponente. Vergleichen Sie ihre Ergebnisse mit ihrer Lösung zu b).
d) Interpretieren Sie Ihre Ergebnisse (verbal und an einer graphischen Darstellung). Welche Konsequenzen schlagen Sie vor?

Übung 2: Langfristige Preisuntergrenze bei der Druckfix AG

Die Druckfix AG will einen Tischrechner auf den Markt bringen, für den variable Kosten in Höhe von 20 Euro je Produkteinheit geschätzt werden, die als auszahlungswirksam gelten. Die Marketing-Abteilung prognostiziert folgende Stückzahlen für die nächsten Jahre.

	1	2	3	4
Absatzmengen	12.000	14.000	16.000	15.000

Für diese Absatzmengen wird von fixen Kosten (alle auszahlungswirksam) in Höhe von 50.000 Euro/Jahr ausgegangen.

Berechnen Sie die langfristige Preisuntergrenze mithilfe des Barwertansatzes (die Druckfix setzt für jedes Projekt die angestrebte Verzinsung von 30 % an).

Teil 4
Erfolgsplanung und -kontrolle für Unternehmen – Budgets und Verrechnungspreise

Budgetierung wird als eine der wichtigsten Aufgaben des Controllings angesehen, daher wird sie im Zentrum dieses Teils stehen. Letztlich handelt es sich um eine Erlös- und Kostenplanung, die in eine Erfolgsplanung für das gesamte Unternehmen mündet. Daher werden zu Beginn dieses Teils im achten Kapitel die unterschiedlichen Formen der Erfolgsrechnung vorgestellt und gezeigt, wie sie sich auf den Erfolgsausweis auswirken.

8. Kapitel: Erfolgsrechnung (230)

9. Kapitel: Budgets und Plankostenrechnung (254)

10. Kapitel: Budgetkontrolle und Abweichungsanalyse (295)

11. Kapitel: Verrechnungspreise (343)

In einem weiteren Kapitel werden die Budgetierung sowie Grundlagen der Erlös- und Kostenplanung dargestellt. Kontrollen und Abweichungsanalyse von Erlösen und Kosten werden im zehnten Kapitel analysiert, gleichzeitig wird exemplarisch am Beispiel der Kosten eine vergleichende Analyse von Methoden der Abweichungsanalyse vorgestellt. Abgerundet wird dieser Teil mit dem Kapitel über Verrechnungspreise, die immer dann eingesetzt werden, wenn im Unternehmen zwischen selbständigen Bereichen Leistungen ausgetauscht werden.

8. Kapitel: Erfolgsrechnung

„Wenn diese Rechnung auch eine Rückschau ist, so soll sie dennoch nicht, wie leider gewöhnlich die langfristigen (Jahres-) Erfolgsrechnungen, nur Geschichte schreiben, lediglich nachweisen, wie der Ablauf der Vergangenheit war. Sie soll in erster Linie Wegweiserin in die Zukunft und damit Vorschau sein. Das kann sie eher als die Jahres-Erfolgsrechnung, weil sie den Erfolg in kurzen Zeitabständen ermittelt." (Theodor Beste, 1930, S. 1)

„Im großen und ganzen wird es in der Praxis nicht so häufig nötig werden, mitten im Geschäftsjahre über die Geschäftslage orientiert zu sein. Wer das öfters nötig hat, kann einem leid tun." (Köpf, 1909, S. 159)

Mithilfe der Erfolgsrechnung wird es dem Controller möglich, zu erkennen, inwiefern sich das Unternehmen auf dem strategisch und taktisch vorgegebenen Pfad bewegt. Der Erfolg in einer Kosten- und Erfolgsrechnung wird ermittelt, indem von den Erlösen die Kosten abgezogen werden. Allerdings ist schon im Kapitel Erfolgsziele angedeutet worden, dass es von der Art der Bewertung abhängt, welche Kosten abgezogen werden.

Im internen Rechnungswesen wird die Erfolgsrechnung meist als kurzfristige Erfolgsrechnung eingesetzt, denn um als Steuerungsinstrument verwendet zu werden, wäre eine Jahresrechnung nicht ausreichend.

In diesem Kapitel steht die Frage im Vordergrund, ob sich die Wahl eines Kostenrechnungssystems auf den berechneten Erfolg auswirkt. Es sollen daher die bisher behandelten Kostenrechnungssysteme Vollkostenrechnung und Teilkostenrechnung ausführlich betrachtet werden. Einleitend wird die Erlösrechnung kurz beschrieben.

Lernziele

Nach der Lektüre des Kapitels sollten Sie Folgendes können:
- Lernziel 1: Den Aufbau einer Erlösrechnung erläutern. (231)
- Lernziel 2: Zwecke der kurzfristigen Erfolgsrechnung beschreiben. (233)
- Lernziel 3: Gesamtkostenverfahren auf Vollkostenbasis erläutern und anwenden. (234)
- Lernziel 4: Umsatzkostenverfahren auf Vollkostenbasis erläutern und anwenden. (237)
- Lernziel 5: Umsatzkostenverfahren auf Teilkostenbasis erläutern und anwenden. (238)
- Lernziel 6: Den Unterschied zwischen Umsatzkostenverfahren auf Vollkostenbasis und Teilkostenbasis berechnen und erläutern. (240)
- Lernziel 7: Kritik an der einstufigen Deckungsbeitragsrechnung erörtern. (241)
- Lernziel 8: Fixkostenstufen in einer mehrstufigen Deckungsbeitragsrechnung berechnen sowie die Erfolgsstruktur analysieren. (242)

8. Kapitel: Erfolgsrechnung

- Lernziel 9: Währungsrisiken und Organisationstypen internationaler Unternehmen als wesentliche Kontextfaktoren erläutern. (245)
- Lernziel 10: Idealtypische Formen von Tochterunternehmen und ihr Einfluss auf die Wahl der Währungsumrechnung erläutern. (246)

Erlösrechnung

In einer **Erlösrechnung** sind Erlöse zu erfassen und auf Erlösobjekte zuzurechnen. Allerdings gibt es neben einigen Gemeinsamkeiten eine Reihe von Unterschieden zur Kostenrechnung, die kurz beschrieben werden.

- Auch die Erlösrechnung hat für die **Rechnungszwecke** der Planung und Kontrolle Informationen bereitzustellen (zur Erlösplanung s. S. 261 ff. und zur Erlöskontrolle s. S. 329 ff.).
- Allerdings ist es für die Unternehmen in der Regel nicht möglich, die Erlöse ähnlich wie die Kosten zu beeinflussen, da auf die Erlöse wesentlich mehr Einflussgrößen wirken, die nicht vom Unternehmen kontrolliert werden. Beispielsweise ist es bei einem konjunkturellen Rückgang der Nachfrage einem Unternehmen kaum möglich, sich den schwindenden Erlösen zu entziehen.

Zwar sind die Erlöse nicht in dem Maße beeinflussbar wie die Kosten, doch bedeutet dies nicht, dass der Erfassung und Zurechnung der Erlöse keine Bedeutung zukommt.

Lernziel 1: Den Aufbau einer Erlösrechnung erläutern.

In Darstellung 39 sind die Kostenrechnung und die Erlösrechnung gegenübergestellt, um die Gemeinsamkeiten und Unterschiede charakterisieren zu können. Analog zur Kostenrechnung lässt sich die Erlösrechnung in drei Teilsysteme differenzieren:

1. die **Erlösartenrechnung**,
2. die **Erlösstellenrechnung** und
3. die **Erlösträgerrechnung**.

Die zur Kostenrechnung ähnlichen Begriffe täuschen jedoch vor, dass die Erfassung und Zurechnung der Erlöse wie in der Kostenrechnung abläuft: Die Besonderheiten der Erlöse führen hingegen zu einer anderen Reihenfolge.

Erlöse beruhen auf Marktleistungen, die regelmäßig erfasst werden, wenn die Produkte am Markt abgesetzt werden. Erlösarten können daher nicht nach der Art der entstehenden Güter wie in der Kostenrechnung gebildet werden, da dies der Definition der Erlösträger entspricht. Erlösarten sind daher die verschiedenen Komponenten des Erlöses (vgl. Männel, 1993, Sp. 573, 575 f.; Hoitsch & Lingnau, 2007, S. 209 ff.):

1. Basiserlös (Listenpreis),

2. Erlösminderungen (Rabatte) und
3. Erlösberichtigungen (Boni und Skonti).

Um Erfolge berechnen zu können, müssen den Kosten entsprechende Erlöse gegenübergestellt werden. In der **Erlösträgerrechnung** werden den Produkten, die das Unternehmen am Markt absetzen will, ihre jeweiligen Erlöse zugerechnet. Erlösträger und Kostenträger sind identisch: Es sind die Leistungen des Unternehmens, die für den Absatz bestimmt sind. Noch nicht abgesetzte Leistungen, die bereits als Fertigprodukte auf dem Lager liegen, können nach der wertmäßigen Erlöskonzeption als kalkulatorische Erlöse erfasst werden. In der Regel werden Lagerleistungen jedoch mit ihren Herstellkosten bewertet.

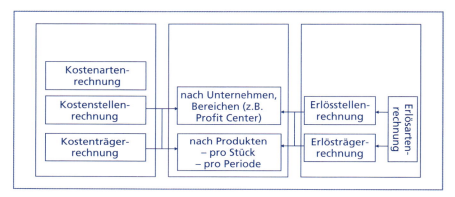

Darstellung 39: Erfolgs- und Erlösrechnung
(Quelle: verändert übernommen aus Männel, 1983a, S. 58)

Unterschiede zwischen Kosten und Erlösen bestehen auch bei der Zurechnung, wobei auch in der Erlösrechnung zwischen Einzel- und Gemeinerlösen getrennt wird. Allerdings sind die Wirkungen auf den Erfolg anders.

- **Einzelerlöse** sind einem einzelnen Produkt direkt zurechenbar, Gemeinerlöse hingegen nicht.

- Während Gemeinkosten auch dann anfallen, wenn ein Produkt nicht gefertigt wird, fallen **Gemeinerlöse** insgesamt weg, wenn eine Leistungseinheit nicht angeboten wird. So lassen sich zwar bei einem PC-Paket Preise für einzelne Teilleistungen wie Drucker, Tastatur oder Bildschirm feststellen, allerdings kaufen die meisten Kunden das Gesamtpaket. Entscheidungen des Unternehmens werden daher auch über das Gesamtpaket (Leistungsbündel) getroffen, denn für die Kunden sind die einzelnen Teilleistungen verbunden.

Im Beispiel liegt eine **Angebotsverbundenheit** vor, da das Unternehmen in seiner Produkt- und Preispolitik eine ganz bestimmte Gestaltung gewählt hat. Solche Angebotsverbundenheiten findet man daher in vielen Branchen, die eine Vielzahl von Leistungen anbieten wie die Kreditinstitute oder die Bauwirtschaft. Wenn die Präferenzen der Kunden zu Verbundenheiten führen, liegen **Nachfrageverbundenheiten** vor. Es ist Aufgabe der Marketing-Abteilung herauszufinden, welche Kombination von Teilleistungen die Kunden bevorzugen, um solche Nachfrageverbundenheiten im eigenen Angebot berücksichtigen zu können. Aus Sicht des Controllings ist es wichtig, dass bei Verbundenheiten nicht die einzelne Teilleistung der Erlösträger ist, sondern das Paket.

In der **Erlösstellenrechnung** werden die Erlöse einzelnen internen Organisationseinheiten zugeordnet, um z. B. einen Erfolg eines Profit-Centers zu bestimmen. Als Erlösstellen lassen sich neben diesen internen Bereichen auch die externen Erlösstellen interpretieren (vgl. Männel, 1983b, S. 145 ff.). Erlösstellen sind dann definiert als der Ort, wo die Erlöse entstehen und erfasst werden, wie z. B. den Kunden oder den verschiedenen Teilmärkten. Interne Erlösstellen sind für die Erlöse verantwortlich und übernehmen die Erlösplanung und -kontrolle. Die Zurechnung auf interne Erlösstellen dient letztlich der Vorbereitung der internen Erfolgsrechnung, die im Folgenden ausführlich behandelt wird.

Die kurzfristige Erfolgsrechnung

Mithilfe der **kurzfristigen Erfolgsrechnung** wird einer der wichtigsten Rechnungszwecke erfüllt, nämlich den Betriebserfolg des Unternehmens festzustellen, indem den Erlösen die Kosten der Periode gegenübergestellt werden. Diese Beschreibung wird in diesen Abschnitten noch präzisiert und die kurzfristige Erfolgsrechnung von der externen Gewinn-und-Verlust-Rechnung abgegrenzt. Warum gibt es überhaupt neben der externen Erfolgsrechnung eine interne?

Als Erstes hat sich die Selbstkostenrechnung entwickelt, die auf den Zweck der Kalkulation der Leistungen gerichtet war, erst später kam die kurzfristige Erfolgsrechnung dazu. Wichtiges historisches Ereignis war die große Inflation in Deutschland (1923/24), die es plausibel machte, im internen Rechnungswesen vom Nominalprinzip abzuweichen und Substanzerhaltung zu betreiben. In dieser Zeit setzte sich die Idee SCHMALENBACHS durch, der zwischen Aufwand und Kosten sowie Ertrag und Erlös trennte. Ohne Zweifel war dies die Voraussetzung, um im internen Rechnungswesen andere Wertmaßstäbe zuzulassen.

> **Lernziel 2:** Zwecke der kurzfristigen Erfolgsrechnung beschreiben.

Die kurzfristige Erfolgsrechnung unterscheidet sich von der Gewinn-und-Verlust-Rechnung in mehreren Punkten:
1. Kosten und Erlöse werden in der Regel **anders bewertet** als Aufwand und Ertrag.
2. Die kurzfristige Erfolgsrechnung wird in **kürzeren Zeitabständen** erstellt, als Standard gilt die monatliche Rechnung. Der Jahresabschluss wird

hingegen nur jährlich erstellt – mit der Ausnahme bestimmter Börsensegmente, die von Unternehmen eine vierteljährliche Berichterstattung verlangen.

3. Erfolge einzelner Produkte sind aus der Gewinn-und-Verlust-Rechnung nicht erkennbar und damit werden die **Quellen des Erfolges** nicht im Einzelnen erkannt und analysiert. Diese Aufgabe übernimmt die kurzfristige Erfolgsrechnung.

Wenn Sie schon einmal ein Unternehmen anhand der Jahresabschlüsse analysieren mussten, werden Sie sich insbesondere an den letzten Punkt erinnern. Sie können weder aus der Analyse der Gewinn-und-Verlust-Rechnung noch der Segmentberichterstattung den Beitrag einzelner Produkte zum Gesamterfolg des Unternehmens erkennen. Genau dies ist der **Zweck der kurzfristigen Erfolgsrechnung**: Sie soll den Beitrag jedes einzelnen Produkts, von Produktgruppen oder organisatorischen Bereichen zum Erfolg des Unternehmens deutlich machen.

Der Erfolg, der in der kurzfristigen Erfolgsrechnung berechnet wird, soll anzeigen, wie gut das Unternehmen mit seinen Produkten am Markt agiert, gesucht ist der **Absatzerfolg**. In einer Marktwirtschaft ist nun einmal der Absatzmarkt der Gradmesser für die Produkte des Unternehmens, daher sind Produkterfolge nicht als Produktionserfolge, sondern als Absatzerfolge relevant. Sie sollten sich an die Definition von Kosten erinnern, dort wurden nur sachzielbezogene Güterverzehre als Kosten zugelassen. Da sich im Sachziel das Produktprogramm des Unternehmens widerspiegelt, ist damit die Voraussetzung erfüllt, einen Absatzerfolg zu ermitteln. In der Abgrenzung werden die neutralen Aufwendungen aus der kurzfristigen Erfolgsrechnung ferngehalten, der Erfolg zeigt daher nicht den gesamten Unternehmenserfolg, sondern nur den, der mit dem Sachziel zusammenhängt.

> Der **Betriebserfolg** (kalkulatorische Erfolg) ist der Saldo aus Kosten (sachzielbezogener Güterverzehr) und Erlösen (sachzielbezogene Güterentstehung).

Welche Möglichkeiten gibt es nun, einen Betriebserfolg zu ermitteln? Grundlegend sind **zwei Verfahren der Erfolgsermittlung**:

- Gesamtkostenverfahren und
- Umsatzkostenverfahren.

Lernziel 3: Gesamtkostenverfahren auf Vollkostenbasis erläutern und anwenden.

Beide Verfahren werden in diesem Kapitel zuerst auf Basis von Vollkosten vorgestellt, anschließend wird dies mit der Deckungsbeitragsrechnung auf Teilkosten erweitert, und zwar sowohl einstufig als auch mehrstufig. Hauptunterschied zwischen den Verfahren ist, dass im Umsatzkostenverfahren direkt an die Absatzmenge angeknüpft wird, im Gesamtkostenverfahren

8. Kapitel: Erfolgsrechnung

hingegen von den Kosten der produzierten Menge ausgegangen wird und dann eine ergänzende Berechnung nötig wird, um doch den Absatzerfolg zu ermitteln.

Das Gesamtkostenverfahren auf Vollkostenbasis

Da im **Gesamtkostenverfahren** die gesamten Kosten einer Periode den Umsatzerlösen der Periode gegenübergestellt werden, sind die Bestandsveränderungen als Korrekturgröße zu berücksichtigen, wenn der Absatzerfolg berechnet werden soll.

Betriebserfolg	=	Umsatzerlöse (nach **Produktarten** gegliedert)
	+	Bestandserhöhungen an Zwischen- und Fertigprodukten
	−	Bestandsverringerungen an Zwischen- und Fertigprodukten
	−	Gesamtkosten (nach **Kostenarten** gegliedert)

Tabelle 49: Betriebserfolg nach Gesamtkostenverfahren

Die Umsatzerlöse werden durch die Absatzmenge erreicht, die Gesamtkosten beruhen hingegen auf der Produktionsmenge der Periode. Um den Absatzerfolg zu ermitteln, sind jedoch ausschließlich die Absatzmengen und die dafür notwendigen Kosten relevant. Es gibt drei Fälle, die zu unterscheiden sind:

1. **Absatzmenge und Produktionsmenge sind gleich**, dann muss nicht korrigiert werden.
2. **Die Absatzmenge ist kleiner als die Produktionsmenge** (= Bestandszunahme), dann werden die Bestandserhöhungen addiert: Die Bestände werden mit Herstellkosten bewertet. Da sie zum Einen addiert werden und zum Anderen als Teil der Gesamtkosten wieder abgezogen werden, ergibt sich ein zusätzlicher Betriebserfolg von null.
3. **Die Absatzmenge ist größer als die Produktionsmenge** (= Bestandsabnahme), dann werden die Bestandsverringerungen subtrahiert: Wenn die Lagerbestände das Lager verlassen und abgesetzt werden, sind ihre Herstellkosten in dieser Periode als Kosten anzusehen.

Im Folgenden wird ein kleines Fallbeispiel dargestellt, das in den nächsten Abschnitten aufgegriffen wird, um die Unterschiede zwischen den Verfahren zu erläutern.

Fallbeispiel 11a: Gesamtkostenverfahren auf Vollkostenbasis

Ein Unternehmen produziert 5 Produkte und hat für die vergangene Periode folgende Kosten festgestellt:

Herstellkosten: 13.620,– Euro
Vertriebskosten: 2.496,– Euro
Verwaltungskosten: 3.744,– Euro

Die weiteren Angaben zu den Produkten entnehmen Sie der folgenden Tabelle:

Produkt	1	2	3	4	5
Erlös/Stück	12,–	7,–	6,–	14,–	50,–
Absatzmenge	200	100	80	250	200
Bestandsveränderung		–80	20	20	50
volle Herstellkosten	10,50	9,–	6,–	12,–	30,–

Daraus ergeben sich für eine Monatsrechnung die Werte in der folgenden Tabelle, die zeigt, dass sich nicht der Beitrag der einzelnen Produkte am Betriebserfolg des Unternehmens erkennen lässt (vgl. Beste, 1962, S. 490).

Produkt	1	2	3	4	5	Gesamt
Erlöse	2.400,–	700,–	480,–	3.500,–	10.000,–	17.080,–
Bestands-veränderung		9,– ·(–80) = –720,–	6,– · 20 = 120,–	12,– · 20 = 240,–	30,– · 50 = 1.500,–	+1.140,–
Herstellkosten						–13.620,–
Vertriebskosten						–2.496,–
Verwaltungskosten						–3.744,–
Betriebserfolg						= –1.640,–

Und dies, obwohl Sie unschwer erkennen können, dass für die Bestandsbewertung eine Kalkulation erforderlich ist, weil die Herstellkosten bekannt sein müssen. Womit auch schon der zweite Nachteil des Gesamtkostenverfahrens angesprochen ist: Es sind Inventuren notwendig, da die Zwischen- und Fertigprodukte körperlich erfasst werden müssen; dies ist nur in Unternehmen mit wenigen Produktarten möglich. Schwerer wiegt jedoch der erste Nachteil, denn die kurzfristige Erfolgsrechnung soll ermöglichen, was mit der Gewinn-und-Verlust-Rechnung nicht erreicht werden kann. Deswegen ist ein Verfahren entwickelt worden, das direkt an die Absatzmengen anknüpft.

Das Umsatzkostenverfahren auf Vollkostenbasis

Wenn der Absatzerfolg bestimmt werden soll, ist es sinnvoll, die Absatzmengen als Ausgangspunkt der Erfolgsrechnung zu nehmen.

8. Kapitel: Erfolgsrechnung

Lernziel 4: Umsatzkostenverfahren auf Vollkostenbasis erläutern und anwenden.

Daher werden im **Umsatzkostenverfahren** den Umsatzerlösen, die sich aus den Absatzmengen ergeben, die Selbstkosten der abgesetzten Produkte gegenübergestellt.

Betriebserfolg	=	Umsatzerlöse (nach **Produktarten** gegliedert)
	−	volle Selbstkosten der abgesetzten Produkte (nach **Kostenträgern** gegliedert)

Tabelle 50: Betriebserfolg nach Umsatzkostenverfahren

In der Gleichung gibt der Term $(e_j - k_j)$ den vollen Stückerfolg einer Produkteinheit wieder.

$$BE = \sum_{j=1}^{n} (e_j - k_j) x_{Aj} \qquad (25)$$

BE Betriebserfolg
x_{Aj} Absatzmenge des Produktes j mit j = 1, ... , n
e_j Erlös je Stück des Produktes j mit j = 1, ... , n
k_j volle Selbstkosten des Produktes j mit j = 1, ... , n

Wenn Sie sich die Gleichung näher anschauen, sehen Sie, dass beide Nachteile des Gesamtkostenverfahrens nicht mehr auftreten:

1. es müssen keine Bestände mehr erfasst werden und noch wichtiger:
2. der Erfolgsbeitrag jedes einzelnen Produktes ist erkennbar.

Dies lässt sich auch an der Fortsetzung des Fallbeispiels Fallbeispiel 11 zeigen.

Fallbeispiel 11b: Umsatzkostenverfahren auf Vollkostenbasis

Das Fallbeispiel 11 (S. 235) des vorigen Abschnitts wird nun für das Umsatzkostenverfahren fortgesetzt.

Produkt	1	2	3	4	5
Erlös/Stück	12,−	7,−	6,−	14,−	50,−
Absatzmenge	200	100	80	250	200
Vollkosten/ Stück:					
volle Herstellkosten	10,50	9,−	6,−	12,−	30,−
volle Vertriebskosten	2,10	1,80	1,20	2,40	6,−
volle Verwaltungskosten	3,15	2,70	1,80	3,60	9,−

In einem ersten Schritt sollen die Stückerfolge berechnet werden:

Produkt	1	2	3	4	5
Erlös	12,–	7,–	6,–	14,–	50,–
volle Selbstkosten	15,75	13,50	9,–	18,–	45,–
voller Stückerfolg	–3,75	–6,50	–3,–	–4,–	5,–

Aus dieser Tabelle lässt sich die Monatsrechnung entwickeln:

Produkt	1	2	3	4	5	Gesamt
Erlöse	2.400,–	700,–	480,–	3.500,–	10.000,–	17.080,–
volle Selbstkosten	15,75 · 200 = –3.150,–	13,50 · 100 = –1.350,–	9,– · 80 = –720,–	18,– · 250 = –4.500,–	45,– · 200 = –9.000,–	–18.720,–
Betriebserfolg	–750,–	–650,–	–240,–	–1.000,–	1.000,–	–1.640,–

Der Betriebserfolg in beiden Verfahren ist gleich. Dies zeigt, dass die Korrektur im Gesamtkostenverfahren durch Bestandsveränderungen gelungen ist und somit der Grundgedanke, einen Absatzerfolg zu bestimmen, auch im Gesamtkostenverfahren gelingt (vgl. Kilger, 1987, S. 422 f., der zeigt, dass durch Umformen die Gleichungen des Betriebserfolges nach Gesamtkostenverfahren und Umsatzkostenverfahren ineinander überführt werden können). Beim Vergleich der beiden Verfahren zeigt sich der Vorteil des Umsatzkostenverfahrens, Informationen auch für einzelne Produkte zu liefern. Die Erfolgsstruktur lässt sich daher besser erkennen.

Allerdings sind diesem Erkennen Grenzen gesetzt, da in den vollen Selbstkosten fixe Kosten enthalten sind. Wenn Entscheidungen über Absatzmengen getroffen werden, ist nicht erkennbar, wie sich die vollen Selbstkosten entwickeln. Dazu ist es Voraussetzung, dass die Kosten in fixe und variable Anteile getrennt werden.

Der Betriebserfolg in der Deckungsbeitragsrechnung

Um einen Betriebserfolg in der Deckungsbeitragsrechnung zu ermitteln, werden den gesamten Erlösen einer Periode die variablen Selbstkosten der abgesetzten Produkte gegenübergestellt (Umsatzkostenverfahren auf Teilkostenbasis).

Lernziel 5: Umsatzkostenverfahren auf Teilkostenbasis erläutern und anwenden.

Der Deckungsbeitrag ist entweder eine Stückgröße oder eine Periodengröße. In der kurzfristigen Erfolgsrechnung eines Monats stehen den monatlichen

8. Kapitel: Erfolgsrechnung

variablen Kosten die Erlöse dieses Monats gegenüber: der **Periodendeckungsbeitrag (D)**.

$$D = \sum_{j=1}^{n}\left(e_j - k_{vj}\right) x_{Aj} = \sum_{j=1}^{n} d_j \cdot x_{Aj} \qquad (26)$$

x_{Aj} Absatzmenge des Produktes j mit j = 1, ... , n

Die Formel zeigt, dass in Mehrproduktunternehmen für jedes Produkt der Deckungsbeitrag der Periode ausgewiesen wird. Von der Summe aller Deckungsbeiträge werden die Fixkosten abgezogen, sodass als Ergebnis der Betriebserfolg (BE) ermittelt wird, als Betriebsgewinn oder Betriebsverlust.

$$BE = \sum_{j=1}^{n}\left(e_j - k_{vj}\right) x_{Aj} - K_F \qquad (27)$$

e_j Erlös je Stück des Produktes j mit j = 1, ... , n
k_{vj} Selbstkosten des Produktes j mit j = 1, ... , n
x_{Aj} Absatzmenge des Produktes j mit j = 1, ... , n
K_F Fixkosten der Periode

Es soll das Fallbeispiel 11 (S. 237) fortgesetzt werden:

Fallbeispiel 11c: Umsatzkostenverfahren auf Teilkostenbasis (einstufige Deckungsbeitragsrechnung)

Das Unternehmen will für seine fünf Produkte einen Monatserfolg berechnen, die Kosten und Erlöse für die einzelnen Produkte sind in der folgenden Tabelle aufgeführt.

Produktart	1	2	3	4	5
Erlös	12,–	7,–	6,–	14,–	50,–
variable Selbstkosten	–11,25	–10,50	–7,50	–13,50	–36,–
Deckungsbeitrag	= 0,75	= –3,50	= –1,50	= 0,50	= 14,–

Daraus ergeben sich für eine Monatsrechnung:

Produkt	1	2	3	4	5	Gesamt
Erlöse	2.400,–	700,–	480,–	3.500,–	10.000,–	17.080,–
variable Selbstkosten	200 · 11,25 = –2.250,–	100 · 10,50 = –1.050,–	80 · 7,50 = –600,–	250 · 13,50 = –3.375,–	200 · 36,– = –7.200,–	–14.475,–
Deckungsbeitrag	= 150,–	= –350,–	= –120,–	= 125,–	= 2.800,–	= 2.605,–
Fixkosten						–4.465,–
Erfolg						= –1.860,–

Wenn Sie die Ergebnisse zwischen dieser Rechnung auf Teilkostenbasis mit der auf Vollkostenbasis vergleichen, dann stellen Sie fest, dass zwischen beiden Erfolgen ein Unterschied besteht.

Lernziel 6:	Den Unterschied zwischen Umsatzkostenverfahren auf Vollkostenbasis und Teilkostenbasis berechnen und erläutern.

Nun sollte die Wahl eines Verfahrens der Erfolgsrechnung eigentlich nicht das Ergebnis bestimmen, daher soll geklärt werden, worauf der Unterschied beruht. Schon 1936 hat HARRIS in einem Aufsatz auf diesen Unterschied aufmerksam gemacht, er hat festgestellt, dass mit schwankenden Absatz- und Produktionsmengen und damit Lagerbestandsveränderungen unterschiedliche Betriebserfolge bei Vollkosten- und Teilkostenansatz ermittelt werden. Im vorliegenden Beispiel beträgt der Unterschied

1.860,– – 1.640,– = 220,– Euro

Der Verlust in der Teilkostenrechnung ist um 220,– Euro höher, da in der Vollkostenrechnung die gefertigten aber nicht abgesetzten Produkte ihren Fixkostenanteil (Bewertung zu vollen Herstellkosten) ins Lager „mitnehmen".

Produktart	1	2	3	4	5	Gesamt
Bestandsveränderung Vollkosten	–	[9,– · (–80)] = –720,–	(6,– · 20) = 120,–	(12,– · 20) = 240,–	(30,– · 50) = 1.500,–	1.140,–
Bestandsveränderung Teilkosten	–	[7,– · (–80)] = –560,–	(5,– · 20) = 100,–	(9,– · 20) = 180,–	(24,– · 50) = 1.200,–	920,–

Da in der Deckungsbeitragsrechnung die Fixkosten als Periodenkosten betrachtet werden, die nicht auf Kostenträger verteilt werden dürfen, werden diese Fixkosten in der Periode, in der sie auftreten wirksam. Wenn wie im vorliegenden Fall mehr Produkte hergestellt als abgesetzt werden – der Lagerbestand nimmt zu –, dann ist der Betriebserfolg in der Deckungsbeitragsrechnung geringer als in der Vollkostenrechnung. Allgemein wird der Unterschied nach folgender Formel berechnet:

$$\Delta BE = \sum_{j=1}^{n} k_{FHj}(x_{Pj} - x_{Aj}) \tag{28}$$

k_{FHj} fixe Herstellkosten des Produktes j
x_{Pj} Produktionsmenge des Produktes j

An der Formel lässt sich auch erkennen, welche drei Fälle auftreten können:

$x_P = x_A$	Betriebserfolg in beiden Systemen gleich
$x_P > x_A$ (Lagerbestandszunahme)	Betriebserfolg in der Deckungsbeitragsrechnung geringer
$x_P < x_A$ (Lagerbestandsabnahme)	Betriebserfolg in der Deckungsbeitragsrechnung höher

8. Kapitel: Erfolgsrechnung

Die Deckungsbeitragsrechnung (Umsatzkosten auf Teilkosten) hat den Vorteil, dass die mengen- oder stückabhängigen Kosten von den Periodenkosten getrennt werden, in der Vollkostenrechnung werden diese Beträge hingegen vermischt. Dadurch entsteht ein falscher Ausweis des Erfolgsbeitrages einzelner Produkte, es lässt sich nicht erkennen, wie sich Schwankungen der Absatzmenge auf die Kosten auswirken.

Dies ist ein weiterer Vorteil der Deckungsbeitragsrechnung, sie lässt die Erfolgsbeiträge jedes Produktes erkennen, und somit wird der gesamte Betriebserfolg transparent. In einer Erfolgskontrolle kann die Struktur des Erfolges analysiert werden und die Wirkung zukünftiger Maßnahmen abgeschätzt werden.

Kritik an der einstufigen Deckungsbeitragsrechnung

Eine einfache Deckungsbeitragsrechnung zeichnet sich dadurch aus, dass den Deckungsbeiträgen der einzelnen Produkte die gesamten Fixkosten gegenübergestellt werden. Die Vorzüge dieser Rechnung sind insbesondere:

Lernziel 7: Kritik an der einstufigen Deckungsbeitragsrechnung erörtern.

- In der Erfolgsrechnung werden die stückabhängigen von den periodenabhängigen Beträgen getrennt: Der Nachteil der Vollkostenrechnung ist, dass bei schwankenden Lagermengen, Teile der Fixkosten im Lager verschwinden, obwohl es sich um Periodenkosten handelt;
- der Erfolg hängt deswegen ausschließlich von der Absatzmenge ab, was dem Rechnungszweck Planung und Kontrolle des Absatzerfolges entspricht;
- es werden entscheidungsrelevante Informationen zur Verfügung gestellt, insbesondere bei Programmoptimierungen oder der Verfahrenswahl sind die variablen Kosten als relevante Kosten anzusehen;
- es kann eine flexible Preispolitik unterstützt werden, denn die variablen Kosten und die Deckungsbeiträge bieten wichtige Informationen.

Die Kritik an der Deckungsbeitragsrechnung, welche noch in den ersten Jahren ihrer Verbreitung vehement war, ist heute weitgehend verstummt, trotzdem ist das Denken in Vollkosten sehr verbreitet. Meist wird das Denken in Vollkosten mit dem Argument verteidigt, dass es sich bei den Vollkosten um die langfristigen Kosten handelt. Vollkosten sind dann für langfristig wirksame Entscheidungen relevant. Langfristig wirksame Entscheidungen betreffen jedoch meist die Veränderung von Kapazitäten im Unternehmen, die besser mit den Verfahren der Investitionsrechnung unterstützt werden.

Eine weitere Kritik richtet sich auf die Fixkosten in der Deckungsbeitragsrechnung. Sie werden in der einfachen Deckungsbeitragsrechnung in einem Block ausgewiesen und damit werden wesentliche Informationen verschenkt, insbesondere kann ein positiver Deckungsbeitrag eines Produktes dazu führen, ein Produkt zu forcieren, mit dem hohe fixe Kosten verbunden sind. Es lag daher nahe, den Block der Fixkosten näher zu untersuchen, um ihn für weitergehende Informationen zu nutzen.

Die Entwicklung zur mehrstufigen Deckungsbeitragsrechnung

Wenn ein PC-Unternehmen Maschinen zur Fertigung einsetzt, Räume für den Vertrieb mietet und Versicherungen gegen Brand bezahlt, entstehen Fixkosten, die in einer einstufigen Deckungsbeitragsrechnung in einem Block in der kurzfristigen Erfolgsrechnung von der Summe der Deckungsbeiträge abgezogen werden. Fixkosten fallen auch an, wenn das Unternehmen unbeschäftigt ist und bleiben konstant bei Beschäftigungsschwankungen. Dies ist der Grund, warum sie in Entscheidungsrechnungen in der Regel nicht berücksichtigt werden.

In der Erfolgsrechnung werden sie jedoch angesetzt, um den Periodenerfolg zu bestimmen. Allerdings lässt sich aus der Gegenüberstellung von Deckungsbeiträgen und Fixkostenblock kein tieferer Einblick in die Erfolgsstruktur des Unternehmens gewinnen, denn hierzu müsste bekannt sein, welche Fixkosten mit einzelnen Produktarten oder Produktgruppen verbunden sind. Zweck der Auflösung des Fixkostenblocks in verschiedene Stufen (Schichten) ist es, den Erfolg von wichtigen Kostenobjekten zu berechnen, dafür müssen die Fixkosten diesen Kostenobjekten zurechenbar sein.

Beachten Sie: Es geht hier um die Zurechnung von Fixkosten zu Kostenobjekten in ihrer Gesamtheit, es soll also nicht eine Art Vollkostensatz gebildet werden. Auch bei der mehrstufigen Deckungsbeitragsrechnung werden schrittweise Bruttoerfolge berechnet und erst im letzten Schritt wird ein Nettoerfolg für das Unternehmen ausgewiesen.

> **Lernziel 8:** Fixkostenstufen in einer mehrstufigen Deckungsbeitragsrechnung berechnen sowie die Erfolgsstruktur analysieren.

Welche Stufen (Schichten) gebildet werden, ist vom Unternehmen abhängig, allerdings lassen sich typische **Fixkostenstufen** aufzählen (Tabelle 51, S. 243) (vgl. Agthe, 1959, S. 407 ff., der noch eine fünfte Stufe – Kostenstellenfixkosten – erläutert; Kilger et al., 2012, S. 91 f.):

1. Produktartenfixkosten,
2. Produktgruppenfixkosten,
3. Bereichsfixkosten sowie
4. Unternehmensfixkosten.

Produktartenfixkosten sind einer einzelnen Produktart zurechenbar, so sind z. B. die kalkulatorischen Abschreibungen für eine Maschine, auf der nur eine Produktart gefertigt wird, dieser Produktart zurechenbar. Ebenso ist die Miete für die Räume der Vertriebsabteilung, die ausschließlich eine Pro-

8. Kapitel: Erfolgsrechnung

duktgruppe betreut, als **Produktgruppenfixkosten** dieser Produktgruppe zurechenbar. Sind mehrere Produktarten oder Produktgruppen in einem Bereich organisatorisch zusammengefasst, so lassen sich **Bereichsfixkosten** zuordnen, wie z. B. die Gehälter von Bereichsleiter oder Bereichscontrollern. Alle Fixkosten, die sich keiner der drei genannten Stufen zurechnen lassen wie z. B. die Gehälter der Geschäftsleitung, sind **Unternehmensfixkosten**.

Fallbeispiel 11d: Umsatzkostenverfahren auf Teilkostenbasis (mehrstufige Deckungsbeitragsrechnung)

Zur Illustration soll das Fallbeispiel 11 (S. 239) fortgeführt werden, indem die Fixkosten in Höhe von 4.465 aufgeteilt werden. Wie Sie der Tabelle entnehmen können, sind Fixkosten für die Produktarten, Produktgruppen, Bereiche und das Unternehmen aufgeführt.

Bereiche	A		B			
Produktgruppen	I		II	III		
Produktarten	1	2	3	4	5	Gesamt
Erlöse	2.400	700	480	3.500	10.000	17.080
Variable Kosten	−2.250	−1.050	−600	−3.375	−7.200	−14.475
Deckungsbeitrag I	= 150	= −350	= −120	= 125	= 2.800	= 2.605
Produktarten-fixkosten	−300	−200	0	0	−200	−700
Deckungsbeitrag II	= −150	= −550	= −120	= 125	= 2.600	= 1.905
Produktgruppen-fixkosten		−400		−300	−500	−1.200
Deckungsbeitrag III		= −1.100		= −295	= 2.100	= 705
Bereichsfixkosten		−300			−500	−800
Deckungsbeitrag IV		= −1.400			= 1.305	= −95
Unternehmens-fixkosten						−1.765
Betriebserfolg						= −1.860

Tabelle 51: Erfolgsermittlung in der mehrstufigen Deckungsbeitragsrechnung

Was lässt sich mit der mehrstufigen Deckungsbeitragsrechnung analysieren? Am einfachsten kann dies mit dem Beispiel in der Tabelle 51 gezeigt werden.
- Bei einer **einstufigen** Deckungsbeitragsrechnung kann einer positiven Deckungsbeitragssumme, bei der auch die einzelnen Summanden positiv sind, ein einziger Fixkostenblock gegenüberstehen, der zu einem Verlust

führt. In der Tabelle 51 lassen sich schon auf der Deckungsbeitragsebene I Probleme erkennen.

- In der **mehrstufigen** Deckungsbeitragsrechnung lässt sich allerdings zusätzlich erkennen, dass der Bereich A mit seinen Produkten 1 und 2 Probleme bereitet (Deckungsbeitrag IV von –1.400 Euro).
- Es lässt sich somit ein tieferer Einblick in die Erfolgsstruktur des Unternehmens erreichen und die Schwächen schneller lokalisieren.

Allerdings ist zu beachten, dass nur der Deckungsbeitrag I als entscheidungsrelevant gilt, weil nur er variabel zur Beschäftigung ist. Die folgenden Deckungsbeiträge dienen ausschließlich der Erfolgsanalyse. Sollen aufgrund der mehrstufigen Deckungsbeitragsrechnung Entscheidungen über den Abbau von Kapazitäten getroffen werden, sind zusätzliche Analysen notwendig.

So müsste für das Beispiel in Tabelle 51 erst geprüft werden, ob es möglich ist, den Deckungsbeitrag für die Produkte 1 und 2 zu erhöhen. Wenn dies nicht möglich ist, wird beispielsweise eine Stilllegung des Bereiches A in Frage kommen. Dann sind die verschiedenen Fixkostenstufen daraufhin zu untersuchen, ob sie reduziert werden können. Aus einer solchen Rechnung lässt sich allerdings nicht erkennen, in welchen Zeiträumen die Fixkosten abgebaut werden können.

Die Tabelle (Empirische Untersuchung 6) zeigt, wie die in diesem Kapitel vorgestellten Verfahren in der deutschen Industrie verbreitet sind. Auffällig ist dabei, dass das Gesamtkostenverfahren noch so häufig eingesetzt wird, obwohl die Schwächen für eine Erfolgsanalyse bekannt sind. Es findet sich besonders häufig in kleineren Unternehmen und erreicht dort einen Verbreitungsgrad von 82 % (vgl. Währisch, 1998, S. 140).

Gesamtkosten	66,0 %
Umsatzkosten (Vollkosten)	21,3 %
Umsatzkosten (einstufige Deckungsbeitragsrechnung)	7,8 %
Umsatzkosten (mehrstufige Deckungsbeitragsrechnung)	19,9 %

Empirische Untersuchung 6: Verbreitung von Verfahren der kurzfristigen Erfolgsrechnung (Quelle: Währisch, 1998, S. 285, Mehrfachnennungen möglich)

Deckungsbeitragsrechnungen sind insbesondere in großen Unternehmen zu finden. So gaben von den 250 größten Unternehmen in Deutschland an, dass 68,9 % ein Umsatzkostenverfahren auf Teilkostenbasis und 60 % ein mehrstufiges Verfahren einsetzen (vgl. Friedl et al., 2009, S. 113).

Erfolgsrechnung im internationalen Unternehmen

Auf das Controllingsystem eines internationalen Unternehmens wirken eine Reihe interner und externer Kontextfaktoren, welche die Wahl und Gestal-

8. Kapitel: Erfolgsrechnung

tung von Controlling-Instrumenten beeinflussen. Wird beispielsweise ein internationales Unternehmen zentral geführt, so wird in der Regel differenzierter budgetiert als in einem dezentral geführten Unternehmen, oder wenn internationale Unternehmen in verschiedenen Währungsgebieten agieren, dann sind sie Wechselkursschwankungen ausgesetzt. Je nach Richtung der Währungsentwicklung ergeben sich daraus Chancen und Risiken für den Erfolg des Unternehmens. Darüber hinaus ist das Problem der Währungsschwankung eng mit der Inflation im Land des Tochterunternehmens verbunden.

Lernziel 9:	Währungsrisiken und Organisationstypen internationaler Unternehmen als wesentliche Kontextfaktoren erläutern.

Für die folgende Betrachtung der Auswirkung von Währungsumrechnungen auf die Erfolgsbeurteilung von ausländischen Tochterunternehmen sind die Währungsschwankungen und der Organisationstyp von internationalem Unternehmen von herausragender Bedeutung.

Währungsschwankungen

Wenn ein internationales Unternehmen in verschiedenen Währungsgebieten agiert, ist es verschiedenen Risiken ausgesetzt, die mit den Wechselkursschwankungen verbunden sind. Unterschieden werden folgende **Währungsrisiken** (vgl. Breuer, 2015, S. 113 ff.):

1. Transaktionsrisiken (Umwechslungsrisiken)
2. Translationsrisiken (Umrechnungsrisiken)
3. ökonomische Risiken

Will das Unternehmen wissen, welche Risiken von den konkreten Zahlungsströmen ausgehen, dann muss es seine **Transaktionsrisiken** kennen. Wenn beispielsweise eine Lieferung in die USA erfolgt und der Abnehmer seine Rechnung in Dollar begleichen will, besteht ein Transaktionsrisiko in der Höhe der Rechnung für das Unternehmen. Transaktionsrisiken knüpfen direkt an den Zahlungsströmen an, sie eignen sich daher für Sicherungsgeschäfte.

Translationsrisiken treten auf, wenn Größen im Rechnungswesen mit verschiedenen Kursen umgerechnet werden. Wenn z. B. ein europäisches Unternehmen eine US-amerikanische Tochtergesellschaft hat, dann entsteht aufgrund einer Aufwertung des Euros gegenüber dem Dollar ein Translationsrisiko. Dieses Translationsrisiko wirkt sich auf das Eigenkapital des Tochterunternehmens aus; im Beispiel vermindert sich das Eigenkapital, wenn es von Dollar in Euro umgerechnet wird. Das Translationsrisiko beruht auf einer bilanziellen, buchhalterischen Betrachtung.

Erst die Betrachtung aller zukünftigen Zahlungen kann Auskunft über das **ökonomische Risiko** des Unternehmens geben. Die Analyse des ökonomischen Risikos, das von Wechselkursschwankungen ausgeht, setzt an den gesamten, geplanten Aktivitäten der betrachteten Perioden an.

Im Folgenden steht das Translationsrisiko im Vordergrund, da die Beurteilung von ausländischen Tochtergesellschaften auf Basis der Zahlen des internen und/oder externen Rechnungswesens erfolgt, und in diesen Systemen die Periodenerfolgsmessung nicht auf einer reinen Zahlungsbetrachtung beruht.

Organisationstypen des internationalen Unternehmens

Ein weiterer wichtiger Kontextfaktor für die Gestaltung des Controllingsystems in einem internationalen Unternehmen ist der Organisationstyp. Im Folgenden werden zwei Idealtypen unterschieden (vgl. Schulte-Zerhausen, 2014, S. 284 ff., der drei Typen unterscheidet):

1. die Operative Holding (Stammhauskonzern) und
2. die Finanzholding

Jedes Unternehmen, das Beteiligungen an rechtlich selbstständigen Unternehmen hält, kann als Holding bezeichnet werden. In einer Operativen Holding, die auch als Stammhauskonzern bezeichnet wird, wird das Kerngeschäft von der Dachgesellschaft betrieben. Sie kontrolliert alle wichtigen Wertschöpfungsprozesse in der gesamten Holding. Die Finanzholding konzentriert sich im Wesentlichen auf die Investitions- und Finanzentscheidungen, die Tochterunternehmen sind in dieser Holding weitgehend für die operative und strategische Planung ihrer Geschäfte zuständig.

Für die Gestaltung der Währungsumrechnung ist es von Relevanz, wie selbstständig die Tochterunternehmen in der Holding entscheiden. Tendenziell nimmt die Entscheidungsdelegation von der Operativen Holding zur Finanzholding zu. Eng verbunden damit sind die Leistungsverflechtungen, die zwischen der Dachgesellschaft und ihren Tochterunternehmen sowie zwischen den Tochtergesellschaften herrschen. Es ist anzunehmen, dass die Leistungsverflechtungen in der Operativen Holding deutlich höher als in der Finanzholding sind.

Währungsumrechnung

Wenn das zentrale Management einen Überblick über sämtliche Aktivitäten der Holding erhalten will, ist eine Währungsumrechnung erforderlich. Da Äpfel nicht mit Birnen verglichen werden können, muss eine einheitliche Währung für diese Rechnung gefunden werden. Aus Sicht des zentralen Managements ist dies meist die Währung, in dem die Dachgesellschaft ihren Sitz hat. **Währungsumrechnungsverfahren** legen fest, mit welchem Wechselkurs welche Fremdwährungsbeträge zu multiplizieren sind.

> **Lernziel 10:** Idealtypische Formen von Tochterunternehmen und ihr Einfluss auf die Wahl der Währungsumrechnung erläutern.

Es lassen sich zwei Verfahren unterscheiden, die auf idealtypischen Vorstellungen beruhen, wie die Holding ihre ausländischen Tochterunternehmen steuert. Letztlich geht es um die Frage, wie selbstständig das ausländische Tochterunternehmen ist, wobei tendenziell für selbständige Tochterunterneh-

8. Kapitel: Erfolgsrechnung

men das Stichtagsverfahren (einfach oder modifiziert) und für unselbstständige Tochterunternehmen das Zeitbezugsverfahren vorgeschlagen werden (Kriterien der Selbstständigkeit von Tochterunternehmen sind im IAS 21: Auswirkungen von Änderungen der Wechselkurse geregelt).

Trifft das ausländische Tochterunternehmen alle wesentliche Entscheidungen selbst (selbstständiges Tochterunternehmen) und ist die Einbindung in den Leistungsprozess der Dachgesellschaft eher gering, dann wird das Tochterunternehmen eher als Finanzbeteiligung angesehen. In diesem Fall hat die Umrechnung den Zweck, die Finanzbeteiligung zu beurteilen. Eine direkte Steuerung der Dachgesellschaft unterbleibt und aus diesem Grund wird mit dem Kurs des jeweiligen Berichtstages umgerechnet, an dem eine Beurteilung erfolgen soll.

Beim **einfachen Stichtagsverfahren** werden sämtliche Positionen mit dem Kurs am Berichtstag (Stichtag) umgerechnet. Im Falle des modifizierten Stichtagsverfahren wird eine Bilanzposition anders behandelt: Das Eigenkapital wird zu seinem historischen Kurs umgerechnet. Eine dadurch entstehende Umrechnungsdifferenz wird erfolgsneutral im Eigenkapital verbucht. Steigt der Euro gegenüber dem US-Dollar an, so entsteht eine negative Umrechnungsdifferenz bei einem US-Tochterunternehmen eines deutschen Unternehmens. Sie zeigt an, dass der aktuelle Stichtagskurs gegenüber dem historischen Kurs gestiegen ist, und es daher aus Sicht des deutschen Unternehmens weniger wert ist (sinkendes Eigenkapital). Darüber hinaus werden Positionen der Gewinn- und Verlustrechnung mit den Durchschnittskursen der Periode umgerechnet.

Ein unselbstständiges Tochterunternehmen wird aus Sicht des internationalen Controllings behandelt wie eine unselbstständige Betriebsstätte in einem nationalen Unternehmen, da alle wesentlichen Entscheidungen vom zentralen Management getroffen werden. Für die Steuerung einer unselbstständigen Tochter wird das zentrale Management das Bedürfnis haben, jederzeit über die wirtschaftliche Lage der gesamten Holding informiert zu werden: Jede Transaktion des Tochterunternehmens ist sofort in die Währung der Dachgesellschaft mit dem zu diesen Zeitpunkt festgestellten Kurs umzurechnen; aus Vereinfachungsgründen wird jedoch meist ein Durchschnittskurs der Periode verwendet. Tendenziell kann eine solche Charakterisierung auf Tochterunternehmen in Operativen Holdings zutreffen.

Wird hierfür das **Zeitbezugsverfahren** angewendet, dann werden monetäre Positionen mit dem Stichtagskurs, nicht monetäre Positionen mit dem historischen Kurs (zum Anschaffungs-, Herstellungszeitpunkt), Positionen der Gewinn- und Verlustrechnung mit einem Durchschnittskurs der Periode berechnet. Ein Sonderfall stellen Positionen der Gewinn- und Verlustrechnung dar, die im Zusammenhang mit einer Bilanzposition stehen, welche mit historischen Kursen umgerechnet werden. Dies trifft z.B. auf die Abschreibungen einer Maschine zu, für die dementsprechend die historischen Kurse (Anschaffungszeitpunkt der Maschine) verwendet werden.

In der Praxis der Unternehmen zeigt sich eine eindeutige Präferenz für das modifizierte Stichtagsverfahren; dies gilt auch für die Unternehmen, die dem

Typ der Operativen Holding zugerechnet werden. Für das Stichtagsverfahren auch in seiner modifizierten Form spricht zuerst die Einfachheit. Außerdem werden die Umrechnungsdifferenzen, die sich daraus ergeben, dass mit zwei verschiedenen Kursen gerechnet wird, erfolgsneutral behandelt: Sie werden direkt in der Eigenkapitalveränderungsrechnung ausgewiesen. Dies hat aus Sicht des Managements den Vorteil, dass die Volatilität (Schwankung) des Erfolgsausweises vermindert wird.

Währungsumrechnung und Inflation

Wie ist der Erfolg zu beurteilen, wenn eine Tochtergesellschaft in einem Land operiert, in dem Inflation herrscht. Während in der Euro-Zone derzeit Inflation nicht als größtes Problem angesehen wird – ein Schicksal, das dieser Wirtschaftsraum mit Japan teilt, – ist in vielen Ländern der Weltwirtschaft dieses Phänomen vorhanden. Mit Inflation geht einher, dass in einer Volkswirtschaft die Preise steigen und Geld zwar nominell gleich bleibt, allerdings für eine Geldeinheit weniger Wareneinheiten erworben werden können. Geld verliert daher in einer inflationären Welt tendenziell seinen Wert als Maßstab. Im Abschnitt „Inflation in der Erfolgsrechnung" (S. 59 ff.) wird dieses Problem beschrieben und dann geklärt, welche Formen der Vermögenserhaltung möglich sind, um eine für Inflation adäquate Erfolgsrechnung zu gewährleisten.

Es stellt sich allerdings die Frage, ob nicht Inflation und Währung zusammenhängen: Wenn ein Unternehmen eine Auslandstochter in einem Inflationsland hat, gleicht dann nicht der Wechselkurs die Inflationsrate aus? Kurz gesagt: Theoretisch ja, praktisch nein. Die Theorie der Kaufkraftparität besagt, dass die Differenz der Inflationsraten zweier Länder eine entsprechende Veränderung des Wechselkurses zwischen den Währungen dieser Länder auslöst. In der wirtschaftlichen Realität lässt sich dieser Zusammenhang jedoch nicht nachweisen, d.h., der Währungskurs spiegelt nicht die unterschiedlichen Inflationsraten beider Länder wieder (vgl. Krugman et al., 2015, S. 548 ff.). Aus diesem Grund ist es nicht ausreichend, die Währung der Auslandstochter in die Heimatwährung der Muttergesellschaft umzurechnen. Vielmehr ist vor der Umrechnung eine Inflationsbereinigung vorzunehmen.

Als ein besonderes Problem wird die Hochinflation angesehen. Eine allgemeine Definition von Hochinflation nimmt z. B. IAS 29 (Rechnungslegung in Hochinflationsländern) vor: Hochinflation bedeutet eine kumulierte Inflationsrate von 100% in drei Jahren; dies entspricht ungefähr einer jährlichen Inflationsrate von 26%. Unternehmen, die im Jahre 2015 eine Auslandstocher in Venezuela haben, sind sogar mit einer jährlichen Inflationsrate von 180% konfrontiert. Die Höhe der Inflationsrate ändert jedoch nichts grundsätzlich an der Vorgehensweise vor der Währungsumrechnung eine Inflationsbereinigung entsprechend der im Unternehmen bevorzugten Vermögenserhaltung vorzunehmen. Probleme bereiten eher die Begleitumstände, die mit einer Hoch- oder sogar Hyperinflation einhergehen (vgl. Hoffjan, 2009, S. 83 f.). Meist befinden sich die Wirtschaft und die Gesellschaft insgesamt in einer Situation extremer Instabilität und Unsicherheit, in denen staatliche Akteure häufig kein Interesse an Transparenz und damit verlässlichen Daten über die

8. Kapitel: Erfolgsrechnung

Lage des Landes haben. Das Controlling der Muttergesellschaft ist daher in hohem Maße auf das Wissen des Managements seiner Tochtergesellschaft angewiesen.

Auswertungen mit Hilfe der Break-Even-Analyse

Die **Break-Even-Analyse** bietet systematische Auswertungsmöglichkeiten von Deckungsbeitragsrechnungen, denn mit ihrer Hilfe wird untersucht, wie sich Veränderungen der Absatzmenge, der Kosten und der Erlöse untereinander verhalten und insbesondere wie sie sich auf den Gewinn auswirken (vgl. Fischer et al., 2015, S. 206). Eine wesentliche Information ist dabei, ab welcher Absatzmenge ein Produkt die Gewinnzone erreicht (Break-Even-Punkt). Es ist allerdings zu beachten, dass die folgende Gleichung nur für ein Einprodukt-Unternehmen gilt (verwendete Abkürzungen s. S. 239):

$$0 = (e - k_v) x_0 - K_F \tag{29}$$

$$x_0 = \frac{K_F}{d} \tag{30}$$

Die Break-Even-Menge berechnet sich durch Division von Fixkosten und dem Stückdeckungsbeitrag des Produkts. Wird dieser Grundgedanke auf eine mehrstufige Deckungsbeitragsrechnung angewendet, wie sie in der Tabelle 51 (S. 243) aufgezeigt wird, lässt sich analog argumentieren. Allerdings zeigt die Break-Even-Menge dann das Erreichen einer Deckungsbeitragszone an. So führt z. B. eine Analyse der Produktart 1 zu folgendem Ergebnis.

$$x_0 = \frac{300}{0{,}75} = 400$$

Diese Auswertung zeigt, dass sich das Umsatzvolumen verdoppeln muss, damit die Produktart 1, die ihr zugeordneten Produktartenfixkosten deckt. Es trägt dann allerdings noch nichts zur Deckung der Fixkosten der Produktgruppe, Bereiche und des Unternehmens bei.

Sobald der Einprodukt-Fall verlassen wird, sind eindeutige Aussagen hinsichtlich der Break-Even-Mengen nicht mehr möglich und nur noch Kombinationsalternativen beschreibbar. Für den Zweiprodukt-Fall lässt sich dies noch anschaulich zeigen. Hierzu soll das Fallbeispiel dahingehend geändert werden, dass es dem Unternehmen gelungen ist die Erlöse für die Produktart 2 auf 9 Euro je Stück zu steigern und die variablen Kosten auf 8 Euro je Stück zu senken. Unter diesen Annahmen erhalten wir einen Deckungsbeitrag von 100 Euro auf Basis der Absatzmenge von 100. Stellen wir diese Angaben für die Produktgruppe I zusammen, dann erhalten wir:

$$0 = 0{,}75 x_{0,1} - 300 + 1 x_{0,2} - 200 - 400$$

Die Gleichung zeigt, dass wir eine Annahme über die Kombination benötigen, um eine willkürliche Verteilung der Produktgruppenfixkosten von 400 zu vermeiden. Eine Möglichkeit ist vom geplanten Produktmix auszugehen und dann die Grundgleichung anzuwenden. Für die Produktgruppe I ist der Mix 2 : 1 (Verhältnis der Absatzmengen: 200 : 100) und damit der Deckungsbeitrags des Mix 2,50 Euro.

$$x_0 = \frac{300 + 200 + 400}{2,50} = 360$$

Es müssen daher 720 Einheiten der Produktart 1 und 360 Einheiten der Produktart 2 abgesetzt werden, um die Fixkosten der Produktarten und der gruppe zu decken.

Auf Basis der Grundgleichung der Deckungsbeitragsrechnung lassen sich auch Risikoprofile der derzeitigen Erfolgsstruktur des Unternehmens ablesen. Von besonderem Interesse ist dabei, wie sich der Gewinn verändert, wenn sich die Absatzmenge verändert. Mit Hilfe einer **Absatzmengenelastizität** des Gewinns lässt sich dies ausdrücken (vgl. Brühl, 2011a, S. 704):

$$EL = \frac{\Delta BE}{BE} \div \frac{\Delta x}{x} \qquad (31)$$

Sie zeigt an, wie sensitiv der Gewinn auf die Veränderungen in Absatzmengenschwankungen reagiert.

$$EL_1 = \frac{1,5}{-150} \div \frac{2}{200} = -1 \text{ und } EL_2 = \frac{1}{-550} \div \frac{1}{100} = -0,18$$

Eine einprozentige Erhöhung der Absatzmenge von Produktart 1 (202 Einheiten) führt zu einer einprozentigen Senkung des Verlustes (von -150 auf $-148,50$). Hohe Werte der Elastizität zeigen an, dass der Gewinn sehr sensitiv auf Absatzmengenschwankungen reagiert. Im Falle von Absatzsteigerungen ist dies positiv, bei entsprechend schlechter Konjunkturlage ist dies allerdings auch mit einem überproportionalen Gewinneinbruch verbunden. Die Elastizität ist eine Punkt-Elastizität, d. h., dass sie sich immer auf einen Punkt auf der Gewinngeraden bezieht. Je nach Beschäftigungslage des Unternehmens nimmt die Elastizität verschiedene Werte an.

Der gleiche Zusammenhang wird häufig durch den **operativen Leverage** (OL) ausgedrückt, das das Verhältnis von Deckungsbeitrag und Gewinn (Betriebserfolg) wiedergibt. Durch ein Einsetzen der Gewinngleichung in die Formel der Elastizität lässt sich die Gleichheit beider Kennzahlen zeigen (vgl. Hirschey, 2009, S. 317).

$$EL = \frac{\Delta BE}{BE} \div \frac{\Delta x}{x} = \frac{d \cdot \Delta x}{d \cdot x - K_F} \cdot \frac{x}{\Delta x} = \frac{D}{BE} \qquad (32)$$

$$OL = \frac{D}{BE} \qquad (33)$$

Wenden wir den operativen Leverage auf das Fallbeispiel an, erhalten wir für die Produktarten 1 und 2 folgende Werte:

$$OL_1 = \frac{150}{-150} = -1 \text{ und } OL_2 = \frac{100}{-550} = -0,18$$

8. Kapitel: Erfolgsrechnung

Alle Auswertungen, die in diesem Abschnitt beschrieben werden, beruhen unter anderem darauf dass, die die Absatzmenge die einzige Variable ist die sich ändert (ceteris-paribus-Annahme), dass sich Erlöse und variable Kosten linear verhalten und keine sprungfixen Kosten auftreten. Sind diese Voraussetzungen erfüllt, lassen sich Wirkungen von Absatzmengenschwankungen auf den Gewinn analysieren.

Schlüsselwörter

Absatzmengenelastizität (250)
Bestandsbewertung (236)
Betriebserfolg (234)
Break-Even-Analyse (249)
Erfolgsrechnung, kurzfristige (233)
Erlösrechnung (231)
Fixkostenstufe (242)
Gesamtkostenverfahren (235)
Leverage, operativer (250)
Umsatzkostenverfahren (Vollkosten) (237)
Währungsrisiken (245)
Währungsumrechnungsverfahren (246)

Kontrollfragen

1. Welche Rechnungszwecke werden mit der Erlösrechnung verfolgt?
2. Skizzieren Sie den Aufbau einer Erlösrechnung.
3. Welche Erlösarten kennen Sie? Geben Sie Beispiele.
4. Was ist der Unterschied zwischen Gemeinkosten und Gemeinerlösen?
5. Unterscheiden sie die Erlösverbundenheiten und geben Sie Beispiele.
6. Erläutern Sie die Vorteile der kurzfristigen Erfolgsrechnung gegenüber einer Erfolgsrechnung im externen Rechnungswesen.
7. Skizzieren Sie kurz die Rechnungszwecke einer kurzfristigen Erfolgsrechnung.
8. Beschreiben Sie, wie der Betriebserfolg mithilfe des Gesamtkostenverfahrens auf Vollkostenbasis ermittelt wird.
9. Beschreiben Sie, wie der Betriebserfolg mithilfe des Umsatzkostenverfahrens auf Vollkostenbasis ermittelt wird.
10. Vergleichen Sie die Aussagefähigkeit von Umsatzkosten- und Gesamtkostenverfahren auf Vollkostenbasis.
11. In welcher Weise wirken sich Bestandsveränderungen auf den Betriebserfolg in beiden Verfahren aus?
12. Erläutern Sie die kurzfristige Erfolgsrechnung in einer Deckungsbeitragsrechnung.
13. Wie entstehen unterschiedliche Betriebserfolge beim Umsatzkostenverfahren auf Teil- oder Vollkostenbasis?
14. Ist es möglich, dass ein Betriebsverlust entsteht, obwohl kein Produkt einen negativen Deckungsbeitrag hat?
15. Erläutern Sie die Kritik an der einstufigen Deckungsbeitragsrechnung.
16. Welche Stufen lassen sich bei der mehrstufigen Deckungsbeitragsrechnung unterscheiden?
17. Nennen Sie Beispiele für die von Ihnen genannten Fixkostenstufen.

18. Welche zusätzlichen Informationen bietet eine mehrstufige gegenüber einer einstufigen Deckungsbeitragsrechnung?
19. Was müssen Sie beachten, wenn Sie auf Basis einer mehrstufigen Deckungsbeitragsrechnung Entscheidungen über die Stilllegung von Bereichen oder die Eliminierung von Produktgruppen treffen wollen?
20. Welchen Währungsrisiken ist ein international operierendes Unternehmen ausgesetzt?
21. Erläutern Sie, inwieweit die Idealtypen von Tochterunternehmen die Währungsumrechnung beeinflussen.
22. Erläutern Sie die Unterschiede zwischen den Stichtagsverfahren und dem Zeitbezugsverfahren.
23. Was ist Hochinflation und wirkt sich dies auf die Währungsumrechnung aus?
24. Erläutern Sie die Berechnung der Break-Even-Menge.
25. Welche Aussage können Sie auf Basis der Absatzmengenelastizität des Gewinns machen?
26. Beschreiben Sie kurz den operativen Leverage.

Übungsaufgaben

Übung 1: Kalkulation und kurzfristige Erfolgsrechnung bei der Beta GmbH

Die Beta GmbH ermittelt für den abgelaufenen Monat folgende Informationen:

	fix	variabel
Herstellkosten des Umsatzes (Euro)	30.000,–	56.000,–
Vertriebskosten (Euro)	36.500,–	28.000,–
Verwaltungskosten (Euro)	29.000,–	14.000,–

In dem Betrieb wird eine Zuschlagskalkulation verwendet, die Zuschlagsgrundlage für die Vertriebs- und Verwaltungskosten sind die Herstellkosten des Umsatzes. Für die Produkte A und B sind weitere Angaben gegeben:

Produkte	A	B
Erlöse (Euro /Stück)	40	50
Absatzmenge (Stück)	2.000	3.000
Herstellkosten (variabel) (Euro /Stück)	10	12
Herstellkosten (fix) (Euro /Stück)	6	6
Lagerzugang (Stück)	50	
Lagerabgang (Stück)		50

8. Kapitel: Erfolgsrechnung

a) Berechnen Sie den Betriebserfolg nach dem Umsatzkostenverfahren auf Teilkostenbasis.
b) Berechnen Sie den Betriebserfolg nach dem Umsatzkostenverfahren auf Vollkostenbasis.
c) Vergleichen und erklären Sie Ihre Ergebnisse.

Übung 2: Kurzfristige Erfolgsrechnung bei der Ohrknopf GmbH

Die Ohrknopf GmbH stellt Plüschtiere für den gehobenen Bedarf her. Sie sollen eine kurzfristige Erfolgsrechnung für den letzten Monat aufstellen, wobei Sie der Geschäftsleitung einen Vergleich zwischen dem Umsatz- und Gesamtkostenverfahren aufzeigen sollen. Sie erhalten folgende Angaben:

Herstellkosten: 167.500,– Euro
Vertriebskosten: 51.000,– Euro
Verwaltungskosten: 68.000,– Euro

Produkt	1	2	3	4	5
Erlös/Stück	50	60	45	65	90
Absatzmenge	2000	2000	3000	3000	1000
Lageranfangsbestand	200	100	1000	300	100
Lagerendbestand	300	200	600	100	200
Herstellkosten	10,00	15,00	10,00	20,00	30,00
Verwaltungskosten	3,00	4,50	3,00	6,00	9,00
Vertriebskosten	4,00	6,00	4,00	8,00	12,00

a) Berechnen Sie den Betriebserfolg nach dem Gesamt- und Umsatzkostenverfahren auf Vollkostenbasis.

Nach dem Besuch eines Seminars sollen Sie einen Vergleich zu einer Deckungsbeitragsrechnung herstellen. Sie beschaffen sich hierfür folgende zusätzliche Werte (Fixkosten betragen 185.500 Euro).

Produkt	1	2	3	4	5
variable Herstellkosten	4,00	6,00	4,00	8,00	12,00
variable Verwaltungskosten	1,20	1,80	1,20	2,40	3,60
variable Vertriebskosten	0,80	1,20	0,80	1,60	2,40

b) Berechnen Sie den Betriebserfolg nach dem Umsatzkostenverfahren auf Teilkostenbasis.
c) Vergleichen Sie die Ergebnisse mit dem Umsatzkostenverfahren auf Vollkostenbasis und berechnen Sie den Unterschied.

9. Kapitel: Budgets und Plankostenrechnung

"The budget serves as a vehicle through which the actions of the different parts of an organization can be brought together and reconciled into a common plan."
(Colin Drury, 2012, S. 361)

"CORPORATE BUDGETING IS A JOKE, and everyone knows it."
(Michael C. Jensen, 2001, S. 96)

Wenn die wichtigsten Instrumente des Controllings genannt werden, zählen meist das Budget und das Budgetsystem dazu. Es gehört zu den weitest verbreiteten Koordinationsinstrumenten in Unternehmen, denn es legt alle Aktivitäten einer Periode fest und zeigt die Konsequenzen für den Erfolg des Unternehmens. Im angelsächsischen Sprachraum nennt man das Budget häufig „Profit plan". Unternehmen setzen Budgets ein, um die Ziele der verschiedenen Bereiche im Unternehmen zu koordinieren.

Im Zentrum einer Budgetierung stehen die geplanten Kosten und Erlöse. Das Unternehmenscontrolling benötigt daher eine Kosten- und Erfolgsrechnung auf Planbasis, denn erst mit Kosten auf Grundlage von geplanten Mengen und geplanten Preisen können in die Zukunft gerichtete Entscheidungen unterstützt werden. Die Plankostenrechnung, die auch als Standardkostenrechnung bezeichnet wird, hatte ihre Vorläufer in den zwanziger Jahren des zwanzigsten Jahrhunderts, Verbreitung fand sie allerdings erst nach dem Zweiten Weltkrieg.

Lernziele

Nach der Lektüre des Kapitels sollten Sie Folgendes können:
- Lernziel 1: Die Funktionen der Budgetierung erläutern. (256)
- Lernziel 2: Die Verantwortungsbereiche im Unternehmen unterscheiden und an Beispielen deren Aufgaben erklären. (257)
- Lernziel 3: Systeme der Plankostenrechnungen unterscheiden und den Ablauf einer Plankostenrechnung beschreiben. (259)
- Lernziel 4: Grundlegende Probleme der Erlösplanung erläutern. (261)
- Lernziel 5: Wichtige organisatorische Voraussetzungen der Kostenplanung und -kontrolle erläutern. (264)
- Lernziel 6: Grundlegende Probleme der Preisplanung erläutern. (267)
- Lernziel 7: Methoden der Kostenplanung kennen. (270)
- Lernziel 8: Einzelkostenplanung in ihren Grundzügen erläutern. (271)
- Lernziel 9: Gemeinkostenplanung für Kostenstellen erläutern. (274)
- Lernziel 10: Plankalkulationen der flexiblen Plankostenrechnung unterscheiden. (276)
- Lernziel 11: Aufbau und Funktionsweise eines operativen Budgetsystems beschreiben und die Zusammenhänge darstellen. (278)
- Lernziel 12: Unterschiedliche Formen der Koordination der Budgetierung beschreiben und beurteilen. (289)

9. Kapitel: Budgets und Plankostenrechnung

Budgets und Funktionen von Budgets

Das Budgetsystem und die damit Budgetierung gehören ohne Zweifel zu den wichtigsten Instrumenten des Controllings, was unmittelbar mit der Steuerungs- und Koordinationsaufgabe des Controllings zusammenhängt. Die Planungs- und Kontrollprozesse im Führungssystem werden im Hinblick auf den Erfolg koordiniert. Im angelsächsischen Sprachraum wird dafür auch die Bezeichnung Profit plan verwendet. Budgets dienen der **Willensdurchsetzung** im Unternehmen, mit ihrer Hilfe sollen die Pläne im Unternehmen umgesetzt und verwirklicht werden.

- Ein **Budget** ist ein primär auf das Erfolgsziel beruhender Vorgaberahmen, der einer organisatorischen Einheit für einen bestimmten Zeitabschnitt mit einer vorher festgelegten Verbindlichkeit vorgegeben wird.

Der Prozess, der zur Erstellung und zur Abstimmung von Budgets führt, wird als Budgetierung (= Erfolgsplanung) bezeichnet. Da der Erfolg ein Saldo aus den Erlösen und den Kosten ist, müssen bei der Budgetierung Kosten und Erlöse geplant werden. Um sämtliche Aktivitäten des Unternehmens aufeinander abzustimmen, ist es notwendig, dass die einzelnen Budgets in ein **Budgetsystem** münden. Controlling richtet sich insbesondere auf die Budgetierung, denn durch die Steuerung der dafür notwendigen Prozesse wird die Koordination des Gesamtsystems gewährleistet.

Budgetierung wird als ein Instrument der Planung und Kontrolle des Erfolgs im Unternehmen angesehen, das sich somit von der Finanzplanung durch die Art der Zielgröße unterscheidet. Die **Bestandteile der Budgetdefinition** zeigen die wichtigsten Merkmale auf (vgl. Troßmann, 2013, S. 189 f.; Friedl, 2003, S. 275 f.):

- Vorgaberahmen,
- Erfolgszielgrößen,
- organisatorische Einheit,
- Zeitraum und
- Verbindlichkeit.

Der **Vorgaberahmen** weist auf den zukunftsorientierten Charakter der Informationen hin, die dazu dienen, zukünftig zu erreichende Ziele festzulegen. Das Aufstellen solcher Rahmenwerte ist direkt mit der Planung im Unternehmen verbunden, weil Planung als ein systematischer, methodischer Prozess zur Zukunftsgestaltung aufgefasst wird. Dies erklärt auch, warum manchmal Planung und Budgetierung begrifflich gleichgesetzt werden. In diesem Kapitel wird Budgetierung jedoch auf die Steuerungsaufgabe und die spezielle Zielgröße Erfolg eingegrenzt.

Budgetierung und Finanzplanung unterscheiden sich im Hinblick auf die zugrunde gelegten Zielgrößen. Die **Finanzplanung** richtet sich primär auf die Sicherung der Liquidität, allerdings wird die Budgetierung in vielen Unternehmen auch dazu genutzt, Aussagen über den Finanzmittelbedarf abzuleiten; insofern findet meist eine enge Verzahnung mit der Finanzplanung statt.

Vorgaben dienen der Steuerung des Unternehmens und damit der Zielerreichung, die sich als Willensdurchsetzung auf Personen oder auf organisatorische Einheiten im Unternehmen richtet. Denn sie sollen die Ziele realisieren und aus diesem Grund ist bei der Erarbeitung der Vorgaben ihre Mitarbeit erforderlich. Als ein wesentlicher **Grundsatz** gilt in diesem Zusammenhang, dass zwischen den Vorgaben, den Kompetenzen und der Verantwortung der Mitarbeiter ein direkter Zusammenhang bestehen soll. Mitarbeiter werden nur für die Sachverhalte verantwortlich gemacht, für die sie die Kompetenz haben; es muss den Mitarbeitern möglich sein, die Ziele auch tatsächlich zu beeinflussen.

Budgets werden traditionell auf der **operativen Ebene** eingesetzt, sie sind kurzfristig auf die Periode ein Jahr gerichtet, wobei sie zusätzlich durch unterjährige Budgets ergänzt werden.

Der Sollcharakter der Budgets wird durch den **Grad der Verbindlichkeit** festgelegt, mit dem das Budget einzuhalten ist. Sie zeigt die Flexibilität, mit der auf Veränderungen, die sich auf das Budget auswirken, reagiert wird. Drei Arten sind zu unterscheiden:

- absolut starre,
- starre und
- flexible Budgets.

Der Unterschied zwischen starren und flexiblen Budgets beruht darauf, dass sich bei den flexiblen Budgets wichtige Zielgrößen bestimmten Veränderungen automatisch anpassen, wie dies z. B. durch eine flexible Plankostenrechnung (s. den Abschnitt „Aufbau der Plankosten- und Erfolgsrechnung") in Bezug auf die Beschäftigung erfolgt. Absolut starre Budgets sind ohne Ausnahme einzuhalten, d. h., sie werden von der Unternehmensleitung prinzipiell nicht verändert. Grundsätzlich besteht das Problem, dass starr einzuhaltende Vorgaben dazu verleiten, auf Veränderungen im Unternehmensumfeld nicht zu reagieren.

> **Lernziel 1:** Die Funktionen der Budgetierung erläutern.

Im Zentrum steht die **Vorgabefunktion**, die der Willensdurchsetzung dient. Budgetierung wird als der Planung nachgelagerte Tätigkeit angesehen, mit dem primären Zweck der Vorgabe von Ergebnissen. Im Mittelpunkt der Steuerungsaufgabe steht somit die Ermittlung von Vorgaben; weitere wichtige Aufgaben sind die Koordination, die Zuweisung und die Motivation.

Budgets dienen der Abstimmung der Aktivitäten im Unternehmen. Die **Koordinationsfunktion** erfolgt, während die einzelnen Budgets erstellt werden. Auf die unterschiedlichen Möglichkeiten, die Art des Ablaufs durch die Abstimmung zu beeinflussen, wird im Laufe dieses Kapitels eingegangen. Die Budgetierung soll ermöglichen, dass die einzelnen Ziele der organisatorischen Einheiten aufeinander abgestimmt werden, die Ableitung von Vorgaben für die Teilbereiche soll aus diesem Grund mit den übergeordneten Zielsetzungen koordiniert werden.

9. Kapitel: Budgets und Plankostenrechnung

Eng mit der Koordination der Aktivitäten hängt die **Zuweisungsfunktion** von Budgets zusammen, denn mit der Abstimmung zwischen den Teilbereichen ist die Verteilung der Ressourcen eng verbunden. Finanzielle Mittel, Personal und sonstige Ressourcen werden den Teilbereichen so zugeteilt, dass sie die Ziele ihres Budgets bestmöglich erreichen können. Die Budgetierung ist damit gleichzeitig ein Instrument der Entscheidungsdezentralisation, indem den organisatorischen Bereichen im Rahmen der zugewiesenen Mittel Entscheidungsautonomie gewährt wird. Es hängt allerdings von der Art der Budgetierung ab, ob tatsächlich Autonomie in den Bereichen herrscht oder ob spezielle Vorschriften existieren, die von den Bereichen einzuhalten sind.

Mit der Gewährung von Entscheidungsautonomie verbindet die Unternehmensleitung in der Regel noch die Absicht, eine **motivierende Wirkung** bei den Mitarbeitern zu erzielen. Die **Motivationsfunktion** von Budgets soll durch die Beteiligung der Mitarbeiter an der Aufstellung der Budgets erreicht werden, denn es wird ein höheres Interesse an der Zielerreichung erwartet, wenn sie während des Prozesses der Zielbildung und Budgetierung mitbestimmen können.

Verantwortungsbereiche

Mithilfe des Budgetsystems werden sämtliche Aktivitäten des Unternehmens aufeinander abgestimmt. Es soll gezeigt werden, wie sich die Prozesse eines Jahres auf den Erfolg (Betriebs- und Unternehmenserfolg) auswirken. Da es ein Zweck von Budgets ist, Vorgaben für einzelne organisatorische Bereiche – Unternehmen, Geschäftsbereiche, Profit-Center, Kostenstellen – zu ermitteln, folgt der Aufbau des Budgetsystems der Organisationsstruktur. Ein Werksleiter ist verantwortlich für die Produktionsprozesse seines Werks, dafür wird er nicht nur mit der organisatorischen Verantwortung ausgestattet, die in seiner Stellenbeschreibung enthalten ist, sondern er erhält auch die notwendigen Ressourcen – wie Mitarbeiter, Gebäude, Maschinen etc. –, die durch das Budgetsystem zugewiesen werden.

| **Lernziel 2:** | Die Verantwortungsbereiche im Unternehmen unterscheiden und an Beispielen deren Aufgaben erklären. |

In der folgenden Darstellung sind die wichtigsten **Verantwortungsbereiche** (Responsibility-Center) enthalten.

Verantwortungsbereiche	Verantwortlich für die/den ...
Cost-Center	Kosten
Revenue-Center	(Umsatz-)Erlöse
Profit-Center	Erfolg (ohne Investitionsverantwortung)
Investment-Center	Erfolg (mit Investitionsverantwortung)

Tabelle 52: Verantwortungsbereiche und Rechnungswesengrößen

Die kleinste Einheit ist in der Regel das **Cost-Center**, das weitestgehend der Kostenstelle entspricht; es wird gebildet, wenn der Bereich keinen direkten Marktzugang hat. Ein **Revenue-Center** wird im Absatz und Vertrieb gebildet, um Verantwortliche für den Absatz der Produkte zu schaffen. Voraussetzung für ein **Profit-Center** ist, dass der Bereich die Kosten und die Erlöse zu verantworten hat. Der Leiter eines **Investment-Centers** beeinflusst nicht nur den Gewinn sondern auch die Investitionen in seinem Teilbereich.

In einem Möbelunternehmen, das weltweit operiert, ist z. B. eine Fertigungsstelle, in der Holz gehobelt wird, ein Cost-Center, weil der Leiter dieses Cost-Centers für den wirtschaftlichen Einsatz der verwendeten Produktionsfaktoren wie Maschinen oder Energie verantwortlich ist. Der Vertriebsleiter der Region Nord-Europa ist der Manager eines Revenue-Centers, er hat für die Umsätze in dieser Region einzustehen. Sein Chef ist Leiter des Profit-Centers, er hat für alle Aktivitäten in der Region Nord-Europa Rechenschaft abzulegen. Dessen Chef ist für Gesamt-Europa zuständig und kann auch über neue Standorte und Kapazitäten innerhalb Europas entscheiden, damit ist er der Manager eines Investment-Centers.

Sie sollten sich jedoch davor hüten, aus der Einzelverantwortung, die einem Manager übertragen wird, zu schließen, dass der Manager tatsächlich allein in der Lage ist, die wesentlichen Größen zu beeinflussen.

> **Beispiel 11:** Erlösentstehung und Kostenverantwortung
>
> Der regionale Vertriebsleiter Nord-Europa Svensson freut sich über steigende Umsätze in seinem Vertriebsgebiet. Er führt dies natürlich auf seine kontinuierliche hervorragende Kundenarbeit zurück.
>
> Das Werk, das auch sein Vertriebsgebiet beliefert, hat in den vergangenen Monaten vermehrte Anstrengungen in der Qualitätssicherung unternommen, dies war mit höheren Kosten verbunden. Der Werksleiter Eriksson, der höhere Kosten in Kauf nimmt, wird von der Geschäftsleitung auf Grund der schlechten Konjunktur gedrängt, auf unnötige Kostenerhöhungen zu verzichten. Die Qualitätsmaßnahmen werden wieder zurückgefahren. Auf der nächsten Vertriebsleiterkonferenz wurden die zurückgehenden Umsätze in Nord-Europa von Herrn Svensson mit der zurückgehenden Konjunktur begründet.

Es gibt viele Bereiche in Unternehmen, in denen Verantwortung und Entstehung von Kosten und Erlösen auseinander fallen. Wenn beispielsweise der Vertrieb auf einer täglichen Lieferbereitschaft besteht, werden hohe Bestände an Fertigprodukten auf dem Lager liegen, auch die vorgelagerten Produktionsstufen müssen sich darauf einstellen. Die hohen Zinskosten entstehen aber nicht nur im Vertrieb, sondern in anderen Verantwortungsbereichen. Wenn in einem Werk vermehrt Hilfskräfte eingesetzt werden, die jedoch eine geringere Qualität erbringen, müssen alle nachgelagerten Produktionsstufen mit höheren Kosten rechnen. Nicht überall, wo die Verantwortung für Kosten besteht, ist auch gleichzeitig die Möglichkeit vorhanden, sie zu beeinflussen. Manchmal hilft es, zu untersuchen, wer die Entscheidung traf, die dazu beigetragen hat, dass die Kosten entstanden sind. Sollen dann in ein Budget

9. Kapitel: Budgets und Plankostenrechnung

nur die Kosten und Erlöse aufgenommen werden, die zweifelsfrei von dem jeweiligen Manager beeinflusst werden?

Die Antwort ist ein klares Nein. Das einzelne Budget hat die Aufgabe einem Bereich Ressourcen zuzuweisen, in einer Fertigungsstelle sind dies beispielsweise die Maschinen. Die kalkulatorischen Abschreibungen beruhen auf einer Investitionsentscheidung, für die der Leiter der Fertigungsstelle nicht verantwortlich ist, trotzdem weist das Controlling die Abschreibungen in seinem Kostenstellenbogen aus. Der Kostenstellenbogen zeigt dem Manager an, mit welchen Ressourcen er seine Ziele erreichen soll.

Aufbau der Plankosten- und Erfolgsrechnung

Im Rahmen einer Budgetierung finden eine Erlösplanung sowie eine Kostenplanung für die Kostenstellen im Unternehmen statt. Da die Kostenplanung und -kontrolle im Unternehmen an ein konkretes System der Plankostenrechnung gebunden sind, muss ein System der Plankostenrechnung ausgewählt werden.

> **Lernziel 3:** Systeme der Plankostenrechnungen unterscheiden und den Ablauf einer Plankostenrechnung beschreiben.

Die Plankosten- und Erfolgsrechnung ist ein System, mit dessen Hilfe geplante Erlöse und geplante Kosten bereitgestellt werden. In den Unternehmen sind sie als Vollkosten- und als Teilkostenrechnungssysteme anzutreffen. Die Systeme der **Plankostenrechnung** lassen sich unterscheiden in

1. die **starre Plankostenrechnung** und
2. die **flexible Plankostenrechnung**
   - auf **Vollkosten**basis oder
   - auf **Teil-(Grenz-)kosten**basis (vgl. den Überblick in Haberstock, 2008, S. 14 ff.; und den geschichtlichen Überblick in Kilger et al., 2012, S. 57 ff.).

Die Unterscheidung in starr und flexibel beruht allgemein darauf, ob im System eine Anpassung an Veränderungen vorgenommen werden kann. Vorzugsweise geht es um die wichtigste Einflussgröße, die die Kosten verändert: die Beschäftigung. Flexible Formen der Plankostenrechnungen passen sich an, wenn Beschäftigungsschwankungen auftreten, starre Formen nicht.

Wie sieht nun der Aufbau einer Plankosten- und Erfolgsrechnung aus und wie ist die Kostenplanung und -kontrolle sowie die Erlösplanung und -kontrolle in dieses System eingebettet? Auskunft gibt Darstellung 40.

Die Plankosten- und Erfolgsrechnung entspricht in ihrem Aufbau dem allgemeinen Modell der Kostenrechnung, auch sie ist eingeteilt in eine Kostenarten-, Kostenstellen-, Kostenträgerrechnung, eine Erlösrechnung und abschließend eine Erfolgsrechnung. Dem Schaubild lässt sich auch entnehmen, dass die Kosten verrechnet werden, wie das in den Kapiteln zur traditionellen Kosten-

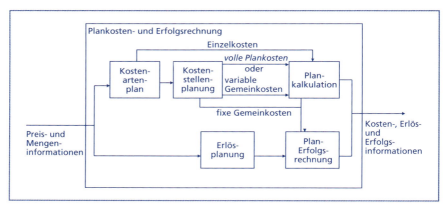

Darstellung 40: Aufbau der Plankosten- und Erfolgsrechnung

rechnung und der Deckungsbeitragsrechnung beschrieben ist. Der Ablauf soll kurz skizziert werden, er wird dann in den folgenden Abschnitten behandelt.

Die **Kostenplanung** wird für die Einzelkosten und die Gemeinkosten getrennt, man plant die Einzelkosten pro Kostenträger und die Gemeinkosten pro Kostenstelle. **Plankosten** beruhen auf Planmengen und Planpreisen. Um eine Kostenplanung durchführen zu können, muss für das Unternehmen die Beschäftigung festgelegt werden. Für die **Einzelkostenplanung** werden die Absatz- und Produktionsmengen der Kostenträger benötigt, für die **Gemeinkostenplanung** sind die Beschäftigungen der Kostenstellen erforderlich. Die Kostenplanung baut daher auf einer entsprechenden Mengenplanung auf und sie ist Teil eines umfassenden Planungssystems, wie es im zweiten Kapitel beschrieben wurde.

Die Planung in den Kostenstellen setzt voraus, dass die Leistungen, welche die Kostenstellen erbringen, durch Bezugsgrößen gemessen werden. In einem ersten Schritt müssen die Bezugsgrößenmengen geplant werden, dann können in einem zweiten Schritt anhand der Standards in der Kostenstelle die gesamten Gemeinkosten geplant werden. Die Standards legen fest, wie viel Produktionsfaktoren pro Einheit der Bezugsgröße benötigt werden. Als Ergebnis liegen die gesamten Gemeinkosten der Kostenstelle vor, sie werden durch die geplanten Bezugsgrößenmengen geteilt, so erhält man die Kalkulationssätze für die Plankalkulation. Die Werte der Einzelkostenplanung gehen direkt in die Plankalkulation ein. Somit ergeben sich aus der Kostenplanung:

1. **Einzelkostenbudgets**,
2. **Kostenstellenpläne** (Gemeinkostenbudgets),
3. **Plankalkulationssätze** sowie
4. **Planstückkosten**.

Im Falle einer **Plankostenrechnung auf Teilkostenbasis** werden – wie aus der Deckungsbeitragsrechnung bekannt – die fixen Kosten in der Kostenstellenrechnung abgespalten und direkt in die abschließende Planerfolgsrechnung übernommen, die Plankalkulation beruht auf variablen Plankosten.

9. Kapitel: Budgets und Plankostenrechnung

Zur **Kostenkontrolle** am Ende der Abrechnungsperiode sind neben den Planwerten die Istkosten erforderlich, die durch eine entsprechend aufgebaute Istkostenrechnung bereitgestellt werden. Plan- und Istwerte werden nach der Kontrollperiode in den Einzelkosten-, Kostenstellenbudgets und dem Erfolgsbudget zusammengeführt, um Abweichung der Zielwerte festzustellen und als Ausgangspunkt für Analysen zu dienen.

Neben der Planung der Kosten ist es notwendig, die Erlöse zu planen. Die **Erlösplanung** beruht auf der Absatzplanung und bildet die Wirkungen ab (geplante Preise und Absatzmengen), die mit dem Einsatz des absatzpolitischen Instrumentariums erzielt werden.

Erlösplanung

Die Planung der Erlöse soll in Verbindung mit der Kostenplanung dazu dienen, Informationen über die zukünftigen Erfolge bereitzustellen. Im Vordergrund stehen in der Erlösplanung die Produkt- und Marktziele des Unternehmens, sie beziehen sich auf

- das Produkt,
- das Produktprogramm (Sortiment) und
- die Märkte, auf denen das Unternehmen agiert, und die Kunden, für die die Leistungen angeboten werden.

Lernziel 4: Grundlegende Probleme der Erlösplanung erläutern.

Die Erlösplanung ist daher eingebettet in die Marketingstrategie des Unternehmens und die jährliche Absatzplanung (vgl. Engelhardt, 1977, S. 21 f.). Sie bildet die wertmäßigen Konsequenzen der möglichen Maßnahmen des absatzpolitischen Instrumentariums ab und soll als Ergebnis die steuerungsrelevanten Planerlöse erzeugen (s. Darstellung 41).

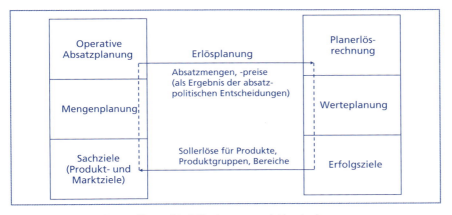

Darstellung 41: Erlösplanung und Absatzplanung

In Darstellung 41 sind die wichtigsten Informationen für die Erlösplanung und berechnung angegeben, dies sind die Preise und Absatzmengen, die benötigt werden, um den Planerlös zu berechnen.

> Während die Kostenplanung auf der Produktions- und Kostentheorie aufbaut, greift man bei der Erlösplanung auf Theorien des Konsumentenverhaltens und des Marktes zurück. Erlöse zu planen, ist für Unternehmen ungleich schwieriger, weil die Einflussgrößen auf die Erlöse zum großen Teil nicht vom Unternehmen kontrolliert werden. Da die Höhe der geplanten Erlöse von den zukünftigen Entwicklungen auf den Absatzmärkten abhängt, die im Wesentlichen durch die Kunden (Nachfrager) und die Konkurrenten bestimmt werden, ist eine Prognose unsicher (vgl. Reese, 2002, Sp. 455).

Ähnlich wie die Kostenplanung ist es auch in einer Erlösplanung nicht notwendig, alle Einflussgrößen zu kennen und zu planen, vielmehr werden nur die wichtigsten **Einflussgrößen** ausgewählt.

- Der **Preis** ist eine wichtige Einflussgröße, die allerdings in der Regel nicht ausschließlich durch das Unternehmen festgesetzt werden kann, wenn ein starker Wettbewerb auf den Märkten herrscht.
- Auf die **Absatzmengen** wirkt eine Vielzahl von Einflussgrößen. Zum einen ist der Preis eine wichtige Einflussgröße, da Veränderungen des Preises häufig eine Mengenveränderung nach sich ziehen.
  - Dies bedeutet, dass zwischen beiden Einflussgrößen eine Beziehung besteht, sie daher nicht unabhängig voneinander analysiert werden sollten. Solche interdependenten Beziehungen sind insbesondere bei der Erlöskontrolle und Abweichungsanalyse zu beachten.
- Des Weiteren wirken auf die Absatzmengen Einflussgrößen, die vom Markt und vom Unternehmen ausgehen:
  - Preis- oder Produktpolitik von Konkurrenten sowie die Präferenzen der Kunden sind typische Beispiele für Einflussgrößen, die vom Markt ausgehen.
  - Das Unternehmen bestimmt allerdings durch seine eigene Preispolitik und durch den Einsatz weiterer absatzpolitischer Maßnahmen die Reaktionen der anderen Marktteilnehmer mit.

Die Erlösplanung setzt daher voraus, dass im Unternehmen Kenntnisse über die wichtigsten Einflussgrößen vorhanden sind. Ein allgemeines Einflussgrößenmodell für die Erlösplanung gibt es allerdings nicht, da sowohl die Leistungen, die Unternehmen anbieten als auch die Marktverhältnisse viel zu heterogen sind. Im Falle, dass das Unternehmen homogene Leistungen anbietet, besteht die Möglichkeit eine Preisabsatzfunktion aufzustellen (vgl. Reese, 2002, Sp. 457 f.).

> Preisabsatzfunktionen sind allerdings in der Praxis auch bei homogenen Gütern schwer zu ermitteln, da auf die Mengen sehr viele Einflussgrößen wirken, die sich nicht in einem einfachen Preis-Mengen-Schema wiedergeben lassen (vgl. zu den Methoden der empirischen Bestimmung Simon & Fassnacht, 2009, S. 109 ff.).

Für die Erlösplanung bei kundenindividuellen Leistungen wie z. B. im Projektgeschäft ist es ohnehin nicht möglich, eine Preisabsatzfunktion zu ermit-

9. Kapitel: Budgets und Plankostenrechnung

Darstellung 42: Erlöshierarchie

teln, da die Leistungen nicht vergleichbar und in unterschiedlichen Kombinationen auftreten können.

Die Erlösplanung lässt sich mit einer Reihe von statistischen Methoden wie z. B. der Zeitreihenanalyse unterstützen, in den Unternehmen wird hingegen häufig der zukünftige Umsatz durch die Vertriebsmitarbeiter geschätzt. In einem solchen Bottom-up-Verfahren werden die gesamten Erlöse des Unternehmens schrittweise aggregiert, je nach Organisation im Unternehmen sind verschiedene Erlöshierarchien möglich (s. als ein Beispiel Darstellung 42).

Einer solchen aus Unternehmenssicht gestalteten Erlöshierarchie lässt sich eine aus Marktsicht entgegenstellen (vgl. Engelhardt, 1992, S. 660ff.):

- Teilleistungen,
- Leistungsbündel,
- Auftrag/Projekt,
- Geschäftsbeziehung,
- Marktsegment.

Diese Einteilung ist wichtig, weil sie darauf hinweist, dass Erlöse für einzelne Teilleistungen mit anderen Teilleistungen verbunden sind oder diese Leistung Teil eines Auftrages oder Projektes ist. In diesen Fällen ist mit Erlösverbundenheiten zu rechnen und die Erlöse einzelner Teilleistungen sollten nicht isoliert betrachtet werden.

Organisatorische Voraussetzungen der Kostenplanung

Um die Kosten planen zu können, muss in einem Unternehmen eine Reihe von Voraussetzungen erfüllt sein. Wenn eine Plankostenrechnung eingeführt wird, ist zu überprüfen, welche Voraussetzungen bereits vorliegen.

Als wichtige Voraussetzungen seien genannt (vgl. zu den Voraussetzungen Haberstock, 2008, S. 29 ff.):

1. Planungs- und Kontrollperiode,
2. Planungssystem,
3. Kostenartenplan und
4. Kostenstellenplan.

> **Lernziel 5:** Wichtige organisatorische Voraussetzungen der Kostenplanung und -kontrolle erläutern.

1. Planungs- und Kontrollperiode

Grundsätzlich ist jedes Unternehmen frei, die Länge des Zeitraums zu wählen, für den Kosten geplant und kontrolliert werden. Zwar gibt es für das interne Rechnungswesen keine gesetzlichen Vorschriften, doch wählen die meisten Unternehmen das Jahr als **Planungsperiode** für die Kostenplanung. Da auch das externe Rechnungswesen auf einer Jahresrechnung beruht, vereinfacht sich so der Abgleich zwischen diesen Rechnungssystemen. Schon während des Jahres werden die Kosten kontrolliert, als Standard der **Kontrollperiode** gilt in den Unternehmen ein Monat. Dies beruht darauf, dass die kurzfristige Erfolgsrechnung für diesen Zeitraum ermittelt wird. Wann sind kürzere Kontrollperioden sinnvoll?

Beispiel 12 weist auf ein wichtiges Kriterium hin, um über die Länge der Kontrollperiode zu entscheiden: die **Beeinflussbarkeit** der Kosten. Ein Kostenstellenleiter, der für die Materialkosten der Tiefkühlpizzas verantwortlich ist, muss die Materialkosten **verändern** können. Wenn in seinem Verantwortungsbereich eine Abweichung der Materialkosten auftritt, wird er versuchen, zu analysieren, warum sie entstanden ist. Entdeckt er einen Fehler bei der Bestückung der Maschinen, wird er eingreifen und sie verändern, um die Abweichung in der nächsten Periode zu vermeiden.

> **Beispiel 12:** Länge der Kontrollperiode
>
> Stellen Sie sich einen Hersteller von Tiefkühlpizzas vor, der vollautomatisch in einem Dreischichtbetrieb 20.000 Stück am Tag produziert. Der Materialkostenanteil an den gesamten Fertigungskosten betrage rund 50 %. Fehler, die in der Produktion zu einem erhöhten Materialeinsatz führen, addieren sich an einem Tag schnell zu einer Kostenabweichung in beträchtlicher Höhe. Für dieses Unternehmen bietet sich eine Kontrollperiode an, die sich auf die einzelne Schicht bezieht, sodass drei Mal täglich eine Kontrolle der Materialkosten vorgenommen wird.

Für Kontrollperioden, die kürzer als ein Monat sind, kommen nur **variable** Kosten in Frage, denn sie sind kurzfristig veränderbar. **Fixe** Kosten beruhen auf Entscheidungen über die Kapazität von Kostenstellen, eine Kontrolle für diese Kostenarten im halbjährlichen oder jährlichen Rhythmus ist ausreichend.

2. Planungssystem

Ohne ein Planungssystem ist eine Kostenplanung unmöglich. Wenn Sie die Kosten für eine Kostenstelle Fräserei eines Möbelherstellers planen wollen, dann müssen Sie wissen, was und wie viel die Fräserei in der Planungsperiode leisten soll. Die Leistungsmengen einer Fräserei leiten sich aus dem geplanten Produktionsprogramm – wie viel Tische, Stühle oder Schränke sollen hergestellt werden – ab. In einer Marktwirtschaft hängt das Produktionsprogramm mit dem Absatzprogramm zusammen, bevor die Produktionsmengen geplant werden, ist die Absatzmenge zu bestimmen. Die Kostenplanung ist somit Teil eines umfassenden Planungssystems im Unternehmen, wie dies in Darstellung 43 illustriert ist.

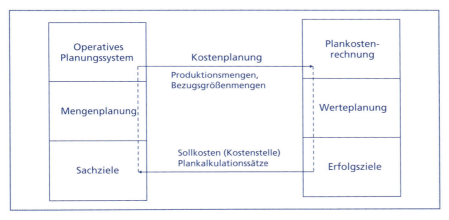

Darstellung 43: Kostenplanung und operatives Planungssystem

Kostenplanung ist ein Prozess, der auf Basis der Ziele des Unternehmens Kosten für zukünftige Perioden ermittelt. Die Kostenplanung setzt voraus, dass Produktionsmengen gegeben sind, denn daraus leitet sich ab, welche Beschäftigung in den einzelnen Kostenstellen zu planen ist.

> Es wird bei dieser Beschreibung von der **Sukzessivplanung** ausgegangen, bei der mit dem Absatzplan begonnen wird. Wie Sie aus dem Kapitel zur Deckungsbeitragsrechnung wissen, wird das optimale Absatz- und Produktionsprogramm auf Basis von Deckungsbeiträgen bestimmt. In einem geplanten Deckungsbeitrag sind aber die geplanten variablen Kosten enthalten, die erst das Ergebnis der Kostenplanung sind. Da die Simultanplanung in Unternehmen kaum durchzuführen ist, muss eine Reihenfolge festgelegt werden. Nach GUTENBERG bestimmt der Engpass die Reihenfolge der Planung (vgl. Gutenberg, 1951, S. 125 f., dort als Ausgleichsgesetz der Planung bezeichnet und daher beginnt die Planung meist mit dem Absatz.

Für die Kostenplanung gilt somit eine Reihe von Voraussetzungen, die sich aus den Vorgaben des operativen Planungssystems ableiten lassen.

3. Kostenartenplan

Im Kostenartenplan sind alle Produktionsfaktoren aufzuführen, die im Unternehmen eingesetzt werden. In Unternehmen, die bereits über eine Kostenrechnung verfügen, sind in der Regel die Kostenarten eingeteilt. Der Kostenartenplan und die Kostenarten aus der Istkostenrechnung müssen identisch sein, da in den Kostenstellen kostenartenweise kontrolliert wird.

4. Kostenstellenplan

Kostenstellen sind die organisatorischen Bereiche, in denen die Kosten geplant und kontrolliert werden. Sie sind neben den Kostenträgern eines der wichtigsten Kostenobjekte im Unternehmen, weil sie als Orte der Kostenverantwortung anzusehen sind.

> Der im Angelsächsischen gebräuchliche Begriff Responsibility Accounting spiegelt dies ausgezeichnet wider, ein vergleichbarer Begriff wie z. B. Verantwortungsrechnung hat sich im deutschsprachigen Raum nicht durchgesetzt. In der angelsächsischen Terminologie entspricht die Kostenstelle einem Cost-Center.

Im Kapitel zur traditionellen Kostenrechnung sind die grundsätzlichen Kriterien beschrieben, die herangezogen werden, um Kostenstellen zu bilden. Für die Kostenplanung kann die Kostenstelleneinteilung feiner vorgenommen werden, wenn für die Planung in einer Kostenstelle Bezugsgrößen zur Verfügung stehen. So werden in der Zuschlagskalkulation die Verwaltungskosten mithilfe von Wertschlüsseln verrechnet. Um die Kosten in der Verwaltung planen zu können, werden aber auch Leistungsmaßstäbe (Bezugsgrößen) benötigt. Bei Einführung einer Plankostenrechnung wird es meist nötig sein, alle Kostenstellen daraufhin zu überprüfen, ob eine Leistungsmessung möglich ist. Da es auf die von der Kostenstelle erbrachten Leistungen ankommt, welche Bezugsgrößen sinnvoll sind, soll dieses Problem im Abschnitt Gemeinkostenplanung (s. S. 273) analysiert werden.

Kostenplanung

Die Kostenplanung ist kein Selbstzweck, sondern dient dem Controller, zukunftsbezogene Informationen für das Management bereitzustellen. Der Aufwand für jede Planung muss in einem realistischen Verhältnis zum Nutzen stehen, auch wenn diese Forderung schwer zu operationalisieren ist. Da sich die Planung auf die Zukunft richtet, ist sie aufgrund der Prognoseschwierigkeit grundsätzlich mit Fehlern behaftet. Exaktheit und Vollkommenheit sind damit keine erstrebenswerten Ergebnisse der Planung. Es soll im Folgenden darauf hingewiesen werden, wo ein zu großer Aufwand kaum entsprechenden Nutzen erzeugen wird.

Wie der einführenden Darstellung 40 (s. S. 260) zu entnehmen ist, erfolgt die Kostenplanung zwar getrennt nach Einzel- und Gemeinkosten, grundsätzlich geht man jedoch in ähnlicher Weise vor:

1. Planung der Preise für die einzusetzenden Güter (Produktionsfaktoren),

9. Kapitel: Budgets und Plankostenrechnung

2. Planung der Verzehrsmengen an Gütern und
3. Multiplikation der Planpreise mit den Planmengen der einzusetzenden Güter.

Die Planung der Verzehrsmengen unterscheidet sich jedoch ganz erheblich zwischen Einzel- und Gemeinkosten, dies ist auch der Grund sie getrennt darzustellen. Es müssen für beide Planungen Standards festgelegt werden, bei den Einzelkosten beruhen die Standards auf dem einzelnen Stück, bei den Gemeinkosten hingegen auf einer Bezugsgrößeneinheit.

Planung der Faktorpreise

Zu den schwierigsten Aufgaben der Kostenplanung gehört die Planung der Faktorpreise, da bei ihrer Prognose viele Unwägbarkeiten zu beachten sind. Preise bilden sich auf Märkten, somit müssen für die zukünftigen Beschaffungspreise Vorstellungen entwickelt werden, in welche Richtung sich die Beschaffungsmärkte bewegen werden. So ist für einen Produzenten von Surfbrettern der Markt für Rohkautschuk zu prognostizieren, für einen Möbelhersteller die verschiedenen Holzmärkte und für einen Schuhfabrikanten der Ledermarkt.

> Auch für die Preisplanung gilt es, zu unterscheiden, ob es eine **Prognose-** oder eine **Standardrechnung** sein soll. Eine passive Prognose von Preisen entspricht nicht einem aktiven Einkaufsmanagement, die Preisplanung soll vielmehr die Einkaufsstrategie ausdrücken. Preise sind eine wesentliche Kosteneinflussgröße, ihr aktives Management ist ein erster Schritt zu einem profitablen Unternehmen. Insbesondere in Krisensituationen von Unternehmen wird versucht, die Beschaffungspreise zu senken, wie dies z. B. Daimler Chrysler im Dezember 2000 bei den Zulieferern in USA erreichen wollte. Diese Methode ist auch deswegen so beliebt, weil es viel schwieriger ist, das Unternehmen zu rationalisieren, denn die daraus entstehenden Effekte treten erst zeitverzögert auf.

Lernziel 6: Grundlegende Probleme der Preisplanung erläutern.

Die Preise für die einzusetzenden Faktoren haben die Einkaufsstrategie wiederzugeben und für die Preisplanung gilt, dass die geplanten Preise die Zukunft realistisch abbilden sollen. Aus dem **Rechnungszweck** Planung oder Entscheidung lässt sich ableiten, dass die jeweilige Entscheidungssituation wirklichkeitsnah abgebildet werden soll, da sonst Fehlentscheidungen drohen.

Beispiel 13: Preisplanung

Ein Möbelhersteller plant für den qm^3 Eschenholz 30 Euro. Im Laufe des Jahres ergibt sich eine Preiserhöhung auf 40 Euro, und das Unternehmen hat während dieser Zeit einen Zusatzauftrag angenommen. Bei einer Kontrollrechnung stellt sich heraus, dass der Zusatzauftrag kein profitables Geschäft war. Was empfehlen Sie dem Unternehmen?

Da sich Kostenkontrolle auf die Mengenabweichungen in der Kostenstelle konzentriert, spielt eine realistische Preisplanung auf den ersten Blick nur eine untergeordnete Rolle. Ein damit verbundener Nachteil ist jedoch, dass sich die tatsächlichen Kosten von den in der Kostenstelle ausgewiesenen Kosten erheblich unterscheiden können. Auch wenn die Leiter der Kostenstellen keine Verantwortung für diese Preisschwankungen tragen, sollten die Kosten die Unternehmenssituation realistisch aufzeigen.

Diese Überlegungen führen direkt zu dem praktischen Problem, wie eventuelle **Preisschwankungen** während der Planungsperiode zu behandeln sind (vgl. Kilger et al., 2012, S. 180 ff.). Im Beispiel 13 zeigt sich das praktische Problem für einen Möbelhersteller, dass die Gefahr von Fehlentscheidungen steigt, wenn sich die in der Plankalkulation verwendeten Faktorpreise von den tatsächlich zu zahlenden Preisen beträchtlich unterscheiden. Für die Controller besteht das praktische Problem darin, herauszufinden, welche Preise sich während des Jahres verändern könnten und nur für diese Preise eine praktikable Lösung zu finden.

Für eine Reihe von Produktionsfaktoren gibt es langfristige Lieferverträge, die die Preise zumindest für ein Jahr vorhersehbar machen. Ähnliches gilt für den Block der Personalkosten: Meist sind tarifliche Steigerungen und Erhöhungen der gesetzlichen und sozialen Nebenkosten absehbar. Preise, die in der Vergangenheit erheblich schwankten und einen großen Teil der Kosten ausmachen, sollten bei kurzfristigen Entscheidungen während des Jahres in Form von **Sonderkalkulationen** berücksichtigt werden. Innerhalb des Jahres beruht die Plankalkulation auf den zu Beginn des Jahres geplanten Preisen, sie wird nur für ausgewählte Preise in Entscheidungssituationen durch Sonderkalkulationen ersetzt. Der Planpreis spiegelt den durchschnittlich zu zahlenden Wiederbeschaffungspreis wieder, von ihm sollte nur abgewichen werden, wenn außergewöhnliche Faktoren vorliegen.

Grundlegender ist die Frage, für welche Produktionsfaktoren **keine Preisplanung** durchgeführt werden soll. Als problematisch werden zwei Gruppen angesehen:

1. **unregelmäßig anfallende** Kostenarten wie z. B. Ersatzteile oder Spezialwerkzeuge und
2. Kostenarten **ohne Mengengerüst** wie Dienstleistungen.

Da jedoch beide Gruppen in der Plankostenrechnung berücksichtigt werden müssen, lässt sich in diesen Fällen mit Schätzungen arbeiten. Insbesondere die zweite Gruppe betrifft die Dienstleistungen wie Beratungen, auch für viele Dienstleistungen gibt es jedoch ein Mengengerüst. So beruhen die Preise vieler Beratungsleistungen auf Stundenvergütungen, eine getrennte Preis- und Faktormengenplanung ist somit möglich.

Ein weiteres technisches Problem besteht darin, festzulegen, was eigentlich der Preis einer Kostenart ist. Da dies stark von der Kostenart abhängt, ist es sinnvoll, mehrere Kategorien zu bilden:

- Sachgüter und
- Dienstleistungen insbesondere Arbeitsleistungen.

9. Kapitel: Budgets und Plankostenrechnung

Welche Komponenten sollen im Planpreis von **Sachgütern** berücksichtigt werden? Da der Planpreis den Beschaffungspreis ausdrücken soll, geht es um die Frage, welche Preise des gesamten Beschaffungsprozesses berücksichtigt werden und ob auch noch Kosten, die im Unternehmen anfallen als Preis anzusehen sind. Betrachten Sie dazu die Preisbestandteile bei Sachgütern in Tabelle 53.

+	**Einkaufspreis** (Rechnungspreis gekürzt um Boni, Rabatte, Skonto) Externe Beschaffungsbeträge (z. B. Transport, Verpackung, Versicherung)
= +	**Einstandspreis** Interne Beschaffungskosten (z. B. Einkauf, Qualitätskontrolle)
=	**Lagerabgabepreis**

Tabelle 53: Preisbestandteile bei Sachgütern

Betrachtet man den gesamten Prozess bis zu dem Zeitpunkt, an dem die Sachgüter in der Produktion eingesetzt werden, bieten sich die drei Möglichkeiten an, einen Preis festzulegen. Als Kriterium bietet sich an, zu fragen, ob das Unternehmen Ressourcen für die betrachteten Beschaffungsprozesse einsetzt. Wenn der **Einkaufspreis** gewählt wird, dann endet der Beschaffungsprozess im Lieferunternehmen, danach anfallende externe Beschaffungsbeträge müssten über die Materialgemeinkosten verrechnet werden. Ein weiterer Nachteil ist, dass die externen Beschaffungsbeträge für die Bestandsbewertung benötigt werden. All dies spricht gegen den Einkaufspreis. Der **Einstandspreis** wird dann gewählt, wenn im Preis alle Beschaffungsaktivitäten enthalten sein sollen, die nicht vom Unternehmen erbracht werden. Die externen Beschaffungsbeträge fremder Unternehmen sind dann Bestandteil des Preises, die eigenen Lagerleistungen oder Qualitätskontrollen hingegen nicht. Addiert man diese internen Beschaffungskosten zum Einstandspreis, so erhält man den **Lagerabgabepreis**. Interne Beschaffungsprozesse gehören zur Leistungserstellung, ihr Kostencharakter ist unbestritten. Der Lagerabgabepreis hat den Nachteil, dass die Kostenkontrolle der Materialstellen nicht mehr möglich ist. Der Einstandspreis ist aus diesen Gründen der geeignete Preisansatz für Sachgüter (vgl. Vormbaum & Rautenberg, 1985, S. 125).

Die größte Gruppe der Dienstleistungen sind die **Personalkosten** im Unternehmen. Ein getrenntes Preis- und Zeitgerüst für Personalkosten ist streng genommen nur bei Vergütungen möglich, die wie der reine Akkordlohn pro Zeiteinheit entlohnen. In vielen Betrieben wird dieses Verfahren auch dann angewendet, wenn Arbeiter und Angestellte einen Zeitlohn erhalten. Das Zeitgerüst ergibt sich dann aus der effektiven Arbeitszeit dieser Mitarbeiter. Für die tariflich entlohnten Arbeitskräfte gibt es folgende Alternativen:

	Tariflohn
+	Gesetzliche Sozialabgaben (z. B. Arbeitslosen-, Renten-, Unfallversicherung)
+	Gesetzlicher Soziallohn (z. B. Feiertage, Urlaub)
=	**Tariflohn mit gesetzlichen Sozialkosten**
+	Primäre freiwillige Sozialkosten (z. B. betriebliche Altersvorsorge)
+	Sekundäre freiwillige Sozialkosten (z. B. Kindergarten, Werkskantine)
=	**Gesamte Personalkosten**

Tabelle 54: Preisbestandteile bei Arbeitsleistungen

Der **Tariflohn** hat den Vorteil, dass er mit der Bruttolohnabrechnung problemlos abgestimmt werden kann. In der Plankostenrechnung werden die anderen Bestandteile – außer den sekundären freiwilligen Sozialkosten – als prozentuale Zuschläge geplant. Die sekundären freiwilligen Sozialkosten werden im Rahmen der innerbetrieblichen Leistungsverrechnung berücksichtigt.

Methoden der Kostenplanung

Um Kosten zu planen, muss eine Controllerin in einem Werk nicht nur die zukünftigen Preise für die Produktionsfaktoren kennen, sie muss auch die geplanten Güterverzehre ermitteln. Wenn sie in der Fräserei eines Möbelherstellers die Energiekosten plant, muss sie wissen, wie viel Energie die einzelnen Maschinen in der Fräserei verbrauchen. Sie benötigt zwei Informationen:

1. den Energieverbrauch pro Maschinenstunde und
2. die geplanten Maschinenstunden.

Für die erste Information werden die Methoden der Kostenplanung eingesetzt; sie sollen aufzeigen, wie hoch der Verbrauch ist, wenn die Produktion optimal abläuft. Diese Informationen müssen nur einmal ermittelt werden, sie behalten solange Gültigkeit, wie der Ablauf und die eingesetzten Maschinen gleich bleiben. Die zweite Information muss hingegen für jede Planungsperiode neu ermittelt werden, weil dies die jeweilige Planbeschäftigung der Kostenstelle ist. Da die Planbeschäftigung eng mit der Gemeinkostenplanung verbunden ist, wird sie dort behandelt.

Lernziel 7: Methoden der Kostenplanung kennen.

Die folgenden **Methoden** der Planung werden für die Einzel- und Gemeinkosten verwendet:

1. Festlegung durch **technische Studien** und Berechnungen aufgrund der Fertigungsunterlagen z. B. aus Stücklisten; ihr Vorteil: keine Vergangenheitswerte.
2. Ermittlung aufgrund von **Schätzungen** der Kostenplaner, Meister, Vorarbeiter oder Abteilungsleiter. Erfahrene Kostenplaner schätzen in der Regel gut, aber es ist kein echtes Planungsverfahren.

9. Kapitel: Budgets und Plankostenrechnung

3. Festlegung aufgrund von **Probeläufen und Musteranfertigungen**. Diese Methode liefert exakte Messungen, ist aber in der Regel sehr aufwendig.
4. Ableitung aus **statistischen Vergangenheitswerten**. Nachteil ist, dass Plankosten, die aus Vergangenheitswerten gebildet werden, immer die Gefahr der Übernahme früherer Unwirtschaftlichkeiten in sich bergen. Trotzdem ist diese Methode sehr verbreitet; sie ist insbesondere als Ergänzungsverfahren geeignet.
5. Ableitung aus **externen Richtzahlen**. Diese Möglichkeit ist aufgrund betriebsindividueller Besonderheiten nur zur Überprüfung der eigenen Planungsansätze, nicht aber als alleinige Grundlage der Kostenplanung zu verwenden.

Verwendet eine Controllerin statistische Vergangenheitswerte, so muss sie ein grundsätzliches Problem beachten. Eine unabdingbare Voraussetzung dafür, dass die Kosten der Vergangenheit auch für die Zukunft gelten, ist es, dass die eingesetzten Ressourcen und die Abläufe in der Kostenstelle gleich bleiben. Werden beispielsweise neue Maschinen angeschafft, sind die darauf beruhenden Kostendaten weitgehend unbrauchbar, weil sich dadurch der Ressourcenverbrauch in der Kostenstelle ändert.

Einzelkostenplanung

Die Einzelkosten sind variabel und somit den Kostenträgern direkt zurechenbar, eine Kostenstellenrechnung ist für die Zurechnung nicht notwendig. Die auf die Kostenträgereinheit bezogenen Faktorverbrauchsmengen sind die Standards. Es geht in der Einzelkostenplanung in erster Linie um die **Festlegung dieser Standards**, die nach Multiplikation mit den zugehörigen Planpreisen zu den entsprechenden Plankostenbeträgen führen. In manchen Lehrtexten werden als **Standardkosten** (Standard Cost) die Plankosten bezeichnet, die auf den Kostenträger bezogen sind.

> **Lernziel 8:** Einzelkostenplanung in ihren Grundzügen erläutern.

Um die gesamten Einzelkosten für eine Planungsperiode zu planen, müssen die Produktionsmengen bekannt sein. Die Einzelkostenplanung wird von der Gemeinkostenplanung getrennt, weil ihre Jahresplanung einfacher ist. Wenn die Produktionsmengen bekannt sind, kann mithilfe der Standards (Einzelkosten je Kostenträger) sofort das Einzelkostenbudget bestimmt werden.

Zwar werden die Einzelkosten pro Kostenträger geplant, ihre Kontrolle erfolgt jedoch in den Kostenstellen. Die Kostenstellen sind die Orte im Unternehmen, für die Verantwortliche festgelegt werden. So ist bei einem Möbelhersteller der Kostenstellenleiter einer Fräserei für das eingesetzte Holz in seiner Kostenstelle verantwortlich: Einzelkostenart Material. Welche Einzelkostenarten lassen sich unterscheiden?

Die Planung der **Materialkosten** hängt von der spezifischen Leistung des Unternehmens ab, als Einzelkosten gelten die von außen bezogenen Rohstoffe

Einzelmaterial	Holz für einen Tisch, Windschutzscheibe für ein Auto
Einzellöhne (Fertigungslöhne)	Arbeitszeit für einen Arbeitsgang (z. B. Fräsen) für einen Tisch
Sondereinzelkosten der Fertigung	Werkzeuge, Lizenzen, spezielle Vorrichtungen für Maschinen
Sondereinzelkosten des Vertriebs	Verpackung, Versandkosten, Vertreterprovisionen

Tabelle 55: Einzelkostenarten

und fremd bezogenen Fertigteile (vgl. Kilger et al., 2012, S. 198 ff.). Hilfsstoffe wie Leim in der Möbelproduktion werden meist als unechte Gemeinkosten behandelt, d. h., es sind eigentlich Einzelkosten, ihre Erfassung wäre jedoch zu aufwendig, eine Verrechnung als Gemeinkosten ist praktischer. Gleiches gilt für Betriebsstoffe wie Schmieröl für Maschinen.

Für die Festlegung von Standards der einzelnen Materialkostenarten gilt folgendes Schema:

	Geplanter Nettoverbrauch
+	Abfall, Ausschuss
= •	Geplanter Bruttoverbrauch Planpreis
=	Geplante Einzelmaterialkosten

Tabelle 56: Materialkostenschema

Der **geplante Nettoverbrauch** ergibt sich aus der planmäßigen Produktgestaltung, die in Form von Stücklisten oder Rezepturen dokumentiert sind. Auf Basis der Materialeigenschaften und des Ablaufs der Produktion lassen sich der unvermeidbare Abfall oder Gewichtsverluste planen. Multipliziert mit den Planpreisen für diese Materialkostenart ergeben sich die geplanten Einzelmaterialkosten.

Einzellöhne treten typischerweise in der Fertigung auf (Fertigungslöhne), es sind die Kosten für Arbeitsleistungen, die direkt bestimmten Produkten oder Aufträgen zugerechnet werden können. Hierzu ist es notwendig, den Zeitbedarf pro Produkteinheit festzulegen. Dies alleine ist jedoch nicht ausreichend. Direkte Zurechenbarkeit bezieht sich nicht ausschließlich auf den Güterverzehr, sondern auf die Kosten. Wenn nur die Verzehrsmengen direkt zurechenbar sind, jedoch nicht die Kosten, liegen keine Einzelkosten vor.

Damit Löhne Einzelkosten sind, müssen sie beschäftigungsvariabel sein. Dies trifft streng genommen nur auf Akkordlöhne zu, da bei ihnen jede Leistung einzeln vergütet wird. Akkordlöhne werden jedoch nur angewendet, wenn es den Mitarbeitern möglich ist, die Arbeitsgeschwindigkeit zu beeinflussen. Im Beispiel 14 ist dies gerade nicht der Fall. Bei der Handbemalung wird

9. Kapitel: Budgets und Plankostenrechnung

Wert auf hohe Qualität gelegt, eine Beschleunigung der Produktion würde eher zur Produktverschlechterung führen. Daher hat sich das Unternehmen für den Zeitlohn entschieden, der eventuell um einen Prämienlohn ergänzt wird.

> **Beispiel 14:** Einzellöhne
>
> Die Gartenfreund GmbH hat eine traditionelle Fertigung von Gartenzwergen, sie werden nach alter Tradition handbemalt. Die Handwerker, die die Zwerge bemalen, erhalten einen Zeitlohn, sie werden für ihre Arbeitszeit entlohnt.
> Warum sind Zeitlöhne keine Einzelkosten?

Löhne und Gehälter sind in unserer heutigen post-industrialisierten Wirtschaft meist fixe Gemeinkosten, sie werden den Mitarbeitern für einen Monat, für eine bestimmte Arbeitszeit bezahlt. Einzellöhne findet man, wenn überhaupt noch, dann in der Fertigung, wo Akkordlohnsysteme praktiziert werden. Die Tendenz ist allerdings auch in der Fertigung eindeutig: Der Anteil der Akkordlöhne an den Personalkosten nimmt kontinuierlich ab.

Für die Festlegung von Standards der Einzellöhne gilt folgendes Schema (vgl. Kilger et al., 2012, S. 203 ff. zur Planung der Einzellöhne):

•	Geplante Arbeitszeit Planlohnsätze
=	Geplante Einzellöhne

Ähnlich wie bei den Materialkosten muss bei den Einzellöhnen auf Basis der geplanten Produkte und der Arbeitsabläufe die Zeit gemessen werden, die bei einer Normalleistung notwendig ist, um den geplanten Arbeitsgang zu bewältigen. Es gibt eine Reihe von Methoden, um die Arbeitszeit zu planen, wie z. B. die REFA-Methode oder das Methods-Time-Measurement (vgl. zu diesen Methoden Kilger et al., 2012, S. 214 ff.).

Gemeinkostenplanung

Ähnlich wie in der Einzelkostenplanung muss dem Controller bekannt sein, wie hoch der Güterverzehr einer untersuchten Kostenart ist, wenn er die Kosten planen will. Er muss den Güterverzehr pro Bezugsgrößeneinheit kennen, z. B. den Energieverbrauch je Maschinenstunde. Wie in den einleitenden Abschnitten erläutert, werden für die Gemeinkostenplanung auch die Bezugsgrößenmengen benötigt, denn die Höhe der Kosten wird bei variablen Kosten von der Beschäftigungshöhe bestimmt und sie wird mit der Bezugsgröße gemessen. Wenn diese Informationen vorliegen, können die Gemeinkosten in folgenden **Schritten** geplant werden:

> **Lernziel 9:** Gemeinkostenplanung für Kostenstellen erläutern.

1. Ausgangspunkt ist die **Beschäftigungsplanung**: Es müssen die Leistungen der Kostenstelle festgelegt werden.
2. Für jede Kostenart werden auf Basis der optimalen Güterverzehre je Bezugsgrößeneinheit und der Preisplanung die Kosten für die Planbeschäftigung ermittelt.
3. In den flexiblen Plankostenrechnungen ist es notwendig, die Gemeinkosten in ihre fixen und variablen Teile zu spalten.

Für die **Beschäftigungsplanung** gibt es im Wesentlichen zwei Alternativen: die Kapazitätsplanung und die Engpassplanung (vgl. Kilger et al., 2012, S. 277 ff.).

Für Kostenstellen kann die Beschäftigung festgelegt werden, indem ihre tatsächliche Kapazität verwendet wird. Dieses Vorgehen wird für die Vollkostenrechnung insbesondere deswegen vorgeschlagen, weil auch bei Beschäftigungsschwankungen ein konstanter Plankalkulationssatz ermittelt wird: Er ist konstant, solange sich die Kapazität nicht verändert. Ein Nachteil der **Kapazitätsplanung** ist allerdings, dass dann die Kostenplanung nicht mit der Absatzplanung abgestimmt ist und eine Abstimmung nur möglich ist, wenn die „Beschäftigungsabweichung" ermittelt wird. Setzt das Unternehmen eine Grenzplankostenrechnung ein, werden keine Fixkosten auf Kostenträger verteilt, und der vermeintliche Vorteil der Kapazitätsplanung entfällt.

Bei einer **Engpassplanung** werden auf Basis der geplanten Absatzmengen sukzessive die Leistungen der einzelnen Kostenstellen geplant, wobei die zukünftig auftretenden Engpässe berücksichtigt werden. So lässt sich beispielsweise die Beschäftigung für eine Fräserei in einem Möbelunternehmen aus den geplanten Produktmengen ableiten, indem die Produktmengen mit der Bezugsgrößenmenge je Produkteinheit multipliziert werden, z. B. wird für die Produktion von 1.000 Tischen, für die 30 Minuten je Tisch veranschlagt werden, eine Bezugsgrößenmenge von 500 Maschinenstunden für die Gesamtmenge berechnet. Die Engpassplanung ergibt daher realistischere Werte für die Planung der Gemeinkosten.

Für die Planung der Güterverzehrsmengen ist es notwendig zu wissen, wie viele Einheiten des Gutes je Bezugsgrößeneinheit gebraucht werden. Solche Standards sind mithilfe der im Abschnitt „Methoden der Kostenplanung" beschriebenen Verfahren zu ermitteln. Wenn bekannt ist, dass eine Maschine eine installierte Leistung von 20 kW hat, lässt sich die benötigte Gesamtenergie von 10.000 kWh. berechnen. In jeder Kostenstelle müssen für die Kostenarten festgelegt werden, welche Verzehrsmengen benötigt werden. Sind die Verzehrsmengen ermittelt, müssen sie mit ihren Planpreisen multipliziert werden, um die geplanten Kosten zu erhalten. Liegt der prognostizierte Preis für Strom bei 20 Cent je kWh, ergeben sich Stromkosten in Höhe von 2.000 Euro.

> Analog zum Ablauf in einer Istkostenrechnung müssen bei der Planung der Kosten die sekundären Kosten, die auf innerbetrieblichen Leistungen beruhen, zuerst ermittelt werden. Auch hier sind die Ihnen bereits bekannten Verfahren der innerbetrieblichen Leistung einsetzbar.

9. Kapitel: Budgets und Plankostenrechnung

In flexiblen Plankostenrechnungen ist es notwendig die Kosten aufzulösen, um variable und fixe Kostenteile zu trennen. Im Kapitel „Deckungsbeitragsrechnung" wurden insbesondere mathematische Methoden der Kostenauflösung vorgestellt. Da es sich bei diesen Verfahren in der Regel um Vergangenheitswerte handelt, werden sie für eine Plankostenrechnung als ungeeignet bezeichnet. Statt dessen wird die so genannte **planmäßige Kostenauflösung** vorgeschlagen (vgl. Kilger et al., 2012, S. 291 f.). Der Kostenplaner untersucht jede Kostenart darauf, ob sie auch anfällt, wenn die Beschäftigung gleich null ist, der Betrieb jedoch unverzüglich aufgenommen werden kann. Dieses Verfahren berücksichtigt, dass die Kosten in starkem Maße von Entscheidungen abhängig sind, viele Kostenarten nicht naturgesetzlich anfallen und daher auch die Frage, welche Teile eines Kostenbetrages fix oder variabel sind, nicht durch mathematische Verfahren bestimmt werden sollten.

Als Ergebnis einer Gemeinkostenplanung liegt für jede Kostenstelle ein Kostenplan vor, in dem tabellarisch sämtliche Kostenarten einer Kostenstelle mit ihren Beträgen enthalten sind. Tabelle 57 zeigt ein vereinfachtes Beispiel eines Kostenplans. Im Kostenplan sind in den letzten Zeilen die Kostensummen und die Kalkulationssätze enthalten, die sowohl auf den variablen Kosten als

	Kostenstelle:	Brennerei		Leiter:	Maier		
	Bezugsgröße:	Fertigungsstunden:		1000			
Nr.	Kostenart	Einheit	Menge	Preis	Gesamt	variabel	fix
4121	Hilfsstoffe	kg	400	5	2.000	2.000	
4122	Betriebsstoffe	kg	300	10	3.000	3.000	
4123	Werkzeuge	kg	20	100	2.000	2.000	
4201	Energie	kWh	10.000	0,2	2.000	2.000	
4301	Fertigungslöhne	Std.	1.000	50	50.000	25.000	25.000
4801	Kalkul. Abschreibungen				8.000		8.000
4802	Kalk. Zinsen				3.000		3.000
4961	Raumkosten	qm			9.000		9.000
4971	Transport	Std.			2.000	2.000	
4981	Reparatur	Std.			4.000	4.000	
4991	Leitung	Std.			5.000		5.000
	Kostensumme				90.000	40.000	50.000
	Kalkulationssatz					90	40

Tabelle 57: Kostenplan der Brennerei der Gartenfreund AG

auch den vollen Kosten beruhen. Dies weist auf die zwei unterschiedlichen Formen der Plankostenrechnung hin, die im folgenden Abschnitt näher beleuchtet werden.

Planung der Prozesskosten

Sollen die Planprozesskosten für eine Periode ermittelt werden, müssen die Planmengen der betrachteten Maßgröße festgelegt werden. Für die Planung der Prozessmengen „Abrufe über Rahmenverträge" in der nächsten Periode kann die Maßgröße Anzahl der Abrufe gewählt werden. In der Prozesskostenrechnung können die Planprozessmengen ebenfalls mithilfe der **Engpassplanung** oder der **Kapazitätsplanung** bestimmt werden (vgl. Müller, 1996, S. 189 ff.; Reichling & Köberle, 1992, S. 497). Da die Voraussetzungen für eine an den Marktleistungen orientierte Planung der Prozessmengen häufig nicht gegeben sind, vollzieht sich in vielen Fällen die Planung auf Basis der Kapazität.

Zur Ermittlung von Zeiten wird die **analytische** Kostenplanung vorgeschlagen, d. h., es soll mithilfe technisch-wirtschaftlicher Analysen eine Planung des zugrunde liegenden Mengen- und Zeitgerüsts der Kosten erzielt werden. So muss für jeden Prozesstyp eine Input-Output-Betrachtung erfolgen. Da eine umfangreiche analytische Planung als zu aufwendig betrachtet wird, werden Vereinfachungen vorgeschlagen: überwiegen die Personalkosten, werden nur diese analytisch geplant. „Bei den Raum-, Strom, Büromaterialkosten usw. wird man von Normalkosten der Kostenstelle ausgehen und diese proportional zu den Personalkosten auf die Prozesse verteilen" (Horváth & Mayer, 1989, S. 217).

Plankalkulation

In einer Plankalkulation werden für jeden Kostenträger die Informationen aus der Einzel- und Gemeinkostenplanung zusammengeführt, um die geplanten Selbstkosten zu berechnen. Eine Kalkulation auf Basis geplanter Kosten unterscheidet sich in ihrem Vorgehen nicht von einer Kalkulation einer Istkostenrechnung. Die Plankalkulation auf Basis einer Zuschlagskalkulation kann ebenso wie in einer Istkostenrechnung auf variablen oder vollen Kosten beruhen. Genau an dieser Stelle liegt der erste wesentliche Unterschied zwischen den Systemen der Plankostenrechnung, daher soll kurz auf die Varianten eingegangen werden.

> **Lernziel 10:** Plankalkulationen der flexiblen Plankostenrechnung unterscheiden.

Die **flexiblen Formen der Plankostenrechnung** ermöglichen im Gegensatz zur **starren Plankostenrechnung** eine Anpassung an Veränderungen der Kosteneinflussgrößen. Es hängt von der Anzahl der berücksichtigten Kosteneinflussgrößen ab, wie komplex eine Plankostenrechnung wird. Als Standard einer flexiblen Plankostenrechnung gilt eine mehrfach flexible Form, in der

9. Kapitel: Budgets und Plankostenrechnung

mindestens die Kosteneinflussgrößen Preis und Beschäftigung verwendet werden; sie werden fallweise um weitere Einflussgrößen ergänzt. Flexible Plankostenrechnungen lassen sich unterteilen in

1. die **flexible Plankostenrechnung auf Vollkostenbasis** und die
2. die flexible Plankostenrechnung auf (Teil-) oder Grenzkostenbasis (**Grenzplankostenrechnung**).

In der Plankalkulation wirkt sich dieser Unterschied direkt aus. Am einfachsten lässt sich dies anhand der Formeln aufzeigen. In beiden Systemen werden die gesamten Plankosten in ihre fixen und variablen Teile getrennt.

$$K^{(p)} = K_F^{(p)} + k^{(p)} \cdot B^{(p)}$$

$K^{(p)}$ gesamte Plankosten
$K_F^{(p)}$ geplante Fixkosten
$k^{(p)}$ geplante variable Stückkosten
$B^{(p)}$ geplante Beschäftigung

Entsprechend ihrem Charakter als Vollkostenrechnung werden in der flexiblen Form auf Vollkostenbasis die gesamten Kosten auf den einzelnen Kostenträger zugerechnet, der **Plankalkulationssatz** lautet:

$$h^{(p)} = \frac{K_F^{(p)} + K_v^{(p)}}{B^{(p)}}$$

$h^{(p)}$ Plankalkulationssatz auf Vollkostenbasis

Sie entspricht damit der Kalkulation in der **starren Plankostenrechnung**, die als Vollkostenrechnung keine Trennung in fixe und variable Plankosten vornimmt.

$$h^{(p)} = \frac{K^{(p)}}{B^{(p)}}$$

In einer flexiblen Plankostenrechnung auf Teilkostenbasis wie der Grenzplankostenrechnung werden hingegen nur die variablen Kosten auf die Kostenträger zugerechnet.

$$d^{(p)} = \frac{K_v^{(p)}}{B^{(p)}}$$

$d^{(p)}$ Plankalkulationssatz auf Teil-(Grenz-)kostenbasis

Die **flexible Plankostenrechnung auf Vollkostenbasis** ist daher wie die **starre Plankostenrechnung** eine Vollkostenrechnung, und sie teilt mit allen anderen Systemen der Vollkostenrechnung die Kritik daran, dass die Fixkosten proportionalisiert werden. Wie schon im Kapitel Deckungsbeitragsrechnung erläutert, kann dies zu Fehlentscheidungen führen. In einer **Grenzplankostenrechnung** tritt dieser Mangel nicht auf, da nur die variablen Kosten auf die Bezugsgrößen verteilt werden. Inwieweit es zwischen den Systemen Unterschiede gibt, wie die Kontrollaufgaben bewältigt werden, soll im nächsten Kapitel untersucht werden.

Operatives Budgetsystem

Ein operatives Budgetsystem bezweckt, sämtliche Aktivitäten, die für das Jahr vorgesehen sind, aufzustellen und sie mit Kosten und Erlöse zu bewerten. Alle Kosten und Erlöse werden in Budgets aufgenommen und in einem Gesamtbudget zusammengefasst. Ein **operatives Budget** ist ein in Erlösen, Kosten oder Erfolgen formulierter Vorgaberahmen, der für eine organisatorische Einheit für ein Jahr verbindlich festgelegt wird.

Das operative Budgetsystem ermittelt die Vorgaben für ein Jahr, dies ist der übliche Rhythmus für die operative Planungsebene. Im operativen Budgetsystem müssen sämtliche Aktivitäten des Jahres berücksichtigt werden:

- die Aktivitäten für das **derzeit am Markt angebotene Produktprogramm** (operative Planung) und
- die Aktivitäten für **zukünftige Produkte** (taktische und strategische Planung).

In das operative Budgetsystem fließen auch die taktischen und strategischen Projekte ein, die für zukünftige Erfolge sorgen sollen, im laufenden Jahresbudget meist jedoch nur Kosten verursachen. Aus diesem Grund sind beide Gruppen auch nicht ganz unabhängig, denn das derzeitige Produktprogramm muss mit den erwirtschafteten Gewinnen zu den taktischen und strategischen Projekten beitragen, um zukünftige Gewinne möglich zu machen. Wenn größere strategische Projekte nicht durch einbehaltene Gewinne finanzierbar sind, müssen andere Finanzierungsquellen gefunden werden.

> **Lernziel 11:** Aufbau und Funktionsweise eines operativen Budgetsystems beschreiben und die Zusammenhänge darstellen.

Wie ist der Ablauf der Budgetierung zu gestalten? Da eine gleichzeitige Budgetierung aller Teilbereiche (Simultanplanung) nicht möglich ist, muss eine Reihenfolge festgelegt werden (Sukzessivplanung), in der die Budgets erstellt werden. Im Folgenden wird exemplarisch eine einfache Budgetierung entwickelt, dabei wird Wert auf den Zusammenhang zwischen den einzelnen Budgets gelegt. Die inhaltliche Beschreibung einzelner Budgets tritt dagegen in den Hintergrund.

Fallbeispiel 12: Budgetsystem der Gartenfreund AG

Darstellung 44 zeigt das Budgetsystem eines kleinen Unternehmens, das die wichtigsten Budgets enthält; allerdings sind nicht sämtlich mögliche Budgets aufgeführt. Da die Budgetierung häufig auch eine budgetierte Bilanz und ein Finanzmittelbudget enthält, sind sie in die Darstellung aufgenommen werden. Im folgenden Zahlenbeispiel werden jedoch nur die einzelnen Budgets und das Erfolgsbudget berechnet. Als Grundlage der Budgetierung dient eine Vollkostenrechnung, in den folgenden Tabellen werden auch die vari-

9. Kapitel: Budgets und Plankostenrechnung

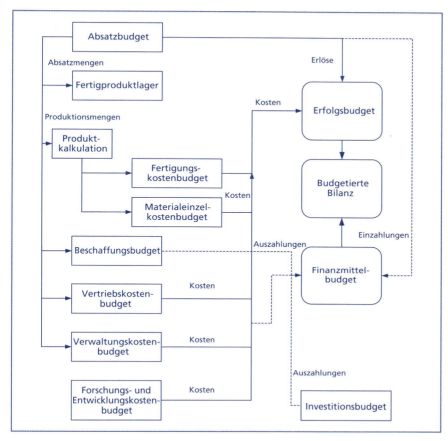

Darstellung 44: Budgetsystem der Gartenfreund AG

ablen Kosten angegeben (die Übungsaufgaben am Ende des Kapitels bieten verschiedene Abwandlungen zu diesem Beispiel).

Absatzbudget

In einer Marktwirtschaft wird vom **Absatz-(Erlös-)budget** (Revenue Budget) ausgegangen, da der Absatzmarkt als wichtigster **Engpass** gesehen wird, der nicht beliebig viele Produkte des Unternehmens aufnimmt. Das Absatzbudget enthält als wichtigste Informationen die geplanten Absatzmengen und -preise, die als Informationen für die weiteren Teilbudgets benötigt werden. Dem Umsatzbudget liegt eine umfassende Absatzplanung zugrunde, die die einzusetzenden absatzpolitischen Maßnahmen wie Preispolitik und Kommunikationspolitik umfasst. Verantwortlich, das Umsatzbudget zu erstellen, ist der Bereich Marketing, häufig unterstützt durch ein Marketing-Controlling.

Budgetiert werden die einzelnen Produkte nach den Kriterien, die im Unternehmen für die Einteilung der Absatzgebiete verwendet werden. Setzt das Unternehmen eine Regionalstruktur ein, werden die Umsätze der einzelnen

Produkte von den einzelnen Regionalleitern und ihren Vertriebsmitarbeitern budgetiert. Die Marketingorganisation wird als **Revenue-Center** aufgefasst, wobei sich diese Verantwortung für die Umsätze des Unternehmens bis zum einzelnen Vertriebsmitarbeiter verlagert. Ausgehend von einer Rahmenvorgabe müssen die einzelnen Einheiten ihre eigenen Vorgaben ermitteln.

Für die Gartenfreund AG, die Gartenzwerge herstellt und absetzt, enthält das Absatzbudget die Erlöse und Mengen für drei Gartenzwerge.

Produkt	Adalbert	Berti	Dagobert	Summe
Absatzmenge	25.000 Stck	15.000 Stck	9.000 Stck	
Preis	25 Euro/Stck	28 Euro/Stck	35 Euro/Stck	
Erlöse	625.000 Euro	420.000 Euro	315.000 Euro	1.360.000 Euro

Tabelle 58: Absatzbudget

Fertigungskostenbudget

Grundlage der Fertigungskostenbudgets ist die Produktionsplanung, aus der sich die **Produktionsmengen** ergeben. Bekannt sein müssen die Absatzmengen und die angestrebte Veränderung der Lagerbestände der Fertigprodukte.

Produktionsmenge = Absatzmenge + Endbestand − Anfangsbestand

Da der Anfangsbestand in der Regel durch die Produktion der Vorperiode festliegt, ist vorwiegend über den angestrebten Endbestand an Fertigprodukten zu entscheiden.

Produkt	Adalbert	Berti	Dagobert
Absatzmenge	25.000	15.000	9.000
Soll-Endbestand	+ 1.000	+ 800	+ 400
Anfangsbestand	− 3.000	− 500	− 500
Produktionsmenge	23.000	15.300	8.900

Tabelle 59: Produktionsplan (in Stück)

Wenn aus der Planung der Erlöse (Umsatzbudget) erkennbar ist, dass die Absatzmengen während des Jahres schwanken, muss entschieden werden, ob sich die Produktion an diese Schwankungen anpassen soll. Geschieht dies nicht, bauen sich während des Jahres hohe Lagerbestände auf.

Ein einzelnes Fertigungskostenbudget gibt es nicht, es setzt sich vielmehr aus den verschiedenen Teilbudgets zusammen, insbesondere

1. Fertigungsgemeinkosten, das sind die **Fertigungskostenstellen**;
2. Fertigungseinzelkosten, das sind insbesondere die **Lohneinzelkosten**.

9. Kapitel: Budgets und Plankostenrechnung

Wie Sie aus dem Kapitel zur Plankostenrechnung wissen, benötigen Sie zur Planung der Gemeinkosten in den Kostenstellen die entsprechenden Bezugsgrößenmengen. In einer Fertigungsstelle Töpferei, in der die Bezugsgröße Maschinenstunde verwendet wird, lassen sich aus der Anzahl der produzierenden Stücke und den Standards für die einzelnen Produkte die Maschinenstunden berechnen.

		Adalbert	Berti	Dagobert
Töpferei	Std/Stck	0,2	0,3	0,6
Brennerei	Std/Stck	0,5	0,5	0,5
Färberei	Std/Stck	0,2	0,3	0,4

Tabelle 60: Planzeiten in den Fertigungsstellen

Ebenfalls auf Basis der Standards werden die Fertigungseinzelkosten, insbesondere Material und Löhne geplant. In vielen Unternehmen werden die Einzellöhne in den jeweiligen Kostenstellen geplant und in die Kostenstellenbudgets einbezogen, so auch bei der Gartenfreund AG. In der Tabelle 61 sind die Kosten auf Basis der Produktionsmengen und Standardzeiten geplant, die fixen und variablen Teile der Kosten sind getrennt. Für die Plankalkulation sind die Kalkulationssätze berechnet und in der letzten Spalte sind die Leerkosten – das sind die nicht genutzten Fixkosten – ausgewiesen.

Mit den Planzeiten je Stück und den Produktionsmengen lassen sich die Gemeinkostenbudgets bestimmen, für die Töpferei ergibt sich:

$$K_{fix}^{(p)} = 4.600 \cdot 7 + 4.590 \cdot 7 + 5.340 \cdot 7 = 101.710$$
$$K_{v}^{(p)} = 4.600 \cdot 4 + 4.590 \cdot 4 + 5.340 \cdot 4 = 58.120$$

Da sich aus der Kapazitätsplanung für die Kostenstelle bei Normalauslastung fixe Kosten in Höhe von 105.000 Euro ergeben, belaufen sich die Leerkosten auf 3.290 Euro. In Tabelle 61 sind die Werte für die drei Fertigungsstellen angegeben und am Ende für die gesamte Fertigung summiert.

Materialkostenbudget

Um die Materialkosten zu bestimmen, werden die Produktionsmengen und die Standards für den Materialverbrauch benötigt, diese Werte liegen der Plankalkulation zugrunde.

Aus den Standards für jedes einzelne Produkt lässt sich das Budget für die Materialeinzelkosten aufstellen. Für den Ton 1 ermitteln sich die Materialkosten:

$$K_{M(Ton1)}^{(p)} = 1,0 \cdot 23.000 \cdot 0,2 + 1,0 \cdot 8.900 \cdot 0,5 = 4.600 + 4.450 = 9.050$$

Töpferei							
	Adalbert	Berti	Dago-bert	Gesamt	Kapa-zität	Kalkula-tionssatz	Leerzeiten Leerkosten
Planzeiten (Std)	4.600	4.590	5.340	14.530	15.000		470
Plankosten fix	32.200	32.130	37.380	101.710	105.000	7 Euro/Std	3.290
Plankosten var.	18.400	18.360	21.360	58.120	60.000	4 Euro/Std	
Brennerei							
	Adalbert	Berti	Dago-bert	Gesamt	Kapa-zität	Kalkulati-onssatz	Leerzeiten Leerkosten
Planzeiten (Std)	11.500	7.650	4.450	23.600	25.000		1.400
Plankosten fix	115.000	76.500	44.500	236.000	250.000	10 Euro/Std	14.000
Plankosten var.	46.000	30.600	17.800	94.400	100.000	4 Euro/Std	
Färberei							
	Adalbert	Berti	Dago-bert	Gesamt	Kapa-zität	Kalkula-tionssatz	Leerzeiten Leerkosten
Planzeiten (Std)	4.600	4.590	3.560	12.750	15.000		2.250
Plankosten fix	27.600	27.540	21.360	76.500	90.000	6 Euro/Std	13.500
Plankosten var.	18.400	18.360	14.240	51.000	60.000	4 Euro/Std	
Fertigung Gesamt							
	Adalbert	Berti	Dago-bert	Gesamt	Kapa-zität		Leerkosten
Plankosten fix	174.800	136.170	103.240	414.210	445.000		30.790
Plankosten var.	82.800	67.320	53.400	203.520	220.000		
Plankosten Summe				617.730	665.000		

Tabelle 61: Fertigungskostenbudgets

9. Kapitel: Budgets und Plankostenrechnung

Produkt		Adalbert		Berti		Dagobert	
Material-sorte	Planpreis (Euro/kg)	Planmenge (kg/Stck)	Plankosten (Euro/Stck)	Planmenge (kg/Stck)	Plankosten (Euro/Stck)	Planmenge (kg/Stck)	Plankosten (Euro/Stck)
Ton 1	1,00	0,2	0,20			0,5	0,50
Ton 2	1,00	0,1	0,10	0,4	0,40		
Farbe 1	1,50	0,1	0,15	0,1	0,15	0,2	0,30
Farbe 2	1,50			0,2	0,30	0,1	0,15
Summe			0,45		0,85		0,95

Tabelle 62: Materialstandards für die Produkte

In der Tabelle ist dies für die vier Materialarten auf Basis der Produktionsmengen für die drei Produkte berechnet.

Produkt		Adalbert		Berti		Dagobert		Gesamt
Produktionsmengen		23.000 Stck		15.300 Stck		8.900 Stck		
Material-sorte	Planpreis (Euro/kg)	Plan-menge (kg)	Plankosten (Euro)	Plan-menge (kg)	Plankosten (Euro)	Plan-menge (kg)	Plan-kosten (Euro)	Plan-kosten (Euro)
Ton 1	1,0	4.600	4.600,00			4.450	4.450,00	9.050,00
Ton 2	1,0	2.300	2.300,00	6.120	6.120,00			8.420,00
Farbe 1	1,5	2.300	3.450,00	1.530	2.295,00			5.745,00
Farbe 2	1,5			3.060	4.590,00	890	1.335,00	5.925,00
Summe			10.350,00		13.005,00		5.785,00	29.140,00

Tabelle 63: Materialkostenbudget

Herstellkosten

Auf Basis der geplanten Fertigungs- und Materialkosten ist es möglich, die Herstellkosten zu ermitteln und damit den ersten Schritt zur Bestimmung der Selbstkosten zu ermitteln.

Beschaffungsbudget

Im Beschaffungsbudget werden alle zu beschaffenden Materialien aufgeführt. Voraussetzung für ihre Budgetierung ist es, die zu produzierenden Mengen zu kennen. Mithilfe der Plankalkulation, der die geplanten Materialverbräuche je Produkt (Einzelkosten) und je Bezugsgröße (Gemeinkosten) entnommen wird, kann für jede Materialart die einzusetzenden Mengen berechnet werden. Die **zu beschaffenden Mengen** werden mit der üblichen Lagergleichung ermittelt:

	Plankalkulations-sätze		Plan-zeiten	Plankosten/Stück		
	fix (Euro/Std)	variabel (Euro/Std)	(Std/Stck)	fix (Euro/Stck)	variabel (Euro/Stck)	Vollkosten (Euro/Stck)
Adalbert						
Töpferei	7	4	0,2	1,40	0,80	2,20
Brennerei	10	4	0,5	5,00	2,00	7,00
Färberei	6	4	0,2	1,20	0,80	2,00
Fertigungskosten				7,60	3,60	11,20
Materialkosten					0,45	0,45
Herstellkosten					4,05	11,65
Berti						
Töpferei	7	4	0,3	2,10	1,20	3,30
Brennerei	10	4	0,5	5,00	2,00	7,00
Färberei	6	4	0,3	1,80	1,20	3,00
Fertigungskosten				8,90	4,40	13,30
Materialkosten					0,85	0,85
Herstellkosten					5,25	14,15
Dagobert						
Töpferei	7	4	0,6	4,20	2,40	6,60
Brennerei	10	4	0,5	5,00	2,00	7,00
Färberei	6	4	0,4	2,40	1,60	4,00
Fertigungskosten				11,60	6,00	17,60
Materialkosten					0,95	0,95
Herstellkosten					6,95	18,55

Tabelle 64: Herstellkostenkalkulation

Beschaffungsmenge = Endbestand – Anfangsbestand + Verbrauch

Da der Anfangsbestand durch die Vorperiode bestimmt wird, muss nur über die Höhe des Endbestandes entschieden werden. Das Beschaffungsbudget umfasst damit alle für die Periode notwendigen Materialien, die nicht bereits auf Lager liegen.

- Wichtig ist es, sich an den Unterschied zwischen Auszahlungen und Kosten zu erinnern. Der Beschaffungsvorgang löst eine Auszahlung aus und keine Kosten. Die Auszahlungen für die beschafften Mengen tauchen daher im Finanzbudget und nicht im Erfolgsbudget auf.

9. Kapitel: Budgets und Plankostenrechnung

Material-sorte	Preis	Produktionsmengen		Soll-End-bestand		Anfangs-bestand		Summe
		Planmengen (kg)	Plankosten (Euro)	(2mal Monats-verbrauch) (kg)	(Euro)	(kg)	(Euro)	(Euro)
Ton 1	1,0	9.050	9.050	1.508	1.508	500	500	10.058
Ton 2	1,0	8.420	8.420	1.403	1.403	600	600	9.223
Farbe 1	1,5	3.830	5.745	638	957	300	450	6.252
Farbe 2	1,5	3.185	5.925	530	987	400	600	6.312
Summe			29.140		4.855		2.150	31.845

Tabelle 65: Beschaffungsbudget

Vertriebskostenbudget

Im Vertriebsbudget werden sämtliche Tätigkeiten der Vertriebsabteilungen und des Marketings berücksichtigt, um die Kosten zu planen. Zum Vertriebsbudget gehören meist auch Versand, Lager und Fakturierung. Bei der Planung der Vertriebsprozesse geht man zwar im Prinzip von den geplanten Absatzmengen aus, große Schwierigkeiten bereiten indessen die meist nur indirekten Beziehungen zwischen den einzelnen Kostenarten im Vertriebsbereich und den Kostenträgern. Zunehmend werden daher in diesen Bereichen prozessorientierte Kostenrechnungen eingesetzt.

Pragmatische Budgetierung für den Vertriebskostenbereich geht daher von vereinfachenden Annahmen aus, folgende Möglichkeiten werden eingesetzt:

- Vertriebskosten als Anteil vom Umsatz (x% von den geplanten Erlösen),
- Vertriebskosten als Aufschlag zu den Herstellkosten (x% auf volle oder variable Herstellkosten) und
- Vertriebskosten als Auf- oder Abschlag auf die Vertriebskosten der Vorperiode (x% auf oder ab von Vertriebskosten der Vorperiode).

Die ersten beiden Möglichkeiten haben den Nachteil, dass sich das Unternehmen prozyklisch verhält, bei Umsatzrückgang werden auch die Vertriebs- und Werbeaktivitäten eingeschränkt, obwohl eine Verstärkung der Aktivitäten erforderlich wäre. Die dritte Möglichkeit ist zwar willkürlich, kann aber dadurch flexibel auf Veränderungen reagieren.

	Adalbert	Berti	Dagobert	Unter-nehmen	Summe
Plankosten fix	10.000	10.000	15.000	40.000	75.000
Plankosten var.					75.000
Plankosten gesamt					150.000

Tabelle 66: Vertriebskostenbudget (in Euro)

Verwaltungskostenbudget

Im Verwaltungsbereich sind die Probleme der Kostenplanung ähnlich wie im Vertriebsbereich, es lassen sich nur indirekte Beziehungen zwischen den Produkten und den Kostenarten im Verwaltungsbereich herstellen. Auch finden sich nur selten Bezugsgrößen, die eine Leistungsmessung im Verwaltungsbereich zulassen. Ähnlich wie im Verwaltungsbereich werden zunehmend prozessorientierte Ansätze diskutiert.

	Adalbert	Berti	Dagobert	Unternehmen	Summe
Plankosten fix	10.000	10.000	15.000	40.000	75.000
Plankosten var.					75.000
Plankosten gesamt					150.000

Tabelle 67: Verwaltungskostenbudget (in Euro)

Plankalkulation

Auf Basis der verschiedenen Kostenbudgets ist es möglich, eine Plankalkulation durchzuführen, es ist eine Trennung in variable und fixe Kosten vorgenommen. Aus Vereinfachungsgründen werden die Verwaltungs- und Vertriebskosten zusammengefasst und ein gemeinsamer Kalkulationssatz gebildet.

	Adalbert	Berti	Dagobert	Gesamt
Herstellkosten (Absatzmenge)				
Vollkosten	291.250	212.250	166.950	670.450
Verwaltungs- und Vertriebskosten				300.000
Kalkulationssatz				44,75 %

Tabelle 68: Kalkulationssätze für Vertrieb und Verwaltung

Mithilfe der Kalkulationssätze lassen sich dann die Selbstkosten bestimmen, die Herstellkosten sind Tabelle 64 (S. 284) entnommen.

	Adalbert		Berti		Dagobert	
Kosten	variabel	Vollkosten	variabel	Vollkosten	variabel	Vollkosten
Herstellkosten	4,05	11,65	5,25	14,15	6,95	18,55
Verwaltungs-/ Vertriebskosten	2,50	5,21	3,25	6,33	4,30	8,30
Selbstkosten	6,55	16,86	8,50	20,48	11,25	26,85

Tabelle 69: Selbstkosten (in Euro)

9. Kapitel: Budgets und Plankostenrechnung

Investitionsbudget

Aus der strategischen und taktischen Planung ergeben sich Investitionsvorhaben, die im Laufe des Jahres ausgeführt werden, um die benötigten Ressourcen zur Verfügung zu stellen. Investitionsbudgets werden in Auszahlungen angegeben, sie enthalten die finanziellen Ressourcen, sie werden daher nicht im Erfolgsbudget berücksichtigt. Dies erfolgt erst dann, wenn die Investition im Produktionsprozess eingesetzt wird, dann aber nicht in der Höhe der Investitionszahlung sondern der Abschreibung.

Gebäude	50.000
Maschinen	160.000
Summe	210.000

Tabelle 70: Investitionsbudget (in Euro)

Forschungs- und Entwicklungskostenbudget

Die Höhe des Forschungs- und Entwicklungsbudgets lässt sich aus den strategischen und taktischen Vorgaben nicht direkt ableiten. Es besteht auch kein Zusammenhang zum laufenden Produktionsprogramm des Unternehmens, denn Forschung- und Entwicklung dient den zukünftigen Produkten. Das Budget kann daher nicht auf Basis des derzeitigen Produktionsprogramms ermittelt werden.

Erst wird daher vorgeschlagen die Höhe des Budgets auf Basis der strategischen und taktischen Pläne festzulegen, dabei spielen die Wettbewerber und die finanzielle Situation eine herausragende Rolle bei der Entscheidung. Es bleibt dabei festzuhalten, dass es eine einfach zu berechnende Formel zur Bestimmung der Höhe nicht gibt und nicht geben kann.

	Unternehmen	Summe
Plankosten fix	50.000	50.000

Tabelle 71: Forschungs- und Entwicklungsbudget (in Euro)

Das Erfolgs- und Finanzbudget sowie die budgetierte Bilanz

Die bisher beschriebenen Budgets sind die Grundlage für das Erfolgsbudget, das Finanzbudget und die budgetierte Bilanz, die als drei Elemente des Gesamtbudgets aufzufassen sind. Zweck des **Gesamtbudgets** ist es, Informationen über den geplanten Erfolg und die geplante Liquidität zu erhalten. Die Bilanz ergänzt die Informationen, da mit ihrer Hilfe vertiefende Einblicke in die Erfolgs- und Liquiditätslage des Unternehmens möglich sind.

Das Erfolgsbudget

Das Erfolgsbudget entspricht einer internen kurzfristigen Erfolgsrechnung, als Budget ist sie jedoch eine Jahresrechnung. Mit ihrer Hilfe soll hauptsächlich gezeigt werden, für welche Produkte Erfolge aufgetreten sind. Je nach dem eingesetzten System der Kosten- und Erfolgsrechnung ist eine differenzierte Analyse möglich, die verschiedenen Varianten der kurzfristigen Erfolgsrechnung wurden im Kapitel zur Erfolgsrechnung dargestellt. Die Gartenfreund AG setzt ein Umsatzkostenverfahren auf Vollkostenbasis ein, die vollen Kosten der abgesetzten Produkte betragen:

$K = 25.000 \cdot 16,86 + 15.000 \cdot 20,48 + 9.000 \cdot 26,85$

$= 421.500 + 307.200 + 241.650 = 970.350$

Die Leerkosten sind Tabelle 61 (S. 282) entnommen.

Produkt	Adalbert	Berti	Dagobert	Summe
Erlöse	625.000	420.000	315.000	1.360.000
Absatzmenge (Stck)	25.000	15.000	9.000	
volle Selbstkosten	−421.500	−307.200	−241.650	−970.350
Zwischensumme	203.500	112.800	73.350	389.650
Unternehmensfixkosten:				
Forschungskosten				−50.000
Leerkosten				−30.790
Betriebserfolg				**308.860**

Tabelle 72: Erfolgsbudget (Umsatzkostenverfahren auf Vollkostenbasis) (in Euro)

Das Finanzbudget

Das Finanzbudget dient der Beurteilung der Liquiditätslage des Unternehmens. Wenn keine Möglichkeit gegeben ist, die Liquidität direkt zu ermitteln, müssen auf Basis der Erfolgsgrößen die Zahlungen geschätzt werden. Vereinfachend wird geschätzt, wie viel der Erlöse und Kosten zahlungswirksam sind. Zusätzlich müssen Finanzmittelbewegungen berücksichtigt werden, wie z. B. Kreditaufnahme oder Schuldentilgung. Als Ergebnis wird ein Zahlungsmittelsaldo berechnet.

Die budgetierte Bilanz

Eine budgetierte Bilanz zeigt die sich aus der Budgetierung ergebenden Bestände am Ende des Jahres auf. Vergleicht man diese Jahresendbilanz mit der Anfangsbilanz, so lassen sich erste Schlussfolgerungen aus den Veränderungen ziehen. Angaben aus der budgetierten Bilanz werden für die Analyse des Erfolges und der Liquidität benötigt, so sind zur Berechnung von Rentabilitäten Angaben über das Eigenkapital und eventuell das Fremdkapital notwendig.

Koordination der Budgetierung

Im Fallbeispiel 12 wird nicht überprüft, ob das Produktions- und Absatzprogramm optimal ist. Da es sich um ein einfaches Beispiel handelt, ist in diesem Fall möglich, eine Programmoptimierung vorzunehmen. Eine Optimierung setzt jedoch die Kenntnis aller wichtigen Parameter und Variablen voraus. In der Praxis hat die Zentrale jedoch meist keine vollständige Kenntnis über das Unternehmen. Es wird daher über die verschiedenen Hierarchiestufen budgetiert, damit die Informationen aus allen Bereichen in den Budgets berücksichtigt werden können.

> **Lernziel 12:** Unterschiedliche Formen der Koordination der Budgetierung beschreiben und beurteilen.

Die **Koordination** der Budgetierung betrifft die Frage, in welcher Reihenfolge die Budgetierung im Unternehmen ablaufen soll.
1. Sollen die einzelnen Budgets zuerst erstellt werden, so wie dies im vorherigen Abschnitt beschrieben wurde?
2. Oder soll es Vorgaben von der Unternehmensleitung geben, aus denen die Bereiche dann ihre Budgets entwickeln sollen?

Die erste Möglichkeit wird als **Bottom-up-Ansatz** bezeichnet, dies hat den Vorteil, dass die budgetierten Werte von denen erstellt werden, die sie auch zu erfüllen haben. Man vermutet dabei größere Realitätsnähe und höhere Motivationswirkung. Beim **Top-down-Ansatz** kann die Motivationswirkung schlechter ausfallen, weil die Vorgaben ohne Mitsprache der Beteiligten erstellt werden. Der Top-down-Ansatz hat den Nachteil, dass an die Zentrale hohe Informationsanforderungen gestellt werden, da sie über sehr viel Detailwissen verfügen muss. Wenn die Zentrale allerdings gut informiert ist, dann gewährleistet der Top-down-Ansatz, dass die Bereiche abgestimmt planen. Mit dem Bottom-up-Ansatz ist die Gefahr verbunden, dass die Bereichsmanager ihren Informationsvorteil dazu nutzen, nicht wahrheitsgemäß zu berichten.

Daher wird in den Unternehmen häufig eine Kombination praktiziert, die als **Gegenstromverfahren** bezeichnet wird. Meist werden zuerst top-down Vorgaberahmen entwickelt, wobei dann die einzelnen Bereiche die Aufgabe haben, aus diesen Vorgaben realistische Budgets zu entwickeln.
1. In einem ersten Schritt sind durch die Unternehmensleitung und das Unternehmenscontrolling aus den strategischen und taktischen Planungen die operativen Pläne zu entwickeln, oft in Form eines Rahmens, der sich z. B. auf bestimmte Kennzahlen beschränkt.
2. Meist wird dies auf die Bereiche oder Sparten heruntergebrochen, sodass die Bereiche auf Basis der Teilziele planen. Dies setzt sich schrittweise über alle Hierarchien fort, bis die unterste Hierarchieebene erreicht ist.

3. In der zweiten Phase werden die Bereiche ihre Planungen nach oben geben und es beginnt die schrittweise Koordination aller Budgets.

Regelmäßig wird die Budgetierung nicht in diesen zwei Schritten beendet sein, es sind je nach Unternehmensgröße eine Reihe von weiteren Schritten, Abstimmungen und Rückkopplungen notwendig.

> In einer Untersuchung Anfang der achtziger Jahre gaben zwei Drittel der befragten Unternehmen in Deutschland an, das Gegenstromverfahren einzusetzen (vgl. Horváth et al., 1986, S. 147). Dies wird auch durch Schäffer & Weber bestätigt, die zwischen 2008 und 2013 einen Verbreitungsgrad von 78 % bis 80 % finden (vgl. Schäffer & Weber, 2015, S. 45). Herbert & Maras (2006) zeigen, dass in großen Unternehmen (Umsatz größer als 500 Millionen Euro) fast ausschließlich das Gegenstromverfahren praktiziert wird. Innerhalb dieser Gruppe wird mit zunehmender Größe das Gegenstromverfahren Top-down begonnen (von 37 % auf 60 %).

Allerdings ist das Gegenstromverfahren sehr aufwendig und reizt daher immer wieder zur Kritik, die sich häufig allerdings generell gegen die Budgetierung richtet. Einer der ersten Kritiker bemängelte die Verhaltensprobleme, die durch Budgets entstehen (vgl. Argyris, 1953).

Forschungsreport 9: Budgetierung und wahrheitsgemäße Berichterstattung

Da die Zentrale nicht über vollständige Information verfügt, besteht für Bereichsmanager die Möglichkeit, Informationen nicht wahrheitsgemäß weiterzugeben. So könnte ein Bereichsmanager versuchen, ein Kosten-Budget überhöht anzugeben, um es umso leichter erreichen zu können oder allgemein: Er versucht Reserven (budget slack) in das Budget einzubauen, die ökonomisch überflüssig sind. In der Prinzipal-Agenten-Theorie beschäftigen sich Forscher mit der Frage, wie Anreizsysteme gestaltet sein müssen, um Bereichsmanager zu veranlassen, wahrheitsgemäß zu berichten.

Wenn die Bereichsmanager für die Güte ihrer Prognose entlohnt werden, handelt es sich um das **Weitzman-Schema**. Der Manager erhält einen prozentualen Anteil am Gewinn, der erhöht wird, wenn sein Gewinn über der Prognose liegt, und gesenkt wird, wenn er darunter liegt. Das **Groves-Schema** berücksichtigt die Auswirkungen der Informationen eines Berichtmanagers auf andere Bereiche, indem als Grundlage der Vergütung der realisierte Gewinn des Bereiches und die geplanten Gewinne der anderen Bereiche gewählt werden. Groves-Schema sind Modifikationen des **Profit-Sharing**, da Bereichsmanager am Gesamtgewinn des Unternehmens beteiligt werden.

Die Prinzipal-Agenten-Theorie ist im Wesentlichen eine normative Theorie, die analytische Ergebnisse erzielt. Daher ist es wichtig, die normativen Ergebnisse mit der Realität zu konfrontieren. Und es zeigt sich, dass Unternehmen kaum die kurz skizzierten Anreizschemata einsetzen, um wahrheitsgemäße Berichterstattung zu erzielen, sondern eher das Profit-Sharing als Anreiz gesehen wird, Bereichsegoismus zu überwinden. Wird in einem Unternehmen beobachtet, dass die Budgets jedes Jahr erreicht werden, kann noch nicht geschlossen werden, dass Budgetreserven eingebaut sind.

Fisher et al. berichten über ein Laborexperiment, um die Wirkung der Budgetierung von knappen Ressourcen auf Anreizsysteme zu testen. Sie vermuten, dass in diesem Fall Mitarbeiter versuchen, ihre Produktivität zu hoch anzugeben, um einen größeren Anteil an Ressourcen zu erhalten. Dies wird kompensiert durch die Tendenz der Mitarbeiter ihre Produktivität als zu niedrig anzugeben, wenn die Anreize mit der Budgeterreichung verbunden sind. Im Gegensatz zu einer Reihe von Autoren vermuten Fisher et al., dass, wenn Budgets dazu verwendet werden, knappe Ressourcen zu

9. Kapitel: Budgets und Plankostenrechnung

verteilen und zur Basis der Vergütung werden, sie veranlasst werden, wahrheitsgemäß zu berichten und ihren Arbeitseinsatz zu steigern. In ihrem Experiment wurden diese Hypothesen bestätigt, so hatten die Mitarbeiter überhaupt keine Budgetreserven, wenn die Vorgesetzten Budgets zur Verteilung von Ressourcen einsetzten und die Aufgabenerfüllung stieg um 25 %.

Sie zeigen, dass das Budget gleichzeitig die Planungsfunktion und die Anreizfunktion für die Vergütung ausfüllt, so wie dies auch in vielen Unternehmen praktiziert wird. FISHER ET AL. weisen darauf hin, dass daher die oben beschriebenen Schemata zur wahrheitsgemäßen Berichterstattung in den Unternehmen kaum auftreten.

Untersuchungen zu den Wirkungen von Budgets auf das Verhalten von Managern und Mitarbeitern zeigen sehr unterschiedliche Ergebnisse, was mit den Schwierigkeiten der Messung in einer Sozialwissenschaft zu tun hat. Insofern dürfen die Ergebnisse einzelner Studien nicht überbewertet werden. Denn es ist bisher kaum gelungen, wichtige Ergebnisse der Forschung in folgenden Untersuchungen zu replizieren.

(Quellen: Arnold, 2007; Collins et al., 1987; Ewert & Wagenhofer, 2014; Fisher et al., 2002; Merchant & Manzoni, 1989; Otley & Pollanen, 2000; Pfaff, 2002)

Schlüsselwörter

Beschäftigungsplanung (274)
Budget (255)
Budgetierung, Koordination der (289)
Cost-Center (258)
Engpassplanung (274)
Erlösplanung (261)
Investment-Center (258)
Kapazitätsplanung (274)
Kontrollperiode (264)
Kostenplanung (260)
Plankalkulationssatz (277)
Plankosten (260)
Plankosten- und Erfolgsrechnung (259)
Planungsperiode (264)
Profit-Center (258)
Revenue-Center (258)
Verantwortungsbereich (257)

Kontrollfragen

1. Erläutern Sie den Begriff Budget und grenzen Sie ihn von der Planung ab.
2. Welcher Unterschied besteht zwischen einem starren und flexiblen Budget?
3. Welche Funktionen sollen mit der Budgetierung erreicht werden?
4. Erläutern Sie die einzelnen Verantwortungsbereiche anhand von Beispielen.
5. Erklären Sie an einem Beispiel, warum der Ort der Kostenentstehung nicht immer der Ort der Kostenverantwortung ist.
6. Welche Zwecke werden mit einer Plankosten- und Erfolgsrechnung verfolgt?
7. Beschreiben Sie den Ablauf der Kostenplanung und erläutern Sie die Ergebnisse der Kostenplanung.
8. Welche Ziele stehen im Zentrum der Erlösplanung?
9. Beschreiben Sie den Zusammenhang zwischen der Absatzplanung und der Erlösplanung.
10. Erläutern Sie wichtige Unterschiede zwischen der Kosten- und der Erlösplanung.

11. Welche grundlegenden Einflussgrößen wirken auf die Erlöse?
12. Beschreiben Sie beispielhaft eine Erlöshierarchie eines Konsumgüterherstellers.
13. Welche organisatorischen Voraussetzungen der Kostenplanung kennen Sie? Beschreiben Sie diese kurz.
14. Nennen Sie die drei relevanten Aspekte der Preisplanung.
15. Wovon hängt die Entscheidung über die Länge des Zeitraums der Preisplanung ab?
16. Welche Komponenten soll der Planpreis für Sachgüter enthalten?
17. Erläutern Sie die Bestandteile des Planpreises für Arbeitsleistungen.
18. Welche grundsätzlichen Methoden der Kostenplanung kennen Sie?
19. Beschreiben Sie, wie man grundsätzlich die Einzelkosten plant.
20. Beschreiben Sie das Schema zur Planung der Einzelmaterialkosten.
21. Welche Lohnform muss vorliegen, damit Löhne als Einzelkosten zugerechnet werden können?
22. Erläutern Sie die Schritte der Gemeinkostenplanung.
23. Was ist der Unterschied zwischen einer Engpass- und Kapazitätsplanung?
24. Was ist eine planmäßige Kostenauflösung?
25. Welche Besonderheiten der Kostenplanung gelten für die Prozesskosten?
26. Wodurch zeichnet sich die Plankalkulation gegenüber einer Istkalkulation aus?
27. Erläutern Sie die Unterschiede in der Kalkulation zwischen den verschiedenen Systemen der Plankostenrechnung.
28. Beschreiben Sie den Aufbau eines operativen Budgetsystems. Skizzieren Sie dabei grob die Inhalte der Budgets Absatz, Fertigungskosten, Materialkosten, Vertriebskosten, Verwaltungskosten, Forschungs- und Entwicklungskosten, Investitionen.
29. Erläutern Sie, wie die einzelnen Budgets in einem operativen Budgetsystem zusammengefasst werden. Gehen Sie dabei auch auf das Erfolgsbudget, das Finanzbudget und die budgetierte Bilanz ein.
30. Welche Größen des Rechnungswesens werden für die Budgetierung verwendet?
31. Welche Möglichkeiten der Koordination im Rahmen der Budgetierung gibt es? Beschreiben Sie kurz deren Vor- und Nachteile.

Übungsaufgaben

Übung 1: Budgetbeispiel der Gartenfreund AG

Erstellen Sie für das Fallbeispiel 12 (S. 278) eine Erfolgsrechnung auf Teilkostenbasis.

Übung 2: Budget der Druckflott AG

Die Druckflott AG stellt zwei Drucker her, die seit Jahren erfolgreich am Markt abgesetzt werden. Für das folgende Jahr ist das Budget zu erstellen, das Erfolgsbudget soll auf Basis des Umsatzkostenverfahrens auf Vollkostenbasis berechnet werden. Im Folgenden sind die Tabellen mit den benötigten

9. Kapitel: Budgets und Plankostenrechnung

Angaben wiedergegeben. (Lösungshinweis: Sie können sich bei der Lösung nach dem Fallbeispiel 12 richten, ein Beschaffungsbudget wie im Fallbeispiel ist jedoch nicht zu erstellen.)

Absatzbudget		
Produkt	Altbacken	Modern
Absatzmenge	2.200 Stck	4.200 Stck
Preis	150 Euro/Stck	200 Euro/Stck

Produktionsplan		
Produkt	Altbacken	Modern
Soll-Endbestand	200 Stck	400 Stck
Anfangsbestand	400 Stck	600 Stck

Fertigungszeiten in drei Fertigungsstellen:

Planzeiten in den Fertigungsstellen			
Produkt		Altbacken	Modern
Plastik	Std/Stck	0,3	0,6
Siebbad	Std/Stck	0,3	0,6
Montage	Std/Stck	0,4	0,8

Normalkapazität	Plastik	Siebbad	Montage
Planzeiten	5.000 Std	5.000 Std	5.000 Std
Plankosten fix	50.000 Euro	40.000 Euro	30.000 Euro
Plankosten var	40.000 Euro	60.000 Euro	40.000 Euro

Es werden 4 Materialsorten eingesetzt (zur Vereinfachung alle in kg).

Plankalkulation (Material)			
Produkt		Altbacken	Modern
Materialsorte	Planpreis	Planmenge	Planmenge
Plastik	1,0 Euro/kg	1,0 kg/Stck	2,0 kg/Stck
Flüssig	1,0 Euro/kg	0,5 kg/Stck	0,5 kg/Stck
Halbleiter	5,0 Euro/kg	0,5 kg/Stck	3,0 kg/Stck
Kartusche	8,0 Euro/kg	1,0 kg/Stck	1,0 kg/Stck

Verwaltungsbudget				
	Altbacken	Modern	Unternehmen	Summe
Plankosten fix	40.000 Euro	50.000 Euro	60.000 Euro	150.000 Euro
Plankosten variabel				150.000 Euro
Vertriebsbudget				
	Altbacken	Modern	Unternehmen	Summe
Plankosten fix	50.000 Euro	100.000 Euro	70.000 Euro	220.000 Euro
Plankosten variabel				180.000 Euro
Forschungs- und Entwicklungsbudget				
	Unternehmen			
Plankosten fix	40.000 Euro			

10. Kapitel: Budgetkontrolle und Abweichungsanalyse

„Die Kontrolle der Betriebsgebarung ist der wichtigste Zweck ... der Selbstkostenrechnung, ..." (Eugen Schmalenbach, 1919b, S. 349)

„Diese Entwicklung mußte zwangsläufig zur flexiblen Plankostenrechnung führen, da nur diese Form der Kostenrechnung neben der Erfüllung der übrigen kostenrechnerischen Aufgaben auch die Grundlage für eine wirksame Kontrolle bietet." (Wolfgang Kilger, 1961, S. 118 f.)

Wenn überprüft werden soll, ob die Ziele des Unternehmens erreicht wurden, die mit der Budgetierung angestrebt wurden, dann sind die einzelnen Budgets zu kontrollieren. Ein Vergleich der geplanten Ziele mit den tatsächlich realisierten Zielen ist um eine Analyse zu ergänzen, warum Ziele verfehlt wurden. Schwerpunkt des folgenden Kapitels ist es, neben den Fragen der Kontrolle über die Möglichkeiten der Abweichungsanalyse zu informieren.

Im Mittelpunkt des Kapitels steht die Kostenkontrolle. Es wird aufgezeigt, wie sie sich in den verschiedenen Systemen der Plankostenrechnung unterscheidet. Anhand eines Zahlenbeispiels werden die Möglichkeiten der starren und flexiblen Plankostenrechnungen dargestellt. Außerdem sollen die Besonderheiten der Kontrolle der Kosten in der Prozesskostenrechnung erläutert werden, die meist in Form einer Auslastungsanalyse durchgeführt wird.

Es werden verschiedene Methoden der Abweichungsanalyse vorgestellt, die anhand eines Zahlenbeispiels verglichen werden, um so ihre Vor- und Nachteile beurteilen zu können. Zum Abschluss des Kapitels soll gezeigt werden, wie Erlöse kontrolliert werden und Abweichungen für einzelne Ursachen zu berechnen sind.

Lernziele

Nach der Lektüre des Kapitels sollten Sie Folgendes können:
- Lernziel 1: Zwecke der Kostenkontrolle erläutern. (296)
- Lernziel 2: Die Kontrolle in der starren Plankostenrechnung erläutern. (298)
- Lernziel 3: Kostenkontrolle in der flexiblen Plankostenrechnung erläutern und anwenden. (299)
- Lernziel 4: Kontrolle in der Prozesskostenrechnung erläutern und anwenden. (307)
- Lernziel 5: Auslastungsanalyse berechnen und kritisch zur Auslastungsanalyse Stellung nehmen. (309)
- Lernziel 6: Abweichungen höherer Ordnung bestimmen und erläutern. (314)
- Lernziel 7: Verschiedene Methoden der Abweichungsanalyse unterscheiden und anwenden. (315)

- Lernziel 8: Abweichungsanalysemethoden vergleichen und deren Vor- und Nachteile diskutieren. (327)
- Lernziel 9: Symptomanalyse von Erlösen erläutern und anwenden. (330)
- Lernziel 10: Ursachenanalyse von Erlösen erläutern und anwenden. (334)

Zwecke der Kostenkontrolle

Planung und Kontrolle sind sich gegenseitig bedingende Phasen des Führungsprozesses. Aufgabe der Planung ist es, entsprechend den im Unternehmen verfolgten Zielen Vorgaben zu ermitteln. Kontrolle soll überprüfen, ob die geplanten Vorgaben erreicht wurden. Die Unternehmensführung muss eingreifen, wenn ein zu niedriger Zielerreichungsgrad angezeigt wird, und unter Umständen auch, wenn ein Ziel übererfüllt wird. Kontrollen werden in allen Bereichen eingesetzt, für die Ziele formuliert und vorgegeben werden können. Kontrollprozesse sollen Informationen erzeugen, die genaue Auskunft über die Zielabweichung geben. Ein Werksleiter erfährt aus der Controlling-Abteilung, dass in seinem Werk im letzten Monat die Fertigungskosten um 5,78 % überschritten wurden. Mit dieser Information wird er keine geeigneten Maßnahmen ergreifen können, die eine Zielabweichung im nächsten Monat verhindern werden. Notwendig sind vielmehr Informationen über die Gründe, aus denen sich Zielabweichungen ergeben.

> **Lernziel 1:** Zwecke der Kostenkontrolle erläutern.

Hauptzweck von Kontrollen und **Abweichungsanalysen** ist es, Informationen zu ermitteln, welche Auskunft über **Ursachen** gibt, die zur **Zielabweichung** geführt haben (vgl. zu den Kontrollaufgaben des Rechnungswesens allgemein Virkkunen, 1956, S. 89 f., die Kontrolle in Form von Feedback- und Feedforward-Prozessen wird beschrieben in Kloock, 1994, S. 608 ff.). Der Zielinhalt bestimmt den Aufbau der Kontrolle, denn die Zufriedenheit der Mitarbeiter wird anders kontrolliert als die Rentabilität.

In einer Plankostenrechnung hat die Kostenstelle eine größere Bedeutung als in einer traditionellen Kostenrechnung, weil sie nicht nur Hilfsmittel ist, Gemeinkosten zu verrechnen, sondern das wichtigste Objekt der Kostenplanung und -kontrolle ist. In der **Kostenstelle** wird die Wirtschaftlichkeit kontrolliert, indem die geplanten Kosten mit den Istkosten verglichen (Soll-Ist-Vergleich) und die Abweichungen analysiert werden.

Die finanziellen Zielsetzungen stimmen in der Wertkomponente überein; dies hat zu vergleichbaren Ansätzen der Kontrollrechnung geführt. Erlöse und Kosten des Unternehmens lassen sich in eine Wert- und eine Mengenkomponente teilen, wobei zahlreiche Einflussgrößen auf beide Größen wirken. In der Kontrollrechnung soll festgestellt werden, wie sich die relevanten

Einflussgrößen auf das untersuchte Ziel auswirken. Für ein Unternehmen, das Surfbretter herstellt, erhöhen sich bei steigenden Preisen für Kautschuk die Materialkosten. Wurden im Kostenplan geringere Preissteigerungen angenommen, so wird in der Kontrollrechnung eine Materialkostenabweichung ermittelt. Ein Kostenstellenleiter, in dessen Bereich der Kautschuk verarbeitet wird, wird die Verantwortung für die gestiegenen Materialkosten nicht übernehmen wollen, da er keinen Einfluss auf die Preisentwicklung von Kautschuk hat. Für die Unternehmensführung sind daher Einflussgrößen von besonderem Interesse, die auch tatsächlich von den Verantwortlichen beeinflusst werden können.

> **Forschungsreport 10:** Kontrolle und Prinzipal-Agenten-Theorie
>
> Im internen Rechnungswesen gibt es einen Grundsatz, der besagt, dass jeder im Unternehmen nur für das verantwortlich gemacht werden soll, was er tatsächlich auch beeinflussen kann (Controllability-Prinzip). Viele empirische Studien zeigen jedoch, dass Mitarbeiter in Unternehmen häufig für Kosten verantwortlich gemacht werden, die sie nicht beeinflussen können. Es bestehen in Unternehmen allerdings häufig unterschiedliche Wahrnehmungen der Mitarbeiter darüber, was und was nicht beeinflusst werden kann.
>
> Das Standardmodell der Prinzipal-Agenten-Theorie ergibt ein für die Kontrolle verblüffendes Ergebnis: Kontrollen und Abweichungsanalysen sind überflüssig. Dies liegt daran, dass der Prinzipal weder die Arbeitsleistung des Agenten noch den Umweltzustand beobachten kann und daher die Vergütung so festlegt, dass der Agent die erwünschte Arbeitsleistung erbringt. Das Ergebnis der Arbeitsleistung kann zwar vom gewünschten Ergebnis abweichen, was aber nur durch zufällige Schwankungen passieren kann, die der Agent nicht beeinflussen kann. Und daher ist eine Abweichungsanalyse überflüssig.
>
> Der Agent wird allerdings für das Ergebnis verantwortlich gemacht, auch wenn er die zufälligen Schwankungen nicht steuern kann. Dies ist ein klarer Verstoß gegen das Controllability-Prinzip. Diese Verletzung hängt eng mit der Informationsasymmetrie zusammen: Der Prinzipal kann bestimmte Größen, die der Agent beeinflussen kann, nicht beobachten. Interessant sind für ihn alle Größen, die ihn über die Arbeitsleistung des Agenten informieren.
>
> Zwar wird der Grundsatz der Gleichheit von Verantwortung und Kompetenz von den Unternehmen nicht immer eingehalten, allerdings werden sehr ausgiebig Kontrollen und Abweichungsanalysen durchgeführt. Die Prinzipal-Agenten-Theorie ist eine normative Theorie, die nicht den Anspruch erhebt, die Wirklichkeit zu erklären. Sie arbeitet modelltheoretisch und leitet unter gewissen Annahmen ihre Ergebnisse ab. Warum Unternehmen trotzdem Kontrollen und Abweichungsanalysen durchführen, lässt sich mit dem Standardmodell der Prinzipal-Agenten-Theorie nicht begründen.
>
> (Quellen: Antle & Demski, 1988; Baiman & Demski, 1980; Christensen & Demski, 2003; Schäffer & Pelster, 2007; Wagenhofer, 1992)

Zweck von **Kostenkontrollrechnungen** muss es sein, Kostenabweichungen zu erfassen sowie die zugehörigen Ursachen zu bestimmen, die zu solchen Unter- und Überschreitungen geführt haben. Es sollen Auswirkungen der Zielabweichung der Kosten aufgezeigt werden; dies wird häufig als Wirtschaftlichkeitskontrolle bezeichnet. Neben einer Analyse der Vergangenheit sollen die bereitgestellten Informationen anzeigen, welche Einsparpotenziale sich ergeben, wenn die Abweichungen in der nächsten Periode vermieden werden. Die **Kostenkontrolle** erfolgt in der Plankostenrechnung in der Regel **monatlich** (Abrechnungsperiode). Die Istkosten werden erfasst und stets kostenstellenweise kontrolliert. Man vergleicht für jede Kostenart die Sollkosten mit den über Preisabweichungsermittlungen bereinigten Istkosten. Das Ergebnis sind die Verbrauchsabweichungen als Maßstab der Wirtschaftlichkeit. Es werden weitere Abweichungen wie z. B. Beschäftigungs- oder Intensitätsabweichungen ermittelt.

Die **Wirtschaftlichkeit** wird in der Kostenrechnung in der Regel als Verhältnis zwischen den Istkosten und den Sollkosten definiert:

$$\text{Wirtschaftlichkeit} = \frac{\text{Istkosten}}{\text{Sollkosten}} \geq 1$$

Sie wird aus dem Rationalprinzip abgeleitet, das als Spar- oder Minimalprinzip besagt, dass ein gegebener Output mit einem minimalen Input zu erreichen ist. Unter der Voraussetzung konstanter Erlöse führt daher eine Angleichung der Istkosten an die optimalen Sollkosten zu einer realisierten Kostensenkung und damit zu einer Gewinnsteigerung. Eng verwandt mit dem Begriff der Wirtschaftlichkeit ist die **Effizienz**. Bei der hier betrachteten Wirtschaftlichkeit der Kostenstelle bedeutet Effizienz, dass die Ziele in der Kostenstelle – z. B. eine bestimmte Produktionsmenge – ohne Verschwendung von Ressourcen erreicht wurden (vgl. Ahn, 2003b, S. 92 ff.). Ein effizienter Prozess wäre also gegeben, wenn die Istkosten gleich den Sollkosten sind. Die Wirtschaftlichkeit bezieht sich ausschließlich auf den Input an Produktionsfaktoren und sollte daher als **Kostenwirtschaftlichkeit** bezeichnet werden. Die Kennzahl Wirtschaftlichkeit wird in der Regel Werte von 1 und größer annehmen, wenn die Sollkosten als optimale Kosten anzusehen sind. Die Differenz zwischen den beiden Kostengrößen ist Gegenstand der Abweichungsanalyse im Rahmen des Kontrollprozesses.

Kontrolle in der starren Plankostenrechnung

Für das Verständnis der Kostenkontrolle in einer Prozesskostenrechnung ist es wesentlich, Kenntnisse über die starre Plankostenrechnung zu haben, da diese Form der Plankostenrechnung der Prozesskostenrechnung zugrunde liegt. Die starre Plankostenrechnung unterscheidet sich gegenüber den flexiblen Formen dadurch, dass eine Anpassung an Beschäftigungsschwankungen nicht möglich ist.

Lernziel 2: Die Kontrolle in der starren Plankostenrechnung erläutern.

Wie im letzten Kapitel aufgezeigt, ist die starre Plankostenrechnung eine Vollkostenrechnung. Grundlage für die Planung ist eine feste Beschäftigungshöhe, sie kann insbesondere in der Kontrolle nicht angepasst werden. Der Plankalkulationssatz $h^{(p)}$ bleibt auch bei veränderter Beschäftigung konstant,

10. Kapitel: Budgetkontrolle und Abweichungsanalyse

d. h., ihre Veränderung wirkt sich nicht in der Kalkulation und bei Entscheidungen aus.

Am Ende einer Kontrollperiode wird die tatsächliche Beschäftigung mit dem Plankalkulationssatz multipliziert, dies ergibt die so genannten **verrechneten Plankosten**:

$$K^{(ver)} = h^{(p)} \cdot B^{(i)} \tag{1}$$

Sie werden im Rahmen der Kontrolle den Istkosten gegenübergestellt. In der Übersicht 4a sind die verschiedenen Schritte der Kostenplanung und -kontrolle anhand eines Fallbeispiels (S. 301) aufgeführt. Der größte Nachteil der starren Plankostenrechnung ist es, dass es nicht möglich ist, einzelnen Abweichungsursachen Teilbeträge zuzuordnen.

Kontrolle in der flexiblen Plankostenrechnung

Kontrollen in der flexiblen Plankostenrechnung werden in Form eines Soll-Ist-Vergleiches durchgeführt, den Zielwerten (Sollkosten) werden die tatsächlich realisierten Werte (Istkosten) gegenübergestellt. Auf diesem Wege wird die Gesamtabweichung ermittelt, allerdings ist damit noch nicht erkennbar, aufgrund welcher Ursachen die Gesamtabweichung aufgetreten ist. Als Ursachen gelten die Veränderungen der Kosteneinflussgrößen, da z. B. eine Preiserhöhung auch die Kosten erhöht oder eine größere Beschäftigung zu gestiegenen Kosten führt.

Zweck der Kontrollrechnung muss es daher sein, die Gesamtabweichung in einzelne **Teilabweichungen** aufzuspalten, die erkennen lassen, inwieweit eine einzelne Kosteneinflussgröße zur Gesamtabweichung beigetragen hat. Eine Aufspaltung ist auch die Voraussetzung, um Kostenverantwortliche im Unternehmen zu finden.

> **Lernziel 3:** Kostenkontrolle in der flexiblen Plankostenrechnung erläutern und anwenden.

Die **Kostenkontrolle** in Form des **Soll-Ist-Vergleichs** wird in verschiedene Phasen eingeteilt. Als Erstes müssen die Istkosten der einzelnen Kostenarten erfasst werden. In den flexiblen Formen werden zusätzlich die realisierten Kosteneinflussgrößen benötigt. Wenn die Controllerin wissen will, wie groß der Anteil der Beschäftigungsänderung an der gesamten Kostenabweichung ist, dann muss sie die Plan- und die Istbeschäftigung kennen. Dies gilt grundsätzlich für jede Einflussgröße, die analysiert werden soll: Immer müssen die Plan- und die Istausprägung dieser Größe bekannt sein.

Die Kostenkontrolle unterscheidet sich zwischen den Formen der flexiblen Plankostenrechnung aufgrund der Plankalkulation mit Voll- und mit Teilkosten. In beiden Formen ist es notwendig, die Kosten in ihre fixen und variablen Teile aufzulösen. Die Kostenauflösung wird für jede Kostenart der Kostenstelle durchgeführt, um so die Kosten an Beschäftigungsschwankungen anpassen zu können.

Phasen der Kostenkontrolle	Ergebnisse
1. Istkosten erfassen	Istkosten je Kostenart (Kostenstelle)
2. Realisierte Bezugsgrößen erfassen	Ist-Bezugsgröße
3. Sollkosten ermitteln	Sollkosten je Bezugsgröße, Kostenart und Kostenstelle
4. Hauptabweichungen ermitteln	Preisabweichung, Beschäftigungsabweichung (wenn notwendig), Verbrauchsabweichung
5. Spezialabweichungen ermitteln	Z. B. Intensitätsabweichung, Ausschussabweichung etc.
6. Kostenberichte anfertigen	Enthält z. B. außergewöhnlich hohe Abweichungsbeträge, Veränderung der Kostenstruktur; Maßnahmen zur Kostenreduktion etc.

Tabelle 73: Phasen der Kostenkontrolle

$$K^{(s)} = K_F^{(p)} + K_v^{(p)} \frac{B^{(i)}}{B^{(p)}} \quad \text{oder} \quad K^{(s)} = K_F^{(p)} + k^{(p)} \cdot B^{(i)} \qquad (2)$$

Die Plankosten werden in die Sollkosten überführt – s. Gleichung (2) –, der zweite Term zeigt die variablen Kosten und den **Beschäftigungsgrad**. Bei einer gegenüber der Planbeschäftigung $B^{(p)}$ veränderten Istbeschäftigung $B^{(i)}$ sinken und steigen die so genannten Sollkosten.

> **Sollkosten** sind die auf die Istbeschäftigung umgerechneten Plankosten.

In einer **flexiblen Plankostenrechnung auf Vollkostenbasis** wird zwar in der Kostenstellenrechnung eine Kostenauflösung vorgenommen:

$$K^{(p)} = K_F^{(p)} + K_v^{(p)} \quad \text{oder} \quad K^{(p)} = K_F^{(p)} + k^{(p)} \cdot B^{(p)} \qquad (3)$$

allerdings wird in der Kalkulation mit vollen Kosten gerechnet:

$$K^{(ver)} = h^{(p)} \cdot B^{(i)} \qquad (4)$$

Die so genannten verrechneten Plankosten beruhen auf den vollen Plankalkulationssätzen, die mit der Istbeschäftigung multipliziert werden. Verrechnete Plankosten und Sollkosten stimmen nur überein, wenn die Planbeschäftigung gleich der Istbeschäftigung ist. In allen anderen Fällen tritt die so genannte **Beschäftigungsabweichung** auf. In der Regel weichen sie voneinander ab, sodass die Sollkosten und die verrechneten Plankosten auseinander fallen.

$$K^{(ver)} = h^{(p)} \cdot B^{(i)} = \frac{K_F^{(p)} + K_v^{(p)}}{B^{(p)}} \cdot B^{(i)} \qquad (5)$$

Da es Zweck der Kontrolle in der Kostenstelle ist, eventuelle Unwirtschaftlichkeit in der Verbrauchsabweichung zu analysieren, werden die beiden Ein-

10. Kapitel: Budgetkontrolle und Abweichungsanalyse

flussgrößen Preis und Beschäftigung abgespalten. In der Analyse geht man von der **Gesamtabweichung** aus und spaltet sie in die Preisabweichung, die Verbrauchsabweichung und die Beschäftigungsabweichung auf. Sie werden in der Tabelle 73, S. 300 als **Hauptabweichungen** bezeichnet, da sie standardmäßig bei jedem Soll-Ist-Vergleich ermittelt werden.

$\Delta G = K^{(ii)} - K^{(ver)}$ Gesamtabweichung

$\Delta P = K^{(ii)} - K^{(ip)}$ Preisabweichung

$\Delta V = K^{(ip)} - K^{(s)}$ Verbrauchsabweichung

$\Delta B = K^{(s)} - K^{(ver)}$ Beschäftigungsabweichung

$K^{(ii)}$ Istkosten auf Basis von Istpreisen
$K^{(ip)}$ Istkosten auf Basis von Planpreisen
$K^{(ver)}$ verrechnete Plankosten
$K^{(s)}$ Sollkosten

Diese erläuterten Schritte sollen an einem einfachen Zahlenbeispiel für eine Kostenstelle illustriert werden.

Fallbeispiel 13: Kostenkontrolle bei der Gartenfreund AG

Ein Hersteller von Gartenartikeln plant in einer Fertigungsstelle mit 1.000 Fertigungsstunden, auf dieser Basis wurden Gesamtkosten von 90.000 Euro erwartet (s. die Tabelle 74, S. 301). In der Tabelle 74 sind den gesamten verrechneten Plankosten die Istkosten gegenübergestellt, so lässt sich die Gesamtabwei-

Kostenart	Istkosten	verrechnete Plankosten	Abweichung	
	Gesamt	Gesamt	Gesamt	Prozentual
Hilfsstoffe	1.920	1.600	320	20 %
Betriebsstoffe	4.050	2.400	1.650	69 %
Werkzeuge	2.400	1.600	800	50 %
Energie	1.230	1.600	−370	−23 %
Fertigungslöhne	44.000	40.000	4.000	10 %
Kalkul. Abs.	8.000	6.400	1.600	25 %
Kalk. Zinsen	3.000	2.400	600	25 %
Raumkosten	9.900	7.200	2.700	38 %
Transport	2.400	1.600	800	50 %
Reparatur	4.000	3.200	800	25 %
Leitung	5.500	4.000	1.500	38 %
Summe	86.400	72.000	14.400	20 %

Tabelle 74: Plan-Ist-Vergleich einer Fertigungsstelle

chung errechnen, die ergänzt wird um eine Angabe, wie sich die Istkosten prozentual von den Sollkosten unterscheiden. In der abgerechneten Periode war die Beschäftigung rückläufig, die Fertigungsstunden betrugen 800.

Wie Sie der Tabelle entnehmen können, ergibt sich insgesamt für die Kostenstelle eine Zunahme der Kosten von 14.400 Euro. Diese Gesamtabweichung ist sicherlich informativ, allerdings steht der Kostenreduktion eine Reihe von Kostensteigerungen gegenüber und die Kostenarten tragen in unterschiedlichem Umfang zur Steigerung bei.

Die folgende Abweichungsanalyse verfolgt mehrere Zwecke:

- Es soll die **Gesamtabweichung** in die drei Hauptabweichungen Preis-, Beschäftigungs- und Verbrauchsabweichung aufgespalten werden.
- Sie lernen die Unterschiede der beiden Formen der flexiblen Plankostenrechnung kennen, die Analyse wird daher am gleichen Beispiel wiederholt.
- Vorausgeschickt ist in der Übersicht die starre Plankostenrechnung, die allerdings nur eine eingeschränkte Kostenkontrolle zulässt.

Danach soll die flexible Plankostenrechnung auf Vollkostenbasis behandelt werden, die **Gesamtabweichung** wird aufgespalten:

1. In einem ersten Schritt wird die **Preisabweichung** ermittelt, indem die Istkosten um die Preisveränderungen bereinigt werden.
2. Den preisbereinigten Istkosten werden die Sollkosten gegenübergestellt, um die **Verbrauchsabweichung** zu ermitteln.
3. Der wesentliche Unterschied zur Grenzplankostenrechnung ist, dass in der Kalkulation mit vollen Kosten gerechnet wird. In der Kalkulation wird der Vollkostensatz von 90 Euro verwendet, multipliziert mit der Istbeschäftigung ergeben sich die verrechneten Plankosten. Da in der Kostenstellenrechnung jedoch eine Kostenauflösung vorgenommen wird, ergibt sich ein Unterschiedsbetrag, der als **Beschäftigungsabweichung** bezeichnet wird.
    - Die Beschäftigungsabweichung ist keine echte Beschäftigungsabweichung, sondern eine Fixkostenverrechnungsabweichung, die darauf beruht, dass der Plankalkulationssatz auch dann beibehalten wird, wenn die Beschäftigung schwankt.

In einer flexiblen Plankostenrechnung auf Teilkostenbasis (Grenzplankostenrechnung) wird im Unterschied zur Variante auf Vollkostenbasis mit variablen Kosten kalkuliert. Wenn Sie die Übersicht 4b mit der Übersicht 4c vergleichen, so erkennen Sie, dass die verrechneten Plankosten mit den variablen Sollkosten übereinstimmen. In einer Grenzplankostenrechnung gibt es daher keine Beschäftigungsabweichung wie in der flexiblen Plankostenrechnung auf Vollkostenbasis, denn in der Grenzplankostenrechnung wird durch die Berechnung der Sollkosten die Anpassung an die Istbeschäftigung erreicht. Übersicht 4c zeigt den Unterschied: Die Gesamtabweichung ist um den Betrag der Beschäftigungsabweichung geringer.

Aus den Abbildungen kann entnommen werden, dass die Beschäftigungsabweichung in der Grenzplankostenrechnung nicht auftritt, die Gesamtabweichung genau um diesen Betrag niedriger ist. Da der eigentliche Zweck der Kontrolle jedoch die Analyse der Verbrauchsabweichung ist, sieht man auch, dass dies nur ein formaler Unterschied zwischen beiden Systemen ist.

Schritte der Kostenplanung und -kontrolle	Starre Plankostenrechnung
Planbezugsgröße	1.000 Fertigungsstunden (FStd)
Ermittlung der Plankosten	90.000,–
Planverrechnungssatz	90.000,–/1.000 = 90 Euro/FStd
Istbeschäftigung	800 FStd
Verrechnete Plankosten	90 · 800 = 72.000 Euro
Sollkosten	–
Istkosten	86.400 Euro
Istkosten (Planpreise)	79.260 Euro
Gesamtabweichung	Istkosten – verrechnete Plankosten 86.400 – 72.000 = 14.400 Euro
Preisabweichung	Istkosten – Istkosten zu Planpreisen 86.400 – 79.260 = 7.140 Euro
Verbrauchsabweichung	–
Beschäftigungsabweichung	–

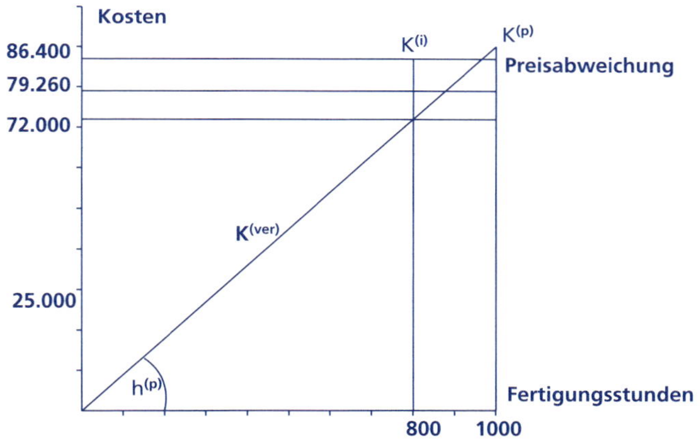

$K^{(i)}$ Istkosten
$K^{(p)}$ Plankosten
$K^{(ver)}$ verrechnete Plankosten
$h^{(p)}$ Steigungsmaß der Funktion verrechneter Plankosten (Plankalkulationssatz)

Übersicht 4a: Starre Plankostenrechnung

Schritte der Kostenplanung und -kontrolle	Flexible Plankostenrechnung auf Vollkostenbasis
Planbezugsgröße	1.000 Fertigungsstunden (FStd)
Ermittlung der Plankosten	Kostenauflösung: fixe Kosten + variable Kosten 25.000 + 65.000
Planverrechnungssatz	90.000 / 1.000 = 90 Euro/FStd
Istbeschäftigung	800 FStd
Verrechnete Plankosten	90 · 800 = 72.000 Euro
Sollkosten	fixe Kosten + variable Kosten 25.000 + 65.000 · 800/1000 = 77.000
Istkosten	86.400 Euro
Istkosten (Planpreise)	79.260 Euro
Gesamtabweichung	Istkosten – verrechnete Plankosten 86.400 – 72.000 = 14.400 Euro
Preisabweichung	Istkosten – Istkosten zu Planpreisen 86.400 – 79.260 = 7.140 Euro
Verbrauchsabweichung	Istkosten zu Planpreisen – Sollkosten 79.260 – 77.000 = 2.260 Euro
Beschäftigungsabweichung	Sollkosten – verrechnete Plankosten 77.000 – 72.000 = 5.000 Euro

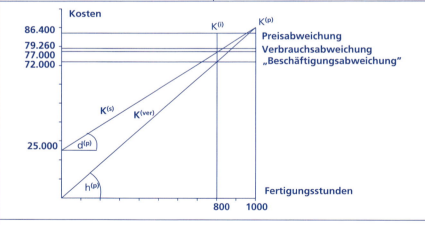

$K^{(s)}$ Sollkosten
$K^{(ver)}$ verrechnete Plankosten
$d^{(p)}$ Steigungsmaß der Sollkostenfunktion (Grenzplankalkulationssatz)
$h^{(p)}$ Steigungsmaß der Funktion verrechneter Plankosten (Plankalkulationssatz)

Übersicht 4b: Flexible Plankostenrechnung auf Vollkostenbasis

10. Kapitel: Budgetkontrolle und Abweichungsanalyse

Schritte der Kostenplanung und -kontrolle	Flexible Plankostenrechnung auf Teilkostenbasis
Planbezugsgröße	1.000 Fertigungsstunden (FStd)
Ermittlung der Plankosten	Kostenauflösung: fixe Kosten + variable Kosten 25.000 + 65.000
Planverrechnungssatz	65.000 / 1.000 = 65 Euro/FStd
Istbeschäftigung	800 FStd
Verrechnete Plankosten	–
Sollkosten	fixe Kosten + variable Kosten 25.000 + 65.000 · 800/1000 = 77.000
Istkosten	86.400 Euro
Istkosten (Planpreise)	79.260 Euro
Gesamtabweichung	Istkosten – Sollkosten 86.400 – 77.000 = 9.400 Euro
Preisabweichung	Istkosten – Istkosten zu Planpreisen 86.400 – 79.260 = 7.140 Euro
Verbrauchsabweichung	Istkosten zu Planpreisen – Sollkosten 79.260 – 77.000 = 2.260 Euro
Beschäftigungsabweichung	–

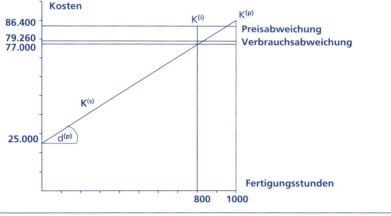

K$^{(i)}$ Istkosten
K$^{(p)}$ Plankosten
K$^{(s)}$ Sollkosten (hier nur die variablen Sollkosten)
K$^{(ver)}$ verrechnete Plankosten
k$_v$ variable Kosten
d$^{(p)}$ Steigungsmaß der Sollkostenfunktion (Grenzplankalkulationssatz)

Übersicht 4c: Grenzplankostenrechnung

Voraussetzung für eine wirksame Kostenkontrolle ist eine verursachungsgerechte Zurechnung von Abweichungsbeträgen auf Einflussgrößen, die diese Abweichungen tatsächlich bewirkt haben. Erst danach kann in einem zweiten Schritt die Verantwortung für Kostenabweichungen bei einzelnen Mitarbeitern gesucht werden. Dies ist in den bisherigen Schritten dadurch geschehen, dass die Einflussgrößen Preis und Beschäftigung abgespalten wurden. Eigentlicher Zweck der Kontrolle in der Kostenstelle ist es, die Verbrauchsabweichung zu ermitteln.

> Sie wird auch **globale Verbrauchsabweichung** genannt, um anzudeuten, dass auf sie viele unterschiedliche Kosteneinflussgrößen wirken, aus der globalen Verbrauchsabweichung aber nicht erkennbar ist, welche Größen zu ihrer Veränderung beigetragen haben.

Um dies zu erreichen, werden **Spezialabweichungen** berechnet; es sollen die einzelnen Kosteneinflussgrößen isoliert werden, um ihnen Teilbeträge der globalen Verbrauchsabweichung zuzuordnen.

- Typische Spezialabweichungen für **Einzelkosten** sind:
  - auftragsbedingte Abweichungen,
  - mischungsbedingte Abweichungen und
  - materialbedingte Abweichungen.
- Typische Spezialabweichungen für **Gemeinkosten** sind:
  - Intensitätsabweichungen,
  - Serienabweichungen und
  - Verfahrensabweichungen.
- Da es nicht möglich ist alle Einflussgrößen zu berücksichtigen, verbleibt ein ungeklärter Betrag, der als **Restabweichung** bezeichnet wird. Er beruht auf den Einflussgrößen, die entweder bewusst nicht berücksichtigt werden oder die nicht vorausgesehen werden können.

Kontrolle der Prozesskosten

Voraussetzung für die Ermittlung von Abweichungen ist ein differenziertes Mengen- und Zeitgerüst der Abläufe und Verbräuche von Produktionsfaktoren. Diese Voraussetzung ist in den indirekten Bereichen häufig nicht gegeben. Da in den indirekten Bereichen die Gemeinkosten in der Regel Fixkosten sind, erfolgt in der Prozesskostenrechnung eine Fixkostenanalyse. Untersucht werden allerdings nicht tatsächliche Abweichungen der Fixkosten, sondern die Kontrolle von Gemeinkosten in einer Prozesskostenrechnung ist primär auf die **Analyse der Auslastung** der Kapazitäten gerichtet (zur Auslastungsanalyse in der prozessorientierten Kostenrechnung Kaplan, 1994, S. 106 ff.; Kloock & Dierkes, 1996, S. 108 ff.; Ruhl, 1995; Friedl, 2010, S. 408 ff.), indem sie untersucht, inwieweit die Fixkosten genutzt werden (**Auslastungsanalyse**).

10. Kapitel: Budgetkontrolle und Abweichungsanalyse

> **Lernziel 4:** Kontrolle in der Prozesskostenrechnung erläutern und anwenden.

Die Prozesskostenrechnung zeichnet sich durch die **Verrechnung von Vollkosten auf die Prozesse** aus; dies hat eine Reihe von Konsequenzen für die Kostenkontrolle. Werden als Grundlage für Abweichungsanalysen die vollen Teil- und Hauptprozesskosten, die neben fixen Bestandteilen auch variable Bestandteile enthalten, gewählt, ist ein detaillierter Einblick in die Verbrauchsabweichungen nicht möglich. Dieses Vorgehen entspricht einer starren Plankostenrechnung. Es können nur undifferenziert Gesamtabweichungen ermittelt werden, der Einfluss einzelner Ursachen ist jedoch nicht feststellbar.

Das Beispiel für eine Einkaufsabteilung (im Kapitel zur prozessorientierten Kostenrechnung) zeigt, dass die **Kapazitäten in Mitarbeiterjahren gemessen** werden. In der Einkaufsabteilung ist der Prozess **Abteilung leiten** unabhängig vom Leistungsvolumen der Kostenstelle; daneben werden weitere drei Arten von Prozessen durchgeführt. Da alle in Stunden gemessen werden, ist die Zeit die einzig geeignete Größe für die Kapazität. Kapazitätsmessung bei Stellen mit unterschiedlichen Leistungen – hier: verschiedene Teilprozesse – bedarf eines gemeinsamen Nenners: Mitarbeiterzeiten. Verteilungsgrundlage sind die Mitarbeiterjahre, sie dienen der Verrechnung aller Kosten – fix und variabel – auf die Teilprozesse. Die Planprozessmengen werden nach der Kapazität der Kostenstelle bestimmt: Es wird aus der Gesamtzahl an Mitarbeiterjahren die mögliche Prozessanzahl geschätzt oder berechnet.

> Das Vorgehen der Kostenverrechnung in der Prozesskostenrechnung beruht auf einer Analogie zum Vorgehen in Fertigungsstellen. So wie in einer Fertigungsstelle Kosten aufgrund der zeitlichen Beanspruchung von Maschinen (Bezugsgröße: Maschinenstunden) oder Arbeitskräften (Bezugsgröße: Fertigungsstunden) verrechnet werden, verrechnet die Prozesskostenrechnung **mithilfe der zeitlichen Beanspruchung der Arbeitskräfte** (Bezugsgröße: Mitarbeiterjahre). Die Kalkulation auf die Kostenträger erfolgt ebenfalls in Analogie: In der Fertigungsstelle werden die bearbeiteten Produkte entsprechend ihrer zeitlichen Inanspruchnahme der Kostenstelle belastet, in einer Prozesskostenrechnung werden die Prozesse entsprechend ihrer zeitlichen Beanspruchung der Mitarbeiter belastet.

Für eine vollkostenorientierte Prozesskostenrechnung birgt eine auf dem Engpass basierende Planung die Gefahr, dass die Auslastungsanalyse nicht aussagekräftig wird. Wie die Darstellung 45 zeigt, ergeben sich **bei einer engpassbezogenen Planung immer zu hohe Beträge verrechneter Nutzkosten**. Nutzkosten zeigen an, wie viel Fixkosten auf Kalkulationsobjekte verrechnet wurden. Liegt die tatsächliche Beschäftigung in einer Kontrollperiode unter dem Engpass, so zeigt eine Auslastungsanalyse zu niedrige Leerkosten an. Bei einer Beschäftigung über dem Engpass werden **zu viel Kosten verrechnet**, es entsteht der Eindruck, dass die Kapazitätsgrenze überschritten wird: Tatsächlich ist die Kostenstelle jedoch **unterbeschäftigt**.

$$K^{(Nutz)} = K_F^{(p)} \frac{B^{(i)}}{B^{(p)}} \tag{6}$$

$$K^{(Leer)} = K_F^{(p)}\left(1 - \frac{B^{(i)}}{B^{(p)}}\right) \tag{7}$$

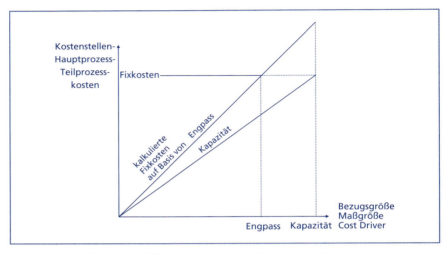

Darstellung 45: Vollkostenrechnung und Planung der Prozessmengen

Der aufgezeigte Mangel einer engpassbezogenen Planung der Prozessmengen führt zum Problem der Wahl der geeigneten Kapazität: Welche Kapazität soll als Grundlage der Planung verwendet werden? Da in der Prozesskostenrechnung Kostenstellen im Mittelpunkt stehen, in denen als Kapazitätsgröße die Mitarbeiterzeit eingesetzt werden kann, wird häufig eine **Normalkapazität** (= tarifliche Arbeitszeit) zugrunde gelegt.

Da das bisher beschriebene Vorgehen dem der starren Plankostenrechnung entspricht, ist streng genommen weder eine Analyse der Beschäftigungsabweichung noch eine Leerkostenanalyse möglich; beide Auslastungsanalysen setzen eine Abspaltung von Beschäftigungsschwankungen voraus. Wenn es sich jedoch um reine Fixkostenstellen handelt, so lässt sich die Terminologie analog verwenden. In gleicher Weise kann bei Kostenstellen mit nur geringen Anteilen von variablen Kosten vorgegangen werden. Dieser Mangel einer Vollkostenrechnung lässt sich auch in einer Prozesskostenrechnung nur dadurch vermeiden, dass eine Trennung in fixe und variable Kosten vorgenommen wird. Die bisherigen und folgenden Aussagen gelten streng genommen nur für (beschäftigungs-)flexible Formen der Prozesskostenrechnung und bei der (beschäftigungs)starren Form für Kostenstellen, auf die die eben genannten Voraussetzungen zutreffen.

Ablauf der Kontrolle

Ermittlung der Ist- und Plangrößen

Da die Prozesskostenrechnung keine operative, auf kurzen Perioden beruhende Rechnung ist, wird als **Kontrollrhythmus** für den Soll-Ist-Vergleich

10. Kapitel: Budgetkontrolle und Abweichungsanalyse

ein größerer Zeitabstand als der Monat vorgeschlagen: Es werden Zeiträume von jährlich bis halbjährlich oder quartalsweise genannt. Kontrollen in der Prozesskostenrechnung sollen den Ressourcenverbrauch von Teil- und Hauptprozessen anzeigen, um so **Anpassungen der mittel- und langfristigen Planung zu initiieren**. Die Erfassung von Abweichungen bei der Prozesskostenrechnung erfolgt durch Ermittlung der Istgrößen und Gegenüberstellung der Planprozesskosten.

Die **Erfassung der Istkosten** erfolgt nach Kostenarten und Kostenstellen, es ergeben sich keine Besonderheiten der Prozesskostenrechnung. Da der Soll-Ist-Vergleich auf den Ebenen Teilprozess und Hauptprozess erfolgen soll, werden die Istkosten auf die Teilprozesse geschlüsselt. Als Schlüsselgröße wird wieder die zeitliche Inanspruchnahme der Mitarbeiter verwendet. Wird eine Planprozesskostenrechnung verwendet, so lassen sich die Preisänderungen eliminieren. Den so bereinigten Istkosten werden die Plankosten gegenübergestellt.

Die **realisierten Maßgrößenmengen** und **Cost Driver-Mengen** müssen während der Abrechnungsperiode erfasst werden (vgl. Horváth & Mayer, 1993, S. 23). Da es sich in der Regel um Mengengrößen handelt, ist eine direkte Messung möglich. Als verrechnete Plankosten ergeben sich dann:

verrechnete Plankosten eines Teilprozesses	=	Ist-Maßgrößenmengen	•	Plan-Teilprozesskostensatz
verrechnete Plankosten eines Hauptprozesses	=	Ist-Cost Driver-Mengen	•	Plan-Hauptprozesskostensatz

Bei der Ermittlung der verrechneten Plankosten in der Prozesskostenrechnung ist zu beachten, dass die Prozesskostensätze (Teil- und Hauptprozess) auf Vollkosten basieren.

> **Lernziel 5:** Auslastungsanalyse berechnen und kritisch zur Auslastungsanalyse Stellung nehmen.

Abweichungsanalyse

Die Möglichkeiten der Kostenkontrolle sollen anhand des Zahlenbeispiels aufgezeigt werden. Auf Basis der Kostenplanung der Einkaufsstelle wurde eine Kontrolle durchgeführt, im Beispiel wurde eine Auslastung von 90 % angenommen, die Kosten wurden als ausschließlich fix angenommen.

Es ergeben sich insgesamt **Leerkosten für die Kostenstelle** in Höhe von Euro 56.991,90, die nach Maßgabe der angenommen Relationen der Beanspruchung auf die einzelnen Prozesse verteilt werden. In der Prozesskostenrechnung müssen noch die entsprechenden Zahlen für die Hauptprozesse ermittelt werden. Im Beispiel ist keine weitere Verdichtung möglich, die drei Teilprozesse der Kostenstelle Einkauf stellen somit **unechte Hauptprozesse** dar (vgl. Mayer, 1990, S. 311). Für die weitere Analyse ist das zu vernachlässigen, da ein echter Hauptprozess ohnehin nur die Zusammenfassung mehrerer Teilprozesse ist: Es werden keine zusätzlichen Informationen verarbeitet.

Prozess-art	Prozess-menge		Prozesskosten		Auslastungs-analyse
Nr.	Ist	Plan-Prozess-kostensatz	verrechnete Plankosten	Istkosten	Leerkosten
1.	180	673,65	121.257,–	134.729,–	13.472,–
2.	2.070	99,13	205.199,10	228.000,–	22.800,90
3.	3.600	51,82	186.552,–	207.271,–	20.719,–
Summe			513.008,10	570.000,–	56.991,90

Tabelle 75: Kostenkontrolle für eine Einkaufsstelle (in Euro)

Abweichungen der Beschäftigung führen bei der Proportionalisierung von Fixkosten zu einer Aufteilung in Nutzkosten und Leerkosten. Die **Nutzkosten** zeigen an, wie viel an **bewerteter Kapazität** verrechnet wurde, **Leerkosten** dementsprechend, wie viel an bewerteter Kapazität nicht genutzt wurde. Es sei daran erinnert, dass Voraussetzung für eine solche Analyse eine Kostenspaltung in variable und fixe Anteile ist. Es besteht sonst die Gefahr, dass sich in der festgestellten Abweichung Veränderungen von sehr unterschiedlichen Einflussgrößen vermischen. Die Beispiele, die in Veröffentlichungen zur Prozesskostenrechnung herangezogen werden, lassen keinen Zweifel daran, dass sich die Prozesskosten für Teilprozesse und Hauptprozesse aus Kostenarten zusammensetzen, die unterschiedlich auf Beschäftigungsänderungen reagieren. Wird von dem Problem sich variabel verhaltender Kosten abgesehen, stellt sich die Frage nach der **Aussagekraft**, die mit einer Leer- und Nutzkostenanalyse verbunden ist.

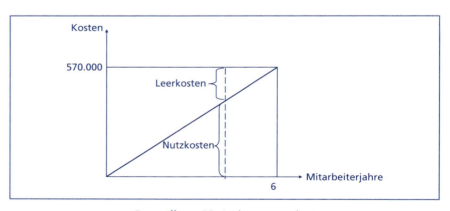

Darstellung 46: Auslastungsanalyse

10. Kapitel: Budgetkontrolle und Abweichungsanalyse

Zuerst ist festzuhalten: Leerkosten stellen **keine tatsächlichen Kostenabweichungen** dar, die effektiv anfallen, sondern sind nach dem Durchschnittsprinzip ermittelte Zahlen, die auf fiktiven Verteilungsoperationen beruhen. Werden die Zahlen für das Beispiel verwendet, so lässt sich die rechnerische Verteilung der Fixkosten auf die Bezugsgröße darstellen (Darstellung 46).

Eine Auslastungsanalyse auf Basis von Kosten zeigt die bewertete Unter- oder Überbeschäftigung in Bezug zur Kapazität an. Welche Aussagen lassen sich mithilfe einer Fixkostenanalyse in der Prozesskostenrechnung treffen?

Interpretation von Leerkosten für Kostenstellen, Teilprozesse und Hauptprozesse

Die Kapazitätsauslastung wird in Kostenstellen beobachtet. Dabei wird ausgehend von GUTENBERG die Kapazität mit den Fixkosten einer Kostenstelle identifiziert. Nun setzen sich diese Fixkosten allerdings aus einer Reihe **sehr unterschiedlicher Kostenarten** aufgrund verschiedener Produktionsfaktoren zusammen; neben zeitabhängigen Abschreibungen, kalkulatorischen Zinsen auf Anlagegüter und Mieten gelten insbesondere Gehälter als wichtige Kostenart in der Prozesskostenrechnung. Alle diese Kostenarten werden jedoch **in der Vollkostenverrechnung in einem Kostensatz zusammengefasst** und über die Schlüsselgröße Mitarbeiterzeit auf die Prozesse verteilt.

Begründet wird dieses Vorgehen mit der mittel- bis langfristigen Sichtweise dieses Konzepts: In einem genügend großen Zeitraum sind fast alle Kostenarten variabel. Diese zweifelsohne richtige Aussage lässt aber noch offen, ob die Zusammenfassung aller Kostenarten in einem Kostensatz gerechtfertigt ist. In einer Prozesskostenrechnung wird aus diesem Sachverhalt abgeleitet, dass alle Kostenarten, die in einer Teilkostenrechnung Fixkostencharakter haben, gleich behandelt werden sollten. Zu fragen ist allerdings, ob diese Gleichbehandlung von Fixkosten betriebswirtschaftlich sinnvolle Aussagen zulässt. Dies lässt sich an dem abgewandelten Beispiel zeigen (s. Tabelle 76).

Prozess-art	Prozess-menge		Prozesskosten		Auslastungs-analyse
Nr.	Ist	Plan-Prozesskosten-satz	verrechneten Plankosten	Istkosten	Leerkosten
1.	180	673,65	121.257,–	134.729,–	13.472,–
2.	2.430	99,13	240.885,90	228.000,–	–12.885,90
3.	4.000	51,82	207.280,–	207.271,–	–9,–
Summe			569.422,90	570.000,–	577,10

Tabelle 76: Kostenkontrolle für eine Einkaufsstelle (in Euro)

Die **Prozessstruktur stimmt nicht mit den Planwerten** überein, in der Abrechnungsperiode wurden weniger Rahmenverträge als geplant ausgehandelt, dafür jedoch mehr Einzelbestellungen als geplant durchgeführt. Beide kompensieren sich sowohl von der Mengenkomponente (Mitarbeiterzeiten) als auch wertmäßig: Die Leerkosten der Kostenstelle sind äußerst gering. Für die beiden Prozesse ergeben sich jedoch erhebliche Abweichungen: Im Falle der Rahmenverträge wird eine Leerkapazität von 10 % angezeigt. Im Falle der Einzelbestellungen wird ein Engpass angezeigt, da hier zu viele Fixkosten verrechnet wurden. Die der Planung zugrunde liegende Verteilung der Zeit auf die drei Prozessarten hat sich in der Realisation verändert. Es müsste also eine **Anpassung** vorgenommen werden.

Voraussetzung für eine **fehlerfreie Interpretation** von Leerkosten auf der Prozessebene ist entweder, dass in der Kostenstelle nur eine Prozessart durchgeführt wird: Die Kapazität kann auf Basis der Prozessanzahl ermittelt werden. Werden in einer Kostenstelle jedoch mehrere Prozessarten erstellt, dann ist die Kapazität z. B. mithilfe der Mitarbeiterzeit messbar, jedoch nicht mehr mithilfe der Prozessanzahl.

Kehren wir zum Ausgangsbeispiel zurück: Welche Signalwirkung haben die Leerkosten in Höhe von 13.472 Euro?

Eine Verrechnung sämtlicher Kosten einer Kostenstelle mithilfe der Mitarbeiterzeiten auf die Prozesse führt zu einem Vollkostensatz pro Mitarbeiterzeiteinheit. Durch diese Schlüsselungsgröße wird jeder Unterschied in der Kostenstelle geebnet, **jede Stunde enthält die gleichen Anteile** Mieten, Gehälter, Zinsen und Abschreibungen: Bezugsgröße ist damit die Arbeitszeit und nicht die Anzahl von Prozessen. Jeder Prozess wird mit diesem konstanten Kostensatz pro zeitliche Beanspruchung der Mitarbeiter belastet. Jeder Kostensatz für einen Teilprozess enthält somit einen gleichen Anteil an allen Kosten der Kostenstelle.

Wer ist **Adressat dieser Information** und welche Möglichkeiten hat er auf Leerkosten zu reagieren?

Üblicherweise wird eine Beschäftigungsabweichung (Verrechnungsabweichung von Fixkosten) nicht in der Verantwortung des Kostenstellenleiters liegen: Er hat nicht die Kompetenz, über die Ausbringung seiner Kostenstelle zu entscheiden. Für die Kostenstellen übergreifenden Hauptprozesse, die aus einer Kombination von Teilprozessen bestehen, gilt der gleiche Sachverhalt: Es handelt sich ja nur um verrechnete Fixkostenanteile der Kostenstellen. Leerkosten auf der Hauptprozessebene setzen sich aus Leerkostenanteilen der beteiligten Kostenstellen zusammen. Könnte man solche Leerkosten einem Prozessverantwortlichen (Process Owner) zurechnen? Im Prinzip schon, aber Voraussetzung hierfür ist es, dass ihm auch die Kompetenzen in den Kostenstellen übertragen werden: Für Fixkosten in den Kostenstellen kann er nur die **Verantwortung** tragen, wenn er **über Kapazitäten entscheidet**. Welcher Prozessverantwortliche wird die Verantwortung für eine überdimensionierte Personalausstattung übernehmen wollen, die sich ein Bereichsleiter als Statussymbol zugelegt hat? Auch für die Prozesskostenrechnung gilt ein grundlegender Zusammenhang der Kostenrechnung: Der Ort der Kostenzurechnung ist nicht immer der Ort der Kostenverantwortung.

10. Kapitel: Budgetkontrolle und Abweichungsanalyse

Abweichungen höherer Ordnung in der Abweichungsanalyse

Ein Unternehmer plant Materialkosten für einen Auftrag mithilfe der folgenden Gleichung; sie zeigt eine Kostenfunktion K mit zwei Einflussgrößen, dem Preis p und dem Mengenverbrauch x:

$$K = p \cdot x \tag{8}$$

Der Unternehmer plant für diesen Produktionsfaktor Kosten in Höhe von 3.600 Euro; die in Klammern hochgestellten Indices p und i stehen für Planwerte und Istwerte:

$$K^{(p)} = p^{(p)} x^{(p)} = 4 \cdot 900 = 3.600 \tag{9}$$

Nach Ablauf der betrachteten Periode soll eine Kontrollrechnung Aufschluss über die Zielerreichung geben. Als Istkosten wurden ermittelt:

$$K^{(i)} = p^{(i)} x^{(i)} = 5 \cdot 1.000 = 5.000 \tag{10}$$

Beide Einflussgrößen sind gegenüber den Planwerten gestiegen und haben damit eine Kostensteigerung bewirkt. Die **Gesamtabweichung** ΔK dieser Kostenart ermittelt sich aus der Differenz der Istkosten und der Plankosten:

$$\begin{aligned}\Delta K &= K^{(i)} - K^{(p)} = p^{(i)} x^{(i)} - p^{(p)} x^{(p)} \\ &= 5.000 - 3.600 = 1.400\end{aligned} \tag{11}$$

Im ersten Schritt muss folgende Frage beantwortet werden: Wie hoch ist der wertmäßige Beitrag, mit dem die beiden Einflussgrößen Preis und Mengenverbrauch die Kosten steigerten?

Eine Möglichkeit, um die Abweichungsbeträge für die beiden Einflussgrößen zu ermitteln, ist es, ausgehend von den Istkosten, erst den Preis und dann den Mengenverbrauch mit ihrem Planwert anzusetzen:

$$\begin{aligned}\Delta K_p &= p^{(i)} x^{(i)} - p^{(p)} x^{(i)} \\ &= 5 \cdot 1000 - 4 \cdot 1000 = 1000\end{aligned}$$

$$\begin{aligned}\Delta K_x &= p^{(p)} x^{(i)} - p^{(p)} x^{(p)} \\ &= 4 \cdot 1000 - 4 \cdot 900 = 400\end{aligned}$$

Man erhält die Preisabweichung ΔK_p und die Mengenverbrauchsabweichung ΔK_x, die zusammen die Gesamtabweichung ergeben. Hiermit scheint die Frage beantwortet, wie hoch die Abweichungsbeträge der einzelnen Einflussgrößen sind; da ihre Summe die Gesamtkostenabweichung ergibt, besteht kaum Anlass zum Zweifel.

Wurden die beiden Kostenbeträge aber tatsächlich allein von den Einflussgrößen verursacht?

Lernziel 6: Abweichungen höherer Ordnung bestimmen und erläutern.

Wird die Ausgangssituation des Beispiels verändert, lässt sich zeigen, dass dies nicht der Fall ist. Ich nehme an, dass sich nur der Preis für den Produktionsfaktor erhöht hat, es ist also $x^{(i)} = x^{(p)}$, dann ergibt sich eine Preisabweichung von

$$\Delta K_P = p^{(i)} x^{(i)} - p^{(p)} x^{(i)}$$
$$= 5 \cdot 900 - 4 \cdot 900 = 900 \tag{12}$$

Offensichtlich wird trotz einer gleich hohen Preissteigerung von 4 Euro auf 5 Euro ein niedrigerer Betrag ermittelt, als in obiger Rechnung: der in der ersten Vorgehensweise errechnete Betrag ist um 100 Euro höher. Um es vorwegzunehmen, der höhere Betrag kommt zustande, weil der kombinierte Einfluss der Preis- und Mengenverbrauchsveränderung der Preisabweichung zugeschlagen wurde. Er lässt sich leicht ermitteln, indem die Planwertabweichungen beider Einflussgrößen multipliziert werden.

$$\Delta K_{p,x} = \left(p^{(i)} - p^{(p)}\right)\left(x^{(i)} - x^{(p)}\right) = \Delta p \, \Delta x$$
$$= 1 \cdot 100 = 100 \tag{13}$$

Wir erhalten als kombinierte Abweichung einen Betrag von 100 Euro. Wird dieses Beispiel verallgemeinert, lässt sich Folgendes feststellen:

> Sind zwei Einflussgrößen multiplikativ miteinander verknüpft und verändern sie sich beide, so ergibt sich ein Abweichungsbetrag, der aufgrund der kombinierten Wirkung beider Größen entsteht. Er wird als **Abweichung höherer Ordnung** bezeichnet (vgl. mit weiteren Nachweisen Kilger et al., 2012, S. 150 ff., dort auch als Abweichungsinterdependenz oder Abweichung höheren Grades bezeichnet).

Wird die Gleichung der Gesamtkostenabweichung umgeformt, sodass alle auftretenden Abweichungen auf Grundlage des Plans beurteilt werden, ergeben sich die drei Bestandteile ΔK_p, ΔK_x und $\Delta K_{p,x}$ der Gesamtabweichung. Dazu werden in der Gleichung

$$\Delta K = K^{(i)} - K^{(p)} = p^{(i)} x^{(i)} - p^{(p)} x^{(p)} \tag{14}$$

die Istausprägungen der Einflussgrößen durch

$$\Delta p = p^{(i)} - p^{(p)}$$
$$p^{(i)} = p^{(p)} + \Delta p \tag{15}$$

ersetzt und entsprechend für x verfahren:

$$\Delta K = \left(p^{(p)} + \Delta p\right)\left(x^{(p)} + \Delta x\right) - p^{(p)} x^{(p)}$$
$$= p^{(p)} x^{(p)} + p^{(p)} \Delta x + \Delta p \, x^{(p)} + \Delta p \, \Delta x - p^{(p)} x^{(p)}$$
$$= \underbrace{\Delta p \, x^{(p)}}_{\text{Preisabweichung}} + \underbrace{p^{(p)} \Delta x}_{\text{Mengenverbrauchsabweichung}} + \underbrace{\Delta p \, \Delta x}_{\substack{\text{Abweichung} \\ \text{2. Ordnung}}} \tag{16}$$
$$= \Delta K_p + \Delta K_x + \Delta K_{p,x}$$

10. Kapitel: Budgetkontrolle und Abweichungsanalyse

Der Abweichungsbetrag 2. Ordnung $\Delta K_{p,x}$ tritt nur dann auf, wenn sich beide Einflussgrößen verändern; er fällt hingegen weg, wenn sich nur eine Einflussgröße anders als geplant entwickelt.

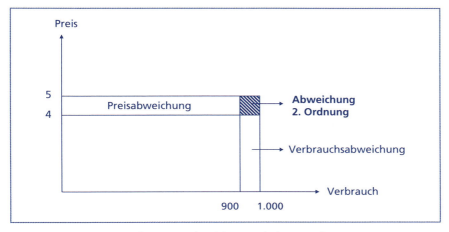

Darstellung 47: Abweichungen höherer Ordnung

Wie soll nun mit dieser Abweichung 2. Ordnung verfahren werden?

> Im Beispiel wurde sie ohne Begründung der Preisabweichung in voller Höhe zugeschlagen, in den folgenden Abschnitten sollen andere Möglichkeiten aufgezeigt und diskutiert werden.

Die Zurechnung der grauen Fläche auf jeweils eine oder beide Einflussgrößen ist ohne Willkür nicht möglich. Alle Methoden, die Abweichungen berechnen sollen, müssen Aussagen enthalten, ob eine Zurechnung von Abweichungen höherer Ordnung auf Abweichungen erster Ordnung erfolgen soll, und gegebenenfalls, nach welchen Kriterien dies geschehen soll.

Lernziel 7: Verschiedene Methoden der Abweichungsanalyse unterscheiden und anwenden.

Durch eine nicht verursachungsgerechte Zurechnung ist der Zweck einer wirksamen Kostenkontrolle gefährdet. Abweichungsbeträge, die nicht erkennen lassen, welchen Anteil einzelne Einflussgrößen an diesen Abweichungen tatsächlich haben, sind für eine Verantwortungsrechnung nur eingeschränkt geeignet. Nur dann, wenn der Kostenstellenleiter für alle Einflussgrößen, die in einem Abweichungsbetrag enthalten sind, verantwortlich ist, können diese Beträge für eine Verantwortungsrechnung verwendet werden. Im Folgenden werden einige **Abweichungsanalysemethoden**, nämlich

1. die differenziert kumulative,
2. die kumulative und
3. die alternative,

daraufhin untersucht, welche Annahmen sie über die Zurechnung von Abweichungen höherer Ordnung enthalten. Es wird sich zeigen, dass alle vorgestellten Methoden ihre spezifischen Stärken und Schwächen haben.

- Beachten Sie Folgendes: Als Rechnungszweck für die Kontrollrechnungen wird davon ausgegangen, dass sie Informationen über Abweichungen und ihre Ursachen ermitteln. Die Beurteilung von Abweichungen erfolgt bei diesem Zweck aufgrund des Plans: Auch die Abweichungen einer Kosteneinflussgröße werden dann aufgrund der Plangrößen beurteilt (**Rechnungszweck: Planabweichung**).
- Der Rechnungszweck kann jedoch auch lauten: Berechnen Sie die Abweichungen, um die Kostensenkungspotenziale für die Zukunft zu ermitteln. Gefragt ist dann, um wie viel würden die Kosten sinken, wenn diese Einflussgröße planmäßig erfüllt würde (**Rechnungszweck: Kostensenkungspotenzial**).

Beide Rechnungszwecke führen zu unterschiedlichen Ansätzen in der Kontrollrechnung, mit denen die Abweichungen zu beurteilen sind. Im Folgenden werden beide behandelt, zuerst der Rechnungszweck Planabweichung und dann der Rechnungszweck Kostensenkungspotenzial.

Differenziert kumulative Methode

Mit der ersten Methode lässt sich gut darstellen, wie Abweichungen höherer Ordnung ausgewiesen werden können. In der differenziert kumulativen Methode werden sie explizit ausgewiesen, d. h., neben den Abweichungen erster Ordnung wie Verbrauchsabweichung oder Preisabweichung werden alle Abweichungsüberschneidungen zwischen diesen Abweichungen berechnet. Dies lässt sich am einfachsten an einem Beispiel zeigen.

Fallbeispiel 14: Kostenabweichungsanalyse in einer Fertigungskostenstelle

Ausgangspunkt der Darstellung ist ein Zahlenbeispiel für eine Kostenart. In einer Kostenstelle wird eine Gemeinkostenkontrolle für die Energiekosten durchgeführt. Die Kostenplanung ergab für eine Beschäftigung von 5.000 Stück 10.000 kWh bei einer zugrunde gelegten Optimalintensität von 20 Stück/h. Bei einem Planpreis von 0,10 Euro/ kWh ergeben sich Plankosten in Höhe von 1.000,– Euro. Nach Ablauf der Planperiode wurde festgestellt, dass auf der Maschine 25 Stück/h gefertigt worden sind. Der mit einem Zähler festgestellte Verbrauch betrug 14.100 kWh, gefertigt wurden 6.000 Stück und der Preis lag bei 0,11 Euro/kWh. Gegeben ist die Verbrauchsfunktion

$$r = 0,01\lambda^2 - 0,4\lambda + 6 \tag{17}$$

Der Verbrauch wurde mit einer optimalen Intensität von 20 Stück/h geplant, es ergibt sich ein Verbrauch je Stück von 2 kWh. Die zugrunde liegende Kostenfunktion hat folgendes Aussehen:

10. Kapitel: Budgetkontrolle und Abweichungsanalyse

$$K = p \cdot r \cdot x \tag{18}$$

wobei p der Preis, r der Verbrauch je Bezugsgrößeneinheit und x die Beschäftigung gemessen in Bezugsgrößeneinheiten (hier: Stück) ist. Als Gesamtabweichung ergibt sich somit:

$$\begin{aligned}\Delta K &= p^{(i)} r^{(i)} x^{(i)} - p^{(p)} r^{(p)} x^{(p)} \\ &= 0{,}11 \cdot 2{,}35 \cdot 6000 - 0{,}1 \cdot 2 \cdot 5000 \\ &= 1551 - 1000 = 551\end{aligned}$$

(Die 2,35 ergeben sich durch Division der 14.100 kWh durch die 6.000 Stück.)

Mithilfe der differenziert kumulativen Methode wird die Gesamtabweichung in zwei Blöcke unterteilt:

1. zum einen in die Beträge, die ausschließlich auf die Veränderung einer Einflussgröße zurückzuführen sind, und
2. zum anderen in solche Beträge, die aufgrund der Veränderung mehrerer Einflussgrößen entstehen.

Ein wesentliches Merkmal dieser Methode ist es, Abweichungen höheren Grades auf die einzelnen beteiligten Einflussgrößen nicht zuzurechnen. Jede Teilabweichung muss somit separat ausgewiesen werden. Für das Beispiel ergeben sich folgende Abweichungsbeträge (vgl. zur differenziert kumulativen Methode Kloock & Bommes, 1982, S. 229, 233 f.; Glaser, 2002, Sp. 1085 ff.):

$$\begin{aligned}\Delta K &= \left(p^{(p)} + \Delta p\right)\left(r^{(p)} + \Delta r\right)\left(x^{(p)} + \Delta x\right) - p^{(p)} r^{(p)} x^{(p)} \\ &= \left(p^{(p)} + \Delta p\right)\left(r^{(p)} x^{(p)} + r^{(p)} \Delta x + \Delta r \, x^{(p)} + \Delta r \, \Delta x\right) - p^{(p)} r^{(p)} x^{(p)} \\ &= p^{(p)} r^{(p)} x^{(p)} + p^{(p)} r^{(p)} \Delta x + p^{(p)} \Delta r \, x^{(p)} + p^{(p)} \Delta r \, \Delta x \\ &\quad + \Delta p \, r^{(p)} x^{(p)} + \Delta p \, r^{(p)} \Delta x + \Delta p \, \Delta r \, x^{(p)} + \Delta p \, \Delta r \, \Delta x - p^{(p)} r^{(p)} x^{(p)}\end{aligned}$$

Die letzte Gleichung enthält sieben Abweichungsbeträge, die etwas übersichtlicher dargestellt werden sollen:

$\Delta p \, r^{(p)} x^{(p)}$	$= 0{,}01 \cdot 2 \cdot 5000$	$= 100$	Preisabweichung (ΔK_p)
$+ p^{(p)} \Delta r \, x^{(p)}$	$= 0{,}1 \cdot 0{,}35 \cdot 5000$	$= 175$	Verbrauchsabweichung (ΔK_r)
$+ p^{(p)} r^{(p)} \Delta x$	$= 0{,}1 \cdot 2 \cdot 1000$	$= 200$	Beschäftigungsabweichung (ΔK_x)
$+ \Delta p \, r^{(p)} \Delta x$	$= 0{,}01 \cdot 2 \cdot 100$	$= 20$	Abweichung 2. Ordnung ($\Delta K_{p,x}$)
$+ p^{(p)} \Delta r \, \Delta x$	$= 0{,}1 \cdot 0{,}35 \cdot 1000$	$= 35$	Abweichung 2. Ordnung ($\Delta K_{r,x}$)
$+ \Delta p \, \Delta r \, x^{(p)}$	$= 0{,}01 \cdot 0{,}35 \cdot 5000$	$= 17{,}5$	Abweichung 2. Ordnung ($\Delta K_{p,r}$)
$+ \Delta p \, \Delta r \, \Delta x$	$= 0{,}01 \cdot 0{,}35 \cdot 1000$	$= 3{,}5$	Abweichung 3. Ordnung ($\Delta K_{p,r,x}$)
$= \Delta K$		$= 551$	

Die Ergebnisse der differenziert kumulativen Methode zeigen einerseits die Abweichungen 1. Ordnung, die ausschließlich aufgrund der Veränderung einer Einflussgröße entstehen, und die Abweichungen höherer Ordnung, die auf den kombinierten Veränderungen mehrerer Einflussgrößen beruhen. Eine Zurechnung von Abweichungen höherer Ordnung auf die Abweichungen 1. Ordnung erfolgt nicht, weil sie wie das Gemeinkostenproblem nicht ohne Willkür zu lösen ist (vgl. Kloock, 1988, S. 432).

Zur Ermittlung von Spezialabweichungen soll die Verbrauchsabweichung näher analysiert werden. **Spezialabweichungen** sind Abweichungsbeträge, die ausschließlich darauf zurückzuführen sind, dass sich eine Einflussgröße auf den Verbrauch nicht planmäßig ausgewirkt hat. Der Begriff Spezialabweichung könnte für alle Teilabweichungsbeträge verwendet werden, die sich nur aufgrund einer Einflussgröße ändern, er wird jedoch nur auf die Analyse der Einflussgrößen des Verbrauchs bezogen (vgl. Vormbaum & Rautenberg, 1985, S. 288). Im Beispiel sind Angaben zur Intensität enthalten, mithilfe der Verbrauchsfunktion kann der veränderte Verbrauch je Bezugsgrößeneinheit berechnet werden. Die Abspaltung von Spezialabweichungen setzt voraus, dass der betrachtete Einflussfaktor geplant und im Ist erfasst wird, denn nur so ist ein isoliertes Abspalten einer Einflussgröße möglich.

Die Kostenfunktion muss für die Istwerte ergänzt werden. Im Verbrauch $r^{(i)}$ wirken sich alle Einflussgrößen aus:

$$\Delta K_r = p^{(p)} r(\lambda, u)^{(i)} x^{(p)} - p^{(p)} r(\lambda)^{(p)} x^{(p)} \tag{19}$$

Während im Plan die Einflussgrößen bekannt sind, wirken sich im Ist zusätzlich noch andere, unbekannte Faktoren auf die Kosten aus. Es wird angenommen, dass die unbekannten Faktoren additiv mit der Intensität λ verknüpft sind, d. h., es gilt:

$$r(\lambda, u)^{(i)} = r(\lambda)^{(i)} + r(u) \tag{20}$$

Setzt man die realisierte Intensität in die angegebene Verbrauchsfunktion ein, so erhält man:

$$\frac{r(25)}{x} = 2{,}25 \tag{21}$$

Mit dieser Intensität lässt sich aber nicht die gesamte Verbrauchsabweichung erklären, denn mit einer Intensität von 25 Stück/h hätten bei einer Stückzahl von 6.000 nur 13.500 kWh verbraucht werden dürfen. Es verbleibt also ein Rest von 600 kWh und somit ist $r(u) = 0{,}1$.

Nach der differenziert kumulativen Methode ergeben sich dann folgende Teilbeträge der Verbrauchsabweichung:

$$\begin{aligned}
\Delta K_r &= p^{(p)} \Delta r\, x^{(p)} = p^{(p)} (r(\lambda)^{(i)} + r(u) - r(\lambda)^{(p)})\, x^{(p)} \\
&= p^{(p)} r(\lambda)^{(i)} x^{(p)} + p^{(p)} r(u)\, x^{(p)} - p^{(p)} r(\lambda)^{(p)} x^{(p)} \\
&= \underbrace{p^{(p)} \Delta r(\lambda)\, x^{(p)}}_{\text{Intensitätsabweichung}} + \underbrace{p^{(p)} r(u)\, x^{(p)}}_{\text{Restabweichung}} \\
&= 0{,}1 \cdot 0{,}25 \cdot 5000 + 0{,}1 \cdot 0{,}1 \cdot 5000 \\
&= 125 + 50 = 175
\end{aligned} \tag{22}$$

10. Kapitel: Budgetkontrolle und Abweichungsanalyse

Die Restabweichung wird ermittelt, indem die gemessenen Verbräuche, die nicht durch die geplanten Einflussgrößen verursacht wurden, auf Basis der Planung beurteilt werden. Sie wird als Gradmesser für die Wirtschaftlichkeit verwendet, beruht jedoch zum Teil auf der Unzulänglichkeit der Planung. Nicht alle Einflussgrößen werden geplant und kontrolliert, zum Teil wegen der Unsicherheit über zukünftige Entwicklungen oder auch, weil der Aufwand für die Kostenplanung und -kontrolle zu hoch ist. Ob sich hinter der Restabweichung unwirtschaftliches Verhalten verbirgt, können die Methoden zur Abweichungsanalyse nicht beantworten. Sie legen jedoch durch Information über die überschneidungsfreien Teilabweichungen eine Grundlage für die Phase der Kostendurchsprache.

Kumulative Methode

Die für die Grenzplankostenrechnung entwickelte Methode wird als kumulativer Ansatz bezeichnet, Sie haben diese Methode in dem Fallbeispiel 13 kennen gelernt. Eine Aufspaltung der Gesamtabweichung erfolgt, indem ausgehend von den Istkosten die Einflussgrößen eine nach der anderen mit ihrem Planwert angesetzt werden (vgl. Kilger et al., 2012, S. 154 f.). Wenn alle Einflussgrößen mit ihrem Planwert angegeben werden, ist dies nichts anderes als die Plankostenfunktion.

Die **Reihenfolge**, in der die Abweichungen bestimmt werden, richtet sich nach den subjektiven Vorstellungen über die Relevanz der einzelnen Einflussgrößen. Einigkeit herrscht über die Preisabweichung, denn Preisveränderungen unterliegen hauptsächlich dem Marktwirken; sie sind nicht durch das Unternehmen zu beeinflussen. Da sich die Plankostenrechnung auf die innerbetriebliche Wirtschaftlichkeitskontrolle beschränkt, wird nicht viel Wert auf die korrekte Ermittlung der Preisabweichung gelegt.

■ Daraus lässt sich die **Vorschrift** ableiten: Ermittle zuerst die Preisabweichung.

Die weiteren Ausführungen werden zeigen, dass diese Regel auf der Reihenfolgeproblematik der Rechenschritte der kumulativen Methode beruht: Der vermeintlich unwichtigsten Teilabweichung soll der größte Anteil an Abweichungen höherer Ordnung zugerechnet werden. Für das Beispiel ergeben sich die folgenden Abweichungen:

$$\Delta K_p = p^{(i)} r^{(i)} x^{(i)} - p^{(p)} r^{(i)} x^{(i)}$$
$$= 1551 - 1410 = 141$$
$$\Delta K_r = p^{(p)} r^{(i)} x^{(i)} - p^{(p)} r^{(p)} x^{(i)}$$
$$= 1410 - 1200 = 210$$
$$\Delta K_x = p^{(p)} r^{(p)} x^{(i)} - p^{(p)} r^{(p)} x^{(p)}$$
$$= 1200 - 1000 = 200$$

Die kumulative Methode berechnet die Abweichungen aufgrund unterschiedlicher Grundlagen: Während die Preisdifferenz mit der Istausbringung und den Istverbräuchen gewichtet wird, wird die Verbrauchsmengendifferenz mit den Planpreisen und der Istausbringung multipliziert. Die Beurteilung der aufgetretenen Abweichung erfolgt somit einerseits aufgrund

1. der tatsächlichen Istsituation und andererseits aufgrund
2. des Plans.

Wenn die einzelnen Abweichungen unterschiedlich bewertet werden, sollte dies ökonomisch begründet werden: Bei der kumulativen Methode bestimmt allerdings ausschließlich die Reihenfolge der Abspaltungen, welche Grundlage gewählt wird.

> Bisher wurden im Beispiel die **Abweichungen auf Basis des Plans** beurteilt, um einen Zweck der Kontrollrechnung zu erfüllen, nämlich Informationen zu liefern, inwieweit die Ziele, die geplant waren, verfehlt wurden.

Das Kriterium der Vollständigkeit ist bei der kumulativen Methode zwar erfüllt, Abweichungsüberschneidungen werden allerdings nicht explizit ausgewiesen. Vollständigkeit bedeutet, dass die Summe der Teilabweichungsbeträge gleich der Gesamtabweichung ist (vgl. Kloock & Bommes, 1982, S. 234).

Die Berechnung der Spezialabweichung und der Restabweichung erfolgt, nachdem die Preisabweichung ermittelt wurde. Ausgangsgleichung ist die Verbrauchsabweichung:

$$\Delta K_r = p^{(p)}\, r(\lambda,u)^{(i)}\, x^{(i)} - p^{(p)}\, r(\lambda)^{(p)}\, x^{(i)} \tag{23}$$

Die Verbrauchsabweichung wird in zwei Abweichungen zerlegt:

$$\Delta K_u = p^{(p)}\, r(\lambda,u)^{(i)}\, x^{(i)} - p^{(p)}\, r(\lambda)^{(i)}\, x^{(i)}$$
$$= 0{,}1 \cdot 2{,}35 \cdot 6000 - 0{,}1 \cdot 2{,}25 \cdot 6000 = 1410 - 1350 = 60$$
$$\Delta K_\lambda = p^{(p)}\, r(\lambda)^{(i)}\, x^{(i)} - p^{(p)}\, r(\lambda)^{(p)}\, x^{(i)}$$
$$= 0{,}1 \cdot 2{,}25 \cdot 6000 - 0{,}1 \cdot 2 \cdot 6000 = 1350 - 1200 = 150$$

Werden von der Verbrauchsabweichung die Spezialabweichungen abgespalten und die Restabweichung ermittelt, so ist die Reihenfolge bedeutsam, in der sie berechnet werden (vgl. zu verschiedenen Varianten Glaser, 1986, S. 146 ff.). Die Abspaltung von Spezialabweichungen kann nicht von den Istkosten – den mit Planpreisen bewerteten effektiven Verbräuchen – erfolgen, sie muss vielmehr von der Planseite aus erfolgen (vgl. Haberstock, 2008, S. 264 ff.).

- Die **Restabweichung** beruht auf unbekannten Einflussgrößen, sie sind daher auch nicht Teil der Plankosten: Planwerte für diese Größen existieren nicht.
- Der effektiv gemessene Verbrauch muss um diese unbekannte Größe bereinigt werden. Dies erfolgt, indem der effektive Verbrauch mit allen bekannten Einflussgrößen im Ist verglichen wird.
- Die Restabweichung entsteht durch unbekannte oder durch nicht geplante Einflussgrößen, sie wird als unwirtschaftlichkeitsbedingte Abweichung bezeichnet. Es ist jedoch zu beachten, dass alle Abweichungsbeträge der Gesamtabweichung auf unwirtschaftlichen Entscheidungen und Hand-

10. Kapitel: Budgetkontrolle und Abweichungsanalyse

lungen beruhen können, auch in Spezialabweichungen kann sich unwirtschaftliches Verhalten widerspiegeln.
- Der Begriff Restabweichung wird verwendet, um den Betrag der Gesamtabweichung auszuweisen, der nicht mithilfe der rechnerischen Ermittlung der Abweichungsanalysemethoden auf bestimmte Ursachen zurückgeführt werden kann.

Treten Abweichungen höherer Ordnung auf, dann werden diese zwangsläufig auf die verschiedenen Teilabweichungen 1. Ordnung verteilt. Die allgemeine Regel für die kumulative Methode lautet:

> Jede berechnete Teilabweichung enthält zum einen ihre Abweichung 1. Ordnung und zusätzlich alle Abweichungen höherer Ordnung (2., 3., ..., n-ter Ordnung), die sie mit anderen Teilabweichungen gemeinsam verursacht hat und die noch nicht abgespalten worden sind.

An der Kostenfunktion mit drei Einflussgrößen soll diese Regel für die Preisabweichung demonstriert werden.

$$\Delta K_p = p^{(i)} r^{(i)} x^{(i)} - p^{(p)} r^{(i)} x^{(i)}$$
$$= \left(p^{(i)} - p^{(p)}\right) r^{(i)} x^{(i)} = \Delta p \, r^{(i)} \, x^{(i)}$$
$$= \Delta p \left(\Delta r + r^{(p)}\right) \left(\Delta x + x^{(p)}\right) = \Delta p \, (\Delta r \, \Delta x + \Delta r \, x^{(p)} + r^{(p)} \, \Delta x + r^{(p)} x^{(p)}) \quad (24)$$
$$= \underbrace{\Delta p \, \Delta r \, \Delta x}_{\substack{\text{Abweichung} \\ \text{(3. Ordnung)}}} + \underbrace{\Delta p \, \Delta r \, x^{(p)}}_{\substack{\text{Preis-/Verbrauchsab-} \\ \text{weichung (2. Ordnung)}}} + \underbrace{\Delta p \, r^{(p)} \, \Delta x}_{\substack{\text{Preis-/Beschäftigungs-} \\ \text{abweichung (2. Ordnung)}}} + \underbrace{\Delta p \, r^{(p)} x^{(p)}}_{\substack{\text{Preisabweichung} \\ \text{(1. Ordnung)}}}$$

Die Preisabweichung enthält neben ihrer Teilabweichung 1. Ordnung, die Abweichung 3. Ordnung und die beiden Teilabweichungen 2. Ordnung, die sie mitverursacht hat. Wenn die kumulative Methode angewendet wird, dann ist das Ergebnis der ersten Abspaltung zwingend vorgegeben. Für die dargestellte Kostenfunktion mit drei Einflussgrößen ergeben sich immer die vier Teilabweichungen unter der Voraussetzung, dass sich alle drei Größen verändern. Die Verteilung der Abweichungen höherer Ordnung erfolgt damit willkürlich, je nachdem in welcher Reihenfolge die interessierenden Abweichungen ermittelt werden (vgl. Brühl, 1993, S. 337 f.).

Wie sich leicht zeigen lässt, enthält nach der allgemeinen Regel die zweite Abweichung für unser Beispiel neben ihrer Teilabweichung 1. Ordnung die Abweichung 2. Ordnung, die sie mit der dritten Einflussgröße gemeinsam verursacht hat. Die letzte zu berechnende Teilabweichung ist damit überschneidungsfrei, enthält mithin nur eine Abweichung 1. Ordnung. Diese letzte Teilabweichung kann aber nicht die Restabweichung sein, sondern nur eine Spezialabweichung.

Die kumulative Methode nimmt somit eine willkürliche Zuordnung von Abweichungen höherer Ordnung auf die betrachteten Einflussgrößen vor. Dies widerspricht dem Postulat einer verursachungsgerechten Ermittlung von Abweichungsbeträgen. Die fehlerhafte Ermittlung von Abweichungen ist weder für die Analyse der Zielverfehlung noch für die Verantwortungsrechnung zu gebrauchen.

Alternative Methode

Eine relativ einfache Methode ist die alternative Methode, die ausgehend von den Istkosten die jeweilig interessierende Größe abspaltet, indem diese Einflussgröße mit ihrem Planwert angesetzt wird. Für das Beispiel ergeben sich die folgenden Beträge (vgl. zur alternativen Methode Blume, 1981, S. 113 ff.; Glaser, 2002, Sp. 1082 f.):

$$\Delta K_p = p^{(i)} r^{(i)} x^{(i)} - p^{(p)} r^{(i)} x^{(i)}$$
$$= 1551 - 1410 = 141$$
$$\Delta K_r = p^{(i)} r^{(i)} x^{(i)} - p^{(i)} r^{(p)} x^{(i)}$$
$$= 1551 - 1320 = 231$$
$$\Delta K_x = p^{(i)} r^{(i)} x^{(i)} - p^{(i)} r^{(i)} x^{(p)}$$
$$= 1551 - 1292,5 = 258,5$$

Die einzelnen Abweichungen übersteigen in ihrer Summe die Gesamtabweichung (630,5 − 551 = 79,5). Der zu hohe Betrag beruht auf einer mehrfachen Zurechnung von Abweichungen höherer Ordnung. Sie können die Abweichungen höherer Ordnung, die in jeder Teilabweichung enthalten sind, genauso berechnen, wie dies im vorigen Abschnitt für die kumulative Methode gezeigt wurde. Die alternative Methode verstößt damit gegen das Vollständigkeitskriterium von Auswertungsmethoden. Eine Methode, deren addierte Teilabweichungen größer als die Gesamtabweichung sind, wird von den Leitern der Kostenstellen kaum akzeptiert werden.

- Allerdings habe ich bisher nur den Rechnungszweck Planabweichung betrachtet, für den Rechnungszweck Kostensenkungspotenzial sind die Ergebnisse sehr wohl zu verwenden (mehr hierzu im Abschnitt Kostensenkungspotenzial und Abweichungsanalyse, S. 325)

Vollständigkeit wird auch dann nicht erreicht, wenn entgegengesetzt vorgegangen wird, wenn nämlich nicht die Istkosten sondern die Plankosten als Ausgangswert gewählt werden.

> Im Schrifttum zur Abweichungsanalyse entspricht dies einem Soll-Ist-Ansatz, bisher wurde das Beispiel mit einem Ist-Soll-Ansatz gerechnet, wobei Letzterer weiter verbreitet ist.

Der Betrag, der sich aus dieser Vorgehensweise ergibt, zeigt bei einem negativen Vorzeichen an, dass der Planwert um diesen Wert überschritten wurde:

$$\Delta K_p = p^{(p)} r^{(p)} x^{(p)} - p^{(i)} r^{(p)} x^{(p)}$$
$$= 1000 - 1100 = -100$$
$$\Delta K_r = p^{(p)} r^{(p)} x^{(p)} - p^{(p)} r^{(i)} x^{(p)}$$
$$= 1000 - 1175 = -175$$
$$\Delta K_x = p^{(p)} r^{(p)} x^{(p)} - p^{(p)} r^{(p)} x^{(i)}$$
$$= 1000 - 1200 = -200$$

10. Kapitel: Budgetkontrolle und Abweichungsanalyse

Vollständige Ergebnisse stellt auch diese Variante der alternativen Methode nicht zur Verfügung, aber die Ergebnisse sind trotzdem bemerkenswert. Mit ihrer Hilfe lassen sich nämlich völlig überschneidungsfreie Teilbeträge der einzelnen Einflussgrößen berechnen, wie sie auch die differenziert kumulative Methode ausweist. Sie zeigt also die Auswirkung des jeweils betrachteten Einflussfaktors an, die durch einen Ausweis der Abweichungen höherer Ordnung in einem Block zu einem vollständigen Ansatz entwickelt werden kann (vgl. zu weiteren Möglichkeiten Bommes, 1984, S. 61 ff.).

> Da die alternative Methode zweifellos einfacher ist, als alle anderen Methoden, stellt sich die Frage, wie relevant die Teilabweichungen höherer Ordnung sind und ob es tatsächlich notwendig ist, sie separat auszuweisen.

Um dies zu beleuchten, soll hier eine weitere Variante der differenziert kumulativen Methode vorgestellt werden, die von WILMS entwickelt wurde.

Differenziert kumulative Methode auf Min-Basis

Die differenziert kumulative Methode entspricht bisher als Basisrechnung am ehesten den Zwecken der Kostenkontrolle. Verändern sich die Einflussgrößen gegenläufig, führt der Ausweis von Abweichungen höherer Ordnung in dieser Methode jedoch zu Interpretationsproblemen. Wandeln wir das Beispiel ab: Der Preis fällt auf 0,09 Euro/kWh und die Beschäftigung auf 4.000 Stück, alle anderen Angaben bleiben gleich, der Istverbrauch wird mit 11.750 kWh angegeben; für das Beispiel wird auf die Ermittlung von Spezialabweichungen verzichtet.

$$
\begin{aligned}
\Delta K &= \Delta p\, r^{(p)} x^{(p)} & &= -0{,}01 \cdot 2 \cdot 5000 & &= -100 & &\text{Preisabweichung} \\
&+ p^{(p)} \Delta r\, x^{(p)} & &+0{,}1 \cdot 0{,}35 \cdot 5000 & &+175 & &\text{Verbrauchsabweichung} \\
&+ p^{(p)} r^{(p)} \Delta x & &+0{,}1 \cdot 2 \cdot -1000 & &-200 & &\text{Beschäftigungsabweichung} \\
&+ \Delta p\, r^{(p)} \Delta x & &-0{,}01 \cdot 2 \cdot -1000 & &+20 & &\text{Abweichung 2. Ordnung} \\
&+ p^{(p)} \Delta r\, \Delta x & &+0{,}1 \cdot 0{,}35 \cdot -1000 & &-35 & &\text{Abweichung 2. Ordnung} \\
&+ \Delta p\, \Delta r\, x^{(p)} & &-0{,}01 \cdot 0{,}35 \cdot 5000 & &-17{,}5 & &\text{Abweichung 2. Ordnung} \\
&+ \Delta p\, \Delta r\, \Delta x & &-0{,}01 \cdot 0{,}35 \cdot -1000 & &+3{,}5 & &\text{Abweichung 3. Ordnung} \\
& & & & &= -154 & &
\end{aligned}
$$

Von Interesse bei der Interpretation der Beträge sind die unterpunkteten Zeilen; sie weisen die Abweichungen aus, die auf einer Veränderung des Preises und der Beschäftigung sowie zusätzlich des Verbrauchs bei der Abweichung dritter Ordnung beruhen. Beide Einflussgrößen wirken Kosten senkend, was sich in ihren Abweichungen 1. Ordnung auch entsprechend widerspiegelt.

> Die Abweichungen 2. und 3. Ordnung wirken jedoch Kosten erhöhend. Eine ökonomische Begründung für diesen Betrag lässt sich nicht finden, er müsste auch Kosten senkend wirken, ein negatives Vorzeichen haben (vgl. Wilms, 1988, S. 92 ff.).

Abweichungen höherer Ordnung müssen, wenn sie ausgewiesen werden, einen Informationswert haben, der für Kontrollzwecke nutzbar ist. Der ausgewiesene Teilbetrag beruht auf einer mathematischen Kompensationswirkung dieses Teilbetrages; er ist für Kontrollzwecke unbrauchbar.

Eine Möglichkeit, diese Schwierigkeit zu umgehen, ist es, diese Teilabweichungen aus der Analyse zu eliminieren. Es leuchtet unmittelbar ein, dass dann die differenziert kumulative Methode, so wie sie beispielhaft dargestellt wurde, nicht mehr verwendet werden kann. Wird weiterhin Vollständigkeit angestrebt, muss eine andere Basis für die Abweichungsermittlung gesucht werden.

Diese ist in Form der **Minimalkostenkombination** gegeben. Es wird nicht der Planwert der anderen Einflussgrößen gewählt, sondern es wird eine Auswahl zwischen Plan- und Istwert getroffen, angesetzt wird jeweils der Kostenminimale. Abweichungen höherer Ordnung, die aufgrund gegenläufiger Veränderungen der Einflussgrößen nur kompensatorisch wirken, werden eliminiert. Nur solche Abweichungen höherer Ordnung werden in die Rechnung aufgenommen, die auf gleichläufigen Veränderungen der Einflussgrößen beruhen (vgl. zu dieser Methode Wilms, 1988, S. 120 ff.). Diese Methode wird daher als **differenziert kumulativ auf Min-Basis** bezeichnet. Für das Beispiel ergeben sich folgende Beträge:

$$
\begin{aligned}
\Delta K &= \Delta p\, r^{(p)}\, x^{(i)} & &= -0{,}01 \cdot 2 \cdot 4000 & &= -80 & &\text{Preisabweichung} \\
&+ p^{(i)} \Delta r\, x^{(i)} & &+0{,}09 \cdot 0{,}35 \cdot 4000 & &+126 & &\text{Verbrauchsabweichung} \\
&+ p^{(i)} r^{(p)} \Delta x & &+0{,}09 \cdot 2 \cdot -1000 & &-180 & &\text{Beschäftigungsabweichung} \\
&+ \Delta p\, r^{(p)} \Delta x & &-0{,}01 \cdot 2 \cdot -1000 & &-20 & &\text{Abweichungen 2. Ordnung} \\
&+ p^{(p)} \Delta r\, \Delta x & &+0{,}1 \cdot 0{,}35 \cdot -1000 & & & &\text{Abweichungen 2. Ordnung} \\
&+ \Delta p\, \Delta r\, x^{(p)} & &-0{,}01 \cdot 0{,}35 \cdot 5000 & & & &\text{Abweichungen 2. Ordnung} \\
&+ \Delta p\, \Delta r\, \Delta x & &-0{,}01 \cdot 0{,}35 \cdot -1000 & & & &\text{Abweichung 3. Ordnung} \\
& & & & &= -154
\end{aligned}
$$

Als einzige Abweichung höherer Ordnung wird die Preis-Beschäftigungsabweichung aufgenommen, da nur diese Abweichung gleichläufige Veränderungen enthält. Alle anderen Abweichungen höherer Ordnung enthalten gegenläufige Veränderungen und werden eliminiert. Vorteil dieser Vorgehensweise ist die ausschließliche Konzentration auf ökonomisch relevante Teilbeträge, es findet kein Ausweis von kompensatorischen Beträgen statt.

1. Dieser Vorteil wird jedoch mit einem folgenreichen Nachteil erkauft: Die Methode wechselt die Basis der Abweichungsberechnung. Während der Planwert aus einer gemeinsamen Zielbildung entstanden ist, resultiert der Istwert aus den tatsächlichen Handlungen in der Periode. Grundlage der Berechnung von Abweichungen in der differenziert kumulativen Methode auf Min-Basis ist aber ausschließlich die optimale Ausprägung der Einflussgrößen. Es gilt aber auch für die Kontrollrechnung der Grundsatz: Der Rechnungszweck bestimmt die Beurteilungsbasis.

10. Kapitel: Budgetkontrolle und Abweichungsanalyse

2. Führung durch gemeinsame Zielvereinbarung lässt es als begründet scheinen, die Planung zur Grundlage einer Beurteilung der Abweichungen zu machen. Eine Bewertung der Zielabweichung soll an der Messlatte des Plans erfolgen, d. h., die Abweichungsbeträge sind mit den Plangrößen zu multiplizieren. Nur diese gewährleisten eine Akzeptanz durch die Mitarbeiter. Fließen andere Größen in die Abweichungsauswertung ein, können Mitarbeiter immer auf die Mitverantwortung anderer im Unternehmen verweisen.

Werden allerdings die Isteinflüsse ausgeschaltet, so werden alle Aktionen inner- und außerhalb des Unternehmens, die das Kontrollergebnis beeinflussen – auch manipulieren –, eliminiert. Es besteht somit die Gefahr, dass die kontrollierten Mitarbeiter solche Einflüsse nicht berücksichtigen, wenn sie nicht in die Beurteilung einfließen. Ein weiterer Grund für den Ansatz von Istwerten ist der Rechnungszweck Kostensenkungspotenzial, mit seiner Hilfe sollen zukünftige Kostensenkungspotenziale ermittelt werden.

Kostensenkungspotenzial und Abweichungsanalyse

Die bisherige vergangenheitsorientierte Sicht der Kontrolle soll in diesem Abschnitt ergänzt werden um ihre zukunftsgerichtete Dimension, die Ursachenanalyse ist verbunden mit einer erhofften Lernfunktion, die zukünftige Planabweichungen vermeiden soll. Interessieren die betragsmäßigen Konsequenzen eines entsprechenden Lernerfolgs, muss die ermittelte Istsituation als Grundlage gewählt werden (vgl. Kloock & Bommes, 1982, S. 231 f.). Mithilfe dieses Ansatzes lassen sich die potenziellen Einsparungsmöglichkeiten der nächsten Periode aufzeigen. Erläutert sei diese Möglichkeit an dem Fallbeispiel 14 (S. 316). Werden für die Abweichungsberechnung Istwerte bei der Beurteilung zugrunde gelegt, dann ergeben sich mithilfe einer differenziert kumulativen Abweichungsanalyse die sieben Abweichungen:

$\Delta p \, r^{(i)} \, x^{(i)}$ $\quad = 0{,}01 \cdot 2{,}35 \cdot 6000 \quad = -141 \quad$ Preisabweichung (ΔK_p)

$+ p^{(i)} \Delta r \, x^{(i)}$ $\quad = 0{,}11 \cdot 0{,}35 \cdot 6000 \quad = -231 \quad$ Verbrauchsabweichung (ΔK_r)

$+ p^{(i)} \, r^{(i)} \, \Delta x$ $\quad = 0{,}11 \cdot 2{,}35 \cdot 1000 \quad = -258{,}5 \quad$ Beschäftigungsabweichung (ΔK_x)

$+ \Delta p \, r^{(i)} \, \Delta x$ $\quad = 0{,}01 \cdot 2{,}35 \cdot 100 \quad\;\; = 23{,}5 \quad$ Abweichung 2. Ordnung ($\Delta K_{p,x}$)

$+ p^{(i)} \, \Delta r \, \Delta x$ $\quad = 0{,}11 \cdot 0{,}35 \cdot 1000 \quad = 38{,}5 \quad\;\;\;$ " $\quad\quad\quad\quad\quad (\Delta K_{r,x})$

$+ \Delta p \, \Delta r \, x^{(i)}$ $\quad = 0{,}01 \cdot 0{,}35 \cdot 6000 \quad = 21 \quad\;\;\;\;\;$ " $\quad\quad\quad\quad\quad (\Delta K_{p,r})$

$+ \Delta p \, \Delta r \, \Delta x$ $\quad = 0{,}01 \cdot 0{,}35 \cdot 1000 \quad = -3{,}5 \quad$ Abweichung 3. Ordnung ($\Delta K_{p,r,x}$)

$\overline{= \Delta K} \quad\quad\quad\quad\quad\quad\quad\quad\quad\quad\;\; = -551$

Die Abweichungen der Einflussgrößen werden mit den jeweiligen Istausprägungen der anderen Einflussgrößen multipliziert, um so die Abweichung im Hinblick auf die tatsächlich eingetretene Situation zu beurteilen. Um den Aussagegehalt dieser Beträge zu überprüfen, sind die unterschiedlichen Werte für die Plan- und Istbasis in der folgenden Tabelle dargestellt (wobei die unterschiedlichen Vorzeichen hier keine Rolle spielen).

	Planbasis	Istbasis
Abweichung 1. Ordnung	100	−141
Abweichung 2. Ordnung	−	+ 23,5 + 21
Abweichung 3. Ordnung	−	−3,3
Preisabweichung	100	−100

Tabelle 77: Plan- und Istansatz in der Abweichungsanalyse

Für den Rechnungszweck Kostensenkungspotenzial ist die Frage zu beantworten: Welcher Betrag fällt in der nächsten Periode weg, wenn keine Preisabweichung auftritt?

1. Der Planansatz weist eine Preisabweichung von 100 Euro aus, der Istansatz hingegen weist −141 Euro aus. Die tatsächlich entfallenden Kosten belaufen sich auf −141 Euro, denn es entfallen nicht nur die Preisabweichung 1. Ordnung, sondern auch die Abweichungen höherer Ordnung, die mit von den Preisveränderungen verursacht worden sind. Wenn die Preisveränderung gleich null ist ($\Delta P = 0$), dann fallen wegen der multiplikativen Verknüpfung alle Abweichungen höherer Ordnung weg, in denen die Preisveränderung enthalten ist.
2. Der Istansatz hat den Vorteil, dass er diesen Wert direkt ausweist, eine zusätzliche Berechnung entfällt.
3. Der Unterschied zur Planbasis zeigt dies sehr deutlich, denn mit der Planbasis ist keine direkte Prognose über das Kostensenkungspotenzial möglich, es müssen zusätzlich die Abweichungen höherer Ordnung berechnet werden.

Bei der Prognose von Kostensenkungspotenzialen mittels eines Soll-Ist-Vergleichs ist allerdings Folgendes zu beachten:

- Bei der Betrachtung, wie hoch ist das Kostensenkungspotenzial der einzelnen Einflussgrößen, dürfen sich die anderen Einflussgrößen nicht verändern. Die Prognoseergebnisse unterliegen der ceteris paribus Prämisse.
- Die Abschätzung gilt jeweils nur für eine Einflussgröße: Sie dürfen nicht die drei Abweichungen erster Ordnung addieren und glauben, dass dies ihr gesamtes Kostensenkungspotenzial ist.
- Sollen die Veränderungen mehrerer Einflussgrößen abgeschätzt werden, muss eine gleichzeitige Berechnung der Größen durchgeführt werden.

Wenn Sie sich noch an die Ergebnisse der alternativen Methode (S. 322) in Erinnerung rufen und mit den eben vorgestellten Ergebnissen vergleichen, stellen Sie fest, dass sie gleich sind. Die alternative Methode in Form des Ist-Soll-Ansatzes ist daher auch in der Lage Kostensenkungspotenzial direkt auszuweisen.

Vergleich der Methoden

Die vorgestellten Methoden der Abweichungsanalyse erfüllen die Rechnungszwecke der Kontrollrechnung unterschiedlich und es stellt sich die Frage, welche Methode vorteilhafter ist. Bevor dies abschließend diskutiert wird, sind in der Tabelle 79 die Ergebnisse der Fallstudie der vorgestellten Methoden dargestellt (vgl. zu einer umfassenden Diskussion Kloock, 1994, S. 628 ff.).

Methode Merkmale	Alternative	Kumulative	Differenziert kumulative	Differenziert kumulative auf Min-Basis
Separater Ausweis der Abweichungen höherer Ordnung	kein separater Ausweis, nur als Block möglich	kein separater Ausweis	alle Abweichungen höherer Ordnung werden ausgewiesen	nur bestimme Abweichungen höherer Ordnung werden ausgewiesen.
Wirkung der Reihenfolge der Ermittlung der Abweichungsbeträge	Reihenfolge beeinflusst die Höhe der Abweichungen 1. Ordnung nicht	Reihenfolge beeinflusst die Höhe der Abweichungen 1. Ordnung	Reihenfolge beeinflusst die Höhe der Abweichungen 1. Ordnung nicht	Reihenfolge beeinflusst die Höhe der Abweichungen 1. Ordnung nicht
Behandlung von Abweichungsbeträgen, die auf Kompensationen beruhen	Abweichungsbeträge werden nicht ausgewiesen	Abweichungsbeträge werden nicht erkannt	Abweichungsbeträge werden ausgewiesen, für Kontrollzwecke ungeeignet	Abweichungsbeträge werden nicht ausgewiesen
Eignung für mehrere Rechnungszwecke	Flexibler Einsatz auf Istbasis und Planbasis möglich	Festgelegt auf die den Rechenschritten zugrunde liegenden Annahmen	Flexibler Einsatz auf Istbasis und Planbasis möglich	Festgelegt auf den Ansatz der Minimalkostenkombination.

Tabelle 78: Vergleich der Methoden der Abweichungsanalyse

> **Lernziel 8:** Abweichungsanalysemethoden vergleichen und deren Vor- und Nachteile diskutieren.

Anhand der Ergebnisse lässt sich feststellen, dass die **differenziert kumulativen** Methoden – in den vorgestellten Formen – alle Teilabweichungen ermitteln und für beide Rechnungszwecke grundsätzlich geeignet sind.

- Die differenziert kumulative Methode auf Min-Basis weist für das Fallbeispiel die gleichen Ergebnisse wie die Variante auf Planbasis aus, da die Planwerte im Beispiel immer die minimalen Werte sind.

- Wenn Sie die Beträge der Abweichungen 1. Ordnung der differenziert kumulativen Methode mit der alternativen Methode vergleichen, sehen Sie, dass die beiden alternativen Varianten die gleichen Ergebnisse liefern. Die alternative Methode weist jedoch grundsätzlich keine Teilabweichungen höherer Ordnung aus.
- Die kumulative Methode ermittelt nur die zuletzt ermittelte Teilabweichung überschneidungsfrei. Alle anderen Teilabweichungsbeträge enthalten Abweichungen höherer Ordnung, deren Zuordnung sich ausschließlich nach der Reihenfolge der Abspaltung richtet.

Methode:	differenziert kumulativ			alternativ		kumulativ
	Ist-Soll	Soll-Ist	Ist-Soll	Soll-Ist	Ist-Soll	Ist-Soll
Einflussgrößenbasis:	Plan-basis	Ist-basis	Min-Basis	Plan-basis	Ist-basis	
Preisabweichung	100	−141	100	−100	141	141
Verbrauchsabweichung	175	−231	175	−175	231	210
Intensitätsabweichung	(125)	(−165)	(125)	(−125)	(165)	(150)
Restabweichung	(50)	(−66)	(50)	(−50)	(66)	(60)
Beschäftigungsabweichung	200	−258,5	200	−200	258,5	200
2. Ordnung: Preis/Beschäftigung	20	23,5	20	–	–	–
2. Ordnung: Verbrauch/Beschäftigung	35	38,5	35	–	–	–
2. Ordnung: Preis/Verbrauch	17,5	21	17,5	–	–	–
3. Ordnung	3,5	−3,5	3,5	–	–	–
Block	–	–	–	76	79,5	
Gesamt	551	−551	551	−551	551	551

Tabelle 79: Ergebnisse der Fallstudie

In den Diskussionen um die Frage, welche Methode die zweckgerechteste ist, dreht es sich meist darum, ob die kumulative oder differenziert kumulative Methode überlegen ist. Bei einem vertieften Blick auf die Tabelle 79 kann dies allerdings nur verwundern, denn die kumulative Methode kann für keine der beiden Rechnungszwecke die richtigen Informationen bereitstellen. Die alternative Methode ist dazu sehr wohl in der Lage. Allerdings stören sich viele an dem Verstoß gegen das Vollständigkeitskriterium, was ohne Schwie-

10. Kapitel: Budgetkontrolle und Abweichungsanalyse

rigkeiten mit einem blockweisen Ausweis der Teilabweichungen umgangen werden kann.

Damit hängt alles an der Frage, wie wichtig die Kenntnis über die genauen Beträge der einzelnen Teilabweichungen höherer Ordnung ist.

- Wer sie als nicht bedeutend für seine Analyse betrachtet, vielleicht sogar angesichts der Vielzahl der ausgewiesenen Teilabweichungen als störend, der kann auch die alternative Methode in den beiden vorgestellten Varianten einsetzen.
- Ansonsten wähle man die differenziert kumulative Methode in ihren Varianten auf Ist- und Planbasis. Auch wenn je nach Konstellation Teilabweichungen ausgewiesen werden, die auf Kompensationen beruhen, sind sie einer Variante auf Minimalkostenkombination vorzuziehen, denn Letztere ist eigentlich für keinen der beiden untersuchten Rechnungszwecke geeignet.

In Tabelle 78 sind die wichtigsten Ergebnisse der Diskussion noch einmal übersichtlich zusammengefasst.

Schlussbemerkung

Welche Annahmen liegen den Methoden zugrunde? Eine wesentliche Voraussetzung, um isoliert Abweichungen berechnen zu können, ist die Unabhängigkeit der Einflussgrößen voneinander. Funktionale Beziehungen zwischen ihnen, die nicht beachtet werden, können zu verfälschten Ergebnissen führen (vgl. zu einem funktionalen Ansatz Betz, 1996). Zuerst sollte daher überprüft werden, ob dieser Zusammenhang sehr stark ist. Zum Zweiten kann versucht werden, Intervalle festzulegen, in denen der Zusammenhang schwächer ist. Bestehen diese Möglichkeiten nicht, hat eine entsprechende Aggregation der Größen zu erfolgen.

Die Annahmen der Methoden müssen vor einer Anwendung überprüft werden. Sind sie nicht erfüllt, so ist Vorsicht bei der Berechnung und Interpretation geboten. Nicht immer folgt daraus jedoch schon die völlige Ablehnung eines Einsatzes. Die einfache Kostenfunktion $K = p \times x$ als Grundlage zur Abweichungsberechnung setzt bei einer isolierten Bestimmung der einzelnen Beträge die Unabhängigkeit von Beschaffungspreisen und Verbrauchsmengen voraus. Bei der getrennten Interpretation von Preis- und Mengenabweichungen ist dies immer mit zu bedenken.

Abweichungsanalyse der Erlöse (Symptomanalyse)

Mit den in diesem Kapitel vorgestellten Methoden der Abweichungsanalyse lassen sich auch die Erlöse kontrollieren. Ähnlich wie in der Kostenabweichungsanalyse sollen in der Abweichungsanalyse der Erlöse

1. Abweichungen festgestellt werden und auf die
2. wesentlichen Einflussgrößen, welche die Abweichungen verursacht haben, zurückgeführt werden.

Da es sich um eine Kontrollrechnung handelt, sollen den Einflussgrößen Teilabweichungen zugeordnet werden. Solche Rechnungen sind kein Selbstzweck, vielmehr erhofft sich das Controlling Aufschlüsse über Abweichungen, die ein Ansatzpunkt sind, um zukünftig solche Abweichungen zu vermeiden, die den Gewinn schmälern.

- Die Abweichungsanalyse der Erlöse unterscheidet sich von der Kostenabweichungsanalyse zum einen dadurch, dass eine Reihe von Erlös-Einflussgrößen nicht oder nur sehr schwer durch das Unternehmen zu beeinflussen ist.
- Zum Zweiten ist eine Voraussetzung der Methoden – die Unabhängigkeit der Einflussgrößen – häufig verletzt, es ist eher anzunehmen, dass z. B. funktionale Beziehungen zwischen dem Absatzpreis und den Absatzmengen bestehen.

Beide Aspekte führen dazu, dass die Abweichungsanalyse für Kosten nicht einfach auf die Erlöse übertragen werden kann, sie muss auf die spezifischen Bedingungen angepasst werden.

> **Lernziel 9:** Symptomanalyse von Erlösen erläutern und anwenden.

Da die einzelnen Methoden der Abweichungsanalyse für die Kosten bereits vorgestellt sind, soll im Folgenden im Wesentlichen eine Methode verwendet werden. Da die differenziert-kumulative Methode gut geeignet für die Kosten ist, wird sie auch für die Erlösabweichungen verwendet. Die Erlösabweichung bei einer einfachen Erlösfunktion mit den beiden Einflussgrößen Absatzpreis und Absatzmenge wird wie folgt berechnet (auf eine Indizierung speziell für Absatzpreise und -mengen zur Unterscheidung von den Kosten wird verzichtet).

$$\Delta E = E^{(i)} - E^{(p)} = p^{(i)} x^{(i)} - p^{(p)} x^{(p)} \tag{25}$$

Es wird ein Ist-Soll-Ansatz gewählt und als Basis der Kontrollrechnung werden die Planwerte verwendet.

$$\begin{aligned}
\Delta E &= \left(p^{(p)} + \Delta p\right)\left(x^{(p)} + \Delta x\right) - p^{(p)} x^{(p)} \\
&= p^{(p)} x^{(p)} + p^{(p)} \Delta x + \Delta p \; x^{(p)} + \Delta p \; \Delta x - p^{(p)} \; x^{(p)} \\
&= \underbrace{\Delta p \; x^{(p)}}_{\text{Absatzpreisabweichung}} + \underbrace{p^{(p)} \Delta x}_{\text{Absatzmengenabweichung}} + \underbrace{\Delta p \; \Delta x}_{\substack{\text{Abweichung} \\ \text{2. Ordnung}}} \\
&= \Delta E_p \; + \; \Delta E_x \; + \; \Delta E_{p,x}
\end{aligned} \tag{26}$$

In der Literatur wird die Abweichung 2. Ordnung auch als Interaktionseffekt oder -abweichung bezeichnet (vgl. Albers, 1989b, S. 638). Dieser einfache Ansatz zur Erlösanalyse ist jedoch nicht in der Lage, die Effekte zu erfassen, die entstehen, wenn von einem Produktprogramm mit unterschiedlichen Produkten ausgegangen wird. Es kann sich in diesem Fall die Struktur des Produktprogramms verschieben, Erlösabweichungen beruhen dann auf einem Sortimentseffekt. Wie ein solcher Effekt berechnet werden kann, wird im folgenden Fallbeispiel gezeigt.

Fallbeispiel 15: Erlösabweichungen bei der Gartenfreund AG

Für die Gartenfreund AG soll eine vereinfachte Erlösabweichung ermittelt werden, die Angaben aus der Planung und die tatsächlich realisierten Werte sind in der folgenden Tabelle aufgeführt.

	Adalbert	Berti	Unternehmen
Planpreis	25	30	
Planmenge	2.000	3.000	5.000
Plan-Anteil	0,4	0,6	1
Istpreis	27,50	33	
Istmenge	2.400	2.400	4.800
Ist-Anteil	0,5	0,5	1

Aus den Angaben werden zuerst die Erlösabweichung für die beiden Produkte und das gesamte Unternehmen berechnet.

	Adalbert	Berti	Unternehmen
Isterlös	66.000	79.200	145.200
Planerlös	50.000	90.000	140.000
Erlösabweichung	16.000	−10.800	5.200

Der erste Analyseschritt sei am Beispiel des Produktes Adalbert (E_1) aufgezeigt:

$$\Delta E_1 = \underbrace{(27,50-25) \cdot 2.000}_{\text{Absatzpreisabweichung}} + \underbrace{25 \cdot (2.400-2.000)}_{\text{Absatzmengenabweichung}} + \underbrace{(27,50-25)(2.400-2000)}_{\text{Abweichung 2. Ordnung}}$$

$$= 5.000 \quad + \quad 10.000 \quad + \quad 1.000$$
$$= 16.000$$

In der folgenden Tabelle sind die Teilabweichungen für beide Produkte und das Unternehmen aufgenommen.

Abweichungen	Adalbert	Berti	Unternehmen
Absatzpreis	5.000	9.000	14.000
Absatzmengen	10.000	−18.000	−8.000
Abweichung 2. O.	1.000	−1.800	−800
Gesamt	16.000	−10.800	5.200

Während beim Produkt Adalbert trotz einer Preiserhöhung eine Mengenerhöhung realisiert werden konnte, führte bei Berti die Preiserhöhung zu geringeren Absatzmengen als geplant. Die positive Preisabweichung konnte die negative Mengenabweichung nicht kompensieren, sodass die Erlöse von Berti insgesamt zurückgingen. Aufgrund der höheren Erlöse für Adalbert wurde eine Erlössteigerung für das Unternehmen realisiert.

In einem nächsten Schritt ist die Abweichung der Absatzmengen zu analysieren, indem der Sortimentseffekt berücksichtigt wird. Wie Sie der Eingangstabelle des Fallbeispiels entnehmen können, hat sich der geplante Anteil des Produktes Adalbert von 0,4 auf 0,5 erhöht. Die Abweichung der Absatzmenge wird daher durch zwei Effekte verursacht:

1. die Veränderung der Absatzmengen der Produkte (Mengeneffekt) und
2. die Veränderung der Zusammensetzung des Produkt-Sortiments (Sortimentseffekt, vgl. Powelz, 1984, S. 1103 ff.).

Soll einer der beiden Effekte berechnet werden, muss der jeweils andere Effekt konstant gehalten werden. Wenn zuerst der Mengeneffekt berechnet wird, ist von einem konstanten Produktsortiment auszugehen und da als Basis die Planwerte gewählt werden, ist vom geplanten Produktsortiment auszugehen. Das geplante Produktsortiment schlägt sich nieder im gewogenen Durchschnittspreis des Sortiments.

$$\overline{p} = \frac{\sum_{i=1}^{n} x_i \cdot p_i}{\sum_{i=1}^{n} x_i} \tag{27}$$

Für das Fallbeispiel mit zwei Produkten ergibt sich der gewogene Durchschnittspreis:

$$\overline{p} = \frac{25 \cdot 2.000 + 30 \cdot 3000}{5.000} = 28$$

Er drückt das geplante Produktsortiment aus und wird benutzt, um den Mengeneffekt zu berechnen.

$$\Delta M = \sum_{i=1}^{n} (x^{(i)} - x^{(p)}) \cdot \overline{p}$$
$$= (2.400 - 2.000) \cdot 28 + (2.400 - 3.000) \cdot 28$$
$$= 11.200 - 16.800$$
$$= -5.600$$

Der reine Mengeneffekt wirkt sich negativ auf die Erlösentwicklung aus, vorwiegend wegen des starken Rückgangs der Absatzmengen des Produkts Berti. Wie wirkt sich die Veränderung der Sortimentszusammensetzung aus? Der Sortimentseffekt wird berechnet, indem die Veränderung des Anteils der Produkte an der Gesamtmenge mit der geplanten Gesamtmenge multipliziert wird. Dies entspricht der Mengenveränderung, vom geplanten zum realisierten Sortiment. Sie wird mit der Differenz aus Planpreis und gewichteten Preis bewertet.

$$\Delta S = \sum_{i=1}^{n}(m_i^{(i)} - m_i^{(p)}) \cdot x_G \cdot (p_i^{(p)} - \overline{p})$$
$$= (0,5 - 0,4) \cdot 5.000 \cdot (25 - 28) + (0,5 - 0,6) \cdot 5.000 \cdot (30 - 28)$$
$$= -1.500 - 1.000$$
$$= -2.500$$

Warum wird nicht einfach mit dem Planpreis bewertet? Die Differenz zwischen Planpreis und gewichteten Preis drückt aus, wie der Preis eines Produktes vom gewichteten Preis abweicht. Handelt es sich um ein Produkt mit einem höheren Preis, so wirkt sich dieses Produkt potenziell positiv auf den Sortimentseffekt aus. Im Beispiel geht jedoch der Anteil des Produktes Berti zurück, sodass sich insgesamt ein negativer Effekt ergibt. Das Produkt Adalbert erhöht zwar seinen Anteil, allerdings liegt es mit seinem Preis unter dem gewichteten Preis, d.h., ein Produkt, das einen geringeren Preis erwirtschaftet, wirkt sich negativ auf den Sortimentseffekt aus.

	Adalbert	Berti	Unternehmen
Mengeneffekt	11.200	−16.800	−5.600
Sortimentseffekt	−1.500	−1.000	−2.500
Abweichung 2. O.	60	40	100
Summe	9.760	−17.760	−8.000

Die Abweichung zweiter Ordnung errechnet sich für das Fallbeispiel nach folgender Gleichung:

$$\Delta x_{M,S} = (0,5 - 0,4)(4.800 - 5.000)(25 - 28) + (0,5 - 0,6)(4.800 - 5.000)(30 - 28)$$
$$= 60 + 40$$
$$= 100$$

Mit der bisherigen Analyse der Erlösabweichungen können die quantitativen Wirkungen von Mengen- und Preisänderungen berechnet werden; sie werden ergänzt um den Sortimentseffekt, der auftritt, wenn sich die Anteile der Produkte im Sortiment verschieben. Da Mengen- und Preisänderungen eher Symptome darstellen, wird die bisherige Analyse als **Symptomanalyse** bezeichnet (den Begriff Symptomanalyse findet man zuerst bei Albers, 1989b, S. 637; vgl. die Darstellung in Witt & Witt, 1992, S. 64 ff.). Sie hat den Nachteil,

- dass die Ursachen, die zu den Veränderungen geführt haben, nicht berücksichtigt werden und
- dass nicht zwischen den verschiedenen Ursachen getrennt wird, die vom Unternehmen entweder kontrolliert oder nicht beeinflusst werden können (vgl. zur Diskussion Powelz, 1989; Albers, 1989a).

Teil 4: Erfolgsplanung und -kontrolle für Unternehmen

Das mindert nicht den Stellenwert dieser ersten Analyseschritte, zeigt jedoch, dass für eine vertiefende Analyse weitere Schritte folgen müssen. Dies soll im Folgenden geschehen, auch um zu zeigen, dass der Aufwand der Datenbeschaffung steigt.

Erlösanalyse mit der Ursachenanalyse

Eine wichtige Kritik an der Symptomanalyse besteht darin, dass sich aus den veränderten Preisen und Mengen nicht erkennen lässt, worauf diese Änderungen zurückzuführen sind. So kann eine Marketing-Managerin nicht feststellen, ob bestimmte Maßnahmen, die sie ergriffen hat, effizient gewesen sind oder nicht. Auch lässt sich nicht feststellen, welche Einflussmöglichkeiten sie gehabt hätte. Dafür ist es notwendig, die exogenen Einflussgrößen von den endogenen Einflussgrößen zu trennen. ALBERS hat einen Vorschlag unterbreitet, der im Folgenden anhand des Fallbeispiels illustriert werden soll (vgl. Albers, 1989b; a; 1992).

Lernziel 10: Ursachenanalyse von Erlösen erläutern und anwenden.

Grundlegend für diesen Ansatz ist die Unterteilung in exogene und endogene Einflussgrößen:

- Exogene Einflussgrößen wirken auf den gesamten Absatzmarkt, der Einfluss des Unternehmens ist eher gering, dies gilt z. B. für den Branchenpreis oder für das Marktvolumen.
- Bei den endogenen Einflussgrößen ist hingegen der Einfluss des Unternehmens hoch, da sie maßgeblich vom Unternehmen verändert wer-

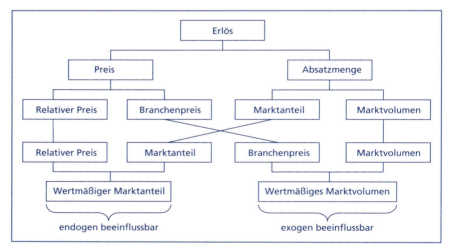

Darstellung 48: Erlöskomponenten nach ALBERS
(Quelle: Albers, 1989b, S. 642)

den können, z. B. die Preispolitik oder andere Instrumente des Marketing-Mix.

Der Erlös wird daher in verschiedene Komponenten zerlegt, die es erlauben, die endogenen und exogenen Einflussgrößen zusammenzufassen. In Darstellung 48 sind die verschiedenen Erlöskomponenten aufgezeigt.

Der Preis eines Produktes lässt sich dekomponieren in den relativen Preis und den Branchenpreis, da der relative Preis das Verhältnis zwischen dem Absatzpreis des Unternehmens mit dem Branchenpreis ist.

$$p_r = p / p_B \qquad (28)$$

p_r relativer Preis
p_B Branchenpreis
p Preis (= Absatzpreis)

Das Marktvolumen x_M sind die geschätzten Gesamtmengen, die der Markt aufnimmt, der Marktanteil m entspricht dem Anteil des Unternehmens an diesem Markvolumen. In Darstellung 48 werden der Marktanteil und der Branchenpreis jeweils vertauscht, sodass die beiden Gruppen der exogenen und endogenen Einflussgrößen entstehen. Zum Einen ist das der wertmäßige Marktanteil m_w und zum Anderen das wertmäßige Marktvolumen x_{WM} (vgl. Albers, 1989b, S. 641):

$$m_w = p_r \cdot m$$
$$x_{WM} = p_B \cdot x_M \qquad (29)$$

Der wertmäßige Marktanteil gilt als durch das Unternehmen beeinflussbar, während sich das wertmäßige Marktvolumen aus nicht beeinflussbaren Größen wie dem Branchenpreis und dem Marktvolumen zusammensetzt. In der folgenden Tabelle wird das Fallbeispiel fortgeführt, indem die erforderlichen Informationen für die Berechnung der Abweichungen zusammengestellt werden.

	Adalbert	Berti	Adalbert	Berti
	Plan		Ist	
Preis	25	30	27,5	33
Branchenpreis	20	25	25	30
Relativer Preis	1,25	1,2	1,1	1,1
Absatzmengen	2.000	3.000	2.400	2.400
Marktvolumen	50.000	30.000	60.000	48.000
Marktanteil	4,00 %	10,00 %	4,00 %	5,00 %
Wertmäßiger Marktanteil	0,05	0,12	0,044	0,055
Wertmäßiges Marktvolumen	1.000.000	750.000	1.500.000	1.440.000

Die Erlösabweichungen werden mithilfe dieser Informationen in exogen beeinflussbare und endogene beeinflussbare Abweichungen gespalten (s. Darstellung 49).

$$\Delta E_{exogen} = p_r^{(p)} \cdot m^{(p)} \cdot (p_B^{(i)} \cdot x_M^{(i)} - p_B^{(p)} \cdot x_M^{(p)}) \quad (30)$$

$$\Delta E_{endogen} = (p_r^{(i)} \cdot m^{(i)} - p_r^{(p)} \cdot m^{(p)}) \cdot p_B^{(p)} \cdot x_M^{(p)} \quad (31)$$

$$\Delta E_{2.O} = (p_r^{(i)} \cdot m^{(i)} - p_r^{(p)} \cdot m^{(p)}) \cdot (p_B^{(i)} \cdot x_M^{(i)} - p_B^{(p)} \cdot x_M^{(p)}) \quad (32)$$

$$\Delta E_{exogen} = 1{,}25 \cdot 0{,}04 \cdot (25 \cdot 60.000 - 20 \cdot 50.000) + 1{,}2 \cdot 0{,}1 \cdot (30 \cdot 48.000 - 25 \cdot 30.000)$$
$$= 25.000 + 82.800$$
$$= 107.800$$

$$\Delta E_{endogen} = (1{,}1 \cdot 0{,}04 - 1{,}25 \cdot 0{,}04) \cdot 20 \cdot 50.000 + (1{,}1 \cdot 0{,}05 - 1{,}2 \cdot 0{,}1) \cdot 25 \cdot 30.000$$
$$= -6.000 - 48.750$$
$$= -54.750$$

$$\Delta E_{2.O} = (1{,}1 \cdot 0{,}04 - 1{,}25 \cdot 0{,}04) \cdot (25 \cdot 60.000 - 20 \cdot 50.000)$$
$$+ (1{,}1 \cdot 0{,}05 - 1{,}2 \cdot 0{,}1) \cdot (30 \cdot 48.000 - 25 \cdot 30.000)$$
$$= -3.000 - 44.850$$
$$= -47.850$$

Die Beträge zeigen, dass die positive Entwicklung der Erlöse auf die exogenen Faktoren zurückzuführen ist und dass die Marketing-Maßnahmen nicht zum Erfolg beigetragen haben. Bei der exogenen Abweichung handelt es sich um den wertmäßigen Marktvolumenseffekt, der weiter aufgespalten werden kann.

$$\Delta p_B = p_r^{(p)} \cdot m^{(p)} \cdot (p_B^{(i)} - p_B^{(p)}) \cdot x_M^{(p)} \quad \text{(Branchenpreisabweichung)}$$

$$\Delta x_M = p_r^{(p)} \cdot m^{(p)} \cdot p_B^{(p)} \cdot (x_M^{(i)} - x_M^{(p)}) \quad \text{(Marktvolumenabweichung)} \quad (33)$$

$$\Delta E_{p_B, x_m} = p_r^{(p)} \cdot m^{(p)} \cdot (p_B^{(i)} - p_B^{(p)}) \cdot (x_M^{(i)} - x_M^{(p)}) \quad \text{(Abweichung höherer Ordnung)}$$

Darstellung 49: Erlösabweichungen
Quelle: Albers, 1992, S. 204; Heuer, 2001, S. 312)

10. Kapitel: Budgetkontrolle und Abweichungsanalyse

Mit den Zahlen aus dem Fallbeispiel ergeben sich:

$$\Delta p_B = 1{,}25 \cdot 0{,}04 \cdot (25-20) \cdot 50.000 + 1{,}2 \cdot 0{,}1 \cdot (30-25) \cdot 30.000$$
$$= 12.500 + 18.000$$
$$= 30.500$$

$$\Delta x_M = 1{,}25 \cdot 0{,}04 \cdot 20 \cdot (60.000 - 50.000) + 1{,}2 \cdot 0{,}1 \cdot 25 \cdot (48.000 - 30.000)$$
$$= 10.000 + 54.000$$
$$= 64.000$$

$$\Delta E_{p_B, x_m} = 1{,}25 \cdot 0{,}04 \cdot (25-20) \cdot (60.000 - 50.000) + 1{,}2 \cdot 0{,}1 \cdot (30-25) \cdot (48.000 - 30.000)$$
$$= 2.500 + 10.800$$
$$= 13.300$$

Die Summe dieser drei Teilbeträge ergibt 107.800 Euro und damit den wertmäßigen Marktvolumeneffekt.

Ebenso lässt sich die endogene Abweichung aufspalten. Es wird vorgeschlagen, zwei Teilabweichungen zu berechnen: die Marketing-Effektivitäts-Abweichung und die Marketing-Instrumente-Abweichung. Allerdings müssen korrigierte Marktanteile vorliegen, die entweder auf Schätzungen oder auf einer Preis-Absatz-Funktion beruhen. Im Fallbeispiel wird davon ausgegangen, dass eine Schätzung vorliegt (vgl. Witt & Witt, 1992, S. 73). Der korrigierte Marktanteil beruht auf dem aufgrund der Ist-Absatzmengen zu erwartenden Marktanteil.

$$m_1^{(k)} = 0{,}05$$
$$m_2^{(k)} = 0{,}11$$

Mit ihrer Hilfe werden die beiden Teilabweichungen bestimmt:

$$\begin{aligned}\Delta M_E &= (p_r^{(i)} \cdot m^{(i)} - p_r^{(i)} \cdot m^{(k)}) \cdot p_B^{(p)} \cdot x_M^{(p)} \\ &= (1{,}1 \cdot 0{,}04 - 1{,}1 \cdot 0{,}05) \cdot 20 \cdot 50.000 + (1{,}1 \cdot 0{,}05 - 1{,}1 \cdot 0{,}11) \cdot 25 \cdot 30.000 \\ &= -11.000 - 49.500 \\ &= -60.500\end{aligned} \quad (34)$$

Die Marketing-Effektivitäts-Abweichung zeigt an, wie sich der realisierte Marktanteil im Vergleich zum aus der Schätzung ergebenden Marktanteil entwickelt hat. Die negative Entwicklung weist darauf hin, dass das Marketing-Mix nicht wie erwartet gegriffen hat.

$$\begin{aligned}\Delta M_I &= (p_r^{(i)} \cdot m^{(k)} - p_r^{(p)} \cdot m^{(p)}) \cdot p_B^{(p)} \cdot x_M^{(p)} \\ &= (1{,}1 \cdot 0{,}05 - 1{,}25 \cdot 0{,}04) \cdot 20 \cdot 50.000 + (1{,}1 \cdot 0{,}11 - 1{,}2 \cdot 0{,}1) \cdot 25 \cdot 30.000 \\ &= 5.000 + 750 \\ &= 5.750\end{aligned} \quad (35)$$

Die Marketing-Instrumente-Abweichung ist in diesem Beispiel nur auf das Marketing-Instrument Preis beschränkt, sie zeigt an, dass die Preispolitik positiv zum Erlös beigetragen hat. Es ist gelungen, den eigenen Preis in einem richtigen Verhältnis zum Branchenpreis zu halten.

Die Summe beider Teilabweichungen ergibt die endogene Abweichung von –54.750 Euro, sie erklärt damit in einem ersten Schritt die Effektivität des Marketings. Wenn weitere Informationen gewünscht werden, lässt sich die Marketing-Instrumente-Abweichung für weitere Marketing-Instrumente wie der Werbung oder Distribution nutzen (vgl. hierzu Albers, 1992, S. 205 ff.; Heuer, 2001, S. 322 ff.).

> Ein Vergleich der Symptom- mit der Ursachenanalyse fällt in der Theorie meist zugunsten der Ursachenanalyse aus, die eine tiefer gehende Analyse der Einflussgrößen bietet. Allerdings steht dem der Nachteil gegenüber, dass erhöhte Anforderungen an die Informationsbeschaffung gestellt werden. So müssen für die Analyse der endogenen Faktoren Informationen in Form von Marktreaktionsfunktionen vorliegen, auch hier gibt es theoretische Konzepte, wie solche Funktionen zu erstellen sind. Ihr großer Aufwand stößt in der Praxis aber häufig auf Ablehnung, es werden dann einfachere Konzepte bevorzugt. So fand Witt in einer Untersuchung unter Controllern, dass die Anforderungen der Ursachenanalyse als zu hoch empfunden werden (vgl. Witt, 1990, S. 446) und daher die Symptomanalyse vorgezogen wird.

Schlüsselwörter

Abweichung höherer Ordnung (313)
Abweichungsanalyse (329)
Abweichungsanalyse, Methoden der (315)
Auslastungsanalyse (306)
Beschäftigungsabweichung (300)
Beschäftigungsgrad (300)
Gesamtabweichung (301)
Kostenkontrolle (298)
Leerkosten (310)

Nutzkosten (310)
Plankosten, verrechnete (299)
Preisabweichung (302)
Restabweichung (306)
Sollkosten (300)
Spezialabweichung (306)
Teilabweichung (299)
Verbrauchsabweichung (300)
Wirtschaftlichkeit (298)

Kontrollfragen

1. Was bedeutet Wirtschaftlichkeitskontrolle?
2. Welche Zwecke werden mit einer Kostenkontrolle verfolgt?
3. Beschreiben Sie kurz die verschiedenen Phasen der Kostenkontrolle.
4. Erläutern Sie den Kostenverlauf in einer starren Plankostenrechnung.
5. Welche Vor- und Nachteile sind mit einer starren Plankostenrechnung verbunden.
6. Was ist der Unterschied zwischen Sollkosten und Plankosten.
7. Beschreiben Sie die unterschiedlichen Systeme der flexiblen Plankostenrechnung und gehen Sie dabei auch auf den Kostenverlauf ein.
8. Beurteilen Sie die unterschiedlichen Systeme der flexiblen Plankostenrechnung im Hinblick auf die Kontrollzwecke.
9. Erläutern Sie die Beschäftigungsabweichung in der flexiblen Plankostenrechnung auf Vollkostenbasis. Warum tritt sie in der Grenzplankostenrechnung nicht auf?

10. Kapitel: Budgetkontrolle und Abweichungsanalyse

10. Erläutern Sie die verschiedenen Teilabweichungen, die im Rahmen einer Abweichungsanalyse berechnet werden.
11. Was ist eine Spezialabweichung? Nennen Sie Beispiele für Einzelkosten- und Gemeinkostenarten.
12. Erläutern Sie auch den Begriff Restabweichung.
13. Welchen Zweck verfolgt man mit der Kontrolle der Prozesskosten?
14. Wie wird die Kapazität in einer Prozesskostenrechnung häufig gemessen?
15. Erläutern Sie den Unterschied zwischen Nutz- und Leerkosten.
16. Welchem System der Plankostenrechnung entspricht die Prozesskostenrechnung?
17. Wie werden verrechnete Plankosten in einer Prozesskostenrechnung ermittelt?
18. Wie sind die Leerkosten in einer Prozesskostenrechnung zu interpretieren? Diskutieren Sie ihre Aussagekraft anhand des Fallbeispiels im Text S. 299–300.
19. Was versteht man unter Abweichungen höherer Ordnung? Zeigen Sie an einem selbst gewählten Beispiel mit zwei Kosteneinflussgrößen, wie sie entstehen.
20. Warum sind Abweichungen höherer Ordnung für die Abweichungsanalyse relevant?
21. Welche zwei Rechnungszwecke lassen sich für die Kontrollrechnung unterscheiden?
22. Beschreiben Sie die wesentlichen Merkmale der differenziert kumulativen Methode.
23. Wie erfolgt die Abweichungsanalyse mithilfe der kumulativen Methode und welche Nachteile sind damit verbunden?
24. Erläutern Sie die beiden Ihnen bekannten Varianten der alternativen Methode. Diskutieren Sie, für welche Rechnungszwecke die beiden Varianten geeignet sind.
25. Durch welche Besonderheit zeichnet sich die differenziert kumulative Methode auf Basis der Minimalkostenkombination aus? Welche Nachteile sind damit verbunden?
26. Zeigen Sie, warum für die Abschätzung des zukünftigen Kostensenkungspotenzials eine Analyse auf Basis der Isteinflussgrößen zweckgerechter ist.
27. Vergleichen Sie die Methoden der Abweichungsanalyse anhand der Merkmale aus Tabelle 78 (S. 327).
28. Nennen Sie eine wichtige Voraussetzung für die Methoden der Abweichungsanalyse.
29. Welche Unterschiede gibt es zwischen einer Abweichungsanalyse der Kosten und der Erlöse?
30. Beschreiben Sie, wie mithilfe der differenziert kumulativen Methode die Erlöse analysiert werden, klären Sie dabei, wie Abweichungen höherer Ordnung auftreten können.
31. Wie entsteht ein Sortimentseffekt?
32. Erläutern Sie den gewogenen Durchschnittspreis des Sortiments. Welche Aufgabe hat er in einer Abweichungsanalyse?

33. Welche Schwächen hat die Symptomanalyse?
34. Unterscheiden Sie zwischen exogenen und endogenen Einflussgrößen.
35. Erläutern Sie die Erlöskomponenten, in die nach ALBERS der Erlös unterteilt werden sollte.
36. Welche Aussagekraft haben der wertmäßige Marktanteil und das wertmäßige Marktvolumen?
37. In welche Teilabweichungen lässt sich die exogene Abweichung aufspalten?
38. Was ist die Marketing-Effektivitäts-Abweichung?
39. Erläutern Sie, welche Aussagen mit der Marketing-Instrumente-Abweichung getroffen werden können.
40. Diskutieren Sie Vor- und Nachteile der Ursachenanalyse und Symptomanalyse.

Übungsaufgaben

Übung 1: Kontrolle in der Kostenstelle

Die Techno AG setzt zur Planung und Kontrolle der Kosten eine flexible Plankostenrechnung auf Vollkostenbasis ein. Für eine Kostenstelle wurde für den Monat Dezember eine Beschäftigung von 3.000 Maschinenstunden und Gesamtkosten von Euro 135.000,– geplant, die variablen Kosten betragen 40 % der Gesamtkosten.

Am Ende des Monats wurde festgestellt, dass die tatsächliche Beschäftigung bei 2.700 Maschinenstunden und die Istkosten bei Euro 145.000,– lagen. Die auf den Planpreisen beruhenden Istkosten betrugen 140.000,– Euro.

a) Berechnen Sie die entstandenen Abweichungen (Verwenden Sie die entsprechenden Fachausdrücke).

b) Beurteilen Sie die flexible Plankostenrechnung auf Vollkostenbasis, ob sie geeignet für die Planung, Kalkulation und Kontrolle der Kosten ist.

Übung 2: Einzelkostenkontrolle

Im Rahmen einer Einzelkostenplanung werden für ein Produkt 4 kg Rohstoff mit einem Planpreis von 2,– Euro/kg angesetzt. Die Planmenge wurde mit 1.000 Stück angenommen. Während der Abrechnungsperiode wurden 1.200 Stück hergestellt. Dem Lager wurden 4.850 kg entnommen. Der Istpreis wurde mit 2,10 Euro/kg festgestellt.

a) Berechnen Sie die Gesamtabweichung

b) Berechnen Sie die Preisabweichung, die Verbrauchsabweichung und die Abweichung, die auf der größeren Fertigungsmenge beruht (kumulative Methode).

c) Erläutern Sie die Gründe, die zum Auftreten der Verbrauchsabweichung geführt haben könnten. Beschreiben Sie die weitere Vorgehensweise bei der Abweichungsanalyse, gehen Sie dabei auch auf den Begriff Restabweichung ein.

10. Kapitel: Budgetkontrolle und Abweichungsanalyse

Übung 3: Planung und Kontrolle der Prozesskosten

Ein Kunststoffhersteller setzt in einigen Kostenstellen eine Prozesskostenrechnung ein. In der Kostenstelle Fertigungsplanung wurden vier Prozesse identifiziert, für eine Jahresplanung wurden die Mitarbeiterzeiten (gemessen in Mitarbeiterjahren) und die Prozessmengen ermittelt.

Prozesse	Mitarbeiterjahre	Planprozessmengen
Arbeitspläne aufstellen	0,4	40
Arbeitspläne ändern	0,6	100
Programmanpassung	0,6	120
Kostenstelle leiten	0,8	–

Der Prozess „Kostenstelle leiten" wurde als leistungsmengenneutral angenommen. Die Planung der Gemeinkosten dieser Kostenstelle ergab 240.000 Euro.

a) Berechnen Sie die Gesamtkosten für alle Prozessarten (leistungsmengeninduziert, leistungsmengenneutral und insgesamt),

b) Berechnen Sie die Prozesskostensätze (leistungsmengeninduziert, leistungsmengenneutral und insgesamt).

   (Lösungshinweis: Die Verteilung der leistungsmengenneutralen Kosten erfolgt auf Basis der Mitarbeiterzeiten der einzelnen Prozesse).

Am Ende des Jahres wurden die folgenden Ist-Prozessmengen ermittelt:

Prozesse	Istprozessmengen
Arbeitspläne aufstellen	32
Arbeitspläne ändern	120
Programmanpassung	95
Kostenstelle leiten	–

c) Nehmen Sie eine Auslastungsanalyse für die Prozesse und die Kostenstelle vor (Lösungshinweis: Die 240.000 Euro werden als fix angenommen), und kommentieren Sie ihre Ergebnisse. Gehen Sie dabei auch auf die Aussagekraft der Auslastungsanalyse ein.

Übung 4: Abweichungsanalyse mit verschiedenen Methoden

In einer Kostenstelle werden die Plankosten für eine Kostenart auf Basis der Planbeschäftigung 1.000 Stunden, einem Planpreis von 6 Euro und einem Planverbrauch von 1,04 je Beschäftigungsstunde geplant.

Tatsächlich wurden in der Periode 900 Stunden, 6,2 Euro und 1,06 benötigt.

a) Ermitteln Sie die Gesamtabweichung.
b) Berechnen Sie die Abweichungen mithilfe der kumulativen Methode.
c) Berechnen Sie die Abweichungen mithilfe der differenziert kumulativen Methode (Ist-Soll auf Planbasis).
d) Berechnen Sie die Abweichungen mithilfe der alternativen Methode (Ist-Soll auf Planbasis).
e) Vergleichen Sie ihre Ergebnisse und nehmen Sie kritisch dazu Stellung.

Übung 5: Erlösabweichungsanalyse

Die Relova AG stellt Waschpulver her und hat derzeit zwei Produkte im Sortiment. Es soll eine Erlösanalyse für die vergangene Periode erstellt werden. Die Plan- und Istwerte entnehmen Sie der folgenden Tabelle.

	Plastril	Sifon	Plastril	Sifon
	Plan		Ist	
Preis	5	6	5,5	5,8
Branchenpreis	4	5	4,4	5
Absatzmengen	6.000	4.000	5.900	4.100
Marktvolumen	150.000	80.000	118.000	82.000

a) Spalten Sie die gesamte Erlösabweichung in die Preis- und Mengenabweichung sowie die Interdependenz.
b) Berechnen Sie die endogenen und exogenen Abweichungsursachen.
c) Spalten Sie die endogenen und exogenen Abweichungen weiter auf.

11. Kapitel: Verrechnungspreise

„Die rechnerische Verselbständigung der Abteilungen geschieht, um die Abteilungen in ihren Arbeitsdispositionen selbständig zu machen."
(Eugen Schmalenbach, 1908/09, S. 170)

„Es erscheint zweifelhaft, ob intern durch den Preis ein Koordinationsproblem gelöst werden kann, mit dem der externe Preismechanismus nicht fertig geworden ist und deshalb durch die **Organisation Unternehmung** *ersetzt wurde."*
(Otto H. Poensgen, 1973, S. 457)

Dezentrale Strukturen sind seit einer Reihe von Jahren ein zentrales Anliegen von Unternehmen, die mit der Einführung dezentraler Konzepte eine größere Marktnähe ihrer Unternehmensbereiche erzielen wollen. Diese Entwicklung führt zu einer erweiterten Entscheidungsbefugnis der Bereichsmanager, mit der sich das Top-Management eine höhere Motivation und eine stärkere Verankerung des Unternehmertums erhofft. In Unternehmen, die in relativ unabhängige organisatorische Bereiche geteilt sind, muss eine einheitliche Leitung durch das Management der Zentrale erreicht werden. Ein großes Problem ist für diese als Divisionale Organisation oder Spartenorganisation bezeichneten Unternehmen, dass es häufig einen umfangreichen Austausch an Leistungen zwischen den verschiedenen Sparten gibt.

Mit der wertmäßigen Abstimmung dieses Leistungsaustausches hat sich schon früh die Betriebswirtschaftslehre beschäftigt. Die Vorschläge, wie die Leistungen bewertet werden sollen, reichen von vollen Kosten über Grenzkosten bis zu Marktpreisen. Das Kapitel soll aufzeigen, welche Vor- und Nachteile mit den verschiedenen Methoden der Verrechnungspreisbildung verbunden sind, zum Schluss des Kapitels wird auch auf die internationalen Konzernverrechnungspreise hingewiesen.

Lernziele

Nach der Lektüre des Kapitels sollten Sie Folgendes können:

- Lernziel 1: Grundmechanismus von Verrechnungspreisen erläutern. (347)
- Lernziel 2: Die Rechnungszwecke der Verrechnungspreise begründen. (350)
- Lernziel 3: Erfüllung der Rechnungszwecke von kostenorientierten Verrechnungspreisen beurteilen können. (352)
- Lernziel 4: Erfüllung der Rechnungszwecke von knappheitsorientierten Verrechnungspreisen beurteilen können. (361)
- Lernziel 5: Erfüllung der Rechnungszwecke von Verrechnungspreisen auf Basis von Marktpreisen beurteilen können. (363)
- Lernziel 6: Erfüllung der Rechnungszwecke von Verrechnungspreisen auf Basis von Verhandlungen beurteilen können. (367)

- Lernziel 7: Besonderheiten von Verrechnungspreisen im Konzern beschreiben. (369)
- Lernziel 8: Unterschiedliche Standardmethoden der Verrechnungspreisbildung im Konzern erläutern. (371)

Divisionale Organisationsstruktur und Erfolgsrechnung

Mit der Industrialisierung passten sich Unternehmen an ihre gewandelten Umweltbedingungen an, indem sie beispielsweise zunehmend eine Organisationsstruktur wählten, die sich nicht primär an Aufgaben orientierte – funktionale Organisation –, vielmehr erforderte die Diversifikation in verschiedene Märkte eine an Objekten orientierte Struktur: die divisionale Organisation oder Spartenorganisation. Erst durch eine divisionale Struktur ist es möglich, in einem Unternehmen Erfolge auf den Ebenen unterhalb des Gesamtunternehmens zu ermitteln.

Um einem organisatorischen Bereich Erfolg zuzuordnen, ist es notwendig, dass die Bereichsmanager die Erlöse und die Kosten tatsächlich beeinflussen können. Das setzt voraus, dass sie Linienkompetenz über Beschaffungs-, Produktions- und Absatzentscheidungen haben, mit einem Wort: Entscheidungsautonomie über die Wertschöpfung der in ihrem Bereich zu verantwortenden Produkte. In einer funktionalen Organisation ist damit eine wesentliche Voraussetzung für eine Erfolgszurechnung nicht gegeben, da ein Produktionsmanager eben nicht Beschaffungsentscheidungen oder Absatzentscheidungen trifft. Den Erfolg für einen Produktionsbereich zu berechnen, ist daher unmöglich. Es scheitert schon daran, dass die Erlöse nicht in seiner Verantwortung liegen. In der Regel muss man in der Hierarchie nach Instanzen suchen, die Verantwortung für Beschaffungs-, Produktions- und Absatzentscheidungen haben.

Zunehmende **Entscheidungsautonomie** ist in den letzten Jahren in vielen Reorganisationskonzepten verlangt und zum Teil implementiert worden. Man erhofft sich dadurch flachere Hierarchien, kürzere und schnellere Entscheidungswege, eine steigende Motivation der Mitarbeiter und die Stärkung der Unternehmereigenschaften des Managements. Jede Form von (Entscheidungs-)**Dezentralisation** schafft allerdings auch Probleme innerhalb der Organisation, denn die dezentrale Entscheidung über Programme und Preise führt z. B. zu

1. Koordinationsproblemen zwischen den Sparten und
2. erhöhtem Bereichsegoismus.

Zweck einer organisatorischen Struktur ist es, Ziele des Unternehmens bestmöglich zu fördern. Unternehmen stecken allerdings in einem Dilemma: Wenn es sich in mehrere Sparten aufteilt, weil die Informations- und Kommunikationsströme im Unternehmen nicht mehr beherrschbar sind, dann gibt es kein Controlling-Instrument, das diese Maßnahme mithilfe des Rechnungswesens ungeschehen machen kann. Um dies zu verdeutlichen, ist ein kleines Fallbeispiel nützlich.

11. Kapitel: Verrechnungspreise

Fallbeispiel 16: Entscheidungsautonomie und Suboptimierung

Ein Unternehmen ist in zwei Divisionen geteilt: Die Division Zahnräder (Z) liefert an die Division Motoren (M) ein Zwischenprodukt, wobei genau ein Zahnrad für das Endprodukt notwendig ist (das Fallbeispiel beruht auf Solomons, 1965, S. 167 ff., im Folgenden sind die Zahlen abgewandelt). Beide Divisionen können ihre Entscheidungen unabhängig voneinander treffen, sie sollen beide nach Gewinn streben. Die Division Z legt den Preis für den internen Bezug auf 8 Euro fest, in der Tabelle 80 ist die entsprechende Erfolgsrechnung für die unterschiedlichen Stückzahlen enthalten.

Stück	Kosten	Erlöse	Erfolg
1.000	10.000	8.000	−2.000
2.000	15.000	16.000	1.000
3.000	20.000	24.000	4.000
4.000	25.000	32.000	7.000
5.000	30.000	40.000	10.000

Tabelle 80: Erfolgsrechnung Division Zahnrad

Die Division M berücksichtigt den Preis von 8 Euro in ihrer Planungsrechnung und erhält dann die in Tabelle 81 wiedergegebene Erfolgsrechnung.

Stück	Kosten	Kosten (interner Bezug)	Gesamtkosten	Erlöse	Erfolg
1.000	16.000	8.000	24.000	36.000	12.000
2.000	22.000	16.000	38.000	64.000	26.000
3.000	28.000	24.000	52.000	84.000	32.000
4.000	34.000	32.000	66.000	96.000	30.000
5.000	40.000	40.000	80.000	100.000	20.000

Tabelle 81: Erfolgsrechnung Division Motoren

Der Divisionsmanager entscheidet aufgrund seiner Planungsrechnung, dass 3.000 Stück produziert und abgesetzt werden sollen, da bei dieser Menge der Gewinn in Höhe von 32.000 Euro am höchsten ist. Wie sieht die Situation aus Sicht des gesamten Unternehmens aus? Hierzu werden die Erfolge beider Divisionen addiert.

Aus Sicht des gesamten Unternehmens ist die Entscheidung der Division Motoren ein Fehler, denn es wäre besser, 4.000 Stück zu produzieren und abzusetzen, weil so der Gewinn um 1.000 Euro steigt.

> Als erste Lehre aus dem Fallbeispiel kann festgehalten werden, dass die unabhängige Festlegung von Preisen für Produkte, die innerhalb des Unternehmens geliefert werden, zu nicht optimalen Entscheidungen führen kann.

Stück	Erfolg Zahnrad	Erfolg Motoren	Erfolg gesamt
1.000	–2.000	12.000	10.000
2.000	1.000	26.000	27.000
3.000	4.000	32.000	36.000
4.000	7.000	30.000	37.000
5.000	10.000	20.000	30.000

Tabelle 82: Erfolgsrechnung des gesamten Unternehmens

Es ist daher nicht verwunderlich, dass diesen Preisen eine große Aufmerksamkeit in Theorie und Praxis zuteil wird, denn offensichtlich beeinflussen sie in hohem Maße die Erfolgsrechnung im Unternehmen. Wenn das Unternehmen nicht in zwei unabhängige Divisionen aufgeteilt, sondern ein zentral geführtes Unternehmen wäre, dann sähe sich die Geschäftsleitung folgender Planungsrechnung gegenüber.

Stück	Kosten Zahnrad	Kosten Motoren	Kosten gesamt	Erlöse	Erfolg
1.000	10.000	16.000	26.000	36.000	10.000
2.000	15.000	22.000	37.000	64.000	27.000
3.000	20.000	28.000	48.000	84.000	36.000
4.000	25.000	34.000	59.000	96.000	37.000
5.000	30.000	40.000	70.000	100.000	30.000

Tabelle 83: Erfolgsrechnung des zentral geführten Unternehmens

In einem zentral geführten Unternehmen ist kein Platz für separate Erfolgsrechnungen einzelner Bereiche, daher gibt es keine Erlöse für den Bereich Zahnräder. Das Management des gesamten Unternehmens entscheidet sich für die Produktion und den Absatz von 4.000 Stück, da der Gewinn am höchsten ist.

Beachten Sie: Das Fallbeispiel soll nicht zeigen, dass es besser ist, ein Unternehmen zentral zu führen, da sonst nur Fehlentscheidungen getroffen werden. Es verdeutlicht vielmehr, dass das Controlling der Wahl von Preisen für Leistungen innerhalb des Unternehmens große Aufmerksamkeit zu schenken hat.

Verrechnungspreis und Profit-Center

Verrechnungspreise werden im Unternehmen eingesetzt, um Leistungen, die zwischen selbstständigen Bereichen innerhalb des Unternehmens ausgetauscht werden, zu bewerten. Das Wort Verrechnung deutet schon darauf

11. Kapitel: Verrechnungspreise

hin, dass Preise innerhalb des Unternehmens bewusst gewählt und somit gesetzt werden, unabhängig davon, ob sie tatsächlich berechnet werden. Verrechnungspreise unterscheiden sich von Marktpreisen hauptsächlich dadurch, dass sie nicht aufgrund des freien Spiels der Marktkräfte entstehen, sondern durch die Bewertungen im Unternehmen. Verrechnungspreise können allerdings sehr wohl auf Marktpreisen beruhen, weil die Controller im Unternehmen zur Ansicht gelangen, dass dies die beste Wahl ist. Tatsächlich beruht die Idee, Verrechnungspreise im Unternehmen einzusetzen, darauf, den Marktmechanismus im Unternehmen zu imitieren. Da die Preisbildung in der Volkswirtschaft als erfolgreiches Beispiel gilt, Ressourcen in die gewinnträchtigste Richtung zu lenken, scheint es vielversprechend, dies auch innerhalb des Unternehmens auszunutzen. Mit der Aufteilung des Unternehmens in verschiedene, unabhängige Bereiche löst sich das Unternehmen vom Bild der einheitlichen Leitung und führt zum Bild von vielen einzelnen Unternehmen im gesamten Unternehmen.

Lernziel 1: Grundmechanismus von Verrechnungspreisen erläutern.

In der neuen Institutionenökonomie wird mit dem Begriffspaar „Markt und Hierarchie" eine Diskussion um die Frage geführt, warum Unternehmen entstehen und warum bestimmte Leistungen besser durch den Markt koordiniert werden. Ähnlich lässt sich das Problem der Führung von Unternehmen darstellen:

> Soll die Unternehmensleitung auf Weisung (Hierarchie) setzen oder sollen zur Führung Marktmechanismen eingeführt werden? Und welche Instrumente können dann zum Einsatz kommen? Diese Fragen diskutierte ähnlich Schmalenbach mit seiner pretialen Lenkung versus einer bürokratischen Lenkung (vgl. Schmalenbach, 1948, S. 8 ff.).

Im Fallbeispiel 16 haben Sie zwei unterschiedliche Controlling-Instrumente kennen gelernt, ohne dass deren Namen explizit erwähnt wurden: die Budgetierung als hierarchisches Instrument und der Verrechnungspreis als

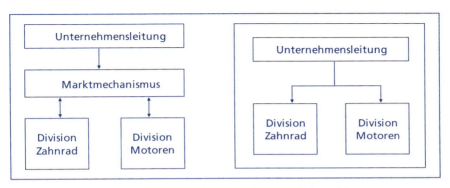

Darstellung 50: Marktmechanismus und Hierarchie

Marktmechanismus (vgl. allgemein zum Problem Märkte und Hierarchien Neuss, 1997; die Effizienz beider Instrumente aus agencytheoretischer Sicht diskutiert Hofmann, 2002).

Die Budgetierung stellt aus dieser Sicht ein Instrument dar, in dem die Einzelpläne der Divisionen auf Basis eines gemeinsamen Planungsprozesses koordiniert werden, der zentral gesteuert wird. Verrechnungspreise werden hingegen eingesetzt, um die Einzelpläne nicht nur dezentral planen zu können, sondern auch mittels eines Marktmechanismus dezentral abstimmen zu können. Die Manager der Division Motoren haben sich nicht für die Einzelpläne der Division Zahnrad interessiert, sie haben ausschließlich den Preis (Verrechnungspreis) für das Zahnrad in ihren eigenen Plänen berücksichtigt. Für die Division besteht in dieser Hinsicht kein Unterschied zwischen einem internen und externen Lieferanten.

> **Verrechnungspreise** sind Werte, die in einem Unternehmen für Leistungen angesetzt werden, die zwischen selbstständigen Bereichen (Profit-Center) ausgetauscht werden.

In Theorie und Praxis wird der Begriff Verrechnungspreis teilweise weiter aufgefasst, indem auch für die Leistungen, die zwischen der Produktion und dem Absatz in einer funktionalen Organisation ausgetauscht werden, der Begriff Verrechnungspreis verwendet wird (so schon Schmalenbach, 1908/09; Beste, 1924).

- Dieses Kapitel konzentriert sich auf Verrechnungspreise für organisatorische Bereiche, für die eigenständige Erfolgsrechnungen erstellt werden. Im Regelfall handelt es sich um **Profit-Center** in einer divisionalen Struktur, die eingerichtet werden, um den Managern Entscheidungsfreiheit zu gewähren. Das Management wird dann am Erfolg seiner Maßnahmen gemessen; möglich sind auch Investment-Center (vgl. zum Profit-Center Frese, 1990).

- Der Begriff **Leistungsaustausch** ist so zu interpretieren, dass dazu sämtliche Güter in Form von Sach- und Dienstleistungen gehören, z. B. Zwischenprodukte, Forschungsleistungen und Kapital.

Eine vollständige Trennung einzelner Divisionen kann es nicht geben. Sie ist in der Regel auch nicht gewollt, da das Unternehmen durch den Leistungsaustausch häufig so genannte Verbundvorteile erzielen kann. In der Darstellung 51 sind drei wichtige Verflechtungen gezeigt, die zwischen Sparten auftreten können.

Verflechtungen (Interdependenzen) sind gegenseitige Abhängigkeiten zwischen den organisatorischen Bereichen, die aufgrund der Arbeitsteilung bestehen können. Sie können in mehreren Formen auftreten (vgl. Frese & Glaser, 1980, S. 110).

- **Ressourcenverflechtung**: Sie beruhen auf von den Sparten gemeinsam genutzten Ressourcen, wie z. B. einer gemeinsam genutzten Produktionsanlage.

11. Kapitel: Verrechnungspreise

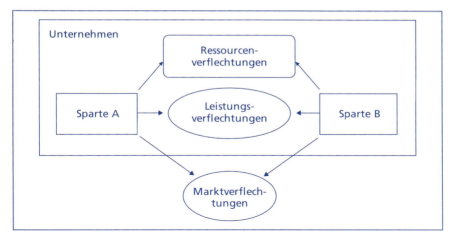

Darstellung 51: Arten von Verflechtungen zwischen Sparten

- **Leistungsverflechtung**: Wenn im Unternehmen Leistungen zwischen den Sparten ausgetauscht werden, z. B. Zwischenprodukte von einer Sparte an eine andere Sparte geliefert werden.
- **Marktverflechtung**: Sie treten immer dann auf, wenn zwei Sparten die gleichen Güter auf dem Beschaffungsmarkt nachfragen oder dem Absatzmarkt anbieten.

Selbst wenn die Divisionen keinerlei Sach- oder Dienstleistungen austauschen, sind sie als Teil des Unternehmens an der gemeinsamen Ressource Kapital beteiligt und konkurrieren daher um das knappe Kapital im Unternehmen. Investitionsprojekte der Divisionen müssen abgestimmt werden und ein Verrechnungspreis für das Kapital gefunden werden.

Rechnungszwecke von Verrechnungspreisen

Es zeigt sich, dass das Top-Management eines divisionalen Unternehmens einem Dilemma gegenübersteht. Meist existiert geradezu ein Zwang das Unternehmen in selbstständige Bereiche zu teilen, weil das Unternehmen auf vielen unterschiedlichen Märkten agiert und die damit verbundenen Informations- und Kommunikationsströme durch eine zentrale Führung nicht mehr beherrschbar sind. Trotzdem wird vom Top-Management verlangt, dass es eine einheitliche Führung des gesamten Unternehmens gewährleistet.

> Für international operierende Unternehmen verstärkt sich dieses Problem noch, denn die kulturellen Unterschiede zwischen einzelnen Ländern führen dazu, dass eine einheitliche Leitung durch interkulturelle Schwierigkeiten erschwert wird.

Verrechnungspreise stellen ein Instrument dar, um eine Abstimmung von dezentral geführten Divisionen zu erleichtern. Wie im Abschnitt „Divisionale Organisationsstruktur und Erfolgsrechnung" gezeigt, sind dem allerdings auch Grenzen gesetzt. Genau diese Grenzen, aber auch die Möglichkeiten von Verrechnungspreisen auszuloten, ist Aufgabe der folgenden Abschnitte.

> **Lernziel 2:** Die Rechnungszwecke der Verrechnungspreise begründen.

Will man die Frage beantworten, warum Unternehmen Verrechnungspreise einsetzen, so sind die Rechnungszwecke kenntlich zu machen. **Rechnungszwecke** sind Wissenswünsche des Managements, es sind vorwiegend zwei herausragende Rechnungszwecke, die für Verrechnungspreise diskutiert werden (vgl. Wagenhofer, 2002, Sp. 2075 f.; Coenenberg, 1973, S. 374 f.):

1. die **Erfolgsermittlung** von Divisionen und
2. die **Koordination der Einzelpläne** der Divisionen.

Bereits SCHMALENBACH stellte den Zweck der **Erfolgsermittlung** von selbstständigen Bereichen heraus (vgl. Schmalenbach, 1908/09, S. 170), daran hat sich bis heute wenig geändert. Manager von Divisionen sollen zwar weitgehende Freiheiten in ihren Entscheidungen haben, werden allerdings an ihrem Erfolg für die Division gemessen. Mit dem Zweck der Erfolgsermittlung ist in der Regel die Hoffnung verbunden, dass die Divisions-Manager besonders motiviert sind, wenn sie nicht nur die Freiheit des Handelns haben, sondern auch den Beitrag ihrer Division zum Gesamterfolg des Unternehmens erkennen können. Daher wird der Erfolg der Division häufig mit dem Anreizsystem für Manager verknüpft, indem z. B. ein variabler Vergütungsanteil auf Basis des Divisionserfolgs festgelegt wird.

Die Aufgabe der **Koordination der Einzelpläne** weist den Verrechnungspreisen eine Rolle zu, wie sie in einer Marktwirtschaft Preise auf den Märkten innehaben. Ein Verrechnungspreis soll dafür sorgen, dass die Einzelpläne der Divisionen so aufeinander abgestimmt werden, dass das Unternehmen seinen Gewinn maximiert. Koordination ist Abstimmung im Hinblick auf ein Ziel – Gewinn –, um sämtliche Aktivitäten auf dieses Ziel auszurichten. Allerdings ist diese Formulierung nicht allzu wörtlich zu nehmen, denn es lässt sich nur schwer überprüfen, ob das gewinnmaximale Programm für das Gesamtunternehmen durchgeführt wurde. Der Grund, warum eine divisionale Struktur im Unternehmen eingeführt wird, ist die Schwierigkeit der Information und Kommunikation im Unternehmen: Die Gesamtabstimmung wird zunehmend schwerfällig und manchmal unmöglich. Wenn sie aber im Unternehmen gar nicht mehr existiert, dann kann sie nicht zur Überprüfung der dezentralen Abstimmung herangezogen werden.

Methoden der Verrechnungspreisbildung

Verrechnungspreise können auf verschiedene Arten gebildet werden, Darstellung 52 zeigt die wichtigsten Methoden der Verrechnungspreisbildung (vgl. die Überblicke in Drumm, 1989; Hax, 1981; Hellwig, 1993; Kloock, 1992b;

11. Kapitel: Verrechnungspreise

Wagenhofer, 2002). In einer Marktwirtschaft werden Güter auf Märkten angeboten und nachgefragt, wobei sich daraus ein Preis ergibt, zu dem die größtmöglichen Mengen umgesetzt werden. Der Preis bringt die Nachfrage und das Angebot zum Ausgleich, in einer theoretischen Modellwelt führt dies zu einem Gleichgewicht. Im Gleichgewicht ergeben sich folgende ökonomische Konsequenzen:

1. die gehandelten Güter werden entsprechend ihrer **Knappheit** bewertet,
2. die Dringlichkeit der Bedürfnisse wird in **Geld gemessen** und
3. der Preis erfüllt die Aufgabe, die Güter in die wirtschaftlichste Richtung zu **lenken**.

Der letzte Aspekt legt es nahe, den Marktpreismechanismus zur Lenkung innerhalb des Unternehmens zu nutzen, daher werden Verrechnungspreise, die zur Koordination und zur Lenkung eingesetzt werden, als **Lenkpreise** bezeichnet, SCHMALENBACH bezeichnete dies als pretiale Betriebslenkung. Wenn versucht wird den Preismechanismus einer Marktwirtschaft zu nutzen, so werden im Unternehmen

Verrechnungspreise auf Basis von Marktpreisen

gebildet. Sie sollen gewährleisten, dass der Leistungsaustausch zwischen organisatorischen Bereichen gewinnmaximal erfolgt, obwohl die Bereiche dezentral entscheiden. Ob ein Marktpreis zur Bildung von Verrechnungspreisen verwendet werden kann, hängt von einer Reihe von Voraussetzungen ab. Als wichtigste Voraussetzung ist zu nennen, dass es für die Leistung überhaupt einen Markt und einen Marktpreis außerhalb des Unternehmens gibt. Die relevanten Informationen, die benötigt werden, um Verrechnungspreise auf Basis von Marktpreisen zu bilden, stammen von externen Quellen.

Wenn die Voraussetzungen für marktpreisorientierte Verrechnungspreise nicht gegeben sind, muss das Unternehmen auf interne Informationen zurückgreifen. Wird die Erfolgsgleichung betrachtet, erkennt man, dass die Kosten und die Gewinnvorstellungen herangezogen werden können. Wobei Verrechnungspreise auf der Grundlage dieser internen Informationen verkürzend als

Verrechnungspreise auf Basis von Kosten

bezeichnet werden, auch wenn sie zusätzlich zu den Kosten mit Gewinnaufschlägen berechnet werden. Verrechnungspreise auf der Basis von Kosten zu bilden, kann in sehr verschiedenen Formen erfolgen, insbesondere auf der Grundlage von Voll- oder Grenzkosten lassen sich Verrechnungspreise ermitteln.

Wie im Fallbeispiel 16 gezeigt, können auch die Kosten zur Koordination von Bereichen verwendet werden, allerdings sind auch in diesem Fall bestimmte Voraussetzungen zu beachten. Als weitere Möglichkeit sind in Darstellung 52

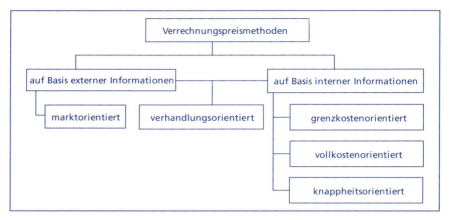

Darstellung 52: Methoden der Verrechnungspreisbildung

Verrechnungspreise auf Basis von Knappheitspreisen

aufgeführt. Sie können immer dann eingesetzt werden, wenn es im Unternehmen Engpässe gibt, die sich in den Kosten nicht widerspiegeln. In der Mitte der Darstellung gibt es eine weitere Möglichkeit: Dies sind die

Verrechnungspreise auf Basis von Verhandlungen.

In den folgenden Abschnitten sollen diese Verrechnungspreismethoden analysiert werden, inwieweit sie in der Lage sind, die beiden wichtigsten Rechnungszwecke Koordination und Erfolgszurechnung zu erfüllen.

 Lernziel 3: Erfüllung der Rechnungszwecke von kostenorientierten Verrechnungspreisen beurteilen können.

GrenzkostenorientierteVerrechnungspreise

Wenn in einem Unternehmen eine Teilkostenrechnung praktiziert wird, dann lassen sich die Verrechnungspreise auf Basis der Grenzkosten ermitteln. Wie bereits H. v. STACKELBERG 1932 gezeigt hat, führen Grenzkosten für die Verrechnungspreise zu gewinnmaximalen Lenkpreisen (vgl. Stackelberg, 1932, S. 69 ff.; auch Schmalenbach schlägt vor die Grenzkosten zu verwenden, vgl. Schmalenbach, 1930, S. 53). Dies gilt unter den Voraussetzungen, dass es nur einen internen Markt und keine Beschränkungen gibt (vgl. Drumm, 1972, S. 256). Gesucht ist der Verrechnungspreis, zu dem der Gewinn des Gesamtunternehmens maximal wird. Das Fallbeispiel soll daher konkretisiert werden, indem eine nichtlineare Erlösfunktion und die linearen Kostenfunktionen der Divisionen gegeben sind:

$K_Z = 5.000 + 5 \cdot x_Z$ (Kosten der Division Z)

$K_M = 10.000 + 6 \cdot x_M$ (Kosten der Division M)

$E_M = (40 - 0{,}004 \cdot x_M) \, x_M$ (Erlöse der Division M)

11. Kapitel: Verrechnungspreise

Daraus ergibt sich die folgende Gewinnfunktion bei zentraler Unternehmensplanung:

$$G = E_M - K_M - K_Z$$
$$= (40 - 0{,}004 \cdot x_M) x_M - (10.000 + 6 \cdot x_M) - (5.000 + 5 \cdot x_Z)$$

Nebenbedingung: $x_M = x_Z$

Die Gewinnfunktion wird maximiert, indem die 1. Ableitung gleich null gesetzt wird.

$$40 - 0{,}008 \cdot x_M - 6 - 5 = 0$$
$$x_M = 29/0{,}008 = 3.625$$

Die gewinnmaximale Menge sind 3.625 zu produzierende und abzusetzende Einheiten, sie wird ermittelt, ohne den Verrechnungspreis zu kennen. Wird den Sparten vorgegeben, den Verrechnungspreis auf Basis der Grenzkosten festzulegen, muss dies zur gleichen optimalen Menge führen. Wie unschwer an der Gewinnfunktion der Division Z zu erkennen,

$$G_Z = (v \cdot x_Z) - (5000 - 5 \cdot x_Z)$$

ergibt sich bei Vorgabe der Grenzkosten von 5 Euro ein Stückgewinn von null. Die Division Z kann keine optimale Menge vorgeben, da bei der linearen Erlös- und Kostenfunktion kein Optimum ermittelbar ist. Sie ist insoweit unselbstständig, eine echte Entscheidungsautonomie besteht bei ihr nicht. Wie sieht es nun für die abnehmende Division M aus?

Wenn die Division die Grenzkosten von 5 Euro verlangt, besteht hinsichtlich des Preises keine Entscheidungsautonomie bei der Division M, sie verhält sich wie ein Mengenanpasser. Sie wird die Mengen festlegen, die zu ihrem Gewinnmaximum führen. Im Beispiel ist die Gewinngleichung der Division M und des Gesamtunternehmens identisch, daher kann die Zentrale die Grenzkosten als Verrechnungspreis anordnen. Sie kann sich sicher sein, dass die Division M die gleiche optimale Entscheidung trifft (vgl. Hax, 1965a, S. 135; Kloock, 1992b, Sp. 2558 ff.).

Wenn die optimalen Mengen in die Gewinnfunktion des Unternehmens eingesetzt werden, ergibt sich folgendes Ergebnis:

$$G = E_M - K_M - K_Z$$
$$= (40 - 0{,}004 \cdot 3.625) \, 3.625 - (10.000 + 6 \cdot 3.625) - (5.000 + 5 \cdot 3.625)$$
$$= 92.437{,}50 - 31.750 - 23.125$$
$$= 37.562{,}50$$

Das Beispiel hat gezeigt, dass grenzkostenorientierte Verrechnungspreise die Aufgabe der Koordination erfüllen können. Allerdings erzeugt ihre Verwendung nur eine Illusion von Entscheidungsautonomie, die liefernde Division kann nur ihre Grenzkosten weiterverrechnen, sie ist damit gestellt wie eine unselbstständige Teileinheit in einem Unternehmen. Die abnehmende Division hingegen verhält sich im Beispiel wie ein Mengenanpasser (oder wie das Gesamtunternehmen), sie bestimmt die optimale Menge nachdem ihr der Verrechnungspreis bekannt ist.

Das Beispiel ist so gewählt, dass es möglich ist, ohne eine zentrale Lösung zur gewinnmaximalen Menge und dem entsprechenden Verrechnungspreis zu kommen. Wenn die Funktionen allerdings konkav oder konvex sind, ergibt sich das Problem, dass sich bei der 1. Ableitung der liefernden Division noch das x in der Gleichung befindet, d.h., die Grenzkosten hängen von der Produktionsmenge ab (vgl. Hax, 1965a, S. 145). In diesem Fall müsste die Zentrale bei Kenntnis aller Informationen die optimalen Verrechnungspreise bestimmen, indem sie die Gewinngleichung aufstellt und löst. Dies ist allerdings auch damit verbunden, dass gleichzeitig die optimalen Mengen bestimmt werden. Das Lenkungsproblem ist damit gelöst und den Divisionen können die optimalen Mengen vorgegeben werden.

Von Entscheidungsautonomie kann in solchen Fällen nicht mehr gesprochen werden, denn die Zentrale muss vor dem eigentlichen Abstimmungsprozess alle wesentlichen Parameter festlegen. Ein zentrales Planungsmodell widerspricht allerdings der Entscheidungsdezentralisation der Bereiche, denn sie sollen in ihren Entscheidungen weitgehend frei sein und nur an ihren Erfolgen gemessen werden. Genau diese Entscheidungen werden ihnen aber bei einem zentralen Planungsmodell abgenommen (vgl. Frese & Glaser, 1980, S. 122, zur Schaffung von Autonomie-Illusion).

Ein Blick in empirische Untersuchungen zeigt, dass Verrechnungspreise auf Basis von Grenzkosten nur äußerst selten in Unternehmen zu finden sind. Wenn der Rechnungszweck Koordination unter bestimmten Bedingungen erfüllt ist, stellt sich die Frage, wie die Erfolgszuordnung auf die Divisionen zu beurteilen ist. Für das Fallbeispiel 16 sind die Erfolgsrechnungen der Divisionen (s. Tabelle 84) aufgeführt.

Aus Sicht des Divisionsleiters von Z ist die Erfolgsrechnung kaum sinnvoll, da er von den gesamten Kosten, die in seiner Division anfallen, nur die variablen Kosten weiterverrechnen kann. Sein Erfolg entspricht genau der Höhe der fixen Kosten, nämlich 5.000 Euro. Für die Division M stellt sich die Situation völlig anders dar, da sie die gesamten Erlöse für das Produkt vereinnahmt

	Division Z	Division M	Gesamt
Erlöse	18.125,–	92.437,50	110.562,50
Fixkosten	(–5.000,–)	(–10.000,–)	(–15.000,–)
Variable Kosten	(–18.125,–)	(–21.750,–)	(–39.875,–)
Leistung von Z		(–18.125,–)	(–18.125,–)
Gesamtkosten	–23.125,–	–49.875,–	–73.000,–
Erfolg	–5.000,–	42.562,50	37.562,50

Tabelle 84: Erfolgsermittlung bei Grenzkosten (in Euro)

11. Kapitel: Verrechnungspreise

und die Leistung von Z nur mit den variablen Kosten vergüten muss. Vergleicht man die Erfolge der Divisionen und des Gesamtunternehmens, lässt sich erkennen, dass der Erfolg von M um die 5.000 Euro zu hoch ausfällt.

Für den Divisionsleiter von Z ist die Erfolgsrechnung demotivierend, da er weiß, dass er nie in der Lage sein wird, einen Erfolg auszuweisen, wenn er nicht mehr als die variablen Kosten erstattet bekommt. Eine autonome Entscheidung obliegt ihm im vorgestellten Beispiel auch nicht, da er nur die Grenzkosten ansetzen kann.

Für Bereiche, die Leistungen zur Verfügung stellen,

- für die es **keinen Markt** gibt oder
- für die sie **keinen Marktzugang** haben,

ist es zwar möglich, einen Verrechnungspreis mit Grenzkosten zu finden, der für das gesamte Unternehmen optimal ist. Die liefernde Division ist in diesem Fall jedoch eine unselbstständige organisatorische Einheit, deren Erfolgsrechnung keinerlei Funktion ausübt. In solchen Fällen bietet es sich an, für diese Leistung einen Lieferzwang auszusprechen, da dadurch erst gar keine Autonomie-Illusion bei der Lieferdivision entsteht.

Grenzkosten mit periodischer Abrechnung

Die Erfolgsrechnungen der beiden Divisionen sind bei einem Verrechnungspreissystem auf Basis von Grenzkosten verzerrt, denn in

1. der liefernden Division vermischen sich interne Geschäfte auf Grenzkostenbasis mit externen Geschäften auf Marktpreisbasis. Die für die interne Lieferung benötigten Fixkosten und ein angemessener Gewinn werden dieser Division nicht vergütet.
2. Der Spartenmanager der abnehmenden Division hat sein Absatzrisiko insofern abgewälzt, als dass er nicht nur keine Fixkosten vergüten muss, vielmehr wird seine Erfolgsrechnung nur mit den variablen Kosten belastet. Auch in seiner Erfolgsrechnung sind interne und externe Geschäfte vermischt.

Im Prinzip ist es möglich, interne und externe Geschäfte zu trennen, interne Geschäfte eventuell aus der Erfolgsrechnung herauszunehmen. Ein anderer Vorschlag bezweckt hingegen, eine Verteilung der Fixkosten und einen Gewinn für die liefernde Sparte zu ermöglichen, ohne jedoch die Vorteile der Lenkung durch die Grenzkosten aufzugeben. Es wird ein **globaler Betrag pro Periode** ermittelt, der die Fixkosten und einen angemessenen Gewinn für die liefernde Division ermittelt.

Es soll der Konflikt zwischen den beiden Rechnungszwecken Koordination der Sparten und Erfolgszurechnung gelöst werden, ohne einen von beiden aufgeben zu müssen. Durch den globalen Betrag, den die liefernde Division vergütet bekommt, sollen die Verzerrungen in beiden Erfolgsrechnungen gemildert werden. Allerdings muss der **Globalbetrag** (GB) bestimmten Anforderungen genügen:

- er soll mengenunabhängig sein,

- auf Planung und
- auf einer Kapazitätsabsprache beruhen sowie
- eine Mindestrendite ermöglichen.

Zweck dieses Betrages ist es, eine angemessene Aufteilung der Kosten und des Gewinns zwischen beiden Sparten zu erreichen. Mit dem Aufbau und dem Vorhalten der Kapazität durch die liefernde Division trägt sie einseitig das Risiko der Fixkosten, ein **mengenabhängiger Betrag**, der aufgrund der gelieferten Menge berechnet wird, verändert diesen Nachteil nicht.

Grundsätzlich sollte in Verrechnungspreissystemen von **geplanten Größen** ausgegangen werden, da in den Istkosten sämtliche Unwirtschaftlichkeiten enthalten sind, und dann die liefernde Division keinen Anreiz hat, die Kostenwirtschaftlichkeit einzuhalten.

Der Betrag sollte auf einer **Kapazitätsabsprache** zwischen den Sparten beruhen, die wie eine langfristige Liefervereinbarung wirkt. Die abnehmende Sparte nennt aufgrund ihrer eigenen Planung die zukünftigen Abnahmemengen, woraus sich ein entsprechender Anteil an der Kapazität der liefernden Division ergibt.

Auf die sich daraus ergebenden Fixkosten ist noch eine entsprechende Verzinsung des Kapitals aufzuschlagen, die der im Unternehmen üblichen **Mindestrendite** entsprechen sollte. Im Beispiel sei angenommen, dass die abnehmende Sparte 30 % der Kapazität reserviert und eine Mindestrendite von 15 % erwartet wird.

$$GB = 30\% \cdot 5.000 + 10\% \cdot 5.000 = 2.000$$

In der Erfolgsrechnung beider Divisionen verändert sich daher der jeweils ausgewiesene Gewinn entsprechend (s. Tabelle 85).

	Division Z	**Division M**	**Gesamt**
Erlöse	18.125,–	92.437,50	110.562,50
Globalbetrag	2.000,–	–2.000,–	–
Fixkosten	(–5.000,–)	(–10.000,–)	(–15.000,–)
Variable Kosten	(–18.125,–)	(–21.750,–)	(–39.875,–)
Leistung von Z		(–18.125,–)	(–18.125,–)
Gesamtkosten	–23.125,–	–49.875,–	–73.000,–
Erfolg	–3.000,–	40.562,50	37.562,50

Tabelle 85: Erfolgsermittlung bei Grenzkosten mit Globalbetrag (in Euro)

Vollkostenorientierte Verrechnungspreise

In den Kapiteln zur traditionellen Kostenrechnung und prozessorientierten Kostenrechnung wird die Zurechnung von vollen Kosten auf Produkte ausgiebig beschrieben. Die dort erzeugten Informationen werden benötigt, wenn im Unternehmen Verrechnungspreise auf Basis von vollen Kosten berechnet werden. Bei empirischen Untersuchungen wird immer wieder festgestellt, dass viele Unternehmen Verrechnungspreise auf Basis von Vollkosten einsetzen. Bevor versucht wird, eine Antwort auf die Frage zu geben, warum Unternehmen so handeln, soll gezeigt werden, wie vollkostenorientierte Verrechnungspreise die Rechnungszwecke Koordination der Einzelpläne und Erfolgsermittlung der Divisionen erfüllen.

Im Folgenden wird daher das Fallbeispiel 16 verändert. Angenommen wird, dass die Division Z ihre Vollkosten auf Basis der Kapazität von 5.000 Stück berechnet, ihre Kostenfunktion lautet:

$$K_Z = 5.000 + 5\, x_Z$$

Die vollen Kosten ergeben sich aus den variablen Kosten von 5 Euro und den fixen Kosten von 1 Euro (5.000 : 5.000) zu 6 Euro; diesen Verrechnungspreis setzt die Division Z gegenüber der Division M an. Wie reagiert nun die Division M? Ihre Gewinnfunktion sieht folgendermaßen aus:

$$\begin{aligned}G_M &= E_M - K_M - v\, x_Z \\ &= (40 - 0{,}004\, x_M)\, x_M - (10.000 + 6\, x_M) - (6\, x_Z)\end{aligned}$$

Nebenbedingung: $x_M = x_Z$

Ihre Gewinnfunktion wird maximiert, indem die 1. Ableitung gleich null gesetzt wird.

$$\begin{aligned}40 - 0{,}008\, x_M - 6 - 6 &= 0 \\ x_M &= 28/0{,}008 = 3.500\end{aligned}$$

Wenn diese Mengen in die Gewinnfunktion des Unternehmens eingesetzt werden, ergibt sich folgendes Ergebnis:

$$\begin{aligned}G &= E_M - K_M - K_Z \\ &= (40 - 0{,}004 \cdot 3.500)\, 3.500 - (10.000 + 6 \cdot 3.500) - (5.000 + 5 \cdot 3.500) \\ &= 91.000 - 31.000 - 22.500 \\ &= 37.500\end{aligned}$$

Ein Vergleich mit dem Ergebnis der Grenzkostenrechnung zeigt, dass die Vollkostenrechnung zu einem geringeren Gewinn führt. Auch wenn der Unterschied im Fallbeispiel nicht hoch ist, zeigt sich, dass vollkostenorientierte Verrechnungspreise zu Fehlentscheidungen führen können.

> Schauen Sie sich hierzu Darstellung 53 (S. 358) an. Sie zeigt die Grenzgewinne der abnehmenden Division (ohne die Kosten der internen Lieferung), die im Beispiel fallen, da davon ausgegangen wird, dass bei höheren Mengen der Preis gesenkt wird; von

ihnen werden die variablen Kosten der abnehmenden Division abgezogen. Sie werden von den Verrechnungspreisen auf Vollkosten- oder Grenzkostenbasis geschnitten, beide werden als konstant angesehen. Jeder Aufschlag auf die Grenzkosten führt im Beispiel dazu, dass eine Verschiebung der Kosten pro Stück nach oben erfolgt und damit eine geringere Menge gefertigt wird.

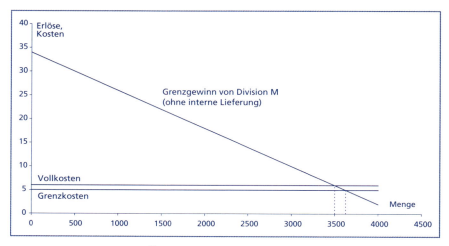

Darstellung 53: Grenzkosten und Vollkosten

Im Kapitel zur Deckungsbeitragsrechnung sind die Mängel der Vollkostenrechnung analysiert und diskutiert worden, es ist daher nicht verwunderlich, dass, wenn die Vollkostenrechnung zur Basis von Verrechnungspreisen gemacht wird, eine ähnliche Kritik entsteht. Den Divisionen werden durch die vollkostenorientierten Verrechnungspreise keine entscheidungsrelevanten Informationen zur Verfügung gestellt, dadurch schlagen die Mängel der Vollkostenrechnung auf die Verrechnungspreise durch. Wie im Beispiel gezeigt, besteht dann prinzipiell die Gefahr, dass Fehlentscheidungen getroffen werden.

Der hauptsächliche Fehler besteht in der Proportionalisierung der Fixkosten, um die die Grenzkosten erhöht werden, dies kann wie im Beispiel dazu führen, dass die abnehmende Division eine geringere Menge nachfragt, sodass Kapazitäten im Unternehmen nicht optimal genutzt werden. Mithilfe der Vollkostenrechnung ist es daher nicht möglich, ein Optimum für das gesamte Unternehmen zu bestimmen, sie erfüllt damit die Funktion der Koordination der Einzelpläne unter diesen Bedingungen nicht.

Wenn in den Unternehmen vollkostenorientierte Verrechnungspreise eingesetzt werden, dann liegt es sehr wahrscheinlich daran, dass die Koordinations- und Lenkungsfunktion als kurzfristiges Entscheidungsproblem nicht die ausschlaggebende Rolle spielt. Großer Nachteil der grenzkostenorientierten Verrechnungspreise ist es, dass die Funktion der Erfolgsermittlung so schlecht erfüllt wurde. Wie sieht die Erfolgsrechnung der Divisionen bei der Vollkostenrechnung aus?

11. Kapitel: Verrechnungspreise

In Tabelle 86 ist für das Fallbeispiel die Erfolgsrechnung der einzelnen Divisionen und des Gesamtunternehmens enthalten.

- Im Unterschied zur Grenzkostenrechnung ist ein Teil der Fixkosten der Division Z im Verrechnungspreis enthalten. Allerdings kann die Division Z nicht die Gewinnzone erreichen. Auch wenn sie ihre Kapazitäten voll ausschöpft, gelingt es ihr nur, sämtliche Kosten erstattet zu bekommen.
- Aus Sicht des Abnehmers wirken die vollkostenorientierten Verrechnungspreise, als ob eine Eigenfertigung vorliegt.

	Division Z	Division M	Gesamt
Erlöse	21.000,–	91.000	91.000
Fixkosten	(–5.000,–)	(–10.000,–)	(–15.000,–)
Variable Kosten	(–17.500,–)	(–21.000,–)	(–38.500,–)
Leistung von Z		(–21.000,–)	
Gesamtkosten	–22.500,–	–52.000,–	–53.500,–
Erfolg	–1.500,–	39.000,–	37.500

Tabelle 86: Erfolgsermittlung bei Vollkosten (in Euro)

Wie beurteilen die beiden Divisionsmanager diese Erfolgsrechnungen? Beide sollen mit der jeweiligen Rechnung motiviert werden.

1. Der Divisionsmanager von M wird so gestellt, als wenn er selbst fertigt, allerdings trägt er nicht die Fixkosten der ungenutzten Kapazität. Er könnte jedoch z. B. die Art der Zurechnung von Kosten kritisieren oder darauf hinweisen, dass in der Division Z unwirtschaftlich gearbeitet wird.
2. In der Division Z tritt das Problem auf, dass es für den Bereichsmanager unmöglich ist, einen Gewinn auszuweisen, er letztlich, wie ein Cost-Center-Manager behandelt wird.

Soll der Division die Möglichkeit eingeräumt werden, einen Gewinn zu erwirtschaften, muss es neben den Kosten einen Gewinnzuschlag geben. Allerdings zeigt ihnen Darstellung 53 (S. 358), dass dann die Mengen weiter zurückgehen werden.

Angenommen sei, dass die Division Z mit einem Gewinnzuschlag von 25 % arbeitet, d. h., auf einen Verrechnungspreis in der Höhe von 6 Euro wird ein Gewinn von 1,5 (25 % von 6) addiert. In Tabelle 87 sind die Erfolgsrechnungen aufgelistet, die dann entstehen, sie beruhen auf einer Menge von 3.313 (aufgerundet), die von der Division M nachgefragt wird.

Zwar kann sich nun der Bereichsmanager der Division Z über einen Gewinn freuen, allerdings führt der zusätzliche Gewinnaufschlag im Vergleich zu den Verrechnungspreisen auf Grenz- oder Vollkosten zu einem Gewinnrückgang für das Gesamtunternehmen. Vollkostenorientierte Verrechnungspreise mit oder ohne Zuschlag führen zu einer systematisch schlechteren Koordination der Pläne der Divisionen. Es ist in der Regel ein geringerer Gewinn gegenüber einer Orientierung an Grenzkosten zu erwarten. Warum setzen trotzdem so viele Unternehmen diese Verrechnungspreise ein?

	Division Z	Division M	Gesamt
Erlöse	24.848	88.616	88.616
Fixkosten	(–5.000)	(–10.000)	(–15.000)
Variable Kosten	(–16.565)	(–19.878)	(–36.443)
Leistung von Z		(–24.848)	
Gesamtkosten	–21.565	–54.726	–51.443
Erfolg	3.283	33.890	37.173

Tabelle 87: Erfolgsermittlung bei Vollkosten mit Gewinnzuschlag (gerundete Werte) (in Euro)

> Grenzkostenorientierte Verrechnungspreise sind Informationen, die eine optimale Entscheidung unterstützen, wenn kurzfristig von gegebenen Ressourcen ausgegangen wird. Manager von Divisionen sehen Entscheidungen über interne Lieferungen eher als langfristig an und fordern daher einen angemessenen Betrag für die Fixkosten und den Gewinn, der im Verrechnungspreis enthalten sein muss.

Wie das Fallbeispiel gezeigt hat, ist die Vollkostenrechnung dafür nicht das geeignete Instrument. Da mit einer Vollkostenrechnung wie mit jeder Kostenrechnung Entscheidungen über gegebene Ressourcen unterstützt werden sollen, sind Fixkosten nicht relevant und führen potenziell zu Fehlsteuerungen der Ressourcen. Im Beispiel drückte sich dies dadurch aus, dass Division M aufgrund der Vollkosten eine geringere Menge an Zahnrädern nachfragte und dadurch die Kapazitäten von Division Z und M nicht optimal genutzt wurden.

> Als Fazit aus dem Fallbeispiel ließe sich ziehen, dass Verrechnungspreise auf Basis von Grenzkosten kombiniert mit einem Globalbetrag einer Ideallösung am nächsten kommen, weil die Koordinationsaufgabe mit Grenzkosten am besten erfüllt wird. Durch den Globalbetrag auf Basis einer periodischen Abrechnung werden die Fixkosten auch tatsächlich als Periodenbeträge behandelt. Durch die Mindestrendite ist für die Division ein Gewinnausweis möglich, der nicht die Lenkungsaufgabe im Unternehmen behindert.

Wenn Verrechnungspreise auf Basis von Kosten gebildet werden, gibt es einige typische Diskussionen zwischen den Divisionen, davon sollen zwei erläutert werden. Meistens beklagt sich ein Divisionsmanager darüber, dass die Kosten für die Leistung aus der anderen Division zu hoch sind.

- Um einer Division die Möglichkeit zu nehmen, **unwirtschaftliches Verhalten** zu ignorieren, da die Kosten von einer anderen Division getragen werden, ist es sinnvoll, Verrechnungspreise auf Basis von Plankosten zu bilden (vgl. Eccles & White, 1988, S. 28, die berichten, dass auch Plankosten

11. Kapitel: Verrechnungspreise

angezweifelt wurden, weil die Standards als zu niedrig empfunden wurden). Wenn Unwirtschaftlichkeiten in der Division Z auftreten, müssen sie von ihr getragen werden. Dies gilt unabhängig davon, ob Grenzkosten oder Vollkosten verwendet werden.

- Wenn Verrechnungspreise auf Basis von Vollkosten gebildet werden, dann tritt das Problem von **Beschäftigungsabweichungen** oder genauer der Berücksichtigung von Leerkosten auf. In einer flexiblen Plankostenrechnung auf Vollkostenbasis werden bei einer geringeren Auslastung Teile der Fixkosten nicht auf die Produkte verrechnet und verbleiben damit bei der Lieferdivision. Sie hat damit auch das Beschäftigungsrisiko, was allerdings nur sinnvoll ist, wenn sie auch externe Abnehmer hat, denn sonst würde sie das Absatzrisiko der Division M tragen, ohne die Möglichkeit zu haben, extern für mehr Beschäftigung ihrer Kapazitäten zu sorgen.

Wie Sie aus dem Kapitel „Deckungsbeitragsrechnung" wissen, ist es in Engpasssituationen notwendig, das Entscheidungskriterium anzupassen. Grenzkostenorientierte Verrechnungspreise setzen voraus, dass es keine Kapazitätsbeschränkungen gibt. Wenn ein Engpass auftritt, müssen knappheitsorientierte Verrechnungspreise gebildet werden.

Knappheitsorientierte Verrechnungspreise

Werden Grenzkosten verwendet, um Verrechnungspreise zu bilden, setzt dies streng genommen voraus, dass

- es **in der Lieferdivision keine Engpässe** gibt. Denn wenn mehrere Produkte um knappe Ressourcen konkurrieren, sind auf die Preisuntergrenze in Form von Grenzkosten Opportunitätskosten zu addieren. Opportunitätskosten drücken die jeweils verdrängten Deckungsbeiträge aus, die dem Bereich entgehen, wenn er die betrachtete Alternative realisiert.
- Weitere Voraussetzung ist, dass die **Lieferdivision keinen Marktzugang** hat. Denn, warum sollte sie bei internen Lieferungen nur die Grenzkosten verlangen, wenn sie auf dem Markt einen in der Regel höheren Preis erzielen kann? Daher wird in Konzernen für bestimmte Lieferungen ein Lieferzwang ausgesprochen.

Bei einem Engpass kann dies noch mit dem Ansatz von Opportunitätskosten gelöst werden, liegen mehrere Engpässe vor, lässt sich dies nur mithilfe der linearen Programmierung lösen.

| Lern-ziel 4: | Erfüllung der Rechnungszwecke von knappheitsorientierten Verrechnungspreisen beurteilen können. |

Wie ein knappheitsorientierter Verrechnungspreis gebildet wird, soll an einem Zahlenbeispiel erläutert werden. In einem Unternehmen gibt es eine Lieferdivision Z und eine Abnehmerdivision M, in der Lieferdivision werden zwei Zwischenprodukte hergestellt, die beide in zwei Endprodukte von M eingebaut werden.

Zwischenprodukt \ Endprodukt	X	Y
A	1	2
B	2	1

Für das Zwischenprodukt A besteht eine Restriktion in Höhe von 10.000 Stück. Die Kosten und Erlöse sind in der folgenden Tabelle aufgelistet: Die variablen Kosten für A sind 5 Euro und für B sind sie 6 Euro.

	X	Y
Erlöse	40	42
Kosten (für A und B)	−17	−16
Kosten für Weiterverarbeitung	−8	−10
Deckungsbeitrag	15	16

Für den Engpass wird ein relativer Deckungsbeitrag ermittelt, der als zusätzliches Element zu den Grenzkosten den Verrechnungspreis bildet.

	X	Y
Relativer Deckungsbeitrag	15/1 =15	16/2 =8
Verrechnungspreis für	A	B
Grenzkosten	5	6
relativer Deckungsbeitrag	15	0
Verrechnungspreis	20	6

Aus Sicht der Division M sehen die Stückdeckungsbeiträge folgendermaßen aus.

	X	Y
Erlöse	40	42
Kosten für A	−20	−40
Kosten für B	−12	−6
Kosten für Weiterverarbeitung	−8	−10
Deckungsbeitrag	0	−14

Die Division wird daher ausschließlich das Interesse an der Produktion von X haben und Y nicht produzieren. Sie wird daher 10.000 Stück von X produzie-

11. Kapitel: Verrechnungspreise

ren, somit von der Division Z 10.000 Stück A und 20.000 Stück B beziehen. Den Stückdeckungsbeiträgen können Sie auch entnehmen, dass bei der Division M kein Gewinn entsteht, der knappheitsorientierte Verrechnungspreis lenkt den gesamten Gewinn zum Engpass, der ja in der Division Z ist (dort entsteht ein Deckungsbeitrag von 150.000 Euro).

- Knappheitsorientierte Verrechnungspreise sind daher für die **Erfolgsermittlung** von Divisionen nicht geeignet.
- Wie unschwer an dem Beispiel zu erkennen ist, benötigt man zur Lösung des Problems sämtliche Informationen über Restriktionen, Erlöse, variable Kosten und Restriktionsbelastungen, mit anderen Worten:
  – Es muss ein Gesamtmodell aufgestellt werden, in dem alle Informationen enthalten sind. Das widerspricht jedoch dem Gedanken der Dezentralisation: Eine zentrale Lösung soll ja gerade durch das Instrument der Verrechnungspreise vermieden werden (vgl. Albach, 1974, S. 223).

Es ist sehr wahrscheinlich die mangelhafte Erfolgsermittlung der knappheitsorientierten Verrechnungspreise, die dazu führt, dass in der Unternehmenspraxis diese Form kaum auftritt.

Marktpreisorientierte Verrechnungspreise

In den einleitenden Abschnitten ist erläutert worden, dass Verrechnungspreise im Unternehmen dazu dienen sollen, dezentrale Entscheidungen möglich zu machen. Sie sollen den komplizierten Mechanismus eines Budgetsystems durch eine marktorientierte Form der Abstimmung ablösen. Allerdings funktioniert der Marktmechanismus nur, wenn bestimmte Voraussetzungen erfüllt sind. Bei der Wahl, wie Verrechnungspreise im Unternehmen zu bilden sind, müssen zuerst diese **Voraussetzungen** geprüft werden.

> **Lernziel 5:** Erfüllung der Rechnungszwecke von Verrechnungspreisen auf Basis von Marktpreisen beurteilen können.

1. Es muss ein **vollkommener Markt** existieren, der sich unter anderem durch folgende Eigenschaften auszeichnet (vgl. Gutenberg, 1976, S. 185):
   – Die gehandelten Güter sind homogen und fungibel.
   – Zwischen den Marktteilnehmern bestehen keine Präferenzen.
   – Alle Marktteilnehmer handeln rational im Sinne ihrer Nutzenmaximierung.
   – Alle Marktteilnehmer besitzen vollständige Informationen (Markttransparenz).
2. Die liefernde und abnehmende Divisionen müssen **Marktteilnehmer** dieses vollkommenen Marktes sein, d. h., sie müssen einen unbeschränkten Marktzugang haben.

Eine wichtige Eigenschaft des vollkommenen Marktes ist, dass es nur einen **einheitlichen Preis** des homogenen Gutes geben kann; sie wurde von Jevons als Gesetz der Unterschiedslosigkeit (the law of indifference) formuliert (vgl. den Auszug aus seiner Theorie der politischen Ökonomie in Schneider, 1962, S. 235 f.). Wenn diese beiden Voraussetzungen erfüllt sind, dann ist der Marktpreis der geeignete Verrechnungspreis (vgl. Hirshleifer, 1956, S. 176; einige Jahre früher Stackelberg, 1932, S. 73).

> Stellen Sie sich zwei Divisionen vor, die ein Zwischenprodukt austauschen. Wenn die liefernde Division nicht existieren würde, müsste die abnehmende Division das Zwischenprodukt zum Marktpreis kaufen. Würde hingegen die abnehmende Division nicht existieren, müsste die liefernde Division zum Marktpreis extern verkaufen. Die Gewinne, die bei den einzelnen Divisionen entstehen, wenn die Verrechnungspreise auf Basis der Marktpreise gebildet werden, sind vergleichbar den Gewinnen, die entstanden wären, wenn beide Divisionen eigenständige Unternehmen wären (vgl. Drury, 2012, S. 511).

Der Marktpreis drückt die Angebots- und Nachfrageverhältnisse auf dem Markt aus. Wenn er intern als Verrechnungspreis eingesetzt wird, soll genau dies im Unternehmen simuliert werden. Zu den Annahmen des vollkommenen Marktes gehört es, dass zwischen den Marktteilnehmern keine Präferenzen existieren, dies gilt auch für die Divisionen in einem Unternehmen. Es muss ihnen gleichgültig sein, mit wem sie ein Geschäft abschließen, ob mit einem internen Lieferanten, internen Abnehmer oder externen Unternehmen. Wenn die Division Z in Darstellung 54 ein Zwischenprodukt an die Division M liefert, verdrängt das interne Geschäft ein externes Geschäft, es verliert den Erlös und damit den Gewinn aus diesem Geschäft. Der interne Verrechnungspreis muss daher den entgangenen Gewinn aus dem verdrängten Geschäft widerspiegeln, das sind die **Opportunitätskosten** der besten nicht realisierten Alternative.

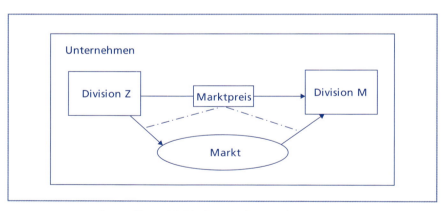

Darstellung 54: Marktpreis als Verrechnungspreis

Damit es den Divisionen tatsächlich gleichgültig ist, mit wem sie das Geschäft abschließen, muss darauf geachtet werden, ob der Marktpreis als Verrechnungspreis auch wirklich die interne Situation wiedergibt. Daher kann es notwendig werden, den Marktpreis zu korrigieren.

Beschaffungs- und Absatzkosten: Wenn intern geliefert wird, kann es sein, dass bestimmte Beschaffungsnebenkosten entfallen, die bei einem externen Geschäft anfallen würden. Die liefernde Division muss ihren Preis um die wegfallenden Absatznebenkosten korrigieren, die abnehmende Division dementsprechend die wegfallenden Beschaffungsnebenkosten abziehen (vgl. Solomons, 1965, S. 174).

Kritiker von Verrechnungspreisen zur internen Steuerung verweisen auf den prinzipiellen Unterschied zwischen Markt und Hierarchie und konstatieren, dass gerade die Wahl der Hierarchie gegenüber dem Markt bestimmte Vorteile erbringt. In der Regel muss daher mit **Verbundvorteilen** (Synergien) im Unternehmen gerechnet werden, denn die vorhandenen Verflechtungen im Unternehmen sind nicht zufällig entstanden, sondern beruhen auf einer bewussten Gestaltungsentscheidung (vgl. Poensgen, 1973, S. 467 ff.), es sind z. B.:

1. Einkaufs- und Verkaufsverbundvorteile aufgrund der Größe,
2. Kostenvorteile im Vertrieb und der Produktion,
3. Geheimnisbewahrung,
4. Qualitätsvorteile,
5. Sicherheit von Lieferungen.

Der Verrechnungspreis als Marktpreis drückt genau diese Verbundvorteile des Unternehmens nicht aus, d. h., er sendet für die Divisionen falsche Signale aus. Bei finanziellen Zielen ist es zwar prinzipiell möglich eine Korrektur des Marktpreises vorzunehmen, allerdings ist dies nicht immer praktikabel. Daher wird zur **Sicherung von Verbundvorteilen** häufig auf andere Maßnahmen ausgewichen.

- Häufig wird **in die Autonomie von selbstständigen Divisionen eingegriffen**, indem bestimmte Liefer- und Abnahmeverpflichtungen eingeführt werden, weitere typische Eingriffe in die Autonomie zeigt Tabelle 88, die auf einer empirischen Untersuchung in deutschen Unternehmen beruht.
- Es wird eine völlige Abkehr vom Prinzip der Marktpreise vollzogen, für interne Lieferungen wird zu einem System von **kostenorientierten Verrechnungspreisen** übergegangen.
- ALBACH schlägt vor, den Erfolgsmaßstab der Divisionen zu erweitern und Kennzahlen zu berücksichtigen, die Auskunft geben, inwieweit eine Division zu den Verbundvorteilen im Gesamtunternehmen beigetragen hat. Er nennt beispielsweise (vgl. Albach, 1974, S. 237):
  – Anteil der entwickelten Produkte und Verfahren, die von anderen Divisionen genutzt werden.
  – Kundenauftragsvolumen, das auch von anderen Divisionen bearbeitet wird.
  – Anteil der Produktionskapazitäten, die von anderen Divisionen genutzt werden.

Solche Kennzahlen dienen dem Controlling, dem Management der Divisionen anzuzeigen, dass im Unternehmen Verbundvorteile existieren, die, wenn sie von den einzelnen Divisionen ausgenutzt werden, für das Gesamtunternehmen von Vorteil sind. Der Einsatz von marktpreisorientierten Verrechnungspreisen ist daher an bestimmte Voraussetzungen geknüpft, die sich nicht nur auf die Marktbedingungen, sondern auch auf die Situation im Unternehmen beziehen.

1. Wenn die **liefernde Division unterbeschäftigt** ist, dann wäre der kurzfristig relevante Verrechnungspreis auf Basis der Grenzkosten zu bilden.
2. Auch in dieser Situation greift häufig die Zentrale ein, es soll nicht zur Unterauslastung von Kapazitäten im Unternehmen kommen (s. Tabelle 88). Die Entscheidungsautonomie wird daher an vielen Stellen von der Zentrale eingeschränkt.

Es ist daher wichtig zu erkennen, dass die Dichotomie von Markt – mit dem Instrument Verrechnungspreise – und Hierarchie – mit dem Instrument Budget – sich in dieser überspitzten Form in der Unternehmenspraxis nicht wiederfindet. Beide Instrumente befinden sich auf einem Kontinuum zwischen zwei extremen Polen. Dazwischen gibt es eine Vielzahl von Möglichkeiten, die auch in der Praxis gewählt werden.

Einschränkungen bei der Wahl des Zulieferers	Obligatorisches internes Angebot erforderlich Sogenanntes „Last call"-Prinzip Bei vergleichbaren Angeboten obligatorischer interner Bezug Begründungspflicht bei Wahl eines externen Lieferanten „Sozialer Druck" zum internen Bezug Eingriffe der übergeordneten Instanz in Entscheidungen Obligatorischer interner Bezug bei bestimmten (strategischen) Komponenten
Einschränkungen für interne Zulieferer	Prinzipieller Vorrang interner Kunden Externe Lieferungen sind informations- bis genehmigungspflichtig durch den Vorstand Preisabschlag für interne Kunden durch Verwaltungsminderaufwand Einschränkungen in der internen Preisbestimmung

Tabelle 88: Einschränkungen der Entscheidungsautonomie
(Quelle: entnommen aus Kreuter, 1999, S. 108)

Verrechnungspreise auf Basis von Verhandlungen

Häufig sind die Voraussetzungen für Marktpreise als Verrechnungspreise nicht erfüllt oder sie sind in praxi schwer umzusetzen:

1. Es existiert beispielsweise kein einheitlicher Marktpreis, weil die Preiskonditionen auf dem Markt schwer zu überblicken sind.
2. Der Markt zeichnet sich durch große Schwankungen aus oder ein Preiskampf führt zu Dumpingpreisen.

11. Kapitel: Verrechnungspreise

Lernziel 6: Erfüllung der Rechnungszwecke von Verrechnungspreisen auf Basis von Verhandlungen beurteilen können.

Daher kann die Zentrale entscheiden, dass Verrechnungspreise im Unternehmen durch Verhandlungen festzulegen sind. Den Divisionen wird damit die Freiheit gegeben, über die internen Liefermengen und die Verrechnungspreise in Verhandlungen selbst zu bestimmen. Da die Zentrale vermutet, dass die Divisionen über bessere Informationen verfügen, hält sie einen zentralen Eingriff für schädlich. Zentral ist dabei die **Verhandlungsmacht** zwischen den Divisionen, denn sie bestimmt insbesondere, wie der später entstehende Gewinn zu verteilen ist. Wenn gleiche Verhandlungsmacht vorhanden ist, besteht eine hohe Wahrscheinlichkeit, dass eine effiziente Lösung erreicht wird. Beide Divisionen haben ein Interesse, dass ein möglichst großer Gewinn entsteht, der dann unter ihnen aufgeteilt wird (vgl. Baldenius & Reichelstein, 1998, S. 237; Zimmerman, 2014, S. 189).

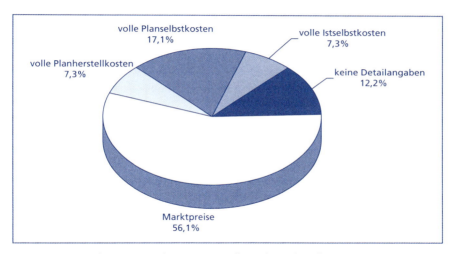

Empirische Untersuchung 7: Grundlage der verhandlungsorientierten Verrechnungspreise
(Quelle: Weilenmann, 1989, S. 948, es wurden 80 Schweizer Konzerne befragt)

Der Einsatz von Verhandlungen ist insbesondere dann sinnvoll, wenn sich die Divisionen einem unvollkommenen Markt gegenübersehen, d. h., es gibt zwar Marktinformationen, aber beispielsweise keinen einheitlichen Marktpreis. So zeigte auch eine Untersuchung von WEILENMANN, in der 80 Schweizer Konzerne zu ihren Verrechnungspreisen befragt wurden, dass als Grundlage für Verhandlungen über 50 % Marktpreise verwendeten (s. Empirische Untersuchung 7). Der Vorteil von Marktpreisen besteht darin, dass sie als Orientierungsmarke für Verhandlungen dienen können. Zum Erfolg von Verhandlungen trägt auch bei, wenn beide Divisionen einen Zugang zum Markt haben, sich daher keine Division in einer Art Monopolstellung befindet, die die Verhandlungsmacht zu ihren Gunsten verschiebt.

Ein sehr ernstes Problem stellt sich der Zentrale, wenn sich beide Divisionen nicht einigen können. Wenn die Zentrale sich eigentlich eine Einigung zum Wohle des Gesamtunternehmens wünscht, steckt sie in einem Dilemma. Sie kann zwar in den Verhandlungsprozess eingreifen und z. B. eine Liefer- und Abnahmeverpflichtung durchsetzen, allerdings kann dies zu Motivationsproblemen der Divisionsmanager führen, die nicht zu unrecht vermuten, dass die Dezentralisation doch nicht so ganz ernst gemeint ist. Zusätzlich besteht das Problem, dass der Divisionserfolg auf Größen beruht, die der Manager aufgrund der Entscheidung der Zentrale nicht mehr zu verantworten hat. Er müsste aus diesem Grund bereinigt werden.

Ein Eingriff in die Autonomie kann daher die Motivation der Manager empfindlich senken, sodass der zusätzliche Gewinn durch den Eingriff nur kurzfristig wirkt. Allerdings hängen eventuelle Folgen stark von den Formen der Konflikthandhabung im Unternehmen ab. So weisen WATSON & BAUMLER darauf hin, dass, wenn in einem Unternehmen Verhandlungen zur Konfliktlösung dienen, dies auch für die Verrechnungspreise gelten sollte (vgl. Watson & Baumler, 1975, S. 471 f.). Es gibt jedoch einige Einwände gegen verhandlungsorientierte Verrechnungspreise (vgl. Kaplan & Atkinson, 1998, S. 461):

1. Verhandlungen benötigen Zeit, die den Managern für ihre eigentliche Tätigkeit fehlt.
2. Der Erfolg einer Division hängt vom Verhandlungsgeschick von Managern ab.
3. Konflikte zwischen Divisionen führen zu Zeitproblemen im Top-Management, das sich um Konfliktlösungen kümmern muss.
4. Der ausgehandelte Preis kann sich vom Optimum entfernen.

Auch wenn eine Prognose über die Wirksamkeit von Verrechnungspreisen auf Basis von Verhandlungen schwierig ist, spricht viel für die Hypothese, dass die Informationsvorteile von Divisionsmanagern in Verbindung mit einer erhöhten Motivation zu einem Vorteil für das Gesamtunternehmen führen.

Verrechnungspreise in internationalen Konzernen

Die Rechnungszwecke von Verrechnungspreisen – Erfolgsermittlung und Koordination von Einzelplänen – gelten in Konzernen wie in Einzelunternehmen gleichermaßen. In internationalen Konzernen ergibt sich ein weiterer Rechnungszweck mit besonderer Dringlichkeit (vgl. Pausenberger, 1992, S. 774; Leitch & Barrett, 1992, S. 66): **Steuerminimierung**.

Dieser Rechnungszweck ist aus der Erfolgsermittlung abgeleitet. Während mit der Erfolgsermittlung jedoch die Erfolgsverantwortung von selbstständigen Unternehmenstöchtern gefestigt werden soll, zielt die Steuerminimierung darauf die Steuerlast des internationalen Konzerns zu verringern. Die Wirkungen auf die Erfolgsrechnungen der Einzelunternehmen werden ausschließlich unter diesem Rechnungszweck betrachtet. Dass zwischen bei-

11. Kapitel: Verrechnungspreise

den ein Zielkonflikt besteht oder bestehen kann, wird im Folgenden gezeigt. Wie kann es überhaupt zu einer Steuerminderung in einem internationalen Konzern kommen?

| **Lern-ziel 7:** | Besonderheiten von Verrechnungspreisen im Konzern beschreiben. |

Schauen Sie sich Darstellung 55 an, die eine vereinfachte Situation aufzeigt. Ein Konzernunternehmen in einem Hochsteuerland (Steuersatz 50%) liefert ein Produkt an ein Konzernunternehmen in einem Niedrigsteuerland (Steuersatz 10%). Da die Konzernspitze die Gewinne in das Niedrigsteuerland verlagern möchte, legt sie fest, dass das Produkt zu Selbstkosten zu liefern ist. So entsteht im Hochsteuerland kein Gewinn, der Erlös entspricht den Selbstkosten, im Niedrigsteuerland wird der Gewinn von 30 voll versteuert (von weiteren Kosten im abnehmenden Unternehmen wird abgesehen).

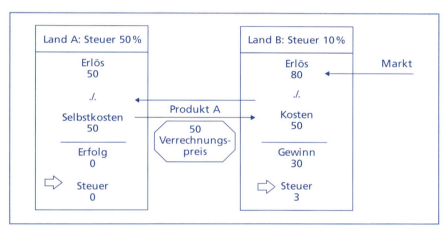

Darstellung 55: Erfolgsverlagerung im internationalen Konzern

Sie können der Darstellung auch den Zielkonflikt zwischen der Erfolgsermittlung und der Steuerminimierung entnehmen. Der Profit-Center-Manager im Hochsteuerland findet aufgrund der zentralen Festlegung des Verrechnungspreises keine aussagefähige Erfolgsrechnung vor. Internationale Konzerne stehen daher vor einem Dilemma, welchen Rechnungszweck sie bevorzugen sollen.

Bei der Besteuerung von Unternehmen ist zu beachten, dass Konzerne zwar einen Jahresabschluss vorlegen, d.h., auch einen externen Konzernerfolg berechnen. Besteuert werden hingegen die Erfolge in den einzelnen Konzernunternehmen (Einzelerfolgsermittlung). Konzernunternehmen werden als wirtschaftlich selbstständig betrachtet (vgl. Schreiber & Rogall, 2002, Sp. 788).

- Versetzen Sie sich jetzt in die Lage einer Steuerbehörde im Land A:
- Im Land A werden Sie als Finanzbeamter einwenden, dass ein Produkt kaum produziert wird, wenn nicht auch ein Gewinn entstehen kann. Sie

werden eventuell versuchen nachzuweisen, dass das Unternehmen mit einem konzernfremden Unternehmen nicht zu diesem Preis ein Geschäft abgeschlossen hätte, d. h., Sie machen einen **Fremdvergleich**. Der Fremdvergleich beruht auf einem einfachen Grundgedanken:

- Die einzelnen Konzernunternehmen sind selbstständige Unternehmen in einer Marktwirtschaft, Geschäfte innerhalb eines Konzerns sind genauso zu behandeln wie außerhalb des Konzerns (fremde Unternehmen). Wenn in einem Konzern Güter ausgetauscht werden, haben die Konzernunternehmen Preise zu vereinbaren, als wenn sie fremde Unternehmen wären (vgl. Mandler, 2002, S. 931; Scheffler, 2009, S. 452 ff.).
- Dahinter steckt der Glaube an die Funktionsfähigkeit von Märkten: Wenn sich Anbieter und Nachfrager von Gütern auf einem Markt auf einen Preis einigen, dann ist dieser Preis auch angemessen (kritisch zu diesem Grundsatz Schneider, 2003).

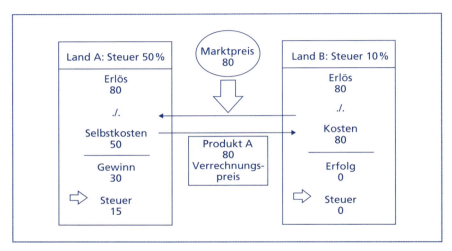

Darstellung 56: Fremdvergleich und Erfolgsverlagerung

Wenn Sie als Konzernunternehmen diesen Fremdvergleich ihren Verrechnungspreisen zugrunde legen, kommen Sie eventuell zu einem ernüchternden Fazit. In Darstellung 56 ist angenommen, dass der Marktpreis von 80 als Fremdvergleichsmaßstab gültig ist. Die Erfolgsverlagerung hat nicht funktioniert, das Unternehmen muss im Hochsteuerland den vollen Gewinn versteuern.

Der Fremdvergleichsgrundsatz (dealing-at-arm's-length) ist im Musterabkommen der OECD (Organization for Economic Co-Operation and Development) zur Doppelbesteuerung enthalten (vgl. hierzu OECD, 2010, S. 33 ff.). Dieses Musterabkommen wird von vielen Staaten angewendet und soll verhindern, dass der gleiche wirtschaftliche Vorgang in zwei Ländern und damit doppelt besteuert wird (vgl. die umfassende Dokumentation zu den Regelungen verschiedener Länder Raby, 2008; Tang, 1997). Allerdings sind Unternehmen, die ihre Verrechnungspreise diesen Grundsätzen nicht anpassen, nicht nur

11. Kapitel: Verrechnungspreise

gefährdet, doppelt besteuert zu werden, sondern auch eine zusätzliche Strafe zahlen zu müssen.

> Für das Beispiel würde dies bedeuten, dass das Unternehmen die Steuer von 3 in B, die Steuer in A von 15 und eventuell noch eine Strafe von z. B. 40 % auf die 15 zahlen muss: aus der Steuerzahlung von 3 würde so eine Zahlung von 24.

Konzerne sind daher für ihre Steuerplanung ähnlich wie die Steuerbehörden an einer rechtssicheren Regelung interessiert. In den OECD-Richtlinien sind zu diesem Zweck Standardmethoden des Fremdvergleichs geregelt.

Standardmethoden des Fremdvergleichs

International sind drei Standardmethoden anerkannt, die zur Verrechnungspreisbildung eingesetzt werden können. Der Fremdvergleich wird als Maßstab verwendet, um festzustellen, ob die Methoden Ergebnisse liefern, die von den Finanzbehörden akzeptiert werden (vgl. die Standardmethoden z. B. in Bundesministerium der Finanzen, 1983, Tz. 2.2; generell zu den Rechtsgrundlagen von Verrechnungspreisen Bernhardt, 2014).

> **Lernziel 8:** Unterschiedliche Standardmethoden der Verrechnungspreisbildung im Konzern erläutern.

1. Preisvergleichsmethode (comparable uncontrolled price method)
2. Wiederverkaufspreismethode (resale price method)
3. Kostenaufschlagsmethode (cost plus method)

Bei einem Vergleich mit den bisher erläuterten Möglichkeiten, Verrechnungspreise zu bilden, fällt auf, dass grundsätzlich nur Ansätze gewählt werden, die einen Gewinn des liefernden Konzernunternehmens berücksichtigen. Wenn das Konzernunternehmen eine Leistung an ein konzernfremdes Unternehmen liefert, wird vermutet, dass es bei dieser Transaktion auch einen Gewinn erwirtschaften will. Dem Fremdvergleich liegt zugrunde, dass sich die Unternehmen im freien Wettbewerb untereinander befinden und es ist ein Merkmal der Marktwirtschaft, dass Unternehmen im Wettbewerb nach Gewinn streben. Eine Zuordnung der betriebswirtschaftlich diskutierten Methoden zu den steuerrechtlich zulässigen Standardmethoden ergibt folgendes Bild (s. Tabelle 90).

Mithilfe der Standardmethoden wird für jedes einzelne Geschäft geprüft, ob der Verrechnungspreis angemessen ist.

	Verrechnungspreise auf Basis von
Preisvergleichsmethode	Marktpreisen
Wiederverkaufspreismethode	–
Kostenaufschlagsmethode	Vollkosten mit Zuschlag, Grenzkosten mit Zuschlag

Tabelle 89: Betriebswirtschaftliche und steuerrechtliche Verrechnungspreise

Preisvergleichsmethode

Bei der Preisvergleichsmethode wird im Wesentlichen davon ausgegangen, dass der Verrechnungspreis auf Basis von Marktpreisen berechnet wird. Es werden die Geschäfte auf Märkten untersucht und auf den Verrechnungspreis geschlossen, wobei es verschiedenen Möglichkeiten geben kann (s. Tabelle 90).

Herkunft des Geschäftspartners \ Art des Geschäfts	Gleichartig	Ungleichartig
Außen	Originärer Preisvergleich	Modifizierter Preis
Innen	Konzernindividueller Preis	Modifizierter konzernindividueller Preis

Tabelle 90: Vergleichsgrundlagen der Preisvergleichsmethode
(Quelle: leicht verändert übernommen aus Jäger, 1987, S. 78)

Die untersuchten Geschäfte werden verglichen mit

- Geschäften außerhalb des Konzerns (**äußerer Preisvergleich**) und
- Geschäften innerhalb des Konzerns (**innerer Preisvergleich**).

Beim **äußeren Preisvergleich** werden die Verrechnungspreise verglichen mit Börsenpreisen, branchenüblichen Preisen oder Preisen, die auf Geschäften zwischen unabhängigen Dritten beruhen. Konzernindividuelle Preise werden bei einem **inneren Preisvergleich** herangezogen, sie stammen aus Geschäften von Konzernunternehmen mit unabhängigen Marktpartnern.

Es muss festgestellt werden, ob die Geschäfte, die zum Vergleich gewählt wurden, gleichartig oder ungleichartig sind. Um dies festzustellen, werden folgende Merkmale des Geschäfts untersucht (vgl. Bundesministerium der Finanzen, 1983, Tz 3.3.1):

- die ausgetauschten Güter (Qualität, Mengen),
- die Konditionen des Geschäfts (Preis, Transportkosten, Zahlungsbedingungen),
- der belieferte Absatzmarkt,
- die Handelsstufe und die
- Marktverhältnisse.

Wenn diese Merkmale beider Geschäfte übereinstimmen, dann kann der Preis des Geschäfts direkt übernommen werden (direkter Preisvergleich). Unterscheiden sich die Merkmale hingegen, sind entsprechende Anpassungen am Preis vorzunehmen (indirekter Preisvergleich).

11. Kapitel: Verrechnungspreise

Wiederverkaufspreismethode

Ausgangspunkt ist bei der Wiederverkaufspreismethode ebenfalls ein Marktpreis, in diesem Fall allerdings nicht der Marktpreis der gelieferten Leistung sondern der Marktpreis, der vom abnehmenden Konzernunternehmen bei der Weiterveräußerung erzielt wird. Um den Verrechnungspreis der gelieferten Leistung berechnen zu können, müssen die Wertschöpfungsbeiträge des abnehmenden Konzernunternehmens abgezogen werden. Die vereinfachte Rechnung, die zum Verrechnungspreis führt, lautet:

	Wiederverkaufspreis
–	Kosten bis zum Wiederverkauf
–	Gewinnaufschlag
=	Verrechnungspreis

Der Verrechnungspreis hängt daher besonders von den beiden Komponenten Kosten bis zum Wiederverkauf und Gewinnaufschlag ab.

- Geeignet ist die Methode dann, wenn das abnehmende Konzernunternehmen überwiegend den Vertrieb der Leistung übernimmt (Vertriebsgesellschaft), da dann die **Kosten bis zum Wiederverkauf** leichter zu ermitteln sind (vgl. Broecker, 2001, S. 116 f.).
- Schwierigkeiten bereitet in der Regel der **Gewinnaufschlag**, meist dienen als Anhaltspunkte ähnliche Konzerngeschäfte und branchenübliche Aufschläge, die das Risiko, welches der Funktionsbereich übernimmt, wiederspiegeln.

Wenn das abnehmende Konzernunternehmen nicht nur für den Vertrieb sondern auch bedeutende Anteile an der Weiterverarbeitung leistet, dann wird die Methode immer ähnlicher zur Kostenaufschlagsmethode, nur dass sie beim abnehmenden Unternehmen Kosten und Gewinn ermitteln muss (vgl. zu einem Beispiel Broecker, 2001, S. 120 ff.).

Kostenaufschlagsmethode

Die drei Standardmethoden gelten zwar als gleichwertig, allerdings legt der Grundsatz des Fremdvergleichs nahe, dass Verrechnungspreise primär auf Basis von marktbezogenen Informationen gebildet werden sollten. Die Kostenaufschlagsmethode (cost plus method) entspricht nicht dieser Vorstellung, weil Kosten und Gewinne den internen Informationssystemen des Unternehmens entnommen werden. Die einfache Rechnung zum Verrechnungspreis lautet:

	Selbstkosten (Voll- oder Teilkosten)
+	Gewinnaufschlag
=	Verrechnungspreis

Die Methode kommt vermehrt zum Einsatz, wenn die Leistungen, die innerhalb des Konzerns ausgetauscht werden, keinen Marktpreis haben. Typisch ist dies für Dienstleistungen und immaterielle Güter, weil sie häufig unternehmensindividuell sind (s. Empirische Untersuchung 8). Der Fremdvergleich wird angewendet, indem verlangt wird, dass das Unternehmen das Geschäft kalkuliert wie gegenüber einem konzernfremden Unternehmen. Gibt es keine vergleichbaren Geschäfte, muss die Kalkulation betriebswirtschaftlichen Grundsätzen entsprechen.

- Im Rechenschema sind die Selbstkosten entweder als **Voll- oder Teilkosten** ausgewiesen. In der Regel wird von den Steuerbehörden eine Rechnung auf Basis der Vollkosten erwartet, da davon ausgegangen wird, dass das Unternehmen alle seine Kosten gedeckt sehen will. Teilkosten sind jedoch nicht ausgeschlossen, z. B. dann nicht, wenn nachgewiesen werden kann, dass in bestimmten Marktsituationen Preisuntergrenzen auf Teilkostenbasis üblich sind.
- Vorteil der **geplanten Kosten** gegenüber den realisierten Kosten bei der Verrechnungspreisbildung ist, dass die Unwirtschaftlichkeiten des liefernden Unternehmens nicht im Verrechnungspreis berücksichtigt werden.
- Der **Gewinnaufschlag** wird bemessen, indem aus der Vergangenheit ähnliche Geschäfte im Konzern herangezogen werden oder branchenübliche Gewinnaufschläge verwendet werden.

Alle drei Standardmethoden können einzeln oder gemeinsam eingesetzt werden, es soll die Methode oder Methodenkombination gewählt werden, die den tatsächlichen Verhältnissen im Unternehmen am nächsten kommt.

Weitere Methoden, um daraus einen Verrechnungspreis zu ermitteln, beruhen darauf die Gewinne im Konzern zu analysieren (vgl. Boos et al., 2000, S. 2391).

1. Mithilfe der **Gewinnvergleichsmethode** (comparable profits method) werden die Gewinne der Konzernunternehmen mit denen anderer Unternehmen verglichen.
2. Die **Gewinnaufteilungsmethode** (profit split method) versucht die gemeinsam angefallenen Gewinne eines Geschäfts, mit einer Funktionsanalyse zu zerlegen und auf die beteiligten Unternehmen zu zuordnen.
3. Mit der **Nettomargenmethode** (transactional net margin method) werden die Gewinne einzelner Geschäfte verglichen, indem eine Kennzahl wie z. B. die Umsatzrendite gebildet wird.

Die Gewinnmethoden gelten als nachrangig zu den Standardmethoden, d. h., wenn beide prinzipiell anwendbar sind, soll den Standardmethoden der Vorzug gegeben werden (vgl. OECD, 2010, S. 60).

Die Untersuchung von Ernst & Young beruht auf Interviews in 638 Konzernmüttern und 176 Konzernunternehmen in 22 Ländern. Es zeigt sich, dass die Standardmethoden am meisten eingesetzt werden, ihr gemeinsamer Anteil liegt bei jeder Leistungsart über 50 %. Gewinnmethoden spielen nach wie vor nur eine untergeordnete Rolle. Auffallend ist auch, dass die Kostenaufschlagsmethode bei sehr vielen Leistungsarten die anderen beiden Methoden dominiert, bei den internen Dienstleistungen ist diese Dominanz sehr deutlich.

11. Kapitel: Verrechnungspreise

	Preisvergleichs-methode	Wiederverkaufs-preismethode	Kostenaufschlags-methode	Gewinnvergleichs-methode	Gewinnaufteilungs-methode	Nettomargen-methode
Verkauf von Fertigprodukten	25	24	35	9	5	8
Verkauf von Rohmaterial	26	12	48	7	3	4
Verwaltungsdienstleistungen	11	1	62	4	3	2
Technische Dienstleistungen	18	2	55	4	3	3
Verkaufsprovision	27	10	25	8	3	5
Technologiekostenbeteiligung	17	<1	45	5	6	2
Lizenzgebühren	33	5	16	7	4	1
Konzerninterne Finanzierung	37	3	24	4	2	2

Empirische Untersuchung 8: Methoden der Verrechnungspreisbildung und Leistungsarten (Angaben in Prozent)
(Quelle: Ernst & Young, 2001, S. 19, hier nur Auszug)

Diese Dominanz wird auch in einer jüngst in Deutschland durchgeführten Untersuchung bestätigt: Die Kostenaufschlagsmethode wird bei Vor- und Fertigprodukten, Dienstleistungen und Markenrechten den anderen Standardmethoden zum Teil deutlich vorgezogen (vgl. Hummel & Pedell, 2009, S. 582).

Verrechnungspreise in der Praxis

Zwar geht es mit der hohen Komplexität von Lieferbeziehungen in internationalen Konzernen einher, dass Unternehmen sich ihr Verrechnungspreissystem betriebsindividuell gestalten (s. Unternehmensbeispiel 4), auf der anderen Seite erzeugen die steuerrechtlichen Vorschriften eine Tendenz zu einheitlichen Verfahren. Daher lohnt sich auch ein Überblick über empirische Studien zur Verbreitung der Methoden.

Unternehmensbeispiel 4: Verrechnungspreise bei Trumpf

Trumpf ist ein deutsches Familienunternehmen, das insbesondere Werkzeugmaschinen, Lasertechnik und Elektronik herstellt und anbietet. Mit einem Auslandsanteil von 80 % ist das Unternehmen ausgeprägt exportorientiert, was auch die 53 Auslandsgesellschaften belegen. Für dieses Unternehmen stellt sich daher die Festlegung von Verrechnungspreisen als wichtiges Thema. Das Unternehmen bevorzugt ein Einkreissystem, weil es der steuerlichen Optimierung keine so große Bedeutung beimisst. Daher wird das System der Verrechnungspreise unter primär betriebswirtschaftlichen

> Gesichtspunkten gestaltet und die steuerlichen Vorschriften bilden den Rahmen, in dem diese Lösungen zulässig sind.
>
> Es werden die Funktionen und Risiken der einzelnen Bereiche analysiert und dementsprechend die Methoden der Verrechnungspreise gewählt. Im Vertriebsbereich wird die Wiederverkaufspreismethode, im Produktionsbereich und im Dienstleistungsbereich die Kostenaufschlagsmethode angewendet. Die Kostenaufschlagsmethode beruht auf Vollkostenbasis, weil ein langfristiger Planungshorizont verfolgt wird (in der Regel werden die vollen Standardkosten für drei Jahre festgelegt). Die Angemessenheit des Gewinnzuschlags wird anhand des Risikos, dass der Funktionsbereich übernimmt überprüft. Aus Sicht des Unternehmens führen diese Analysen zu einer Übereinstimmung von betriebswirtschaftlicher und steuerrechtlicher Sicht.
>
> Um diese skizzierten Maßnahmen abzusichern, werden alle Regelungen in einer Richtlinie festgehalten; sie dient gleichzeitig der Dokumentation der Verrechnungspreisbildung und ihrer Grundlagen, wie sie für die Steuerbehörden notwendig sind.
>
> (Quellen: Hiller, 2013; Hummel et al., 2009; Hummel, 2010)

Eine Reihe von Ergebnissen lässt sich – allerdings mit der gebotenen Vorsicht – zu einem allgemeinen Überblick zusammenfassen.

- **Verrechnungspreise auf Basis von Marktpreisen** haben einen hohen Stellenwert, in den meisten Untersuchungen liegt ihr prozentualer Anteil zwischen 20 bis 50. In der Mehrzahl der Untersuchungen dominieren jedoch die kostenorientierten Verrechnungspreise, ihr Anteil liegt überwiegend zwischen 30 bis 65 % (vgl. die Zusammenstellung in Coenenberg et al., 2012, S. 760 ff.).
    - Für Marktpreise spricht, dass sie von den Leitern von Konzernunternehmen als fair empfunden und daher bei der Erfolgsermittlung und beurteilung akzeptiert werden, weil bei Marktpreisen der Erfolg des Profit-Centers auch ihrem tatsächlichen Erfolgsbeitrag für das Gesamtunternehmen entspricht (vgl. Ronen & McKinney, 1970, S. 100).
- **Grenzkostenbasierte Verrechnungspreise** werden in Unternehmen praktisch nicht eingesetzt, obwohl sie in der Lage sind, unter den gegebenen Annahmen kurzfristige Entscheidungen optimal zu unterstützen. Da in der Theorie schon lange Grenzkosten bevorzugt werden, ist nach Erklärungen zu suchen, warum sie in der Praxis so wenig eingesetzt werden.
    - Wie Sie im Abschnitt zu den Grenzkosten sehen können, ist der Rechnungszweck **Erfolgsermittlung** bei der reinen Grenzkostenorientierung nicht erfüllt. In den Unternehmen wird dem Rechnungszweck Erfolgsermittlung hingegen besondere Bedeutung zugemessen.
    - Grenzkosten sind nur in kurzfristiger Sicht entscheidungsrelevant, in **langfristiger Sicht** hingegen sind auch Kosten für Kapazitäten zu berücksichtigen. Ebenso wie bei der langfristigen Preisuntergrenze werden Vollkosten als Näherungswerte angesehen, die diese langfristigen Aspekte berücksichtigen. Viele Unternehmen betonen daher diesen Aspekt für ihre Verrechnungspreise (vgl. Drumm, 1973, S. 100; Kilger, 1984, S. 12 f.; Weilenmann, 1989, S. 948).
    - Beide Gründe treffen auch auf **knappheitsorientierte** Verrechnungspreise zu, die in Unternehmen kaum eingesetzt werden.

11. Kapitel: Verrechnungspreise

- Steuerliche Gesichtspunkte spielen noch eine zusätzliche Rolle, da bei der steuerorientierten Bildung von Verrechnungspreisen den vollen Kosten eine herausragende Rolle zukommt.
- Die überwiegende Mehrheit – genau: 77% – der multinationalen Unternehmen in der Studie von ERNST & YOUNG trennen nicht zwischen betriebswirtschaftlichen und steuerlichen Verrechnungspreisen, allerdings verwenden sie dann oft andere Kennzahlen für die Erfolgsbeurteilung der Konzernunternehmen (vgl. ERNST & YOUNG, 2001, S. 6). Dies wird durch die Studie von Hummel (2010) bestätigt, in der die befragten deutschen Unternehmen angaben, dass sie zu 79% nicht oder kaum Zweikreissysteme (Verrechnungspreis für interne und externe Zwecke) und zu 77% nicht oder kaum duale Verrechnungspreise (getrennte Verrechnungspreise für liefernde und beziehende Division) nutzen.

Schlüsselwörter

Dezentralisation (344)
Fremdvergleich (370)
Kostenaufschlagsmethode (373)
Markt, vollkommener (363)
Preisvergleichsmethode (372)

Verbundvorteile (365)
Verrechnungspreis (348)
Verrechnungspreismethoden (352)
Wiederverkaufspreismethode (373)

Kontrollfragen

1. Welche Organisationsform ist Voraussetzung für einen Einsatz von Verrechnungspreisen?
2. Warum lassen sich Erfolge nicht für eine Produktionsabteilung bestimmen?
3. Zeigen Sie auf, warum eine autonome Festlegung von Preisen in einem Unternehmen zu einem Suboptimum führen kann.
4. Erläutern Sie, inwieweit mit Verrechnungspreisen versucht wird, einen Marktmechanismus zu imitieren.
5. Beschreiben Sie den Begriff Verrechnungspreis.
6. Welche Rechnungszwecke werden mit dem Einsatz von Verrechnungspreisen verfolgt?
7. Systematisieren Sie die verschiedenen Methoden der Verrechnungspreisbildung.
8. Erläutern Sie die drei verschiedenen Interdependenzen, die zwischen Sparten auftreten können.
9. Wie lässt sich der Güteraustausch im Unternehmen durch Verrechnungspreise koordinieren?
10. Erläutern Sie, warum grenzkostenorientierte Verrechnungspreise die Koordinationsfunktion erfüllen.
11. Was verstehen Sie unter Autonomie-Illusion? Erläutern Sie, warum dieser Begriff bei grenzkostenorientierten Verrechnungspreisen verwendet wird.

12. Welche Modifikationen sind notwendig, damit die Erfolgsermittlungsfunktion von grenzkostenorientierten Verrechnungspreisen erfüllt werden kann?
13. Erläutern Sie die Anforderungen, die an einen Globalbetrag gestellt werden, der zur Erfolgskorrektur bei grenzkostenorientierten Verrechnungspreisen eingesetzt wird.
14. Warum erfüllen vollkostenorientierte Verrechnungspreise die Lenkungsfunktion nicht?
15. Welche Modifikationen sind notwendig, damit die Erfolgsermittlungsfunktion von Vollkosten erfüllt werden kann?
16. Erläutern Sie zwei Anforderungen, die an kostenorientierte Verrechnungspreise zu stellen sind.
17. Wann sind knappheitsorientierte Verrechnungspreise einzusetzen?
18. Inwieweit werden die Rechnungszwecke von Verrechnungspreisen von Knappheitspreisen erfüllt?
19. Welche Voraussetzungen müssen erfüllt sein, damit Marktpreise als Verrechnungspreise verwendet werden können?
20. Erfüllen marktpreisorientierte Verrechnungspreise auch die Erfolgsermittlungsfunktion?
21. Welche Verbundvorteile können im Konzern auftreten und warum ist dies für marktpreisorientierte Verrechnungspreise ein Problem?
22. Mit welchen Maßnahmen lassen sich die Verbundvorteile sichern?
23. Nennen Sie fünf Maßnahmen, mit denen die Entscheidungsautonomie von Divisionen von der Zentrale eingeschränkt wird.
24. Welche Probleme treten bei der Marktpreisfeststellung auf?
25. Warum werden in Unternehmen verhandlungsorientierte Verrechnungspreise eingesetzt?
26. Welche Probleme sind mit dem Einsatz von verhandlungsorientierten Verrechnungspreisen verbunden?
27. Nennen Sie die Einwände, die gegen Verrechnungspreise auf Basis von Verhandlungen diskutiert werden.
28. Erläutern Sie, wie ein Konzern durch die Gestaltung seiner Verrechnungspreise Erfolge im Konzern verlagern kann.
29. Welchen Grundsatz wenden die Finanzbehörden an, um die Angemessenheit von Verrechnungspreisen zu überprüfen?
30. Erläutern Sie die Preisvergleichsmethode.
31. Was unterscheidet den äußeren vom inneren Preisvergleich?
32. Beschreiben Sie die Berechnung des Verrechnungspreises bei der Wiederverkaufspreismethode.
33. Beschreiben Sie die Berechnung des Verrechnungspreises bei der Kostenaufschlagsmethode.
34. Welche Methoden der Gewinnanalyse zur Verrechnungspreisbildung gibt es?
35. Erläutern Sie, warum grenzkostenorientierte Verrechnungspreise in den Unternehmen keine große Rolle spielen.

11. Kapitel: Verrechnungspreise

Übungsaufgaben

Übung 1: Kostenorientierte Verrechnungspreise

In der Krach AG wird Unterhaltungselektronik für jeden Bedarf hergestellt. In der Division L werden verschiedene Lautsprecher gefertigt, die innerhalb des Unternehmens an verschiedene Divisionen geliefert werden. Die Division legt für ihren neuen Lautsprecher „Loud like hell" einen Verrechnungspreis von 10 Euro fest, die variablen Kosten belaufen sich auf 4 Euro, die Fixkosten betragen 30.000 Euro. Die Division R stellt Radios her, sie ist an dem Bezug des Lautsprechers „Loud like hell" interessiert, für ihr Radio hat sie die Preisabsatzfunktion ($70 \cdot x - 0{,}0004 \cdot x^2$) und 30 Euro variable Kosten ermittelt. Es fallen fixe Kosten in Höhe von 50.000 Euro an.

a) Berechnen Sie optimale Absatz- und Produktionsmengen für das Radio, wenn der Verrechnungspreis bei 10 Euro liegt und pro Radio ein Lautsprecher benötigt wird.

b) Wie ändert sich ihre Lösung unter a), wenn Sie die Grenzkosten als Verrechnungspreis wählen?

c) Wie ändert sich ihre Lösung unter b), wenn Sie die Vollkosten als Verrechnungspreis wählen (Fixkosten werden auf Basis der Kapazität von 50.000 Stück verrechnet)?

d) Geben Sie zu allen drei Lösungen die Erfolgsrechnungen der Divisionen und des Gesamtunternehmens an.

e) Kommentieren Sie ihre Ergebnisse.

Übung 2: Verrechnungspreis und Marktzugang

Die Situation in der Übung 1 wird dahingehend geändert, dass die Division L ihren Lautsprecher auf dem Markt absetzen kann. Der derzeitige Marktpreis liegt bei 12 Euro und verändert sich auch nicht, wenn sie ihre Höchstmengen von 50.000 Stück absetzt.

a) Die Controlling-Abteilung hat bisher die Grenzkosten als Verrechnungspreis verwendet. Welche Alternative schlagen Sie der Controlling-Abteilung vor?

b) Berechnen Sie für ihren Vorschlag die optimalen Mengen für beide Divisionen und die Erfolgsrechnungen der Divisionen sowie des Gesamtunternehmens.

Teil 5
Erfolgsmessung und -beurteilung sowie Vergütungssysteme

Im abschließenden fünften Teil werden die typischen Maßstäbe der Beurteilung vorgestellt. Auch in diesem Teil liegt der Schwerpunkt auf der Erfolgsmessung.

12. Kapitel: Marktwertorientierte Rechnung (382)
13. Kapitel: Kennzahlen und Balanced Scorecard (423)
14. Kapitel: Erfolgsorientierte Vergütungssysteme (465)

In den letzten Jahren haben sich durch die stärkere Bedeutung der Kapitalmärkte Konzepte der Marktwertmaximierung (Shareholder-Value-Konzepte) verbreitet, sie werden ausführlich im zwölften Kapitel erläutert. Das dreizehnte Kapitel liefert Ansätze für eine Analyse des Erfolges und die unterschiedlichen Performancemaße wie Rentabilitäten, in diesem Kapitel wird auch die Balanced Scorecard analysiert, die über ein reines Erfolgskennzahlensystem hinausgeht. Abschließend wird die Grundkonzeption der erfolgsorientierten Vergütung dargestellt und insbesondere Vergütungsinstrumente analysiert, die für die variable Vergütung von Managern eingesetzt werden.

12. Kapitel: Marktwertorientierte Rechnung

„Wenn wir also von einem Zweck der Unternehmung reden, so kann es nur dieser sein, Gewinn zu erzielen, und zwar für den Unternehmer." (Wilhelm Rieger, 1928, S. 44)

„In einer Marktwirtschaft, die die Rechte des Privateigentums hochhält, besteht die einzige soziale Verantwortung des Wirtschaftens darin, Shareholder Value zu schaffen …" (Alfred Rappaport, 1999b, S. 6)

Schon ADAM SMITH war der Meinung, dass wir nicht an das Wohlwollen des Bäckers appellieren sollten, um frische Brötchen zu bekommen. Vielmehr erwarten wir von seinem Eigennutz, dass er gute Produkte für seine Kundschaft anbietet. An dieser Einschätzung aus dem 18. Jahrhundert hat sich im Wesentlichen nichts geändert. Auch heute erwarten wir von Unternehmen, dass sie durch ihr Gewinnstreben für eine bestmögliche Versorgung der Bevölkerung sorgen. Allerdings hat sich die Wirklichkeit, in der Unternehmen sich bewegen, grundlegend gewandelt.

Große Publikumsgesellschaften, die nicht von Unternehmern sondern von Managern geführt werden, prägen weitgehend unser Bild von der Wirtschaft. Auch wenn dieses Porträt insbesondere für Deutschland nicht immer richtig ist, stellen die Probleme von großen Unternehmen doch ein bevorzugtes Studienobjekt für Wissenschaftler dar. Und in Gesellschaften mit tausenden von Eigentümern hat das Management Freiheiten, die es nicht immer zum Wohle der Eigner nutzt. Das Ziel Shareholder-Value soll Manager veranlassen, die Ziele der Eigentümer über ihre eigenen Ziele zu stellen.

Lernziele

Nach der Lektüre des Kapitels sollten Sie Folgendes können:
- Lernziel 1: Kapitalmarkt als Markt für Unternehmenskontrolle erläutern. (383)
- Lernziel 2: Marktkapitalisierung und Buchwert unterscheiden sowie Informationseffizienz des Kapitalmarkts beurteilen. (385)
- Lernziel 3: Dividenden-Diskontierungsmodell und Discounted-Cashflow-Methode als Alternativen der Unternehmensbewertung beschreiben und beurteilen. (389)
- Lernziel 4: Den freien Cashflow erläutern und auf Basis einer Kapitalflussrechnung bestimmen. (392)
- Lernziel 5: Die Relevanz des Restwertes einschätzen und mit einfachen Modellen berechnen. (397)
- Lernziel 6: Den Ansatz von Eigenkapitalkosten begründen. (402)
- Lernziel 7: Fremdkapital ermitteln und seine Kosten berechnen. (404)
- Lernziel 8: Portfolio-Theorie und CAPM als theoretische Fundamente zur Bestimmung von risikoadjustierten Eigenkapitalkosten erläutern. (406)

12. Kapitel: Marktwertorientierte Rechnung

- Lernziel 9: Risikoadjustierte Eigenkapitalkosten bestimmen. (412)
- Lernziel 10: Entity-Methode und Equity-Methode anwenden und Anwendungsvoraussetzungen beurteilen. (414)

Gründe für die Entwicklung zum Shareholder-Value

Wovor hat das Top-Management einer börsennotierten Aktiengesellschaft die meiste Angst? Es geht den Managern auch nicht anders als den meisten Mitarbeitern in Unternehmen: Der Verlust des Arbeitsplatzes, der zumindest vorübergehend zu Einkommensverlusten führt, ist die größte Gefahr. Der Vorstand einer Aktiengesellschaft kann das Vertrauen des Aufsichtsrates und der Eigentümer verlieren, sodass man sich voneinander trennt. Eine weitere Möglichkeit ist jedoch, dass bei einem angeschlagenen Unternehmen eine dritte Partei auftaucht, die es übernehmen will. Gefährlich ist eine Übernahme für das Management, da eine Übernahme sich häufig auf Unternehmen konzentriert, die trotz ihres aussichtsreichen Potentials nicht erfolgreich sind, und das Top-Management nun einmal für das gesamte Unternehmen verantwortlich ist. Neue Eigentümer werden sich verständlicherweise nach neuen Managern umschauen, denen sie mehr Führungsqualitäten zutrauen.

> Der Kapitalmarkt, an dem die Anteile des Unternehmens gehandelt werden, übt einen „sanften" Druck auf die Manager aus, möglichst niemanden auf die Idee zu bringen, dass Unternehmen zu übernehmen. Er wird daher auch als Markt für Unternehmenskontrolle bezeichnet, da er eine Kontrollfunktion gegenüber den Managern ausübt (vgl. Jensen & Ruback, 1983; Wenger, 2001).

Wie kann sich das Management gegen eine Übernahme wehren? Als aussichtsreich gilt es, einen hohen Wert des Unternehmens (Marktwert des Eigenkapitals) zu erzeugen, denn welchen Grund hätte ein neuer Eigentümer, dieses Unternehmen zu kaufen? Erst wenn der Käufer eine Wertsteigerung für möglich hält, wird er einen Kauf erwägen.

Lernziel 1: Kapitalmarkt als Markt für Unternehmenskontrolle erläutern.

Für Eigentümer ist ein funktionierender Eigenkapitalmarkt daher ein nützliches Kontrollinstrument, um die Leistung des Managements zu überprüfen. Ein einzelner Aktionär ist nicht in der Lage zu kontrollieren, ob das Management wirklich effektiv arbeitet, ein effizienter Kapitalmarkt leistet dafür gute Dienste.

Institutionelle Investoren sind an einer stetigen, verlässlichen Wertsteigerung interessiert. Sie sind aufgrund der Größe des eingesetzten Kapitals nicht in der Lage, schnell aus einer Aktie auszusteigen, da sie mit ihrem großen Volumen den Marktpreis nach unten treiben. Zu den institutionellen Investoren zählen Banken, Versicherungen und Investmentfonds, in der Tabelle (Empirische Untersuchung 9) sind aber weitere Eigentümergruppen aufgeführt, wobei auffallend ist, dass von ausländischen Anlegern 881,1 Mrd. Euro – immerhin 46 % des Aktienkapitals in Deutschland – gehalten wird.

Der Eigenkapitalmarkt hat sich daher zu einem wichtigen Instrument der Managementkontrolle entwickelt, er ist allerdings weder das einzige noch ein vollkommenes Instrument, disziplinierend sind auch

- die Rechnungslegungsregeln,
- der Arbeitsmarkt für Manager, wo die Reputation des Managers gehandelt wird,
- die mit dem Kapitalmarkt verbundene Öffentlichkeit, durch Analystenberichte und Artikel in der Wirtschaftspresse.

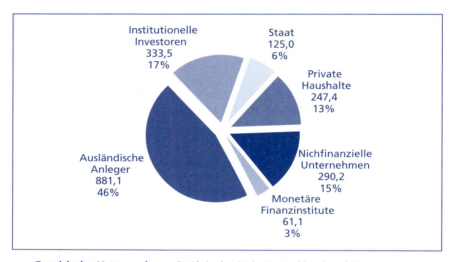

Empirische Untersuchung 9: Aktienbesitz in Deutschland nach Gruppen von Anteilseignern in Mrd. Euro (Stand: November 2014) (Quelle: Deutsche Bundesbank, 2015, S. 110)

All diese Faktoren und Regelungen können jedoch nicht verhindern, dass nicht doch gegen die Interessen der Kapitaleigentümer verstoßen wird, wie das folgende Beispiel deutlich macht.

Unternehmensbeispiel 5: Enron und die Folgen

Im Dezember 2001 platzte eine – wie es so schön im Börsenjargon heißt – Bewertungsblase bei einem Unternehmen in den USA, das als hoffnungsvollste Gründung der 90er Jahre galt. Die Gründe, warum dieses Unternehmen nicht rentabel arbeitete, sollen hier nicht interessieren, vielmehr zeigt dieser Fall exemplarisch, dass die unterschiedlichen Kontrollmechanismen nicht perfekt sind, und ganz nebenbei war dies auch ein Lehrstück für Anleger, warum die Diversifikation für ihre Investitionen so bedeutend ist.

Versagen der Rechnungslegungsregeln: nach US-GAAP ist es möglich spezielle Einheiten zu bilden und dort Vermögen und Schulden zu übertragen, das wäre im

12. Kapitel: Marktwertorientierte Rechnung

> Prinzip nicht weiter schlimm, wenn es nicht auch die Möglichkeit gäbe, sie aus dem Konsolidierungskreis herauszuhalten, d. h., sie werden nicht in die Konzernbilanz aufgenommen, im Falle von Enron gelang es so, den tatsächlichen Schuldenstand des Unternehmens zu verheimlichen.
>
> Versagen der Wirtschaftsprüfer: Mitarbeiter der Prüfungsgesellschaft Arthur Andersen beteiligten sich an der Vernichtung von Unterlagen, die auf diese Tatbestände hingewiesen hätten.
>
> Versagen der Analysten: noch am 28. November gaben sechs Wall Street Analysten eine uneingeschränkte Kaufempfehlung für Enron (strong buy). In den USA ist es daher erforderlich, dass Analysten angeben müssen, ob ihr Unternehmen mit dem empfohlenen Unternehmen Geschäfte macht.

Eigentümer müssen sich darüber klar sein, dass es keine vollkommene Kontrolle von Managern ihres Unternehmens geben kann, auch die Fülle von Regeln, die bereits existieren, und in Zukunft noch entwickelt werden, sind keine Garantie, die völlige Übereinstimmung von Eigentümer- und Managerinteressen herzustellen. Die Marktwertmaximierung des Eigenkapitals ist trotzdem – wie es WINSTON CHURCHILL für die Demokratie formuliert hat – das beste unter vielen schlechten Instrumenten, Managerziele und Eigentümerziele in Einklang zu bringen.

Börsenkurs und Marktwert

Wie lässt sich der Wert eines Unternehmens feststellen? Die einfachste Lösung bei einem börsennotierten Unternehmen ist es, im Finanzteil einer Zeitung nachzuschlagen, wie hoch der Börsenkurs ist.

> **Lernziel 2:** Marktkapitalisierung und Buchwert unterscheiden sowie Informationseffizienz des Kapitalmarkts beurteilen.

So betrug der Börsenkurs des DAX-Unternehmens Lufthansa in am 18.3.2016 14,20 Euro (Schlusskurs in Frankfurt), daraus leitet sich ab (die Anzahl der umlaufenden Aktien ist dem Geschäftsbericht 2015 entnommen):

$$14,20 \left[\frac{\text{Euro}}{\text{Aktie}}\right] \cdot 463.074.917 \, [\text{Aktie}] = 6.575.663.821{,}40 \, [\text{Euro}] \qquad (1)$$

Dies ist die Börsen- oder **Marktkapitalisierung**, sie berechnet sich aus dem aktuellen Börsenkurs und der Anzahl der umlaufenden Aktien, sie entspricht dem Preis, der an diesem Tag dem Eigenkapital des Unternehmens zugemessen wird. Ein Vergleich mit dem Buchwert des Eigenkapitals (aus der Bilanz) ergibt Aufschluss, wie der Kapitalmarkt das Unternehmen einschätzt. Das bilanzielle Eigenkapital von Lufthansa betrug zum 31.12.2015 5.768.000.000 Euro, in Verbindung mit der Anzahl der Aktien ergibt sich,

$$\frac{5.768.000.000}{463.074.917} = 12{,}46 \left[\frac{\text{Euro}}{\text{Aktie}}\right] \qquad (2)$$

woraus sich das **Marktpreis-Buchwert-Verhältnis** (market-to-book ratio) als dimensionslose Größe ergibt (vgl. Steiner et al., 2012, S. 268 f.).

$$\frac{14,20}{12,46} = 1,14 \tag{3}$$

Wird diese Kennzahl von 1,14 mit anderen Unternehmen der Branche verglichen, zeigen sich die unterschiedlichen Einschätzungen der Kapitalmarktteilnehmer. Beispielsweise wird British Airways mit einem Marktpreis-Buchwert-Verhältnis von 1,7 höher bewertet. Noch höher wird der Billigflieger easyjet mit einem Marktpreis-Buchwert-Verhältnis von 2,6 bewertet. Die historische Entwicklung von Börsenkurs (nur Kurse am Jahresende) und dem Marktpreis-Buchwert-Verhältnis zeigt Darstellung 57.

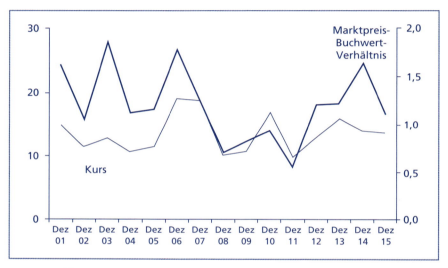

Darstellung 57: Börsenkurs und Marktpreis-Buchwert-Verhältnis von Lufthansa (Quelle: eigene Berechnungen, Geschäftsberichte Lufthansa)

Eine Betrachtung der Grafik zeigt in den Jahren 2007 und 2008 eine starke Reduktion des Kurses und damit des Verhältnisses von Marktpreis und Buchwert, der Kurs halbiert sich fast in einem sehr kurzen Zeitraum. Wer diese Reduktion analysiert, muss sich Gedanken über Folgendes machen:

1. Beruht die Kursreduktion auf wirtschaftlichen Fakten oder in der Sprache der Börsianer: Rechtfertigen die fundamentalen Informationen über das Unternehmen eine solche Reduktion?
2. Bei der Aktienanalyse werden zwei Ansätze unterschieden: die fundamentale Analyse, die sich mit den ökonomischen Fakten des Unternehmens beschäftigt, wie z. B. Umsatz- und Gewinnentwicklung, und die technische Analyse, welche die Preis- und Umsatzentwicklung der Aktie an der Börse untersucht (vgl. den kurzen Überblick zur technischen Analyse in Steiner et al., 2012, S. 269 ff.).

12. Kapitel: Marktwertorientierte Rechnung

Wer die erste Frage negativ beantwortet, wird sich weitere Fragen stellen, wobei die wichtigste die nach der Funktionsfähigkeit des Marktes ist. Ist der Markt zu jeder Zeit zuverlässig in der Lage, den Wert eines Unternehmens festzustellen? Was unterscheidet den Markt von einer subjektiven Wertermittlung eines einzelnen Menschen? Da auf dem Markt viele Teilnehmer zusammenkommen, besteht der Unterschied in der Anzahl der subjektiven Wertermittlungen, die dem Marktpreis zugrunde liegen. Auch der Marktpreis (Börsenkurs) ist kein objektiver Wert des Unternehmens, er kommt aufgrund der subjektiven Einschätzungen der Marktteilnehmer zustande, einen objektiven Wert gibt es nicht.

Daher ist es möglich, dass sich die Käufer und Verkäufer von Unternehmensanteilen über den Wert von Unternehmen täuschen, weil sie z. B. die Zukunftsaussichten der Branche und des Unternehmens zu positiv einschätzen. Wenn sich dieser Irrtum über einen längeren Zeitraum hält, dann kann der Kurs der Aktie sich sehr weit von den fundamentalen Daten des Unternehmens entfernen. Ein besonders prägnantes Beispiel ist die Kursentwicklung der Volkswagen AG, die insbesondere in den Jahren 2008 und 2009 eine explosionsartige Entwicklung nach oben und unten gemacht hat. Wird von der Hypothese ausgegangen, dass die Marktteilnehmer in diesem Zeitraum einer Fehleinschätzung unterlagen, stellt sich die Frage: Woher weiß ein Eigentümer, ob zurzeit sein Unternehmen einer solchen Fehleinschätzung unterliegt?

Die aufgeworfenen Fragen führen zur Diskussion um die Hypothese der **Informationseffizienz des Kapitalmarkts**, die voraussetzt, dass die Informationen, die über ein Unternehmen bekannt sind, im Börsenkurs verarbeitet sind.

> Die Informationseffizienz des Kapitalmarkts wird in drei Formen diskutiert, wobei meistens von einer **halb strengen** Form ausgegangen wird: Alle öffentlich bekannten und relevanten Informationen werden korrekt und sofort in den Börsenkurs einbezogen. Die strenge Effizienz verlangt, dass alle Informationen – auch die nicht öffentlichen Informationen eingearbeitet sind (vgl. grundlegend Fama, 1970; Fama, 1991; und den Überblicksartikel von Krämer, 2001; sowie ausführlicher Brealey et al., 2014, S. 321 ff.).

Die Hypothese Informationseffizienz des Kapitalmarkts beschäftigt seit einer Reihe von Jahren die empirische Kapitalmarktforschung und als bisheriges Fazit wird von einer halb strengen Form der Informationseffizienz des Kapitalmarkts ausgegangen. Einschränkend muss hinzugefügt werden, dass diese empirischen Ergebnisse hauptsächlich für den US-amerikanischen Markt gültig sind, in Deutschland ist dies weniger sicher. In einem effizienten Kapitalmarkt gibt es keine Möglichkeit aufgrund von bereits vorhandenen Informationen Überrenditen zu erwirtschaften. Allerdings macht den Forschern eine Reihe von Problemen zu schaffen: Es treten so genannte **Anomalien** auf, die nach der Theorie nicht zulässig wären, so sind z. B. mit Aktien von Unternehmen, die ein hohes Marktpreis-Buchwert-Verhältnis haben, höhere Renditen zu erzielen gewesen (vgl. Wallmeier, 2001, Sp. 1798, dort auch weitere Anomalien). Um die Erklärung der Phänomene am Kapitalmarkt ringt eine

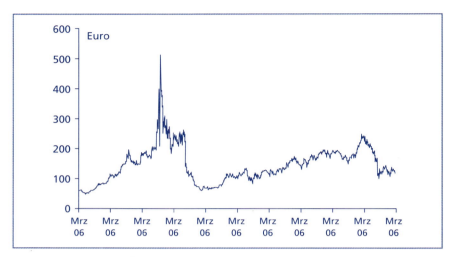

Darstellung 58: Kursentwicklung der Volkswagen AG
(Quelle: eigene Darstellung)

Reihe von wissenschaftlichen Ansätzen, so die neoklassische mit der neoinstitutionalistischen Finanzierungstheorie, ergänzt werden sie zunehmend um eine verhaltenswissenschaftliche Theorie (Behavorial Finance). Ist die Hypothese der Informationseffizienz des Kapitalmarkts mit einer Bewertungsblase vereinbar, wie sie exemplarisch in Darstellung 58 steckt? Für diese Frage geben die Theorien unterschiedliche Antworten:

- In einer **neoklassischen** Interpretation sind die Anleger rational, es werden die zukünftigen Zahlungssalden diskontiert, eine kollektive Bewertungsblase bedeutet, dass sich alle Anleger in ihren subjektiven Erwartungen täuschen;
- auch in einer **institutionen-ökonomischen** Theorie verhalten sich die Anleger rational, besitzen jedoch unterschiedliche Informationen über das Unternehmen (so genannte Informationsasymmetrien), so sind z. B. einige Analysten von Investmentbanken besser über den Zustand eines Unternehmens informiert als die vielen Kleinanleger;
- in einer **verhaltenswissenschaftlichen** Theorie kann es beispielsweise Herdenverhalten geben, eine Reihe von Anlegern verhalten sich konform zu von ihnen als wichtig angesehen Marktteilnehmern, z. B. Analysten wichtiger institutioneller Anleger.

Ein effizienter Kapitalmarkt müsste eigentlich den Börsenkurs und den inneren Wert einer Aktie in Übereinstimmung bringen, das ist allerdings sehr schwer zu überprüfen. Denn wenn Sie beispielsweise mit einem Modell eine unterbewertete Aktie entdecken, der innere Wert ist kleiner als der Börsenkurs, können Sie sich eben auch geirrt haben. Es ist wohl, wie der Börsenspekulant ANDRÉ KOSTOLANY für das Verhältnis von Wirtschaft und Börse festgestellt hat: Der innere Wert und der Börsenkurs verhalten sich wie ein Spaziergänger mit seinem Hund, mal ist der Hund vorneweg, mal der

Spaziergänger, doch beide kommen gleichzeitig zu Hause an, leider wissen wir nur nicht wann.

Bestimmung des Unternehmenswerts

Den Wert ihres Unternehmens (**Unternehmensbewertung**) zu ermitteln, ist für die derzeitigen und zukünftigen Eigentümer interessant. Die jetzigen Eigentümer wollen beispielsweise wissen, ob es sich lohnt, weiterhin Eigentümer zu bleiben, oder ob vielleicht ein Verkauf des Unternehmens oder von Teilen des Unternehmens sinnvoll ist. Ein potenzieller Käufer hat ähnliche Interessen, auch er ist an der Ermittlung des Werts interessiert, da er das Unternehmen kaufen will. Wie lässt sich der Unternehmenswert berechnen? Ausgehend von den finanziellen Zielen ist für Menschen das Einkommen das wichtigste Ziel. Unternehmen dienen einem Eigentümer dazu, ein (Geld-) Einkommen zu erwirtschaften.

1. Die Eigentümer berechnen den Wert, indem sie die zukünftigen Entnahmen und die zukünftigen Einlagen zugrunde legen (**Dividenden-Diskontierungsmodell**), oder
2. indem sie die zukünftigen Zahlungssalden schätzen, die das Unternehmen erwirtschaftet, und die dann für Entnahmen zur Verfügung stehen (**Discounted-Cashflow-Methode**).

> **Lernziel 3:** Dividenden-Diskontierungsmodell und Discounted-Cashflow-Methode als Alternativen der Unternehmensbewertung beschreiben und beurteilen.

Die Unternehmensbewertung stellt somit auf Zahlungen ab, sie entnimmt ihre Methodik der Investitions- und Finanzierungstheorie (vgl. zu einem Überblick zur traditionellen Unternehmensbewertung Pape, 2010, S. 53 ff.). In Darstellung 59 stehen den Ein- und Auszahlungen (Zahlungssalden) zwischen dem Unternehmen und seinen Märkten sowie dem Staat, die Einlagen und Entnahmen der Eigentümer gegenüber.

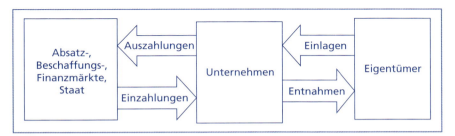

Darstellung 59: Unternehmen und Eigentümer

Wenn Sie die zukünftigen Entnahmen (oder die Dividende einer Aktie) prognostizieren wollen, müssen Sie die Zahlungssalden des Unternehmens schätzen, denn aus diesen Zahlungssalden ergibt sich die Entnahmemöglichkeit. Sie sollten sich klar machen, dass es aus Sicht des Anteilseigners zwar möglich ist, auf die Zahlungen zwischen dem Unternehmen und den Anteilseignern zurückzugreifen. Jedoch setzt die erste Möglichkeit eigentlich die zweite Möglichkeit voraus, denn die zukünftigen Entnahmen müssen erst erwirtschaftet werden.

Wenn Sie diese einfache Methode verwenden wollen, um den inneren Wert einer Aktie abzuschätzen, bietet es sich an, die Dividenden zu schätzen und abzuzinsen. Als einfachste Methode gehen Sie von einer **ewigen Rente** aus, Sie erwarten damit eine unendliche, in gleicher Höhe sich jährlich wiederholende Dividendenzahlung. Für die Lufthansa Aktie ergibt sich nach der Barwertformel für die ewige Rente (vgl. Schmidt & Terberger, 1997, S. 205):

$$KW_0 = \frac{Div_1}{i} = \frac{0,5}{0,1} = 5 \qquad (4)$$

Die Dividende von 0,5 Euro ist dem Geschäftsbericht 2015 von Lufthansa entnommen und es wird angenommen, dass dies auch die zukünftige, gleichbleibende Dividende ist. Der berechnete Kurswert (KW) beläuft sich auf 5 Euro. Ein Anleger, der annimmt,

1. dass Lufthansa in einem unendlichen Zeitraum eine Dividende von 0,50 Euro pro Jahr ausschüttet und
2. seine beste Alternativanlage in der gleichen Risikoklasse wie die Lufthansa-Aktie 10 % erbringt,

ist bereit für diese Aktie 5 Euro zu bezahlen. Der Börsenkurs von 14,20 Euro aus dem letzten Abschnitt ist deutlich höher. Sie werden einwenden, dass doch die meisten Aktienbesitzer auch auf Kursgewinne spekulieren, daher das Wachstum bei der Bewertung der Aktie berücksichtigt werden sollte. Sie nehmen eine Wachstumsrate g von 6 % an, dann berechnet sich der Kurswert (vgl. Schmidt & Terberger, 1997, S. 206):

$$KW_0 = \frac{Div_1}{i-g} = \frac{0,5}{0,1-0,06} = 12,50 \qquad (5)$$

Ist dieses Vorgehen empfehlenswert? Aufgrund seiner einfachen Struktur zeigt es relativ schnell, wo der gegenwärtige innere Wert einer Aktie liegt. Allerdings setzen Sie bei dieser Methode voraus, dass überhaupt eine Dividende gezahlt wird. Bei einigen Unternehmen ist es hingegen Unternehmenspolitik, keine Dividende auszuschütten, so z. B. bei vielen jungen Wachstumsunternehmen. Außerdem schließen Sie bei dieser Methode von der Vergangenheit auf die Zukunft. Wenn Sie Ihre Kaufentscheidung besser fundieren wollen, bleibt Ihnen nichts weiter übrig, als die zukünftigen Zahlungssalden (Cashflows) zu schätzen. Und damit wird eine Methode benötigt, mit deren Hilfe es möglich ist, einen Unternehmenswert zu ermitteln: die Discounted-Cashflow-Methode (DCF-Methode). Mit der DCF-Methode wird versucht, einen Zukunftswert des Unternehmens zu ermitteln. In den nächsten Abschnitten wird Ihnen schrittweise klar, mit wie vielen subjektiven Annahmen in einer Unternehmensbewertung zu rechnen ist.

12. Kapitel: Marktwertorientierte Rechnung

In Darstellung 60 ist die grundsätzliche Vorgehensweise schematisch erkennbar. Der gesamte Wert des Unternehmens wird ermittelt, in dem der Barwert der zukünftigen Zahlungssalden festgestellt wird (der Begriff Free-Cashflow wird im nächsten Abschnitt erläutert), und um den Shareholder-Value (Marktwert des Eigenkapitals) zu erhalten, muss der Marktwert des Fremdkapitals abgezogen werden (vgl. Rappaport, 1999b, S. 39 f.).

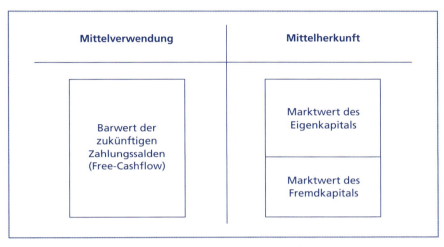

Darstellung 60: Bestimmung des Unternehmenswerts

Wer eine Gleichung dieser Darstellung vorzieht, der schreibt (im Folgenden wird von einem Gesamtkapitalansatz – Entity-Ansatz – ausgegangen):

Marktwert des Eigenkapitals = Marktwert des Unternehmens − Marktwert des Fremdkapitals

oder

Shareholder-Value = Barwert der zukünftigen Zahlungssalden − Marktwert des Fremdkapitals

Warum wird zuerst der Marktwert des gesamten Unternehmens (d. h. Barwert der zukünftigen Zahlungssalden) berechnet, um zum Marktwert des Eigenkapitals zu gelangen? Lässt sich denn der Marktwert des Eigenkapitals nicht direkt ermitteln (Equity-Ansatz)? Voraussetzung für die direkte Ermittlung des Marktwertes des Eigenkapitals ist, dass die zu bewertende Einheit über Eigenkapital verfügt. In der Regel trifft dies auf das ganze Unternehmen zu, wenn jedoch einzelne Einheiten des Unternehmens bewertet werden sollen, dann müssten sie im Prinzip selbstständig bilanzieren, dies ist eher die Ausnahme. Im Folgenden wird daher zuerst der Unternehmenswert ermittelt und erst in einem zweiten Schritt der Marktwert des Eigenkapitals.

Für die Berechnung des Unternehmenswertes wird die DCF-Methode eingesetzt, die die zukünftigen Zahlungssalden abzinst. Welche Informationen sind erforderlich, wenn mithilfe der **DCF-Methode** der Wert eines Unternehmens ermittelt werden soll? Es werden

- die **zukünftigen Zahlungssalden**, die aufgrund der Geschäftstätigkeit prognostiziert werden, und
- der **Zinssatz**, mit dem die Zahlungssalden diskontiert werden, benötigt.

Voraussetzung für eine Prognose der zukünftigen Zahlungssalden ist eine ausgebaute Unternehmensplanung, theoretisch bis zum Ende der Lebensdauer. Realistisch ist es jedoch von einem Planungshorizont auszugehen, der zeitlich davor liegt. Da das Unternehmen danach nicht aufgelöst werden soll, müssen Annahmen darüber getroffen werden, wie sich das Unternehmen nach dem Planungshorizont entwickelt; daher wird ein **Restwert** angesetzt.

Wird dies in einer Formel zusammengefasst, so entspricht der Unternehmenswert dem Barwert der Zahlungssalden und des Restwertes.

$$EK_0 = \sum_{n=1}^{T} \frac{ZS_n}{(1+i)^n} + \frac{R_T}{(1+i)^T} - FK_0 \tag{6}$$

EK_0 Marktwert des Eigenkapitals zum Zeitpunkt 0
FK_0 Marktwert des Fremdkapitals zum Zeitpunkt 0
ZS Zahlungssaldo
R_T Restwert nach dem Planungshorizont

In der Periode T ist der Restwert R_T zu berücksichtigen, wobei auf dessen Berechnung in einem folgenden Abschnitt eingegangen wird. Zuerst wird auf den Ansatz der Zahlungssalden eingegangen, danach auf den Restwert und dann auf den Zins, mit dem diskontiert wird.

Zahlungssalden (Cashflows)

Wichtiger erster Baustein des Marktwertes sind die Zahlungssalden oder Cashflows (sie werden im Folgenden synonym verwendet), die definiert sind als die Differenz aus Einzahlungen und Auszahlungen (direkte Ermittlung, s. S. 53). Neben dieser direkten Ermittlung, die an den Zahlungsströmen anknüpft, ist es auch möglich, mithilfe der periodisierten Größen aus der Bilanz und der Gewinn- und Verlustrechnung Zahlungssalden zu berechnen. Im Laufe dieses Kapitels wird diese indirekte Ermittlung anhand eines Beispiels erläutert.

> **Lernziel 4:** Den freien Cashflow erläutern und auf Basis einer Kapitalflussrechnung bestimmen.

In der Literatur wird vorgeschlagen, den Cashflow in verschiedenen Formen zu ermitteln, auch die Begriffe schwanken zwischen den einzelnen Autoren. Daher bietet sich als Erstes eine Festlegung der Begriffe an. In Tabelle 91 wird gezeigt, wie der freie Cashflow ermittelt wird (vgl. Günther, 1997, S. 137 ff.; zu den verschiedenen Varianten des freien Cashflow Pape, 2010, S. 104 ff.).

12. Kapitel: Marktwertorientierte Rechnung

	Betriebliche Einzahlungen
–	Betriebliche Auszahlungen
=	Betrieblicher/Operating-Cashflow (vor Zinsen und Steuern)
–	Auszahlungen für Steuern auf den Ertrag
+/–	Zahlungssaldo für Ersatz- und Erweiterungsinvestitionen ins Anlagevermögen
+/–	Zahlungssaldo für Erhöhung des Umlaufvermögens
=	Freier Cashflow (vor Zinsen, Dividenden und Tilgung)

Tabelle 91: Ermittlung des freien Cashflows

Bei der Berechnung des Cashflows ist darauf zu achten, dass die jeweilige Definition in das gesamte Konzept, einen Marktwert zu ermitteln, passt. Der freie Cashflow enthält keine Zahlungen an die Kapitalgeber, er steht daher zur Verfügung,

- um die **Fremdkapitalgeber** zu befriedigen, in dem die Zinsen und Tilgungen gezahlt werden, und
- um den **Eigenkapitalgebern** ihre Entnahmen oder Dividenden zu zahlen.

Die Zahlungssalden für Investitionen in das Anlage- und Umlaufvermögen sind notwendig, um das Unternehmen aufrechtzuerhalten, sie entsprechen der Konzeption der **Vermögenserhaltung**. Es soll gewährleistet sein, dass das Unternehmen auch in Zukunft als Erwerbsquelle dient.

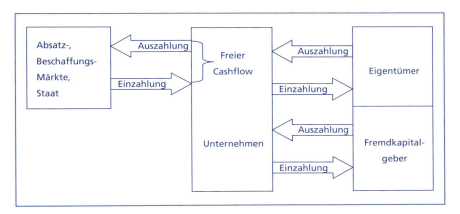

Darstellung 61: Unternehmen und Kapitalgeber

Als Controller eines Unternehmens ist es möglich, diese Informationen tatsächlich zu erhalten, als externer Bewerter des Unternehmens ist dies jedoch ungleich schwieriger. In diesem Fall bleibt nichts anderes übrig, als den Cashflow indirekt zu ermitteln. Bei börsennotierten Muttergesellschaften besteht seit 1999 eine Pflicht, im Konzernanhang eine Konzern-Kapitalflussrechnung aufzustellen. Tabelle 92 zeigt eine Kapitalflussrechnung nach IAS 7 des Lufthansa-Konzerns für das Geschäftsjahr 2015. Sie unterscheidet sich dadurch von einer direkten Ermittlung des Cashflows, dass von einer Erfolgsgröße ausgegangen wird, die dann um auszahlungslose Aufwendungen – z. B. Abschreibungen – und einzahlungslose Erträge – Zuschreibungen auf Anlagegüter – bereinigt werden (vgl. zur Cashflow-Analyse mithilfe des Jahresabschlusses Coenenberg et al., 2014, S. 1086 ff.; zur Ableitung von Periodenerfolgen zu Cashflow ausführlich Hachmeister, 2000, S. 61 ff.). Zwar empfiehlt der Standard IAS 7 Cash Flow Statements eine direkte Darstellung des Cashflow der betrieblichen Tätigkeit (IAS 7 Tz. 19), die meisten Unternehmen wählen jedoch die indirekte Methode, so auch Lufthansa. Bei IAS-Abschlüssen wird in drei verschiedene Bereiche getrennt (IAS 7, Tz. 10):

1. Cashflow aus der betrieblichen Tätigkeit,
2. Cashflow aus der Investitionstätigkeit und
3. Cashflow aus der Finanzierungstätigkeit.

Der **Cashflow aus der betrieblichen Tätigkeit** kann in direkter oder indirekter Methode ausgewiesen werden, er soll anzeigen, inwieweit finanzielle Mittel durch die laufende, betriebliche Tätigkeit erwirtschaftet werden. Aus diesem Grund werden in einer indirekten Rechnung ausgehend vom Konzerngewinn (-verlust), alle zahlungsunwirksamen Geschäftsvorfälle (z. B. Abschreibungen), aber auch Gewinne aus Verkäufen von Sachanlagen herausgerechnet.

Der **Cashflow aus der Investitionstätigkeit** zeigt auf, in welche Investitionen die Zahlungsmittel des Unternehmens fließen, also z. B. Investitionen in Sachanlagen und immaterielle Vermögensgüter und Einzahlungen aus dem Verkauf von Wertpapieren.

Der **Cashflow aus der Finanzierungstätigkeit** soll die Finanzierungsströme des Unternehmens aufzeigen, so sollen z. B. die Zahlungen für Dividenden und die Neuaufnahme von Fremdkapital aufgenommen werden.

Fallbeispiel 17: Kapitalflussrechnung und freier Cashflow

Die Kapitalflussrechnung in Tabelle 92 wird zum Ausgangspunkt genommen, den freien Cashflow zu bestimmen. Wer die typische in der Literatur anzutreffende Definition des freien Cashflows mit der Kapitalflussrechnung vergleicht, wird Unterschiede erkennen.

- Ausgangspunkt ist der **Konzerngewinn**, dies ist der Periodenerfolg aus der Gewinn-und-Verlust-Rechnung. In ihm sind alle Erträge und Aufwendungen des Jahres enthalten, auch wenn sie nicht zahlungswirksam waren.
- Daher sind als Erstes die **Abschreibungen** zu addieren, um sie zu eliminieren.
- **Gewinne** aus dem Verkauf von Anlagevermögen sind Desinvestitionen und gehören daher zu den Investitionstätigkeiten.
- Es folgen dann die **Veränderungen von Aktiva und Passiva**, soweit diese nicht den Investitionstätigkeiten zugeordnet werden. Somit werden die Veränderungen des Netto-Umlaufvermögens erfasst und den betrieblichen Tätigkeiten zugeordnet.

12. Kapitel: Marktwertorientierte Rechnung

Konzerngewinn	2.026
Abschreibungen auf Sachanlagen und immaterielle Vermögensgegenstände	1.790
Abschreibungen auf Wertpapiere	0
Gewinn aus dem Abgang von Sachanlagen und immaterielle Vermögensgegenstände	−53
Gewinn aus dem Abgang von Wertpapieren	−121
Forderungen aus Lieferungen und Leistungen, sonstige Vermögensgegenstände und aktive Rechnungsabgrenzungsposten	−392
Ertragsteuern	−197
Verbindlichkeiten aus Lieferungen und Leistungen und sonstige Verbindlichkeiten	170
Passive Rechnungsabgrenzungsposten	−691
Minderheitenanteile	0
Sonstige	861
Cashflow aus betrieblicher Tätigkeit	**3.393**
Investitionen in Sachanlagen und immaterielle Vermögensgegenstände	−2.454
Zugänge zu Finanzanlagen	−91
Veränderung an reparaturfähigen Flugzeugersatzteilen	−367
Erwerb von Tochtergesellschaften abzüglich erworbener Zahlungsmittel	−24
Erlöse aus dem Verkauf von Wertpapieren	−88
Erlöse aus dem Abgang von immateriellen Vermögenswerten und Sachanlagen	138
Zinseinnahmen	271
Erhaltene Dividenden	56
Cashflow aus der Investitionstätigkeit	**−2.559**
Veränderung Wertpapiere/Geldanlagen	−714
Veränderung Wertpapiere/Geldanlagen	**−714**
Kapitalerhöhung	0
Transaktionen durch Minderheiten	2
Neuaufnahmen von Finanzverbindlichkeiten	986
Tilgung langfristiger Finanzverbindlichkeiten	−682
Gewinnausschüttung	−14
Zinsausgaben	−266
Cashflow aus der Finanzierungstätigkeit	**26**
Wechselkurseffekte	22
Erhöhung der liquiden Mittel	**168**

Tabelle 92: Kapitalflussrechnung Lufthansa 2015 (Zahlen in Mio. Euro)

- Beispielsweise wirken sich höhere **Forderungen aus Lieferungen und Leistungen** negativ auf den Cashflow aus, da den Erträgen aus Umsätzen keine Einzahlungen gegenüberstehen.

Ertragsteuern erhöhen den Mittelzufluss, wenn nicht alle zahlungswirksam sind, dies trifft insbesondere auf die latenten Steuern zu. Der sich ergebende **Cashflow aus betrieblicher Tätigkeit** berücksichtigt daher Investitionen ins Netto-Umlaufvermögen (**Working Capital**). Für die folgenden Positionen der Investition und Finanzierung ist es zwingend, die direkten Beträge aufzuzeigen: unsaldierte Ein- und Auszahlungen.

- **Investitionen** in Sachanlagen und immaterielle Vermögensgegenstände sind neben den Zugängen zu Finanzanlagen (Unternehmensbeteiligungen und erwerb) die Positionen, die aus dem Anhang zur Konzernbilanz entnommen werden können.
- Ein- und Auszahlungen von **Wertpapieren** werden bei Lufthansa separat aufgeführt (Veränderung Wertpapiere/Geldanlagen), weil es sich um Wertpapiere des Umlaufvermögens handelt.
- Der **Cashflow aus Finanzierungstätigkeit** umfasst die Auszahlung des Finanzbereichs wie Dividendenzahlung für das Eigenkapital oder Tilgung langfristiger Finanzverbindlichkeiten für das Fremdkapital.
- In einer Konzern-Kapitalflussrechnung sind die sich aus der **Währungsumrechnung** ergebenden Auswirkungen auf den Cashflow separat auszuweisen.

Die Summe der Cashflows der drei Tätigkeitsbereiche und der Wechselkurseffekte ergibt die Veränderung der liquiden Mittel (Zahlungsmittelsaldo). Ist er positiv (s. Tabelle 92), dann hat das Unternehmen alle übrigen Anspruchsgruppen außer den Eigen- und Fremdkapitalgebern befriedigt und darüber hinaus einen Überschuss erwirtschaftet. Mithilfe der Kapitalflussrechnung lässt sich der freie Cashflow ermitteln, indem der Cashflow aus der betrieblichen Tätigkeit und der Investitionstätigkeit addiert werden (vgl. Coenenberg et al., 2014, S. 1087). Der freie Cashflow zeigt auf, welche Zahlungsmittel für die Eigen- und Fremdkapitalgeber zur Verfügung stehen (s Tabelle 93).

Cashflow aus der betrieblichen Tätigkeit	3.393
Cashflow aus der Investitionstätigkeit	–2.559
freier Cashflow	834

Tabelle 93: Freier Cashflow des Lufthansa Konzerns 2015 (Zahlen in Mio. Euro)

Eine Kapitalflussrechnung der Vergangenheit kann jedoch nur der Ausgangspunkt sein, um die zukünftigen freien Cashflows zu schätzen. Idealerweise existieren im Unternehmen Planbilanzen und Plan-Gewinn-und-Verlust-Rechnungen, die als Grundlage von geplanten Kapitalflussrechnungen verwendet werden können (vgl. Pape, 2010, S. 191 ff.). Eine Schätzung der freien Cashflows wird im nächsten Abschnitt in Verbindung mit der Schätzung des Restwertes vorgenommen.

12. Kapitel: Marktwertorientierte Rechnung

Der Restwert

Für die Unternehmensbewertung muss eine Annahme getroffen werden, wie lange das Unternehmen existiert. Wenn Sie eine DCF-Analyse für ein Unternehmen erstellen, stehen Sie vor der Frage, für wie viele Jahre Sie die Cashflows eingehend planen können. In der Regel werden Sie sich für einen Zeitraum von 3 bis zu 10 Jahren entscheiden. Was passiert am Ende dieser 3 bis 10 Jahre? Zuerst müssen Sie festlegen, ob

- das Unternehmen am Ende verkauft werden soll (**Unternehmensverkauf**) oder
- auch nach dem dritten bis zehnten Jahr fortgeführt wird (**going concern**).

Im ersten Fall muss der Cashflow geschätzt werden, der den Unternehmenseignern aus dem Verkauf zufließt. Er kann dann zum Cashflow des letzten Jahres addiert werden. Dieser so genannte **Liquidationswert** wird auf unterschiedliche Weise berechnet: Es werden Multiplikatoren herangezogen, z. B. wird auf Basis des fünffachen Cashflow der Verkaufspreis festgelegt. Multiplikatoren beruhen auf einem Vergleich mit einem oder mehreren Unternehmen, es muss daher eine Schätzung auch für andere Unternehmen erfolgen.

Wenn Sie von der Annahme ausgehen, dass das Unternehmen auch nach dem Planungshorizont Cashflow erzeugt, müssen Sie weitere Pauschalannahmen treffen. Eine **Pauschalannahme** ist in einem Modell immer dann notwendig, wenn Sie außerhalb des betrachteten Zeitraums nicht explizit planen wollen oder können, diesen Einfluss aber trotzdem im Modell berücksichtigen müssen.

> **Lernziel 5:** Die Relevanz des Restwertes einschätzen und mit einfachen Modellen berechnen.

Nun stellt sich die Frage, warum der Restwert überhaupt betrachtet werden sollte, vielleicht ist er ja so unbedeutend, dass er vernachlässigt werden kann. Aus Tabelle 94 wird klar, dass der Anteil des Restwerts am gesamten

Jahre \ Zins	4 %	6 %	8 %	10 %	12 %	15 %	20 %
3	89 %	84 %	79 %	75 %	71 %	66 %	58 %
4	85 %	79 %	74 %	68 %	64 %	57 %	48 %
5	82 %	75 %	68 %	62 %	57 %	50 %	40 %
6	79 %	70 %	63 %	56 %	51 %	43 %	33 %
8	73 %	63 %	54 %	47 %	40 %	33 %	23 %
10	68 %	56 %	46 %	39 %	32 %	25 %	16 %

Tabelle 94: Anteil des Restwerts am gesamten Unternehmenswert

Unternehmenswert unter realistischen Bedingungen sehr hoch ist. So liegt er beispielsweise bei einer genauen Planung von 5 Jahren und einem Zins von 10 % bei 62 % des Unternehmenswerts, wobei angenommen wird, dass der Unternehmenswert auf Basis der ewigen Rente berechnet wird (vgl. Henselmann, 2000, S. 151):

$$\text{Anteil des Restwertes} = \frac{1}{(1+i)^n} \qquad (7)$$

Die Berechnung des Restwerts folgt der Formel für die ewige Rente. Es wird angenommen, dass der Zahlungssaldo der letzten explizit geplanten Periode ewig erzielt wird. Meistens wird zur Unternehmensbewertung ein gleich bleibendes Wachstum g der Cashflows angenommen, die in der Formel im Nenner berücksichtigt wird (vgl. Matschke & Brösel, 2013, S. 250).

$$R_0 = ZS_{T+1} \frac{1}{(1+i)^T} \frac{1}{i-g} \text{ mit } ZS_{T+1} = ZS_T(1+g) \qquad (8)$$

R_0 Barwert des Restwerts
g Wachstumsrate

Ein konstanter Cashflow ohne zukünftiges Wachstum besagt Folgendes:
- Welche Investitionsstrategie auch gewählt wird, keine ist in der Lage, in Zukunft mehr zu verdienen als die Kapitalkosten: Zahlungszuflüsse und abflüsse heben sich auf. Und wenn gerade die Kapitalkosten verdient werden, ist der Kapitalwert Null: Investitionen wirken sich nicht auf den Restwert oder Unternehmenswert aus (vgl. Rappaport, 1999b, S. 51). Oder anders formuliert: Das Unternehmen befindet sich im Gleichgewicht, der Grenzgewinn ist null.
- Da Volkswirtschaften in der Regel wachsen, ist es durchaus plausibel, anzunehmen, dass auch Unternehmen zu dauerhaftem Wachstum fähig sind. Allerdings stellt sich die Frage der Höhe des Wachstums.

Wann ist es sinnvoll mit einem stabilen, aber moderaten Wachstum zu rechnen? Gleich hohes Wachstum zeichnet besonders die bereits etablierten Unternehmen auf dem Markt aus, die in der Regel schon viele Jahre existieren. Daher ist Vorsicht angebracht, wenn ein Unternehmen in den letzten Jahren mit sehr hohen Raten gewachsen ist. Es ist nicht davon auszugehen, dass sich hohes Wachstum unendlich in der Zukunft fortsetzen lässt.

1. Sehr hohe Wachstumsraten von fünfzig und mehr Prozent finden Sie besonders bei kleinen Unternehmen auf jungen, noch nicht entwickelten Märkten. Für diese Märkte ist es schwierig zu prognostizieren, wie sich die Nachfrage entwickeln wird. So fiel es vielen Analysten in den Jahren 2001 und 2002 schwer, die Nachfrage nach UMTS-Leistungen zu schätzen, ohne die Dienste, die angeboten werden, zu kennen.
2. Auf keinen Fall darf das vergangene Wachstum zur Grundlage der Berechnung des Restwertes genommen werden. Jede Branche wird ab einem bestimmten Zeitpunkt zu einem reifen Wirtschaftszweig, der mit einstelligen

12. Kapitel: Marktwertorientierte Rechnung

Raten aufwartet. Daher sollten gleichbleibende Wachstumsraten nur für Unternehmen eingesetzt werden, die in einem reifen, stabilen Marktumfeld agieren (vgl. Koller et al., 2015, S. 262).

Wenn für ein Unternehmen auch in den nächsten Jahren noch mit einer stürmischen Entwicklung zu rechnen ist, sollte der Planungszeitraum für diese Phase explizit geplant werden. Wachstumsraten haben einen hohen Einfluss auf den Unternehmenswert, wenn Sie zu hohe Wachstumsraten für das Unternehmen annehmen, werden Sie einen viel zu hohen Wert berechnen.

Cashflow: 100 Mio. Euro			
Zins: 12 %			
Wachstum	2 %	6 %	10 %
Restwert	1.000 Mio.	1.667 Mio.	5.000 Mio.
Anteil am Unternehmenswert (5 Jahre explizit geplant)	61,2 %	72,4 %	88,7 %

Tabelle 95: Restwert und Wachstum

Wie lassen sich Wachstumsraten für die freien Cashflows prognostizieren? Eine einfache Möglichkeit ist es, einen Wachstumsindikator des Unternehmens aus der Vergangenheit zu verwenden, z. B. der Cashflow aus betrieblicher Tätigkeit der letzten zehn Jahre des Lufthansa Konzerns (die Zehnjahresübersicht ist den Lufthansa Geschäftsberichten entnommen).

Wird der arithmetische Mittelwert der jährlichen Wachstumsraten berechnet, dann ergeben sich 11,1 %. Besser ist allerdings das **geometrische Mittel**:

$$\overline{w} = \sqrt[9]{\frac{3.393}{2.105}} - 1 = 5,4\,\% \tag{9}$$

Wenn Sie eine durchschnittliche Wachstumsrate suchen, ist das geometrische Mittel besser geeignet, da es auch tatsächlich eine durchschnittliche Wachstumsrate ermittelt. Sie können dies ganz leicht prüfen, indem Sie den Ausgangswert von 2.105 mit einer jährlichen Rate von 5,4 % und mit 11,1 % wachsen lassen. Im ersten Fall erhalten Sie für das Jahr 2015 tatsächlich die 3.393, beim arithmetischen Mittel ist der gerundete Wert 5.428.

Ohne weitere Annahmen lässt sich das ewige Wachstum allerdings nicht fundiert begründen, so muss z. B. die Wachstumsrate des Luftfahrtmarktes weltweit abgeschätzt und die Frage beantwortet werden, ob das untersuchte Unternehmen auf Dauer stärker wachsen kann als der Markt, was eher zweifelhaft ist. Im Folgenden wird von vereinfachenden Annahmen ausgegangen:

1. Der weltweite Luftfahrtmarkt wächst auf Dauer genau so stark wie das Weltbruttoinlandsprodukt, dessen Wachstum mit 4 % angenommen wird;
2. das Unternehmen Lufthansa ist zwar in den nächsten Jahren in der Lage mit einer höheren Rate (5,4 %) zu wachsen als der Markt,

	Cashflow aus betrieblicher Tätigkeit	Jahreswachstum
2006	2.105	
2007	2.862	36,0 %
2008	2.473	–13,6 %
2009	1.991	–19,5 %
2010	2.992	50,3 %
2011	2.356	–21,3 %
2012	2.842	20,6 %
2013	3.290	15,8 %
2014	1.977	–39,9 %
2015	3.393	71,6 %

Tabelle 96: Jährliche Wachstumsraten des betrieblichen Cashflows (Lufthansa)

3. für den Restwert wird hingegen angenommen, dass Lufthansa wie der gesamte Markt wächst (4 %).

Verglichen mit dem geometrischen Mittel von 5,4 % ist dies ein Wert, der erkennen lässt, dass Lufthansa in der Vergangenheit ein Unternehmen war, das sich besser als der Luftfahrtmarkt entwickelte. Zur Vereinfachung wird ausgehend vom derzeitigen Free-Cashflow ein jährliches Wachstum von 5,4 % für die nächsten 8 Jahre angenommen, der Restwert wird hingegen auf der Basis des FCF von 2023 mit einem Wachstum von 4 % gerechnet (Zinssatz i = 10 %). Somit ergibt sich der Unternehmenswert UW_0:

$$UW_0 = \sum_{n=1}^{T} \frac{ZS_n}{(1+i)^n} + ZS_{T+1} \frac{1}{(1+i)^T} \frac{1}{i-g} \qquad (10)$$

Jahr	2016	2017	2018	2019	2020	2021	2022	2023	Restwert
Freier Cashflow	879	927	978	1.031	1.087	1.147	1.209	1.275	22.097
Barwert	799	766	735	704	675	647	620	595	10.309
Unternehmenswert	15.851								

Tabelle 97: Unternehmenswert mit der DCF-Methode (Lufthansa in Mio. Euro)

Der Marktwert des Unternehmens beträgt bei dieser Rechnung 15,85 Mrd. Euro: Dies ist der Marktwert des gesamten Unternehmens. Der freie Cashflow dient dazu, die Eigen- und die Fremdkapitalgeber zu befriedigen.

12. Kapitel: Marktwertorientierte Rechnung

Es muss also noch der Marktwert des Fremdkapitals festgestellt werden. Dies soll im Abschnitt „Bestimmung des Marktwertes des Eigenkapitals" (S. 414) geschehen, zunächst soll der bisher (willkürlich) verwendete, aber nicht erläuterte Zins i bestimmt werden. Denn um einen Barwert für die Cashflows zu ermitteln, muss der Zinssatz bekannt sein, mit dem abgezinst wird. Sie müssen die Kapitalkosten des Unternehmens kennen.

Kapitalkosten des Unternehmens

Mithilfe der Discounted-Cashflow-Methode (DCF-Methode) soll eine Antwort auf die Frage gegeben werden, was ein Unternehmen wert ist. Anlass der Unternehmensbewertung kann sein, dass jemand an der Übernahme eines anderen Unternehmens interessiert ist, und dabei der potenzielle Kaufpreis eine große Rolle spielt. Zunehmend spielt diese Methode allerdings auch in der Unternehmenspraxis eine wichtige Rolle, um einen Erfolgsmaßstab für das Management zu haben. Als Zielgröße wird vom Marktwert des Unternehmens gesprochen, wobei damit der Marktwert des Eigenkapitals (Shareholder-Value) gemeint ist, der berechnet werden soll. Warum werden die Eigenkapitalgeber (Eigentümer) als relevante Gruppe herausgehoben?

Wenn ein Telekommunikationsunternehmen in den UMTS-Markt einsteigen will, dann braucht es dafür Kapital. Neben den Lizenzen, für die in Deutschland immerhin ca. 8 Mrd. Euro zu zahlen waren, ist der Aufbau der technischen Infrastruktur zu finanzieren. Auf dem Kapitalmarkt findet das Unternehmen zwei Gruppen, die eine gibt Kapital, wenn sämtliche Rückzahlmodalitäten vorher geklärt sind – Fremdkapital –, die andere ist auch bereit Kapital zu geben, ohne dass vorher genau fixiert wird, in welcher Höhe sich Ansprüche daraus ableiten – Eigenkapital. Da Eigenkapitalgeber ein unternehmerisches Risiko eingehen, müssen sie an den zukünftigen Gewinnen beteiligt werden. Eigenkapital stellt aus Sicht der Geber Risikokapital dar. Ohne Kapital, das sich am Risiko des Unternehmens beteiligt, sind Unternehmen nicht zu finanzieren. Eigenkapital wirkt wie ein Puffer für Verluste, so dass das Unternehmen auch eine schlechte wirtschaftliche Lage übersteht, ohne gleich in die Insolvenz zu geraten (vgl. zum Eigenkapital als Risikokapital Schneider, 1997, S. 380 ff.).

- Wer am Kapitalmarkt bereit ist, ein höheres Risiko einzugehen, verlangt dafür auch eine höhere Verzinsung. Daher sollte die in Aussicht gestellte Verzinsung über der von sicheren Anlagemöglichkeiten liegen.
- Denn wären Sie bereit, ein höheres Risiko einzugehen, wenn Sie in eine Aktie investieren, deren Rendite genauso hoch liegt, wie eine sichere Bundesanleihe?

Aus Sicht des Unternehmens gibt es zwei Arten von **Kapitalkosten**:

1. Fremdkapitalkosten und
2. Eigenkapitalkosten.

Fremdkapitalkosten zu bestimmen, ist in der Regel nicht ganz so schwer, weil die zukünftigen Auszahlungen meistens bekannt sind, auch wenn es wie bei Rückstellungen Ausnahmen gibt. Dies ist bei Eigenkapital leider nicht so, die zukünftigen Auszahlungen sind unbekannt. Wie lassen sich aber dann Eigenkapitalkosten bestimmen? Im 3. Kapitel ist der Grundgedanke von Opportunitätskosten erläutert, dort für die kalkulatorischen Eigenkapitalkosten. Genau die gleiche Überlegung, wird auch an dieser Stelle verwendet.

Lernziel 6: Den Ansatz von Eigenkapitalkosten begründen.

Aus Sicht des Eigenkapitalgebers sind die Eigenkapitalkosten die entfallenden Gewinne aus der besten nicht realisierten Alternative (vgl. Brealey et al., 2014, S. 10, 25; Breuer, 1994, S. 820 f.). Er stellt sich die Frage: Was könnte ich mit meinem Kapitaleinsatz für einen Gewinn erwirtschaften, wenn ich nicht in das betrachtete Unternehmen investiere? Sie sehen, dass es ungleich komplizierter ist, Eigenkapitalkosten zu bestimmen. Es wird manchmal geäußert, dass es eigentlich keine Eigenkapitalkosten gibt, da es doch keine fest vereinbarten Zahlungen gibt, oder keine Rechnungen gibt, auf denen eine Zahlungsverpflichtung vermerkt ist. Frei nach der Wirtschaftsprüferregel: keine Buchung ohne Beleg. Wenn Sie sich die Begründung noch einmal anschauen, und auch so Ihre Zweifel haben, hilft vielleicht ein einfacher Gedankengang:

> Wenn Sie den Eigenkapitalgebern keine Rendite in Aussicht stellen, haben Sie auch keine Eigenkapitalkosten. Sie konkurrieren allerdings auf dem Kapitalmarkt mit anderen Unternehmen, die Kapital brauchen oder mit dem Staat, der sichere Anleihen begibt. Warum sollte irgendjemand Ihnen Kapital geben, wenn er andere Alternativen hat, die ihm für sein Kapital eine Rendite versprechen? Die einfache Antwort ist, Sie werden niemanden finden.

Eigenkapitalkosten entsprechen daher der alternativen Rendite, die ein Eigenkapitalgeber auf dem Kapitalmarkt erlangen kann. Wenn Sie im Vorstand einer großen AG mit hohem Streubesitz sind, werden Sie sich fragen: Wie kann ich die Alternativrendite aller meiner Aktionäre erfahren? Dies ist natürlich nicht möglich, Sie können dann nur mit einer Pauschalannahme arbeiten: Sie wählen eine Standardalternative, die sich dadurch auszeichnet, dass die Risiken, die mit ihr verbunden sind, dem betrachteten Unternehmen entsprechen (hierzu mehr in den folgenden Abschnitten). Wenn Sie die gesamten Kapitalkosten in ihrer Erfolgsrechnung berücksichtigen, dann ist dies eine besondere Auffassung von Gewinn:

- Erst wenn die Erlöse sämtliche Kosten übersteigen, entsteht ein Gewinn. Oder anders formuliert: erst wenn alle Anspruchsgruppen (auch die Eigenkapitalgeber) befriedigt sind, gibt es einen Gewinn.
- Decken sich die Erlöse und die Kosten genau, dann entsteht zwar kein Gewinn, aber alle finanziellen Ansprüche, die an das Unternehmen gestellt werden, sind erfüllt.

12. Kapitel: Marktwertorientierte Rechnung

Darstellung 62: Börsenkurs der DaimlerChrysler AG
(Quelle: Lenz+Partner, Datenservice)

Der Marktwert des Eigenkapitals ist als Zielgröße langfristig ausgerichtet, da er sich auf die gesamte Lebensdauer des Unternehmens bezieht. Er ist daher insbesondere geeignet, um langfristig wirkende Strategien zu bewerten. Ziel muss es sein, den Marktwert des Eigenkapitals durch entsprechende Strategien zu steigern. Strategien, die den Marktwert verringern, sind daher vom Management zu unterlassen. Allerdings sollten Sie immer daran denken, dass es sich um einen berechneten Wert handelt, nicht um einen Marktpreis. Häufig klaffen Wunsch und Wirklichkeit bei Fusionen und Übernahmen erheblich auseinander, wie Ihnen die Entwicklung der Aktie der DaimlerChrysler AG zeigt (Darstellung 62). Man darf davon ausgehen, dass die Bewerter im Unternehmen von einer marktwertschaffenden Strategie überzeugt waren. Ohne Zweifel ist es dem Vorstand nicht gelungen, diese Bewertungen auch den Kapitalmarktteilnehmern auf Dauer klar zu machen.

Kosten des Fremdkapitals

Dem Abschnitt Kapitalkosten des Unternehmens ist zu entnehmen, dass aus Sicht des Unternehmens zwei Bestandteile des Kapitals zu beachten sind: das Eigen- und Fremdkapital. Für beide Arten müssen die spezifischen Kosten ermittelt werden. Bei der DCF-Methode hat sich der **Weigthed Average Cost of Capital (WACC)-Ansatz** zur Bestimmung der Kapitalkosten durchgesetzt (vgl. Brealey et al., 2014, S. 479 ff.):

$$k_{GK} = k_{FK} \cdot (1-s) \cdot \frac{FK}{EK+FK} + k_{EK} \cdot \frac{EK}{EK+FK} \qquad (11)$$

k_{GK} Gesamtkapitalkostensatz
k_{FK} Fremdkapitalkostensatz
k_{EK} Eigenkapitalkostensatz
s   Steuersatz

Die freien Cashflows werden mit diesem Gesamtkapitalkostensatz k_{GK} abgezinst, um den Barwert des Unternehmens zu ermitteln. Beachten Sie, dass der freie Cashflow nicht die Zahlungen an die Fremdkapitalgeber und die Eigentümer enthält, aus Sicht der Kapitalgeber ist dies der Betrag, der jedes Jahr für sie gemeinsam übrig bleibt. Da der Zinssatz, die Alternativrendite wiedergibt, mit der die Kapitalgeber ihr Engagement bewerten, müssen beide im Zinssatz (Kapitalkosten) berücksichtigt werden.

Lernziel 7: Fremdkapital ermitteln und seine Kosten berechnen.

Wenn Sie den Blick in einer Bilanz auf die Passivseite werfen, werden Sie das Fremdkapital im Wesentlichen aus zwei Positionen zusammengesetzt finden: den Rückstellungen und den Verbindlichkeiten. Rechnungsabgrenzungsposten stehen zwar auch auf der Passivseite, sie sind allerdings Realschulden, ohne einen Verzinsungsanspruch. Zur Erinnerung: Passive Rechnungsabgrenzungsposten werden gebildet, wenn die Einzahlung ans Unternehmen geflossen ist, der Ertrag aber erst in der nächsten Periode gebucht wird, z. B. bei der Vermietung erhält der Eigentümer die Miete für den Januar bereits im Dezember des Vorjahres.

Welche Positionen sind dabei für die Bestimmung von Kapitalkosten relevant? Und wie werden sie berücksichtigt? Ausgangspunkt jeder Überlegung muss dabei sein, ob in dem Passivposten ein Anspruch auf Verzinsung enthalten ist und wie hoch dieser ist.

1. Bei den **Rückstellungen** interessieren nur die Rückstellungen, bei denen ein Anspruch Dritter erwartet wird, der mit einem Zinsanspruch verbunden ist; daher stellen Rückstellungen ungewisse Verbindlichkeiten dar (vgl. Coenenberg et al., 2014, S. 424). Dies sind häufig die **Pensionsrückstellungen** als größter Block (vgl. zum Problem der Rückstellungen Schwetzler, 1998).
2. Die verschiedenen Positionen von **Verbindlichkeiten** sind zur Berechnung des Fremdkapitals notwendig. Da bei ihnen die Zahlungsmodalitäten bekannt sind, lassen sich die Fremdkapitalzinsen problemlos ermitteln.

Im Folgenden soll wieder der Lufthansa Konzern als Beispiel dienen, um die Kapitalkosten zu bestimmen. Tabelle 98 können Sie die einzelnen Positionen des Fremdkapitals entnehmen, die zur Berechnung herangezogen werden. Diese seien kurz kommentiert.

1. **Pensionsverpflichtungen** werden als zu verzinsendes Kapital betrachtet.
2. Weder in den **Steuerrückstellungen** noch in den Sonstigen Rückstellungen verbergen sich Beträge mit einem Zinsanspruch.

12. Kapitel: Marktwertorientierte Rechnung

3. In den **Finanzverbindlichkeiten** sind neben den Bankschulden auch Leasingverpflichtungen.
4. In den **Sonstigen Verbindlichkeiten** sind beispielsweise Verbindlichkeiten gegenüber Banken oder sonstige kurzfristige Verbindlichkeiten enthalten.
5. **Verbindlichkeiten aus Lieferungen und Leistungen** sind kurzfristiger Natur und werden meist nicht angesetzt (sogenanntes Abzugskapital), weil davon ausgegangen wird, dass kein Verzinsungsanspruch besteht, vielmehr in den Preisen für die Leistung die Krediteinräumung bereits berücksichtigt ist.

Da sich dem Geschäftsbericht nur der durchschnittliche Zinssatz für Fremdkapital entnehmen lässt, gibt Tabelle 98 diesen Zinssatz und die Summe des zinstragenden Fremdkapitals wieder.

	Betrag	Durchschnittlicher Zins
Pensionsrückstellungen	6.626	
Finanzverbindlichkeiten	6.370	
Sonstige Verbindlichkeiten	1.899	
Gesamt	14.895	3,4 %

Tabelle 98: Durchschnittliche Fremdkapitalkosten des Lufthansa-Konzerns

Wenn die derzeitigen Finanzierungskosten als auch langfristig realistische Annahme angesehen werden, betragen sie für den Lufthansa-Konzern 3,4 %. Es kann dann der erste Teil der Formel (11) (S. 403) gefüllt werden:

$$k_{GK} = 3{,}4 \cdot (1-s) \cdot \frac{14.895}{14.895 + EK} \qquad (12)$$

Bevor die Bestimmung der Eigenkapitalkosten erläutert wird, soll die Steuerwirkung betrachtet werden. Der Term $(1-s)$ deutet an, dass die Fremdkapitalkosten nicht in ihrer vollen Höhe berücksichtigt werden, sie vielmehr um den Ertragsteuersatz s vermindert werden. Dies liegt an der unterschiedlichen steuerlichen Behandlung von Fremd- und Eigenkapital: **Fremdkapitalzinsen** mindern den zu versteuernden Gewinn, da sie Betriebsausgaben sind.

Warum sind die Steuern überhaupt zu berücksichtigen? Die Unternehmensbewertung soll dem Anleger zeigen, wie viel bei einer Investition in die Anlage ihm zur Verfügung steht. Deswegen ist auch zu berücksichtigen, dass die Zahlungen an ihn seiner persönlichen Einkommensteuer unterliegen. Da es keinen einheitlichen Steuersatz gibt, hängt es von der persönlichen Steuersituation des Einzelnen ab, wie hoch die Steuerbelastung ist. Der Marktwert kann daher nur berechnet werden, wenn Annahmen über die Steuerbelastung des Eigentümers gemacht werden.

Eigenkapitalkosten und Kapitalmarktmodell

Wie im Abschnitt Kapitalkosten des Unternehmens erläutert, werden die Eigenkapitalkosten des Unternehmens aus Sicht der Anteilseigner bestimmt. Zugrunde liegt der Opportunitätsgedanke, welcher angewendet werden kann, wenn Alternativen zu bewerten sind. Die Anteilseigner verlangen eine Mindestverzinsung ihres Kapitals, die sie in einer alternativen Anlage erreichen würden. Ein großes Problem ist es, wie ein Vorstand einer Aktiengesellschaft mit tausenden von Aktionären deren Mindestrendite ermitteln soll. Was bei einer kleinen Gesellschaft, eventuell noch durch eine Befragung möglich ist, funktioniert bei großen Gesellschaften nicht. An dieser Stelle kommt die Theorie, genauer die Kapitalmarkttheorie, ins Spiel. In ihr werden Annahmen vorgenommen, wie sich die Kapitalmarktteilnehmer verhalten, z. B., dass sie sich rational verhalten, was bedeutet, dass sie ihre Entscheidungen auf Basis ihrer Präferenzen treffen. Mit **Präferenzen** drückt ein Anleger seine Vorlieben im Hinblick auf wichtige Aspekte der Entscheidung aus:

1. mit der **Artenpräferenz** legt der Anleger die Ziele seiner Entscheidung fest und soweit er mehrere Ziele gleichzeitig verfolgt, bestimmt er eine Gewichtung.
2. Da Ergebnisse von Entscheidungen zu unterschiedlichen Zeitpunkten anfallen, muss sich der Anleger Gedanken über seine **Zeitpräferenz** machen.
3. Ein Problem, welches bisher nicht behandelt wurde, ist die Unsicherheit über die zukünftige Rendite der Anlage. Jede Anlage ist mit einem Risiko verbunden, so ist es bei einer Aktie nicht sicher, ob die Gewinnerwartungen an das Unternehmen in der Zukunft tatsächlich eintreten. Daher ist der Wert des Unternehmens unsicher und der Anleger muss sich überlegen, wie er sich zu diesem Risiko verhalten will, oder in der Sprache der Entscheidungstheorie: Er legt seine **Risikopräferenz** fest.

> **Lernziel 8:** Portfolio-Theorie und CAPM als theoretische Fundamente zur Bestimmung von risikoadjustierten Eigenkapitalkosten erläutern.

In der Theorie des Kapitalmarkts spielt das Risiko, welches mit der Anlage verbunden ist, eine große Rolle. So wie es die Volksweisheiten ausdrücken: nicht alle Eier in einen Korb legen oder mehrere Eisen im Feuer haben, ist es auch in der Portfolio-Theorie niedergelegt, die wesentlich durch HARRY M. MARKOWITZ entwickelt wurde. Im Grunde sind die dahinter steckenden Überlegungen recht einfach.

Wenn die Anlagen auf dem Kapitalmarkt riskant sind, ist es sinnvoll nicht nur in eine Aktie zu investieren, sondern mehrere Aktien zu halten, um das Risiko zu streuen oder zu diversifizieren (vgl. Markowitz, 1959, S. 8 ff., dort finden Sie eine verständliche Einführung in die Grundgedanken der Portfolio-Analyse). Warum dies sinnvoll ist, lässt sich an einem einfachen Schaubild klarmachen (Darstellung 63, S. 407). Betrachtet werden zwei Aktien, deren Renditen sich nach der Jahreszeit richten, bei der Sommer-Aktie steigt die

12. Kapitel: Marktwertorientierte Rechnung

Rendite zum Sommer an und fällt, wenn der Winter vor der Tür steht, bei der Winter-Aktie ist es genau umgekehrt. Die Renditen der beiden Aktien können der Darstellung 63 entnommen werden. Ein gleichgewichtetes Portfolio, das aus beiden Aktien besteht, zeigt eine gleichmäßige Renditeentwicklung, die damit das Risiko der beiden Aktien diversifiziert. Die erwartete Rendite r_{P1} in der Periode 1 (Januar) wird berechnet, indem die Anteile der Aktien am Portfolio mit ihren Renditen gewichtet werden, was nichts anderes als der Mittelwert der jeweiligen einzelnen erwarteten Renditen ist.

$$r_{P1} = 0,5 \cdot 1 + 0,5 \cdot 7 = 4 \, [\%] \tag{13}$$

Wie wird das **Risiko** gemessen? Hierzu wird die Varianz oder Standardabweichung der Aktienrenditen herangezogen, es wird davon ausgegangen, dass sich der Anleger für die möglichen Abweichungen von der erwarteten Rendite interessiert. Varianz und Standardabweichung drücken die Schwankungen der Ergebnisse um den Mittelwert aus, wobei die **Varianz** der Summe der quadrierten Abweichungen vom Mittelwert entspricht; die **Standardabweichung** ist die Wurzel der Varianz.

$$\text{var}(r) = \sum_{n=1}^{12} (r_n - \mu)^2 \cdot \frac{1}{12} = 3,1\overline{6} \text{ und } \sigma = \sqrt{\text{var}(r)} \approx 1,78 \tag{14}$$

Dies ist nur eine mögliche Form, Risiko zu messen. Sie ist allerdings dann plausibel, wenn die Renditen normalverteilt sind. Denn während das arithmetische Mittel eine Schätzung der erwarteten Rendite ist, stellen Varianz

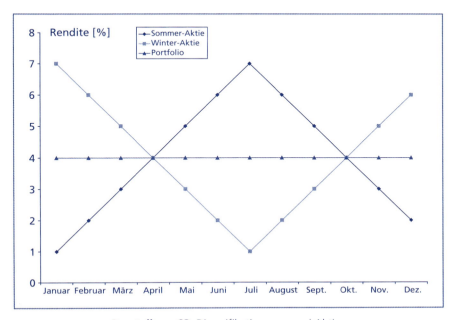

Darstellung 63: Diversifikation von zwei Aktien

und Standardabweichung Schätzungen über die Abweichung von dieser erwarteten Rendite dar.

> Wenn Sie sich fragen, warum es zwei verschiedene Maße der Abweichung gibt, dann hilft eine Dimensionsanalyse. In der Formel der Varianz werden Prozentbeträge quadriert, was sinnvoll ist, da sich sonst positive und negative Abweichungen aufheben würden. Allerdings ist die ökonomische Interpretation einfacher, wenn die Wurzel der Varianz berechnet wird, weil dies die Quadrierung wieder aufhebt. Die Standardabweichung wird daher in der gleichen Dimension – Prozent – gemessen wie der Mittelwert (vgl. Schmidt & Terberger, 1997, S. 284).

Im idealtypischen Beispiel sind die Parameter der zwei Aktien identisch, da die Renditeverteilungen gleich sind, allerdings zu unterschiedlichen Zeitpunkten anfallen. Daher stellt sich die Frage, wie das Risiko des Portfolios ausfällt. Wie Sie unschwer an der Darstellung erkennen können, ist das Risiko gleich 0, da es im betrachteten Zeitraum keine Abweichung vom Mittelwert in Höhe von 4 gibt.

Es ist also möglich, durch die Zusammenstellung von zwei Aktien, die beide riskant sind, ein Portfolio zu erhalten, bei dem das Risiko der Aktien verschwindet. Im fiktiven Beispiel gelingt dies, weil die Renditen beider Aktien vollständig (perfekt) negativ korreliert sind. Der Korrelationskoeffizient (ρ) ist dann gleich –1.

$$\rho_{1,2} = \frac{\text{cov}(r_1, r_2)}{\sigma_1 \cdot \sigma_2} \tag{15}$$

Die Korrelation ist ein Maß für den Zusammenhang der Renditen, die Formel zeigt Ihnen allerdings im Zähler eine noch unbekannte Größe: die Kovarianz. Sie zeigt auf, ob die beiden Aktien sich in die gleiche Richtung entwickeln und wie groß dieser Gleichklang ist.

$$\text{cov}(r_1, r_2) = \sum_{n=1}^{12} \left[(r_{1n} - \mu_1)(r_{2n} - \mu_2) \right] \frac{1}{12} = -3,1\overline{6} \tag{16}$$

Dazu werden die Differenzen zwischen Renditewert und Mittelwert beider Aktien multipliziert, ein negativer Wert wie im Beispiel bedeutet, dass sich die Renditen gegenläufig entwickeln.

$$\rho_{1,2} = \frac{-3,1\overline{6}}{1,78 \cdot 1,78} = -1 \tag{17}$$

Im Beispiel gelingt es ein risikoloses Portefeuille aufzustellen, da die Aktien perfekt negativ korreliert sind, was in der Realität kaum zu erreichen ist. Das Beispiel zeigt trotzdem, dass Anleger sinnvollerweise ein Portefeuille aus mehreren Anlagen halten, um ihr Risiko zu streuen. Und das Potential der Risikoreduktion ist eine Funktion der Korrelation zwischen den Komponenten des Portfolios.

Die bisherigen Überlegungen sind zu erweitern um die Annahme, dass es auch möglich ist, am Kapitalmarkt risikolose Anlagen zu finden. Dies ist eine theoretische Annahme, die am ehesten durch Staatsanleihen verwirklicht werden kann. Portefeuilles bestehen dann aus sicheren und riskanten Anlagen. Und damit nähern wir uns schrittweise dem Kapitalmarktmodell, das dazu verwendet wird, die Kosten für das Eigenkapital zu bestimmen.

Capital Asset Pricing Model

Das Capital Asset Pricing Model (CAPM) ist ein Kapitalmarktmodell, mit dessen Hilfe der Preis am Kapitalmarkt ermittelt werden soll. Für jedes Modell sind Annahmen notwendig, mit denen die Ableitung der Ergebnisse möglich ist. Beachten Sie, dass es immer noch um die Frage geht, wie sich Eigenkapitalkosten berechnen lassen. Wenn es gelingt, ein Modell zu finden, mit dem die Preise auf dem Kapitalmarkt erklärt werden können, dann ist es auch möglich, die Alternativrendite für das Eigenkapital zu bestimmen. Damit soll eine theorie- und modellgestützte Bestimmung von Eigenkapitalkosten gelingen, ohne dass die individuellen Präferenzen der Anleger benötigt werden.

Zentral ist dabei die Annahme, dass es einen vollkommenen Kapitalmarkt gibt, auf dem es möglich ist, zu einem risikolosen Zins von i_f anzulegen oder sich zu verschulden. Denn dadurch ist es möglich, Portefeuilles zu halten, in denen riskante und risikolose Anlagen gemischt sind. Wie insbesondere WILLIAM F. SHARPE gezeigt hat, führt dies dazu, dass die Anleger ein effizientes Portfolio aus riskanten Anlagen und einer risikolosen Anlage mischen. Dabei ist die Beimischung davon abhängig, wie sich die Anleger zum Risiko verhalten. SHARPE präsentiert eine **Kapitalmarktlinie**, auf der sich alle effizienten Portefeuilles – als Rendite-Risiko-Kombinationen – befinden (vgl. Sharpe, 1970, S. 83). Es lassen sich mit diesen Überlegungen Gleichgewichtsbedingungen für Preise am Kapitalmarkt formulieren Im Gleichgewicht werden die Kapitalmarktteilnehmer alle einen Punkt auf der Kapitalmarktlinie wählen, risikoscheue Anleger werden sich eher auf dem unteren Teil der Linie befinden, risikofreudige Anleger auf dem oberen Teil, da sie bereit sind für eine höhere Renditeerwartung auch ein höheres Risiko – gemessen mit der Standardabweichung – in Kauf zu nehmen. Im Gleichgewicht erwarten die Anleger von einem effizienten Portefeuille eine risikolose Verzinsung i_f und eine Risikoprämie. Genau an dieser Stelle setzt eine Überlegung an, mit deren Hilfe eine einzelne riskante Anlage bewertet werden kann. Neben einem sicheren Zins erwartet ein Anleger in Aktien eine Risikoprämie, die ihn für das eingegangene Risiko entschädigt.

Gesucht ist daher, die Risikoprämie für eine einzelne Aktie aus dem Marktportefeuille. Daher interessiert es, wie eine einzelne Aktie zum Risiko des Marktportefeuilles beiträgt. Anleger werden aus diesem Grund, wissen wollen, wie hoch das Risiko der Aktie im Vergleich zum Marktportefeuille ist. Die Anleger vergleichen zwei riskante Anlagen: zum einen die riskante Aktie und zum anderen das Marktportefeuille. Wenn Sie sich überlegen, in eine Aktie auf dem französischen Aktienmarkt zu investieren, z. B. Air Liquide, dann vergleichen Sie es am einfachsten mit einem Index wie dem CAC 40, der eine breite Zusammensetzung des französischen Aktienmarktes widerspiegelt. In Deutschland wählen Sie beispielsweise den DAX oder CDAX und in den

USA den S&P 500. Auch der Vergleichswert ist risikoreich: Wenn Sie sich als Beispiel den DAX anschauen, erkennen Sie seine großen Schwankungen. Investieren Sie in Aktien, dann sind Sie dem **Marktrisiko** ausgesetzt, es wird auch **systematisches Risiko** genannt. Dieses Marktrisiko ist nicht zu verhindern oder genauer: Dem Marktrisiko oder systematischem Risiko lässt sich nicht durch Diversifikation entgehen. Wenn Sie in ihrem Portefeuille genau den DAX abbilden und der DAX sinkt, hilft keine Diversifikation, der Wert Ihres Portefeuilles sinkt auch.

Im Gegensatz zum systematischen Risiko steht das **unsystematische Risiko**, das auf den besonderen Unsicherheiten des Unternehmens beruht, dessen Aktie bewertet werden soll. Wenn Sie in die Aktie Air Liquide investieren, sich das Management in seiner Markteinschätzung täuscht und der Gewinn dauerhaft einbricht, dann verringert sich der Wert der Air Liquide Aktie. Für welches Risiko erhält der Anleger eine Risikoprämie?

- Dem **unsystematischen Risiko** kann der Anleger entgehen, indem er diversifiziert. Wenn Sie dies nicht tun, dann sind Sie selbst schuld, der Markt gibt Ihnen für dieses Risiko keine Prämie.
- Anders beurteilt der Markt das **systematische Risiko**: Da Sie diesem Risiko auch durch Diversifikation nicht entgehen können, erhalten Sie dafür eine Risikoprämie.

Genau dieses systematische Risiko (Marktrisiko) soll durch den Markt vergütet werden, daher muss das Marktrisiko einer einzelnen Aktie gemessen werden können. Gesucht ist daher eine Größe, die anzeigt, wie viel eine Aktie zum Risiko des Marktportefeuilles beiträgt.

Im Capital Asset Pricing Model wird dazu eine Gleichgewichtsbedingung formuliert, die dazu verwendet werden kann, risikoadjustierte Eigenkapitalkosten zu bestimmen (vgl. Schmidt & Terberger, 1997, S. 353 f.):

$$\begin{aligned}\mu_i &= i_f + \frac{\text{cov}(r_M, r_i)}{\text{var}(r_M)} \cdot (\mu_M - i_f) \\ &= i_f + \beta_i \cdot (\mu_M - i_f)\end{aligned} \quad (18)$$

Darstellung 64 zeigt diese Wertpapiermarktlinie graphisch. Im Gleichgewicht entspricht die erwartete Rendite der risikolosen Rendite und der Risikoprämie, die aus dem Marktpreis der Risikoübernahme multipliziert mit der Risikohöhe besteht. Zudem impliziert Gleichung (18) einen positiven und linearen Zusammenhang zwischen erwarteter Rendite einer Aktie und deren Beta.

Der Marktpreis der Risikoübernahme zeigt die Steigung der Wertpapiermarktlinie an (im Beispiel 8 %). D.h., ein Investor der in das Marktportfolio investiert, verlangt gegenüber der risikolosen Anlage eine um acht Prozentpunkte höhere Rendite. Um zu berechnen, was ein Investor verlangt, wenn er in eine einzelne Aktie investiert, ist das Beta dieser Aktie notwendig.

$$\beta_i = \frac{\text{cov}(r_M, r_i)}{\text{var}(r_M)} \quad (19)$$

12. Kapitel: Marktwertorientierte Rechnung

Eine identische Formulierung zeigt:

$$\beta_i = \rho_{iM} \frac{\sigma_i}{\sigma_M} \tag{20}$$

ρ_{iM} Korrelationskoeffizient zwischen der Aktie i und dem Marktportefeuille

Im CAPM ist das **Beta** die zentrale Größe für das individuelle Risiko der Aktie. Wenn Sie die Formel betrachten, dann sehen Sie, dass es sich aus der Kovarianz der Aktie mit dem Marktportefeuille, geteilt durch die Varianz des Marktportefeuilles berechnet. Die **Kovarianz** der Aktie mit dem Marktportefeuille zeigt, ob und wie die einzelne Aktie mit dem Marktportefeuille schwankt. Das Risiko wird gemessen in Einheiten des Risikos des Marktportefeuilles (Varianz des Marktportefeuilles). Das **Beta** drückt daher aus, wie sich die Rendite der Aktie im Verhältnis zum Markt entwickelt.

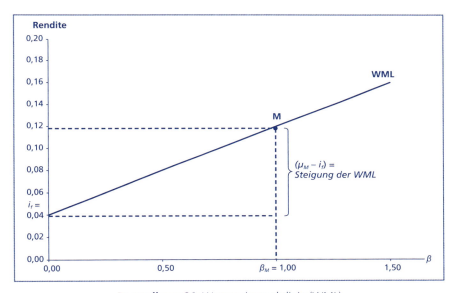

Darstellung 64: Wertpapiermarktlinie (WML)

Das Beta ist der Quotient aus der Standardabweichung (Volatilität) der Aktie und des Marktes multipliziert mit dem Korrelationskoeffizienten der Aktie mit dem Markt. Wenn eine Aktie eine Volatilität von 6 % und der Markt eine von 4 % hat sowie die Korrelation zwischen beiden + 0,5 ist, dann hat die Aktie ein Beta von 0,75. Die Aktie reagiert beispielsweise auf eine Erhöhung des Marktes um 1 % durchschnittlich mit einer Steigerung um 0,75 %. Welche unterschiedlichen Werte des Beta sind noch möglich?

Da, wie schon erwähnt, Anleger zwei riskante Anlagen – zum einen die riskante Aktie und zum anderen das Marktportefeuille – vergleichen, ist es nicht überraschend, dass das Beta einer einzelnen Aktie gegen das Beta des Markportfeuilles, das per Definition 1 ist, verglichen wird. Mithilfe des Beta ist es daher möglich, zu bestimmen, welche Risikoprämie am Markt für eine

Beta < 1	Aktie schwankt schwächer als der Markt, sie trägt zum Risiko des Marktportefeuilles geringer bei als der Durchschnitt der im Portefeuille enthaltenen Aktien.
Beta = 1	Aktie und Markt korrelieren positiv; die Aktie ist genauso riskant, wie der Markt.
Beta > 1	Aktie schwankt stärker als der Markt, sie trägt zum Risiko des Marktportefeuilles höher bei als der Durchschnitt der im Portefeuille enthaltenen Aktien.

Tabelle 99: Betawerte und Risiko der Aktie

riskante Anlage gezahlt wird. Genau dies war Ausgangspunkt der Überlegungen, um Eigenkapitalkosten im Unternehmen zu bestimmen. Das CAPM zeigt, unter welchen Bedingungen auf dem Kapitalmarkt Preise für riskante Anlagen gefunden werden. Wie jedes Modell beruht es auf einigen Annahmen, die eine Ableitung der Ergebnisse möglich machen und auch Kritiker auf den Plan rufen. Allerdings gibt es offensichtlich bisher kein alternatives Modell, das auch den praktischen Ansprüchen genügt, die bei einer Unternehmensbewertung beachtet werden müssen. Im Rest des Kapitels nehme ich daher an, dass mithilfe des CAPM riskante Aktien bewertet werden können (so auch die überwiegende Meinung der Literatur, vgl. z. B. Richter, 1996, S. 45 ff., 53).

Risikoadjustierte Eigenkapitalkosten

Auf der Grundlage des CAPM ist es möglich, Eigenkapitalkosten zu bestimmen, die das mit dem Unternehmen verbundene Risiko enthalten.

$$k_{EK} = i_f + \underbrace{\beta \cdot (r_M - i_f)}_{\text{Risikoprämie}} \tag{21}$$

Neben einem sicheren Zins (sichere Rendite) erwarten die Eigenkapitalgeber eine Risikoprämie, die von der erwarteten Rendite des Marktportefeuilles und dem Beta des betrachteten Unternehmens abhängt. Der Term $(r_M - i_f)$ ist die Prämie, die vom Markt für die Übernahme von Risiko verlangt wird. Jeder Investor ist bereit das Risiko einzugehen, in das Marktportefeuille zu investieren, wenn diese Rendite zusätzlich zur sicheren Rendite gezahlt wird. In eine spezielle Aktie aus dem Marktportefeuille ist ein Investor nur bereit zu investieren, wenn die Rendite an das spezifische Risiko dieser Aktie angepasst wird. Aus diesem Grund wird der Term $(r_M - i_f)$ mit Beta multipliziert, um so die zusätzliche Rendite auf das Risiko abzustimmen.

Lernziel 9: Risikoadjustierte Eigenkapitalkosten bestimmen.

Wie der Formel (21) zu entnehmen ist, werden zur Berechnung drei Größen benötigt:

- der **risikolose Zins (i_f):** als annähernd sicher werden die Renditen von Staatsanleihen angesehen, z. B. von Bundesanleihen in Deutschland;

12. Kapitel: Marktwertorientierte Rechnung

- die **Rendite des Marktportefeuilles (r_M)**: Als Indikator des Marktportefeuilles wird in der Regel ein Marktindex wie der DAX oder CDAX gewählt, da er den größten Teil des Marktportefeuilles abbildet;
- das **Beta (β)**: Es wird als relatives systematisches Risiko des Unternehmens gemessen, beispielsweise dadurch, dass vergangene Kursschwankungen der Aktie mit einem Index verglichen werden.
  - Modelltheoretisch sind hierfür Erwartungswerte notwendig, allerdings bedient man sich in der Praxis häufig den Vergangenheitswerten.

Eine beispielhafte Berechnung soll anhand der Lufthansa-Aktie aufgezeigt werden, dabei sind die Werte der Tabelle 100 dem Geschäftsbericht von Lufthansa entnommen.

Risikoloser Zins	2,6 %
Marktrendite (DAX)	7,9 %
Beta (Lufthansa)	1,1

Tabelle 100: Wert zur Bestimmung der Eigenkapitalkosten von Lufthansa

Lufthansa trägt also in höherem Maße zum Risiko des Marktportefeuilles bei als der Durchschnitt der im Marktportefeuille vorhandenen Aktien. Die Eigenkapitalkosten betragen daher:

$$k_{EK} = 2,6 + 1,1 (7,9 - 2,6) = 8,4\,\% \tag{22}$$

Allerdings stellen sich einige Fragen, inwieweit die vorgestellte Berechnung sinnvoll ist:

- Ist es gerechtfertigt, das Beta aus vergangenen Kursen zu berechnen?
- Welche Zeiträume sind für eine Berechnung sinnvoll?
- Wie ist bei Unternehmen zu verfahren, die in verschiedenen Branchen engagiert sind?

Voraussetzung für eine Rechnung mit **Vergangenheitswerten** ist es, dass sich die in den vergangenen Werten widerspiegelnden Einflussgrößen stabil verhalten. Im Beta drückt sich das spezielle Geschäftsrisiko des Unternehmens im Vergleich zum gesamten Markt – gemessen mit dem DAX 30 – aus, auf den ja die Risiken aller berücksichtigten Branchen wirken. Die Werte für Lufthansa sind aus einem vergangenen Zeitraum entnommen, die finanzwirtschaftlichen und leistungswirtschaftlichen Risiken dürfen sich in diesem Zeitraum nicht wesentlich geändert haben. Lufthansa bewegt sich in dieser Zeit in der Personenbeförderung, mit einem weiteren Standbein in der Luftfrachtbranche.

Das CAPM ist ein einperiodiges, statisches Modell. Streng genommen können Planungszeiträume von mehreren Jahren nicht mit dem CAPM unterstützt werden. Sie müssen also ohnehin annehmen, dass die im Modell gemachten Annahmen über den Zeitraum stabil sind. Inwieweit es gerechtfertigt ist,

Werte aus der Vergangenheit in die Zukunft fortzuschreiben, lässt sich nur am einzelnen Unternehmen entscheiden.

Wenn man sich entschieden hat, vergangene Kurse zu verwenden, stellt sich die Frage nach dem **Zeitraum**. Betawerte beruhen meist auf täglichen Renditen, die annualisiert werden. Der Zeitraum sollte mindestens ein Jahr betragen, um somit saisonale Effekte auszuschließen.

Für Unternehmen, die in verschiedenen Branchen tätig sind, ist es notwendig, die einzelnen Divisionen mit unterschiedlichen Kapitalkosten zu belasten. Die beispielhaft aufgezeigte Analyse muss dann für jeden einzelnen Geschäftsbereich durchgeführt werden (vgl. Pape, 2010, S. 198 ff.).

Bestimmung des Marktwertes des Eigenkapitals

In den vergangenen Abschnitten wurden schrittweise die Bestandteile erläutert, die nötig sind, um den Marktwert des Eigenkapitals zu berechnen. Sie sollen in diesem Abschnitt zusammengeführt werden und am Beispiel der Lufthansa erläutert und soweit notwendig ergänzt werden. Zur Erinnerung sei noch einmal die Formel (11) (S. 403) aufgeführt, sie zeigt, wie die **Kapitalkosten nach dem WACC-Ansatz** bestimmt werden.

$$k_{GK} = k_{FK} \cdot (1-s) \cdot \frac{FK}{EK+FK} + k_{EK} \cdot \frac{EK}{EK+FK} \qquad (23)$$

Die gesamten Kapitalkosten sind die mit den jeweiligen Kapitalanteilen **gewichteten Eigen- und Fremdkapitalkosten**.

> **Lernziel 10:** Entity-Methode und Equity-Methode anwenden und Anwendungsvoraussetzungen beurteilen.

Allerdings ergibt sich dabei ein Problem bei der Berechnung (vgl. Schwetzler & Darijtschuk, 1999, S. 297 ff.):

1. um den Marktwert des Eigenkapitals zu berechnen, wird der Kapitalkostensatz benötigt, und
2. um den Kapitalkostensatz zu berechnen, braucht man den Marktwert des Eigenkapitals.

Als Ausweg aus dieser Zirkularität wird daher vorgeschlagen, nicht eine vergangene Kapitalstruktur zugrunde zu legen, sondern eine Kapitalstruktur, die in der Zukunft angestrebt wird (vgl. Rappaport, 1999b, S. 45). Wenn eine Kapitalstruktur exogen vorgegeben wird, ist die Berechnung leicht durchzuführen, dies führt allerdings auch dazu, dass nicht auf den ersten Blick erkannt wird, dass eine konstante Kapitalstruktur Voraussetzung ist und was dies eigentlich bedeutet. Dies sei an einem kleinen Beispiel verdeutlicht.

Fallbeispiel 18: Entity- und Equity-Methode und die Kapitalstruktur

Im bisher vorgestellten WACC-Ansatz wird der Marktwert des Eigenkapitals ermittelt, indem zuerst der Unternehmenswert berechnet wird und dann der Wert des Fremdkapitals abgezogen wird. Diese Methode wird daher auch als **Entity-Methode** oder Gesamtkapitalansatz bezeichnet (vgl. zur Entity- und Equity-Methode Ballwieser et al., 2002, Sp. 2420 ff.). Im folgenden Beispiel über drei Perioden gelten folgende Angaben: Es wird eine konstante **Fremdkapitalquote** von 0,6 angestrebt, der Fremdkapitalzins sei 10 % und die Eigenkapitalrendite 12 %, die Steuern betragen 50 %.

	1	2	3
Einzahlung	200	220	260
Auszahlung	−100	−110	−130
Zahlungssaldo	100	110	130
Steuern	−50	−55	−65
Zahlungssaldo nach Steuern (FCF)	50	55	65
Barwert	46,38	47,33	51,89
Unternehmenswert	145,60		
Eigenkapital	58,24		

Tabelle 101: Marktwert des Eigenkapitals nach der Entity-Methode (WACC-Ansatz)

$$k_{GK} = 0{,}1 \cdot (1-0{,}5) \cdot \frac{0{,}6}{1} + 0{,}12 \cdot \frac{0{,}4}{1} = 0{,}078 = 7{,}8\,\% \tag{24}$$

Die gewichteten Kapitalkosten betragen 7,8 %, mit diesem Satz werden die Zahlungssalden nach Steuerzahlungen diskontiert, wobei im Beispiel zur Vereinfachung ein Zahlungssaldo und keine Erfolgsgröße gewählt wird. Um den Marktwert des Eigenkapitals zu errechnen, wird der Wert des Fremdkapitals subtrahiert. Bei einem vorgegebenen **Verschuldungsgrad** muss der Wert des Fremdkapitals diese Relation einhalten.

$$EK_0 = 145{,}60 - (145{,}60 \cdot 0{,}6) = 58{,}24 \tag{25}$$

In Tabelle 101 werden die freien Cashflows abgezinst: Dies ist ein Zahlungssaldo, in dem keine Zahlungen an die Fremd- und Eigenkapitalgeber enthalten sind, allerdings die Steuerzahlungen berücksichtigt sind. Es ist allerdings zu beachten, dass die Steuerzahlungen sich auf den Zahlungssaldo beziehen, der keine Fremdkapitalzinsen enthält.

- Da Fremdkapitalzinsen als Betriebsausgaben im Sinne des Steuerrechts gelten, müssen sie berücksichtigt werden. Bei der Entity-Methode wird dies in der Formel der gewichteten Kapitalkosten einbezogen.

- Da weder Fremdkapitalzinsen noch der Steuereffekt von Fremdkapital auftreten, wird so getan, als ob das Unternehmen vollständig eigenfinanziert wäre.

Wenn der Wert des Eigenkapitals errechnet werden soll, ist es dann nicht leichter, den Wert direkt – ohne den Umweg über den Gesamtwert – zu bestimmen?

Der hierzu eingeschlagene Weg wird als **Equity-Methode** (Netto-Methode, Flow to equity) bezeichnet, und er soll im Folgenden benutzt werden, zu zeigen, dass nur ein konstanter Verschuldungsgrad zum gleichen Ergebnis führt.

Bei der Equity-Methode wird berechnet, was den Eigentümern zufließt. Der Zahlungssaldo ist zu ergänzen um die Zinsen auf das Fremdkapital, die Steuern und die Tilgungen, die an die Fremdkapitalgeber zu leisten sind.

		1	2	3
Einzahlung		200	220	260
Auszahlung		−100	−110	−130
Zahlungssaldo		100	110	130
Zinsen (10 %)		−8,74	−6,42	−3,62
Fremdkapital	(87,36)	(64,17)	(36,18)	0
Steuern (50 %)		−45,63	−51,79	−63,19
Tilgung		−23,19	−27,99	−36,18
Unternehmenswert		(106,95)	(60,30)	(0)
Saldo		22,44	23,80	27,01
Barwert		20,04	18,97	19,23
Eigenkapital		58,24		

Tabelle 102: Marktwert des Eigenkapitals nach der Equity-Methode

In der Tabelle sind daher nach dem Zahlungssaldo die Zinsen abgezogen, sie berechnen sich aus dem Fremdkapitalwert (der Unternehmenswert von 145,60 ist aus der Tabelle 101 (S. 415) entnommen)

$$FK_0 = 145{,}60 \cdot 0{,}6 = 87{,}36 \qquad (26)$$

und dem Zinssatz von 10 %. Die gleich bleibende Fremdkapitalquote steuert die Tilgung, hierzu wird sich der freien Cashflows aus Tabelle 101 bedient. Am Ende der Periode 1 ist der Unternehmenswert

$$GK_1 = \frac{55}{(1+0{,}078)^1} + \frac{65}{(1+0{,}078)^2} = 106{,}95 \qquad (27)$$

12. Kapitel: Marktwertorientierte Rechnung

Da die Fremdkapitalquote 0,6 bleiben soll, ergibt sich für die Höhe des angestrebten Fremdkapitals 64,17 (106,95 · 0,6), woraus sich die Tilgung von 23,19 (87,36 − 64,17) errechnet. Das gleiche Vorgehen ist am Ende der Periode 2 notwendig, für die Periode 3 wird der restliche Fremdkapitalbestand getilgt. Wenn vom Zahlungssaldo die Fremdkapitalzinsen, die Steuern und die Tilgung abgezogen werden, ergibt sich ein Saldo, der ausschließlich den Eigenkapitalgebern zur Verfügung steht. Diskontiert man diese Salden mit der Rendite der Eigenkapitalgeber, dann erhält man den Marktwert des Eigenkapitals.

$$EK_0 = \frac{22,44}{(1+0,12)^1} + \frac{23,80}{(1+0,12)^2} + \frac{27,01}{(1+0,12)^3} = 58,24 \qquad (28)$$

Unter den gemachten Voraussetzungen ergibt sich für beide Methoden das gleiche Ergebnis, die Analyse zeigt jedoch auch, dass die Kapitalstruktur oder der Verschuldungsgrad konstant sein muss.

Wer gewichtete Kapitalkosten zur Bewertung von Unternehmen einsetzt, sollte sich darüber klar sein, dass sich die Finanzierung mit dem Gesamtwert des Unternehmens entwickelt (vgl. zu verschiedenen Finanzierungsstrategien Drukarczyk & Schüler, 2016, S. 198 ff.). Schauen Sie sich noch einmal die WACC-Formel an. Sie besteht aus den beiden Renditen des Fremd- und Eigenkapitals, verändert sich das Verhältnis zwischen beiden, kann man auf ein anderes Risiko schließen. Und wie Sie wissen, verändern sich bei unterschiedlichen Risiken die Renditeforderungen von Kapitalgebern.

> In zwei zeitlich aufeinander folgende Untersuchungen wurden die DAX 100-Unternehmen befragt, welche zentralen Verfahren sie zur Unternehmensbewertung einsetzen. In beiden Untersuchungen dominierte die Entity-Methode mit gewichteten Kapitalkosten – der Anteil lag bei 40 bis 47,5 % (vgl. Pellens et al., 2000, S. 1827; Pellens et al., 1997, S. 1935).

An dieser Stelle soll nun die beispielhafte Rechnung von Lufthansa fortgesetzt und abgeschlossen werden. In den vorangegangenen Abschnitten sind die Kapitalkosten schrittweise ermittelt worden, für die gewichteten Kapitalkosten müssen noch zusätzliche Annahmen getroffen werden.

$$k_{GK} = 3,4 \cdot (1-0,3) \cdot 0,5 + 8,4 \cdot 0,5 = 5,39 \qquad (29)$$

Wie bereits erläutert, sind die Fremdkapitalkosten als Betriebsausgaben anzusehen, die steuerlich abgesetzt werden können. In der Berechnung wird ein vereinfachtes Steuersystem angenommen und mit einem Steuersatz von 30 % gerechnet. Der Buchwert des Fremdkapitals wird als Stellvertreter für den Marktwert angenommen; die angestrebte Fremdkapitalquote von 0,5 ist dem Geschäftsbericht 2015 entnommen. In Tabelle 103 sind auf dieser Basis und den bereits vorgestellten Annahmen der Unternehmenswert und der Marktwert des Eigenkapitals berechnet.

Wenn der Marktwert des Eigenkapitals durch die Anzahl der Aktien geteilt wird, dann ergibt sich ein Wert von 117,62 Euro. Dies zeigt an, dass auf der Basis der im Beispiel vorausgesetzten Annahmen, der rechnerische

Teil 5: Erfolgsmessung und -beurteilung sowie Vergütungssysteme

Jahr	2016	2017	2018	2019	2020	2021	2022	2023	Restwert
Freier Cashflow	879	927	978	1.031	1.087	1.147	1.209	1.275	95.385
Barwert	834	835	835	836	836	837	837	838	62.674
Unternehmenswert	69.362								
Fremdkapital	14.895								
Eigenkapital	54.467								

Tabelle 103: Marktwert des Eigenkapitals mit der DCF-Methode (Lufthansa)

Wert der Aktie ganz erheblich über dem derzeitigen Kurs (14,20 Euro am 27.04.2016) liegt. Beachten Sie: In diesem Kapitel geht es nicht um Kauf- oder Verkaufsempfehlungen für eine Aktie, sondern um die Vorgehensweise den Unternehmenswert und den Marktwert des Eigenkapitals zu berechnen. Wie Sie gesehen haben, hängen diese Werte von einer Reihe von Annahmen ab. Im konkreten Fall bietet es sich an, die wesentlichen Annahmen zu variieren, um die Sensitivität der Ergebnisse zu erkennen. Beispielsweise lassen sich die im Beispiel angenommenen Kapitalkosten von 5,39 % oder die Wachstumsrate verändern, um eine Bandbreite von Werten zu erhalten.

Entscheidungen auf Basis der gewichteten Kapitalkosten

Welche Entscheidungsregeln ergeben sich aus dem Ziel „Steigerung des Marktwertes des Eigenkapitals" (Shareholder-Value)? Manager, die den Marktwert des Eigenkapitals erhöhen wollen, sollten nur Projekte durchführen, die mindestens ihre gewichteten Kapitalkosten verdienen. Wer die dynamischen Investitionsrechenmethoden kennt, den wird dies nicht verwundern:

- Es sind nur Projekte durchzuführen, die einen positiven Kapitalwert oder mindestens einen Kapitalwert von null haben,
- bei einem Kapitalwert von null werden genau die gewichteten Kapitalkosten erwirtschaftet,
- bei einem positiven Kapitalwert wird eine so genannte Überrendite erwirtschaftet: Dies wird manchmal sprachlich etwas unschön ausgedrückt: Es wird Wert geschaffen. Auch sachlich ist dies nicht korrekt, da bei einem Kapitalwert von null, Werte für alle Anspruchsgruppen geschaffen werden, z. B. Einkommen für Arbeitnehmer und Kapitaleinkommen für Kapitalgeber.

Allerdings ist auf einen konsistenten Gebrauch der gewichteten Kapitalkosten zu achten. Im letzten Abschnitt ist eine wichtige Voraussetzung bereits untersucht worden: Die Kapitalstruktur des Unternehmens muss konstant bleiben.

12. Kapitel: Marktwertorientierte Rechnung

Wenn sich durch die Finanzierung eines Projekts die Kapitalstruktur signifikant verschiebt, müssen die Kapitalkosten neu berechnet werden. Bei besonders weitreichenden, meist strategischen Projekten ist das häufig der Fall, z. B.:

- Kauf von Unternehmen,
- Investitionen im Ausland und
- Diversifikation in andere Branchen.

In den Kapitalkosten spiegelt sich ein bestimmtes Risiko des Unternehmens wider. Wenn eine Investition nicht in der gleichen Risikoklasse erfolgt, dann verändert sich das Risiko und damit entstehen auch andere Kapitalkosten. Wird in ein riskanteres Projekt investiert, werden die Kapitalgeber eine höhere Risikoprämie und damit höhere Kapitalkosten verlangen.

Mit welchen Maßnahmen lässt sich der Marktwert steigern? Hierzu ist es notwendig, sich die Berechnung des Marktwertes vor Augen zu halten. Die Bestandteile sind:

1. Zahlungsüberschüsse aus betrieblicher Tätigkeit,
2. Zahlungsdefizite aus Investitionen und
3. die Kapitalkosten.

Werden die Bestandteile den Prozessen im Unternehmen zugeordnet, dann sind dies der Güterbereich und der Geldbereich. Daher sind die Einflussgrößen aus diesen Bereichen zu beachten, wenn es um die Frage geht, wie der Marktwert gesteigert werden kann.

- Wenn der Umsatz stärker erhöht werden kann als die Auszahlungen, dann ergibt sich ein größerer Zahlungsüberschuss aus betrieblicher Tätigkeit.
- Finanzierungsvorteile sind z. B. durch die Kapitalstrukturpolitik möglich, wenn eine höhere Fremdkapitalquote verwirklicht wird, da mit Eigenkapital höhere Kosten als mit Fremdkapital verbunden sind.

Erfolgreiche Strategien zeichnen sich dadurch aus, dass sie dauerhaft den Marktwert erhöhen. Der häufige diskutierte Vorwurf an die Marktwertorientierung ist, dass kurzfristiges Verhalten belohnt wird, langfristiges hingegen vernachlässigt wird. Besonders wenn aufgrund der Ankündigung eines Vorstands, Arbeitnehmer zu entlassen, der Aktienkurs steigt, treten Kritiker des Shareholder-Value auf und verkünden, wie unsozial doch dieses Vorgehen ist.

Wenn Sie sich die Formel zur Berechnung des Marktwerts anschauen, stellen Sie fest, dass sich der Marktwert eines Unternehmens bei einer solchen Maßnahme erhöht,

1. wenn sich das Unternehmen von einem Bereich trennt, der nicht seine gewichteten Kapitalkosten verdient, oder
2. wenn Überkapazitäten abgebaut werden, die dauerhaft nicht vom Markt vergütet werden, was letztlich auf das Gleiche hinausläuft.

Eine kurzfristige Senkung der Kosten erhöht den Marktwert des Eigenkapitals also nur dann, wenn dahinter auch eine langfristig erfolgreiche Strategie steckt. Allerdings hat die Bestimmung des Marktwerts auch einen wichtigen

Nachteil, es handelt sich um einen **Zukunftserfolgswert**. Das ist zwar erwünscht, allerdings lässt sich nur schwer feststellen, was das Management davon tatsächlich realisiert hat. Es lässt sich zwar am Anfang und am Ende der Periode der Marktwert berechnen, jedoch ist dann auch die Kontrollgröße ein geschätzter Zukunftswert. Gesucht ist somit eine Periodengröße, die zum Marktwert des Eigenkapitals passt, in dem sie die jeweilige Marktwertveränderung tendenziell anzeigt. Eine solche Größe stellt der Residualerfolg oder der Economic Value Added dar, der als Periodenerfolgsgröße konzipiert ist, um eine Leistungsmessung des Managements (Performance Measurement) zu erreichen. Im folgenden Kapitel wird diese Größe vorgestellt.

Schlüsselwörter

Beta (411)
Capital Asset Pricing Model (CAPM) (409)
Cashflow, freier (393)
Discounted-Cashflow-Methode (DCF) (392)
Dividenden-Diskontierungsmodell (389)
Eigenkapitals, Marktwert des (391)
Entity-Methode (415)
Equity-Methode (416)
Fremdkapitalquote (415)
Informationseffizienz des Kapitalmarkts (387)

Kapitalkosten (401)
Kapitalkosten, gewichtete (414)
Marktkapitalisierung (385)
Marktportefeuille (409)
Marktpreis-Buchwert-Verhältnis (386)
Rente, ewige (390)
Restwert (392)
Risiko (407)
Risiko, systematisches (410)
Risiko, unsystematisches (410)
Unternehmensbewertung (389)
Verschuldungsgrad (415)
Working Capital (396)

Kontrollfragen

1. Warum wird der Kapitalmarkt auch als Markt für Unternehmenskontrolle bezeichnet?
2. Welche Kontrollmechanismen stehen den Eigentümern zur Verfügung, um das Management auf die Ziele der Unternehmenseigner zu verpflichten?
3. Erklären Sie die Marktkapitalisierung eines Unternehmens.
4. Was sagt das Marktpreis-Buchwert-Verhältnis aus?
5. Erläutern Sie, was Informationseffizienz des Kapitalmarkts bedeutet.
6. Erläutern Sie, wie verschiedene theoretische Ansätze Kursblasen erklären?
7. Zeigen Sie anhand des Dividenden-Diskontierungsmodells auf, wie Sie ein Unternehmen bewerten.
8. Wie wird der Marktwert des Eigenkapitals (Shareholder-Value) mithilfe der Discounted-Cashflow-Methode ermittelt?
9. Erläutern Sie die Bestandteile des freien Cashflows.
10. Erläutern Sie den prinzipiellen Aufbau einer Kapitalflussrechnung nach IAS 7.

12. Kapitel: Marktwertorientierte Rechnung

11. Wie lässt sich der freie Cashflow aus einer Kapitalflussrechnung nach IAS 7 ableiten?
12. Welche Bedeutung hat der Restwert bei der Ermittlung des Marktwertes des Eigenkapitals?
13. Wenn Sie den Restwert mit der ewigen Rente berechnen, welche Annahmen treffen Sie über den Zeitraum nach dem Planungshorizont?
14. Wie lässt sich das Wachstum in der Methode der ewigen Rente berücksichtigen?
15. Was ist der Unterschied zwischen dem arithmetischen und geometrischen Mittel? Welches ist besser geeignet, um durchschnittliche Wachstumsraten zu messen?
16. Begründen Sie, warum es notwendig ist, Eigenkapitalkosten bei der Unternehmensbewertung zu berücksichtigen.
17. Erklären Sie die einzelnen Komponenten der gewichteten Kapitalkosten.
18. Zeigen Sie anhand einer Bilanz, welche Positionen für die Berechnung der Fremdkapitalkosten in Frage kommen.
19. Erläutern Sie den Grundgedanken der Portfolio-Theorie.
20. Begründen Sie, warum die Varianz und Standardabweichung als Risikomaß verwendet wird.
21. Beschreiben Sie ein Portefeuille aus zwei Aktien, das risikolos ist.
22. Welche Bedeutung hat die Wertpapiermarktlinie im CAPM?
23. Was ist eine sichere Anlage? Wie lässt sich das Marktportefeuille abbilden?
24. Erklären Sie den Unterschied zwischen dem systematischen und unsystematischen Risiko? Für welches Risiko ist der Kapitalmarkt bereit, eine Prämie zu vergüten?
25. Erläutern Sie, wie risikoadjustierte Eigenkapitalkosten bestimmt werden.
26. Erklären Sie, inwieweit das Beta einer Aktie geeignet ist, ihr Risiko zu messen. Gehen Sie auch auf das Problem ein, dass es sich dabei um vergangene Werte handelt.
27. Warum tritt bei der Berechnung der gewichteten Kapitalkosten das Problem der Zirkularität auf?
28. Erläutern Sie den Unterschied zwischen der Entity- und der Equity-Methode.
29. Welche Voraussetzung bezüglich der Finanzierung muss erfüllt sein, wenn mit gewichteten Kapitalkosten gerechnet wird?
30. Welche Entscheidungsregeln für Manager lassen sich aus dem Ziel Marktwertmaximierung vorgeben?
31. Mit welchen Maßnahmen lässt sich der Marktwert des Eigenkapitals steigern?

Übungsaufgaben

Übung 1: Dividenden Diskontierungsmodell der Highfly AG

Die Highfly AG ist eine international operierende Fluglinie, die sich auf den Billig-Tourismus spezialisiert hat. Die Aktie ist an der Nieder-Rheinischen Börse gelistet und notiert derzeit bei 27 Euro.

a) Die Highfly AG zahlt eine Dividende von 0,90 Cent. Berechnen Sie den Kurswert nach dem Dividenden-Diskontierungsmodell; der Zinssatz liegt bei 10 %.

b) Nehmen Sie eine Wachstumsrate von 5 % an. Welches Ergebnis erhalten Sie? Ist die Aktie kaufenswert?

Übung 2: Unternehmensbewertung der Highfly AG

Sie wollen Ihr Ergebnis aus der Übung 1 fundieren, daher analysieren Sie die Geschäftsberichte der Highfly AG und werten Branchenreports aus. Die Entwicklung der freien Cashflows der nächsten Jahre zeigt die folgende Tabelle (alle Angaben in Mio. Euro).

Jahr	2016	2017	2018	2019	2020
freie Cashflow	250	320	390	460	500

a) Berechnen Sie die durchschnittliche Wachstumsrate der Jahre (geometrisches Mittel). Halten Sie es für realistisch, diese Wachstumsrate auch für die Zukunft anzunehmen?

b) Berechnen Sie den Unternehmenswert, indem Sie den Restwert (ewige Rente des letzten Cashflows) mit einer Wachstumsrate von 5 % annehmen (Zinssatz 10 %).

c) Nach dem Besuch eines Seminars stellen Sie fest, dass der Zinssatz überprüft werden sollte. Ihre Analyse ergibt ein Beta von 1,4, der sichere Zins wird mit 4 % angenommen und die Rendite des Marktportefeuilles ist 9 %. Die Fremdkapitalkosten liegen bei 5 %. Berechnen Sie die gewichteten Kapitalkosten, wobei Sie eine Fremdkapitalquote von 0,3 anstreben.

d) Bestimmen Sie den Marktwert des Eigenkapitals mit den gewichteten Kapitalkosten, der Marktwert des Fremdkapitals ist 2.300 Mio. Euro.

e) Es befinden sich derzeit 150 Mio. Aktien im Umlauf. Halten Sie die Aktie für kaufenswert?

13. Kapitel: Kennzahlen und Balanced Scorecard

„Business ratios are the guiding stars for the management of enterprises; they provide their targets and standards." (Ciaran Walsh, 2006, S. 4)

„The Balanced Scorecard expands the set of business unit objectives beyond summary financial measures." (Robert S. Kaplan & David P. Norton, 1996, S. 8)

Wenn es stimmt, dass Manager dazu da sind, Ergebnisse zu erzielen, dann sind Kennzahlen ihr wichtigstes Instrument. Sie sind der Rohstoff für eine Anzeigetafel, auf der die wirtschaftlichen Resultate angeschlagen werden. Kennzahlen sollen sich auf die wichtigen Zusammenhänge konzentrieren. So wie ein Autofahrer auf seinen Geschwindigkeitsmesser achtet, um eine Strecke in einer bestimmten Zeit zu schaffen, und den Öldruckmesser für diese Aufgabe nicht beachtet, soll der Manager sich auf bestimmte Kennzahlen beschränken.

Finanzielle Ziele liefern seit jeher den wichtigsten Stoff, um Kennzahlen zu bestimmen. In diesem Kapitel soll insbesondere anhand der Zielgröße Erfolg gezeigt werden, wie Kennzahlen gebildet werden, für welche Zwecke sie sich einsetzen lassen. Neben einer Analyse des absoluten Erfolges wird darauf eingegangen, wie relative Erfolgsgrößen gebildet werden.

Kennzahlenanalyse wird für viele Leser mit den Techniken der Bilanzanalyse verbunden sein. Sie sollten sich von dieser Vorstellung schnell befreien, denn auch wenn es einige Parallelen zwischen einer internen Kennzahlenanalyse und einer externen Bilanzanalyse gibt, kommt die externe Erfolgsanalyse nicht über allgemeine Aussagen hinaus. Es fehlen ihr ganz einfach die wichtigsten Informationen, wie z. B. die Selbstkosten einzelner Produkte und vieles mehr. Wo sie aufhört, ja aufhören muss, beginnt erst die eigentliche Analyse der Erfolge.

Lernziele

Nach der Lektüre des Kapitels sollten Sie Folgendes können:

- Lernziel 1: Die unterschiedlichen Kennzahlenarten kennen und Beispiele geben. (425)
- Lernziel 2: Besonderheiten von Indexzahlen erläutern. (426)
- Lernziel 3: Grundzüge einer Erfolgsanalyse erläutern. (428)
- Lernziel 4: Grundzüge einer Erfolgsanalyse von Auslandtöchtern erläutern. (433)
- Lernziel 5: Unterschiedliche Erfolgsbegriffe kennen und deren Verwendung erklären. (436)
- Lernziel 6: Die Eigenkapital- von der Gesamtkapitalrentabilität unterscheiden. (436)
- Lernziel 7: Den Return on Investment als Steuerungsgröße für Profit-Center beurteilen. (442)

- Lernziel 8: Den Residualerfolg erklären und beurteilen. (443)
- Lernziel 9: Den Economic Value Added (EVA) erläutern und beurteilen. (445)
- Lernziel 10: Aufbau der Balanced Scorecard beschreiben. (452)
- Lernziel 11: Kritisch das Problem der Ursache-Wirkungs-Ketten in der Balanced Scorecard diskutieren. (455)

Von Kennzahlen zum Performance Measurement

Ein zentraler Baustein im Führungssystem ist die Leistungsmessung (**Performance Measurement**), mit deren Hilfe die Zielerreichung überprüft und analysiert werden soll. Systeme der Leistungsmessung dienen gleichzeitig der Planung und Steuerung im Führungsprozess: Es soll anhand der relevanten Ziele eine Planung dieser Ziele ermöglicht werden (vgl. Klingebiel, 1998, S. 1 ff.). Je nachdem, welche Ziele ausgewählt werden, ist die Leistung in unterschiedlichen Dimensionen zu messen. Eine wesentliche Forderung an Ziele ist es, dass sie operationalisiert werden, insbesondere im Hinblick auf die Dimensionen Inhalt, Ausmaß und Zeit. In Systemen der Leistungsmessung überwiegen quantitative Ziele, qualitative Ziele müssen mithilfe von Indikatoren quantifizierbar gemacht werden. Dies trifft z. B. auf Ziele im Personalbereich zu, die wie die Mitarbeiterzufriedenheit durch verschiedene Konzepte messbar gemacht werden können. Der Begriff **Leistungsmessung** wird verwendet, um den englischen Terminus Performance Measurement zu übersetzen. Er deckt sich allerdings zum Teil mit dem Begriff Kennzahlensystem, wie er auch in diesem Kapitel verwendet wird (vgl. den Überblick zum Leistungsbegriff in Gleich, 2001, S. 34 ff.).

Kennzahlen und Kennzahlensysteme sind etablierte Instrumente des Controllings, die für die Zwecke der Planung und Kontrolle eingesetzt werden. Meist liegt der Betrachtungsschwerpunkt im Controlling jedoch auf den finanziellen Zielen und der finanzwirtschaftlichen Zielkomponente. KAPLAN & NORTON kritisieren diese starke Ausrichtung auf die finanziellen Ziele bei der Leistungsmessung (vgl. Kaplan & Norton, 1997, S. 20 ff.) und haben daher die Balanced Scorecard entworfen, die auch weitere Zieldimensionen berücksichtigt und am Ende dieses Kapitels vorgestellt wird.

Welche Anforderungen werden an Kennzahlen gestellt? Von Kennzahlen und Kennzahlensystemen wird verlangt, dass sie sich für die Zwecke der Planung und Kontrolle eignen (vgl. Heinen, 1972, S. 1 ff.; Lachnit, 1976, S. 219 f.). Aus den unterschiedlichen Anforderungen sollen zunächst zwei hervorgehoben werden, die für die folgenden Abschnitte als besonders relevant gelten können (vgl. Kern, 1971, S. 703 ff.; zu weiteren Anforderungen Hummel et al., 1980, S. 98 f.; Küting, 1983, S. 239 ff.):

- die Übereinstimmung mit dem Zielsystem und
- die Abstimmung mit der Organisationsstruktur.

Kennzahlen sollen die Führungskräfte auf die wesentlichen Ziele des Unternehmens aufmerksam machen, deshalb steht bei jedem Aufbau eines

13. Kapitel: Kennzahlen und Balanced Scorecard

Kennzahlensystems die Analyse des **Zielsystems** im Vordergrund. Schon aus diesem Grund sollen Kennzahlen nicht nur finanzielle Größen sein, da viele Ziele des Unternehmens sich auf nichtfinanzielle Phänomene richten. Trotzdem steht in den ersten Abschnitten dieses Kapitels die Analyse von Kennzahlen zur Erfolgsmessung im Vordergrund.

Da Kennzahlen zur Planung und Kontrolle von organisatorischen Einheiten eingesetzt werden, müssen sie auf die organisatorischen Strukturen abgestimmt werden: Zielsystem und **Organisationsstruktur** sind aufeinander zu beziehen. Es muss möglich sein, dass für die einzelnen Verantwortlichen Vorgaben entwickelt werden.

Kennzahlenarten

Kennzahlen sind quantitative Größen, mit deren Hilfe Ziele gemessen werden (vgl. Meyer, 2011, S. 17 ff.), z. B. ist der Erfolg vor Zinsen und Steuern (EBIT) eine solche Kennzahl. Da Kennzahlen quantitative Begriffe sind, werden an sie messtechnische Anforderungen gestellt: Zwei Anforderungen sind hierfür zentral.

- **Validität**: Die Kennzahl muss tatsächlich messen, was sie messen soll.
- **Reliabilität**: Die Kennzahl muss verlässlich sein, d. h., sie soll bei wiederholtem Messungen immer wieder zum gleichen Ergebnis führen.

Validität wird in diesem Kapitel im Vordergrund stehen, denn es werden verschiedene Erfolgskennzahlen vorgestellt, die in Bezug auf ihre Eignung diskutiert werden, die Wissenswünsche des Managements sowie wichtiger Stakeholder zu erfüllen.

> **Lernziel 1:** Die unterschiedlichen Kennzahlenarten kennen und Beispiele geben.

Je nach dem Ziel und dem Rechnungszweck werden unterschiedliche Kennzahlenarten eingesetzt.

1. Absolute Kennzahlen:
   - Einzelkennzahlen (Auftragseingang aus einem Verkaufsgebiet);
   - Summenkennzahlen (Kosten für eine Kostenstelle, Bilanzsumme);
   - Differenzkennzahlen (Deckungsbeitrag, Liquidität);
   - Mittelwerte (durchschnittlicher Auftragswert je Kunde).
2. Relative Kennzahlen:
   - Beziehungszahlen (Erfolg/Eigenkapital, Umsatz/Beschäftigter);
   - Gliederungskennzahlen (Anlagevermögen/Gesamtvermögen);
   - Indexzahlen (Umsatz 2016/Umsatz 2015).

Absolute Kennzahlen werden durch die verschiedenen Zweige des Rechnungswesens und durch weitere Teilsysteme des Informationssystems zur

Verfügung gestellt, indem sie die Aufgabe wahrnehmen, die Geld- und Güterströme im Unternehmen und zwischen dem Unternehmen und seiner Umwelt abzubilden. Jedes Ziel und der entsprechende Rechnungszweck können zum Ausgangspunkt der Gestaltung von Kennzahlen gemacht werden. Absolute Kennzahlen sind allerdings nur der erste Schritt für Analysen, da die isolierte Analyse einer Kennzahl nicht aussagekräftig ist. Wenn Sie zwei Unternehmen beurteilen wollen, das Unternehmen A hat einen Gewinn von 2.000.000 Euro und Unternehmen B 5.000.000 Euro, dann sollten Sie nicht das vorschnelle Urteil fällen, dass Unternehmen B sei besser.

Aus diesem Grund werden die **relativen Kennzahlen** verwendet. Es werden verschiedene Kennzahlen miteinander verknüpft, um die Zielerreichung zu überprüfen und zu analysieren, warum gegebenenfalls ein Ziel verfehlt wurde. Aus diesem Grund werden **Beziehungszahlen** gebildet, dabei werden zwei Größen, zwischen denen eine sachliche (problembezogene) Beziehung besteht, miteinander verbunden. Die bekanntesten Beziehungszahlen sind die Rentabilitätskennzahlen: Eigenkapital-, Gesamtkapital- und Umsatzrentabilität. Sie erfahren, dass Unternehmen A ein Kapital von 10.000.000 Euro einsetzte, B hingegen Kapital in Höhe von 50.000.000 Euro. Unternehmen A arbeitet offensichtlich erfolgreicher, nämlich mit einer **Rentabilität** von 20 %, B hingegen hat nur 10 %.

Die absolute Größe wird also durch eine weitere Größe relativiert, die beiden Größen müssen allerdings auch tatsächlich in einer Beziehung stehen, sodass betriebswirtschaftlich sinnvolle Aussagen möglich sind. Bei der Rentabilität wird eine solche Mittel-Zweck-Beziehung angenommen: Der Kapitaleinsatz wird als Mittel angesehen, Gewinn zu erzielen.

Für manche Analysezwecke ist es sinnvoll, Teilmengen zu bilden. Beispielsweise interessiert sich ein Hersteller von Tiefkühlpizzas für die Höhe der Materialkosten an den Gesamtkosten. Eine **Gliederungskennzahl** wird gebildet, indem eine Größe eine Teilmenge (Materialkosten) der anderen Größe (Gesamtkosten) ist. Ein relativ hoher Anteil der Materialkosten an den Gesamtkosten spricht für eine Kontrolle dieser Kosten in kurzen Abrechnungsperioden.

Lernziel 2: Besonderheiten von Indexzahlen erläutern.

Zeitliche Entwicklungen werden mit Hilfe von **Indexzahlen** transparent. Bei ihr wird eine Kennzahl zu unterschiedlichen Zeitpunkten oder für unterschiedliche Zeiträume gemessen und miteinander in Beziehung gesetzt (vgl. Preißler, 2008, S. 16). Werden die Umsatzzahlen der letzten drei Jahre in Beziehung gesetzt, lässt sich eine Entwicklung der Umsätze aufzeigen.

$$\hat{u} = \frac{u_{t+1}}{u_t} \cdot 100 \qquad (1)$$

$\hat{u}$ Umsatzindex auf der Basis von u_t
u_t Umsatz in der Periode t

13. Kapitel: Kennzahlen und Balanced Scorecard

Indexbasis u_t ist die erste Periode, sie wird gleich 100 gesetzt; die folgenden Werte werden in Bezug auf diese 100 interpretiert. Die Entwicklung lässt sich auch in Form von Wachstumsraten ausdrücken.

$$\tilde{u} = \frac{u_{t+1} - u_t}{u_t} \qquad (2)$$

$\tilde{u}$ Wachstumsrate des Umsatz von t nach t + 1 auf Basis von t

Jahr	2013	2014	2015	2016	Gesamt
Umsatz in Mio. Euro	250	300	330	400	
Umsatzindex (Basisjahr 2013)	100	120	132	160	
Wachstum pro Jahr		20,00 %	10,00 %	21,21 %	(51,21 %)
Wachstum gesamter Zeitraum					60,00 %

In der Tabelle sind die Indexzahlen und jährlichen Wachstumsraten des Umsatzes eines Unternehmens enthalten. Zu beachten ist bei **Wachstumsraten**, dass sie sich auf unterschiedliche Zeiträume beziehen können, somit lassen sie sich nicht einfach addieren. Das Wachstum für den gesamten Zeitraum ist im Beispiel 60 % und nicht die Addition der einzelnen Wachstumsraten (51,21 %). Bei relativen Größen wie Wachstumsraten spielt die Basis eine entscheidende Rolle, da für die jährlichen Wachstumsraten die Basis jeweils eine andere ist, kann die Addition nicht zum richtigen Ergebnis führen.

Häufig wird auch das Wachstum der Wachstumsraten angepriesen, so könnte die Pressemitteilung für das Jahr 2016 lauten:

Umsatzwachstum mehr als verdoppelt!

Der Umsatz ist zwar nach einem schwachen Jahr (Wachstumsrate von 10 %) auf sein altes Niveau zurückgekehrt, aber mit diesem schwachen Jahr als Basis lässt sich kräftig werben und es ist nicht gelogen (vgl. hierzu weitere Beispiele in Krämer, 1998, S. 65 ff.).

Erfolgsanalyse

Erfolgskennzahlen sollen Informationen liefern, wie gut das finanzielle Ergebnis des Unternehmens ist, das es mit dem Absatz seiner Produkte auf dem Markt erzielt hat. Vergangenheitsorientierte Kontrolle ist jedoch nicht ausreichend, mit einer Erfolgsanalyse soll auch beurteilt werden, ob das Unternehmen zukünftig Erfolge erwirtschaften kann. Dazu ist es unabdingbar, die **Erfolgsquellen** des Unternehmens zu erkennen. Um Markterfolge messen zu können, müssen im internen Rechnungswesen die Erfolgsquellen als Kalkulationsobjekte festgelegt werden. In den Kapiteln zum internen

Rechnungswesen wurde gezeigt, wie Kosten und Erlöse für Produkte berechnet werden. Die kurzfristige Erfolgsrechnung ist Ausgangspunkt der Erfolgsanalyse, denn sie zeigt die Erfolgsstruktur des Unternehmens in der Regel nach Produkten und organisatorischen Bereichen. Mit der mehrstufigen Deckungsbeitragsrechnung wurde ein System vorgestellt, das einen ersten Einblick in die Erfolgsstruktur bietet.

> **Lernziel 3:** Grundzüge einer Erfolgsanalyse erläutern.

An dieser Stelle sei daran erinnert, dass die Erfolgsanalyse auf Erlösen und Kosten basiert, die sich dadurch auszeichnen, dass

1. betriebsfremde Vorgänge nicht berücksichtigt werden (Sachzielbezug),
2. außergewöhnliche Vorgänge nicht betrachtet werden.

Im Vordergrund kann dann die Analyse des Erfolges stehen, der durch die **normale Geschäftstätigkeit** des Unternehmens am Markt entsteht.

Im Erfolg fließen alle Aktivitäten einer Periode ein, es vermischen sich die operativen Geschäfte mit den taktischen und strategischen Vorhaben. Für die operativen Geschäfte lassen sich die Erlöse und Kosten diesen Perioden meist leicht zuordnen, hingegen besteht ein Problem bei der Zurechnung der taktischen und strategischen Vorhaben. Wie sollen die Werbekosten für ein neues Produkt behandelt werden? Wie sind die Forschungskosten zu verrechnen?

Ein Grundsatz könnte lauten: Es werden nur die Kosten berücksichtigt, denen entsprechende Erlöse gegenüberstehen. Der Grundsatz, der im externen Rechnungswesen als **Matching-Prinzip** bekannt ist, besagt: nur sachlich zusammenhängende Erlöse und Kosten sollen in der Erfolgsrechnung ausgewiesen werden. Alle Kosten für zukünftige Produkte würden dann vernachlässigt, da z. B. die Kosten für die Forschung zukünftiger Produkte in keinem Zusammenhang mit den heutigen Produkten stehen.

> Im externen Rechnungswesen scheitert ein solches Vorgehen allerdings an den Vorschriften: Forschungskosten sind dann zu berücksichtigen, wenn sie entstehen, § 248 (2) HGB regelt das Bilanzierungsverbot für selbst erstellte immaterielle Vermögensgegenstände.

Im internen Rechnungswesen lassen sich verschiedene Erfolgskonzeptionen verwirklichen, sie bestimmen mit den Rechnungszwecken, welche Bestandteile berücksichtigt werden. Im Kapitel Erfolgsziele im internen Rechnungswesen wurde darauf hingewiesen, dass auf jeden Fall in einen Markterfolg (operativ) und einen Potenzialerfolg (taktisch und strategisch) unterschieden werden sollte. Dementsprechend sind beide Erfolgskomponenten getrennt voneinander zu analysieren.

Wie lässt sich der **Markterfolg** (operativer Erfolg) analysieren? An erster Stelle werden die Erfolgsquellen aufgezeigt, die z. B. in einer mehrstufigen Deckungsbeitragsrechnung aufgelistet sind. Da es sich um absolute Kenn-

13. Kapitel: Kennzahlen und Balanced Scorecard

zahlen handelt, bietet es sich an, die Umsätze und Erfolge von Produkten und Produktgruppen sowie organisatorischen Bereichen zu relativieren:

$$\frac{\text{Umatz des Produktes A}}{\text{Gesamtumsatz}} \quad \text{oder} \quad \frac{\text{Erfolg des Produktes A}}{\text{Gesamterfolg}} \quad (3)$$

Es zeigt sich so die Bedeutung, die einzelne Produkte für den Gesamtumsatz und erfolg haben. Dies lässt sich für alle Objekte in der Erfolgsrechnung durchführen. Generell gibt eine solche Analyse Aufschluss, ob das Unternehmen von einigen wenigen Produkten oder Produktgruppen abhängig ist oder sich der Umsatz und Erfolg auf viele Produkte gleich verteilt.

Produkt	Proci	Poli	Alad	Miga	Coglu	Restliche	Gesamt
Umsatz	1.500	1.100	1.000	300	200	200	4.300
Anteil (%)	38,1	23,8	19,0	9,5	4,8	4,8	100
Kumuliert	38,1	61,9	80,9	90,4	95,2	100	

Tabelle 104: Umsatzstruktur des Pharma-Unternehmens Reyba im Jahre 2001 (Mio. Euro)

Die Analyse zeigt die extreme Konzentration auf wenige Produkte, welche die Umsatzbeiträge liefern. Eine Konzentration auf wenige Produkte kann sehr wohl eine strategische Entscheidung sein, die auf dem Konzept der Kernkompetenzen beruht. Trotzdem würde ein Ausfall eines dieser Produkte die Umsatzlage des Unternehmens dramatisch verschlechtern. Im Pharmageschäft gibt es generell die Gefahr, dass zugelassene Medikamente aufgrund von nicht bekannten Nebenwirkungen vom Markt genommen werden müssen. Tritt ein solcher Fall ein, muss zusätzlich mit Schadenersatzforderungen gerechnet werden, also weiteren Ergebniseinbußen. Lässt sich Weiteres aus den Zahlen schlussfolgern?

Dazu benötigt man noch mehr Informationen: z. B. wann bei den Medikamenten der Patentschutz ausläuft. Ab diesem Zeitpunkt drängen Konkurrenten auf den Markt, die preiswertere Varianten (so genannte Generika) anbieten. Es ist mit erheblichen Umsatz- und Erfolgseinbußen zu rechnen (Schätzungen liegen bei 50% niedrigerem Umsatz). Laufen beispielsweise für die Produkte Proci, Poli oder Alad die Patente aus, dann droht dem Unternehmen ein Umsatzrückgang. Um die Tabelle überhaupt interpretieren zu können, ist es notwendig zu wissen, in welcher Lebensphase sich das Produkt und wie lange sich das Produkt bereits am Markt befindet.

Für eine Beurteilung der zukünftigen Entwicklung ist aber auch dies nicht ausreichend, denn in der Erfolgsrechnung erscheinen zwar die Produkte, die bereits am Markt verkauft werden. Die zukünftigen Produkte, die sich derzeit noch im Forschungsstadium befinden, werden hingegen nur mit ihren Forschungskosten berücksichtigt. Aus der kurzfristigen Erfolgsrechnung sind weder deren Umsatz- noch deren Erfolgspotenzial erkennbar. Wenn in einem Unternehmen über einen langen Zeitraum relativ konstante **Forschungs- und**

Entwicklungskosten anfallen, ließe dies darauf schließen, dass auch in Zukunft mit neuen patentgeschützten Produkten zu rechnen ist. Eine typische Kennzahl, die dazu eingesetzt wird, ist

$$\frac{\text{Forschungs- und Entwicklungskosten}}{\text{Umsatz}} \qquad (4)$$

Dies ist jedoch eine inputorientierte Größe, denn Forschungs- und Entwicklungskosten führen nicht zwangsläufig zu Erfolgen. An dieser Kennzahl lässt sich auch illustrieren, inwieweit Beziehungen zwischen den Größen bestehen müssen. Beide Phänomene haben nämlich nur dann etwas miteinander zu tun, wenn die Geschäftsleitung festlegt, dass ein bestimmter Teil des Umsatzes für Forschungs- und Entwicklungsprojekte verwendet wird. Trotzdem lässt die Kennzahl erkennen, ob eine kontinuierliche Forschung betrieben wird.

Eine ähnliche vergangenheitsorientierte Sicht spiegelt sich in der **Altersstruktur der Produkte** wieder, z. B. wird der Umsatz in zwei Klassen geteilt:

$$\frac{\text{Umsatz Produkte (älter als 5 Jahre)}}{\text{Gesamtumsatz}} \quad \text{und} \quad \frac{\text{Umsatz Produkte (jünger als 5 Jahre)}}{\text{Gesamtumsatz}} \qquad (5)$$

Welche Klassenbildung gewählt wird und wie viele Klassen gebildet werden, hängt von der Branche und der Unternehmenspolitik ab. Mit einer solchen Kennzahl lässt sich die **Innovationskraft** von Unternehmen vergleichen. Sie lässt sich auch als Vorgabewert einsetzen, indem die Geschäftsleitung von jedem Geschäftsbereich fordert, dass z. B. 50 % des Umsatzes mit jungen Produkten erreicht werden sollen.

Um das **Erfolgspotenzial** abschätzen zu können, müssen jedoch Plandaten für zukünftige Produkte vorliegen. Es ließe sich so eine mehrperiodige Kosten- und Erfolgsrechnung über z. B. fünf Jahre aufstellen.

Erfolgsquellen

Mithilfe der Erfolgsanalyse soll erkannt werden, wie der Erfolg im Unternehmen entstanden ist. Einer der wichtigsten Unterschiede zu einer externen Kennzahlenanalyse ist es, das die Analyse Bottom-up möglich ist. Im internen Rechnungswesen müssen aus diesem Grund sämtliche Erfolgsquellen als Kalkulationsobjekte definiert werden, es lässt sich so erkennen, wie sich der Betriebserfolg des Unternehmens zusammensetzt. Dies soll am folgenden Beispiel illustriert werden.

Als wichtigste Erfolgsquellen gelten die **Produkte**, die das Unternehmen am Markt anbietet, dies sind alle Güter in Form von Sach- und Dienstleistungen. In der Darstellung ist eine einfache Struktur aufgelistet, es kann auch in Produktbereiche, Produktgruppen und Produktarten unterschieden werden. Ergänzt wird die Aufteilung um eine Analyse der **Regionen** und Vertreter, es kann so gezeigt werden, inwieweit der einzelne **Vertreter** in seiner Region zum Deckungsbeitrag beigetragen hat. Dieses einfache Beispiel lässt sich

13. Kapitel: Kennzahlen und Balanced Scorecard

Produkt	A	B	C	D	Summe
Erlöse	1.000	1.300	2.500	1.500	6.300
Kosten (var.)	300	500	1.000	700	2.500
Deckungsbeitrag	700	800	1.500	800	3.800
Region Nord	200	400	500	200	1.300
Region Süd	500	400	1.000	600	2.500
Region Nord					
Vertreter A	100	250	200	200	750
Vertreter B	100	150	300	0	550
Region Süd					
Vertreter C	150	150	300	200	800
Vertreter D	150	100	400	200	850
Vertreter E	200	150	300	200	850

Tabelle 105: Erfolgsquellenanalyse (in Tsd. Euro)

systematisch erweitern, je nachdem welchen Informationsbedarf das Management artikuliert. Als relevante Kalkulationsobjekte gelten weiterhin

- Auftrag (Art, Größe) und
- Kunden (Kundengruppe, Kundenklassen wie Großkunden).

Die Analyse lässt sich nicht nur hinsichtlich der Objekte verfeinern, vielmehr können alle im ersten Abschnitt aufgezählten Kennzahlenarten eingesetzt werden. Um die Bedeutung und die Entwicklung von Produkten und Regionen deutlich zu machen. In der folgenden Tabelle sollen die Wachstumsraten der einzelnen Vertreter aufgezeigt werden, sie geben Aufschluss über das Wachstum in den beiden Regionen und zeigen die Beiträge der einzelnen Vertreter zum Wachstum ihrer Region.

Es kann im Beispiel einen Schritt weiter gegangen werden, indem berechnet wird, wie sich das Wachstum der einzelnen Produkte in den Regionen und bei den Vertretern entwickelt hat. Auch könnte die Bedeutung der einzelnen Produkte im Hinblick auf alle Produkte untersucht werden, um anhand der Wachstumsraten der Bedeutungen festzustellen, ob Verschiebungen im Gesamtprogramm stattgefunden haben.

Die vorgestellte Erfolgsanalyse ist eine Ergebniskontrolle. Wie im Grundlagenkapitel zum Controlling dargelegt, ist der Zweck von Ergebniskontrollen Lerneffekte für die Zukunft zu erreichen. Dies setzt voraus, dass Planwerte existieren, denn erst, wenn Zielwerte vorhanden sind, lässt sich sinnvoll kontrollieren. Aber auch, wenn Plangrößen vorhanden sind, muss man sich über die Grenzen einer Erfolgskontrolle im Klaren sein.

432 Teil 5: Erfolgsmessung und -beurteilung sowie Vergütungssysteme

	1999	2000	2001	99/00	00/01
Region Nord					
Vertreter A	500	600	750	20,0 %	25,0 %
Vertreter B	700	650	550	−7,1 %	−15,4 %
	1.200	1.250	1.300	4,2 %	4,0 %
Region Süd					
Vertreter C	600	700	800	16,7 %	14,3 %
Vertreter D	800	900	850	12,5 %	−5,6 %
Vertreter E	700	1.000	850	42,9 %	−15,0 %
	2.100	2.600	2.500	23,8 %	−3,8 %
Gesamt	3.300	3.850	3.800	16,7 %	−1,3 %

Tabelle 106: Wachstumsraten einzelner Regionen und Vertreter

Produkt A			
	Ist	Plan	Abweichung
Erlöse	1.000	1.100	−100
Variable Kosten	300	360	−60
Deckungsbeitrag	700	740	−40

Für das Produkt A war ein Deckungsbeitrag in Höhe von 740 Euro geplant, tatsächlich erreicht wurden jedoch nur 700 Euro. Nun berechnet sich der Periodendeckungsbeitrag aus dem Stückdeckungsbeitrag und der Absatzmenge,

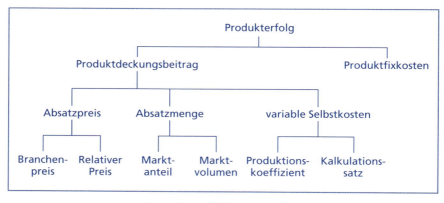

Darstellung 65: Erfolgsspaltung
(Quelle: leicht verändert entnommen aus Dellmann, 1990, S. 5)

13. Kapitel: Kennzahlen und Balanced Scorecard

die Abweichung kann daher auf einer Veränderung der Absatzmenge oder des Stückdeckungsbeitrags beruhen. Beide Veränderungen lassen sich aber auf dieser Aggregationsebene nicht weiter analysieren. Der Deckungsbeitrag eines Produktes ist die Differenz aus Erlösen und variablen Kosten und die Absatzmenge hängt direkt mit den Erlösen zusammen. Aus diesen Gründen bietet sich bei Abweichungen eine Kontrollrechnung für Erlöse und Kosten an, wie sie im Kapitel Budgetkontrolle und Abweichungsanalyse für die Erlöse und Kosten dargestellt wird. In Darstellung 65 ist ein Ansatz zur Erfolgsspaltung von DELLMANN angegeben, der an diese Ausführungen anschließt.

Mit einem solchen Vorgehen können die Erfolgskomponenten näher analysiert und schrittweise auf ihre Ursachen zurückgeführt werden.

Beurteilung der Erfolge von Auslandstöchtern

Wenn die Leistung des Managements in Auslandstöchtern beurteilt werden soll, sind die Kennzahlen daraufhin zu untersuchen, inwieweit sie vom lokalen Management beeinflusst werden können. Die Informationen, die das Controlling bereitstellt, richten sich daher nach den Erfolgszielen, Rechnungsobjekten und Rechnungszwecken. In diesem Abschnitt wird die Erfolgsbeurteilung mit einem Soll-Ist-Vergleich (= **Rechnungszweck** Kontrolle) auf Basis von budgetierten Größen (= Rechnungszweck Planung) vorgenommen. Jedem **Rechnungsobjekt**, dem Erlöse und Kosten zugeordnet werden können, sind Erfolge zurechenbar. Als herausragende Objekte gelten für das internationale Controlling das Tochterunternehmen als organisatorische Einheit und dessen lokales Management (vgl. Brühl, 2006, S. 494). So kann das zentrale Management z. B. festlegen, dass das Erfolgsziel auf dessen Basis das lokale Management beurteilt wird, in der lokalen Währung des Tochterunternehmens auszuweisen ist.

> **Lernziel 4:** Grundzüge einer Erfolgsanalyse von Auslandtöchtern erläutern.

Währungskurse sind aus Sicht eines Käufers einer Fremdwährung Preise für diese fremde Währung. Meist wird auf die veröffentlichten Devisenkassakurse zurückgegriffen, die amtlichen Mittelkurse werden für viele Währungen börsentäglich veröffentlicht. Es lassen sich die für eine Budgetierung üblichen Grundsätze der Preisplanung übertragen. Für die Frage, mit welchem Kurs geplant werden soll, ist es maßgebend, für welchen Zweck die interne Rechnung eingesetzt wird. Beziehen sich die maßgeblichen Entscheidungen auf den jährlichen Budgetzeitraum, dann ist es sinnvoll, mit den erwarteten jährlichen Durchschnittskursen zu budgetieren (vgl. Kilger et al., 2012, S. 171).

Für eine Kontrollrechnung sind die tatsächlich festgestellten Kurse relevant, wenn ein Soll-Ist Vergleich durchgeführt werden soll. Wie im Fall der Plankurse ist es auch im Fall der festgestellten Kurse sinnvoll, einen Durchschnittskurs für Stromgrößen und den Stichtagskurs für die Bestandsgrößen zu wählen.

Die vorgestellten Kurse dienen dazu, eine Gesamtabweichung im Rahmen einer Abweichungsanalyse (Soll-Ist Vergleich) zu ermitteln.

Abweichungsanalyse

Wenn kontrolliert wird, ob die Erfolgsziele erreicht wurden, dann ist es notwendig, die geplanten mit den realisierten Größen zu vergleichen. Mithilfe der Abweichungsanalyse soll darüber hinaus festgestellt werden, welche Ursachen zur Abweichung geführt haben, und es sollen die Beträge der Teilabweichungen berechnet werden.

Dies soll am Beispiel einer Erfolgsabweichung gezeigt werden. Ein Unternehmen plant für seine Tochter einen Deckungsbeitrag auf Basis von US-Dollar. Gemeinsam erwarten sie einen Deckungsbeitrag pro Stück von 40 $ bei einer Absatzmenge von 20.000 Stück, beide rechnen mit einem Wechselkurs von 1,10 $/€. Am Ende der Periode wird festgestellt, dass der Stück-Deckungsbeitrag bei 42 $ lag, 19.500 Stück abgesetzt wurden und der Wechselkurs auf 1,20 $/€ gestiegen ist. Die Gesamtabweichung des Deckungsbeitrags (ΔD) lässt sich als Differenz der Ist- und Soll-Größen aufzeigen:

$$\Delta D = \frac{1}{1,20} \cdot 42 \cdot 19.500 - \frac{1}{1,10} \cdot 40 \cdot 20.000 = 44.772,73$$

Im Rahmen einer Abweichungsanalyse werden schrittweise die Faktoren Kurs (w), Stück-Deckungsbeitrag (d) und Absatzmenge (x) abgespalten

$$\Delta D_w = \frac{1}{1,20} \cdot 42 \cdot 19.500 - \frac{1}{1,10} \cdot 42 \cdot 19.500 = -62.045,45$$

$$\Delta D_d = \frac{1}{1,10} \cdot 42 \cdot 19.500 - \frac{1}{1,10} \cdot 40 \cdot 19.500 = 35.454,54$$

$$\Delta D_x = \frac{1}{1,10} \cdot 40 \cdot 19.500 - \frac{1}{1,10} \cdot 40 \cdot 20.000 = -18.181,82$$

Im Beispiel ist zu erkennen, dass sich die gute Situation in USA durch die Aufwertung des Euro verschlechtert. Das lokale Management wird sicherlich darauf hinweisen, dass es für die Entwicklung des Währungskurses nicht verantwortlich und daher nur für die positive Entwicklung von 17.272,72 € (35.454,54 − 18.181,82) verantwortlich ist. Wer hat aber Verantwortung für die −62.045,45 € Währungskursabweichung?

An dieser Stelle ist die Unterscheidung der Rechnungsobjekte relevant: Das zentrale Management kann das Tochterunternehmen sowie das lokale Management beurteilen. In der Gesamtabweichung spiegelt sich aus Sicht des zentralen Managements die wirtschaftliche Situation des gesamten Tochterunternehmens wider. In Holdings, in denen eine zentrale Abteilung die Währungsrisiken absichert, ergibt sich dementsprechend eine zentrale Verantwortung für die Währungsabweichung. Wenn die Verantwortung für Währungsrisiken beim Tochterunternehmen liegt, dann ist das lokale Management für die Währungsabweichung verantwortlich (vgl. Choi & Meek, 2011, S. 376).

Allerdings setzt die Zuweisung der Verantwortung voraus, dass es sich bei den tatsächlich festgestellten Kursen auch um tatsächlich realisierte Kurse handelt. Wenn es sich um tatsächlich realisierte Kurse handelt, ist die Analyse der Währungsabweichung erfolgsrelevant und die Verantwortung von Währungsabweichungen den Abteilungen im Unternehmen zurechenbar, die die Wechselkurse abzusichern haben. Wird hingegen wie beim Stichtagsverfahren an einem Stichtag der Fremdwährungsabschluss nur auf die Heimatwährung einer Finanzholding umgerechnet, sind Währungsabweichungen als Momentaufnahme zu analysieren. Sie haben keine direkte Auswirkung auf den Erfolg und eine Zuweisung der Verantwortung für die Währungsabweichung ist nicht notwendig (anderer Ansicht Klofat, 1989, S. 234 f.). Ein Grund hierfür ist es, dass Unternehmen in der Regel Translationsrisiken nicht absichern (s. Abschnitt „Erfolgsrechnung im internationalen Unternehmen" S. 244 ff.).

Rentabilitätsanalyse

Nachdem die Grundzüge der Erfolgsanalyse mithilfe des internen Rechnungswesens skizziert wurden, soll dies um eine Rentabilitätsanalyse erweitert werden. Bisher ist der absolute Erfolg untersucht worden, der insbesondere den Nachteil hat, dass die Mittel, die eingesetzt werden müssen, um einen Erfolg zu erzielen, nicht betrachtet werden.

> Wenn Sie zwei Unternehmen vergleichen, wovon das Erste einen Gewinn von 5 Mio. und das Zweite einen von 3 Mio. Euro macht, könnten Sie versucht sein, dass erste Unternehmen für besser zu halten. Wie beurteilen Sie beide Unternehmen, wenn Sie erfahren, dass das erste Unternehmen mit 50 Mio. Euro Kapital arbeitet, das Zweite hingegen mit 15 Mio. Euro?

Kennzahlen für die Rentabilität sollen diese Mittel-Zweck-Beziehung herstellen, indem im Zähler der Erfolg und im Nenner eine Kapital- oder Vermögensgröße steht. Sie werden meist in Prozent ausgedrückt, was mit der Dimensionsangabe [%] angezeigt wird, und daher mit 100 multipliziert.

$$\frac{\text{Erfolg}}{\text{Kapital}} \cdot 100\,[\%] \quad \text{oder} \quad \frac{\text{Erfolg}}{\text{Vermögen}} \cdot 100\,[\%] \tag{6}$$

Es lassen sich aus dem Vergleich der beiden Unternehmen – mit einer Rentabilität von 10 % und 20 % – verschiedene Schlussfolgerungen ziehen, wobei die wichtigste wohl ist, dass das zweite Unternehmen rentabler arbeitet, also pro eingesetzte Kapitaleinheit einen höheren Gewinn erwirtschaftet. Die prozentuale Angabe erleichtert den Vergleich unterschiedlicher Anlageformen, sie gibt so erste Hinweise über die Ergiebigkeit einzelner Alternativen.

Exkurs: Rentabilitätsanalyse in der Bilanzanalyse (Vergleich Deutschland und angelsächsische Länder)

Im Mittelpunkt der Erfolgsanalysen steht die Rentabilität, sie wird insbesondere in zwei Formen ermittelt: die Eigenkapital- und die Gesamtkapitalrentabilität. Bevor auf die beiden Rentabilitäten eingegangen wird, sind die entsprechenden absoluten Erfolge zu beschreiben.

> **Lernziel 5:** Unterschiedliche Erfolgsbegriffe kennen und deren Verwendung erklären.

Wenn den Erträgen die entsprechend gegliederten Aufwendungen gegenübergestellt werden, lassen sich unterschiedliche (Zwischen-)Erfolgsgrößen definieren. Die Gliederung beruht auf den Anspruchsgruppen des Unternehmens; die Einteilung und die Begriffe in Tabelle 107 sind weit verbreitet.

Erfolgsgrößen	Earnings Terms	Anspruchsgruppe
Erfolg vor Zinsen und Steuern	Earnings before interest and tax (EBIT) oder operating profit	Kunden, Lieferanten, Arbeitnehmer
– Zinsen (Fremdkapital)	Interest	Fremdkapitalgeber
= Erfolg vor Steuern	Earnings before tax (EBT)	
– Steuern	Tax	Staat
= Erfolg nach Steuern (Jahresüberschuss/-fehlbetrag)	Earnings after tax (EAT)	Eigenkapitalgeber

Tabelle 107: Erfolgsgrößen

Ausgangspunkt der Tabelle ist der Erfolg vor Steuern und Zinsen (EBIT, Operating Profit), der auf die Anspruchsgruppen Fremd- und Eigenkapitalgeber sowie den Staat aufgeteilt wird. Zwei Aspekte sind dabei zu berücksichtigen.

1. Erstens sind weitere Anspruchsgruppen wie z. B. Arbeitnehmer (Gehälter) und Lieferanten (Materialkosten) bereits befriedigt;
2. Zweitens lassen sich noch weitere Erfolgsgrößen bilden. Besondere Aufmerksamkeit hat in jüngster Zeit die Kennzahl EBITDA (Earnings before interest, tax, depreciation and amortization) erlangt. Bei ihr bleiben Abschreibungen sowie Firmen-Abschreibungen unberücksichtigt. Dies soll insbesondere für Wachstumsunternehmen aussagekräftige Erfolge ergeben.

> **Lernziel 6:** Die Eigenkapital- von der Gesamtkapitalrentabilität unterscheiden.

Jeder diese Erfolgsgrößen kann als eigenständige Größe analysiert werden oder als Baustein für eine relative Kennzahl – Zeitvergleiche, Soll-Ist-Vergleiche – dienen. Bevorzugt werden sie jedoch für die Rentabilitätsanalyse, insbesondere zur Berechnung der Eigenkapital- und Gesamtkapitalrentabilität.

$$\text{Eigenkapitalrentabilität } (r_{EK}) = \frac{\text{Erfolg nach Steuern}}{\text{Eigenkapital}} \cdot 100 \, [\%] \qquad (7)$$

13. Kapitel: Kennzahlen und Balanced Scorecard

Wenn von einem EBIT (Earnings before interest and tax) ausgegangen wird, kann sie anders dargestellt werden (mit i als Zins auf Fremdkapital FK und s als Steuersatz):

$$r_{EK} = \frac{(EBIT - i \cdot FK) \cdot (1-s)}{EK} \cdot 100 \, [\%] \tag{8}$$

Die **Eigenkapitalrentabilität (return on equity)** ist für die Eigentümer des Unternehmens die maßgebliche Größe, denn sie zeigt an, wie sich das von ihnen zur Verfügung gestellte Kapital verzinst hat (vgl. Walsh, 2006, S. 62). Beziehungskennzahlen lassen sich sinnvoll bilden, wenn zwischen den Größen ein Zusammenhang herstellen lässt. Der Erfolg nach Steuern ist der Überschuss, der übrig bleibt, wenn alle anderen Anspruchsgruppen befriedigt sind. Diese Größe steht ausschließlich den Eigentümern zu; inwieweit sie davon Gebrauch machen, ist unabhängig davon. Der Erfolg nach Steuern ist daher die zum Eigenkapital entsprechende Erfolgsgröße. Wenn ein weltweit operierender Konzern die Eigenkapitalrentabilität seiner Tochterunternehmen vergleichen will, bietet es sich an, den Erfolg vor Steuern zum Eigenkapital in Beziehung zu setzen, da sich damit der Einfluss der unterschiedlichen Steuersysteme ausschließen lässt.

Für wen ist die Gesamtkapitalrentabilität gedacht? Einen Gesamtkapitalgeber gibt es nicht. Trotzdem ist eine externe Analyse der Gesamtkapitalrentabilität sinnvoll, wenn Unternehmen verglichen werden, die unterschiedliche Kapitalstrukturen haben. Intern gibt es allerdings einen Gesamtkapitalgeber oder genauer einen Gesamtvermögensgeber, z. B. die Zentrale gegenüber einem Profit-Center.

$$\text{Gesamtkapitalrentabilität I} \, (r_{GK}) = \frac{\text{Erfolg vor Zinsen und Steuern}}{\text{Gesamtkapital}} \cdot 100 \, [\%] \tag{9}$$

$$r_{GK} = \frac{EBIT}{GK} \cdot 100 \, [\%] \tag{10}$$

Die **Gesamtkapitalrentabilität (return on total assets, RoTA)** zeigt an, wie effizient das gesamte Kapital im betrachteten organisatorischen Bereich verwendet wurde. Im Zähler steht der Erfolg vor Zinsen und Steuern, weil er die dem Gesamtkapital entsprechende Erfolgsgröße ist: Dieser Überschuss steht den Fremd- und Eigenkapitalgebern zur Verfügung (und bei einer Vorsteuergröße dem Staat). Es ist auch möglich eine Nachsteuergröße zu berechnen (Steuersatz s), dabei ist jedoch zu beachten, dass sich Zinsen auf das Fremdkapital steuermindernd (s · i · FK) auswirken.

$$r_{GK_1} = \frac{EBIT - s \cdot EBIT + s \cdot i \cdot FK}{GK} \cdot 100 \, [\%] \tag{11}$$

In Büchern zur Bilanzanalyse findet sich meistens eine weitere Formel für die Gesamtkapitalrentabilität:

$$\text{Gesamtkapitalrentabilität II} = \frac{\text{Jahresüberschuss} + \text{Fremdkapitalzinsen}}{\text{Gesamtkapital}} \cdot 100 \, [\%] \tag{12}$$

Auch diese Kennzahl soll nach der Begrifflichkeit in Tabelle 107 (S. 436) als Nachsteuergröße dargestellt werden:

$$r_{GK_{II}} = \frac{EAT + i \cdot FK}{GK} \cdot 100 \, [\%] \qquad (13)$$

Beide Varianten führen zum gleichen Ergebnis. In der Variante II werden die Fremdkapitalzinsen addiert, um eine Erfolgsgröße vor Zinsen zu erhalten. Da sie in der Berechnung des Jahresüberschuss enthalten sind – dort werden sie subtrahiert –, werden sie durch die Addition eliminiert. Zwar enthält die Erfolgsgröße im Zähler keine Kapitalkosten, allerdings spielt bei der Gesamtkapitalrentabilität nach Steuern der Steuereinfluss auf das Fremdkapital eine Rolle, d. h., unterschiedliche Kapitalstrukturen verändern die Gesamtkapitalrentabilität nach Steuern.

EBIT	200	Eigenkapital	500
Zinsen (10 %)	−50	Fremdkapital	500
EBT	= 150	Gesamtkapital	= 1.000
Steuern (50 %)	−75		
EAT	= 75		
Aus diesem Zahlenbeispiel lassen sich folgende Rentabilitäten berechnen: 1. Eigenkapitalrentabilität = 75/500 = 15 % 2. Gesamtkapitalrentabilität vor Steuern = 200/1000 = 20 % 3. Gesamtkapitalrentabilität nach Steuern I = (200 − 0,5 · 200 + 0,5 · 0,1 · 500)/1000 = 12,5 % 4. Gesamtkapitalrentabilität nach Steuern II = (75 + 50)/1000 = 12,5 %			

Tabelle 108: Zahlenbeispiel zur Eigen- und Gesamtkapitalrentabilität

Wenn sie in Tabelle 108 das Fremdkapital auf 600 erhöhen und das Eigenkapital auf 400 senken, steigt die Gesamtkapitalrentabilität nach Steuern auf 13 % und die Eigenkapitalrentabilität auf 17,5 %. Dass die Eigenkapitalrentabilität bei Erhöhung des Fremdkapitalanteils am Gesamtkapital steigt, wird als **Leverage-Effekt** bezeichnet (vgl. Pape, 2015, S. 41 ff.). Liegt die Gesamtkapitalrentabilität über dem Fremdkapitalzins wirkt diese positive Differenz wie ein Hebel, der die Eigenkapitalrentabilität erhöht.

$$r_{EK} = \left(r_{GK_I} + (r_{GK_I} - i) \cdot \frac{FK}{EK} \right) \cdot 100 \, [\%] \qquad (14)$$

Dies sind die beiden wesentlichen Rentabilitätsarten, die sich unterscheiden lassen: Eigen- und Gesamtkapitalrentabilitäten. Alle Rentabilitätskennziffern, mit denen Sie sonst noch konfrontiert werden, sind Spielarten dieser beiden Formen; wobei es meistens Spielarten der Gesamtrentabilität sind. Wenn beispielsweise in der Gesamtkapitalrentabilität das Kapital durch das Vermögen ersetzt wird, erhält man eine der bekanntesten und weit verbreiteten Kennzahl: **Return on Investment (RoI)**. Er ist folgendermaßen definiert:

$$\text{Return on Investment} = \frac{\text{Erfolg vor Zinsen und Steuern (EBIT)}}{\text{eingesetztes Vermögen}} \cdot 100 \, [\%] \qquad (15)$$

13. Kapitel: Kennzahlen und Balanced Scorecard

Der Return on Investment ist meist eine Gesamtkapital- oder Gesamtvermögensrentabilität, weil es für organisatorische Bereiche, die nicht bilanzieren, keine Möglichkeit gibt die Eigenkapitalanteile zu erkennen.

Eine weitere weit verbreitete Kennzahl, die auf der Gesamtkapitalrentabilität aufbaut ist der **Return on Capital Employed (RoCE)**. Er ist folgendermaßen definiert:

$$\text{Return on Capital Employed} = \frac{\text{Erfolg vor Zinsen und Steuern (EBIT)}}{\text{eingesetztes Kapital}} \cdot 100 \, [\%] \qquad (16)$$

Der Return on Capital Employed unterscheidet sich von der Gesamtkapitalrentabilität dadurch, dass im Nenner alle Positionen des Fremdkapitals, die nicht verzinst werden, abgezogen werden. Dies sind z. B. kurzfristige Rückstellungen und von Kunden erhaltene Anzahlungen. Da durch diese Berechnung nur verzinsliches Kapital berücksichtigt wird, kann der RoCE mit dem WACC verglichen werden, der die Kapitalansprüche der Eigen- und Fremdkapitalgeber widerspiegelt (vgl. Kajüter, 2011, S. 459).

Der **Return on Investment** ist auch die Spitzenkennzahl des Kennzahlensystems, welches das Unternehmen DuPont im Jahre 1919 einführte. Darstellung 66 zeigt den Grundaufbau dieses Systems. Der Return on Investment lässt sich spalten in die Umsatzrentabilität und den Vermögensumschlag, die sich in ihre jeweiligen Komponenten zerlegen lassen. Die Analyse kann tiefer gehen als in der Darstellung, da z. B. das Umlaufvermögen in seine Bestandteile geteilt werden kann oder die Kosten nach Kostenarten dekomponiert werden können. An Darstellung 66 ist zu erkennen, dass das RoI-Kennzahlensystem ein **mathematisches Kennzahlensystem** ist, weil die einzelnen Kennzahlen durch mathematische Operationen miteinander verknüpft sind.

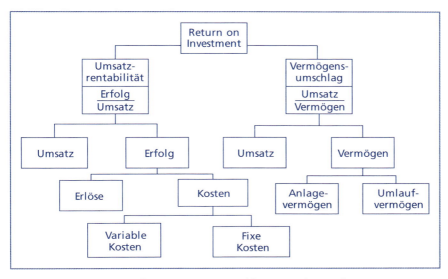

Darstellung 66: RoI-Kennzahlensystem (DuPont)

Dies hat den Vorteil, dass schnell berechnet werden kann, wie sich die Veränderung einer Kennzahl z. B. der Materialkosten auf den RoI auswirkt. Die Beziehungen zwischen den Kennzahlen sind definitionslogisch. Eine weitere Möglichkeit, Kennzahlensysteme zu bilden, ist es, empirische Beziehungen zwischen Kennzahlen zu erkunden und diese als Grundlage für ein **empirisches Kennzahlensystem** zu machen. In den Abschnitten zur Balanced Scorecard (ab S. 448 ff.) wird ein solches Vorgehen betrachtet.

Neben dem RoI-Kennzahlensystem gibt es eine Reihe weiterer Vorschläge für erfolgs- und liquiditätsorientierte Kennzahlensysteme, die in der Regel mathematisch aufgebaut sind. Sie unterscheiden sich in der Anzahl der Kennzahlen und der Verknüpfungen, die dann zu unterschiedlichen Spitzenkennzahlen führen.

1. Im **PuK-Kennzahlensystem** von HAHN gibt es eine Reihe von erfolgsorientierten Kennzahlen, so z. B. den Betriebserfolg und den Return on Investment oder den noch zu erläuternden Economic Value Added sowie weitere wertorientierte Erfolgsgrößen (vgl. die Übersicht in Hahn & Hungenberg, 2001, S. 220 f.).

2. Gleiches gilt für das **RL-Kennzahlensystem** von REICHMANN und LACHNIT, in dem das ordentliche Ergebnis als Spitzenkennzahl gilt. Jedoch werden auch in diesem System weitere erfolgsorientierte Größen berechnet, wie z. B. der Return on Investment, die Eigenkapital- und die Gesamtkapitalrentabilität (vgl. Reichmann & Lachnit, 1976, S. 714 ff.; Reichmann, 2001, S. 32 ff.).

Betriebsrentabilität

Im Folgenden soll die **Betriebsrentabilität** betrachtet werden, die auf Basis der Kosten- und Erfolgsrechnung ermittelt wird. Betriebsrentabilitäten werden wie die meisten anderen Rentabilitätszahlen für ein Jahr ermittelt, kürzere Zeiträume sind jedoch möglich.

$$\text{Betriebsrentabilität} = \frac{\text{Betriebserfolg vor Zinsen und Steuern}}{\text{betriebsnotwendiges Vermögen}} \cdot 100 \, [\%] \quad (17)$$

Diese Kennzahl gibt Auskunft über die Ergiebigkeit des Kapitals, welches eingesetzt wurde, um das Sachziel zu erreichen. Nur das betriebsnotwendige Vermögen wird dazu eingesetzt, um den Betriebserfolg zu erzielen. Da das betriebsnotwendige Vermögen im Kern einer Gesamtkapitalgröße entspricht, muss die entsprechende Erfolgsgröße der Betriebserfolg vor Zinsen und Steuern sein.

Gibt es verschiedene Möglichkeiten interne Erfolgsgrößen zu verwenden? Sie können davon ausgehen, dass viele Formen existieren, die wichtigsten sind in der folgenden Übersicht genannt:

Welche Aussagekraft haben die einzelnen Betriebserfolge?

Der **Betriebserfolg vor Zinsen und Steuern** ist ein operativer Erfolg, er zeigt an, wie gut das Unternehmen seine Produkte am Markt absetzt und zwar

13. Kapitel: Kennzahlen und Balanced Scorecard

Betriebserfolg vor Zinsen und Steuern	
– Kalkulatorische Zinsen	Zinsen für Fremd- und Eigenkapital
Betriebserfolg vor Steuern	
– Steuern (ohne Gewinnsteuern)	Alle Steuern, jedoch nicht auf den Gewinn (Einkommensteuer, Körperschaftsteuer)
Betriebserfolg vor Gewinnsteuern	Dies ist der in der Kosten- und Erfolgsrechnung üblicherweise verwendete Erfolg.

Tabelle 109: Erfolgsgrößen im internen Rechnungswesen

unter Berücksichtigung seiner taktischen und strategischen Projekte, ohne dass die Kapitalgeber ihren Anteil am Gewinn erhalten haben. In der externen Bilanzanalyse werden unter Zinsen ausschließlich die Fremdkapitalzinsen verstanden, für das Eigenkapital gibt es keine Zinsen in der Gewinn-und-Verlust-Rechnung. Im internen Rechnungswesen werden die kalkulatorischen Zinsen auf das betriebsnotwendige Vermögen bezogen, sie stellen die Kosten für Eigen- und Fremdkapital dar. Wird der Betriebserfolg vor Zinsen und Steuern auf das betriebsnotwendige Vermögen bezogen, so entspricht dies einer Gesamtkapitalrentabilität (Return on Total Assets, RoTA). Da sie keine Zinskosten enthält, spielen unterschiedliche Finanzierungsstrukturen – Verhältnis von Eigen- und Fremdkapital – keine Rolle.

Der **Betriebserfolg vor Steuern** zeigt auf, welcher Erfolg erwirtschaftet wurde, wenn alle Kosten außer den Steuern auf den Erfolg berücksichtigt werden. Zusammen mit dem **Betriebserfolg vor Gewinnsteuern** ist er eine geeignete Erfolgsgröße, wenn man einen Residualgewinn im internen Rechnungswesen berechnen will. Der Begriff Residualgewinn deutet an, dass ein Überschuss erzielt wird. In diesem Fall ein Überschuss über die Kapitalkosten, d. h., im operativen Geschäft wurde mehr verdient als die Kapitalkosten. Dieses Konzept liegt der Kosten- und Erfolgsrechnung zugrunde und wird auch zur Steuerung von Profit-Centern eingesetzt (s. den Abschnitt zum Residualerfolg, S. 443).

Return on Investment zur Steuerung von Profit-Center

Als Vorteil der relativen Erfolgsgrößen gilt der Einbezug des eingesetzten Kapitals oder Vermögens, da so ein Vergleich verschiedener Bereiche mit unterschiedlicher Kapitalausstattung möglich ist. Daher ist es nahe liegend, dass eine Zentrale ihre verschiedenen Profit-Center mithilfe des Return on Investment beurteilt. Die Relativierung stellt die Vergleichbarkeit her, weil jeder Euro Kapitaleinsatz in einem Profit-Center mit dem Kapitaleinsatz in einem anderen Profit-Center verglichen werden kann. Allerdings stehen diesem Vorteil auch Nachteile gegenüber. Vorsicht ist geboten, wenn der Return on Investment als **einzige Steuerungs- und Beurteilungsgröße** für die Leiter des Profit-Centers eingesetzt wird.

Teil 5: Erfolgsmessung und -beurteilung sowie Vergütungssysteme

> **Lernziel 7:** Den Return on Investment als Steuerungsgröße für Profit-Center beurteilen.

Der Return on Investment ist eine **operative Erfolgsgröße**, die nicht für taktische und strategische Entscheidungen und Beurteilungen geeignet ist. Wird ein Manager eines Profit-Center anhand des Return on Investment beurteilt, dann fragt er sich, mit welchen Maßnahmen er den Return on Investment erhöhen kann, allgemein kann er

- den Erfolg vergrößern, durch Erlöserhöhung und/oder Kostensenkung,
- den Kapital- oder Vermögenseinsatz verringern.

Nur auf den ersten Blick haben alle **Kostensenkungen** den gleichen Charakter, denn Kosten fallen für das laufende aber eben auch für das zukünftige Produktionsprogramm an. Wenn der Leiter eines Profit-Centers Kosten für die Weiterbildung seiner Mitarbeiter oder Kosten für die Entwicklung von Neuprodukten einspart, erhöht dies zwar kurzfristig den Return on Investment, langfristig können damit die Wettbewerbsposition des Unternehmens und der zukünftige Erfolg (= Erfolgspotenzial) gefährdet werden. Daher ist es auch bei der Bildung der Kennzahl sinnvoll, in den Markterfolg und den Potenzialerfolg zu trennen.

Ähnliche Probleme bereitet der Kapital- oder Vermögenseinsatz, denn auch durch eine Senkung des Einsatzes von Vermögen zulasten der zukünftigen Wettbewerbsposition kann dem Unternehmen geschadet werden. So unterlässt ein Manager eines Profit-Centers die gebotenen Ersatzinvestitionen, weil sich sonst sein Return on Investment verschlechtert, denn die Investitionen schlagen im Vermögenseinsatz voll zu Buche.

Für Investitionsentscheidungen werden daher überwiegend dynamische Verfahren der Investitionsrechnung wie das Kapitalwertverfahren empfohlen. Im Prinzip ist die Arbeitsteilung klar: Das Management entscheidet mithilfe von Kapitalwerten über Investitionsprojekte und wird mit kurzfristig orientierten Größen wie dem Return on Investment beurteilt. Was aber wenn die beiden Entscheidungsgrößen Kapitalwert und Return on Investment unterschiedliche Signale senden?

Was jedoch viel schwerer wiegt, ist das Problem, dass ein Leiter eines Profit-Centers sich nach dem Return on Investment richtet, dies aber für das Unternehmen von Nachteil ist.

> **Beispiel 15: Return on Investment und Investitionsentscheidung**
>
> Ein Unternehmen hat zwei Profit-Center, das Profit-Center A hat einen Return on Investment von 15 %, das Profit-Center B einen von 25 %, das Gesamtunternehmen hat einen Return on Investment von 20 %.
>
> Dem Leiter von B, dessen Gehalt auch vom Return on Investment abhängt, wird ein Projekt angeboten mit einem Return on Investment von 22 %. Er lehnt dieses Projekt ab, weil es seinen Return on Investment senkt. Welcher Nachteil besteht für das Unternehmen?

13. Kapitel: Kennzahlen und Balanced Scorecard

Der Vorteil der relativen Kennzahlen Return on Investment liegt in der besseren Vergleichbarkeit. Es stellt sich allerdings die Frage, ob er gleichzeitig auch eine zweckgerechte Zielgröße ist. Im obigen Beispiel führt die Ausrichtung auf den Return on Investment dazu, dass Projekte, die für das Unternehmen Gewinn bringen, abgelehnt werden, weil ein niedriger RoI für den Leiter von B von Nachteil ist.

Daher gibt es seit einer Reihe von Jahren einen Vorschlag, wie die relative Größe Return on Investment durch eine absolute Erfolgsgröße ersetzt werden kann: der Residualerfolg. Aus Sicht des Unternehmens im obigen Beispiel stellt sich die Frage, wie es verhindern kann, dass der Leiter der Sparte B ein Projekt ablehnt, das für das Gesamtunternehmen Gewinn bringend ist. Eine Lösung ist es, den Erfolg eines Profit-Center zu ermitteln, indem jedes Profit-Center mindestens seine Kapitalkosten verdienen muss. Der Leiter des Profit-Center hat dann einen absoluten Erfolg zu erzielen, der über die Zinsen auf das eingesetzte Kapital oder Vermögen hinausgeht.

Residualerfolg

Mit dem Residualerfolg ist eine Größe bereits seit längerem bekannt (so berichtet Solomons, 1965, S. 62, dass General Electric eine solche Kennzahl Mitte der fünfziger Jahre einführte, die als Überrendite konzipiert ist). Der **Residualerfolg** ist eine absolute Erfolgsgröße, die so bemessen wird, dass ein Gewinn erst dann entsteht, wenn ein Überschuss über die Kapitalkosten entsteht. Im Kapitel zur traditionellen Kostenrechnung wurde der Betriebserfolg ähnlich definiert: Dort sind ein Teil der Kosten die kalkulatorischen Kosten. Kalkulatorische Zinsen werden für das eingesetzte Kapital (in der Kostenrechnung: das betriebsnotwendige Vermögen) angesetzt. Erst wenn die Erlöse auch diese Kosten übersteigen, entsteht ein Betriebsgewinn.

> **Lernziel 8:** Den Residualerfolg erklären und beurteilen.

Begründet wird der Ansatz der Kapitalkosten mit dem Opportunitätsprinzip. Kapitalkosten stellen den Betrag dar, den ein Investor in einer alternativen Anlage erzielen könnte. Ein Vorzug des Residualerfolgs ist es somit, dass es sich um einen absoluten Erfolg handelt:

$$\text{Residualerfolg} = \text{Erfolg vor Zinsen} - \left(\text{Kapitalkostensatz} \cdot \text{eingesetztes Kapital} \right) \quad (18)$$

Ein Residualgewinn entsteht also immer dann, wenn der Erfolg vor Zinsen größer als die Kapitalkosten des Unternehmens oder des Profit-Centers ist, daher spricht man auch von Übergewinn. Der Residualerfolg hat allerdings noch einen weiteren Vorzug, der nicht auf den ersten Blick erkennbar ist. Er ist kompatibel zum Kapitalwert als Entscheidungskriterium der Investitionsrechnung (s. Tabelle 110).

Der Barwert der Residualerfolge entspricht dem Kapitalwert des Projekts, d. h., der Residualerfolg ist als operativer Erfolg kompatibel zum Kapitalwert als strategischen oder taktischen Projekterfolg. Im 3. Kapitel: Erfolgsziele im internen Rechnungswesen wird das LÜCKE-Theorem vorgestellt und der Zusammenhang zwischen den Zahlungsüberschüssen und den Periodenerfolgen gezeigt. Wenn die Residualerfolge abgezinst werden, so stimmen der Barwert der Residualerfolge und der Kapitalwert des Projekts überein.

- Beachten Sie jedoch: In Tabelle 110 stimmen die Zahlungssalden mit der Differenz von Erlösen und Kosten ausgenommen die Abschreibungen überein. Es wird davon ausgegangen, dass nur die Investitionszahlungen in Form der Abschreibungen periodisiert werden. Dieser „Fehler" (aus Sicht der Zahlungsrechnung) wird durch den Ansatz der Zinsen auf den Restbuchwert korrigiert.
- Der Residualerfolg wird daher wesentlich durch die Annahme bestimmt, dass er ein Zahlungssaldo ist.

Jahr		2002	2003	2004
Einzahlung		500	500	500
Auszahlung		−300	−300	−300
Zahlungssaldo		= 200	= 200	= 200
Anfangsinvestition	−420			
Kapitalwert	77,37			
Zins	10 %			
Erlös		500	500	500
Kosten		−300	−300	−300
Abschreibung	(linear)	−140	−140	−140
Erfolg vor Zinsen		= 60	= 60	= 60
Vermögen zu Jahresbeginn		(420)	(280)	(140)
Zinsen	(10 %)	−42	−28	−14
Residualerfolg	(RE)	= 18	= 32	= 46
Barwert der RE	77,37			

Tabelle 110: Residualerfolg und Kapitalwert

Weitere Voraussetzungen sind beispielsweise, dass in beiden Rechnungen der gleiche Zinssatz verwendet werden muss und die Berechnung der Zinsen sich auf das Netto-Vermögen zu Beginn der Periode beziehen muss.

Das Konzept des Residualerfolgs ist nicht neu (vgl. Solomons, 1965, S. 61 ff.; Poensgen, 1973, S. 260 ff.), wird allerdings erst in jüngster Zeit von Unternehmen eingesetzt, wobei die Bezeichnung Economic Value Added (EVA) geläufig aber nicht zwingend ist.

Economic Value Added

EVA ist als Konzept ein Kind der Shareholder-Value-Bewegung, wurde maßgeblich von STERN & STEWART entwickelt (vgl. Stewart, 1991) und wird als Kennzahl bezeichnet, mit der es möglich ist, den Wert eines Unternehmens zu messen. Allen Shareholder-Value-Konzepten ist gemeinsam, dass sie als Messlatte für einen Erfolg die Kapitalkosten heranziehen. Zunächst wird das EVA-Konzept nur als Periodenerfolg dargestellt und anschließend um den MVA (Market Value Added) erweitert, mit dessen Hilfe zukünftige EVA abgeleitet werden.

> **Lernziel 9:** Den Economic Value Added (EVA) erläutern und beurteilen.

Die Berechnung von **Economic Value Added** entspricht in seiner Struktur dem Residualerfolg, allerdings nur in seiner Struktur:

$$\text{EVA} = \text{NOPAT} - k_{GK} \cdot \text{betriebliches Gesamtkapital} \tag{19}$$

NOPAT   Net Operating Profit after Taxes
k_{GK} gewichtete Gesamtkapitalkosten

Der **NOPAT** (Net Operating Profit after Taxes) entspricht dem operativen Erfolg vor Zinsen nach Steuern: Somit spiegeln sich nur die Aktivitäten im Leistungsbereich des Unternehmens wider, der Finanzbereich wird bewusst ausgeklammert. Die Kapitalkosten für Fremd- und Eigenkapital drücken sich in den gewichteten Kapitalkosten aus. Der NOPAT leitet sich aus der buchhalterischen Gewinn-und-Verlust-Rechnung ab, er stellt damit keinen (freien) Cashflow dar, sondern ist ein Periodenerfolg, der durch verschiedene Anpassungen modifiziert wird.

In den gewichteten Kapitalkosten wirken Entscheidungen aus dem Investitions- und Finanzbereich, die sich in den Zinssätzen und in der Struktur des Kapitals niederschlagen (vgl. Crasselt & Schremper, 2000, S. 813). Der im vorigen Abschnitt gezeigte Zusammenhang zwischen dem Kapitalwert und Residualerfolg gilt nur unter der Voraussetzung eines gleichen Zinssatzes der gewichteten Kapitalkosten. Wenn mit unterschiedlichen Kapitalkostensätzen in einem Unternehmen gearbeitet wird, lassen sich Kapitalwert und Residualerfolg nicht mehr in Übereinstimmung bringen.

Basis für die Berechnung der kalkulatorischen Zinsen ist das betrieblich genutzte **Gesamtkapital**, wobei zinslos zur Verfügung gestelltes Fremdkapital abgezogen wird. Die Berechnung des Economic Value Added entspricht damit der Entity-Methode, da auch in ihr das Gesamtkapital betrachtet wird. Dies ist ähnlich zur Kosten- und Erfolgsrechnung, in der ebenfalls das gesamte Kapital (Vermögen) des Betriebsbereichs (das betriebsnotwendige Kapital oder Vermögen) angesetzt wird.

Erklärter Zweck ist es, von einem buchhalterischen Erfolg zu einem ökonomischen Erfolg zu kommen. Dies soll mit Hilfe von Anpassungen der Größen NOPAT und Gesamtkapital gelingen (vgl. den kurzen Überblick in Ehrbar, 1999, S. 173 ff.). Bis zu 160 Anpassungen haben STERN & STEWART entwickelt, um sie ihren Kunden zu verkaufen und um zum „wahren" EVA vorzustoßen. Es stellt sich nur die Frage: Was soll ein „wahrer" EVA oder ökonomischer Erfolg sein?

- Sollte damit der kapitaltheoretische Erfolg gemeint sein, so ist zu bedenken, dass er auf der Kapitalwertmethode beruht, und somit einem anderen Ansatz der Periodenerfolgsmessung folgt (vgl. zum kapitaltheoretischen oder ökonomischen Erfolg Laux, 2006, S. 98 f.; Schneider, 1997, S. 41 ff.).
- Die Kapitalwertmethode und vergleichbare Methoden in der Investitionsrechnung (DCF-Methoden) sind **Gesamtbewertungsverfahren**. Sie berechnen beispielsweise den Projekterfolg oder einen Erfolg für einen Geschäftsbereich nicht auf Basis einer Einzelbewertung von Vermögensgütern.
- Mit dem EVA wird hingegen ein Erfolg auf Basis der Gewinn-und-Verlust-Rechnung sowie der Bilanz berechnet und im externen Rechnungswesen gilt der Grundsatz der **Einzelbewertung**. Der Wert des Unternehmens ergibt sich aus den einzelnen Vermögensgütern abzüglich der einzeln bewerteten Schulden.

Daraus ergibt sich ein grundsätzlicher Unterschied, wenn Unternehmenswerte oder Periodenerfolge ermittelt werden. Es entsteht eine Wertdifferenz, die nicht durch Anpassungen, welcher Art auch immer, überwunden werden kann. Unabhängig von diesem Problem scheint vielen Unternehmen, die mit einer Art von Residualerfolg arbeiten, die Komplexität von zahlreichen Anpassungen zu hoch zu sein. Sie beschränken sich daher auf wenige Anpassungen.

Zum Abschluss dieses Kapitels ist am Beispiel des Lufthansa-Konzerns eine solche vereinfachte Rechnung zu zeigen. Die Zahlen der Tabelle 111 sind dem Geschäftsbericht 2015, S. 19 entnommen, allerdings führen meine Berechnungen zu kleineren Abweichungen und auch die Begriffe wurden denen des Buchs angepasst.

- Ausgangspunkt ist das **Ergebnis vor Zinsen und Steuern**, denn die Steuern sollen nur auf den operativen Erfolg berechnet werden.
- Es wird ein einfacher Steuersatz von 30 % angenommen.
- Kapitalkosten berechnen sich nach den gewichteten Kapitalkosten aus dem letzten Kapitel (5,39 %).
- Das operative Kapital setzt sich aus dem Eigenkapital und dem Fremdkapital zusammen, das im letzten Kapitel bestimmt wird. Es wird ein Durchschnitt der Periode berechnet. Zu beachten ist, dass beide Positionen mit ihrem Buchwert angesetzt sind, Markwerte allerdings auch verwendet werden können.

Nicht zuletzt interessiert die Frage, ob sich der Einsatz eines EVA-Konzepts für die Unternehmen lohnt; hierzu gibt der Forschungsreport 11 Auskunft.

13. Kapitel: Kennzahlen und Balanced Scorecard

Ergebnis vor Ertragsteuern (EBIT)	1.676	Eigenkapital	4.868
Steuern (30 %)	−503	Fremdkapital	13.954
NOPAT	1.173	Betriebliches Gesamtkapital	18.822
Kapitalkosten	−1.015		
EVA	158		
Rendite	6,23 %		
Kapitalkosten (wacc)	5,39 %		
Spread	0,84 %		

Aus den drei Angaben NOPAT, Betriebliches Gesamtkapital und Kapitalkosten lässt sich der EVA mit Hilfe des Spread ermitteln:
Rendite = NOPAT / Betriebliches Gesamtkapital = 6,23 %
Spread = Rendite − Kapitalkosten = 6,23 % − 5,39 % = 0,84 %
EVA = Spread · Betriebliches Gesamtkapital = 0,84 % · 18.822 = 158

Tabelle 111: Wertbeitragsrechnung Lufthansa-Konzern in Mio. Euro

Forschungsreport 11: EVA und überlegene Renditen

Jedes neu einzuführende Konzept wird dem Nachweis versehen, dass nach seiner Einführung mit entsprechendem Erfolg zu rechnen ist. So war es auch im Falle von EVA und dem Beratungsunternehmen von STERN & STEWART. Neben den üblichen Fallberichten aus einzelnen Unternehmen, die meist anekdotenhaft gehalten sind, werden auch statistische Untersuchungen vorgelegt, mit meist – welch Wunder – positiven Ergebnissen: Unternehmen, die EVA praktizieren, erzielen signifikant hohe Überrenditen am Kapitalmarkt.

Inzwischen liegen allerdings auch einige Studien von Wissenschaftlern vor, die zu anderen Ergebnissen kommen. BIDDLE ET AL. fanden in ihrer Studie keinen Hinweis, dass EVA anderen Erfolgsgrößen überlegen war. In zwei Untersuchungen zeigten CHEN & DODD, dass andere Maße sogar überlegen sein können: Betriebserfolge und Residualerfolg erklärten besser als EVA die Unterschiede der Renditen. Sie empfehlen daher eher den Residualerfolg anzuwenden, da dies nicht so kostspielig ist, wie EVA einzuführen.

Grundsätzlich stellt sich bei diesen Studien die Frage, ob Aktienkurse von Rechnungswesendaten beeinflusst werden. Nach wie vor geht man davon aus, dass fundamentale Daten des Unternehmens und der Branche einen Einfluss auf den Börsenkurs haben, allerdings ist der Zusammenhang häufig schwächer als erwartet.

(Quellen: Biddle et al., 1997; Chen & Dodd, 1997; 2001; 2002; Ehrbar, 1998; Kothari, 2001; Paulo, 2002; Stewart, 1991)

Market Value Added

Ein Problem für die operative Steuerung ist es, die angestrebte Höhe des Erfolgs für zukünftige Perioden zu bestimmen. Üblich sind beispielsweise Renditevorgaben, die aus dem Vergleich mit Wettbewerbern oder aus den Wünschen von Kapitalgebern abgeleitet werden. Eine Möglichkeit ist es, ausgehend von den Erwartungen des Kapitalmarktes die zukünftigen Periodenerfolge mit Hilfe von dynamischen Verfahren zu ermitteln. Dahinter steckt die einfache Überlegung, dass ein Vergleich zwischen dem zur Zeit erreichten Periodenerfolg mit den vom Kapitalmarkt erwarteten Periodenerfolgen Aufschluss über zukünftig notwendige Veränderungen geben kann (s. Darstellung 67).

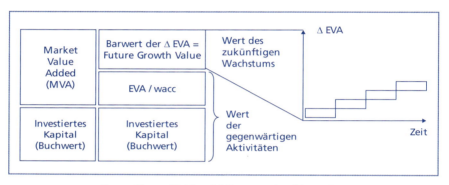

Darstellung 67: Vom MVA zum zukünftigen EVA

Ausgangspunkt ist der **Market Value Added** (MVA), der den derzeitigen Marktwert des Unternehmens mit dem eingesetzten Kapital auf Basis der Bilanz vergleicht (vgl. zum Vorgehen Young & O'Byrne, 2001, S. 36 ff.). Der MVA wird berechnet, indem der Wert des eingesetzten Kapitals (Eigen- und Fremdkapital zu Buchwerten) vom Marktwert des Unternehmens (Börsenwert oder genauer **Marktkapitalisierung** und **Marktwert des Fremdkapitals**) abgezogen wird (vgl. Stewart, 1991, S. 180 ff.). Im Folgenden werden die Werte vom Lufthansa-Beispiel übernommen (s. S. 385 ff.) allerdings von einem Kursziel von 20 Euro als Analystenschätzung ausgegangen, das dem Vorstand anzeigt, was der Kapitalmarkt erwartet.

$$\text{MVA} = 9.261.498.340 + 14.895.000 - 5.768.000.000 - 14.895.000 \qquad (20)$$
$$= 3.493.498.340$$

Die Differenz zeigt an, wie hoch der Barwert der zukünftigen Periodenerfolge sein muss, um die Lücke zu schließen. Es wird in zwei Schritten berechnet, wie hoch die zukünftigen Economic Value Added sein müssen. Im ersten Schritt wird das derzeitige Niveau des EVA fortgeschrieben, d. h., es wird mit der vereinfachten Annahme gerechnet, dass das derzeitige Niveau des EVA bis in alle Ewigkeit gehalten werden kann (Konzept der ewigen Rente). Zieht man die ewige Rente des derzeitigen EVA-Niveaus vom Market Value Added

13. Kapitel: Kennzahlen und Balanced Scorecard

ab, so erhält man den Barwert des zukünftigen Wachstums des Economic Value Added (Future Growth Value = FGV).

$$FGV = 3.493.498.340 - \frac{158.494.200}{0,0539} \tag{21}$$
$$= 3.493.498.340 - 2.940.523$$
$$= 552.975.149$$

Um diesen Barwert als operative Steuerungsgröße verwenden zu können, sind Annahmen darüber zu treffen, wie sich die zukünftigen EVA entwickeln. Es sollen zwei idealtypische Entwicklungen betrachtet werden (vgl. weitere Möglichkeiten in Young & O'Byrne, 2001, S. 308 ff.). Erstens wird davon ausgegangen, dass durch ein einmaliges Restrukturierungsprogramm in der nächsten Periode der gesamte zusätzlich notwendige EVA erwirtschaftet und dann für ewig gehalten werden kann.

$$\Delta EVA_e = 552.975.149 \cdot 0,0539 \tag{22}$$
$$= 29.805.361$$

Vergleicht man diesen Wert mit dem derzeitigen Niveau des EVA, so erkennt man, dass eine Steigerung von ca. 19 % notwendig wäre. Die zweite Berechnung erscheint daher realistischer, denn sie geht davon aus, dass durch kontinuierliche Verbesserung in jeder zukünftigen Periode eine gleichbleibende Steigerung möglich ist. Finanzmathematisch ergibt sich dies durch die Formel einer ewigen Rente mit arithmetischer, d. h. gleichbleibender Veränderung (ungeformt nach der Barwertformel in Tietze, 2015, S. 154):

$$\Delta EVA_k = \frac{FGV \cdot wacc}{1 + \frac{1}{wacc}} \tag{23}$$

Setzt man die Werte für Lufthansa ein, dann erhält man:

$$\Delta EVA_k = \frac{552.975.149 \cdot 0,0539}{1 + \frac{1}{0,0539}} = 1.524.347 \tag{24}$$

Für das Top-Management spiegeln die berechneten Werte wider, welches Gewinnwachstum – angezeigt durch absolute Beträge des EVA – die Kapitalmarktteilnehmer vom Unternehmen erwarten. Um Vorgaben für die organisatorischen Bereiche zu ermitteln, ist ein operativer Erfolg wie der NOPAT geeigneter. Er lässt sich für die nächste Periode aus der EVA-Berechnung ableiten und setzt sich zusammen aus dem gegenwärtigen EVA, dem zusätzlichen EVA (hier als kontinuierlicher Wert) und den Kapitalkosten:

$$NOPAT = 160.018.574 + 1.014.505.800 = 1.273.754.247 \tag{25}$$

Wie jede Rechnung, die sich auf die Zukunft bezieht, ist auch die Bestimmung von zukünftigen EVA abhängig von den im Modell getroffenen Annahmen. Kapitalmarktorientierung heißt dabei auch, dass davon ausgegangen wird, dass die Kapitalmarktteilnehmer realistische Einschätzungen über das Unternehmen und seine Entwicklung haben. Da dies jedoch nicht immer gewährleistet ist, sollte die vorgestellte Rechnung durch andere Rechnungen plausibilisiert werden.

Zwecke der Balanced Scorecard

Der Schwerpunkt dieses Kapitels liegt auf den finanziellen Kennzahlen insbesondere zur Erfolgsbeurteilung. Die Balanced Scorecard ist ein Konzept, dass zu Beginn der 90er Jahre entwickelt wurde, um Probleme der Unternehmensführung, die mit rein finanziell ausgerichteten Kennzahlensystemen entstanden sind, besser zu bewältigen. Obwohl KAPLAN & NORTON die Balanced Scorecard als ein Managementsystem bezeichnen, soll im Folgenden dieses Instrument primär unter dem Blickwinkel von Kennzahlen und Kennzahlensystemen betrachtet werden. Dieser Blickwinkel wird auch von vielen Unternehmen eingenommen, die eine Balanced Scorecard implementiert haben.

Die **Balanced Scorecard** ist ein Kennzahlensystem, das einem spezifischen Aufbau (vier Perspektiven) folgt und das der Strategie-Implementierung dient. Im Folgenden werden die Zwecke, die mit einer Balanced Scorecard verfolgt werden, die Zielgrößen, die in ihr Verwendung finden, und der Aufbau erörtert.

Welche Zwecke sollen mit einer Balanced Scorecard verfolgt werden? Betrachtet man die von KAPLAN & NORTON beschriebenen Managementprozesse (vgl. Kaplan & Norton, 1997, S. 10 ff.):

1. Klärung und Übersetzung der Vision und Strategie,
2. Kommunizieren und Verknüpfung,
3. Planung und Zielsetzung,
4. strategische Rückkopplung und Lernen,

so zeigt diese Aufstellung, dass für die typischen Prozesse der Führung wie Planung und Kontrolle Informationen aufbereitet werden sollen. Die Balanced Scorecard ist jedoch nicht ausschließlich Lieferant von Informationen, sondern sie wird insbesondere für die Kommunikation der Strategie und ihrer Ziele eingesetzt. KAPLAN & NORTON vermuten, dass in vielen Unternehmen die Führungskräfte nur unzureichend die strategischen Visionen und Ziele kommunizieren. Sie gehen von der Hypothese aus, dass, wenn eine Balanced Scorecard eingesetzt wird, die Diskussion zwischen den Führungskräften das Kommunikationsproblem innerhalb des Unternehmens löst.

> Inwieweit dieser Zweck durch die Balanced Scorecard realisiert werden kann, wurde mit bisher widersprüchlichen Befunden empirisch erforscht. Während ITTNER ET AL. (1997) in einer Einzelfallstudie zu keinem positiven Ergebnis kamen, konstatierten MALINA & SELTO (2001) ebenfalls in einer Einzelfallstudie einen positiven Zusammenhang.

Das angesprochene Kommunikationsproblem ist mit einem anderen Problem eng verbunden: der Integration der Planungsebenen. Für eine verbesserte Integration zwischen der strategischen und operativen Planung ist nach An-

13. Kapitel: Kennzahlen und Balanced Scorecard

sicht von KAPLAN/NORTON die Balanced Scorecard durch ihre Konzentration auf wesentliche Ziele geeignet. Sie ist aus diesem Grund ein Instrument zur Strategieumsetzung und weniger zur Strategieformulierung und dient dem Management, strategische Ziele mit operativen Maßnahmen zu verbinden.

Zielgrößen in der Balanced Scorecard

Da in Kennzahlensystemen ausschließlich quantitative Größen aufgenommen werden, müssen alle Ziele auf diese Eigenschaft untersucht werden. Soweit es sich um qualitative Ziele handelt, müssen für sie geeignete Indikatoren gefunden werden. Ein großer Vorzug wird darin gesehen, dass in den Systemen des Performance Measurement den quantitativen – nicht-finanziellen – Zielen eine größere Bedeutung als den finanziellen Zielen zugemessen wird (vgl. Klingebiel, 1999, S. 23 f.). Nicht-finanzielle Ziele haben eine Reihe von Vorteilen, die zunehmend als wichtig angesehen werden (vgl. Weber & Schäffer, 2000, S. 166 ff.).

- Sie dienen einer **verbesserten Kommunikation** im Unternehmen, da sie sich durch ihre leichtere Verständlichkeit auszeichnen.
- Mengen- und Zeitgrößen sind deshalb durch die Mitarbeiter **schneller zu verarbeiten** als Wertgrößen.
- Eine Reihe von quantitativen Größen gilt als **Frühindikator** für den Erfolg des Unternehmens. Es ist dann möglich, diese Größen als Kennzahlen vorzugeben, um den Erfolg zu erreichen.

Diesen Vorteilen steht allerdings der Nachteil gegenüber, dass unterschiedliche Mengen- und Zeitgrößen nicht aggregiert werden können. Dies ist wiederum ein Vorteil der finanziellen Größen, deren Verwendung in Kennzahlensystem jedoch zunehmend skeptisch beurteilt wird.

- Ein Nachteil der finanziellen Zielgrößen ist es, dass sie aufgrund der schlechteren Kommunizierbarkeit nicht geeignet sind, die **Handlungen von Mitarbeitern** zu leiten. Dies mag auf aggregierte Größen wie einen Deckungsbeitrag durchaus zutreffen, ob dies allerdings auch für Materialkosten in einer Fertigungsstelle gilt, erscheint mir zweifelhaft.
- An finanziellen Kennzahlen wird kritisiert, dass sie sich zu sehr an der **Vergangenheit** orientieren. Diese Kritik richtet sich jedoch primär auf Systeme des externen Rechnungswesens und die Analyse des Jahresabschlusses, der für vergangene Perioden der Unternehmenstätigkeit aufgestellt wird. Zum Zwecke der Planung sollten die Informationen durch Prognosen und Planungsrechnungen zur Verfügung gestellt werden.
- Eng mit diesem Aspekt ist ein weiteres Problem von finanziellen Kennzahlen verbunden: Sie sind **kurzfristig orientiert**. In der Regel beruhen sie auf Systemen wie der Kostenrechnung, die als Informationssysteme die operative Planungsebene mit Informationen versorgen. Deren Aufgaben sind auf die Jahresplanung und unterjährige Planungen gerichtet. Strategische Gesichtspunkte zeichnen sich dadurch aus, dass sie immate-

rielle Vermögenswerte im Unternehmen betrachten, es werden daher bei finanziellen Kennzahlen diese Aspekte nur ungenügend berücksichtigt. Unternehmen, die sich ausschließlich auf finanzielle Kennzahlensysteme stützen, laufen daher Gefahr, den Aufbau strategischer Erfolgspotenziale zu vernachlässigen.

- Finanzielle Kennzahlen gelten als **Spätindikatoren**. Dies ist auch nicht weiter verwunderlich, da sie reale Vorgänge im Unternehmen bewerten: Kosten sind z. B. Größen, die auf einem Güterverzehr beruhen. Es muss daher erst ein Güterverzehr durch einen Prozess auftreten, bevor Kosten erfasst werden. Auch Einzahlungen, die für finanzielle Kennzahlen genutzt werden, treten erst auf, wenn Kunden ihre Verbindlichkeiten begleichen. Zahlen aus dem Rechnungswesen sollen die Güter- und Geldströme im Unternehmen messen, sie können daher erst dann auftreten, wenn diese Vorgänge im Unternehmen stattgefunden haben. Dies gilt allerdings nur für die Istwerte – realisierte Werte – im Unternehmen. Werden hingegen Plan-, Soll- oder Wirdwerte verwendet, lassen sich diese Zahlen auch für die Frühwarnung einsetzen. So erfolgt mithilfe von prognostizierten Werten (Wirdwert) eine Planfortschrittskontrolle, in der auf zukünftig auftretende Abweichungen aufmerksam gemacht werden soll. Dieses Vorgehen wird schon lange in der Projektkostenüberwachung praktiziert.

Lernziel 10: Aufbau der Balanced Scorecard beschreiben.

KAPLAN und NORTON schlagen daher für die Balanced Scorecard eine Mischung aus finanziellen und nicht-finanziellen (quantitativen) Zielen vor, wobei den finanziellen Zielen weiterhin eine dominierende Rolle zukommt.

Aufbau der Balanced Scorecard

Die Balanced Scorecard besteht aus vier Perspektiven:
1. Finanzielle Perspektive,
2. Kundenperspektive,
3. Interne Prozessperspektive und
4. Lern- und Entwicklungsperspektive.

In der folgenden Darstellung werden die vier Perspektiven der Balanced Scorecard kurz skizziert und für jede Perspektive die entsprechenden Kennzahlen aufgezeigt (s. auch Darstellung 68, S. 453). Unter Zielen sind die meist verbal formulierten, gewünschten Zustände wie Erfolg haben oder Einführung neuer Produkte zu verstehen. Kennzahlen sind die Maßstäbe, mit denen diese Ziele gemessen werden sollen: z. B. Betriebsergebnis und Anzahl der eingeführten Neuprodukte. Für die Zielerreichungsplanung müssen Vorgaben festgelegt werden, sie stellen die konkreten Werte dar hinsichtlich Höhe und Zeit, die zu erreichen sind (vgl. das Beispiel in Kaufmann, 1997, S. 423, mit

13. Kapitel: Kennzahlen und Balanced Scorecard

abweichender Terminologie. Im Folgenden soll vorwiegend auf die Kategorie der Kennzahlen eingegangen werden.

Finanzielle Perspektive: In diesem Bereich geht es um die finanziellen Ziele des Unternehmens. Trotz der Kritik von KAPLAN und NORTON an diesen Zielen werden sie weiterhin als Oberziele des Kennzahlensystems verwendet, was auch mit der Meinung von Managern über die Bedeutung von Finanzkennzahlen übereinstimmt (vgl. z. B. die Ergebnisse in Sandt, 2004, S. 112 f.). Ihr Kennzahlensystem ist ein System mit einer finanziellen Spitzenkennzahl, während jedoch Systeme wie das RoI- oder Du Pont-System die finanzielle Spitzenkennzahl in weitere meist finanzielle Kennzahlen aufspaltet, erfolgt die Auflösung in der Balanced Scorecard nicht mit finanziellen Kennzahlen. Es handelt sich damit um ein empirisches Kennzahlensystem und nicht um ein mathematisches. KAPLAN & NORTON schlagen den Return on Investment, den Return on Capital Employed aber auch Shareholder-Value Konzepte wie den Economic Value Added als Spitzenkennzahl vor, sie schlagen für die finanzielle Perspektive allerdings keine spezielle Kennzahl vor. Zusätzlich werden für unterschiedliche Lebensphasen der Geschäftseinheiten wie Wachstum, Reife und Ernte Kennzahlen vorgeschlagen, die jedoch nicht in einen mathematischen Zusammenhang mit irgendeiner Spitzenkennzahl gebracht werden.

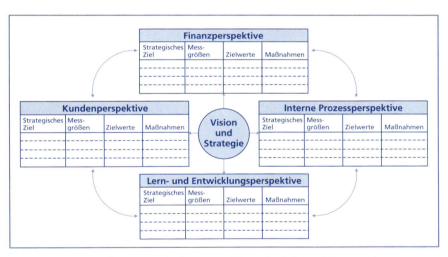

Darstellung 68: Die vier Perspektiven der Balanced Scorecard
(Quelle: Kaplan & Norton, 1997, S. 9)

Kundenperspektive: Finanzwirtschaftliche Ziele lassen sich nur erreichen, wenn die Wünsche der Kunden erfüllt werden. Die Kennzahlen der Kundenperspektive sollen Erwartungen der Kunden widerspiegeln und ihre Konsequenzen auf den Markt (-anteil) und den Erfolg aufzeigen. Daraus ergeben sich die folgenden Kernkennzahlen (vgl. Kaplan & Norton, 1997, S. 66 ff.):

1. Marktanteil,
2. Kundenakquisition,

3. Kundentreue,
4. Kundenzufriedenheit,
5. Kundenrentabilität.

Der Zusammenhang zwischen den zwei Perspektiven ist nicht in expliziter Form gegeben, sondern muss sich von jedem Unternehmen erarbeitet werden. Für die finanzielle Perspektive liegt eine Reihe von Vorschlägen vor, wie ein Kennzahlensystem aufgebaut werden kann. Ein Vorteil von finanziellen Kennzahlensystemen ist ihr mathematischer Charakter, der es möglich macht, Auswirkungen von Veränderungen einer Größe, wie z. B. die Senkung der Materialkosten, auf die oberen Kennzahlen zu quantifizieren. Genau eine solche Struktur finanzieller Kennzahlen wäre nötig, um zu erkennen, wie sich die Kundenzufriedenheit auf die Kundenrentabilität auswirkt. Sollen Maßnahmen beurteilt werden, die zu einer erhöhten Kundenzufriedenheit führen, dann sind Informationen über die dadurch ausgelösten Kosten und Erlöse bereitzustellen.

Interne Prozessperspektive: Um finanzielle Ziele und Kundenziele zu erreichen, sind Ziele zu formulieren, mit welchen Prozessen dies gewährleistet werden kann; dabei soll nicht nur auf bereits vorhandene sondern auch auf neu zu schaffende Prozesse hingewiesen werden. Entscheidend ist es nach KAPLAN & NORTON, die gesamte Wertschöpfungskette im Unternehmen zu betrachten. Sie teilen aus diesen Gründen den gesamten Prozess in drei übergeordnete Prozesse.

Darstellung 69: Wertschöpfungskette
(Quelle: Kaplan & Norton, 1997, S. 95.)

Für die unterschiedlichen Prozesse werden einzelne Kennzahlen vorgeschlagen. So beispielsweise für die Forschung der Anteil des Umsatzes neuer Produkte am Gesamtumsatz oder der Anteil des Umsatzes geschützter Produkte am Gesamtumsatz. Bei den Betriebsprozessen stehen bereits bekannte Kennzahlen für Kosten, Zeit und Qualität im Vordergrund, z. B. Ausbeutequoten, Fehlerquoten, Prozesskosten. Für den Kundendienstprozess werden die gleichen Kennzahlen wie für den Betriebsprozess vorgeschlagen, so z. B. die Zeitspanne von einer Kundenanfrage bis zur Problemlösung.

Lern- und Entwicklungsperspektive: Der letzte Bereich zielt auf das Unternehmen als lernende und sich entwickelnde Organisation. Die Investition in

13. Kapitel: Kennzahlen und Balanced Scorecard

Mitarbeiter und Informationssysteme wird besonders herausgehoben, wobei es nach KAPLAN & NORTON drei Kategorien gibt:

- Mitarbeiterpotenziale,
- Potenziale von Informationssystemen,
- Motivation, Empowerment und Zielausrichtung.

Im Personalbereich werden drei Kennzahlen als Kernkennzahlen vorgeschlagen: Mitarbeiterzufriedenheit, Personaltreue und Mitarbeiterproduktivität, wobei beispielsweise die Mitarbeiterzufriedenheit mithilfe von Ratingskalen gemessen werden soll. Wie auch in den anderen Perspektiven werden die Beziehungen zwischen den Kennzahlen durch Pfeile symbolisiert ausgedrückt, ohne jedoch eine explizite Relation zwischen den drei Größen herzustellen.

Lernziel 11: Kritisch das Problem der Ursache-Wirkungs-Ketten in der Balanced Scorecard diskutieren.

Welchen Zusammenhang sehen KAPLAN und NORTON zwischen diesen vier Perspektiven? Dies zeigt sich an einer ihrer Abbildungen (s. Darstellung 70).

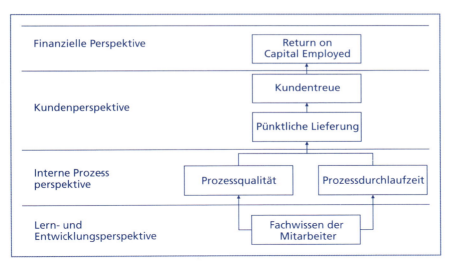

Darstellung 70: Beispiel für eine Ursache-Wirkungsbeziehung
(Quelle: Kaplan & Norton, 1997, S. 29)

Die vier Perspektiven stehen in einer hierarchischen Beziehung zueinander. Wie bereits erwähnt, ist die finanzielle Perspektive als oberste Ebene anzusehen, im Beispiel dient der Return on Capital Employed (RoCE) als oberste Kennzahl. Das Fachwissen der Mitarbeiter ist die Ursache für die verschiedenen Ausprägungen der Prozessqualität und der Prozessdurchlaufzeit, und wenn eine solche Ursache-Wirkungsbeziehung tatsächlich besteht, dann kann die Lern- und Entwicklungsperspektive als ein Mittel zum Zweck der Verbesserung von internen Prozessen angesehen werden. Dies gilt entsprechend für die Beziehung zwischen der internen Prozessperspektive und der Kundenperspektive. Auch für dieses Beispiel ist allerdings das Problem festzustellen, dass es nicht zu erkennen ist, in welcher präzisen Beziehung diese Kennzahlen zueinander stehen. Nur eine Explikation der Beziehungen zwischen den Kennzahlen macht aus einer losen Sammlung von Kennzahlen ein Kennzahlensystem.

- Da die Balanced Scorecard kein mathematisches Kennzahlensystem ist, muss es auf empirisch ermittelbaren Beziehungen zwischen den Kennzahlen beruhen. In der Darstellung müssen die Pfeile durch empirisch festgestellte Beziehungen ersetzt werden, z. B. muss die Kennzahl Kundentreue mit dem RoCE in Verbindung gebracht werden, sodass eine Aussage möglich ist: Wenn die Kundentreue um 10 % steigt, dann erhöht sich der RoCE um x %.

- Es wird mit einem einfachen Beispiel ausschließlich aufgezeigt, in welche Richtung die Beziehung zwischen verschiedenen Kennzahlen tendiert. So führt beispielsweise eine erhöhte Kundenzufriedenheit zu einer schnelleren Bezahlung von Rechnungen, was zu einem erhöhten RoCE führt. Bei den Beispielen fällt im Allgemeinen auf, dass nur monokausale Beziehungen erwähnt werden und dadurch ein für die praktische Anwendung entscheidender Aspekt vernachlässigt wird (insofern sind sie unvollständig, vgl. Günther & Grüning, 2001, S. 289 f.).

- Viele Entscheidungen im Unternehmen wirken sich positiv und negativ aus – oder in der Sprache des Rechnungswesens –: Sie verursachen Kosten und Erlöse. Während die Ermittlung von Kosten vermeintlich als nicht schwierig gilt, ist es ein nicht zu unterschätzendes Problem, wie sich Erlöse auf interne Maßnahmen zurechnen lassen. Folglich lässt sich beispielsweise leicht ermitteln, wie hoch die Kosten für ein Weiterbildungsseminar sind, das ein Mitarbeiter besucht hat, welche zusätzlichen Erlöse dieser Maßnahme zuzurechnen sind, lässt sich jedoch nur schwer ermitteln. Eine der großen Nachteile der Balanced Scorecard ist es, diese Zusammenhänge nicht explizit aufzuzeigen (vgl. Wall, 2001, S. 69 f.).

Bei der Frage nach einer methodischen Unterstützung zum Identifizieren von Ursache-Wirkungs-Ketten verweisen KAPLAN & NORTON auf Korrelationsanalysen (vgl. Kaplan & Norton, 1996, S. 254 ff.), d. h., es sollen Korrelationen zwischen verschiedenen Größen festgestellt werden. Mit einer Korrelationsanalyse lässt sich die Intensität des Zusammenhangs zwischen den Kennzahlen messen, allerdings ist die isolierte Messung zwischen zwei Größen ohne eine theoretische Untermauerung des Zusammenhangs höchst fragwürdig. Vorausgesetzt ein Modell existiert und es lassen sich zwischen zwei Kennzahlen keine Korrelationen finden, dann besteht auch kein Kausalzusammenhang zwischen diesen Kennzahlen. Der umgekehrte Zusammenhang gilt aber nicht: Aus einer vorhandenen Korrelation lässt sich nicht zwingend auf einen Kausalzusammenhang schließen (vgl. Brühl, 2015, S. 196 f.). Im Folgenden wird gezeigt, dass zwar das Denken in Kausalketten im Konzept der Balanced Scorecard nicht aufgegeben, jedoch von einer analytischen Ab-

13. Kapitel: Kennzahlen und Balanced Scorecard

bildung aller wesentlichen Einflussfaktoren und ihrer Wirkungen Abstand genommen wurde.

Eine vollständige Durchdringung des Unternehmens mittels Ursache-Wirkungs-Ketten stellt nämlich Manager und Controller vor die Herausforderung, diese Beziehungen zu identifizieren, zu analysieren und in der Balanced Scorecard entsprechend abzubilden. Wie Sie dem Unternehmensbeispiel 6 entnehmen können, haben Unternehmen Schwierigkeiten diese Herausforderung zu meistern; dies wird auch durch die umfassende empirische Untersuchung von SPECKBACHER ET AL. (2003) in deutschsprachigen Ländern bestätigt. Sie bildeten auf Basis ihrer Untersuchung eine Typologie des Anwendungsgrades der Balanced Scorecard in Unternehmen. Die Hälfte der Unternehmen verwendet die Balanced Scorecard als Kennzahlensystem (Typ I BSC) und nicht als umfangreiches Managementsystem, d.h. auch, dass die Hälfte der Balanced-Scorecard-Anwender keine Ursache-Wirkungsbeziehungen implementiert hat. SCHÄFFER & MATLACHOWSKY zeigten in einigen Fallstudien, dass es keinen linearen Verlauf von Typ I zu Typ III gibt, und Rückentwicklungen möglich sind (vgl. Schäffer & Matlachowsky, 2008, S. 216 ff.).

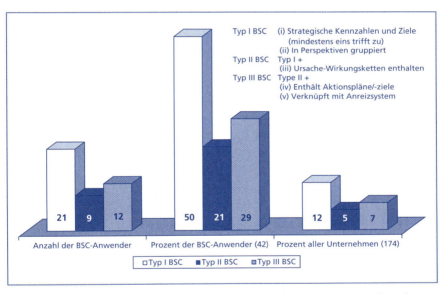

Empirische Untersuchung 10: Typen der Balanced Scorecard Anwendung (in Klammern absolute Anzahl der Unternehmen)
(Quelle: Speckbacher et al., 2003, S. 372 f.)

KAPLAN & NORTON haben hieraus eine wesentliche Konsequenz gezogen: Sie haben in ihren Folgeveröffentlichungen ein Instrument vorgestellt, dass auf der einen Seite die Strategie visualisiert und welches auf der anderen Seite grundsätzliche Wirkungsrichtungen aufzeigt, ohne doch ähnlich komplex wie die Ursache-Wirkungs-Ketten zu sein (vgl. Kaplan & Norton, 2001, S. 69 ff.).

Balanced Scorecard und Strategiekarten

Es steht außer Frage, dass ein Kennzahlensystem eine Verknüpfung der einzelnen Kennzahlen zu leisten hat. Allerdings ist aus der kognitiven Managementforschung auch bekannt, dass Manager in ihrem kognitiven System nicht über unbegrenzte Kapazitäten zur Informationsverarbeitung verfügen. Des Weiteren ist bekannt, dass die mentalen Modelle, die sich Manager vom Unternehmen bilden, sich zwischen einzelnen Managern stark unterscheiden können. Mentale Modelle als individuelle Wissensrepräsentationen werden von Menschen verwendet, um Systeme zu beschreiben, ihr Verhalten zu erklären und zukünftige Entwicklungen vorherzusagen (vgl. Rouse & Morris, 1986, S. 351). Unterschiede in mentalen Modellen bestehen z. B. zwischen Experten und Novizen insofern, dass Expertenmodelle deutlich weniger Faktoren und Beziehungen zwischen diesen Faktoren enthalten. Es wird daher vermutet, dass sie durch ihre Erfahrung wesentliche Einflussfaktoren und ihre Wirkungen erfassen. Eine Konsequenz aus dieser Forschung ist es, nicht zu versuchen, sämtliche Faktoren mit ihren Ursache-Wirkungs-Ketten abzubilden, sondern sich auf wesentliche Faktoren zu konzentrieren. Welche die wesentlichen Faktoren sind, muss sich allerdings das Management in jedem Unternehmen erarbeiten.

Unternehmensbeispiel 6: **Balanced Scorecard bei der ABB Industrie AG**

Wichtige Zwecke der Einführung der Balanced Scorecard waren die Kommunikation der Strategie für alle Mitarbeiter, die Schaffung eines Informationsinstrumentes und die Verbesserung der Schnittstelle zwischen strategischer und operativer Planung.

Im ersten Schritt identifizierte ein Team die strategischen Ziele, die nach den vier Perspektiven unterschieden wurden. Es erfolgte eine Auswahl von 19 Zielen, die von strategischer Bedeutung sein sollten, allerdings auch mess-, umsetz- und beeinflussbar. Sie wurden verbal formuliert, z. B.: unsere Kapitalrendite ist größer 30 %, wir haben ein innovatives Servicekonzept, unsere Mitarbeiter sind kompetent und motiviert.

Die Ursache-Wirkungsbeziehungen zwischen den Zielen wurden durch Diskussionen erarbeitet und erst aufgenommen, wenn im Team ein Konsens hergestellt werden konnte.

Auf Basis der strategischen Ziele entwickelte das Team die Kennzahlen, die ebenfalls durch Diskussionen festgelegt wurden. Als Kennzahl für ein innovatives Servicekonzept wählte das Team die Anzahl der verkauften Systeme mit Serviceverträgen, die sich in den folgenden drei Jahren von 15 % auf 40 % erhöhen sollte. Für die Motivation und Kompetenz der Mitarbeiter ist die Kennzahl „durchschnittliche Anzahl unterschiedlicher Aufgaben, die einem Mitarbeiter zugewiesen werden können" relevant.

Zum Abschluss legt das Team strategische Programme für jedes strategische Ziel fest, das in die Verantwortung einzelner Teammitglieder gelegt wurde.

Die Schwierigkeiten bei der Einführung lagen an den unzureichenden Gestaltungshinweisen der Balanced Scorecard, wie z. B. den Abstimmungsprozeduren innerhalb des Teams. Eine analytische Ableitung der Ursache-Wirkungsbeziehungen wurde nicht erreicht.

(Quelle: Ahn & Dickmeis, 2000; Ahn, 2001)

13. Kapitel: Kennzahlen und Balanced Scorecard

Auch wenn KAPLAN & NORTON nicht explizit auf die kognitive Managementforschung hinweisen, haben Sie mit der Strategiekarte (strategy map) ein Instrument vorgestellt, dass die Probleme mit zu umfangreichen Kausalmodellen umgehen soll (s. Darstellung 71). Ein erster Blick auf die generische Strategiekarte zeigt die prinzipielle Ähnlichkeit mit Darstellung 70, in der von einer spezifischen Hierarchie der vier Perspektiven ausgegangen wird, die auch in der Strategiekarte beibehalten wird. Obwohl diese Hierarchie der Perspektiven eine gewisse Plausibilität hat, gibt es kaum Forschung zu der Frage, ob es sich um einen allgemein gültigen Zusammenhang der Perspektiven handelt. In einer Untersuchung für den Logistikbereich fanden WALLENBURG & WEBER (2006) Hinweise, die diese Annahme tendenziell bestätigt. Darüber hinaus wirkt in dem getesteten Modell die finanzielle Perspektive in Form eines geschlossenen Kreislaufs zeitverzögert auf die Lern- und Entwicklungsperspektive (vgl. Wallenburg & Weber, 2006, S. 250).

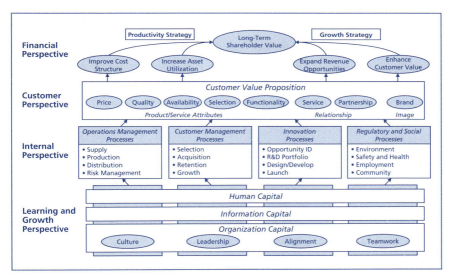

Darstellung 71: Grundmodell der Strategiekarte
(Quelle: Kaplan & Norton, 2004, S. 11)

Ein Problem ist es allerdings, dass die vier Perspektiven bestimmte Aspekte ausblenden, welche vom Unternehmen als relevant angesehen werden. Auch wenn dies bewusst erfolgt, um die Komplexität des Konzepts zu reduzieren, und eine indirekte Berücksichtigung dadurch erfolgt, dass die Balanced Scorecard durch Entwicklungen des Unternehmensumfelds geändert werden muss (vgl. Horváth & Partner, 2004, S. 59), so verbleibt der Einwand, dass Unternehmen wichtige Bereiche in ihrer Strategie nicht verankern. So zeigt AHN an einigen Unternehmensbeispielen, dass erklärte Normen aus dem Leitbild zum Bereich Umweltschutz in den Balanced Scorecard nicht berücksichtigt werden (vgl. Ahn, 2003a, S. 133 ff.). Es spricht daher einiges dafür, dass Unternehmen die für sie passende Balanced Scorecard entwickeln und eigene

Perspektiven ergänzen. In der Literatur liegen hierzu eine Fülle von häufig branchenbezogenen Beispielen vor (vgl. z. B. für Banken Körnert, 2006; für Wirtschaftsprüfungsgesellschaften Schmid, 2007). Bisher scheinen allerdings Anwender der Balanced Scorecard sich noch stark an die vier Perspektiven anzulehnen: So gaben in einer Studie 80 % der Unternehmen an, sich daran zu orientieren (vgl. Ruhtz, 2001, S. 12).

Untersuchungen über den Erfolg des Einsatzes von Balanced Scorecard sind noch recht selten und mit den üblichen Problemen der Messbarkeit des Erfolgs einzelner Controlling-Instrumente verbunden. In einer aktuellen Untersuchung von europäischen Unternehmen, die die Balanced Scorecard anwenden, schätzen die Manager den Einsatz als erfolgreich ein; insbesondere ihr strategischer Fokus, wie z. B. die Strategie zu übersetzen, wird als relevant angesehen (vgl. De Geuser et al., 2009, S. 114). Ein wesentlicher Erfolgsfaktor ist häufig die Verankerung von Kennzahlen und damit auch der Balanced Scorecard mit dem Anreizsystem: Der Forschungsreport 12 zeigt zum Abschluss dieses Kapitels eine Reihe von Ergebnissen zu diesem Problem auf.

Forschungsreport 12: Balanced Scorecard und die neue Unübersichtlichkeit

Die Entwicklung der Balanced Scorecard beruht auf einer Untersuchung von KAPLAN & NORTON in mehreren amerikanischen Unternehmen. Die Führungskräfte bemängelten insbesondere die zu starke Betonung der finanziellen Ziele im Kennzahlensystem und bei der Leistungsmessung. Es ist daher konsequent, wenn nicht-finanzielle Ziele eine größere Rolle spielen sollen. Ein Vorteil von finanziellen Größen ist allerdings, dass sie aggregiert werden können, weil sie in einer Dimension gemessen werden. Setzt das Controlling eine Balanced Scorecard ein, stellen sich Fragen an die Funktionsweise von Kennzahlen, die nicht oder nur schwer miteinander verknüpft werden können.

In einem normativen Prinzipal-Agenten-Modell zeigen HOLSTRÖM & MILGROM, dass Agenten, die mit mehreren Zielen gemessen werden, zu Aufgaben neigen, die leichter gemessen werden können. Dahinter steckt das Problem, wie mehrere Ziele miteinander verknüpft sind. Gibt es eine subjektive oder eine formelhafte Verknüpfung? Wie das Unternehmensbeispiel 6: Balanced Scorecard bei der ABB Industrie AG zeigt, fällt es dem Team schwer, Ursache-Wirkungsbeziehungen analytisch aufzustellen. Daher ist zu vermuten, dass subjektive Aggregation von Zielen eine große Rolle in der Praxis spielt. Dies zeigt auch die Untersuchung von SPECKBACHER ET AL., bei der nur die Hälfte der Unternehmen mit einer Balanced Scorecard Ursache-Wirkungszusammenhänge aufnehmen. Inwieweit subjektive oder formelhafte Verknüpfungen für das Anreizsystem besser sind, gilt in der Forschung noch als ungeklärt.

Wenn in einer Balanced Scorecard allgemeine Kennzahlen (common measures) – für das gesamte Unternehmen – und spezielle Kennzahlen (unique measures) – für die Untereinheit – enthalten sind, so stellten LIPE & SALTERIO fest, werden nur die allgemeinen Kennzahlen zur Leistungsmessung herangezogen. Da zur Beurteilung mehrere Ziele zur Verfügung stehen, werden einfachere, bekanntere gewählt und ungewöhnliche unterdrückt. Offensichtlich wendeten die Studienteilnehmer bei komplexeren Bewertungen Vereinfachungsstrategien an. Wenn sich diese Ergebnisse in folgenden Untersuchungen bestätigen, so hat dies für das Controlling bemerkenswerte Konsequenzen. Insbesondere zeigen diese Ergebnisse, dass zusätzliche Ziele, die sich nicht im Anreizsystem niederschlagen, von Führungskräften kaum beachtet werden.

(Quellen: Holmström & Milgrom, 1991; Ittner & Larcker, 1998; Lipe & Salterio, 2000; Pfaff et al., 2000a; b; Speckbacher & Bischof, 2000; Speckbacher et al., 2003)

Balanced Scorecard und Nachhaltigkeit

Wenn in einem Unternehmen das Konzept der Nachhaltigkeit in die Strategie aufgenommen wird, lässt sich dies mit einer Balanced Scorecard unterstützen. Neben der ökonomischen Dimension, die in einer Balanced Scorecard beispielsweise durch die finanzielle Perspektive oder die Kundenperspektive repräsentiert wird, sind dann ökologische und soziale Ziele aufzunehmen. Als ein wesentlicher Vorteil der Balanced Scorecard ist die in den vorigen Abschnitten beschriebene Eigenschaft anzusehen, dass sie finanzielle und nicht-finanzielle Ziele miteinander in Einklang bringt. Wie insbesondere der vorige Abschnitt gezeigt hat, ist jedoch Vorsicht angebracht, die Balanced Scorecard zu sehr mit Erwartungen an eine wirklichkeitsgetreue Abbildung von kausalen Zusammenhängen zu überfrachten. Zusammenhänge zwischen ökologischen und sozialen Zielen mit den ökonomischen Zielen sind häufig sehr komplex und nicht ohne starke Vereinfachungen in einer Balanced Scorecard abbildbar.

Eine wesentliche Entscheidung, die bei der Entwicklung einer nachhaltigkeitsorientierten Balanced Scorecard getroffen werden muss, ist die Frage, ob Aspekte der Nachhaltigkeit in die vier Perspektiven integriert oder ob eine oder mehrere eigenständige Perspektiven geschaffen werden sollen (vgl. Hahn et al., 2002, S. 54 ff.). Während für eine Integration der geringere Grad der Komplexität spricht, wiegt auf der anderen Seite der Nachteil schwer, dass dann die besonderen Aspekte der ökologischen und sozialen Dimension nicht hinreichend gewürdigt werden (vgl. Neßler & Fische, 2013, S. 68 ff.). Wenn das Top-Management das Konzept der Nachhaltigkeit in den Köpfen der Mitarbeiter verankern will, spricht dies für eine Erweiterung der Balanced Scorecard (s. Unternehmensbeispiel 7).

Unternehmensbeispiel 7: Sustainability Scorecard bei Puma

Die Puma AG setzt zur Implementierung ihrer Nachhaltigkeitsstrategie verschiedene Maßnahmen ein, über die sie ihre wichtigen Stakeholder informiert. Neben der eigenen Berichterstattung über Nachhaltigkeit, die sich an den Vorgaben der Global Reporting Initiative orientiert, werden auch die Unternehmen in der Supply Chain angehalten entsprechende Berichte zu veröffentlichen.

Die Sustainability Scorecard, die Puma im Jahre 2010 vorgestellt hat, beruht im Wesentlichen auf den zentralen Zielen bis 2015, die sich das Unternehmen zur Nachhaltigkeit gesetzt hat. Da ein Großteil der ökologischen Belastungen in den vorgelagerten Wertschöpfungsstufen auftreten, ist eine realistische Sicht auf die Produkte nur über die gesamte Supply Chain sinnvoll. Die Ziele wie z. B. eine Reduktion von 25 % der CO_2-Menge, der Energie, des Wassers und des Abfalls beziehen sich daher auch auf die Fabriken der direkten Zulieferer. Puma berichtet über seine Zielerreichung im Jahre 2015 und konstatiert z. B., dass das Unternehmen seine Ziele der Reduktion von CO_2 deutlich verfehlt hat, die Reduktion des Wasserverbrauchs nicht ganz erreicht hat und den Papierverbrauch entsprechend der Ziele senken konnte. Insgesamt zeigt sich, dass das Unternehmen seine Ziele mithilfe der Scorecard und der entsprechenden Berichterstattung nach GRI nachverfolgt. Allerdings stellt sich die Frage, wie Ziele im Unternehmen festgelegt, vereinbart und gesteuert werden.

Ziele werden mit Stakeholdern im Rahmen des Stakeholderdialogs ausgearbeitet und durch eine interne Nachhaltigkeitsableitung begleitet sowie einen Nachhaltigkeitsausschuss verabschiedet. Inwieweit verwendet Puma seine Nachhaltigkeitsziele auch in der internen Steuerung? Im Lagebericht gibt Puma hierzu Auskunft: „Nichtfianzielle Leistungsindikatoren besitzen bei PUMA nur eine untergeordnete Bedeutung als Steuerungsgrößen." Nur finanzielle Kennzahlen haben Bedeutung im Steuerungssystem und dementsprechend dominieren sie auch die Vergütung im Unternehmen, die sich fast ausschließlich an finanziellen Zielen ausrichtet. Eingangs dieses Kapitels wird auf den Zusammenhang zwischen Ziel und Kennzahlensystem hingewiesen. Daher ist zu fragen: Könnte es sein, dass die Zielverfehlung bei der Reduktion von CO_2 auch damit begründet werden kann, dass dieses Ziel weder im Steuerungssystem von Bedeutung noch dass es von Relevanz in der Vergütung ist?

(Quellen: (Integrierte) Geschäftsberichte der Puma AG, 2010, 2013, 2014. 2015)

Welche ökologischen und sozialen Ziele in einer Balanced Scorecard aufgenommen werden sollen, ist sicherlich eine unternehmensindividuelle Entscheidung. Allerdings wird von verschiedenen Stakeholdern Druck auf Unternehmen ausgeübt, über verfolgte Ziele der Nachhaltigkeit, ergriffene Maßnahmen und erreichte Erfolge zu berichten. Daher haben sich in den letzten Jahren neben der jährlichen Geschäftsberichterstattung, die sich auf die finanzielle Dimension konzentriert, Berichte über Nachhaltigkeit und über die soziale Verantwortung des Unternehmens etabliert. Obwohl die Standardsetzer der externen Rechnungslegung sich bisher in der Frage der Nachhaltigkeitsberichterstattung zurückgehalten haben, wirken die Veröffentlichungen der Global Reporting Initiative (GRI) 2006 wie ein – wenn auch freiwilliger – Standard.

Es bietet sich daher an, beim Aufbau einer Balanced Scorecard Anforderungen der GRI zu berücksichtigen. Beispielsweise ist über Ziele wie den direkten Energieverbrauch und Maßnahmen, wie dieser Verbrauch verringert wird, zu berichten; es ist daher angebracht, sie in eine Balanced Scorecard zu übernehmen. Weitere Beispiele sind Treibhausgasemissionen oder Maßnahmen, wie sie verringert werden, oder Luftemissionen wie NOx oder SOx und ihre Verringerung.

Schlüsselwörter

Balanced Scorecard (450)
Betriebsrentabilität (440)
Economic Value Added (445)
Eigenkapitalrentabilität (437)
Erfolgsgrößen (436)
Gesamtkapitalrentabilität (437)
Kennzahl (425)

Kennzahl, absolute (425)
Kennzahl, relative (426)
Market Value Added (448)
Matching-Prinzip (428)
Residualerfolg (443)
Return on Capital Employed (439)
Return on Investment (438)

Kontrollfragen

1. Definieren Sie den Begriff Kennzahl.
2. Welche unterschiedlichen absoluten Kennzahlen kennen Sie? Geben Sie je ein Beispiel für eine solche Kennzahl.
3. Warum werden Beziehungskennzahlen eingesetzt? Nennen Sie Ihnen bekannte Beispiele.

13. Kapitel: Kennzahlen und Balanced Scorecard

4. Für welche Rechnungszwecke sind Gliederungskennzahlen geeignet?
5. Welche Entwicklungen zeigen Indexkennzahlen auf?
6. Warum lassen sich die Wachstumsraten des Umsatzes zweier Jahre nicht addieren, wenn das Wachstum der zwei Jahre insgesamt berechnet werden soll?
7. Nennen Sie die wichtigsten Erfolgsquellen in Unternehmen.
8. Erläutern Sie das Matching-Prinzip.
9. Mit welchen Kennzahlen lässt sich der Markterfolg eines Unternehmens messen?
10. Welche Kennzahlen zeigen die Innovationskraft des Unternehmens?
11. Erläutern Sie die Grenzen der Aussagekraft der Erfolgsrechnung für die Innovationskraft.
12. Welche beiden Rechnungsobjekte sind für die Erfolgsbeurteilung von Auslandstöchtern relevant?
13. Was ist bei einer Abweichungsanalyse der Erfolgsrechnungen von Auslandstöchtern zu beachten?
12. Wer ist für die Währungsabweichung verantwortlich?
13. Erläutern Sie die Gliederung der verschiedenen Erfolgsgrößen.
14. Erklären Sie die Eigenkapitalrentabilität.
15. Warum ist der Erfolg nach Steuern die dem Eigenkapital entsprechende Erfolgsgröße?
16. Erläutern Sie die Gesamtkapitalrentabilität.
17. Warum ist der Erfolg vor Zinsen die dem Gesamtkapital entsprechende Erfolgsgröße?
18. Erläutern Sie den Return on Investment.
19. Erläutern Sie die Betriebsrentabilität.
20. Warum ist der Betriebserfolg vor Zinsen und Steuern die dem betriebsnotwendigen Vermögen entsprechende Erfolgsgröße?
21. Mit welchen Maßnahmen wird der Return on Investment gesteigert, aber sehr wahrscheinlich das Erfolgspotenzial des Unternehmens gemindert?
22. Erläutern Sie den Residualerfolg.
23. Erklären Sie den Zusammenhang zwischen dem Residualerfolg und dem Kapitalwert.
24. Zeigen Sie die Gemeinsamkeiten zwischen Residualerfolg und Economic Value Added auf.
25. Diskutieren Sie die Vor- und Nachteile von nicht-finanziellen und finanziellen Größen.
26. Beschreiben Sie den Aufbau der Balanced Scorecard.
27. Welche Kennzahlen werden in der finanziellen Perspektive verwendet?
28. Erörtern Sie die Kernkennzahlen der Kundenperspektive.
29. Die Lern- und Entwicklungsperspektive zielen insbesondere auf die Mitarbeiter im Unternehmen. Welche Kennzahlen sind hierfür relevant?
30. Erläutern Sie ausführlich, in welcher Beziehung die vier Perspektiven zueinander stehen.
31. Beurteilen Sie, inwieweit die Balanced Scorecard als strategisches Kennzahlensystem eingesetzt werden kann.

Übungsaufgaben

Übung 1: Return on Investment in der Plaste AG

In der Plaste AG werden in verschiedenen Werken in Deutschland Plastikartikel für den Garten- und Balkonbedarf hergestellt. Im Werk in Berlingen wird über die Investition in eine neue Anlage nachgedacht. Im Unternehmen ist der Return on Investment als Messlatte für Investitionen gebräuchlich, als Mindestrendite ist 20 % festgelegt. In Berlingen hat der zuständige Manager allerdings höhere Anforderungen, da der RoI mit seinem Gehalt verknüpft ist und er bisher immer einen Return on Investment von 24 % erreicht hat, will er dies auch in Zukunft realisieren.

a) Für die neue Investition wird folgende Prognose der Zahlungen angenommen. Einer Anfangsinvestition von 1.000 stehen in den folgenden drei Jahren konstante Einzahlungen von 1.000 und Auszahlungen von 500 gegenüber. Berechnen Sie den Return on Investment für die Investition. Wie wird sich der Manager in Berlingen entscheiden?

b) Wie entwickelt sich der Return on Investment in den drei Jahren?

Übung 2: Residualerfolg in der Plaste AG

Die Controller in der Plaste AG stellen die Performancegrößen auf den Residualerfolg um.

a) Verwenden Sie die Zahlen aus der Übung 1 und berechnen Sie den Residualerfolg.

b) Zeigen Sie, dass der Kapitalwert der Zahlungsreihe mit dem Barwert der Residualerfolge übereinstimmt.

c) Welche Schlussfolgerungen ziehen Sie aus den unterschiedlichen Ergebnissen?

Übung 3: vom EVA zum MVA

Sie bewerben sich bei einer namenhaften US-Amerikanischen Unternehmensberatung, die sich mit Themen des wertorientierten Managements spezialisiert hat. Als Sie im Bewerbungsgespräch aufgefordert werden, eine Unternehmensbewertung auf Basis des EVA-Konzepts vorzunehmen, huscht Ihnen einen Lächeln übers Gesicht. Denn Sie sind bestens vorbereitet und können mit den gegebenen Angaben folgende Kennzahlen berechnen: EVA, MVA sowie FGV und die damit verbundene jährliche Verbesserung zukünftiger EVA.

Aktienkurs: 80, Anzahl der Aktien: 10 Mio. Stück

Marktwert des Fremdkapitals: 200 Mio.

Gesamtkapital: 300 Mio.

50 Mio. unverzinstes Fremdkapital

Operative Rendite von 18 %

WACC: 8 %

14. Kapitel: Erfolgsorientierte Vergütungssysteme

> „The huge gains from options for below-average performers should give pause to even the most ardent defender of current corporate pay systems."
> (Alfred Rappaport, 1999a, S. 92)

> „When managers are rewarded for market- and sector-wide price movements that have nothing to do with their efforts, the money is poorly spent."
> (Lucian A. Bebchuk, Jesse M. Fried, David I. Walker, 2002, S. 797)

RAPPAPORT sprach es schon vor dem Crash aus, der die Aktienmärkte an der Jahrtausendwende erfasste: Vergütungssysteme müssen wie andere Instrumente im Controlling auch bestimmten Anforderungen genügen. Dass solche Anforderungen allerdings zu verschiedenen Zeiten unterschiedlich gewichtet werden, ist eine häufig verdrängte Tatsache. Vielleicht waren sich die Schöpfer von Aktienoptionen auch gar nicht bewusst, welche Höhen die Vergütung von Managern in Boomphasen erklimmen können. Inzwischen ist eine Anforderung klar: Die Vergütung muss auch die Entwicklung des Unternehmens im Wettbewerb widerspiegeln, die nicht oder nur unvollkommen durch den jeweils aktuellen Aktienkurs wiedergegeben wird.

Zweck dieses Kapitels ist es, Ihnen zu zeigen, dass Aktienoptionen zwar ein wichtiges, allerdings nicht das einzige Vergütungsinstrument sind. Dass sie dennoch einen Schwerpunkt dieses Kapitels darstellen, ergibt sich aus der zunehmenden Verbreitung von Shareholder-Value-Konzepten. Allerdings stellt sich auch für viele nicht börsennotierte Gesellschaften das Problem, wie Steigerungen des Unternehmenswertes ermittelt und zur Grundlage von Vergütungen für Manager gemacht werden können.

Lernziele

Nach der Lektüre des Kapitels sollten Sie Folgendes können:
- Lernziel 1: Anforderungen an Vergütungsinstrumente beschreiben. (470)
- Lernziel 2: Erfolgsorientierte Vergütungsinstrumente für die verschiedenen Managementhierarchien diskutieren. (473)
- Lernziel 3: Komponenten einer erfolgsorientierten Vergütung erläutern. (475)
- Lernziel 4: Vergütungsinstrumente einteilen und beschreiben. (476)
- Lernziel 5: Manipulationsmöglichkeiten nicht-linearer Bonuspläne erkennen und erläutern. (478)
- Lernziel 6: Probleme von Netto-Vermögenskennzahlen beschreiben und Lösungsmöglichkeiten vorschlagen. (483)
- Lernziel 7: Bonusbank als Vergütungsinstrument erläutern und Vor- und Nachteile diskutieren. (484)
- Lernziel 8: Gestaltungsvariablen der aktienbasierten Vergütung erläutern. (488)

- Lernziel 9: Das absolute und relative Modell von Aktienoptionen erklären und Vor- und Nachteile diskutieren. (491)
- Lernziel 10: Aktienoptionen als Vergütungsinstrument beurteilen. (500)

Managementvergütung im Zwielicht

Wenn Manager Gehälter erhalten, wie sie nur aus dem internationalen Showgeschäft bekannt sind, wird schnell die Frage aufgeworfen, ob diese Summen gerechtfertigt sind. Seit Mitte der 90er Jahre des zwanzigsten Jahrhunderts werden sehr hohe Managervergütungen beobachtet. So wies das Economic Policy Institute (2013) darauf hin, dass in den 350 größten US-Amerikanischen Unternehmen 2012 das durchschnittliche Gehalt eines CEO zweihundertdreiundsiebzig Mal so hoch wie das eines durchschnittlichen Arbeiters war. Für die DAX30 Unternehmen liegt der Median in 2011 bei 53, mit dem Spitzenwert von VW von 170 (Weckes & Werner, 2013). Da in einigen Industrienationen die Ungleichheit der Einkommensverteilung gestiegen ist und sich heftige Diskussionen insbesondere an den Managementvergütungen entzündet haben, griffen verschiedene nationale Gesetzgeber und Regulierungsbehörden ein. So erließ z.B. der deutsche Gesetzgeber 2009 Vorschriften über die Angemessenheit von Vorstandsvergütungen (Gesetz zur Angemessenheit der Vorstandsvergütung, VorstAG) und die amerikanische Börsenaufsicht (SEC) verlangt von Unternehmen die Veröffentlichung der Kennzahl „CEO Pay Ratio", die das Verhältnis von Vorstandsvergütung und durchschnittlicher Vergütung im Unternehmen aufzeigt.

Besonders entzündet sich die Diskussion an der variablen Vergütung, z.B. in Form des Jahresbonus oder der Aktienoptionen. Mit Aktienoptionen wird die Vergütung von Managern auf Basis des Börsenkurses bemessen, indem Optionen zu einem bestimmten Preis an sie ausgegeben werden. Steigt der Kurs über diesen so genannten Ausübungspreis, lohnt sich die Ausübung für den Manager und bei Verkauf der Aktien kann er den Gewinn realisieren.

Allerdings wurden viele Manager dadurch auch zu Eigentümern, denn Aktienoptionen berechtigen zum Erwerb von Unternehmensanteilen. Verkaufen sie ihre Aktien nicht, dann sind sie Anteilseigner ihres Unternehmens und wie bei jedem Aktionär schwankt ihr Vermögen mit dem Börsenkurs der Aktie. Er kann mit dem Halten der Aktien zeigen, dass er Vertrauen in das Unternehmen hat und mit weiter steigenden Kursen rechnet, wie z.B. Lawrence Ellison, der frühere CEO von Cisco, der sich ein jährliches Gehalt von 1 $ auszahlen lässt und der in 2014 für 103 Mill. $ Aktien und Aktienoptionen erhielt; er hielt zu diesem Zeitpunkt noch mehr als eine Milliarde Aktien seines Unternehmens.

> Die Höhe von Vergütungen für Manager ist nichts anderes als der Preis, den der Markt für Arbeitsleistungen für Manager zu zahlen bereit ist. Er spiegelt somit nach Ansicht von Ökonomen den Wettbewerb um die besten Manager wider. Vergütungen auf Basis des Aktienkurses haben den Vorteil, die Interessen der Aktionäre und der Manager zu verknüpfen. Es ist daher kein Zufall, dass sie verstärkt auftraten, als das Shareholder-Value-Konzept eingeführt wurde.

14. Kapitel: Erfolgsorientierte Vergütungssysteme

Variable Vergütungen werden gezahlt, um Manager anzuspornen, eine bestimmte Leistung zu erbringen. Dazu ist es allerdings notwendig, einen Maßstab zu finden, der diese Leistung möglichst objektiv misst. Der Aktienkurs wird als ein solcher Maßstab angesehen, denn er kommt täglich durch die Entscheidungen vieler Marktteilnehmer zustande. Jedoch beruhen deren Entscheidungen auf Informationen über das Unternehmen und die werden maßgeblich durch das Unternehmen und seine Manager bestimmt. Es liegt daher der Verdacht nahe, dass Top-Manager eines Unternehmens in Versuchung geraten können, schlechte Nachrichten zu unterdrücken und die Lage besser darzustellen, als sie tatsächlich ist.

Ein Erfolgsausweis wird den Teilnehmern am Kapitalmarkt in standardisierter Form mitgeteilt, hierzu dienen das externe Rechnungswesen und die unabhängige Prüfung durch die Wirtschaftsprüfer. Lange Zeit galten die Rechnungslegungsstandards am Neuen Markt als vorbildlich: nicht mit den „antiquierten" HGB-Vorschriften, sondern mit den International Accounting Standards (IAS) oder den US-amerikanischen Generally Accepted Accounting Principles (US-GAAP) sollte eine hohe Transparenz erzeugt werden. Wenn es jedoch an einer entsprechenden Aufsicht des Marktes fehlt, dann ist mit den hohen Standards nichts erreicht.

> In einer Untersuchung von 2002 fanden GLAUM & STREET, dass nur zwei von 200 untersuchten Unternehmen am Neuen Markt allen Offenlegungserfordernissen und 31 Unternehmen 95 % oder mehr ihrer Ausweispflicht nachkamen (vgl. Glaum & Street, 2002, S. 37). Es gab jedoch auch Unternehmen, die nicht einmal der Hälfte ihrer Ausweispflichten nachkamen, ohne dass dies zu einer Einschränkung des Prüfungstestates führte. Es fehlte am Neuen Markt ganz offensichtlich eine Institution, die vergleichbar der SEC (Securities and Exchange Commission) in den USA Rechnungslegungsstandards auch durchsetzen und Verstöße mit Sanktionen belegen kann. Die Deutsche Börse reagierte auf die vielen Missstände, indem sie das Börsensegment Neuer Markt im Jahre 2003 auflöste.

Welche Schlussfolgerungen können nun aus diesen Ereignissen gezogen werden? Sollten Aktienoptionen als Vergütungsinstrument am besten wieder abgeschafft werden?

- Zur Erinnerung: Shareholder-Value als Zielgröße gilt als eine der besten Möglichkeiten, die unterschiedlichen Interessen von Management und Aktionären zu verbinden und den Prinzipal-Agenten-Konflikt zu mildern. Für den Prinzipal hat das den Vorteil, dass er kein umfangreiches Kontrollsystem aufbauen muss. Er verändert die Nutzenfunktion des Agenten, indem die Zielgröße des Prinzipals eingebaut wird (vgl. Wenger & Knoll, 1999, S. 570). Langfristig – so die Erwartung – lassen sich beide Zielsysteme harmonisieren, Aktienoptionen oder aktienkursbasierte Vergütung sollen in einem langfristig angelegten Vergütungsplan diese verbindende Rolle spielen.
- Aktienbasierte Entlohnung ist nur ein Teil der gesamten Vergütung. Um ihre Aufgabe als langfristig orientierter Vergütungsbestandteil zu erfüllen, müssen sie bestimmten Anforderungen genügen. Häufig erfüllten in der Vergangenheit Vergütungssysteme einfachste Anforderungen nicht.

- Gegen Betrug und ungesetzliche Handlungen hilft auch in Zukunft nur der staatliche Sanktionsmechanismus.

Es wird im Folgenden daher ausgehend von Anforderungen an Vergütungssysteme und instrumente zu zeigen sein, dass aktienbasierte Vergütung keineswegs ein überholtes Vergütungsinstrument darstellt. Aktienbasierte Vergütung ist allerdings nicht die einzige Vergütungsform, die in die Diskussion geriet. Unternehmensbeispiel 8 greift einen aktuellen Fall auf, der zeigt, dass der Jahresbonus in einem Unternehmen als unangemessen angesehen wird.

Unternehmensbeispiel 8: VW und der Abgasskandal

Seit dem September 2015 wurde einer erstaunten Öffentlichkeit klar, dass sich ein weiteres Vorzeigeunternehmen der deutschen Wirtschaft mit illegalen Praktiken Vorteile verschaffen wollte. Um die sehr anspruchsvollen Abgasnormen US-Amerikanischer Regulierungsbehörden zu erreichen, setzte VW eine Software ein, die erkannte, wenn der Wagen getestet wurde und sich dann regelkonform verhielt. Im Normalbetrieb auf der Straße hingegen wurde die Filterung abgeschaltet und somit die gesetzlichen Grenzwerte erheblich überschritten. Schätzungen gehen davon aus, dass weltweit ca. 11 Millionen Fahrzeuge betroffen sind.

Wie nicht anders zu erwarten, setzte prompt ein erheblicher Entrüstungssturm ein. Unmittelbare Folge war die Ablösung des CEO von VW, Martin Winterkorn, der durch Matthias Müller ersetzt wurde. Eine weitere Folge war, dass sich in verschiedenen Ländern, insbesondere den USA, Rechtsstreitigkeiten ankündigten, die sich als Rechts- und Prozessrisiken ergebniswirksam auswirkten. Neben diesen Rechtsrisiken mussten Rückstellungen für den Rückruf von Fahrzeugen, um die Betrugssoftware zu entfernen, und den Rückkauf von Fahrzeugen geschätzt werden. All dies führte zu einem Rückstellungsbetrag von annähernd 16,2 Milliarden Euro. Das Operative Ergebnis sank daraufhin von 12,7 Milliarden in 2014 auf −4,1 Milliarden Euro in 2015.

Als der Vorstand auf seiner Jahrespressekonferenz verkündete, dass er freiwillig 30 % seines Bonus um drei Jahre aufschiebt und die Auszahlung von der Kursentwicklung der Aktie abhängig macht, gab es abermals einen Aufschrei der Entrüstung. In der Öffentlichkeit wurde erwartet, dass es nach einem historisch hohen Verlust keinen Bonus für den Vorstand geben kann. So gab der Bundesfinanzminister kund: „Ich habe kein Verständnis dafür, wenn man ein großes Dax-Unternehmen erst in eine existenzbedrohende Krise führt und dann in einer öffentlichen Debatte die eigenen Boni verteidigt."

Ein Blick auf das steuerungsrelevante Kennzahlensystem und die damit verbundene Vergütung zeigt ein etwas differenzierteres Bild. Neben dem fixen Gehalt beruht ein erheblicher Teil der variablen Vergütung auf Kennzahlen, die über mehrere Jahre zugrunde gelegt werden. Wenn der Durchschnitt aus einem sehr guten Jahr 12,7 Mrd. Operatives Ergebnis und einem sehr schlechten Ergebnis von −4,1 Mrd. als Basis gewählt werden, dann wirkt sich dies zwar negativ auf die variable Vergütung aus, wird aber nicht negativ und daher gibt es einen zwar geringeren, aber einen immer noch positiven Bonus. Darüber hinaus fließen in die Vergütung weitere Größen ein, die wie Kundenzufriedenheit oder Marktanteil ebenfalls langfristige Tendenzen berücksichtigen sollen. Diese Regelung war entsprechend dem Gesetz zur Angemessenheit der Vorstandsvergütung eingeführt worden und insoweit nicht zu beanstanden.

Unabhängig von dieser Betrachtung stellt sich jedoch die Frage, ob Aufsichtsrat und Vorstand im Interesse des Unternehmens gehandelt haben. Es handelt sich beim Abgasskandal von VW um einen der schwersten Betrugsfälle der deutschen Wirt-

14. Kapitel: Erfolgsorientierte Vergütungssysteme

> schaft, der sich über einen Zeitraum von fast zehn Jahren im Unternehmen entwickeln konnte. Neben einem historischen finanziellen Verlust trat auch ein hoher Reputationsschaden für das Unternehmen ein, so dass sich die Frage stellt, ob die Vergütung in einem angemessenen Verhältnis zur Lage der Gesellschaft steht (§ 87 AktG). Es ist eben nicht immer einfach, auch dann zu seinen ethischen Grundsätzen zu stehen, „wenn es unbequem ist" (VW Nachhaltigkeitsbericht 2014, S. 46).
>
> (Quellen: Geschäfts- und Nachhaltigkeitsberichte von VW der Jahre 2012 bis 2015)

Unternehmensbeispiel 8 zeigt auf, dass Unternehmen, die sich zu ihrer sozialen Verantwortung und nachhaltiger Entwicklung bekennen, dies auch in ihren Steuerungs- und Vergütungssystemen reflektieren müssen. Dieses Kapitel soll hierzu eine Reihe von Anregungen geben.

Aufgaben von und Anforderungen an Vergütungsinstrumente

Was bewegt Manager, einen Arbeitsvertrag mit einem Unternehmen zu schließen? Wer diese Frage beantworten will, wird viele Gründe anführen müssen. In diesem Kapitel wird von den vielen, möglichen Gründen abstrahiert und nur ein Aspekt herausgestellt: der finanzielle Anreiz. Diese Einschränkung beruht auf der Zielsetzung dieses Buches, den Erfolg des Unternehmens in seinen verschiedenen Facetten zu analysieren. All die bisher behandelten Controlling-Instrumente dienen der Steuerung und Koordination der Entscheidungen und Handlungen im Unternehmen. Ein Vergütungssystem, das auf Basis von Leistungen das Management entlohnt, muss in einem direkten Zusammenhang mit diesen Controlling-Instrumenten stehen.

Ein **Anreizsystem** hat den Zweck, Manager in ihrem Verhalten so zu beeinflussen, dass die Ziele des Unternehmens bestmöglich erfüllt werden. Die Vergütung ist nur ein Teil eines Anreizsystems, wenn auch ein sehr wichtiger. Aus diesem Grund weise ich im gesamten Buch immer wieder auf mögliche Reaktionen von Mitarbeitern und Managern hin, die sie im Hinblick auf verschiedene Instrumente zeigen. Voraussetzung für solche Analysen ist es, dass Verhaltensmuster von Managern bekannt sind. Und mit dieser Voraussetzung begibt man sich auf theoretisches Glatteis: Um das Verhalten von Managern und Mitarbeitern vorherzusagen, müsste es eine bestätigte Verhaltenstheorie von Menschen in Organisationen geben. Mit deren Hilfe wäre es möglich, Aussagen über die Wirkungen von finanziellen Anreizen auf die Leistungen von Managern zu machen.

Mit solchen Theorien beschäftigen sich Psychologen, insbesondere im Teilgebiet Organisationspsychologie, wobei **Motivation** die Antriebskräfte beschreibt, zu handeln und ein Ziel zu erreichen. Jedes Vergütungs- und Anreizsystem muss daher von grundlegenden Annahmen der Motivation von Managern und Mitarbeitern ausgehen, denn seine Aufgabe ist es, das Handeln der Mitglieder der Organisation im Hinblick auf bestimmte Ziele zu beeinflussen (vgl. zu den motivationalen Grundlagen für Anreizsysteme z. B. Schanz, 1991, S. 16 ff.). Im Forschungsreport 13 sind daher grundlegende Motivationstheorien kurz geschildert.

> **Forschungsreport 13: Motivationstheorien**
>
> In der Psychologie gibt es eine Reihe von theoretischen Ansätzen, die sich mit der Motivation von Managern und Mitarbeitern beschäftigen. Zu Beginn standen die **Inhaltstheorien** im Vordergrund, bei denen nach Bedürfnissen gesucht wird, die die Motivation auslösen. Maslow schlägt z. B. folgende Bedürfnisse vor: physiologische Bedürfnisse, Sicherheitsbedürfnisse, soziale Bedürfnisse, Ich-Bedürfnisse, Selbstverwirklichung. Er nimmt an, dass Menschen die Bedürfnisse nach einer aufsteigenden Reihenfolge erfüllen möchten.
>
> So verdienstvoll die Kenntnis von einzelnen Bedürfnissen auch ist, reicht sie jedoch zur Erklärung des Motivationsphänomens nicht aus. Daher wurden **Prozesstheorien** entwickelt, die untersuchen, wie sich Lernen und Erfahrungen aus der Vergangenheit auf die Motivation auswirken. So wird damit gerechnet, dass ein Manager, wenn er aufgrund guter Leistungen in der Vergangenheit eine Belohnung erhält, diese Erfahrung in Zukunft zu verstärkter Leistung nutzt. Verknüpft werden kann dies mit zukünftigen Erwartungen, die die Manager an zukünftige Belohnungen haben und mit der Bedeutung dieser Belohnung für den Manager. Ein typischer Vertreter des prozesstheoretischen Ansatzes ist Vroom, der die Erwartungs-Valenz-Theorie entwickelt hat. Auf dieser Theorie baut auch die Zielsetzungstheorie von Latham & Locke auf, die mit einer Reihe von Empfehlungen aufwartet, die in die Praxis Eingang gefunden haben. Ziele, die motivieren sollen, sollten klar und präzise sein und sie sollten schwierig zu erreichen sein. Darüber hinaus motiviert Feedback über die Zielerreichung, wobei die Partizipation in diesem Prozess ebenfalls motivierend wirkt.
>
> Zweifel an der Wirksamkeit von finanziellen Anreizen erzeugen verschiedene Studien, die festgestellt haben, dass ein extrinsischer Anreiz wie die variable Vergütung die intrinsische Motivation verdrängen kann. Wenn es einem Unternehmen gelingt, die intrinsische Motivation der Manager zu aktivieren, dann wird die Arbeit zur direkten Bedürfnisbefriedigung. Trotzdem wird es weiterhin notwendig sein, Manager auch variabel zu entlohnen, da es einen Markt für Führungskräfte gibt, auf den Signale für die Vergütung gesendet werden müssen.
>
> (Quellen: Heckhausen & Heckhausen, 2010; Shields, 2007)

Insgesamt sind die Ergebnisse der psychologischen Forschung viel zu heterogen, um abgesicherte Empfehlungen zur Gestaltung von Vergütungssystemen und -instrumenten zu geben. Letztlich scheitert der Wunsch nach Vereinheitlichung der unterschiedlichen Theorien an den vielen Variablen, die auf die Motivation und Leistung von Menschen in Organisationen wirken. Hinzu kommt, dass die Motivationstheorien stark durch US-amerikanische Forscher und daher kulturspezifisch geprägt sind, bei der Übertragung in andere kulturelle Kontexte ist dies zu beachten. Trotzdem wurden Anforderungen an Vergütungssysteme und -instrumente entwickelt, die als Richtschnur des Handelns empfohlen werden.

> **Lernziel 1:** Anforderungen an Vergütungsinstrumente beschreiben.

Anforderungen beschreiben allgemeine Merkmale, die dazu beitragen sollen, die Aufgaben von Vergütungssystemen und -instrumenten zu erfüllen. Im Vordergrund steht die Aufgabe, dass die Vergütung die Manager mo-

14. Kapitel: Erfolgsorientierte Vergütungssysteme

tivieren soll, die angestrebte Leistung zu erbringen, um letztlich die Ziele des Unternehmens und der Eigentümer zu erreichen. Es sollen fünf Anforderungen kurz vorgestellt werden (vgl. Winter, 1996, S. 71 ff.; Becker, 1990, S. 19 ff., in beiden Quellen weitere Anforderungen, zum Kriterium der Anreizkompatibilität in der Prinzipal-Agenten Theorie vgl. Weißenberger, 2003, S. 59 ff.).

1. Zielkonformität,
2. Leistungsäquivalenz,
3. Manipulationsfreiheit,
4. Transparenz und
5. Akzeptanz.

Die **Zielkonformität** leitet sich direkt aus den Aufgaben ab, die die Vergütung zu erfüllen hat. Sie soll an Ergebnisse anknüpfen, die mit dem Zielsystem der Eigentümer übereinstimmen. Für das Top-Management von Aktiengesellschaften bietet sich der Aktienkurs an, schon für die Bereichsleiter oder gar untergeordnete Führungskräfte ist dies häufig keine geeignete Ergebnisgröße. Es müssen dann adäquate Indikatoren gefunden werden, die für die Manager handlungsleitend sind und in einem Zusammenhang mit den Zielen der Eigentümer stehen. Meist wird man nicht eine einzige Ergebnisgröße finden, mit der das gesamte Zielsystem abgedeckt werden kann, was dann zu Vergütungen führt, die auf mehreren Ergebnisgrößen beruhen. Unternehmensbeispiel 8 zeigt beispielhaft, dass für einen deutschen Automobilhersteller der Operative Erfolg als wesentliche Kennzahl für den Bonus des Vorstands zugrunde gelegt wird. An dieser Kennzahl ist auffällig, dass die Kapitalkosten nicht berücksichtigt werden, Finanzierungsentscheidungen sich daher nicht im Vergütungssystem auswirken.

> Mit zunehmender Unsicherheit im Unternehmensumfeld tendieren Unternehmen dazu, verschiedene Zielgrößen zur Beurteilung der Leistung und zur Bemessung der Vergütung heranzuziehen. Wenn die Kosten für mehrfache Messungen vernachlässigt werden, dann führt dieses Vorgehen zu einer größeren Verlässlichkeit. In einer kulturvergleichenden Studie wird dies insoweit bestätigt, dass Unternehmen in Kulturen mit einer hohen Unsicherheitsvermeidung eine größere Anzahl an Zielen verwenden als Unternehmen in Kulturen mit einer geringeren Unsicherheitsvermeidung (vgl. Hanzlick, 2015, S. 138).

Eine Vergütung gilt als **leistungsäquivalent**, wenn sie in ihrer Höhe dem Ergebnis der eingesetzten Arbeit des Managers oder Mitarbeiters entspricht. Ergebnisse kommen in Organisationen allerdings selten nur aufgrund der Leistung eines Einzelnen zustande. Erschwerend kommt hinzu, dass Einflussgrößen auf die Handlungen wirken, die nicht durch den Manager beeinflusst werden können. Dieses Problem wird bei der Diskussion von aktienbasierter Vergütung behandelt, ein typisches Phänomen sei bereits an dieser Stelle mit einer Frage beleuchtet: Warum soll ein Manager eine höhere Vergütung erhalten, wenn die Zentralbank die Zinsen senkt und aus diesem Grund alle Aktien an der Börse steigen?

Manager sollen nicht in der Lage sein, die Bemessungsgrundlagen der Vergütung willkürlich zu beeinflussen. Sie sollen aufgrund ihrer Leistung vergütet werden und nicht für ihre Fähigkeit, Ergebnisse zu manipulieren. Daher wird verlangt, dass die Bemessungsgrundlagen für Vergütungsgrößen möglichst **manipulationsfrei** sind.

Wenn von einem Vergütungssystem durch die Äquivalenz von Leistung und Vergütung eine Motivationswirkung ausgehen soll, dann muss es dem Manager ohne große Anstrengung möglich sein, diesen Zusammenhang zu erkennen. Diese Anforderung der **Transparenz** ist immer dann gefährdet, wenn komplizierte Berechnungsformeln eingesetzt werden, die Spezialwissen voraussetzen.

Wie die Vergütung auch immer gestaltet wird, ihre Wirkung hängt von der Akzeptanz der Manager ab. **Akzeptanz** und die vorher genannte Transparenz hängen eng miteinander zusammen, da Manager ein Vergütungssystem nicht akzeptieren werden, bei dem sie nicht überschauen können, inwieweit ihre Leistung die Ergebnisse und die Vergütung beeinflussen.

Managementhierarchie und Vergütung

Manager erhalten für ihre Leistung eine Vergütung, die ein Teil des Anreizsystems des Unternehmens ist. Vergütungen beziehen sich in der Regel auf die finanziellen Bestandteile des Anreizsystems wie das Gehalt, welches dem Manager direkt zufließt, aber auch Nebenleistungen wie den Firmenwagen. Manager bewerten ihr Arbeitsverhältnis allerdings auch auf Basis der nicht-finanziellen Anreize, die sich z. B. auf die Arbeitsaufgabe, Räume und Raumausstattung beziehen.

In Darstellung 72 sind drei Vergütungsformen aufgeführt: das Gehalt, welches aus fixen und variablen Anteilen besteht, den Nebenleistungen (auch

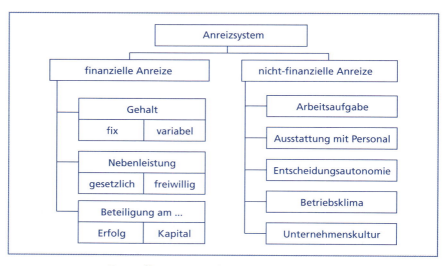

Darstellung 72: Anreizsystem und Vergütung

14. Kapitel: Erfolgsorientierte Vergütungssysteme

Zusatz- oder Sozialleistungen), die auf gesetzlicher oder freiwilliger Basis gewährt werden, und die Erfolgs- und Kapitalbeteiligung. Letztere Form wird häufig als eine Form der variablen Vergütung gewährt. Die folgenden Abschnitte konzentrieren sich auf die Vergütung von Managern, wobei der Schwerpunkt auf den variablen Anteilen der Vergütung liegt. Es sollen verschiedene Möglichkeiten dargestellt werden, variable Anteile an der Vergütung zu bestimmen. Von besonderem Interesse ist es, an welchen Zielgrößen die Vergütung anknüpfen kann.

Sie haben in diesem Buch verschiedene Konzepte kennen gelernt, Erfolge zu ermitteln und zu messen. Jedes Vergütungssystem kann an diese verschiedenen Erfolgsgrößen anknüpfen. Wenn Sie die Hierarchie des Managements in einer Organisation genauer betrachten, stellen Sie fest, dass die einzelnen Hierarchien für unterschiedliche Erfolgsgrößen verantwortlich sind. Im 9. Kapitel: Budgets und Plankostenrechnung wird eine Einteilung verschiedener Center vorgestellt, die an verschiedenen Erfolgsgrößen anknüpft.

> **Lernziel 2:** Erfolgsorientierte Vergütungsinstrumente für die verschiedenen Managementhierarchien diskutieren.

Wenn in einem Unternehmen Verantwortungsbereiche wie Cost-Center oder Profit-Center eingerichtet sind, bieten sie eine ausgezeichnete Gelegenheit, diese Zielgrößen mit der Vergütung zu verknüpfen. Damit verbinden sich automatisch die folgenden Fragen: Welche Manager im Unternehmen sollen neben einem fixen Gehalt zusätzlich eine variable Vergütung erhalten und wie hoch soll der variable Anteil an der gesamten Vergütung sein?

Wenn davon ausgegangen wird, dass tarifliche Mitarbeiter zunehmend das Urlaubs- und Weihnachtsgeld, das einem Anteil von ungefähr 10% entsprechen kann, als variable Komponente ausgezahlt bekommen werden, so wäre dies eine Untergrenze für Manager. Eine Obergrenze ließe sich mithilfe des variablen Vergütungsanteils der Geschäftsleitung festlegen. Eine theoretische Lösung für dieses Problem existiert allerdings nicht (vgl. Drumm, 2008, S. 501).

Das erste Problem betrifft die Frage, welche Führungskräfte im Unternehmen einen Einfluss auf bestimmte Erfolgsgrößen haben und daher entsprechend ihrer Leistung vergütet werden können.

1. Als unproblematisch wird dies für die oberste Geschäftsleitung angesehen, denn sie ist voll verantwortlich für den Gesamterfolg des Unternehmens. In der Regel ist auf dieser Ebene der höchste Anteil an variablen Elementen der Vergütung zu finden. In einer empirischen Untersuchung werden die wesentlichen Komponenten einer CEO Vergütung für die hundert größten Europäischen Unternehmen gezeigt (s. Empirische Untersuchung 11, S. 474).

2. Ähnlich ist die Einschätzung für die 1. Ebene nach der Geschäftsführung. Auch für sie wird ein hoher Einfluss auf den Erfolg des Unternehmens angenommen. Bei Spartenorganisationen sind die Manager dieser Ebene

häufig Leiter eines Profit- oder Investment-Centers. Je nach Art der Organisation kann dies auch auf Manager der 2. Ebene zutreffen.

Welche Kennzahlen für diese Ebenen zugrunde gelegt werden, variiert mit dem verwendeten Steuerungssystem im Unternehmen.

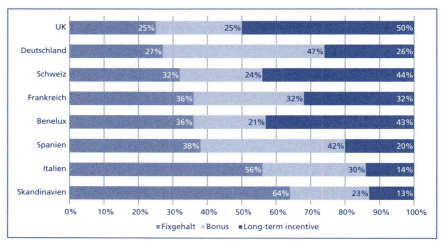

Empirische Untersuchung 11: Vergütungskomponenten des Top-Managements (2014) (Quelle: Towers Watson, 2015, S. 14)

Je niedriger die Hierarchieebenen, umso weniger ist ein Einfluss auf den Erfolg anzunehmen, sodass eine variable Vergütung an anderen Zielgrößen anknüpfen muss, wie z. B. vereinbarten Qualitätsstandards und Einhaltung von Kostenbudgets.

> Einen Sonderfall stellen Vertriebsmitarbeiter dar, die primär für den Umsatz verantwortlich sind, was einem Revenue-Center entsprechen würde. Auch wenn der Vertrieb die Kosten der Produkte, die er verkauft, nicht beeinflussen kann, ist es nicht sinnvoll, ihre Vergütung an den Umsatz zu binden. Mit dem Verkauf der Produkte wird der Markterfolg realisiert, Vertriebsmitarbeiter sollten daher mit einer Erfolgsgröße wie z. B. einem Deckungsbeitrag gesteuert werden (vgl. zur Vertriebssteuerung mit einer Grenzplankostenrechnung Kilger et al., 2012, S. 689 ff.).

In der Tabelle 112 ist ein vereinfachtes Schema einer solchen Rechnung dargestellt, die sich am Prinzip der Deckungsbeitragsrechnung orientiert. Der Vertrieb wird mittels einer Erfolgsgröße, dem Vertriebsbeitrag, gesteuert, wobei die Beurteilung seiner Leistung unter Berücksichtigung der vom Vertrieb verursachten Kosten erfolgt.

Wie Sie dem letzten Beispiel entnehmen können, ist es notwendig, für jede Führungsposition die entscheidenden Einflussgrößen zu identifizieren und der Vergütung zugrunde zu legen. Aufgrund der unterschiedlichen Aufgaben von Managern ist es nicht immer möglich, nur mit einer Zielgröße zu arbeiten. Aus diesem Grund haben sich unterschiedliche Instrumente der Vergütung entwickelt.

14. Kapitel: Erfolgsorientierte Vergütungssysteme

	Umsatzerlös
−	Rabatte/Nachlässe
=	Netto-Erlöse
−	variable Kosten des Produktes
−	variable Kosten Vertrieb
=	Vertriebsbeitrag I
−	fixe Kosten Vertrieb
=	Vertriebsbeitrag II

Tabelle 112: Beispiel für eine Rechnung zur Vertriebssteuerung

Instrumente für variable Vergütung

Mit Hilfe von **Vergütungsinstrumenten** sollen die Zwecke, die mit der Vergütung verfolgt werden, erreicht werden. Wie andere Instrumente im Controlling verarbeiten sie dazu Informationen, die für die Managementaufgabe benötigt werden. Im Folgenden werden die Instrumente näher beleuchtet, die eingesetzt werden können, um den variablen Anteil von Vergütungen zu berechnen. Ergebnis jedes Vergütungsinstrumentes muss es sein, einen Geldbetrag zu berechnen, der die Anforderungen erfüllt, die im Abschnitt Aufgaben von und Anforderungen an Vergütungsinstrumente beschrieben sind.

> **Lernziel 3:** Komponenten einer erfolgsorientierten Vergütung erläutern.

Eine erfolgsorientierte **Vergütung** für Manager enthält drei Komponenten, mit denen unterschiedliche Zwecke der Vergütung erfüllt werden sollen (vgl. Afra & Aders, 2000, S. 31; Stelter, 1999, S. 215). Darstellung 73 zeigt die Komponenten, die als Mindestbestandteile anzusehen sind (Pensionsregelungen werden nicht berücksichtigt).

1. **Fixe Vergütung**: Mit der fixen Komponente der Vergütung bestreitet die Führungskraft ihren Lebensunterhalt. Ihre Existenz trägt dem Umstand Rechnung, dass Manager nicht das Risiko eingehen wollen, für den Fall von Verlusten des Unternehmens ohne Einkommen dazustehen.
2. **Jährliche variable Vergütung (Bonus)**: In jedem Jahr ist das operative Geschäft im Unternehmen zu bewältigen, die erste variable Komponente soll einen Anreiz bieten, solche kurzfristigen Ziele zu erreichen.
3. **Langfristig orientierte Vergütung**: Um dem Problem zu begegnen, dass Manager sich zu sehr den operativen Zielen widmen, ist es notwendig, finanzielle Anreize zu geben und für die nachhaltige Entwicklung des Unternehmens zu sorgen; dem dient die langfristig orientierte Vergütung. So verlangt auch das Aktiengesetz für die Vorstandsvergütung, dass sie langfristige Verhaltensanreize zur nachhaltigen Unternehmensentwicklung setzt.

Drei Komponenten der erfolgsorientierten Vergütung	Fixe Vergütung	dient der	Sicherung des Lebensunterhaltes
	Jährliche variable Vergütung (Bonus)	dient als Anreiz	die vereinbarten/ angekündigten operativen Ziele zu erreichen
	Langfristig orientierte Vergütung	dient als Anreiz	die vereinbarten/ angekündigten strategischen Ziele zu erreichen

Darstellung 73: Komponenten einer erfolgsorientierten Vergütung

Aus der Darstellung 73 lässt sich entnehmen, dass es in der Regel mindestens zweier Instrumente bedarf, um variable Vergütungen für Manager zu berechnen: ein kurzfristig und ein langfristig orientiertes Vergütungsinstrument. Wie im Kapitel zu den Kennzahlen beschrieben, wird der Erfolg des operativen Geschäfts mit verschiedenen Kennzahlen gemessen. Variable Vergütungen auf Basis von Kennzahlen festzulegen, ist daher schon lange Standard bei der Managementvergütung.

Lernziel 4: Vergütungsinstrumente einteilen und beschreiben.

In Darstellung 74 finden Sie typische Kennzahlen, auf deren Basis eine Vergütung vorgenommen wird (vgl. Pellens et al., 1998, S. 11 ff.),

- insbesondere **Erfolgskennzahlen** und **weitere Kennzahlen** werden als Grundlage für die jährliche variable Vergütung gewählt, sie entstammen meist dem internen oder externen Rechnungswesen, wie z. B.:
  - Gewinn vor oder nach Steuern, Betriebserfolg, absoluter Umsatz oder Umsatzrendite.
- In Unternehmen, die Shareholder-Value-Konzepte einsetzen, findet man dementsprechende **Shareholder-Value-Kennzahlen**,
  - wie den Economic Value Added (EVA) und den Cashflow Return on Investment (CFRoI) sowie
  - den Discounted-Cashflow (DCF).
- Ergänzt werden finanzielle Kennzahlen durch **nicht-finanzielle** Kennzahlen, die sich z. B. auf die Zufriedenheit von Mitarbeitern und Kunden oder auf Umweltschutzziele beziehen können.

Insbesondere die beiden letzten Gruppen von Kennzahlen werden auch für eine langfristig orientierte Vergütung eingesetzt oder um eine Kurzfristori-

14. Kapitel: Erfolgsorientierte Vergütungssysteme

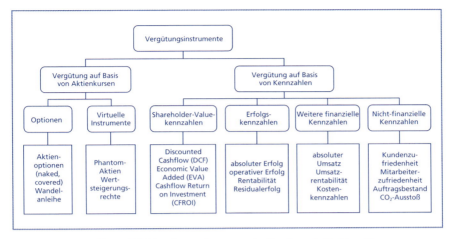

Darstellung 74: Vergütungsinstrumente für die variable Vergütung

entierung von Boni einzuschränken. Eine Langfristorientierung auf Basis von finanziellen Zielen bieten Instrumente an, die auf dem Aktienkurs beruhen. In der Darstellung 74 werden sie in zwei Gruppen getrennt.

- Den realen Instrumenten, die auf **Optionen** beruhen, sei es als Aktienoption oder als Wandelanleihe, stehen
- die **virtuellen Instrumente** gegenüber, die zwar auf dem Optionsgedanken beruhen, bei denen allerdings weder reale Optionen noch Aktien ausgetauscht werden; ihr jeweiliger rechnerischer Wert wird ausschließlich als Grundlage der Vergütung gewählt.

Instrumente, die auf der Basis des Aktienkurses die Vergütung berechnen, setzen voraus, dass sich die langfristigen Ziele des Unternehmens im Aktienkurs widerspiegeln. Im Aktienkurs soll sich der Wert des Unternehmens ausdrücken, seine Steigerung vermehrt das Vermögen der Eigentümer und dies soll daher bei den berechtigten Führungskräften zu erhöhtem Einkommen führen.

In den folgenden Abschnitten werden diese Vergütungsinstrumente ausführlich behandelt, wobei zuerst die Instrumente auf Basis von Kennzahlen ana-

Aktienkursentwicklung	50 %
absolute Höhe der Shareholder-Value-Kennzahl	16 %
jährliche Veränderung der Shareholder-Value-Kennzahl	16 %
Umsatz oder Bereichsumsatz	18 %
Gewinn oder Bereichsgewinn	50 %
Vereinbarte Ziele (z. B. Umsatzwachstum, Kostenanteil)	55 %

Empirische Untersuchung 12: Basis von Vergütungsinstrumenten bei DAX 100 Unternehmen (Quelle: Afra & Aders, 2000, S. 34)

lysiert werden. Zum Abschluss des Abschnitts zeigt die Tabelle (Empirische Untersuchung 12), welche Basis die großen börsennotierten Unternehmen in Deutschland gewählt haben.

Auffällig an den Ergebnissen ist es, dass Shareholder-Value-Kennzahlen noch vergleichsweise gering verbreitet sind und im Gegensatz dazu Gewinngrößen nach wie vor einen hohen Stellenwert haben.

Kennzahlen und jährliche variable Vergütung (Bonus)

P. Schwetzer, Marketingmanager in einem Industriegüterunternehmen, kündigt seinen Kunden eine Preiserhöhung für den Anfang des nächsten Jahres an. Ihm ist in den letzten Wochen klar geworden, dass er seine Umsatzziele bis Ende des Jahres nicht erreichen wird. Mit seiner Aktion hofft er, dass einige Kunden ihre Bestellungen vorziehen, und ihm somit doch noch seinen Jahresbonus bescheren. Dass die Preiserhöhung zu Verlust von Kunden und damit Marktanteilen führen kann, nimmt er bewusst in Kauf. Wie kann es zu einer solchen Situation kommen?

Angesprochen ist mit diesem Beispiel, dass die verwendeten Zielgrößen zwar Subziele des Zielsystems der Eigentümer sind, ihre ausschließliche Verfolgung allerdings nicht zum Optimum führen. Aber selbst wenn die Zielgröße richtig ausgewählt wurde, kann die Art und Weise, wie der Bonus berechnet wird, zu den angedeuteten Problemen führen.

> **Lernziel 5:** Manipulationsmöglichkeiten nicht-linearer Bonuspläne erkennen und erläutern.

Schauen Sie sich hierzu einen Bonusplan für Führungskräfte an (s. Darstellung 75, S. 479). Typischerweise ist er so aufgebaut, dass er an den Zielerreichungsgrad gekoppelt ist:

1. Bis zu einer Untergrenze erhält der Manager keinen Bonus, in der Darstellung 75 besteht sein Einkommen bis zu einem Zielerreichungsgrad von 80 % ausschließlich aus der fixen Vergütung.
2. Sobald er diese Hürde überwindet, steigt sein Einkommen linear mit dem Zielerreichungsgrad an.
3. Erreicht er die festgelegte Obergrenze, führen steigende Zielerreichungsgrade nicht mehr zu höherem Einkommen.

Wird davon ausgegangen, dass die Zielgröße im Prinzip richtig ausgewählt wurde, kann diese Konstruktion trotzdem zu Fehlverhalten von Managern führen, weil es Probleme wegen der oberen und unteren Grenze geben wird. Welche Reaktionen sind an diesen Grenzen zu erwarten?

- Im Eingangsbeispiel ist ein für den Umsatz verantwortlicher Manager und dessen Verhalten an der **Untergrenze** geschildert,
    - er versucht, potenziellen Umsatz einer späteren Periode in die Vorperiode zu verlagern.

14. Kapitel: Erfolgsorientierte Vergütungssysteme

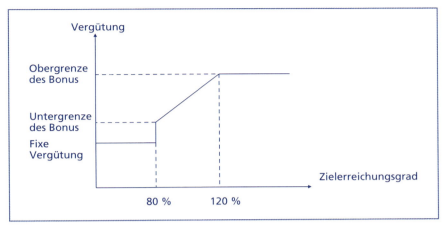

Darstellung 75: Bonusplan für Manager
(Quelle: Jensen, 2001, S. 97)

- Erkennt er, dass es aussichtslos ist, einen Bonus zu erhalten, könnte er versucht sein, Kunden dazu zu bewegen, ihren Umsatz im nächsten Jahr zu tätigen, um dann den Bonus sicher zu haben. Denn wenn er ohnehin nur seine fixe Vergütung erhält, spielt die Höhe seines Umsatzes in dieser Periode keine Rolle mehr.
- Nähert sich sein Umsatz der **Obergrenze**, dann verliert er das Interesse am Umsatz in dieser Periode, er wird auch dann probieren, den Umsatz in die nächste Periode zu verschieben.

Wie Sie der Tabelle (Empirische Untersuchung 12, S. 477) entnehmen, setzen Unternehmen neben den Umsatzzielen Erfolgsziele mit am häufigsten für die Vergütungsbemessung ein. Da der Erfolg eine Saldogröße aus Umsatz und Kosten ist, gelten die geschilderten Reaktionen für den Umsatz weiterhin, zusätzlich ergeben sich durch die Kosten weitere Möglichkeiten, die Bemessungsgrundlage zu manipulieren.

- Besonders beliebt sind die Möglichkeiten von **Abschreibungen**, da mit ihrer Hilfe Kosten auf viele Perioden verteilt werden können und so pro Periode verringert werden.
  - Dieser Effekt kann auch zum Positiven genutzt werden, indem z. B. Kosten für Forschung und Entwicklung für den Aufbau von immateriellen Potenzialen genutzt werden und nicht direkt in der Periode ihres Anfalls verbucht werden.
- **Sonderabschreibungen** sind dann hilfreich, wenn ohnehin kein Bonus zu erwarten ist, denn dann versucht man, zukünftig anfallende Kosten möglichst jetzt zu realisieren:
  - Nach der Boomphase der Neunzigerjahre erkannten viele Unternehmen, dass sie zu hohe Preise für Unternehmen gezahlt hatten. Da auch viele andere Investitionen nicht die erhofften Gewinne brachten und Verluste drohten, bot es sich an, den Goodwill auf die gekauften Unter-

nehmen mit einem Schlag abzuschreiben. Es wurden daraufhin einige Rekordverluste gemeldet, z. B. setzte AOL Time Warner im 1. Quartal 2002 seine Goodwill-Abschreibung mit 54 Mrd. Dollar an.

Wie lassen sich solche Verhaltensweisen von Managern verhindern? Gibt es eine optimale Form von Vergütungsverläufen? JENSEN plädiert für eine einfache Struktur: eine lineare Funktion zwischen Leistung (Zielgröße) und der Höhe der Vergütung und des Bonus und vor allem betont er, dass die Vergütung **nicht** von der Erreichung der Budgetziele abhängig gemacht werden sollte. In Darstellung 76 erkennen Sie, dass „the linear bonus schedule rewards people for what they actually do, and not what they do relative to what they say they can do." (Jensen, 2001, S. 98). Wo auch immer das Budgetziel liegt, der Manager erhält für seine Leistung einen linearen Bonus. Er hat daher keinen Anreiz mehr, Umsätze oder Kosten in andere Perioden zu verschieben, da er so keinen Vorteil erlangen kann.

Warum ist ein solches Schema unrealistisch und daher in der Praxis kaum zu finden? Wie bereits erwähnt, sind Manager in der Regel nicht bereit, das unternehmerische Risiko einer reinen Erfolgsbeteiligung zu tragen. Daher ist es notwendig, eine Untergrenze der Vergütung anzubieten, die unabhängig von der Leistung gezahlt wird. Sie sollte jedoch so niedrig angesetzt werden, dass sie nicht zu Manipulationen einlädt.

Ein Sonderproblem ist es, wenn Manager wissen, dass sie in einer der nächsten Perioden ausscheiden wollen. Wenn das Unternehmen davon nichts weiß, ist es schwierig, opportunistisches Verhalten zu erkennen. Bei der Gestaltung eines Vergütungssystems spielt neben der Form der Vergütungsfunktion natürlich die Zielgröße eine herausragende Rolle. Zu Beginn dieses Abschnitts wurde bereits eine Reihe von Zielgrößen besprochen, die alle eine Eigenschaft

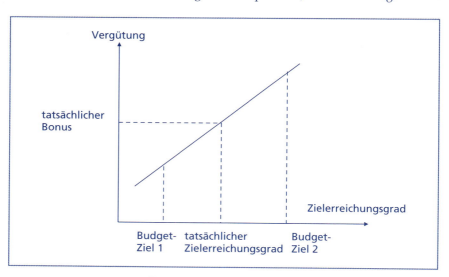

Darstellung 76: Lineare Vergütungsfunktion
(Quelle: Jensen, 2001, S. 98)

gemeinsam hatten: Es handelt sich um absolute Kennzahlen. Wie steht es nun um relative Kennzahlen?

Relative Kennzahlen, insbesondere die Kapitalrentabilität aber auch die Umsatzrentabilität, sind weit verbreitete Zielgrößen, um die Vergütung von Managern festzulegen. Kapitalrentabilitäten haben den Vorteil, dass Geschäftsbereiche mit unterschiedlichem Kapitaleinsatz verglichen werden können. Allerdings ist dies gleichzeitig auch ihr Nachteil.

Ein Manager kann den Quotienten erhöhen, indem der Zähler erhöht wird oder der Nenner gesenkt wird. Da im Zähler eine Erfolgsgröße steht, lassen sich die bereits erwähnten Möglichkeiten, einen Erfolg zu manipulieren, anführen. Es ergibt sich jetzt zusätzlich die Möglichkeit, die Kapitalbasis zu verkleinern, z. B. indem mit alten abgeschriebenen Maschinen weitergearbeitet wird, die zwar nicht mehr dem technischen Stand entsprechen, jedoch den Vorteil haben, nur noch einen geringen oder gar keinen Buchwert zu haben.

Neben diesem beispielhaft genannten Nachteil werden noch andere Aspekte von Kennzahlen aus dem Rechnungswesen kritisiert (vgl. Rappaport, 1999b, S. 15 ff.):

- Es fehlt der Bezug zum Aktionärsvermögen.
- Die Rechnungswesenregeln sind nicht immer nachvollziehbar.
- Risiken werden nicht ausreichend berücksichtigt.
- Der Zeitwert des Geldes wird meist vernachlässigt.

Es ist daher nicht verwunderlich, dass auch andere Zielgrößen für die Vergütungsberechnung diskutiert und eingesetzt werden. Eine Reihe von Unternehmen setzt neben den finanziellen Kennzahlen nicht-finanzielle Kennzahlen ein, um beispielsweise Ziele, die mit einer Nachhaltigkeitsstrategie zusammenhängen, im Vergütungssystem zu verankern. So sieht die Vergütung bei BMW vor, dass ökologische Innovationsleistungen z. B. bei der Reduzierung der CO_2-Emissionen zu berücksichtigen sind. Bei Lufthansa dienen Umweltschutz, Kundenzufriedenheit und Mitarbeiter-Commitment als Grundlage für eine Faktorenberechnung zur endgültigen Bestimmung des Bonus, der überwiegend auf dem Erreichen finanzieller Zielgrößen beruht. Als weitere Kennzahl wird seit einigen Jahren der Economic Value Added (EVA) als Vergütungsgrundlage gewählt.

Economic Value Added als Basis der Vergütung

Der Economic Value Added (EVA) ist ein Residualerfolg, weil er ein absoluter Erfolgsmaßstab ist, bei dem erst ein Gewinn entsteht, wenn der operative Erfolg größer als die Kapitalkosten ist. Im Kapitel Kennzahlen wurde der Residualerfolg und auch der EVA mit dem Return on Investment (RoI) verglichen, um zu zeigen, dass er insbesondere bei der Beurteilung von Investitionen überlegen ist. Hauptgrund dafür ist, dass die Kapitalkosten als Hürde definiert werden, die anzeigt, dass jedes Projekt, welches darüber liegt, realisiert werden sollte, und jedes Projekt, welches unter der Hürde liegt, nicht realisiert werden sollte.

Ein weiterer Vorteil des EVA ist es, dass er – zumindest rechnerisch – der zum Kapitalwert zugehörige Periodenerfolg ist. Noch mal zur Erinnerung: Der Kapitalwert ist der Barwert der zukünftigen Zahlungsüberschüsse (Cashflow) abzüglich der Anfangsinvestition (dem Kapitaleinsatz). Als Ausgangsbeispiel diene eine Investition über drei Perioden.

	t_0	t_1	t_2	t_3
Einzahlung		500	500	500
Auszahlung		−300	−300	−300
Zahlungsüberschuss		= 200	= 200	= 200
Anfangsinvestition	−420			
Kapitalwert	77,37			
Zinssatz	10 %			

Verwendet das Unternehmen einen RoI oder Residualerfolg wie den EVA, so entstehen in den drei Perioden folgende Werte. In der letzten Zeile ist noch der MVA (Market Value Added) angegeben, der der Barwert der zukünftigen EVA ist (siehe LÜCKE-Theorem).

	t_0	t_1	t_2	t_3
Erlös		500	500	500
Kosten (ohne Zinsen)		−300	−300	−300
Abschreibung		−140	−140	−140
Erfolg vor Zinsen		= 60	= 60	= 60
Vermögen zu Jahresbeginn		(420)	(280)	(140)
Zinsen		−42	−28	−14
EVA		= 18	= 32	= 46
RoI		14,3 %	21,4 %	42,9 %
MVA	77,37			

Auffällig ist bei beiden Kennzahlen, RoI und EVA, dass sie bei einem konstanten Zahlungsüberschuss im Zeitablauf steigen. Dies hat natürlich einen einfachen Grund: Beide Kennzahlen wählen als Grundlage des Kapitaleinsatzes das Netto-Vermögen. Wird die Vergütung an den RoI oder an den EVA gekoppelt, steigt sie einfach durch den Zeitablauf. Dies liegt an der Kapitalbindung, die in jeder Periode fällt, und daher sinkt die Zinsbelastung im EVA und die Kapitalbasis im RoI wird kleiner.

14. Kapitel: Erfolgsorientierte Vergütungssysteme

Lernziel 6: Probleme von Netto-Vermögenskennzahlen beschreiben und Lösungsmöglichkeiten vorschlagen.

Abhilfe kann hier das LÜCKE-Theorem schaffen, das aussagt: Solange die Auszahlungen und die Kosten insgesamt übereinstimmen, sorgen die Zinsen für den Ausgleich, d.h., die Barwertidentität zwischen Kapitalwert und den Residualerfolgen bleibt erhalten.

Im Beispiel können Sie also die Abschreibungen beliebig verändern, solange Sie die 420 Euro beibehalten, wird der Barwert der EVA (MVA) gleich bleiben. Hierzu wurden verschiedene Möglichkeiten entwickelt, die alle den gleichen Zweck haben: eine konstante Zielgröße zu erreichen.

	t_0	t_1	t_2	t_3
Erlös		500	500	500
Kosten (ohne Zinsen)		−300	−300	−300
Abschreibung		−126,89	−139,58	−153,53
Erfolg vor Zinsen		= 73,11	= 60,42	= 46,47
Vermögen zu Jahresbeginn		(420,00)	(293,11)	(153,53)
Zinsen		−42	−29,31	−15,35
EVA		= 31,11	= 31,11	= 31,11
MVA	77,37			

Im Beispiel wird eine finanzmathematische Methode eingesetzt, die auf der Berechnung einer Annuität beruht (vgl. Solomons, 1965, S. 135 ff.). Im Wesentlichen sind dies zwei Schritte: Zuerst berechnet man eine Annuität, der zweite Term ist der Annuitätenfaktor oder Wiedergewinnungsfaktor.

$$K_A = A_A \cdot \frac{i \cdot q^n}{q^n - 1} \quad (1)$$

K_A jährliche Abschreibung
A_A Abschreibungsbasis auf Anschaffungswert
q Zinsfaktor (= 1 + i)

Sie gibt Antwort auf die Frage, wie hoch eine konstante Abschreibung sein muss unter Berücksichtigung des Zinseszinseffektes. Für das Beispiel ergibt sich:

$$K_A = 420 \cdot \frac{0,1 \cdot 1,1^3}{1,1^3 - 1} = 168,89 \quad (2)$$

Wenn die drei Abschreibungsraten addiert werden, wird gegen eine der Voraussetzungen des Lücke-Theorems verstoßen. Die Summe aller Abschreibungen darf die 420 Euro Anfangsinvestition nicht übersteigen. Daher werden von der Annuität die Zinsen auf das Anfangsvermögen der Periode abgezogen.

$$K_A = A_A \cdot \frac{i \cdot q^n}{q^n - 1} - i \cdot A_{n-1} \tag{3}$$

$$K_A = 420 \cdot \frac{0{,}1 \cdot 1{,}1^3}{1{,}1^3 - 1} - 0{,}1 \cdot 420 = 126{,}89 \quad \text{(für die erste Periode)} \tag{4}$$

Schon SCHMALENBACH schlug zur Berechnung von Abschreibungen vor, finanzmathematische Methoden zu verwenden (vgl. Schmalenbach, 1919a, S. 74 ff.). Zwar konnten sich solche Methoden in der Praxis bisher nicht durchsetzen, werden jedoch zunehmend im Rahmen der wertorientierten Steuerung diskutiert (neben der vorgestellten Methode weitere Vorschläge in Baldenius et al., 1999, S. 58 f.; Modellrechnungen zur Anreizkompatibilität der Annuitätenmethode in Crasselt, 2004). Jedoch ist auch in der Praxis bei der Einführung von EVA-Konzepten über Möglichkeiten nachgedacht worden, die in jedem Periodenerfolg latent steckende Gefahr, dass sich Manager nur an den kurzfristig zu maximierenden Größen orientieren, wenn nicht völlig zu verhindern, so doch möglichst abzuschwächen.

Bonusbank als Vergütungsmodell

EVA als Grundlage der Vergütung beruht letztlich auch auf einem kurzfristigen und operativen Periodenerfolg. Daran können auch sämtliche Anpassungen, wie sie STERN & STEWART vorschlagen, nichts ändern. EVA ist ein (kurzfristig orientierter) Residualerfolg, der als Erfolgsmaßstab zum (langfristig orientierten) Kapitalwert passt. Aus EVA wird deswegen allerdings durch noch so viele Anpassungen noch lange nicht eine Erfolgsgröße, die einen langfristig orientierten Erfolg anzeigt.

> **Lernziel 7:** Bonusbank als Vergütungsinstrument erläutern und Vor- und Nachteile diskutieren.

In Deutschland fühlte sich der Gesetzgeber dazu aufgerufen, aus den vermeintlichen Vergütungsexzessen von Managern im Zuge der Finanz- und Wirtschaftskrise gesetzgeberische Konsequenzen zu ziehen. Mit dem Gesetz zur Angemessenheit der Vorstandsvergütung forderte er, dass variable Vergütungsbestandteile eine mehrjährige Bemessungsgrundlage haben sollen (§ 87 Abs. 1 AktG). Mit einer Bonusbank als Vergütungsmodell lässt sich diese Orientierung implementieren und vor allem mit einem Aspekt verknüpfen, der ebenfalls für Top-Manager-Vergütungen gefordert wird.

- Bei den üblichen Bonusregelungen gibt es grundsätzlich kein Verlustrisiko, in der Darstellung 75 (S. 479) wird bei schlechter Leistung des Managers kein Bonus gezahlt. Einen Malus gibt es nicht, da davon ausgegangen wird, dass Manager nicht bereit sind, dieses Risiko einzugehen.

14. Kapitel: Erfolgsorientierte Vergütungssysteme

- Wenn die Forderung nach mehr Unternehmertum im Management umgesetzt werden soll, ist die wichtigste Unternehmereigenschaft auch in der Vergütung zu berücksichtigen: Unternehmer stehen mit ihrem Vermögen – Kapitaleinsatz – auch für Verluste gerade.

In der Darstellung 77 (S. 485) ist ein entsprechendes Schema auf Basis des EVA abgebildet. Es zeigt insbesondere zwei Eigenschaften:

- Diese sind die schon erwähnte Verlustmöglichkeit und
- die unbegrenzte Gewinnmöglichkeit.

Ähnlich wie die im vorigen Abschnitt vorgestellte Glättung des EVA durch eine finanzmathematische Abschreibung erreicht wurde, soll eine Bonusbank alle Vergütungen auf Basis von EVA aufnehmen und wie ein Bankkonto auf zukünftige Perioden übertragen. Die **Bonusbank** definiert sich durch folgende Regeln (im Folgenden wird nur das Grundmodell dargestellt, eine umfassendere Darstellung in Plaschke, 2003, S. 272 ff.):

1. Der Bonus eines Jahres wird einem Bonuskonto gutgeschrieben.
2. Ein Malus wird vom bisherigen Guthaben abgezogen.
3. Es wird ein Prozentsatz festgelegt, in dessen Höhe der Manager pro Jahr ein Teil seines Guthabens ausgezahlt bekommt.

Jedes Bonuskonto startet mit einem Anfangsguthaben, so auch die Bonusbank, wobei es verschiedene Möglichkeiten gibt, ein Guthaben der Bank zur Verfügung zu stellen (vgl. Stewart, 1991, S. 236 f.).

- Die am Vergütungsplan beteiligten Manager müssen eine Einlage leisten, die wie eine Kapitaleinlage wirkt, sie ist damit grundsätzlich dem Risiko ausgesetzt, durch zukünftige Verluste verloren zu gehen.

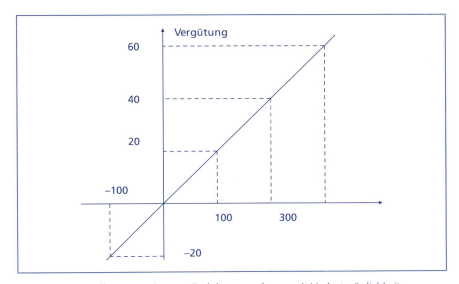

Darstellung 77: Lineares Entlohnungsschema mit Verlustmöglichkeit

- Das Unternehmen kann das Anfangsguthaben mit einem Kredit an die Manager auszahlen, nach einem vorher festgelegten Rückzahlungsplan werden die Kreditraten jährlich vom Guthaben abgebucht.

Für den Manager ist es entscheidend, wann er seinen Bonus ausgezahlt bekommt, und dies hängt von der Höhe des Prozentsatzes ab, mit der er jährliche Auszahlungen vornehmen kann. Die Wahl dieses Prozentsatzes ist eine unternehmenspolitische Entscheidung, mit der der Charakter der Bonuszahlung entweder eine eher kurzfristige oder eher langfristige Tendenz bekommt. Schauen Sie sich hierzu die Tabelle 113 an, in der für einen Vierjahreszeitraum gezeigt wird, wie sich eine Bonusbank entwickeln kann und wie sich die Auszahlungen für den Manager gestalten.

1. Ausgehend von einem Guthaben von 50.000 Euro erwirtschaftet er im ersten Jahr einen Bonus von 20.000 Euro, die sich daraus ergebende Gesamtsumme von 70.000 steht mit 40 % zur Auszahlung zur Verfügung.
2. Im zweiten Jahr frisst ein Malus das Guthaben erheblich auf, es kommt jedoch trotzdem noch zu einer Auszahlung.
3. Diese glättende Wirkung des Prozentsatzes spürt der Manager auch im vierten Jahr, denn trotz eines hohen Bonus von 80.000 Euro erhält er nicht einmal die Hälfte des Guthabens ausbezahlt.

Jahr	t_0	t_1	t_2	t_3	t_4
Anfangsguthaben	50		42	6	15
Bonus		+20		+19	+80
Malus			−32		
Guthaben		= 70	= 10	= 25	= 95
Auszahlung (40 %)		−28	−4	−10	−38
Guthaben		= 42	= 6	= 15	= 57

Tabelle 113: Auszahlungen mit einer Bonusbank (in Tsd. Euro)

Ein niedriger Prozentsatz wie im Beispiel von 40 % führt daher zu einer Glättung der Auszahlungen. Es soll verhindert werden, dass ein Manager durch kurzfristige Maßnahmen den EVA steigert, aber zukünftiges Erfolgspotenzial zerstört. Treten solche negativen Erfolgswirkungen ein, wird durch einen entsprechenden Malus sein Guthaben abschmelzen. Wenn Unternehmen eine Bonusbank einführen, ist damit zu rechnen, dass sich die Anreize für das Management ändern. Aufgrund der komplexen Zusammenhänge lassen sich jedoch nur eingeschränkt allgemeingültige Hinweise geben. Aus der Prospect-Theory ist bekannt, dass Menschen in Verlustsituationen risikofreudiger reagieren (im Gewinnbereich sind sie eher risikoscheu). In einer experimentellen Untersuchung mit den Alternativen Bonusbank und einem klassischen Bonus entschieden sich daher Teilnehmer mit einem negativen Kontostand

14. Kapitel: Erfolgsorientierte Vergütungssysteme

ihrer Bonusbank signifikant häufiger für eine risikoreichere Alternative (vgl. Fründ, 2015, S. 118 ff.).

> **Unternehmensbeispiel 9: Vergütungssysteme in Banken nach der Finanzkrise**
>
> Zahlreiche Analysen zu den Ursachen der Finanzkrise in den Jahren 2007/2008 fokussieren auf die Bezahlung von Managern in Finanzinstitutionen. Ein Standardvorwurf gegen die Ausgestaltung von Vergütungssystemen in Finanzinstitutionen richtet sich explizit auf die Kurzfristorientierung. Daher hat der Gesetzgeber im Gesetz zur Anpassung der Vorstandsvergütung eine Langfristorientierung gefordert und darüber hinaus hat die Bundesanstalt für Finanzdienstleistungsaufsicht (BaFin) in der Instituts-Vergütungsverordnung weitere Regelungen zur variablen Vergütung in Finanzinstitutionen erlassen. Ein Kernpunkt ist dabei, dass die Risiken mit der variablen Vergütung verknüpft werden.
>
> So wird in der kurzfristig orientierten Vergütung der Mitglieder des Vorstands bei der Commerzbank eine Verzögerung der Auszahlung eingebaut. Es wird maximal 50 % des Bonus bar ausbezahlt. Die restlichen 50 % werden für ein Jahr verzögert und an die Entwicklung des Aktienkurses gekoppelt, d. h., dieser Betrag wird in zu haltende virtuelle Anteile gewandelt.
>
> Ähnliche Systeme wurden von Banken in anderen Ländern eingeführt. So hat z. B. auch die Schweizer Bank Credit Suisse eine Verzögerung der Auszahlung variabler Gehälter vorgenommen, die aufgeschobenen Anteile schwanken dabei zwischen 17,5 % und 85 %. Dem Vorstand zahlt sie 50 % ihres Bonus als aufgeschobene Auszahlung, die wiederum mit einer Sperrfrist von 3 Jahren belegt ist.
>
> (Quellen: Geschäftsberichte 2015 der Commerzbank AG und der Credit Suisse)

Inzwischen hat sich als Standard für kurzfristig orientierte Anreize, eine Verzögerung der Auszahlung von ein bis zu mehreren Jahren etabliert; in Deutschland beruht dies für Vorstandsvergütungen auf gesetzlichen Regelungen (§ 87 AktG). Eine Verzögerung der Auszahlung wird dabei häufig unter den Vorbehalt gestellt, dass nicht negative Entwicklungen eintreten. Ist dies der Fall, so kann die Auszahlung unterbleiben.

Inwieweit ist es notwendig neben einer Vergütung auf Basis von EVA noch einen Vergütungsbestandteil zu haben, der ausschließlich auf strategisch orientierten Zielgrößen beruht? Wie einleitend in diesem Abschnitt darauf hingewiesen, ist EVA ein Periodenerfolg, dessen dysfunktionale Wirkung zwar gemildert, jedoch nicht gänzlich abgeschaltet werden kann. Eine spezielle Zielgröße für strategisches Handeln des Managements ist daher keineswegs überflüssig (anderer Ansicht ist z. B. Stewart, 1991, S. 240 f.).

Gestaltungsvariablen der aktienbasierten Vergütung

Vor der Einführung einer aktienbasierten Vergütung muss das Unternehmen umfangreiche Vorarbeiten leisten, da sie in sehr unterschiedlicher Art und Weise realisiert werden können. Zuerst ist Klarheit darüber herzustellen, welche Möglichkeiten der Gestaltung im Unternehmen gegeben sind. Die Ausprägungen dieser Gestaltungsvariablen sind nicht für jedes Unternehmen möglich, da sich z. B. aufgrund der Rechtsform bestimmte gesetzliche Folgen zwingend ergeben. Nicht immer ist das Problem so trivial, wie im Fall der GmbH, die aufgrund ihrer Rechtsform keine Aktien ausgeben kann.

> **Lernziel 8:** Gestaltungsvariablen der aktienbasierten Vergütung erläutern.

Im Folgenden werden einige wichtige Gestaltungsvariable vorgestellt, allerdings keine Vollständigkeit angestrebt (vgl. hierzu ausführlich Kramarsch, 2004, S. 128 ff.). Es wird nicht ausdrücklich zwischen Optionen und virtuellen Instrumenten unterschieden, im jeweiligen Kontext jedoch auf Besonderheiten hingewiesen.

- **Maßstab der Leistungsmessung** (Erfolgsziel)
- **Eigenbeteiligung**
- **Berechtigtenkreis**
- **Zeitliche Variable**
- **Finanzierung**
- **Offenlegung (Rechnungslegung)**
- **Instrumente**

Zu Beginn steht die Wahl **des Maßstabs der Leistungsmessung** der aktienbasierten Vergütung, mit dem das Unternehmen festlegt, wie es die Leistung des Managements messen will (Erfolgsziel). Interessanterweise haben Fehler und Fehlentwicklungen bei dieser Wahl Aktienoptionsprogramme in Verruf gebracht. Im Wesentlichen sind zwei Aspekte zu beachten:

1. Es muss die Frage beantwortet werden, ob ein **absolutes Modell** oder ein **relatives Modell** gewählt werden soll, d. h., soll der Maßstab absolut verwendet oder in Beziehung zu einer Vergleichsgröße gebildet werden (vgl. Kramarsch, 2004, S. 163 ff.).

2. Kann der **Aktienkurs** als externer Maßstab zugrunde gelegt werden oder soll ein Ersatzmaßstab gefunden werden.

Da beide Fragen auch aus Sicht des Controllings von herausragender Bedeutung sind, werden Sie in eigenen Abschnitten ausführlich behandelt.

Eng mit der Auswahl des Modells hängt die Frage der **Eigenbeteiligung** der Führungskräfte zusammen, denn die Modelle können im Hinblick darauf erweitert werden, dass nicht nur die Chancen – zusätzliches Einkommen – sondern auch die Risiken – Vermögensminderung – berücksichtigt werden. Die Philosophie des Programms bekommt mit einer Eigenbeteiligung einen grundsätzlich anderen Charakter: In dem Moment, in dem ein Risiko in Form eines Vermögensverlustes droht, erhält das Programm eine unternehmerische Komponente.

Welche Berechtigten am Aktienoptionsprogramm soll es im Unternehmen geben und wie weit ist der Berechtigtenkreis zu ziehen? Im Abschnitt Managementhierarchie und Vergütung sind schon eine Reihe von Aspekten behandelt worden, allerdings ist dies für Aktienoptionsprogramme zu er-

14. Kapitel: Erfolgsorientierte Vergütungssysteme

gänzen. Denn bei Aktienoptionen spielt die Frage der Einflussmöglichkeit eine untergeordnete Rolle, da nicht davon ausgegangen werden kann, dass Manager, auch nicht Konzernvorstände, durch ihre Tätigkeit allein den Aktienkurs verändern. Aktienoptionen sind daher den Vergütungsformen Erfolgsbeteiligung und Kapitalbeteiligung zuzuordnen. Handelt es sich um ein echtes Aktienoptionsprogramm und übt die Führungskraft die Option aus, hat sie die Wahl, sie zu verkaufen (Erfolgsbeteiligung) oder zu behalten (Kapitalbeteiligung).

Eine sehr große Rolle spielen die **zeitlichen Variablen** bei der Gestaltung des Programms. Im Wesentlichen sind Entscheidungen zu treffen über

1. Laufzeit,
2. Sperrfrist,
3. Ausübungszeiträume und
4. Häufigkeit der Gewährung.

Die **Laufzeit** erstreckt sich von der ursprünglichen Gewährung der Option bis zu ihrer Ausübung. Üblich sind Laufzeiten von drei bis zu zehn Jahren, häufig wird sie an die Laufzeit von Verträgen gekoppelt. Sperrfristen dienen dem Zweck, dass die Optionen erst nach einem bestimmten Zeitraum ausgeübt werden können. Laufzeiten und Sperrfristen werden je nach Land unterschiedlich geregelt; in Deutschland verlangt z. B. das Gesetz zur Angemessenheit der Vorstandsvergütung eine Ausübungsfrist von vier Jahren. In Verbindung mit dem Ausübungszeitraum zeigt er, wann die Option ausgeübt werden kann. Da insbesondere Top-Manager als Insider gelten, werden die Ausübungszeiträume so festgelegt, dass die wesentlichen Informationen vor dem Ausübungszeitraum bekannt sind: Häufig wird daher ein Zeitraum **nach der Bilanzpressekonferenz** gewählt.

Es soll so verhindert werden, dass Führungskräfte kursrelevante Informationen zu ihrem eigenen Vorteil nutzen können (vgl. Weber, 2002, S. 34 f.). Die Häufigkeit der Gewährung ist eine wichtige Möglichkeit, auf die spezifische Unternehmenssituation aber auch auf die wahrscheinliche Kapitalmarktsituation zu reagieren.

- Befindet sich das Unternehmen in einer Krisenphase und erwartet man vom Management Anstrengungen, dass Unternehmen wieder in die Gewinnzone zurückzuführen, ist es angemessen, alle für die Laufzeit vorgesehenen Optionen am Anfang der Laufzeit zu gewähren.
- In einer normalen Geschäftssituation verbunden mit volatilen seitwärts verlaufenden Kursen ist es möglich, Optionen z. B. bei einer fünfjährigen Laufzeit jährlich zu gewähren.

Die Instrumente, die für Aktienoptionen eingesetzt werden, haben in der Regel unterschiedliche Konsequenzen in der **Finanzierung**. Aus Sicht eines Erfolgscontrollings ist dies wichtig, da bei den verschiedenen Möglichkeiten die Finanzierungskosten voneinander abweichen.

1. Häufig eingesetzt wird die **bedingte Kapitalerhöhung**, bei der im Falle der Ausübung durch die Manager (Bedingung) das Kapital erhöht wird. Als

nicht zu unterschätzender Nachteil ist allerdings die Verwässerung der Anteile der Altaktionäre zu nennen, die vom Bezugsrecht ausgeschlossen werden.

2. Beim **Erwerb eigener Aktien** findet ein Abfluss von Liquidität zum Zeitpunkt des Erwerbs statt, der Erwerb eigener Aktien kann hingegen nicht als Aufwand verbucht werden. Steigt der Kurs, so entlastet dies das Unternehmen: Sie verkauft die Aktien bei Ausübung durch die Manager zum jeweiligen Kurs. Bei einem Kursrückgang werden zwar keine Optionen ausgeübt, allerdings sind die Aktien auch weniger wert: Das Unternehmen trägt damit das Kursrisiko.

3. Das Unternehmen kauft die **Optionen**, die sie den Mitarbeitern zuteilen will, bei einer Bank (Covered Warrants), bei dieser Variante müssen die Auszahlungen auch als Personalaufwand gebucht werden.

4. Wenn es aufgrund der gesellschaftsrechtlichen Struktur nicht möglich ist, auf Basis von Aktien zu vergüten, müssen die **direkten Auszahlungen** an die Manager als Aufwand verbucht werden.

Je nach Wahl der Finanzierungsform knüpfen sich unterschiedliche Rechtsfolgen für die **Offenlegung**, hierzu mehr im Abschnitt Rechtlicher Rahmen für Aktienoptionsprogramme (S. 497).

Es wurde schon mehrfach darauf hingewiesen, dass je nach Wahl des **Vergütungsinstruments** unterschiedliche Gestaltungsmöglichkeiten zu betrachten sind. Im Abschnitt „Instrumente der Vergütung auf Basis von Aktienkursen" (S. 495) werden insbesondere vier Instrumente kurz beleuchtet: Aktienoptionen, Wandelanleihen, Phantom-Aktien und Wertsteigerungsrechte.

Das absolute Modell der Aktienoption

Die in den letzten Abschnitten behandelten Ansätze der Vergütung beruhen auf dem Gedanken, dass die Leistungsmessung des Managements am besten durch Kennzahlen erfolgen sollte. Zu Beginn dieses Kapitels ist hingegen das Instrument der aktienbasierten Vergütung eingeführt worden, dessen Ruf unter einer Reihe von Auswüchsen und Skandalen litt. Im Folgenden wird zu zeigen sein, dass es dabei nicht um ein grundsätzliches Problem von Aktienoptionen sondern um ein Problem der Gestaltung geht. Zunächst wird daher das Grundkonzept der Aktienoption als Vergütungsinstrument vorgestellt.

> Eine **Aktienoption** ist ein Recht auf den Kauf (Call) oder Verkauf (Put) einer Aktie. Zur Vergütung wird eine Kaufoption eingeräumt, d. h., ein Manager bekommt das Recht eingeräumt, Aktien seines Unternehmens zu kaufen. Die Kaufoption ist mit einem Ausübungspreis versehen, der bei der Ausgabe festgelegt wird. Beispiel: Zum 1. Januar 2003 erhält P. K. Aaries, Finanzvorstand der Sugarded AG, 100.000 Kaufoptionen, die mit einem Ausübungspreis von 25 Euro versehen sind.

14. Kapitel: Erfolgsorientierte Vergütungssysteme

| **Lernziel 9:** | Das absolute und relative Modell von Aktienoptionen erklären und Vor- und Nachteile diskutieren. |

Es wird zwar nicht erwartet, dass ein Finanzvorstand einer AG in der Lage ist, durch sein Handeln den Aktienkurs zu bestimmen, allerdings ist er als Vorstandsmitglied für das gesamte Unternehmen und daher auch für die Kursentwicklung mitverantwortlich. Sein Unternehmen hat ihm Aktienoptionen nach dem absoluten Modell eingeräumt, bei dem in der Regel zu Beginn der Laufzeit der Ausübungspreis festgelegt und mit einer Ausübungshürde ausgestattet ist.

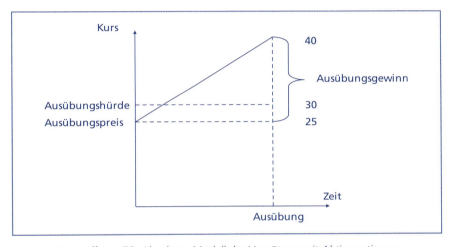

Darstellung 78: Absolutes Modell der Vergütung mit Aktienoptionen

In Darstellung 78 ist ein solches Modell abgebildet. Zu Beginn der Laufzeit wurde der Ausübungspreis auf Basis des zu diesem Zeitpunkt gültigen Kurses festgelegt. Auf diesen Preis wurde eine Ausübungshürde von 20 % addiert und eine Laufzeit von 2 Jahren bestimmt. Wenn der Kurs nach diesen zwei Jahren die 30 Euro übersteigt, kann der Manager die Kaufoption ausüben, er erhält dann aber den vollen Ausübungsgewinn: Im Beispiel liegt der Kurs zur Zeit der ersten Ausübungsmöglichkeit bei 40 Euro. Der Manager hat jetzt zwei Möglichkeiten:

1. Er kann die Kaufoption ausüben, d.h., er kauft die Aktien zu dem Ausübungspreis von 25 Euro und verkauft sie an der Börse und streicht den Ausübungsgewinn ein: In seinem Fall sind das 15 Euro pro Aktie, er erhält daher eine zusätzliche variable Vergütung von 1,5 Mio. Euro.
2. Er kann die Kaufoption ausüben, die Aktien kaufen und in sein Depot legen, da er darauf hofft, dass die Kurse noch weiter steigen.

Absolute Modelle waren zu Beginn der Entwicklung dieses Vergütungsinstrumentes die typische Gestaltung, allerdings sind sie mit vielen Nachteilen behaftet.

- Wenn das Unternehmen Verluste erwirtschaftet und der Kurs sinkt, wird für den Manager die Option wertlos, da sie die Ausübungshürde nicht überspringt. Der Manager verliert jedoch nicht einen Teil seines Vermögens, wie z. B. die Aktionäre seines Unternehmens. Das einfache absolute Modell ist ein „Schönwettermodell", das dem Anspruch nach Leistungsentlohnung im Management nach Meinung vieler Kommentatoren kaum gerecht wird (vgl. Achleitner & Wichels, 2002, S. 17).

- Wenn Sie sich an das Eingangszitat von **Rappaport** (S. 465) erinnern und das absolute Modell genauer betrachten, erkennen Sie, dass es keinen Maßstab außer dem Aktienkurs des Unternehmens gibt. Streng genommen setzt dies voraus, dass sich gestiegene Kurse ausschließlich mit Faktoren begründen lassen, die auf Informationen aus dem Unternehmen beruhen. Es gibt jedoch noch andere Einflüsse auf die Kurse am Aktienmarkt, z. B. senkt die Zentralbank die Zinsen kurz vor der Ausübungsfrist und die allgemeine Freude über die Zinssenkung lässt die Kurse rasch steigen.

- Dem Manager gelingt es so genannte „Windfall Profits" zu realisieren, also Gewinne einzustreichen, bei denen er nichts tun muss (vgl. Rappaport, 1999a, S. 93). Solche ungerechtfertigten Gewinne können beim absoluten Modell in jeder Boom-Phase entstehen. Dies war beispielsweise in der allgemeinen Euphorie über das Internet der Fall, als Kapitalmarktanleger bereit waren, Vorschusslorbeeren für eine ganze Branche in höhere Aktienkurse umzumünzen.

- Der fehlende Maßstab macht sich jedoch nicht nur in Boom-Phasen bemerkbar, auch in Schwächeperioden des Aktienmarktes kann das Unternehmen seine Manager, wenn sie besser als ihre Konkurrenten sind, nicht belohnen. Gleiches gilt für eine Zinserhöhung: Wenn kurz vor dem Ausübungszeitpunkt aufgrund einer Zinserhöhung der Kurs unter die Ausübungshürde gedrückt wird, erhalten die Manager keine Vergütung.

Aus diesen Gründen wird heute das absolute Modell allgemein abgelehnt, allerdings gibt es noch viele dieser einfachen Modelle in der Unternehmenspraxis. Dies trifft insbesondere auf die USA zu, in der absolute Modelle immer noch Standard sind. Inzwischen hat allerdings auch in den USA ein Umdenken stattgefunden, sodass zunehmend relative Modelle propagiert werden.

Das relative Modell der Aktienoption

Im vorherigen Abschnitt wurde bemängelt, dass im absoluten Modell kein Maßstab für die Kursentwicklung enthalten ist. Genau dies soll mit einem relativen Modell eingeführt werden, indem der Aktienkurs mit einem speziellen Index verglichen wird. Ein Index enthält die gewichteten Kurse verschiedener Aktien, wie z. B. der DAX, der die 30 Unternehmen mit der größten Marktkapitalisierung einschließt (weiteres Kriterium ist der Börsenumsatz). Ein relatives Modell knüpft an einen solchen, breit gestreuten Index oder einen Branchenindex an.

14. Kapitel: Erfolgsorientierte Vergütungssysteme

Da bei einer Kaufoption ein Ausübungspreis festgelegt werden muss, die künftige relative Entwicklung aber nicht vorhergesehen werden kann, wird er erst kurz vor der Ausübungszeit berechnet.

In Darstellung 79 wird das Beispiel aus Darstellung 78 (S. 491) fortgeführt, dadurch, dass ein Index berücksichtigt wird.

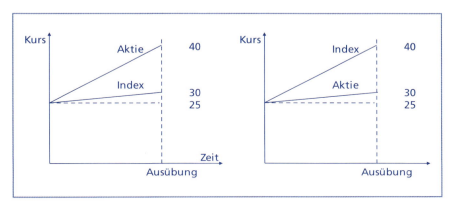

Darstellung 79: relatives Modell der Vergütung mit Aktienoptionen bei steigenden Kursen

Wenn Sie die beiden Abbildungen vergleichen, erkennen Sie, dass auf der linken Seite die Kurssteigerung über der des Indexes liegt, auf der rechten Seite ist hingegen der Index stärker gestiegen.

- Im ersten Fall hat es das Management geschafft, den Kurs des eigenen Unternehmens über den Durchschnitt einer Vergleichsgruppe von Unternehmen zu heben. Der Ausübungspreis beim relativen Modell beruht auf dem Gedanken, dass der Index den Ausübungspreis bestimmt. Im Beispiel ist der Ausübungspreis 30 Euro und entsprechend der Ausübungsgewinn 10 Euro, das Management erhält seinen Vergütungsbetrag auf Basis der Kurssteigerung über der Indexsteigerung (die prozentuale Steigerung des Index ist auf die Aktie umgerechnet: Im Zeitraum ist der Index um 20% gestiegen, daher liegt die Hürde bei 30 Euro).
- In der zweiten Situation ist der Aktienkurs schwächer gestiegen als der Index. Und jetzt zeigt sich der Unterschied zum absoluten Modell:

  Obwohl der Kurs gestiegen ist, erhält der Manager keine Vergütung, der Kurs hat die Hürde des Index nicht genommen.

Besonderheiten zeigt das relative Modell aber auch, wenn die Kurse sinken (s. Darstellung 80). Das relative Modell beruht ja auf dem Gedanken, dass ein Vergleichsmaßstab übertroffen werden muss. Eine Vergütung richtet sich nach dem Betrag, den der Index überstiegen wurde.

- Auch bei fallenden Kursen ist es daher möglich, eine Vergütung zu erhalten, wenn der Index noch niedriger ist als die Aktie, wie im linken Bild der Darstellung 80. Gegenüber dem absoluten Modell ist ein Vorteil, dass

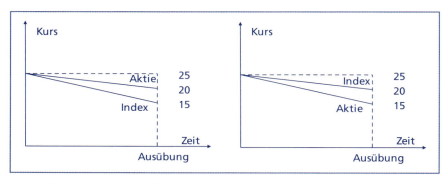

Darstellung 80: relatives Modell der Vergütung mit Aktienoptionen bei sinkenden Kursen

keine neuen Festlegungen von Ausübungspreisen vorgenommen werden müssen (vgl. Winter, 1998, S. 1126).

- Ist die Aktie mehr gefallen als der Index, erhält der Manager keine Vergütung.

Für relative Modelle sind insbesondere zwei Aspekte von hoher Relevanz:

1. Der Index oder Maßstab, der verwendet werden soll, kann ein Branchenindex sein, womit allerdings häufig Probleme der Vergleichbarkeit der im Index enthaltenen Unternehmen verbunden sind. Möglich ist auch ein allgemeiner Marktindex wie DAX, EuroStoxx oder die verschiedenen MSCI-Indizes.
2. Es muss ein Zeitraum festgelegt werden. Da Aktienoptionen bezwecken, Manager für die Erfüllung strategischer Ziele zu belohnen, sind Zeiträume von drei und mehr Jahren angemessen.

Sie könnten sich zu Recht fragen, ob nicht auch das relative Modell ein Schönwettermodell ist, denn auch in diesem Modell gibt es keine Verlustmöglichkeit. Allerdings besteht grundsätzlich die Möglichkeit, eine **Verlustbeteiligung** vorzusehen. Dies setzt allerdings voraus, dass es überhaupt etwas zu verlieren gibt. Um überhaupt eine Verlustbeteiligung zu ermöglichen, müssen die Manager eine **Eigenbeteiligung** leisten.

Mit den in den letzten beiden Abschnitten erläuterten und diskutierten Modellen von Aktienoptionen wird versucht, bestimmte Zwecke der Vergütung im Unternehmen zu erreichen. Wenn ein Vergütungsplan auf Basis von Aktienoptionen in einem Unternehmen eingeführt werden soll, sind zuerst die grundlegenden Fragen zu klären, erst in einem zweiten Schritt geht es dann um die konkrete Gestalt des Vergütungsinstruments.

Die Überlegungen der letzten beiden Abschnitte sind unabhängig davon, ob ein Vergütungsplan für eine börsennotierte AG oder eine GmbH eingeführt werden soll. Wenn der Plan umgesetzt wird, müssen die möglichen Instrumente bekannt sein, das Unternehmen muss wissen, ob z. B. eine Wandelanleihe angeboten wird oder mit Phantom-Aktien gearbeitet wird. Aus diesem Grund werden in den nächsten Abschnitten die grundlegenden Instrumente vorgestellt.

14. Kapitel: Erfolgsorientierte Vergütungssysteme

Instrumente der Vergütung auf Basis von Aktienkursen

Die Gestaltungsvariablen, die in den letzten Abschnitten erläutert und diskutiert werden, münden in ein konkretes Instrument, welches ausgewählt werden muss. Bei der Entscheidung, welches Instrument eingesetzt werden soll, spielen die Ausprägungen der Variablen eine herausragende Rolle. Insbesondere die rechtlichen Konsequenzen der verschiedenen Instrumente sind so vielschichtig, dass im Folgenden nur kurz darauf eingegangen wird. Erläutert werden vier Instrumente:

1. Nackte und gedeckte **Aktienoptionen**,
2. **Wandelanleihen**,
3. **Phantom-Aktien** (Phantom Stocks) und
4. **Wertsteigerungsrechte** (Stock Appreciation Rights).

Das Unternehmen kann so genannte **nackte Optionen** (Naked Options) ausgeben. Optionen sind Bezugsrechte auf Aktien, allerdings muss das Unternehmen auch in der Lage sein, Aktien zu liefern. In Deutschland musste hierzu das Aktiengesetz geändert werden. Im § 192 Abs. 2 Nr. 3 AktG ist geregelt, dass das Unternehmen eine bedingte Kapitalerhöhung durchführen kann, um Aktienoptionsprogramme aufzulegen. Manager, die eine nackte Option erhalten, sind zum Bezug von Aktien berechtigt, aber nicht verpflichtet.

Unternehmensbeispiel 10: Aktienoptionsmodell bei Lufthansa (Wertsteigerungsrechte)

Lufthansa hat sich in seinem Programm insbesondere den Kritikpunkten an Aktienoptionsprogramm gewidmet. Es solle verhindert werden, dass Manager von Windfall-Profits Nutzen ziehen, und Manager sollten bei Kursrückgängen auch Vermögensverluste hinnehmen müssen. Allerdings besteht derzeit eine Kombination von absoluten und relativen Modellen. Beide Varianten beruhen auf einem Total-Shareholder-Return, der Kurssteigerung, Dividenden, Bezugsrechte und sonstige Ausschüttungen berücksichtigt.

Für das relative Modell wird ein spezieller Index mit folgenden Anteilen gebildet: Air France – KLM 30 %, International Airlines Group (British Airways, Iberia, Air Lingus, Vueling) 30 %, Air Berlin 15 %, easyJet 15 %, Ryanair 10 %. Die im Index enthaltenen Unternehmen zeichnen sich durch eine gleiche Wettbewerbslage in Europa aus. Es erfolgt eine Geldzahlung auf Basis der Wertsteigerung der Aktie im Vergleich zum Konkurrenzindex in einem Zeitraum von vier Jahren. Jeder volle Prozentpunkt, den die Aktie sich besser als der Index entwickelt hat, veranlasst eine Zahlung, die allerdings bei einer Outperformance von 20 % gekappt ist. Auch bei sinkenden Kursen werden diese Geldzahlungen geleistet.

Die Hürde im absoluten Modell wird durch die Eigenkapitalkosten während der Programmlaufzeit gebildet; der Auszahlungsbetrag ist durch das 1,5-fache der Eigenkapitalkosten begrenzt.

Die Eigenbeteiligung kann durch den Erwerb von Lufthansa-Aktien am Markt oder die Einbringung eigener Aktien erfolgen. Innerhalb der Laufzeit der drei Jahre besteht eine Halteverpflichtung, sonst verliert die Führungskraft den Anspruch auf die Wertsteigerungsrechte.

(Quellen: Geschäftsbericht und LH Performance von Lufthansa, 2015)

Die Ausgabe von **gedeckten Optionen** (Covered Options) erfolgt, indem das Unternehmen die Optionen, die sie den Managern zuteilen will, auf dem Markt erwirbt, z. B. bei einer Bank. Sie gibt die erworbenen Optionen an die Manager weiter, wobei sich der Preis der Option nach den Optionsbewertungsverfahren richtet.

Wandelanleihen sind Schuldverschreibungen mit der Möglichkeit von einem Gläubigertitel zu Aktien zu wandeln. Sie waren in Deutschland sehr beliebt, da bis zur Änderung des Aktiengesetzes nackte Optionen nicht ausgegeben werden konnten, Wandelanleihen hingegen es möglich machten, bedingtes Kapital zu erhalten. Da es auch in Deutschland möglich ist, nackte Optionen zu begeben, ist nach der Änderung des Aktiengesetzes ein wichtiger Grund für die Nutzung von Wandelanleihen zwar weggefallen, diese haben jedoch einen großen Vorteil gegenüber nackten Optionen: Mit Wandelanleihen lässt sich das Konzept der Eigenbeteiligung realisieren, denn die Führungskräfte kaufen Anleihen, die verzinslich sind. Mit nackten Optionen ist dies nicht möglich.

Phantom-Aktien kommen immer dann zum Einsatz, wenn das Unternehmen aus gesellschaftsrechtlichen Gründen keine Aktien ausgeben kann, aber trotzdem eine Vergütung auf Basis des Unternehmenswertes vornehmen will. Eine Phantom-Aktie muss daher auf einer Regel basieren, wie der Unternehmenswert ermittelt wird, sinnvollerweise ist dies die wertorientierte Kennzahl, die auch zur Unternehmenssteuerung verwendet wird. Allerdings ist zu beachten, dass nicht operative Kennzahlen verwendet werden, da mit Vergütungen im Bereich Aktieoptionen langfristig orientiertes Handeln belohnt werden soll. Es bieten sich daher Discounted-Cashflow-Methoden an, die die zukünftigen Marktwerte des Unternehmens berechnen.

Phantom-Aktien unterscheiden sich von den **Wertsteigerungsrechten** (Stock Appreciation Rights), dass sie nicht auf berechneten Unternehmenswerten beruhen, sie werden auch auf Basis von Aktienkursen an der Börse ermittelt. Manager werden in diesem Fall ausschließlich an der Wertsteigerung der Aktie beteiligt, ohne ein Bezugsrecht an den Aktien zu erhalten. Sie werden daher direkt in Geld entlohnt:

1. Beispielsweise erhält ein Manager 5.000 Wertsteigerungsrechte in Höhe von 5.000 Euro und für die ersten 10 % Kurssteigerung einen hundertprozentigen Geldbetrag, für weitere Kurssteigerungen 75 %.
2. Wenn nach dem Zeitraum der Kurs um 20 % gestiegen ist, erhält der Manager einen Geldbetrag in Höhe von 87.500 Euro [$(10 \cdot 1 + 10 \cdot 0{,}75) \cdot 5.000$].

Wertsteigerungsrechte sind daher für das Unternehmen zahlungswirksam und erscheinen sofort als Aufwand in der Gewinn-und-Verlust-Rechnung. Im Unternehmensbeispiel 10 ist aus der Unternehmenspraxis das Optionsmodell von Lufthansa beschrieben, es handelt sich um ein relatives Modell, Wertsteigerungsrechte werden nicht an den absoluten Steigerungen der Lufthansa-Aktie sondern im Vergleich zu einem Konkurrenzindex gemessen.

In der Tabelle (Empirische Untersuchung 13) sind die Ergebnisse einer empirischen Studie enthalten, die zeigen, wie die beschriebenen Instrumente

14. Kapitel: Erfolgsorientierte Vergütungssysteme

auf den unterschiedlichen Hierarchieebenen in den Unternehmen eingesetzt werden.

	Vorstand	1. und 2. Führungs-ebene	weitere Führungs-kräfte	Alle Mitarbeiter
Aktienoptionen	25 %	15 %	50 %	10 %
Wandelanleihen	40 %	20 %	20 %	20 %
Virtuelle Instrumente	33 %	33 %	17 %	17 %

Empirische Untersuchung 13: Vergütungsarten für Führungskräfte bei den Unternehmen des DAX 100 (Quelle: Afra & Aders, 2000, S. 31, hier nur Auszug)

Die Tabelle zeigt, dass die angesprochenen Instrumente zum überwiegenden Teil als Grundlage von Managervergütungen eingesetzt werden. Neuere Erhebungen zeigen jedoch, dass beispielsweise in den DAX-30-Unternehmen reine Aktienoptionen kaum noch eingesetzt werden (nach Towers Perrin, 2009, S. 12, nur noch ein Unternehmen).

Rechtlicher Rahmen für Aktienoptionsprogramme

Im Zuge der Finanzmarktkrise des Jahres 2008, die in eine weltweite Rezession überging und die insbesondere in Deutschland als exportabhängigem Land zu einem starken Rückgang der Wirtschaftsleistung führte, stand die Bezahlung von Managern wieder einmal im Fokus der Kritik. Der deutsche Gesetzgeber fühlte sich aufgefordert weitere gesetzliche Regeln zu beschließen, um solche Anforderungen an die Vergütung wie z. B. Haltefristen von Aktienoptionen verbindlich für alle Manager vorzuschreiben. Dies schließt an eine über die Jahre zunehmende Regulierung von Managergehältern insbesondere Vorstandsbezügen an. Die Einführung von Aktienoptionsprogrammen hat daher nicht nur betriebswirtschaftliche Konsequenzen, vielmehr spielen gesellschafts-, handels- und steuerrechtliche Fragen eine herausragende Rolle.

In Deutschland gibt es eine Reihe von Anforderungen an Aktienoptionsprogramme, die beachtet werden müssen. Einige ausgewählte Probleme werden kurz behandelt (vgl. zu grundlegenden rechtlichen Regelungen Seibert, 1998).

1. Anstatt von Kurszielen wird auf **Erfolgsziele** verwiesen, es müssen Angaben über den Maßstab, der zur Ausübung der Option führen soll, gemacht werden.
2. Es gilt ab 2009 das Vorstandsvergütungsangemessenheitsgesetz (VorstAG), welches grundsätzlich eine gesetzliche **Wartefrist** von vier Jahren vorschreibt, in der keine Optionen ausgeübt werden dürfen.
3. Aktienoptionsprogramme müssen **insiderrechtliche Regelungen** beachten, denn Begünstigte gelten als Insider und Optionen als Insiderpapiere.

Ein Wissen und ein Ausnutzen eines wirtschaftlichen Vorteils, der nicht entstanden wäre, wenn er dem Kapitalmarkt bekannt wäre, sind strafbar. Daher werden die Ausübungszeiträume in ein Zeitfenster gelegt, die nach der Bekanntgabe wichtiger Informationen liegen: z. B. eine Woche nach der Bilanzpressekonferenz (vgl. zu weiteren Hinweisen Bundesaufsichtsamt für den Wertpapierhandel, 1997).

4. Über Aktienoptionsprogramme muss im Anhang berichtet werden, dies ist in den IFRS und US-GAAP unterschiedlich geregelt. Unternehmen, die in den USA an der Börse gelistet sind, haben zusätzliche Informationen für die SEC bereitzustellen. Während in der angelsächsisch geprägten **Rechnungslegung** schon lange Vergütungen, auch einzelner Mitglieder der Geschäftsleitung, transparent sein sollen, sind vergleichbare Regelungen in Deutschland erst seit einiger Zeit durch verschiedene Gesetzesinitiativen, wie z. B. das Artikelgesetz über die Offenlegung der Vorstandsvergütungen (VorstOG), vorhanden. Die Regierungskommission Deutscher Corporate Governance Kodex schlägt z. B. eine erweiterte und individualisierte Publikation der Vergütungen vor (vgl. Regierungskommission Deutscher Corporate Governance Kodex, 2015, S. 8). Dies ist in 2010 vom DEUTSCHEN STANDARDISIERUNGSRAT in den DSR 17, geändert 2010, übernommen worden und er empfiehlt, entsprechende Angaben im Konzernanhang und -lagebericht zu veröffentlichen. Darüber hinaus sollen nach dem Deutschen Corporate Governance Codex Mustertabellen für die Darstellung der Bezüge der Vorstände verwendet werden, denen die großen Unternehmen in Deutschland (DAX-30 und M-Dax) zunehmend nachkommen (vgl. Friedl et al., 2008).

Weitere rechtliche Gestaltungsmöglichkeiten sind durch die unterschiedlichen Rechnungslegungsvorschriften weltweit gegeben. Durch die aktuelle Entwicklung und einige Skandale wurde die Frage, ob die Kosten solcher Programme als Aufwand zu betrachten sind und wenn ja, wie sie zu bewerten sind, wieder neu diskutiert. Für das interne Rechnungswesen stellt sich natürlich das gleiche Problem: Aufwand und **Kosten** sind gegeben, wenn ein Güterverzehr vorliegt. Die drei Merkmale von Kosten sind zu prüfen:

- Aus Sicht der Kostenrechnung ist der **Güterverzehr** die Arbeitsleistung, die von den Führungskräften erbracht wird. Die Form der Vergütung spielt daher keine Rolle, denn alle Vergütungsformen werden gewählt, um die Arbeitsleistungen zu erhalten.
- Die Arbeitsleistungen von Führungskräften sind leistungsbedingt und dienen dem **Sachziel**.
- Die **Bewertung** hängt von den gewählten Instrumenten im Aktienoptionsprogramm ab:
  - Alle Instrumente, die auf der Zahlung von Geldbeträgen beruhen, sind unproblematisch.
  - Bei echten Optionen bietet es sich an, auf die bekannten Bewertungsmethoden wie z. B. das Modell von Black-Scholes oder das Binomialmodell zurückzugreifen, um einen Marktwert zu ermitteln. Die Kosten

für das Programm werden mithilfe der Anzahl der Berechtigten ab dem Zeitpunkt der Gewährung auf die Perioden bis zur Ausübung verteilt (vgl. zu den unterschiedlichen Instrumenten Schmidt, 2002, S. 2659 ff.).

Verbreitung von Aktienoptionsprogrammen und Tendenzen

Veröffentlichungen über die Verbreitung von Aktienoptionsprogrammen in den letzten Jahren haben alle die gleiche Tendenz: In allen Ländern steigt die Zahl der Unternehmen, die dieses Vergütungsinstrument einsetzen. Insbesondere börsennotierte Unternehmen machen zunehmend Gebrauch von dieser Vergütungsform.

> So ermittelten AFRA & ADERS in einer Studie im Jahre 2000 unter den Unternehmen im DAX 100, dass 34 % Aktienoptionen, 7 % Wandelanleihen und 23 % virtuelle Instrumente einsetzen (vgl. Afra & Aders, 2000, S. 31).
>
> In einer Studie des DEUTSCHEN AKTIENINSTITUTES, in der unter anderem alle börsennotierten Aktiengesellschaften befragt wurden, gaben 48 % an, ein Beteiligungssystem für allgemeine Mitarbeiterkreise zu haben und weitere 15 % hatten die Einführung vor, von den Unternehmen, die bereits über ein Programm verfügten, hatten 35 % einen Aktienoptionsplan (vgl. Rosen & Bednarczuk, 2001, S. 15, 18).
>
> International liegt Deutschland allerdings noch hinter anderen Ländern zurück. Nach den Schätzungen von TOWERS PERRIN haben in Deutschland 60 % der Unternehmen, die einen langfristig orientierten Vergütungsplan (Long-Term Incentives, LTI) einsetzen, Aktienoptionspläne; in USA und Frankreich liegt der Anteil der Unternehmen jedoch bei 90 oder über 90 % (vgl. Towers Perrin, 2001, S. 5).

Allerdings hat es in den letzten Jahren zunehmend Diskussionen um die Berechtigung und die Gestaltung von Aktienoptionsprogrammen gegeben. Hinzu kommt, dass einem Börsenboom seit Frühjahr 2000 eine mehrjährige Baisse-Phase folgte, die zu neuen Überlegungen führte:

- In Baisse-Phasen geraten absolute Modelle in Schwierigkeiten, denn die Optionen sind „aus dem Geld", eine Ausübung lohnt sich nicht und daher sind diese Optionen für die Manager wertlos. Sie verlieren damit auch ihre Anreizwirkung, denn dieser Teil der variablen Vergütung fällt weg.
- WENGER & KNOLL prognostizierten daher schon 1999, dass sich Manager in der nächsten Börsenbaisse mit dem relativen Modell anfreunden könnten (vgl. Wenger & Knoll, 1999, S. 587).
- Studien zeigen, dass eine zunehmende Zahl von Unternehmen dieses Modell einsetzt. In Deutschland finden KRENSEL ET AL. zwar in ihrer Studie der Vergütungen von Unternehmen am Neuen Markt (NEMAX 50) nur 8,7 % der Unternehmen, die einen Vergleichsindex verwenden (vgl. Krensel et al., 2002, S. 711). In der Untersuchung von ADERS & HEBERTINGER geben allerdings 61 % der DAX100-Unternehmen an, dass ein Vergleichsmaßstab übertroffen werden muss (vgl. Aders & Hebertinger, 2003, S. 36). TOWERS PERRIN stellen in ihrer weltweiten Untersuchung hingegen fest, dass dies in nur wenigen Ländern der Welt typisch ist (vgl. Towers Perrin, 2001, S. 7).

- Will das Unternehmen, das mit einem absoluten Modell arbeitet, auch in der Baisse Anreize durch Aktienoptionen schaffen, dann muss es in das laufende Programm eingreifen. Eine Möglichkeit ist es, den Ausübungspreis z. B. auf den derzeitigen Aktienkurs zu senken (Repricing). Diese Maßnahme ist jedoch so unpopulär, dass die Regierungskommission Deutscher Corporate Governance Kodex sie in Deutschland verbieten lassen will (vgl. Regierungskommission Deutscher Corporate Governance Kodex, 2015, S. 7). Daher ist damit zu rechnen, dass in Zukunft mehr Aktienoptionspläne auf Basis von relativen Modellen entstehen werden.
- Ein zweiter Trend führt in Deutschland dazu, dass Unternehmen zunehmend eine Eigenbeteiligung von den Führungskräften verlangen, die am Aktienoptionsprogramm teilnehmen wollen.

Wird die Eigenbeteiligung mit Haltefristen verbunden, dann muss sich das Unternehmen jedoch im Klaren darüber sein, dass sie keine erfolgsorientierte Vergütung sondern eine Kapitalbeteiligung einsetzt. Die Anreizwirkung von Kapitalbeteiligungen ist allerdings grundsätzlich anders zu beurteilen als die von Erfolgsbeteiligungen.

Beurteilung von Aktienoptionen als Vergütungsinstrument

Fundamentale Kritik an Aktienoptionsprogrammen wird dann geäußert, wenn generell an der Funktionsfähigkeit der Kapitalmärkte gezweifelt wird, Unternehmenswerte verlässlich zu bestimmen (vgl. z. B. Drumm, 2008, S. 530; Bernhardt & Witt, 1997, S. 94 f.). Im Kapitel Marktwertorientierte Rechnungen wurde diskutiert, dass es immer wieder Unterschiede zwischen einem „wahren" inneren Wert und dem Marktwert i. S. eines Börsenwertes gibt, die sich jedoch in einer langfristigen Sicht meist nivellieren. Eine Möglichkeit, Übertreibungen am Kapitalmarkt aus der Vergütung herauszuhalten, ist es, ein relatives Modell zu verwenden. Wie die Abschnitte zum absoluten und relativen Modell zeigen, ist ein zentraler Punkt, ob und gegebenenfalls wie ein Vergleichsmaßstab für die Aktienkurse berücksichtigt werden sollte.

> **Lernziel 10:** Aktienoptionen als Vergütungsinstrument beurteilen.

- Befürworter von relativen Modellen stützen sich besonders auf das Argument von Windfall Profits, denn in Boom-Phasen können sich Manager zurücklehnen und trotz Nichtstun hohe Gehälter kassieren, wenn absolute Modelle eingesetzt werden.
- Wissenschaftlich wird zwar sachlicher argumentiert, allerdings mit dem gleichen Argument:
  - Da Manager auf die **exogenen Einflussgrößen** auf den Aktienkurs ihres Unternehmens nur geringen Einfluss haben, sind sie auch nicht dafür verantwortlich. Ein Vergleich zu einem Index nimmt diese Einflussgrößen aus der Vergütung heraus. Dies gilt für Boomphasen, in denen

14. Kapitel: Erfolgsorientierte Vergütungssysteme

ungerechtfertigte Gehälter verhindert werden, und für Baissephasen, in denen die variable Vergütung ganz wegfallen würde.

- Dadurch gelingt auch eine bessere **Risikoteilung** zwischen Managern und Eigentümern, denn die Manager werden in schlechten Zeiten nur dafür verantwortlich gemacht, was sie zu verantworten haben (vgl. Wenger & Knoll, 1999, S. 571), z. B. im Wettbewerb schlechter zu sein als andere Unternehmen.

Die andere Tendenz, nämlich **Eigenbeteiligungen** von den Führungskräften zu verlangen und sie eventuell mit Haltefristen zu verbinden, wird unterschiedlich beurteilt. So befürworten dies HARDES & WICKERT, die jedoch sehr den Gedanken der Kapitalbeteiligung betonen (vgl. Hardes & Wickert, 2002, S. 24). Ökonomisches Motiv für eine Kapitalbeteiligung ist es, das Personal an das Unternehmen zu binden. Ob dies auch vorteilhaft ist, wenn die Erfolgsbeteiligung im Vordergrund steht, lässt sich nicht mit Sicherheit sagen.

- Dass in Studien festgestellt wurde, dass Manager die Optionen ausüben und die Aktien verkaufen, kann denjenigen Betrachter nicht verwundern, der davon ausgeht, dass Aktienoptionen ein Vergütungsinstrument sind, auf dessen Basis eine variable Vergütung berechnet werden soll: Es soll von einem Erfolgsziel abhängiges Einkommen für Manager geschaffen werden.
- Eigenbeteiligung von Führungskräften aus ihrem versteuerten Einkommen zu verlangen, ist ein ungeeignetes Instrument, dass das absolute Modell ergänzen und dessen Nachteile ausgleichen soll. Besser ist es, gleich ein relatives Modell einzusetzen.

Schon länger wird der Frage nachgegangen, ob denn Unternehmen, die Manager mit Aktienoptionen vergüten, auf dem Kapitalmarkt erfolgreicher sind. Die bisherigen Befunde sind nicht eindeutig, es liegen sowohl positive als auch negative Effekte vor. Allerdings finden ROST & OSTERLOH (2009) in einer systematischen Auswertung von Studien (Meta-Analyse) nur sehr geringe positive Einflüsse, wobei auch die Unterschiede zwischen Bonus-Zahlungen und aktienbasierter Vergütung vernachlässigbar gering sind. Ein großer Mangel vieler Studien ist es, die untersuchten Aktienoptionspläne nicht qualitativ zu unterscheiden. So ist es nicht möglich, Qualitätsunterschiede zwischen verschiedenen Gestaltungsvariablen zu erkennen (vgl. Winter, 2001b, S. 532; dort und auch in Winter, 2001a, ein Überblick über empirische Untersuchungen).

Forschungsreport 14: Relative Vergütung von Führungskräften

Die Gestaltung optimaler Vergütungen für Manager gehört zum bevorzugten Forschungsgebiet der Prinzipal-Agenten-Theorie. Für eine relative Bezahlung von Führungskräften ergibt sich aus ihren Modellen eine Reihe von Argumenten. Wenn das Ergebnis der Leistungen des Agenten unsicher ist, da es von stochastischen Störgrößen abhängt, die der Agent nicht beeinflussen kann, wie dies z. B. bei konjunkturellen Nachfragerückgängen zutrifft, hat die relative Vergütung von Managern für sie

> Vorteile. Denn wenn Manager risikoscheu sind, wird bei einer relativen Vergütung das Risiko, eine sinkende Vergütung zu erhalten, weil das Ergebnis zurückgeht, obwohl keine Einflussmöglichkeit besteht, durch den Prinzipal übernommen.
>
> Die Begründung liegt im Übrigen nicht in dem Grundsatz, dass ein Manager nur für das verantwortlich gemacht wird, was er beeinflussen kann, sondern ist in der asymmetrischen Informationsverteilung begründet. Jede zusätzliche Information, die Aufschluss über die Leistung des Agenten bringt, ist dem Prinzipal willkommen.
>
> In einer Reihe von Untersuchungen wurde versucht festzustellen, ob die relative Vergütung eine große Rolle in der Unternehmenspraxis spielt oder nicht. Die Ergebnisse sind bis heute nicht eindeutig. JENSEN & MURPHY finden in ihrer Untersuchung kaum Hinweise dafür, auch in ANTLE & SMITH sind sie schwach ausgeprägt – bei allerdings geringer Untersuchungsgröße, GIBBONS & MURPHY stellen jedoch fest, dass die relative Vergütung signifikant, Veränderungen in Managervergütungen erklärt.
>
> (Quellen: Antle & Smith, 1986; Gibbons & Murphy, 1990; Holmström, 1979; 1982; Jensen & Murphy, 1990)

Aus alledem lässt sich folgern: Aktienoptionen werden auch in Zukunft ein Teil der variablen Vergütung für Manager bleiben, allerdings ist zu erwarten, dass sich relative Modelle durchsetzen, um eine am Shareholder-Value orientierte Vergütung zu erreichen.

Schlüsselwörter

Aktienoption (490)
Anreizsystem (469)
Bonus (475)
Bonusbank (485)
Kapitalerhöhung, bedingte (489)

Phantom-Aktie (496)
Vergütung (475)
Vergütungsinstrument (475)
Wertsteigerungsrecht (496)

Kontrollfragen

1. Welchen Zweck sollen variable Vergütungen für Manager erfüllen?
2. Beschreiben Sie anhand eigener Beispiele die Gefahren, die mit Anreizsystemen verbunden sein können.
3. Begründen Sie, warum der Marktwert des Eigenkapitals (Shareholder-Value) in der Lage ist, den Prinzipal-Agenten-Konflikt zu mildern.
4. Erläutern Sie die Aufgabe von Anreizsystemen und erklären Sie auch die Bedeutung von finanziellen Anreizen.
5. Beschreiben Sie die Anforderungen an Vergütungssysteme.
6. Nennen Sie die Bestandteile eines Vergütungssystems.
7. Geben Sie Beispiele für nicht-finanzielle Anreize.
8. Für welche Hierarchieebenen des Managements kommen erfolgsorientierte Vergütungen in Frage?
9. Zeigen Sie die Grundzüge einer Vergütung zur Vertriebssteuerung auf.
10. Beschreiben Sie die drei Komponenten einer erfolgsorientierten Vergütung.
11. Erläutern Sie den Begriff Vergütungsinstrument.
12. Teilen Sie die verschiedenen Vergütungsinstrumente ein und nennen Sie jeweils Beispiele.

14. Kapitel: Erfolgsorientierte Vergütungssysteme

13. Zeichnen Sie einen typischen Bonusplan für Manager auf.
14. Geben Sie Beispiele für Probleme, die mit solchen Bonusplänen verbunden sind.
15. Warum kann eine lineare Vergütungsfunktion Abhilfe schaffen?
16. Erläutern Sie die Gründe, warum eine lineare Funktion der Vergütung auf Kritik bei Managern stoßen wird.
17. Nennen Sie Kritikpunkte an Kennzahlen als Basis von Vergütungen.
18. Welches Problem tritt bei Kennzahlen auf, die auf Basis des Netto-Vermögens berechnet werden?
19. Erläutern Sie anhand des LÜCKE-Theorems, wie dieses Problem gelöst werden kann.
20. Welche Besonderheiten hat eine Bonusbank auf Basis von EVA?
21. Welche Zwecke werden mit dem Einsatz einer Bonusbank verfolgt?
22. Nennen Sie die Gestaltungsvariablen für Aktienoptionsprogramme.
23. Beschreiben Sie die zeitlichen Variablen bei der Gestaltung von Aktienoptionsprogrammen.
24. Skizzieren Sie kurz die Ihnen bekannten Formen der Finanzierung für Aktienoptionsprogramme.
25. Beschreiben Sie kurz, welche Funktion eine Aktienoption hat.
26. Erläutern Sie das absolute Modell der Aktienoption.
27. Diskutieren Sie die Vor- und Nachteile des absoluten Modells.
28. Erläutern Sie das relative Modell der Aktienoption.
29. Diskutieren Sie die Vor- und Nachteile des relativen Modells.
30. Wie lässt sich eine Verlustbeteiligung von Managern erreichen?
31. Erklären Sie den Unterschied zwischen nackten und gedeckten Optionen.
32. Warum werden in Unternehmen in Deutschland besonders Wandelanleihen eingesetzt?
33. Welche Besonderheit zeichnen Phantom-Aktien aus?
34. Beschreiben Sie, wie Wertsteigerungsrechte zur Basis von Vergütungen herangezogen werden.
35. Erläutern Sie wichtige rechtliche Bedingungen, die in Deutschland von Aktienoptionsprogrammen zu erfüllen sind.
36. Wie lassen sich die Kosten von Aktienoptionsprogrammen berücksichtigen?
37. Diskutieren Sie, welche Modelle der Aktienoptionen sich in Zukunft durchsetzen könnten.
38. Halten Sie eine Eigenbeteiligung von Managern für sinnvoll? Begründen Sie Ihre Meinung.

Übungsaufgaben

Übung 1: Manipulation von Bonusplänen

In der Synopticon AG werden hochwertig Schleifgläser hergestellt. Die verschiedenen Geschäftssparten werden als Profit-Center geführt, der Return on Investment ist das herausragende Performancemaß, das auch als Grundlage der Vergütung gewählt wird.

a) Der Bereichsmanager Z. W. Licht merkt einen Monat vor dem Ende des Jahres, dass er seinen Zielkorridor verfehlen wird. Er beschließt daher, alles daranzusetzen seinen Bonus zu erhalten. Welche Maßnahmen kann er ergreifen?

b) Seinem Kollegen H. Glücklich geht es hingegen viel besser, schon nach 9 Monaten hat er seine Ziele erreicht, einen zusätzlichen Bonus kann er nicht erhalten. Welche Maßnahmen ergreift er, um sich nicht „umsonst" anzustrengen?

Übung 2: Return on Investment und Residualerfolg als Grundlage der Vergütung

Sie wollen als Controller Ihrer Geschäftsleitung zeigen, dass die Berechnung der Beurteilungsgrößen umgestellt werden sollten. Sie wählen ein Investitionsprojekt mit einer Anfangsinvestition von 300 und konstanten Einzahlungen von 400 sowie Auszahlungen von 200 über drei Perioden.

a) Zeigen Sie der Geschäftsleitung, dass Return on Investment und Residualerfolg im Zeitablauf steigen, obwohl der Zahlungssaldo konstant ist.

b) Berechnen Sie eine Abschreibung auf Basis der Annuität, die den Residualerfolg konstant lässt.

Glossar

Hinweise: Innerhalb einer Beschreibung wird das Stichwort mit dem Anfangsbuchstaben abgekürzt. Der Pfeil weist auf ein weiteres Stichwort hin, wobei auf die Stichworte Kosten, Erlös, Kostenstelle und Kostenträger nicht hingewiesen werden. In der abschließenden Zeile der Stichwörter sind in der Regel englische Begriffe angegeben. Häufig handelt es sich nicht um eine wörtliche Übersetzung, sondern es wird ein Stichwort als Hilfsmittel angegeben, um sich in einem englischsprachigen Lehrbuch schnell zurechtzufinden. Aus diesem Grund fehlen Übersetzungen bei Stichwörtern, für die es im Englischen keine Entsprechung gibt. Wenn Sie von englischen Fachbegriffen ausgehen wollen, ist das Verzeichnis: Englische Schlüsselwörter zum Glossar im Online-Begleitmaterial zu diesem Buch unter www.vahlen.de/16416390 nützlich. Ein umfangreiches, einbändiges Lexikon mit allen Gebieten des Rechnungswesens wird von Busse von Colbe, Crasselt, Pellens (2011) herausgegeben.

Abrechnungsperiode

⇨ Kontrollperiode.

Absatzmengenelastizität

Sie zeigt an, wie sich eine einprozentige Veränderung der Absatzmengen auf den ⇨ Erfolg auswirkt und zielt auf die gleiche Aussage wie der operative ⇨ Leverage. (250)

(outputelasticity)

Abschreibung, kalkulatorische

Sie werden gebildet, um den Güterverzehr zu erfassen, der durch den Gebrauch von Potenzialfaktoren entsteht (⇨ Substanzerhaltung). (100)

(depreciation)

Abweichung höherer Ordnung

Abweichungen entstehen, wenn sich die ⇨ Kosteneinflussgrößen nicht planmäßig verhalten. Sind z. B. zwei Einflussgrößen multiplikativ miteinander verknüpft und verändern sie sich, dann entsteht eine ⇨ Teilabweichung, die auf der kombinierten Wirkung beider Einflussgrößen beruht. (313)

(joint variance)

Abweichungsanalyse

Zweck der A. ist es, Ursachen zu ermitteln, die dazu geführt haben, dass Planwerte und Istwerte voneinander abweichen. (329)

(variance analysis)

Abweichungsanalyse, Methoden der

Mit Hilfe der M. d. ⇨ Abweichungsanalyse sollen den Einflussgrößen Beträge zugeordnet werden, die sie verursacht haben (⇨ Teilabweichung). Unterschieden werden im Wesentlichen drei M.:

– die alternative M.,
– die kumulative M. und
– die differenziert kumulative M. (315)

Activity-Based Costing

ABC ist ein System der Kostenrechnung, in dem anstatt der Kostenstellen, Aktivitäten (Prozesse) als ⇨ Kostenobjekte gewählt werden. (⇨ Prozesskosten und Erfolgsrechnung) (134)

(activity-based costing)

Aktienoption

Eine A. ist ein Recht auf den Kauf (Call) oder Verkauf (Put) einer Aktie. Zur ⇨ Vergütung wird eine Kaufoption eingeräumt, d. h., ein Manager bekommt das Recht, Aktien seines Unternehmens zu kaufen. Die Kaufoption ist mit einem Ausübungspreis versehen, der bei der Ausgabe festgelegt wird. (490)

(stock option)

Allowable Cost

Vom Markt erlaubte Kosten; sie werden bei der ⇨ Zielkostenplanung und kontrolle aufgrund von Marktbefragungen und Gewinnvorstellungen des Unternehmens ermittelt; sie stellen eine Kostenobergrenze dar. (204)

(allowable cost)

Anderskosten

⇨ Kostenarten, die auf Aufwendungen beruhen, allerdings anders bewertet werden, wie. z. B. kalkulatorische Abschreibung, kalkulatorische Wagniskosten und Fremdkapitalzinsen. (55)

Anlagevermögen

Das A. dient dem Unternehmen dauerhaft zum Geschäftsbetrieb, z. B. Maschinen, Gebäude und Fahrzeuge (⇨ Umlaufvermögen). (47)

(non-current assets)

Anreizsystem

Das A. im Unternehmen hat den Zweck, Manager in ihrem Verhalten so zu beeinflussen, dass die Ziele des Unternehmens bestmöglich erfüllt werden. Im A. sind die finanziellen Anreize ein bedeutender Bestandteil (⇨ Vergütung). (469)

(incentive system)

Aufwand

Güterverzehr, der aufgrund der gesetzlichen Vorschriften im externen Rechnungswesen erfasst wird. (55)

(expenses)

Aufwand, neutraler

Dies ist der Teil des ⇨ Aufwands, welcher nicht in die Kosten- und Erfolgsrechnung aufgenommen wird, hierzu zählen:
- betriebsfremder Aufwand, der nicht auf dem Sachziel beruht,
- periodenfremder Aufwand, der in eine andere Periode gehört,
- außerordentlicher Aufwand, der nicht zum normalen Geschäftsablauf gehört. (56)

Ausbringung

⇨ Beschäftigung.

Auslastungsanalyse

Die A. ergibt Aufschluss, inwieweit die Fixkosten genutzt (⇨ Nutzkosten) oder nicht genutzt wurden (⇨ Leerkosten). (306)

Ausschüttung

A. sind die Zahlungen an die Eigentümer (z. B. Dividende). (46)

(dividend)

Auszahlung

Abnahme von Bar- und Buchgeld. (49)

(cash outflow, expenditure)

Glossar

Balanced Scorecard
Die B.Sc. als ein Kennzahlensystem folgt einem spezifischen Aufbau:
- Finanzperspektive,
- Kundenperspektive,
- Interne Prozessperspektive sowie
- Lern- und Entwicklungsperspektive.

Einer ihrer wesentlichen Zwecke ist die Strategie-Implementierung. (450)

Barwert
Summe der auf einen Zeitpunkt abgezinsten Ein- und Auszahlungen. ⇨ Kapitalwert (76)

(present value)

Beschäftigung
Zeigt an, wie viel eine Kostenstelle leistet. Die B. gilt als die wichtigste ⇨ Kosteneinflussgröße in der Kostenrechnung, sie wird in einzelnen Kostenstellen durch die ⇨ Bezugsgröße gemessen. (114)

(volume, output)

Beschäftigungsabweichung
1. Begriff aus der flexiblen Plankostenrechnung auf Vollkostenbasis: Unterschied zwischen verrechneten ⇨ Plankosten und ⇨ Sollkosten. (300)
2. Manchmal wird B. verwendet, um den Unterschied zwischen den Plankosten und Sollkosten anzuzeigen.

(volume variance)

Beschäftigungsgrad
Verhältnis zwischen tatsächlicher und geplanter ⇨ Beschäftigung einer Periode, entspricht die geplante Beschäftigung der ⇨ Kapazität, dann spiegelt der B. die Kapazitätsauslastung in Prozent wieder. (300)

(capacity utilization rate)

Beschäftigungsplanung
Mit Hilfe der B. wird die ⇨ Beschäftigung einer Periode für eine Kostenstelle geplant. Da die ⇨ Beschäftigung durch eine ⇨ Bezugsgröße gemessen wird, müssen die geplanten Bezugsgrößenmengen festgelegt werden. Die B. wird als ⇨ Engpassplanung oder ⇨ Kapazitätsplanung durchgeführt. (274)

Bestandsbewertung
Am Ende der Periode werden die Kosten und Aufwendungen für Halb- und Fertigfabrikate ermittelt, die in die Bilanz aufgenommen werden. (236)

(inventory valuation)

Beta
Das B. misst das relative systematische ⇨ Risiko eines Wertpapiers. Im ⇨ Capital Asset Pricing Model zeigt es an, wie stark ein Wertpapier mit dem Gesamtmarkt schwankt und wird dazu verwendet, um die Eigenkapitalkosten an das ⇨ Risiko anzupassen. (411)

(beta)

Betriebserfolg
Entspricht dem in der ⇨ Kosten- und Erfolgsrechnung ermittelten ⇨ Erfolg für eine Periode, der sich auf das Sachziel des Unternehmens bezieht (⇨ Erfolgsrechnung, kurzfristige). (234)

(operating income)

Betriebsrentabilität
Sie zeigt die Ergiebigkeit des Vermögenseinsatzes im Betriebsbereich und beantwortet, wie viel Betriebserfolg pro eingesetztes, betriebsnotwendiges Vermögen erwirtschaftet wurde. Berechnung: Betriebserfolg

vor Zinsen und Steuern/betriebsnotwendiges Vermögen. (440)

Betriebsvergleich

Eine Form der ⇨ Ergebniskontrolle, bei der Normwerte von anderen Unternehmen mit den realisierten Werten im Unternehmen verglichen werden. (25)

Bezugsgröße

Die B. ist eine Variable, mit deren Hilfe Kosten auf Kostenobjekte zugerechnet werden. Mit der B. wird die Leistung der Kostenstelle gemessen, durch sie wird die ⇨ Kosteneinflussgröße operationalisiert. In der Kostenrechnung wird sie daher als Maßstab der ⇨ Kostenzurechnung eingesetzt. (113)

(allocation base)

Bonus

Ein B. ist Teil der variablen Vergütung, der meist jährlich ausgezahlt wird, da er mit der Erreichung operativer Ziele verknüpft ist. (475)

(bonus)

Bonusbank

Die B. soll die dysfunktionale Wirkung von operativen Größen mindern, die als Grundlage für die ⇨ Vergütung gewählt werden. Die Boni der einzelnen Jahre werden einem Konto gutgeschrieben oder abgezogen und jährlich ist nur ein bestimmter Prozentsatz des Guthabens auszahlbar. (485)

(bonus bank)

Break-Even-Analyse

Mit ihrer Hilfe wird primär untersucht, wie sich Veränderungen der Absatzmenge auf die Gesamtkosten und -erlöse und damit auf den Gewinn auswirken. Eine wesentliche Information ist dabei, ab welcher Absatzmenge ein Produkt die Gewinnzone erreicht. (249)

(cost-volume-profit analysis)

Budget

Ein B. wird primär zur Erfolgsplanung verwendet, um einer organisatorischen Einheit für einen bestimmten Zeitabschnitt mit einer vorher festgelegten Verbindlichkeit Ziele in Form von Kosten, Erlösen oder Erfolgen vorzugeben. (255)

(budget)

Budgetierung, Koordination der

Sie betrifft die Frage, in welcher Reihenfolge die Budgetierung im Unternehmen ablaufen soll. Es gibt im wesentlichen drei Ansätze:

- Im Top-Down-Ansatz werden die Budgets von der Geschäftsleitung nach unten weitergegeben.
- Werden die Budgets zuerst von den unteren Hierarchieebenen entwickelt und dann nach oben weitergegeben, ist dies der Bottom-Up-Ansatz.
- Beim Gegenstromverfahren werden von der Geschäftsleitung grobe Rahmenvorgaben in einer ersten Runde nach unten kommuniziert und dann in einer zweiten Runde von unten nach oben weiterbearbeitet. (289)

Capital Asset Pricing Model (CAPM)

Mit Hilfe des CAPM lässt sich die Risikoprämie von einer Aktie (= Unternehmensanteil) ermitteln. Im Gleichgewicht erwarten Anleger, dass neben der sicheren Verzinsung zusätzlich eine Risikoprämie bezahlt wird. Sie bemisst sich nach der Differenz aus der Rendite des ⇨

Glossar

Marktportefeuilles und dem sicheren Zinssatz, multipliziert mit dem ⇨ Beta. (409)

(capital asset pricing model)

Cashflow

Der C. wird in verschiedenen Bedeutungen verwendet:
- Der C. entspricht in seiner ursprünglichen Bedeutung dem ⇨ Zahlungssaldo, als Differenz von Ein- und Auszahlungen (direkte Ermittlung). (53)
- Er wird auch in der Bilanzanalyse benutzt, um die Finanzierungskraft zu beurteilen (indirekte Ermittlung).

(cash flow)

Cashflow, freier

Er wird z. B. bei der ⇨ Unternehmensbewertung ermittelt, um einen Marktwert des ⇨ Eigenkapitals zu berechnen.
- Enthalten sind alle betrieblichen Ein- und Auszahlungen sowie die Investitionen in das Anlage- und Umlaufvermögen.
- Nicht berücksichtigt werden hingegen Zahlungen an die Eigen- und Fremdkapitalgeber und Steuern.

Der f. C. eignet sich daher nur für die ⇨ Entity-Methode, denn er steht zur Verfügung, um die Ansprüche der Eigenkapital- und Fremdkapitalgeber zu befriedigen. (393)

(free cash flow)

Controlling

C. unterstützt die Führung bei der erfolgszielorientierten ⇨ Steuerung der ⇨ Planung und ⇨ Kontrolle sowie den dazu notwendigen Informationsprozessen. (33)

(management control)

Controlling-Instrumente

C.-I. sind Regelungen, die unter Berücksichtigung von Interdependenzen zwischen und innerhalb des Planungs- und Kontrollsystems sowie der entsprechenden Informationssysteme zur erfolgszielorientierten Steuerung dieser Subsysteme verwendet werden können. (36)

Cost-Center

C. ist ein organisatorischer Bereich, der für die Kosten, die in seinem Bereich anfallen, verantwortlich ist. Ein C. kann einer ⇨ Kostenstelle entsprechen. (258)

(cost center)

Cost Driver

In einer ⇨ Prozesskosten- und Erfolgsrechnung wird der Begriff als Alternative zum Begriff ⇨ Bezugsgröße verwendet. (140)

(cost driver)

Deckungsbeitrag, absoluter

1. D. je Stück (Stückdeckungsbeitrag) ist die Differenz aus den Erlösen und den ⇨ variablen Kosten einer Produkteinheit. (170)
2. D. in einer Periode (Periodendeckungsbeitrag) ist die Summe der D.e in dieser Periode.

(contribution per unit, contribution margin)

Deckungsbeitrag, relativer

Quotient aus dem ⇨ Deckungsbeitrag je Stück und der Anzahl der Engpasseinheiten je Stück. Der relative D. wird häufig auch spezifischer ⇨ Deckungsbeitrag genannt. (173)

Deckungsbeitragsrechnung

Ein System der ➪ Kosten- und Erfolgsrechnung in dem die variablen Kosten von den fixen Kosten getrennt werden, um den Produkteinheiten nur variable Kosten zuzurechnen. In seiner

- einstufigen Form werden alle Fixkosten in einem Block ausgewiesen,
- in seiner mehrstufiger Form wird hingegen der Fixkostenblock gegliedert (➪ Fixkostenstufe). (157)

(direct costing, variable costing)

Dezentralisation

Mit der D. ist eine Verlagerung von Entscheidungsbefugnissen auf untergeordnete Instanzen und Bereiche verbunden. Es soll z. B. dort entschieden werden, wo die höchste Marktnähe gegeben ist. (344)

(decentralization)

Discounted-Cashflow-Methode (DCF)

Sie wird eingesetzt, um den ➪ Erfolg von Projekten zu berechnen oder um eine ➪ Unternehmensbewertung vorzunehmen. In Deutschland unter dem Namen Kapitalwert-Methode bekannt (➪ Kapitalwert), berechnet sie einen Zukunftserfolg, dadurch, dass die zukünftigen Zahlungssalden abgezinst werden. (392)

(discounted cash flow model)

Dividenden-Diskontierungsmodell

Mit dem D. werden Aktien bewertet, indem die zukünftigen Dividenden auf den Betrachtungszeitpunkt abgezinst werden.

- In der Standardfassung geht man von einer ewigen ➪ Rente aus, meist wird dies erweitert um eine Wachstumsrate der Dividende. (389)

(dividend discount model)

Economic Value Added (EVA)

EVA entspricht einem ➪ Residualerfolg, der analog berechnet wird. Allerdings werden eine Reihe von Anpassungen für die ➪ Erfolgsgröße und das eingesetzte ➪ Kapital vorgenommen. Berechnung: Net Operating Profit after Tax − (gewichtete Gesamtkapitalkosten · Gesamtkapital). (445)

(economic value added)

Eigenkapital

E. ist der Teil des ➪ Kapitals, der dem Unternehmen von den Eigentümern unbegrenzt überlassen wird. Das E. trägt das unternehmerische ➪ Risiko und gilt als Sicherheit (Verlustpuffer), daraus leitet sich ein höherer Verzinsungsanspruch ab. (47)

(equity)

Eigenkapitals, Marktwert des

Der Marktwert des Eigenkapitals wird berechnet, in dem vom Marktwert des Unternehmens der Marktwert des Fremdkapitals abgezogen wird. (391)

(shareholder value)

Eigenkapitalrentabilität

E. ist eine relative Kennzahl (➪ Kennzahl, relative), welche die Verzinsung des ➪ Eigenkapitals anzeigt und somit die für die Eigentümer maßgebliche ➪ Rentabilität ist. Berechnung: Erfolg nach Steuern/Eigenkapital. (437)

(return on equity)

Glossar

Einkommen

Reinvermögenszuwachs bei privaten Haushalten. (46)

(income)

Einlagen

Wert der Eigenmittel, der durch die Eigentümer des Unternehmens eingebracht wird, in Form von Zahlungsmitteln oder anderer Güter (Sacheinlagen). (52)

(capital contributions)

Einsparung, absolute

Die E. wir verwendet, um die Entscheidung zwischen Eigenfertigung und Fremdbezug zu treffen. Sie ist unter der Voraussetzung einer ⇨ Deckungsbeitragsrechnung die Differenz aus dem Beschaffungspreis (Fremdbezug) und den ⇨ variablen Kosten (Eigenfertigung). (184)

Einsparung, relative

Die relative E. wird in Engpass-Situationen benötigt, sie bezieht die Einsparung auf die ⇨ Engpasseinheit. (184)

Einzahlung

Zunahme von Bar- und Buchgeld. (49)

(cash inflow)

Einzelkosten

1. Kosten, die einem ⇨ Kostenobjekt direkt zugerechnet werden, weil zwischen diesem Objekt und den Kosten unmittelbar messbare Beziehungen bestehen.
2. Meist wird der Begriff E. nur für das ⇨ Kostenobjekt Produkt benutzt. E. sind dann z.B. die Kosten für Holzmaterial bei einem Tisch. (98)

(direct cost)

Elastizität

⇨ Absatzmengenelastizität

Endkostenstelle

Kostenstelle, deren (Gemein-)Kosten auf die Kostenträger verteilt werden, z.B.
- Material und
- Fertigung. (112)

(production department)

Engpass

Beschreibt eine Beschäftigungssituation, bei der z.B. eine Kostenstelle nicht ausreichend Maschinenkapazität hat oder eine einzelne Kostenart wie Material knapp ist. (173)

(bottleneck)

Engpasseinheit

Liegt ein ⇨ Engpass vor, so wird das Entscheidungskriterium an diese Situation angepasst, indem es auf die E. bezogen wird. Es zeigt dann an, wie ergiebig eine Alternative den Engpass nutzt. (173)

Engpassplanung

Verfahren der ⇨ Beschäftigungsplanung, bei der die Höhe der geplanten ⇨ Beschäftigung einer Kostenstelle sich nach der zukünftigen ⇨ Beschäftigung richtet, die aufgrund von Engpässen im Unternehmen höchstens zu erreichen ist. (⇨ Kapazitätsplanung) (274)

Entity-Methode

Sie wird zur ⇨ Unternehmensbewertung eingesetzt und entspricht einem Gesamtkapitalansatz. Die ⇨ Zahlungssalden dürfen daher nicht die Zahlungen an die Eigen- und Fremdkapitalgeber enthalten. Der ⇨ Zinssatz, mit dem diskontiert wird, entspricht den gewogenen ⇨ Kapitalkosten (WACC) (⇨ Equity-Methode). (415)

(entity approach)

Entnahmen

Während einer Periode ausgezahlte Beträge an Eigentümer, die sich auf zukünftige Gewinnansprüche beziehen. (52)

Entscheidung

E. ist die Auswahl von Alternativen, wobei die systematische Entscheidung als ⇨ Planung bezeichnet wird. (13)

(decision)

Equity-Methode

Sie wird zur ⇨ Unternehmensbewertung eingesetzt und entspricht einem Eigenkapitalansatz. Die ⇨ Zahlungssalden dürfen daher nicht die Zahlungen an die Eigenkapitalgeber enthalten. Der ⇨ Zinssatz, mit dem diskontiert wird, entspricht den Eigenkapitalkosten (⇨ Entity-Methode). (416)

(equity approach)

Erfolg

1. E. einer Periode als Veränderung des ⇨ Eigenkapitals im Unternehmen. Steigt das Eigenkapital, entsteht ein Gewinn, sinkt es, ergibt sich ein Verlust (ohne Berücksichtigung von ⇨ Einlagen und ⇨ Entnahmen). (47)
2. E. in der Kosten- und Erfolgsrechnung oder ⇨ Betriebserfolg zeigt den Teil des Unternehmenserfolgs, der dadurch entsteht, dass die Sachziele des Unternehmens verfolgt werden.
3. E. als Projekterfolg, wie er in der ⇨ Investitionsrechnung berechnet wird, zeigt die Vermögensänderung durch ein Projekt an (⇨ Kapitalwert). (47)

(earnings, income, net income)

Erfolgsgrößen

E. werden gebildet, um stufenweise den Erfolg zu berechnen. Die Stufen werden durch unterschiedliche Anspruchsgruppen gebildet: 1. Fremdkapitalgeber und 2. Staat. Es entsteht so folgendes Schema:

  Erfolg vor Zinsen und Steuern
− Zinsen (Fremdkapitalgeber)
= Erfolg vor Steuern
− Steuern (Staat)
= Erfolg nach Steuern

Wichtig wird diese Einteilung für die Berechnung von ⇨ Rentabilitäten und dem ⇨ Residualerfolg, weil z. B. für eine ⇨ Eigenkapitalrentabilität der Erfolg nach Steuern im Zähler stehen muss. (436)

(income terms)

Erfolgsrechnung, kurzfristige

Teilsystem in der ⇨ Kosten- und Erfolgsrechnung, in dem den Erlösen die Kosten gegenübergestellt werden, um periodisch den ⇨ Betriebserfolg des Unternehmens zu ermitteln. (233)

(income statement)

Ergebniskontrolle

E. ist der Vergleich zwischen zwei Größen, die als Resultat von Entscheidungen und Handlungen herangezogen werden, unterschieden werden:

− der ⇨ Betriebsvergleich,
− die ⇨ Fortschrittskontrolle,
− die ⇨ Prämissenkontrolle,
− die ⇨ Realisationskontrolle und
− der ⇨ Zeitvergleich. (24)

Glossar

Erlös

Bewertete Güterentstehung, die auf dem Sachziel beruht. (57)

(revenue)

Erlösplanung

Sie beruht auf der Absatzplanung und bildet die Wirkungen ab (geplante Preise und Absatzmengen), die mit dem Einsatz des absatzpolitischen Instrumentariums erzielt werden. (261)

Erlösrechnung

Teilsystem in der Kosten- und Erfolgsrechnung, in dem die Erlöse erfasst, gegliedert und auf die Produkte zugerechnet werden. (231)

Ertrag

Güterentstehung, die nach den gesetzlichen Vorschriften in der Gewinn-und-Verlust-Rechnung erfasst wird. (58)

(revenue)

Fixkosten

⇨ Kosten, fixe

Fixkostenstufe

In einer mehrstufigen ⇨ Deckungsbeitragsrechnung werden die ⇨ Fixkosten in mehrere Stufen geteilt, um einen tieferen Einblick in die Erfolgsstruktur des Unternehmens zu ermöglichen. Typische Schichten sind:
- Produktart,
- Produktgruppe,
- Bereiche und
- Unternehmen. (242)

Forderung

Der Inhaber einer F. kann vom Schuldner verlangen, dass er eine Zahlung leistet, weil er z. B. bereits Güter geliefert hat, oder dass er Güter liefert, da bereits eine Zahlung erfolgte. (47)

(accounts receivable)

Fortschrittskontrolle

Die F. ist eine Form der ⇨ Ergebniskontrolle, bei der der Normwert ein Sollwert und der Vergleichswert ein prognostizierter Wert (Wirdwert) ist. Es soll so eine frühzeitige Eingriffsmöglichkeit gegeben werden. (25)

(feed-forward control)

Fremdkapital

Aus F. leiten sich zukünftige Abflüsse aus dem Unternehmen ab, in der Bilanz zählen dazu Verbindlichkeiten, Rückstellungen und Rechnungsabgrenzungsposten. (47)

(liabilities)

Fremdkapitalquote

Die F. entspricht dem Anteil des ⇨ Fremdkapitals am gesamten ⇨ Kapital. (415)

(debt ratio)

Fremdvergleich

Wenn in einem Konzern Güter ausgetauscht werden, haben die Konzernunternehmen Preise zu vereinbaren, als wenn sie fremde Unternehmen wären. (370)

(dealing at arm's length)

Gemeinkosten

1. Kosten, die einem ⇨ Kostenobjekt nicht direkt zugerechnet werden, weil zwischen diesem Objekt und den Kosten nur mittelbar messbare Beziehungen bestehen.
2. Meist wird der Begriff G. nur für das ⇨ Kostenobjekt Produkt benutzt. G. sind dann z. B. die Kosten für Abschreibungen für eine Maschine. (98)

(indirect cost)

Gesamtabweichung

Differenz aus den geplanten und den tatsächlich angefallenen Kosten. (301)

(total variance)

Gesamtkapitalrentabilität

G. ist eine relative Kennzahl (⇨ Kennzahl, relative), welche die Verzinsung des ⇨ Gesamtkapitals anzeigt. Sie antwortet auf die Frage, wie ergiebig ist das gesamte ⇨ Kapital eingesetzt worden. Berechnung: Erfolg vor Zinsen und Steuern/Gesamtkapital. (437)

(return on total assets)

Gesamtkosten

Summe aller Kosten des Unternehmens in einer Periode. (93)

(total cost)

Gesamtkostenverfahren

Verfahren zur Bestimmung des ⇨ Betriebserfolgs einer Periode, wobei den Erlösen die ⇨ Gesamtkosten gegenübergestellt werden, zusätzlich müssen die Bestandsänderungen an Zwischen- und Fertigprodukten berücksichtigt werden. (235)

(cost of goods manufactured)

Grenzkosten

Verändert sich die ⇨ Beschäftigung um eine Einheit (mathematisch exakt muss es eine infinitesimal kleine Veränderung sein), dann verändern sich auch die ⇨ variablen Kosten, die dann als G. bezeichnet werden. Die G.funktion erhält man durch die erste Ableitung der Gesamtkostenfunktion. (159)

(marginal cost)

Grundkosten

Kostenarten, die ohne Veränderung aus der Finanzbuchhaltung übernommen werden (G. entspricht dem Zweckaufwand). (55)

Hauptprozess

Bezeichnet in einer ⇨ Prozesskosten- und Erfolgsrechnung die Prozesse, die über die Kostenstellen hinausgehen (⇨ Teilprozess). (143)

Herstellkosten

H. umfassen alle Kosten, die zur Produktion eines Kostenträgers notwendig sind, das sind:
– Materialkosten in Form von
– Materialeinzelkosten und
– Materialgemeinkosten sowie
– Fertigungskosten in Form von
– Fertigungslöhnen,
– Fertigungsgemeinkosten und
– Sondereinzelkosten der Fertigung.

Herstellkosten werden zur Bestandsbewertung für interne Zwecke verwendet. (Sie sind nichts zu verwechseln mit ⇨ Herstellungskosten im externen Rechnungswesen.) (126)

(manufacturing cost)

Herstellungskosten

In der Bilanz (handels- und steuerrechtlich) müssen die Bestände an unfertigen Produkten ausgewiesen werden, im Gegensatz zur Kostenrechnung dürfen keine kalkulatorischen Kosten in die Herstellungskosten eingehen. Es ist aber möglich Verwaltungskosten in die Herstellungskosten einzubeziehen, der Ansatz von Vertriebskosten ist hingegen verboten. (127)

(manufacturing cost)

Glossar

Informationsasymmetrie

I. herrscht zwischen einem Bereichsmanager und Zentralmanager dadurch, dass der Bereichsmanager die Situation in seinem Bereich besser kennt. (42)

Informationsbedarf

Der I. ist die Menge und Qualität an Informationen, die notwendig sind, um eine Aufgabe zu bewältigen. (13)

Informationseffizienz des Kapitalmarkts

Als informationseffizient wird der Kapitalmarkt bezeichnet, wenn er alle Informationen in seinen Preisen verarbeitet, in der Regel wird die halb strenge Form angenommen, bei der alle öffentlich zugänglichen Informationen im Preis berücksichtigt sind. (387)

(efficient capital market)

Investitionsrechnung

Die I. ist ein Teilsystem im betrieblichen ⇨ Rechnungswesen, mit dem auf Basis von ⇨ Zahlungssalden Entscheidungen über Aufbau und Abbau von Ressourcen im Unternehmen getroffen werden (⇨ Kapitalwert). (72)

Investment-Center

Der Leiter eines I. ist für den Erfolg seines Bereiches einschließlich der Investitionen verantwortlich. (258)

(investment center)

Istkosten

I. sind die tatsächlich in einer vergangenen Periode angefallenen Kosten.
1. Alle Einflussgrößen, die auf die Kosten wirken, sind in ihrer Istausprägung, z. B. Istpreise und Istbeschäftigung, anzusetzen.
2. In der Plankostenrechnung werden innerhalb der ⇨ Abweichungsanalyse I. verwendet, die preisbereinigt sind (auch als I. der Plankostenrechnung bezeichnet). (91)

Kalkulation

Zweck der K. (oder ⇨ Kostenträgerrechnung) ist es, für eine Produkteinheit die Kosten zu ermitteln (⇨ Selbstkosten). (123)

Kalkulationssatz

Mit Hilfe des K. werden die Kosten einer ⇨ Endkostenstelle auf die Produkte zugerechnet. Er wird berechnet, indem die (Gemein-) Kosten der Endkostenstelle durch die Anzahl der Bezugsgrößeneinheit geteilt werden. (122)

(cost rate)

Kapazität

Die K. einer Kostenstelle gibt die Beschäftigungsmöglichkeit an, z. B. als
- maximale Kapazität (⇨ Beschäftigung) oder
- normale Kapazität (Beschäftigung).

Gemessen wird sie durch die ⇨ Bezugsgröße der Kostenstelle.

(capacity)

Kapazitätsplanung

Verfahren der ⇨ Beschäftigungsplanung, bei dem die Kosten auf Basis der ⇨ Kapazität der Kostenstelle ermittelt werden. (⇨ Engpassplanung) (274)

Kapital

Das K. sind die gesamten durch Eigentümer (⇨ Eigenkapital) und Dritte (Fremdkapital) zur Verfügung gestellten finanziellen Mittel des Unternehmens. (47)

(capital)

Kapitalbindung

Die K. drückt aus, wie hoch das ⇨ Kapital in einem Vermögensgut während eines Zeitraums ist. Annahmen über die K. sind erforderlich, wenn die Zinsen berechnet werden.

(capital tie-up)

Kapitalerhaltung

K. ist eine Form der ⇨ Vermögenserhaltung, insbesondere die nominale K. ist gewährleistet, wenn der Nennbetrag des ⇨ Kapitals bewahrt wird. (62)

(capital maintenance)

Kapitalerhöhung, bedingte

Durch eine bedingte K. wird das Grundkapital (gezeichnete Kapital) angehoben, um z. B. die Möglichkeit zu schaffen, Wandelobligationen zu tauschen oder Aktienoptionsprogramme für Führungskräfte einzurichten. (489)

Kapitalkosten

Als K. wird die Rendite bezeichnet, die das Unternehmen den Kapitalgebern bieten muss, um von ihnen ⇨ Kapital zu erhalten. Während dies bei ⇨ Fremdkapital für das Unternehmen leicht zu ermitteln ist, sind bei ⇨ Eigenkapital ⇨ Opportunitätskosten anzusetzen. (401)

(cost of capital)

Kapitalkosten, gewichtete

Sie werden zur Diskontierung von ⇨ Zahlungssalden in der ⇨ Unternehmensbewertung und ⇨ Investitionsrechnung eingesetzt. Sie drücken die Renditeforderungen von Eigenkapital- und Fremdkapitalgebern aus (⇨ Entity-Ansatz). (414)

(weigthed average cost of capital)

Kapitalwert

Der Kapitalwert zum Zeitpunkt t_0 wird berechnet, indem zu den Investitionsauszahlungen in t_0 die abgezinsten ⇨ Zahlungssalden des Projektes addiert werden. Er misst den ⇨ Erfolg von Projekten. (73)

(net present value)

Kennzahl

Mit einer Kennzahl wird eine Messgröße bezeichnet, die in möglichst knapper Form einen wirtschaftlichen Sachverhalt quantifiziert. K. treten in verschiedenen Arten auf: ⇨ Kennzahl, absolute; ⇨ Kennzahl, relative. (425)

(ratio)

Kennzahl, absolute

Kennzahlenart, die in verschiedenen Unterarten auftritt:
– Einzelkennzahlen (Auftragseingang aus einem Verkaufsgebiet);
– Summenkennzahlen (Kosten für eine Kostenstelle, Bilanzsumme);
– Differenzkennzahlen (Zahlungssaldo, Deckungsbeitrag);
– Mittelwerte (durchschnittlicher Auftragswert je Kunde). (425)

Kennzahl, relative

Kennzahlenart, bei der die einzelnen Kennzahlen miteinander in Relation gesetzt werden, z. B. als
– Beziehungszahlen (Gewinn/Eigenkapital, Umsatz/Beschäftigter);
– Gliederungskennzahlen (Anlagevermögen/Gesamtvermögen);
– Indexzahlen (Umsatz 2016/Umsatz 2015). (426)

Kontrolle

Kern der Kontrolle ist ein Vergleich zwischen zwei Größen, eine Norm-

Glossar

größe und eine weitere Größe, wobei für das ⇨ Controlling die ⇨ Ergebniskontrolle wichtig ist. Ergänzt wird der Vergleich um eine ⇨ Abweichungsanalyse. (23)

(controlling)

Kontrollperiode

Mit der K. wird der Zeitraum festgelegt, für den überprüft wird, ob die geplanten Kosten, Erlöse und Erfolge tatsächlich erreicht wurden. Ein weit verbreiteter Zeitraum ist der Monat. (264)

(control period)

Koordinationsinstrumente

K. sind Regelungen, die unter Berücksichtigung der Interdependenzen zwischen den Systemen im Unternehmen eine Abstimmung im Hinblick auf das angestrebte ⇨ Ziel ermöglichen. (35)

Kosten

Bewerteter Güterverzehr zur Erreichung des Sachziels. (54)

(cost)

Kosten, fixe

Kostenarten, die bei einer Beschäftigungsänderung konstant bleiben. (159)

(fixed cost)

Kosten, kalkulatorische

Sie werden in der Kostenrechnung berechnet, um die Aufwendungen zu korrigieren (⇨ Anderskosten) oder um die Güterverzehre zu berücksichtigen, die im externen Rechnungswesen nicht enthalten sind (⇨ Zusatzkosten). (97)

(imputed cost)

Kosten, primäre

Sie werden vom Markt beschafft und in der ⇨ Kostenartenrechnung erfasst (⇨ Kosten, sekundäre). (98)

Kosten, relevante

Relevante Kosten sind die durch die betrachtete Alternative (in der Zukunft) zusätzlich ausgelösten Kosten. (170)

(relevant cost)

Kosten, sekundäre

Sie werden innerhalb des Unternehmens geschaffen und durch die innerbetriebliche ⇨ Leistungsverrechnung auf ⇨ Endkostenstellen verteilt (⇨ Kosten, primäre). (98)

Kosten, variable

Kosten, die mit der ⇨ Beschäftigung schwanken, wie z. B. Materialeinzelkosten. (159)

(variable cost)

Kosten, versunkene

Dies sind in der Vergangenheit getätigte Kosten, an denen in der Zukunft nichts geändert werden kann und die endgültig verloren sind. (169)

(sunk cost)

Kostenart

Eine K. ist der unter einem gleichen Merkmal bewertete Güterverzehr zur Erreichung des ⇨ Sachziels. (96)

Kostenartenrechnung

Teilsystem in der ⇨ Kosten- und Erfolgsrechnung, in dem die Kosten erfasst und gegliedert werden. (94)

Kostenauflösung

In einer ⇨ Deckungsbeitragsrechnung ist es notwendig, die ⇨ Kostenarten in den Kostenstellen auf ihr Verhalten gegenüber Beschäftigungsänderungen zu untersuchen. Mit Hilfe der K. soll erkannt werden, ob sich eine Kostenart und welche Teile der Kostenart sich variabel oder fix verhalten. (162)

(cost estimation)

Kostenaufschlagsmethode

Sie ist eine Standardmethode für internationale Verrechnungspreise, bei der neben den Kosten noch ein Gewinnaufschlag berücksichtigt wird. (373)

(cost plus method)

Kosteneinflussgröße

Reale Phänomene, die sich auf die Kosten auswirken. Um zu erklären, wie sich Kosten verhalten, müssen die K.n bekannt sein. Beispiele: Preis, ⇨ Beschäftigung, Intensität (ähnlicher Begriff: Kostenbestimmungsfaktor). (114)

(cost driver)

Kostenkontrolle

Mit ihrer Hilfe soll die ⇨ Wirtschaftlichkeit von ⇨ Kostenobjekten insbesondere den ⇨ Kostenstellen überprüft werden. Zentral für die K. ist die ⇨ Abweichungsanalyse. (298)

(cost control)

Kostenmanagement

Unter K. wird die Planung und Kontrolle von Maßnahmen verstanden, mit dem Zweck Kosten zu beeinflussen, in der Regel zu senken. (198)

(cost management)

Kostenobjekt

Gegenstand, dem in Unternehmen Kosten zugerechnet werden; die wichtigsten K. sind Produkte, Prozesse und Kostenstellen. (93)

(cost object)

Kostenplanung

Teil der Unternehmensplanung, in dem die ⇨ Sachziele in der Zielgröße Kosten abgebildet werden. Zweck ist es, die ⇨ Rechnungszwecke der ⇨ Planung zu erfüllen, wie z.B. ⇨ entscheidungsrelevante Kosten zur Verfügung zu stellen. Es werden ⇨ Einzelkosten und ⇨ Gemeinkosten getrennt geplant. (260)

(budgeting)

Kostenrechnungssystem

Abkürzende Bezeichnung für ein System der ⇨ Kosten- und Erfolgsrechnung. (81)

Kostenstelle

Organisationseinheit im Unternehmen, für die Kosten erfasst, geplant und kontrolliert werden. Für die K. wird ein Kostenstellenleiter bestimmt, der die Kosten der K. zu verantworten hat. (111)

(cost center)

Kostenstellenrechnung

Teilsystem in der ⇨ Kosten- und Erfolgsrechnung, in dem die ⇨ Gemeinkosten mit Hilfe der ⇨ Bezugsgrößen auf die Kostenstellen verteilt werden, mit Hilfe der innerbetrieblichen ⇨ Leistungsverrechnung alle Kosten auf die ⇨ Endkostenstellen zugerechnet werden. (111)

Glossar

Kostenträger

K. sind die Produkte (Leistungen) des Unternehmens, auf die – je nach ⇨ Kostenrechnungssystem – die Kosten zugerechnet werden. Als Leistungen gelten die für den Markt bestimmten Leistungen (Markt- und Betriebsleistungen) und die innerbetrieblichen Leistungen. (123)

(cost unit)

Kostenträgerrechnung

Teilsystem in der ⇨ Kosten- und Erfolgsrechnung, in dem die Kosten auf die Produkte (⇨ Kostenträger) zugerechnet werden (⇨ Kalkulation). (123)

Kosten- und Erfolgsrechnung

Für die K. wird systematisch festgelegt in welcher Art und Weise Kosten, Erlöse und Erfolge erfasst und verarbeitet werden. Die Struktur der verschiedenen Systeme der K. ist weitgehend gleich, sie besteht aus
- ⇨ Kostenartenrechnung,
- ⇨ Kostenstellenrechnung,
- ⇨ Kostenträgerrechnung,
- ⇨ Erlösrechnung und
- ⇨ Kurzfristige Erfolgsrechnung.

Die Systeme der K. lassen sich durch zwei Merkmale einteilen, den Zeitbezug und den Verrechnungsumfang der Kosten. Durch diese Kriterien entsteht eine Matrix mit vier Feldern, in denen die wichtigsten Systeme der K. enthalten sind:

⇨ Traditionelle Kosten- und Erfolgsrechnung,

⇨ Deckungsbeitragsrechnung,

⇨ Prozesskosten- und Erfolgsrechnung,

⇨ Plankosten- und Erfolgsrechnung. (81)

(cost accounting)

Kosten- und Erfolgsrechnung, traditionelle

System der ⇨ Kosten- und Erfolgsrechnung, in dem die vollen Gemeinkosten über die Kostenstellen auf ⇨ Kostenträger verrechnet werden. Sie ist vergangenheitsorientiert. (91)

(full absorption costing)

Kostenzurechnung

Mit der K. werden ⇨ Kostenobjekten – z. B. Produkten oder Kostenstellen – Kosten zugeordnet. Zuordnung bedeutet, dass zwischen Elementen verschiedener Mengen eine Beziehung hergestellt wird, z. B. den Energiekosten einer Kostenstelle und den dort gefertigten Produkten. (113)

(cost allocation)

Lebenszykluskosten

Die L. sind die gesamten Kosten, die ein Produkt während seines Lebenszyklus verursacht. Sie reichen beispielsweise von den Marktforschungs-, Forschungs- und Entwicklungs- bis zu den Betriebskosten während der Marktphase. (205)

(life-cycle cost)

Leerkosten

L. sind die nicht genutzten ⇨ Fixkosten einer Kostenstelle, sie stellen keine echten Kostenabweichungen dar (⇨ Nutzkosten). (310)

(idle capacity cost)

Leistungsverrechnung, innerbetriebliche

Zweck der ibL ist es, die ⇨ sekundären Kosten der ⇨ Vorkostenstellen auf andere Vorkostenstellen und die ⇨ Endkostenstellen zuzurechnen. (117)

(allocating costs of service departments)

Leverage, operativer

Es ist das Verhältnis von ⇨ Deckungsbeitrag zu ⇨ Erfolg (Betriebserfolg) und zeigt an, wie sich eine einprozentige Veränderung der Absatzmengen auf den ⇨ Erfolg auswirkt und zielt auf die gleiche Aussage wie die ⇨ Absatzmengenelastizität. (250)

(operating leverage)

Liquidität

Fähigkeit, jederzeit seinen Zahlungsverpflichtungen nachkommen zu können. (49)

(liquidity)

Market Value Added

Der MVA vergleicht den derzeitigen ⇨ Marktwert des Unternehmens mit dem eingesetzten Kapital auf Basis der Bilanz. Nach einer äquivalenten Berechnung entspricht er dem Barwert sämtlicher zukünftiger ⇨ EVA. (448)

(market value added)

Markt, vollkommener

Ein v. M. hat folgende Eigenschaften:
- Die gehandelten Güter sind homogen und fungibel.
- Zwischen den Marktteilnehmern bestehen keine Präferenzen.
- Alle Marktteilnehmer handeln rational im Sinne ihrer Nutzenmaximierung.
- Alle Marktteilnehmer besitzen vollständige Informationen (Markttransparenz).

Wenn diese Voraussetzungen erfüllt sind, gibt es nur einen Preis, der z. B. als ⇨ Verrechnungspreis verwendet werden kann. (363)

(market)

Marktkapitalisierung

Die M. ist der Preis eines Unternehmens an einem Börsentag, er wird berechnet, in dem z. B. der Schlusskurs eines Tages mit der Anzahl der Aktien multipliziert wird. (385)

(market capitalisation)

Marktportefeuille

In der Kapitalmarkttheorie des CAPM enthält das M. sämtliche riskanten Wertpapiere (Aktien), wobei sich ihr Anteil nach der ⇨ Marktkapitalisierung richtet, meist wird es durch einen Index wie z. B. den DAX 30 oder S & P 500 nachgebildet. (409)

(market portfolio)

Marktpreis-Buchwert-Verhältnis

Die Kennzahl setzt das durch den Markt bewertete Eigenkapital (Börsenkurs) ins Verhältnis zum bilanziellen Eigenkapital (Buchwert). Es dient dem Vergleich verschiedener Unternehmen. (386)

(market to book ratio)

Marktrisiko

⇨ Risiko, systematisches

Matching-Prinzip

Nach dem M. sollen den Erlösen einer Periode nur die sachlich zugehörigen Kosten gegenübergestellt werden, Forschungs- und Entwicklungskosten für zukünftige Produkte sind danach nicht in der aktuellen Periode zu verrechnen. (428)

(matching principle)

Mengenschlüssel

Anderer Begriff für ⇨ Bezugsgröße auf Mengen- oder Zeitbasis, z. B. Fertigungsmengen. (122)

(nonfinancial allocation base)

Nachhaltigkeit

Mit N. streben Unternehmen an, dass die jetzige Generation nicht auf Kosten der nachfolgenden Generation lebt. Eine starke Nachhaltigkeit verlangt, dass der gegenwärtige Ge- oder Verbrauch ökonomischer, ökologischer und sozialer Ressourcen nicht deren zukünftigen Gebrauch oder Verbrauch verhindert. (19)

(sustainability)

Nutzkosten

N. sind die in Anspruch genommenen ➪ Fixkosten einer Kostenstelle, es werden die Fixkosten mit dem ➪ Beschäftigungsgrad multipliziert (➪ Leerkosten). (310)

Opportunitätskosten

O. sind die nicht realisierten Gewinne einer alternativen Anlagemöglichkeit. (57)

(opportunity cost)

Periodendeckungsbeitrag

➪ Deckungsbeitrag, absoluter

Phantom-Aktie

Wenn das Unternehmen aus gesellschaftsrechtlichen Gründen keine Aktien ausgeben kann, bieten sich P. an. Es muss eine Regel aufgestellt werden, wie der Unternehmenswert ermittelt wird, in Frage kommen z. B. wertorientierte Kennzahlen, die auch zur Unternehmenssteuerung verwendet werden. (496)

(phantom stock)

Plankalkulationssatz

Entspricht dem ➪ Kalkulationssatz, alle Größen sind Planwerte. (277)

Plankosten

1. P. sind die in die Zukunft gerichteten Kosten, die durch die ➪ Kostenplanung festgelegt werden. Sie beruhen auf Prämissen wie z. B. Planpreisen und einer optimaler Produktion.
2. Alle Einflussgrößen, die in der ➪ Kostenplanung berücksichtigt werden, sind in ihren Planausprägung, z. B. Planpreise und Planbeschäftigung, anzusetzen. (260)

(planned cost, standard cost)

Plankosten, verrechnete

Sie treten in der flexiblen ➪ Plankostenrechnung auf Vollkostenbasis auf, es sind die mit Hilfe eines ➪ Plankalkulationssatzes auf die ➪ Bezugsgröße zugerechneten ➪ Plankosten. (299)

Plankosten- und Erfolgsrechnung

System der ➪ Kosten- und Erfolgsrechnung, in dem die Kosten, Erlöse und Erfolge geplant werden, in Verbindung mit einer Istkosten- und Erfolgsrechnung sind Kontrollrechnungen mit ➪ Abweichungsanalysen möglich. Die P. tritt in Form von Voll- und Teilkostensystemen auf. Unterschieden werden:

– starre Plankostenrechnung,
– flexible Plankostenrechnung auf Vollkostenbasis und
– flexible Plankostenrechnung auf Teilkostenbasis.

Die flexiblen Formen der Plankostenrechnung ermöglichen im Gegensatz zur starren Form eine Anpassung an die Einflussgröße Beschäftigung. (259)

(standard costing)

Planung

P. ist die systematische Ermittlung von Handlungsalternativen, deren Prognose und Bewertung ihrer Ergebnisse sowie die Auswahl der optimalen Alternative. ⇨ Entscheidung und P. werden in diesem Buch weitgehend synonym verwendet, P. nur dann verwendet, wenn eine systematische ⇨ Entscheidung vorliegt. (12)

(planning)

Planung, operative

Die o. P. erfolgt unter der Annahme von gegebenen Ressourcen im Unternehmen, ihr Ziel ist eine möglichst effiziente Nutzung der vorhandenen Ressourcen. (22)

(operational planning)

Planung, strategische

Die s. P. hat den weitesten zeitlichen Horizont, da in ihr bis zum ⇨ Planungshorizont geplant wird. Planungsobjekt sind Produktprogramme und Produkt-Markt-Kombinationen u.v.m. (21)

(strategic planning)

Planung, taktische

In der t. P. werden im Rahmen der strategischen Planung über Projekte entschieden, die dem Ressourcenaufbau oder abbau dienen. (22)

(tactical planning)

Planungsebene

Da eine Totalplanung, d.h. eine Planung über alle sachlichen und zeitlichen Planungsprobleme, nicht möglich ist, werden drei Planungsebenen unterschieden: strategische, taktische und operative Planung (⇨ Planung, strategische; ⇨ Planung, taktische; ⇨ Planung, operative), die durch sachliche und zeitliche Kriterien gebildet werden. (21)

Planungshorizont

P. ist der Zeitpunkt in der Zukunft, bis zu dem eine ⇨ Planung als sinnvoll angesehen wird. (21)

Planungsperiode

Mit der P. wird z. B. der Zeitraum der operativen Planung festgelegt, für den die Kosten, Erlöse und Erfolge geplant werden; üblich ist ein Zeitraum von einem Jahr. (264)

(budget period)

Prämissenkontrolle

Aufgabe der P. ist es, die Annahmen der ⇨ Planung zu überprüfen, und festzustellen, ob aufgrund von Veränderungen eine Plananpassung notwendig ist. (25)

Preisabweichung

Die P. wird in der ⇨ Abweichungsanalyse ermittelt, sie beruht auf dem Unterschied zwischen den tatsächlichen und den geplanten Preisen. (302)

(price variance)

Preisuntergrenze

P. sollen anzeigen, ab wann der Absatz von Produkten die finanziellen Ziele nicht mehr erreicht. (186)

(minimum price)

Preisuntergrenze, kurzfristige

Kostengrenze, die durch die variablen Kosten definiert sind. Der Preis muss mindestens die variablen Kosten decken. (187)

(short-run minimum price)

Glossar

Preisuntergrenze, langfristige
1. Kostengrenze, die durch die vollen (variablen und fixen) Kosten definiert sind. Der Preis muss mindestens die vollen Kosten decken. (190)
2. In einer dynamischen Interpretation werden darunter die durchschnittlichen Auszahlungen eines Stückes (einer Mengeneinheit) verstanden, die den zeitlichen Anfall der Auszahlungen Rechnung trägt (222).

(long-run minimum price)

Preisuntergrenze, liquiditätsorientierte
Kostengrenze, die durch die variablen Kosten definiert sind, die sich liquiditätsmäßig auswirken. (187)

Preisvergleichsmethode
Bei der P. wird davon ausgegangen, dass der Verrechnungspreis auf Basis von Marktpreisen berechnet wird. (372)

(comparable uncontrolled price method)

Produktlebenszyklusrechnung
In einer P. werden alle sachzielbezogenen Zahlungen für den gesamten Produktlebenszyklus berücksichtigt, sie ist Informationssystem für die ⇨ Zielkostenplanung und -kontrolle. (220)

(life-cycle costing)

Profit-Center
Manager eines P. sind in der Lage, die Kosten und Erlöse ihres Bereiches zu beeinflussen, deswegen sind sie für den Erfolg ihres Bereichs verantwortlich (⇨ Verantwortungsbereich). (258)

(profit center)

Prozess
Ein P. ist eine Aufeinanderfolge einzelner Tätigkeiten. (139)

(activity)

Prozess, leistungsmengeninduziert
Er verhält sich zur Leistungsmenge der Kostenstelle variabel. (144)

Prozess, leistungsmengenneutraler
Er verhält sich zur Leistungsmenge der Kostenstelle fix. (144)

Prozesskostenkalkulation
Mit Hilfe der P. werden die Prozesskosten auf die einzelnen Produkte verteilt. (148)

Prozesskostensatz
Der P. drückt die Kosten eines Prozesses aus und entspricht dem ⇨ Kalkulationssatz einer ⇨ Kostenstelle. (145)

Prozesskosten und Erfolgsrechnung
System der ⇨ Kosten- und Erfolgsrechnung, in dem die Gemeinkosten nicht ausschließlich über die Kostenstellen auf ⇨ Kostenträger verrechnet werden, sondern in dem die Prozesse als ⇨ Kostenobjekte zum Teil diese Funktion übernehmen. (141)

(activity-based costing)

Realisationskontrolle
Die R. ist eine Form der ⇨ Ergebniskontrolle, bei der der Normwert ein Sollwert und der Vergleichswert ein realisierter Wert (Istwert) ist. Sie ist die typische Form in der ⇨ Plankostenrechnung, in der die ⇨ Abweichungsanalyse für Kosten durchgeführt wird. (24)

(feed-back control)

Rechnungswesen, betriebliches

Abbildung des Wirtschaftsgeschehens (Zustände und Prozesse) im Unternehmen sowie zwischen dem Unternehmen und seiner Umwelt mit finanziellen Größen. (27)

(accounting system)

Rechnungswesen, internes

Es ist ein institutionalisiertes Informationssystem, das unternehmensinternen Adressaten – Manager – für ihre Aufgaben finanzielle Informationen zur Verfügung stellt. (29)

(management accounting)

Rechnungszweck

R.e sind die Wissenswünsche von Führungskräften, sie leiten sich aus den Aufgaben ab wie z. B. Planung und Kontrolle. (29)

(purpose)

Regressionsanalyse

Mithilfe der R. wird ein Beziehung zwischen einer abhängigen Variablen (Kosten) und einer unabhängigen Variablen (⇨ Bezugsgröße, z. B. Maschinenstunden) hergestellt. Für die ⇨ Kostenauflösung wird eine einfache lineare R. eingesetzt. (163)

(regression analysis)

Reinvermögen

R. ist das gesamte Vermögen zu einem Zeitpunkt abzüglich der Schulden (⇨ Einkommen). (46)

(net assets)

Rentabilität

Sie ist der Quotient aus Gewinn und ⇨ Kapital (Eigenkapital- und Gesamtkapitalrentabilität) oder Umsatz (⇨ Umsatzrentabilität). (17)

Rente, ewige

Sie entspricht einem unendlichen Strom an gleichhohen Rentenzahlungen. Ihr Barwert wird in der Unternehmensbewertung verwendet, um den ⇨ Restwert zu ermitteln, oder er wird zu Berechnung des Future Growth Value eingesetzt (390)

Residualerfolg

Der R. ist ein absoluter Erfolg, der anzeigt, ob es einer organisatorischen Einheit (Unternehmen, Profit-Center etc.) gelungen ist, einen Überschuss über die ⇨ Kapitalkosten zu erwirtschaften (⇨ Economic Value Added). Berechnung: Erfolg vor Zinsen – (Kapitalkostensatz · eingesetztes Kapital). (443)

(residual income)

Restabweichung

Werden ⇨ Spezialabweichungen ermittelt, verbleibt in der Regel ein Betrag übrig, dem keine Einflussgröße zugeordnet werden kann. Diese R. beruht auf ⇨ Einflussgrößen, die nicht bekannt sind oder bewusst im Planungs- und Kontrollprozess vernachlässigt werden. (306)

Restwert

Er stellt den Wert des Unternehmens am Ende des Planungszeitraums dar, der zu den explizit geplanten freien ⇨ Cashflows addiert wird. Meist wird von einer ⇨ ewigen Rente ausgegangen, die mit einem Wachstumsfaktor versehen wird. (392)

(terminal value)

Return on Capital Employed

Diese ⇨ Kennzahl unterscheidet sich von der ⇨ Gesamtkapitalrentabilität dadurch, dass im Nenner alle Positionen des ⇨ Fremdkapitals, die nicht

Glossar

verzinst werden, abgezogen werden. (439)

(return on capital employed)

Return on Investment

Der R. entspricht im Aufbau einer Gesamtkapitalrentabilität, sie wird insbesondere zur Beurteilung von ⇨ Profit-Centern angewendet. Da in diesen Fällen nicht eindeutig in ⇨ Eigenkapital und Fremdkapital getrennt werden kann, steht im Zähler das eingesetzte Vermögen. Berechnung: Erfolg vor Zinsen und Steuern/eingesetztes Vermögen. (438)

(return on investment)

Revenue Center

R. ist ein ⇨ Verantwortungsbereich, bei dem in der Regel dem Vertrieb und Marketing die Verantwortung für die Erlöse des Unternehmens gegeben werden. (258)

(revenue center)

Risiko

Für einen Investor besteht das R. darin, dass er die erwartete Rendite nicht erreicht. Es lässt sich dann mit der Standardabweichung oder der Varianz messen. (407)

(risk)

Risiko, systematisches

Der Teil der Renditeschwankungen eines Wertpapiers, der nicht durch Diversifikation eliminiert werden kann; es wird auch als Marktrisiko bezeichnet. (410)

(systematic risk)

Risiko, unsystematisches

Der Teil der Renditeschwankungen eines Wertpapiers, der durch Diversifikation eliminiert werden kann, da er auf den speziellen Risiken eines Wertpapiers (Unternehmens) beruht. (410)

(unsystematic risk)

Sachziel

Das S. legt die zu erstellenden Leistungen des Unternehmens nach Art, Menge und Zeitpunkt fest. (17)

Scheingewinn

S.e entstehen, wenn die Wiederbeschaffungskosten der eingesetzten Güter höher sind als deren Anschaffungskosten. Um sie zu berücksichtigen, wurden verschiedenen Verfahren der ⇨ Vermögenserhaltung entwickelt. (60)

(paper profit)

Selbstkosten

S. sind sämtliche auf eine Produkteinheit zugerechneten Kosten: neben den ⇨ Herstellkosten, die Vertriebs- und Verwaltungskosten. (127)

(product cost)

Shareholder-Value

⇨ Eigenkapitals, Marktwert des (69)

Solldeckungsbeitrag

Der S. wird für preispolitische Entscheidungen als Zuschlag auf die ⇨ variablen Kosten verwendet. Er wird z. B. ermittelt, indem die fixen Kosten und der Gewinn durch die Absatzmenge geteilt werden. (190)

Sollkosten

Begriff aus der flexiblen ⇨ Plankostenrechnung. S. sind die auf die tatsächliche ⇨ Beschäftigung umgerechneten ⇨ Plankosten einer Kostenstelle, mit Hilfe der S. lassen sich Beschäftigungsänderungen isolieren. (300)

(flexible budget)

Sondereinzelkosten

S. fallen an als S. der Fertigung und S. des Vertriebs, in beiden Fällen handelt es sich um ⇨ Kostenarten, die spezielle ⇨ Einzelkosten umfassen. (127)

Spezialabweichung

Die S. wird fallweise bei der ⇨ Abweichungsanalyse berechnet, um die ⇨ Verbrauchsabweichung aufzuspalten. Ziel ist es, die ⇨ Verbrauchsabweichung auf die ⇨ Einflussgrößen zu verteilen. In der Regel verbleibt eine ⇨ Restabweichung. (306)

(variance)

Steuerung

S. ist die zielorientierte Beeinflussung von Akteuren in Systemen. (13)

(control)

Stückdeckungsbeitrag

⇨ Deckungsbeitrag, absoluter

Substanzerhaltung

S. ist eine Form der ⇨ Vermögenserhaltung, bei der die im Produktionsprozess verzehrten Güter erhalten werden sollen. Zweck ist es, die wirtschaftliche Leistungsfähigkeit des Unternehmens zu bewahren.

- Die reproduktive S. erfordert, dass die verzehrten Güter in der gleichen Menge und der gleichen Qualität wiederbeschaffbar sind.
- Für die leistungsmäßige S. wird meist gefordert, auch den technischen Fortschritt zu berücksichtigen. (63)

(maintenance of operating capacity)

Teilabweichung

Die ⇨ Gesamtabweichung lässt bei einer ⇨ Kostenkontrolle nicht erkennen, welche ⇨ Kosteneinflussgrößen sie verursacht haben, daher wird sie in Beträge aufgeteilt, die erkennen lassen, wie hoch eine einzelne Einflussgröße zur ⇨ Gesamtabweichung beigetragen hat. Standardmäßig werden je nach System der Plankostenrechnung berechnet:

- ⇨ Beschäftigungsabweichung,
- ⇨ Preisabweichung und
- ⇨ Verbrauchsabweichung.

Weitere Analysen richten sich dann auf die Verbrauchsabweichung, sie werden ⇨ Spezialabweichungen genannt. (299)

(variance)

Teilprozess

Bezeichnet in einer ⇨ Prozesskosten und Erfolgsrechnung die Prozesse, die in einer Kostenstelle stattfinden (⇨ Hauptprozess). (140)

Umlaufvermögen

Das U. dient im Gegensatz zum ⇨ Anlagevermögen dem Unternehmen nicht dauerhaft, Positionen sind z. B. Vorräte, Forderungen, Bankguthaben und Kasse. (47)

(current assets)

Umsatzkostenverfahren

Verfahren zur Bestimmung des ⇨ Betriebserfolgs einer Periode, wobei den Erlösen die Kosten der abgesetzten Produkte gegenübergestellt werden. Vorteil gegenüber dem ⇨ Gesamtkostenverfahren ist es, dass nicht die Bestandsänderungen an Zwischen- und Fertigprodukten berücksichtigt werden müssen. (237)

(cost of goods sold)

Glossar

Umsatzrentabilität
Verhältnis von Gewinn zu Umsatz; sie erlaubt eine Aussage über die Ergiebigkeit des Umsatzes. (203)

(profit margin, return on sales)

Unternehmensbewertung
Mit Hilfe der U. wird der Gesamtwert eines Unternehmens bestimmt, wobei er auf Basis der zukünftigen Erfolge berechnet wird. Neben seiner Aufgabe Entscheidungen über Transaktionen von Unternehmen zu unterstützen, wird er heute auch im wertorientierten Controlling verwendet (⇨ Eigenkapitals, Marktwert des). (389)

(business or firm valuation)

Unternehmensrechnung
In der U. wird das Wirtschaftsgeschehen (Zustände, Prozesse) im Unternehmen und zwischen Unternehmen und Umwelt mit Hilfe von quantitativen Größen abgebildet. (27)

Verantwortungsbereich
Dies sind organisatorische Bereiche, die innerhalb des Unternehmens für bestimmte Ziele – ausgedrückt in Größen des Rechnungswesens – verantwortlich sind. Die wichtigsten V. sind ⇨ Cost-Center, ⇨ Revenue-Center, ⇨ Profit-Center und ⇨ Investment-Center. (257)

(responsibility center)

Verbindlichkeiten
V. ist ein anderer Begriff für Schulden. Der Gläubiger kann vom Schuldner z. B. verlangen, dass er zu einem bestimmten Zeitpunkt einen Geldbetrag bezahlt. (47)

(liabilities)

Verbrauchsabweichung
Die V. ist die Differenz aus den Istkosten (preisbereinigt) und den ⇨ Sollkosten. (300)

(efficiency variance)

Verbundvorteile
V. entstehen in Unternehmen aufgrund der Art und Weise, wie die Produktionsfaktoren im Unternehmen organisiert werden, sie treten z. B. auf als Einkaufs- und Verkaufsverbundvorteile aufgrund der Größe oder Kostenvorteile im Vertrieb und der Produktion. (365)

(synergy)

Vergütung
Mit der V. wird ein finanzieller ⇨ Anreiz für Manager geschaffen, eine bestimmte Leistung zu erbringen. Erfolgsorientierte V. hat in der Regel drei Komponenten:
– fixe V.,
– jährliche variable V. (⇨ Bonus) und
– langfristig orientierte V. (475)

(remuneration)

Vergütungsinstrument
Mithilfe der V. sollen die Zwecke erfüllt werden, die im Unternehmen mit der ⇨ Vergütung verfolgt werden. Für die variable Vergütung werden insbesondere zwei Gruppen unterschieden:
– V. auf Basis von Aktienkursen (⇨ Aktienoption) und
  V. auf Basis von ⇨ Kennzahlen. (475)

Vermögen
Summe der Vermögensgüter (Zahlungsmittel, Maschinen etc.) zu einem bestimmten Zeitpunkt, setzt

sich zusammen aus ⇨ Umlaufvermögen und ⇨ Anlagevermögen. ⇨ Eigenkapital (oder Nettovermögen) ist der Saldo aus dem Vermögen und den Verbindlichkeiten. (47)

(assets)

Vermögen, betriebsnotwendiges

Der Teil des ⇨ Vermögens im Unternehmen, mit dem das ⇨ Sachziel erreicht werden soll. (104)

(operating assets)

Vermögenserhaltung

Die Erfolgsermittlung beruht auf einem Vermögensvergleich, daher sind Vorstellungen über die Bewertung des ⇨ Vermögens notwendig. Konzepte der V. geben allgemeine Hinweise für solche Vorstellungen, z. B. die ⇨ Substanzerhaltung oder die ⇨ Kapitalerhaltung. (61)

(capital maintenance)

Verrechnungspreis

Ein V. ist ein Wert, der in einem Unternehmen für Leistungen angesetzt werden, die zwischen selbständigen Bereichen (Profit-Center) ausgetauscht werden (348)

(transfer price)

Verrechnungspreismethoden

Verrechnungspreise können auf unterschiedliche Weise gebildet werden, zu unterscheiden sind:
– marktpreisorientierte,
– kostenorientierte,
– knappheitsorientierte und
– verhandlungsorientierte ⇨ Verrechnungspreise (352)

(transfer-pricing methods)

Verrechnungssatz

⇨ Kalkulationssatz

Verschuldungsgrad

Der V. ist das Verhältnis von ⇨ Fremdkapital zu ⇨ Eigenkapital. (415)

(debt equity ratio)

Vollkostenrechnung

Ein ⇨ Kostenrechnungssystem, das alle Kosten auf die Kostenträger verrechnet. (157)

(full absorption costing)

Vorkostenstelle

Kostenstelle, deren (Gemein-)Kosten auf die Vorkostenstellen oder ⇨ Endkostenstellen zugerechnet werden, für die Leistungen erbracht wurden. V. rechnen daher die Kosten nicht direkt auf ⇨ Kostenträger zu. (112)

(service department)

WACC

⇨ Kapitalkosten, gewichtete

Wagnisse, kalkulatorische

Mit ihrer Hilfe werden spezielle Risiken, die mit dem Erreichen des Sachziels verbunden sind, in der Kostenrechnung über mehrere Perioden verteilt. (109)

Währungsrisiken

Zukünftige Wechselkurse sind ungewiss und wirken sich in unterschiedlicher Weise auf Unternehmen aus. Zu unterscheiden sind:
– Translationsrisiken
– Transaktionsrisiken
– ökonomische Risiken. (245)

(foreign exchange exposure)

Währungsumrechnungsverfahren

Ein W. legt fest, mit welchem Wechselkurs welche Fremdwährungsbeträge zu multiplizieren sind. (246)

Glossar

Wertschlüssel

Anderer Begriff für ⇨ Bezugsgröße auf Wertbasis, z. B. Materialeinzelkosten. (122)

(financial allocation base)

Wertsteigerungsrecht

W. sind ein ⇨ Vergütungsinstrument, das auf der Basis von Aktienkursen die ⇨ Vergütung ermittelt. Es werden keine Aktien erworben, sondern die Auszahlung wird auf Basis der Aktienkursentwicklung berechnet. (496)

(stock appreciation right)

Wiederverkaufspreismethode

Bei der Wiederverkaufspreismethode wird der Verrechnungspreis auf Basis des Marktpreises ermittelt, indem vom Marktpreis, der vom abnehmenden Konzernunternehmen bei der Weiterveräußerung erzielt wird, die Kosten der Weiterveräußerung und ein Gewinn abgezogen wird. (373)

(resale price method)

Wirtschaftlichkeit

W. wird in der Kosten- und Erfolgsrechnung als Kostenwirtschaftlichkeit interpretiert und als Quotient aus Istkosten zu Sollkosten berechnet. (298)

(economy)

Working Capital

Das W. ist die Differenz zwischen dem ⇨ Umlaufvermögen und den kurzfristigen ⇨ Verbindlichkeiten. Sie wird zur Prognose von ⇨ Cashflow verwendet. (396)

(working capital)

Zahlungsmittel

Z. sind die Bar- und Buchgeldbestände im Unternehmen, sie werden z. B. zur Messung der ⇨ Liquidität benötigt. (49)

(cash)

Zahlungssaldo

Der Z. ist die Differenz aus ⇨ Einzahlungen und ⇨ Auszahlungen, er zeigt die Veränderungen des Zahlungsmittelbestandes an. (53)

(cash flow)

Zeitvergleich

Eine Form der ⇨ Ergebniskontrolle, bei der die Normwerte aus der Vergangenheit des Unternehmens mit den realisierten Werten im Unternehmen verglichen werden. (25)

Ziel

Z.e sind gewünschte Zustände der Zukunft, die angestrebt werden. Es werden z. B. ⇨ Sachziele und ⇨ Erfolgsziele unterschieden. (15)

(objective, goal)

Zielgewinn

Der Z. wird benötigt, um die ⇨ Zielkosten eines Neuproduktes zu ermitteln. Er wird häufig auf Basis der ⇨ Umsatzrentabilität berechnet, weil so leicht ein geplanter Stückgewinn festgelegt werden kann. (203)

(target profit)

Zielkosten

Z. sind die Kostenobergrenze je Produkteinheit, die bei der Entwicklung und Konstruktion eines Produktes gesetzt werden. Sie werden aus den ⇨ allowable cost abgeleitet. (204)

(target cost)

Zielkostenabweichung, relative

Die Z. setzt die ⇨ Plankosten und die ⇨ Zielkosten ins Verhältnis. Im Unterschied zum ⇨ Zielkostenindex verwendet sie absolute Zahlen. Unter der Annahme, dass die ⇨ Zielkosten kleiner als die ⇨ Plankosten sind, ist sie im Idealfall gleich 1, meist aber größer. (213)

Zielkostenindex

Der Z. zeigt das Verhältnis zwischen der Bedeutung (Zielkostenanteil) einer Komponente und seinem Kostenanteil. Idealtypisch wird ein Quotient von 1 angestrebt, was die Gleichheit von Bedeutung (Kundenwunsch) und ⇨ Kosten ausdrückt. Aufgrund seiner Interpretationsprobleme ist die relative Zielkostenabweichung (⇨ Zielkostenabweichung, relative) vorzuziehen. (210)

Zielkostenplanung und -kontrolle

Mit Hilfe der Z. sollen z. B. Informationen für die langfristige Preispolitik erzeugt werden, die Kosten eines Produktes werden auf Basis von Marktinformationen wie z. B. dem ⇨ Zielpreis und den Gewinnvorstellungen des Unternehmens (⇨ Zielgewinn) abgeleitet. In einem weiteren Prozess der ⇨ Zielkostenspaltung sind die ⇨ Zielkosten auf einzelne Komponenten des Produktes zu verteilen. Das gleiche Vorgehen wird benutzt, um Budgets für die Konstruktion und Entwicklung zu ermitteln. (200)

(target costing)

Zielkostenspaltung

Die Z. ist ein Prozess, bei dem die ⇨ Zielkosten schrittweise auf die einzelnen Komponenten des Produkts aufgeteilt werden. (207)

Zielpreis

Der Z. ist der geplante Erlös je Stück in einem Zielkostenmanagement, der durch Instrumente der Marktforschung, wie der Conjoint-Analyse ermittelt wird. (202)

(target profit)

Zinsen, kalkulatorische

Sie werden in der Kosten- und Erfolgsrechnung berechnet, um den Einsatz des gesamten Kapitals zu berücksichtigen (⇨ Vermögen, betriebsnotwendiges) (104)

(imputed interests)

Zurechnung

Z. ist eine Zuordnung von Werten auf ein Zurechnungsobjekt (⇨ Kostenobjekt), wie z. B. die Z. von ⇨ Gemeinkosten auf einen Kostenträger (⇨ Kostenzurechnung). (113)

(allocation)

Zusatzkosten

Z. sind die Kosten, die nicht in der Finanzbuchhaltung enthalten sind, wie z. B. kalkulatorische Eigenkapitalzinsen, kalkulatorische Miete und kalkulatorischer Unternehmerlohn (⇨ Kosten, kalkulatorische). (56)

Zuschlagskalkulation

Z. sind Kalkulationsverfahren, bei denen die Kosten in ⇨ Einzel- und ⇨ Gemeinkosten getrennt werden, die Gemeinkosten sind dann mit Hilfe von ⇨ Bezugsgrößen auf die Kostenträger zu verteilen. (124)

(job costing)

Zuschlagssatz

⇨ Kalkulationssatz

Zweckaufwand

⇨ Grundkosten

Literaturverzeichnis

Achleitner, A.-K./Wichels, D. (2002): Stock Option-Pläne als Vergütungsbestandteil wertorientierter Entlohnungssysteme. Eine Einführung, in: Stock Options, hrsg. v. A.-K. Achleitner, P. Wollmert, 2. Aufl., Stuttgart: Schäffer-Poeschel, S. 1–24.

Adam, D. (1970): Entscheidungsorientierte Kostenbewertung, Wiesbaden: Gabler.

Adam, D. (1993): Grenzkostenrechnung, in: Handwörterbuch des Rechnungswesens, hrsg. v. K. Chmielewicz, M. Schweitzer, 3. Aufl., Stuttgart: Schäffer-Poeschel, Sp. 824–832.

Aders, C./Hebertinger, M. (2003): Shareholder-Value-Konzepte. Eine Untersuchung der DAX100-Unternehmen, Frankfurt am Main: KPMG.

Afra, S./Aders, C. (2000): Shareholder Value Konzepte. Eine Untersuchung der DAX 100 Unternehmen, Frankfurt am Main: KPMG.

Agthe, K. (1959): Stufenweise Fixkostendeckung im System des Direct Costing, in: Zeitschrift für Betriebswirtschaft, 29. Jg. (7), S. 404–418.

Ahn, H. (2001): Applying the balanced scorecard concept: an experience report, in: Long Range Planning, 34. Jg. (4), S. 441–461.

Ahn, H. (2003a): Ableitung unternehmensspezifischer Balanced Scorecards: Anspruch, Realität und Verbesserungsansatz, in: Zeitschrift für Planung und Unternehmenssteuerung, 14. Jg. (2), S. 127–148.

Ahn, H. (2003b): Effektivitäts- und Effizienzsicherung. Controlling- Konzept und Balanced Scorecard, Frankfurt am Main: Peter Lang.

Ahn, H./Dickmeis, P. (2000): Einführung der Balanced Scorecard bei der ABB Industrie AG – Projektergebnisse und Erfahrungen, in: Balanced Scorecard, hrsg. v. J. Weber, W. Männel, Kostenrechnungspraxis, 44. Jg., S. 17–23.

Albach, H. (1974): Innerbetriebliche Lenkpreise als Instrument dezentraler Unternehmensführung, in: Zeitschrift für betriebswirtschaftliche Forschung, 26. Jg., S. 216–242.

Albers, S. (1989a): Der Wert einer Absatzreaktionsfunktion für das Erlös-Controlling, in: Zeitschrift für Betriebswirtschaft, 59. Jg., S. 1235–1242.

Albers, S. (1989b): Ein System zur IST-SOLL-Abweichungs-Ursachenanalyse von Erlösen, in: Zeitschrift für Betriebswirtschaft, 59. Jg., S. 637–654.

Albers, S. (1992): Ursachenanalyse von marketingbedingten IST-SOLL-Deckungsbeitragsabweichungen, in: Zeitschrift für Betriebswirtschaft, 62. Jg., S. 199–223.

Anthony, R. N. (1965): Planning and control systems: A framework for analysis, Boston, Massachusetts: Harvard University Press.

Antle, R./Demski, J. S. (1988): The controllability principle in responsibility accounting, in: The Accounting Review, 63. Jg. (4), S. 700–718.

Antle, R./Smith, A. (1986): An empirical investigation of the relative performance evaluation of corporate executives, in: Journal of Accounting Research, 24. Jg. (1), S. 1–39.

Argyris, C. (1953): Human problems with budgets, in: Harvard Business Review, 31. Jg. (January-February), S. 97–110.

Arkes, H. R./Blumer, C. (1985): The psychology of sunk cost, in: Organizational Behavior and Human Decision Processes, 35. Jg. (1), S. 124–140.

Arnaout, A. (2001): Anwendungsstand des Target Costing in deutschen Großunternehmen, in: Controlling, 13. Jg., S. 289–299.

Arnold, M. C. (2007): Experimentelle Forschung in der Budgetierung – Lügen, nichts als Lügen?, in: Journal für Betriebswirtschaft, 57. Jg. (2), S. 69–99.

Backhaus, K./Erichson, B./Plinke, W./Weiber, R. (2016): Multivariate Analysemethoden. Eine anwendungsorientierte Einführung, 14. Aufl., Berlin: Springer.

Baiman, S./Demski, J. S. (1980): Economically optimal performance evaluation and control systems, in: Journal of Accounting Research, 18. Jg. (Supplement), S. 184–220.

Baldenius, T./Fuhrmann, G./Reichelstein, S. (1999): Zurück zu EVA, in: Betriebswirtschaftliche Forschung und Praxis, 51. Jg., S. 53–65.

Baldenius, T./Reichelstein, S. (1998): Alternative Verfahren zur Bestimmung innerbetrieblicher Verrechnungspreise, in: Zeitschrift für betriebswirtschaftliche Forschung, 50. Jg., S. 236–259.

Ballwieser, W./Coenenberg, A. G./Schultze, W. (2002): Unternehmensbewertung, erfolgsorientierte, in: Handwörterbuch der Rechnungslegung und Prüfung, hrsg. v. W. Ballwieser, A. G. Coenenberg, K. Wysocki, 3. Aufl., Stuttgart: Schäffer-Poeschel, Sp. 2412–2432.

Bamberg, G./Coenenberg, A. G./Krapp, M. (2008): Betriebswirtschaftliche Entscheidungslehre, 14. Aufl., München: Vahlen.

Bamberger, I./Wrona, T. (2012): Strategische Unternehmensführung. Strategien, Systeme, Prozesse, 2. Aufl., München: Vahlen.

Bauer, H./Hermann, A./Mengen, A. (1995): Conjoint + Cost: Nicht Marktanteile, sondern Gewinne maximieren!, in: Controlling, 7. Jg., S. 339–345.

Bebchuk, L. A./Fried, J. M./Walker, D. I. (2002): Managerial Power and Rent Extraction in the Design of Executive Compensation, in: The University of Chicago Law Review, 69. Jg., S. 751–846.

Becker, F. G. (1990): Anreizsysteme für Führungskräfte, Stuttgart: Poeschel.

Becker, W. (1993): Frühzeitige markt- und rentabilitätsorientierte Kostensteuerung, in: Kostenrechnungspraxis, S. 279–287.

Berens, W./Schmitting, W. (2000): Möglichkeiten der entscheidungsorientierten Kostenbewertung – beschaffungs- und absatzmarktorientierte Fundie-

Literaturverzeichnis

rung, in: Kosten-Controlling – neue Methoden und Inhalte, hrsg. v. T. M. Fischer, Stuttgart: Schäffer-Poeschel, S. 53–77.

Bernhardt, L. (2014): Rechtsgrundlagen, in: Verrechnungspreise, hrsg. v. L. Bernhardt, Stuttgart: Boorberg, S. 33–60.

Bernhardt, W./Witt, P. (1997): Stock Options und Shareholder Value, in: Zeitschrift für Betriebswirtschaft, 67. Jg., S. 85–101.

Berthel, J. (1975): Betriebliche Informationssysteme, Stuttgart: Poeschel.

Bescos, P.-L./Mendoza, C. (1995): ABC in France, in: Management Accounting, 76. Jg. (April), S. 33–41.

Beste, T. (1924): Die Verrechnungspreise in der Selbstkostenrechnung industrieller Betriebe, Berlin: Julius Springer.

Beste, T. (1930): Die kurzfristige Erfolgsrechnung, Leipzig: G. A. Gloeckner.

Beste, T. (1962): Die Kurzfristige Erfolgsrechnung, 2. Aufl., Köln, Opladen: Westdeutscher Verlag.

Betz, S. (1995): Die Erfahrungskurve als Instrument der Zielkostenspaltung, in: Betriebswirtschaftliche Forschung und Praxis, 47. Jg., S. 609–625.

Betz, S. (1996): Operatives Erfolgscontrolling, Wiesbaden: Gabler.

Bhimani, A. (1995): Targeting excellence: target cost management at Toyota in the UK, in: Management Accounting, 73. Jg. (June), S. 42–44.

Biddle, G. C./Bowen, R. M./Wallace, J. S. (1997): Does EVA beat earnings? Evidence on associations with stock returns and firm values, in: Journal of Accounting & Economics, 24. Jg., S. 301–336.

Bircher, B. (1976): Langfristige Unternehmungsplanung, Bern, Stuttgart: Haupt.

Bitz, M. (1977): Die Strukturierung ökonomischer Entscheidungsmodelle, Wiesbaden: Gabler.

Bitz, M. (1981): Entscheidungstheorie, München: Vahlen.

Blume, E. (1981): Kostenkontrollrechnung unter Berücksichtigung mehrstufiger Fertigung, Thun: Deutsch.

Bohr, K. (1985): Betriebswirtschaftlicher Wertbegriff und seine Anwendung, in: Information und Produktion, hrsg. v. S. Siegmar, Stuttgart: Poeschel, S. 59–81.

Bohr, K. (1988): Zum Verhältniss von klassischer Investitions- und entscheidungsorientierter Kostenrechnung, in: Zeitschrift für Betriebswirtschaft, 58. Jg., S. 1171–1180.

Bohr, K./Listl, A. (2000): Preisuntergrenzenermittlung und Target Costing, in: Fortschritte im Rechnungswesen, hrsg. v. O. A. Altenburger, O. Janschek, H. Müller, 2. Aufl., Wiesbaden: Gabler, S. 241–277.

Bommes, W. (1984): Darstellung und Beurteilung von Verfahren der Kostenabweichungsanalyse bei ein- und mehrstufigen Fertigungsprozessen, Essen: Apur.

Boos, M./Rehkugler, H./Tucha, T. (2000): Internationale Verrechnungspreise – Ein Überblick, in: Der Betrieb, 53. Jg., S. 2389–2394.

Börner, D. (1981): Kostenverteilung, Prinzipien und Technik, in: Handwörterbuch des Rechnungswesens, hrsg. v. E. Kosiol, K. Chmielewicz, M. Schweitzer, 2. Aufl., Stuttgart: Poeschel, Sp. 1105–1114.

Bosse, A. (1991): Langfristige Preiskalkulation auf Basis von dynamischen Investitionskalkülen, in: Kostenrechnungspraxis, S. 103–106.

Brealey, R. A./Myers, S. C./Allen, F. (2014): Principles of corporate finance, 11. Aufl., New York: McGraw-Hill.

Breid, V. (1994): Erfolgspotentialrechnung, Stuttgart: Schäffer-Poeschel.

Breuer, W. (1994): Kapitalkosten – Begriff, Bedeutung und Ermittlung, in: Das Wirtschaftsstudium, 23. Jg., S. 819–828.

Breuer, W. (2015): Unternehmerisches Währungsmanagement, 3. Aufl., Wiesbaden: Gabler.

Brierley, J. A./Cowton, C. J./Drury, C. (2001): Research into product costing practice: a European perspective, in: European Accounting Review, 10. Jg., S. 215–256.

Broecker, T. (2001): Internationale Verrechnungspreise: Umsetzung des Arm's-Length-Prinzips durch den Fremdvergleich, in: Internationale Grundsätze für Rechnungslegung und Prüfung, hrsg. v. K. W. Kubin, Düsseldorf: IDW-Verlag, S. 111–130.

Brühl, R. (1992): Controlling als Aufgabe der Unternehmensführung, Gießen: Ferbersche Universitätsbuchhandlung.

Brühl, R. (1993): Methoden der Kostenkontrollrechnung unter Berücksichtigung von Abweichungen höherer Ordnung, in: Kostenrechnungspraxis, (5), S. 336–339.

Brühl, R. (1995): Informationen der Prozeßkostenrechnung als Grundlage der Kostenkontrolle, in: Kostenrechnungspraxis, (2), S. 73–79.

Brühl, R. (1996a): Die Produktlebenszyklusrechnung zur Informationsversorgung des Zielkostenmanagements, in: Zeitschrift für Planung, 7. Jg. (4), S. 319–335.

Brühl, R. (1996b): Führungsorientierte Kosten- und Erfolgsrechnung, München, Wien: Oldenbourg.

Brühl, R. (2006): Internationales Controlling: Umrechnungsrisiken und Erfolgsbeurteilung ausländischer Tochterunternehmen in: Das Wirtschaftsstudium, 35. Jg. (4), S. 493–504.

Brühl, R. (2010): Kennzahlen für die Zielkostenkontrolle, in: Zeitschrift für Planung und Unternehmenssteuerung, 21. Jg. (1), S. 117–128.

Brühl, R. (2011a): Sensitivitätsanalyse, in: Lexikon des Rechnungswesens. Handbuch der Bilanzierung und Prüfung, der Erlös-, Finanz-, Investitions- und Kostenrechnung, hrsg. v. W. Busse von Colbe, N. Crasselt, B. Pellens, 5. Aufl., München: Oldenbourg, S. 704–707.

Brühl, R. (2011b): Theorien des Rechnungswesens, in: Lexikon des Rechnungswesens, hrsg. v. W. Busse von Colbe, N. Crasselt, B. Pellens, 5. Aufl., München: Oldenbourg, S. 768–774.

Literaturverzeichnis

Brühl, R. (2015): Wie Wissenschaft Wissen schafft, Konstanz: UVK.

Brynjolfsson, E./Milgrom, P. (2013): Complementarity in organizations, in: The handbook for organization economics, hrsg. v. R. Gibbons, J. Roberts, Princeton: Princeton University Press, S. 11–55.

Buggert, W./Wielpütz, A. (1995): Target Costing, München, Wien: Hanser.

Bundesaufsichtsamt für den Wertpapierhandel (1997): Insiderrechtliche Behandlung von Aktienoptionsprogrammen für Führungskräfte (Schreiben an die Vorstände der börsennotierten Aktiengesellschaften), Frankfurt am Main: Bundesaufsichtsamt für den Wertpapierhandel.

Bundeskartellamt (2012): Fallbericht: Preissenkungsverfügung gegen die Berliner Wasserbetriebe, Bonn: Bundeskartellamt.

Bundesministerium der Finanzen (1983): Schreiben betr. Grundsätze für die Prüfung der Einkunftsabgrenzung bei international verbundenen Unternehmen (Verwaltungsgrundsätze) vom 23.02.1983, IV C 5 – S 1341 – 4/83, in: Bundessteuerblatt, Teil I, S. 218–233.

Busse von Colbe, W. (1990): Kalkulatorische Abschreibung und Substanzerhaltung – zu den jüngsten Änderungen der LSP, in: Kosten und Erlöse, hrsg. v. R. Steffen, R. Wartmann, Stuttgart: Schäffer, S. 299–314.

Busse von Colbe, W./Crasselt, N./Pellens, B. (Hrsg.) (2011): Lexikon des Rechnungswesens. Handbuch der Bilanzierung und Prüfung, der Erlös-, Finanz-, Investitions- und Kostenrechnung. 5. Aufl., München: Oldenbourg.

Busse von Colbe, W./Greeß, W. (1984): Substanzerhaltungsrechnung, in: Planungs- und Kontrollrechnung im internationalen Konzern, hrsg. v. W. Busse von Colbe, E. Müller, Zeitschrift für betriebswirtschaftliche Forschung, 36. Jg., S. 48–62.

Chen, S./Dodd, J. L. (1997): Economic value added (EVA): an empirical examination of a new corporate performance measure, in: Journal of Managerial Issues, 9. Jg. (3), S. 318–333.

Chen, S./Dodd, J. L. (2001): Operating income, residual income and EVA: which metric is more value relevant?, in: Journal of Managerial Issues, 13. Jg. (1), S. 65–86.

Chen, S./Dodd, J. L. (2002): Market effiency, CAPM, and value-relevance of earnings and EVA: a reply to the comment by professor Paulo, in: Journal of Managerial Issues, 14. Jg. (4), S. 507–512.

Chmielewicz, K. (1972): Integrierte Finanz- und Erfolgsplanung, Stuttgart: Poeschel.

Chmielewicz, K. (1973): Betriebliches Rechnungswesen 1: Finanzrechnung und Bilanz, Reinbek bei Hamburg: Rowohlt.

Choi, F. D. S./Meek, G. K. (2011): International accounting, 7. Aufl., Upper Saddle River, New Jersey: Pearson Prentice Hall.

Christensen, J. A./Demski, J. A. (2003): Accounting theory. An information content perspective, New York: McGraw-Hill.

Clark, J. M. (1923): Studies in the economics of overhead costs, Chicago: University of Chicago Press.

Coenenberg, A. G. (1973): Verrechnungspreise zur Steuerung divisionalisierter Unternehmen, in: Wirtschaftswissenschaftliches Studium, 2. Jg., S. 373–382.

Coenenberg, A. G./Fischer, T./Schmitz, J. (1994): Target Costing und Product Life Cycle Costing als Instrumente des Kostenmanagements, in: Zeitschrift für Planung, 5. Jg., S. 1–38.

Coenenberg, A. G./Fischer, T. M. (1991): Prozeßkostenrechnung – Strategische Neuorientierung in der Kostenrechnung, in: Die Betriebswirtschaft, 51. Jg., S. 21–38.

Coenenberg, A. G./Fischer, T. M./Günther, T. (2012): Kostenrechnung und Kostenanalyse, 8. Aufl., Stuttgart: Schäffer-Poeschel.

Coenenberg, A. G./Haller, A./Schultze, W. (2014): Jahresabschluss und Jahresabschlussanalyse, 23. Aufl., Stuttgart: Schäffer-Poeschel.

Collins, F./Munter, P./Finn, D. W. (1987): The budgeting games people play, in: The Accounting Review, 62. Jg. (1), S. 29–49.

Cooper, R./Kaplan, R. S. (1988): Measure costs right: make the right decision, in: Harvard Business Review, 66. Jg. (5), S. 96–103.

Cooper, R./Kaplan, R. S. (1992): Activity-based systems: measuring the costs of resource usage, in: Accounting Horizons, 6. Jg. (3), S. 1–13.

Cooper, R./Kaplan, R. S. (1998): The promise – and peril – of integrated cost systems, in: Harvard Business Review, 76. Jg. (4), S. 109–119.

Crasselt, N. (2004): Managementvergütung auf Basis von Residualgewinnen, in: Finanz Betrieb, 6. Jg. (2), S. 121–129.

Crasselt, N./Schremper, R. (2000): Economic Value Added, in: Die Betriebswirtschaft, 60. Jg., S. 813–816.

Däumler, K.-D. (1991): Praxis der Investitions- und Wirtschaftlichkeitsrechnung, 3. Aufl., Berlin: Herne.

De Geuser, F./Mooraj, S./Oyon, D. (2009): Does the balanced scorecard add value? Empirical evidence on its effect on performance, in: European Accounting Review, 18. Jg. (1), S. 93–122.

Dearden, J. (1981): Facing facts with inflation accounting, in: Harvard Business Review, 59. Jg. (4), S. 8–16.

Dellmann, K. (1990): Operatives Controlling durch Erfolgsspaltung, in: Controlling, 2. Jg., S. 4–11.

Deutsche Bundesbank (2015): Wertpapierhalterstatistiken zur Analyse des Wertpapierbesitzes in Deutschland und Europa: Methodik und Ergebnisse, in: Monatsbericht, 67. Jg. (3), S. 101–114.

Dierkes, S./Hanrath, S. (2002): Steuerung dezentraler Investitionsentscheidungen auf Basis eines modifizierten Residualgewinns, in: Zeitschrift für betriebswirtschaftliche Forschung, 54. Jg., S. 246–267.

Literaturverzeichnis

Dierkes, S./Kloock, J. (2002): Kostenzurechnung, in: Handwörterbuch Unternehmensrechnung und Controlling, hrsg. v. H.-U. Küpper, A. Wagenhofer, 4. Aufl., Stuttgart: Schäffer-Poeschel, Sp. 1177–1186.

Dierkes, S./Schäfer, U. (2008): Prinzipal-Agenten-Theorie und Performance Measurement, in: Controlling & Verhalten, hrsg. v. B. Hirsch, U. Schäffer, J. Weber, Zeitschrift für Controlling & Management, 52. Jg., S. 19–27.

Dillon, R. D./Nash, J. F. (1978): The true relevance of relevant costs, in: The Accounting Review, 53. Jg. (January), S. 11–17.

Drukarczyk, J./Schüler, A. (2016): Unternehmensbewertung, 7. Aufl., München: Vahlen.

Drumm, H. J. (1972): Theorie und Praxis der Lenkung durch Preise, in: Zeitschrift für betriebswirtschaftliche Forschung, 24. Jg., S. 253–267.

Drumm, H. J. (1973): Zu Stand und Problematik der Verrechnungspreisbildung in deutschen Industrieunternehmungen, in: Verrechnungspreise, hrsg. v. G. Danert, H. J. Drumm, K. Hax, Zeitschrift für betriebswirtschaftliche Forschung, 25. Jg., S. 91–107.

Drumm, H. J. (1989): Verrechnungspreise, in: Handwörterbuch der Planung, hrsg. v. N. Szyperski, U. Winand, Stuttgart: Poeschel, Sp. 2168–2177.

Drumm, H. J. (2008): Personalwirtschaft, 6. Aufl., Berlin: Springer.

Drury, C. (2012): Management and cost accounting, 8. Aufl., London: Cengage Learning.

Dyckhoff, H. (1991): Entscheidungsrelevanz von Fixkosten im Rahmen operativer Planungsrechnungen – Ergänzungen zu den Überlegungen von Maltry, in: Betriebswirtschaftliche Forschung und Praxis, 43. Jg., S. 254–261.

Eccles, R. G./White, H. C. (1988): Price and authority in inter-profit center transactions, in: American Journal of Sociology, Supplement, 94. Jg., S. 17–51.

Ehrbar, A. (1998): EVA: the real key to creating wealth, New York: Wiley.

Ehrbar, A. (1999): EVA – Economic Value Added, Wiesbaden: Gabler.

Ehrlenspiel, K./Kiewert, A./Lindemann, U./Mörtl, M. (2014): Kostengünstig Entwickeln und Konstruieren, 7. Aufl., Berlin: Springer.

Eisenführ, F./Weber, M./Langer, T. (2010): Rationales Entscheiden, 5. Aufl., Berlin: Springer.

Elschen, R. (1991): Gegenstand und Anwendungsmöglichkeiten der Agency-Theorie, in: Zeitschrift für betriebswirtschaftliche Forschung, 43. Jg., S. 1002–1012.

Engelhardt, W. H. (1977): Erlösplanung und Erlöskontrolle als Instrument der Absatzpolitik, in: Erlösplanung und Erlöskontrolle als Instrument der Absatzpolitik, hrsg. v. Schmalenbach-Gesellschaft, Zeitschrift für betriebswirtschaftliche Forschung, 29. Jg., S. 10–26.

Engelhardt, W. H. (1992): Erlösplanung und Erlöskontrolle, in: Handbuch Kostenrechnung, hrsg. v. W. Männel, Wiesbaden: Gabler, S. 656–670.

Engels, W. (1962): Betriebswirtschaftliche Bewertungslehre im Licht der Entscheidungstheorie, Opladen: Westdeutscher Verlag.

Ernst & Young (2001): Transfer pricing 2001 global survey. Making informed decisions in uncertain times, o. O.: Ernst & Young.

Ewert, R. (1992): Controlling, Interessenkonflikte und asymmetrische Information, in: Betriebswirtschaftliche Forschung und Praxis, 44. Jg. (4), S. 277–303.

Ewert, R. (1993): Finanzwirtschaft und Leistungswirtschaft, in: Handwörterbuch der Betriebswirtschaft, Band 1, hrsg. v. W. Wittmann, W. Kern, R. Köhler, H.-U. Küpper, K. v. Wysocki, 5. Aufl., Stuttgart: Schäffer-Poeschel, Sp. 1150–1161.

Ewert, R. (1996): Fixkosten, Kapitalmarkt und (kurzfristig wirksame) Entscheidungsrechnungen bei Risiko, in: Betriebswirtschaftliche Forschung und Praxis, 48. Jg., S. 528–556.

Ewert, R. (2002): Kostenrechnung unter Unsicherheit, in: Handwörterbuch Unternehmensrechnung und Controlling, hrsg. v. H.-U. Küpper, A. Wagenhofer, 4. Aufl., Stuttgart: Schäffer-Poeschel, Sp. 1118–1127.

Ewert, R./Wagenhofer, A. (2014): Interne Unternehmensrechnung, 8. Aufl., Berlin: Springer.

Fama, E. F. (1970): Efficient Capital Markets: A Review of Theory and Empirical Work, in: Journal of Finance, 25. Jg., S. 383–417.

Fama, E. F. (1991): Efficient Capital Markets: II, in: Journal of Finance, 46. Jg., S. 1575–1617.

Fischer, T. M./Möller, K./Schultze, W. (2015): Controlling. Grundlagen, Instrumente und Entwicklungsperspektiven, 2. Aufl., Stuttgart: Schäffer-Poeschel.

Fischer, T. M./Schmitz, J. (1998): Kapitalmarktorientierung im Zielkostenmanagement, in: Rechnungswesen als Instrument für Führungsentscheidungen, hrsg. v. H. P. Möller, F. Schmidt, Stuttgart: Schäffer-Poeschel, S. 203–230.

Fischer, T. M./Schmitz, J. A. (1994): Informationsgehalt und Interpretation des Zielkostenkontrolldiagramms im Target Costing, in: Kostenrechnungspraxis, S. 427–433.

Fisher, I. (1932): Die Zinstheorie, Jena: Gustav Fischer.

Fisher, J. G./Maines, L. A./Peffer, S. A./Sprinkle, G. B. (2002): Using budgets for performance evaluation: effects of resource allocation and horizontal information asymmetry on budget proposals, budget slack, and performance, in: The Accounting Review, 77. Jg. (4), S. 847–865.

Franke, G. (1976): Kalkulatorische Kosten: Ein funktionsgerechter Bestandteil der Kostenrechnung?, in: Die Wirtschaftsprüfung, 29. Jg., S. 185–194.

Franz, K.-P. (1990): Die Prozeßkostenrechnung, in: Finanz- und Rechnungswesen als Führungsinstrument, hrsg. v. D. Ahlert, K.-P. Franz, H. Göppl, Wiesbaden: Gabler, S. 109–136.

Literaturverzeichnis

Franz, K.-P. (1992): Moderne Methoden der Kostenbeeinflussung, in: Handbuch Kostenrechnung, hrsg. v. W. Männel, Wiesbaden: Gabler, S. 1492–1505.

Franz, K.-P. (1993): Target Costing. Konzepte und kritische Bereiche, in: Controlling, 5. Jg. (3), S. 124–130.

Frederick, S. (2006): Valuing the future life and future lives: a framework for understanding discounting, in: Journal of Economic Psychology, 27. Jg. (5), S. 667–680.

Frederick, S./Loewenstein, G./O'Donoghue, T. (2002): Time discounting and time preference: a critical review, in: Journal of Economic Literature, 40. Jg. (2), S. 351–401.

Freidank, C. (2012): Kostenrechnung, 9. Aufl., München, Wien: Oldenbourg.

Frese, E. (1990): Das Profit-Center-Konzept im Spannungsfeld von Organisation und Rechnungswesen, in: Finanz- und Rechnungswesen als Führungsinstrument, hrsg. v. D. Ahlert, K.-P. Franz, H. Göppl, Wiesbaden: Gabler, S. 137–155.

Frese, E./Glaser, H. (1980): Verrechnungspreise in Spartenorganisationen, in: Die Betriebswirtschaft, 40. Jg., S. 109–123.

Friedl, B. (1993): Anforderungen an die Prozeßkostenrechnung bei unterschiedlichen Rechnungszielen, in: Prozeßkostenrechnung, hrsg. v. W. Männel, Kostenrechnungspraxis, S. 37–42.

Friedl, B. (1994a): Kostenplanung und -steuerung in der Entwicklung, in: Handbuch Produktionsmanagement, hrsg. v. H. Corsten, Wiesbaden: Gabler, S. 497–515.

Friedl, B. (1994b): Prozeßkostenrechnung als Instrument eines programmorientierten Kostenmanagements, in: Neuere Entwicklungen im Kostenmanagement, hrsg. v. K. Dellmann, K.-P. Franz, Bern, Stuttgart, Wien: Haupt, S. 135–166.

Friedl, B. (2003): Controlling, Stuttgart: Lucius & Lucius.

Friedl, B. (2010): Kostenrechnung. Grundlagen, Teilrechnungen und Systeme der Kostenrechnung, 2. Aufl., München: Oldenbourg.

Friedl, G./Frömberg, K./Hammer, C./Küpper, H.-U./Pedell, B. (2009): Stand und Perspektiven der Kostenrechnung in deutschen Großunternehmen, in: Zeitschrift für Controlling & Management, 53. Jg. (2), S. 111–116.

Friedl, G./Hocker, U./Döscher, T./Hölz, C. (2008): Studie zur Vergütung der Vorstände in den DAX 30-Unternehmen im Geschäftsjahr 2007, München: Deutsche Schutzvereinigung für Wertpapierbesitz, Technische Universität München.

Friedl, G./Hofmann, C./Pedell, B. (2013): Kostenrechnung, 2. Aufl., München: Vahlen.

Fründ, H. P. (2015): Variable Managementvergütung mit Bonusbanken und Obergrenzen, Frankfurt am Main: Peter Lang.

Gawel, E./Bedtke, N. (2013): Wasserpreise zwischen Kartellkontrolle und Nachhaltigkeit, in: Wirtschaftsdienst, 93. Jg. (2), S. 94–102.

Geldmacher, E. (1929): Grundbegriffe und systematischer Grundriß des betrieblichen Rechnungswesens, in: Zeitschrift für handelswissenschaftliche Forschung, (23), S. 1–27.

Gibbons, R./Murphy, K. J. (1990): Relative performance evaluation for chief executive officers, in: Industrial and Labor Relations Review, 43. Jg., S. 30–51.

Glaser, H. (1986): Zur Erfassung von Teilabweichungen und Abweichungsüberschneidungen bei der Kostenkontrolle, in: Kostenrechnungspraxis, S. 141–148.

Glaser, H. (1992): Prozeßkostenrechnung – Darstellung und Kritik, in: Zeitschrift für betriebswirtschaftliche Forschung, 44. Jg., S. 275–288.

Glaser, H. (1997): Prozeßkostenrechnung und Bezugsgrößenwahl, in: Kostenrechnung. Stand und Perspektiven, hrsg. v. W. Becker, J. Weber, Wiesbaden: Gabler, S. 203–217.

Glaser, H. (2002): Kostenkontrolle, in: Handwörterbuch Unternehmensrechnung und Controlling, hrsg. v. H.-U. Küpper, A. Wagenhofer, 4. Aufl., Stuttgart: Schäffer-Poeschel, Sp. 1079–1089.

Glaser, H. (2006): Target Costing als Controllinginstrument des Mittelstand, in: Controlling, 18. Jg. (4/5), S. 215–219.

Glaum, M./Street, D. (2002): Rechnungslegung der Unternehmen am Neuen Markt, Frankfurt am Main: Deutsches Aktieninstitut.

Gleich, R. (2001): Das System des Performance Measurement. Theoretisches Grundkonzept, Entwicklungs- und Anwendungsstand, München: Vahlen.

Global Reporting Initiative (GRI) (2006): Sustainability Reporting Guidelines, Boston.

Goethe, J. W. (1999): Faust, hrsg. v. A. Schöne, Frankfurt am Main: Klassiker Verlag.

Götze, U. (2010): Kostenrechnung und Kostenmanagement, 5. Aufl., Berlin: Springer.

Götze, U./Linke, C. (2008): Interne Unternehmensrechnung als Instrument des marktorientierten Zielkostenmanagements – ausgewählte Probleme und Lösungsansätze, in: Zeitschrift für Planung und Unternehmenssteuerung, 19. Jg. (2), S. 107–132.

Grabner, I./Moers, F. (2013): Management control as a system or a package? Conceptual and empirical issues, in: Accounting, Organizations and Society, 38. Jg. (6–7), S. 407–419.

Günther, T. (1997): Unternehmenswertorientiertes Controlling, München: Vahlen.

Günther, T./Grüning, M. (2001): Performance Measurement-Systeme – ein Konzeptvergleich, in: Zeitschrift für Planung, 12. Jg. (3), S. 283–306.

Gutenberg, E. (1951): Grundlagen der Betriebswirtschaft, Erster Band: Die Produktion, Berlin: Springer.

Literaturverzeichnis

Gutenberg, E. (1973): Grundlagen der Betriebswirtschaft, Erster Band: Die Produktion, 20. Aufl., Berlin: Springer.

Gutenberg, E. (1976): Grundlagen der Betriebswirtschaftslehre, Zweiter Band: Der Absatz, 15. Aufl., Berlin: Springer.

Haberstock, L. (2008): Kostenrechnung II, (Grenz-) Plankostenrechnung, 10. Aufl., Berlin: Erich Schmidt.

Hachmeister, D. (2000): Der Discounted Cash Flow als Maß der Unternehmenswertsteigerung, 4. Aufl., Frankfurt am Main: Peter Lang.

Hahn, D./Hungenberg, H. (2001): PuK – Wertorientierte Controllingkonzepte, 6. Aufl., Wiesbaden: Gabler.

Hahn, T./Wagner, M./Figge, F./Schaltegger, S. (2002): Wertorientiertes Nachhaltigkeitsmanagement mit einer Sustainability Balanced Scorecard, in: Nachhaltig managen mit der Balanced Scorecard, hrsg. v. S. Schaltegger, T. Dyllick, Wiesbaden: Gabler, S. 43–94.

Hanzlick, M. (2015): Management control systems and cross-cultural research, Lohmar: Eul.

Hanzlick, M./Brühl, R. (2013): Die Kopplung von Controlling-Systemen, in: Controlling & Management Review, 57. Jg. (2), S. 66–70.

Hardes, H.-D./Wickert, H. (2002): Aktienoptionspläne für Führungskräfte: Effiziente Anreizinstrumente?, in: Personal, 54. Jg. (11), S. 22–27.

Hax, H. (1965a): Die Koordination von Entscheidungen, Köln: Carl Heymanns Verlag.

Hax, H. (1965b): Kostenbewertung mit Hilfe der mathematischen Programmierung, in: Zeitschrift für Betriebswirtschaft, 35. Jg., S. 197–210.

Hax, H. (1967): Bewertungsprobleme bei der Formulierung von Zielfunktionen für Entscheidungsmodelle, in: Zeitschrift für betriebswirtschaftliche Forschung, 19. Jg., S. 749–761.

Hax, H. (1981): Verrechnungspreise, in: Handwörterbuch des Rechnungswesens, hrsg. v. E. Kosiol, K. Chmielewicz, M. Schweitzer, 2. Aufl., Stuttgart: Poeschel, Sp. 1688–1699.

Hax, H. (1989): Investitionsrechnung und Periodenerfolgsmessung, in: Der Integrationsgedanke in der Betriebswirtschaftslehre, hrsg. v. W. Delfmann, Wiesbaden: Gabler, S. 153–170.

Hax, H. (2001): Abschied vom wertmäßigen Kostenbegriff?, in: Zum Erkenntnisstand der Betriebswirtschaftslehre am Beginn des 21. Jahrhunderts, hrsg. v. U. Wagner, Berlin: Duncker & Humblot, S. 93–111.

Hax, K. (1926): Der Gewinnbegriff in der Betriebswirtschaftslehre, Leipzig: G. A. Gloeckner.

Heckhausen, J./Heckhausen, H. (Hrsg.) (2010): Motivation und Handeln. 4. Aufl., Berlin: Springer.

Heinen, E. (1965): Betriebswirtschaftliche Kostenlehre, Band I: Begriff und Theorie der Kosten, 2. Aufl., Wiesbaden: Gabler.

Heinen, E. (1972): Zur empirischen Analyse des Zielsystems der Unternehmung durch Kennzahlen, in: Die Unternehmung, 28. Jg., S. 1–13.

Heinen, E. (1983): Betriebswirtschaftliche Kostenlehre: Kostentheorie und Kostenentscheidungen, 6. Aufl., Wiesbaden: Gabler.

Hellwig, K. (1993): Verrechnungspreise, in: Handwörterbuch des Rechnungswesens, hrsg. v. K. Chmielewicz, M. Schweitzer, 3. Aufl., Stuttgart: Schäffer-Poeschel, Sp. 2055–2063.

Henselmann, K. (2000): Der Restwert in der Unternehmensbewertung – eine ‚Kleinigkeit'?, in: Finanz Betrieb, 2. Jg., S. 151–156.

Herbert, H./Maras, D. (2006): Smart planning and forecasting. Performance improvement für die Unternehmenssteuerung, Frankfurt am Main: PricewaterhouseCoopers.

Heuer, K. (2001): Marketing-Controlling und Abweichungsanalyse – die Entwicklung der Abweichungsanalyse zu einem Instrument des Marketing-Controlling, Hamburg: Kovac.

Hieke, H. (1994): Rechnen mit Zielkosten als Controllinginstrument, in: Wirtschaftswissenschaftliches Studium, 23. Jg., S. 498–502.

Hiller, M. (2013): Das Verrechnungspreissystem der Trumpf GmbH + Co. Kg, in: Praxis der Verrechnungspreissysteme in ausgewählten Branchen, hrsg. v. A. Sinz, H. Kahle, Herne: Neue Wirtschafts-Briefe, S. 161–189.

Hirsch, B. (2007): Controlling und Entscheidung. Zur verhaltensorientierten Fundierung des Controllings, Tübingen: Mohr Siebeck.

Hirsch, B. (2008): Zur Integration psychologischen Wissens in betriebswirtschaftliche Controlling-Konzeptionen. Stand der Literatur und Forschungsbedarf, in: Controlling & Verhalten, hrsg. v. B. Hirsch, U. Schäffer, J. Weber, Zeitschrift für Controlling & Management, 52. Jg., S. 40–49.

Hirschey, M. (2009): Managerial economics, 12. Aufl., Mason, Ohio: South-Western Cengage Learning.

Hirshleifer, J. (1956): On the economics of transfer pricing, in: Journal of Business, 29. Jg., S. 172–184.

Hoffjan, A. (2009): Internationales Controlling, Stuttgart: Schäffer-Poeschel.

Hoffjan, A./Nevries, P./Wömpener, A. (2005): Andere Länder – andere Sitten. Kulturelle Einflüsse auf das internationale Controlling, in: Zeitschrift für Controlling & Management, 49. Jg. (4), S. 290–295.

Hofmann, C. (2002): Investitionssteuerung über Budgets oder Verrechnungspreise?, in: Die Betriebswirtschaft, 72. Jg., S. 529–556.

Hofstede, G. (1980): Culture's consequences. International differences in work-related values, Beverly Hills: Sage.

Hoitsch, H.-J./Lingnau, V. (2007): Kosten- und Erlösrechnung. Eine controllingorientierte Einführung, 6. Aufl., Berlin: Springer.

Holmström, B. (1979): Moral hazard and observability, in: Bell Journal of Economics, 10. Jg., S. 74–91.

Literaturverzeichnis

Holmström, B. (1982): Moral hazard in teams, in: Bell Journal of Economics, 13. Jg., S. 324–340.

Holmström, B./Milgrom, P. (1991): Multitask principle-agent analyses: incentive contracts, asset ownership, and job design, in: Journal of Law, Economics & Organization, 7. Jg. (Special Issue, 2), S. 24–52.

Horngren, C. T./Datar, S. M./Rajan, M. V. (2015): Cost accounting: a managerial emphasis, 15. Aufl., Boston: Pearson.

Horváth & Partner (Hrsg.) (2004): Balanced Scorecard umsetzen. Stuttgart: Schäffer-Poeschel.

Horváth, P. (1978): Controlling – Entwicklung und Stand einer Konzeption zur Lösung der Adaptions- und Koordinationsprobleme der Führung, in: Zeitschrift für Betriebswirtschaft, 48. Jg., S. 194–208.

Horváth, P. (2009): Controlling, 11. Aufl., München: Vahlen.

Horváth, P./Dambrowski, J./Posselt, S./Schimank, C. (1986): Budgetierung in industriellen Großunternehmen, in: Zeitschrift für Betriebswirtschaft, 56. Jg., S. 24–39.

Horváth, P./Gleich, R./Seiter, M. (2015): Controlling, 13. Aufl., München: Vahlen.

Horváth, P./Kieninger, M./Mayer, R./Schimank, C. (1993): Prozeßkostenrechnung – oder wie die Praxis die Theorie überholt, in: Die Betriebswirtschaft, 53. Jg., S. 609–628.

Horváth, P./Mayer, R. (1989): Prozeßkostenrechnung, in: Controlling, 1. Jg., S. 214–219.

Horváth, P./Mayer, R. (1993): Prozeßkostenrechnung – Konzeption und Entwicklungen, in: Prozeßkostenrechnung, hrsg. v. W. Männel, Kostenrechnungspraxis, S. 15–28.

Horváth, P./Seidenschwarz, W. (1992): Zielkostenmanagement, in: Controlling, 4. Jg., S. 142–150.

Hummel, K. (2010): Gestaltungsparameter und Einflussfaktoren von Verrechnungspreissystemen, Baden-Baden: Nomos.

Hummel, K./Kriegbaum-Kling, C./Schuhmann, S. (2009): Verrechnungspreisgestaltung im internationalen Produktionsverbund, in: Controlling, 21. Jg. (11), S. 598–603.

Hummel, K./Pedell, B. (2009): Verrechnungspreissysteme in der Praxis, in: Controlling, 21. Jg. (11), S. 578–584.

Hummel, S. (1992): Die Forderung nach entscheidungsrelevanten Kosteninformationen, in: Handbuch Kostenrechnung, hrsg. v. W. Männel, Wiesbaden: Gabler, S. 76–83.

Hummel, T./Kurras, K./Niemeyer, K. (1980): Kennzahlensysteme zur Unternehmensplanung, in: Zeitschrift für Organisation, 49. Jg., S. 94–101.

Ittner, C. D./Lanen, W. N./Larcker, D. F. (2002): The association between activity-based costing and manufacturing performance, in: Journal of Accounting Research, 40. Jg. (June), S. 711–726.

Ittner, C. D./Larcker, D. F. (1998): Innovations in performance measurement: trends and research implications, in: Journal of Management Accounting Research, 10. Jg., S. 206–238.

Ittner, C. D./Larcker, D. F./Meyer, M. W. (1997): Performance, compensation, and the balanced scorecard, Pennsylvania: Wharton School.

Jacob, F. (2009): Marketing. Eine Einführung für das Master-Studium, Stuttgart: W. Kohlhammer.

Jäger, H. (1987): Die Bewertung von konzerninternen Lieferungen und Leistungen in der operativen Planung, Heidelberg: Physica-Verlag.

Jensen, M. C. (2001): Corporate budgeting is broken – let's fix it, in: Harvard Business Review, 79. Jg. (10), S. 94–101.

Jensen, M. C./Murphy, K. J. (1990): Performance pay and top-management incentives, in: Journal of Political Economy, 98. Jg. (2), S. 225–264.

Jensen, M. C./Ruback, R. S. (1983): The market for corporate control: the scientific evidence, in: Journal of Financial Economics, 11. Jg. (1–4), S. 5–50.

Kajüter, P. (2000): Proaktives Kostenmanagement. Konzeption und Realprofile, Wiesbaden: Deutscher Universitäts-Verlag.

Kajüter, P. (2005): Kostenmanagement in der deutschen Unternehmenspraxis, in: Zeitschrift für betriebswirtschaftliche Forschung, 57. Jg. (2), S. 79–100.

Kajüter, P. (2011): Wertorientierte Performancemessung, in: Betriebswirtschaft für Führungskräfte, hrsg. v. W. Busse von Colbe, A. Coenenberg, P. Kajüter, U. Linnhoff, B. Pellens, 4. Aufl., Stuttgart: Schäffer-Poeschel, S. 452–470.

Kaplan, R. S. (1994): Flexible budgeting in an activity-based costing framework, in: Accounting Horizons, 8. Jg. (2), S. 104–109.

Kaplan, R. S./Atkinson, A. A. (1998): Advanced management accounting, 3. Aufl., Upper Saddle River, New Jersey: Prentice-Hall.

Kaplan, R. S./Norton, D. P. (1996): The Balanced Scorecard. Translating Strategy Into Action: Mcgraw-Hill Professional.

Kaplan, R. S./Norton, D. P. (1997): Balanced Scorecard, Stuttgart: Schäffer-Poeschel.

Kaplan, R. S./Norton, D. P. (2001): The strategy-focused organization. How balanced scorecard companies thrive in the new business environment, Boston, Massachusetts: Harvard Business School Press.

Kaplan, R. S./Norton, D. P. (2004): Strategy maps. Converting intangible assets into tangible outcomes, Boston, Massachusetts: Harvard Business School Press.

Kaufmann, L. (1997): Balanced Scorecard, in: Zeitschrift für Planung, 8. Jg., S. 412–428.

Kennedy, T./Graves, J. A. (2001): The impact of activity-based costing techniques on firm performance, in: Journal of Management Accounting Research, 13. Jg., S. 19–45.

Literaturverzeichnis

Kern, W. (1971): Kennzahlensysteme als Niederschlag interdependenter Unternehmensplanung, in: Zeitschrift für betriebswirtschaftliche Forschung, 23. Jg., S. 410–431.

Kett, I. W./Brink, A. (1985): Die Relevanz fixer Kosten in risikobehafteten Entscheidungssituationen, in: Der Betrieb, 38. Jg., S. 1034–1037.

Kieser, A./Walgenbach, P. (2010): Organisation, 6. Aufl., Stuttgart: Schäffer-Poeschel.

Kilger, W. (1961): Flexible Plankostenrechnung, 2. Aufl., Köln, Opladen: Westdeutscher Verlag.

Kilger, W. (1962): Kurzfristige Erfolgsrechnung, Wiesbaden: Gabler.

Kilger, W. (1969): Entscheidungskriterien zur Wahl zwischen Eigenerstellung und Fremdbezug, in: Das Rechnungswesen als Instrument der Unternehmungsführung, hrsg. v. W. Busse von Colbe, Bielefeld: Bertelsmann Universitätsverlag, S. 75–121.

Kilger, W. (1980): Soll- und Mindest-Deckungsbeiträge als Steuerungselemente der betrieblichen Planung, in: Führungsprobleme industrieller Unternehmungen, hrsg. v. D. Hahn, Berlin: de Gruyter, S. 299–326.

Kilger, W. (1984): Die Aufgaben von Konzernverrechnungspreisen in der Planung und im Rechnungswesen, in: Die Aufgaben von Konzernverrechnungspreisen in der Planung und im Rechnungswesen, hrsg. v. Volkswagenwerk AG, Wolfsburg, S. 3–33.

Kilger, W. (1987): Einführung in die Kostenrechnung, 3. Aufl., Wiesbaden: Gabler.

Kilger, W./Pampel, J. R./Vikas, K. (2012): Flexible Plankostenrechnung und Deckungsbeitragsrechnung, 13. Aufl., Wiesbaden: Gabler.

Klingebiel, N. (1998): Performance Management – Performance Measurement, in: Zeitschrift für Planung, 9. Jg., S. 1–15.

Klingebiel, N. (1999): Performance Measurement, Wiesbaden: Gabler.

Klofat, B. (1989): Ergebnisorientierte Steuerung ausländischer Tochterunternehmen, München: GBI-Verlag.

Kloock, J. (1981): Mehrperiodige Investitionsrechnungen auf der Basis kalkulatorischer und handelsrechtlicher Erfolgsrechnungen, in: Zeitschrift für betriebswirtschaftliche Forschung, 33. Jg., S. 873–890.

Kloock, J. (1988): Erfolgskontrolle mit der differenziert-kumulativen Abweichungsanalyse, in: Zeitschrift für Betriebswirtschaft, 58. Jg., S. 423–434.

Kloock, J. (1992a): Prozeßkostenrechnung als Rückschritt und Fortschritt der Kostenrechnung (Teil 1 und 2), in: Kostenrechnungspraxis, S. 183–193, 237–245.

Kloock, J. (1992b): Verrechnungspreise, in: Handwörterbuch der Organisation, hrsg. v. E. Frese, 3. Aufl., Stuttgart: Poeschel, Sp. 2554–2572.

Kloock, J. (1993): Flexible Prozeßkostenrechnung und Deckungsbeitragsrechnung, in: Prozeßkostenrechnung, hrsg. v. W. Männel, Kostenrechnungspraxis, S. 55–62.

Kloock, J. (1994): Neuere Entwicklungen des Kostenkontrollmanagements, in: Neuere Entwicklungen im Kostenmanagement, hrsg. v. K. Dellmann, K.-P. Franz, Bern, Stuttgart, Wien: Haupt, S. 607–644.

Kloock, J. (1997): Betriebliches Rechnungswesen, 2. Aufl., Lohmar, Köln: Josef Eul.

Kloock, J./Bommes, W. (1982): Methoden der Kostenabweichungsanalyse, in: Kostenrechnungspraxis, S. 225–237.

Kloock, J./Dierkes, S. (1996): Kostenkontrolle mit der Prozeßkostenrechnung, in: Kostenorientiertes Geschäftsprozessmanagement – Methoden, Werkzeuge, Erfahrungen, hrsg. v. C. Berkau, P. Hirschmann, München: Vahlen, S. 93–119.

Knauer, T./Möslang, K. (2015): Einsatz und Wirkung von Target Costing in deutschen Unternehmen, in: Controlling, 27. Jg. (3), S. 160–165.

Koller, T./Goedhart, M./Wessels, D. (2015): Valuation: measuring and managing the value of companies, 6. Aufl., New Jersey: John Wiley.

Köpf, C. (1909): Die Schnellbilanz, in: Zeitschrift für Buchhaltung 18. Jg., S. 153–159.

Körnert, J. (2006): Perspektiven der Balanced Scorecard: Eine theoretisch-konzeptionelle Analyse zur Auswahl geeigneter Balanced Scorecard-Perspektiven für Kreditinstitute, in: Zeitschrift für Planung und Unternehmenssteuerung, 17. Jg. (2), S. 155–176.

Kosiol, E. (1928): Kostenauflösung und Proportionaler Satz, in: Zeitschrift für handelswissenschaftliche Forschung, 21. Jg., S. 345–358.

Kosiol, E. (1958): Kritische Analyse der Wesensmerkmale des Kostenbegriffes, in: Betriebsökonomisierung durch Kostenanalyse, Absatzrationalisierung und Nachwuchserziehung, hrsg. v. E. Kosiol, F. Schlieper, Köln, Opladen: Westdeutscher Verlag, S. 7–37.

Kothari, S. P. (2001): Capital markets research in accounting, in: Journal of Accounting & Economics, 31. Jg., S. 105–231.

Kramarsch, M. H. (2004): Aktienbasierte Managementvergütung, 2. Aufl., Stuttgart: Schäffer-Poeschel.

Krämer, W. (1998): Statistik verstehen, 3. Aufl., Frankfurt am Main: Campus.

Krämer, W. (2001): Kapitalmarkteffizienz, in: Handwörterbuch des Bank- und Finanzwesens, hrsg. v. W. Gerke, M. Steiner, 3. Aufl., Stuttgart: Schäffer-Poeschel, Sp. 1267–1274.

Kremin-Buch, B. (2007): Strategisches Kostenmanagement. Grundlagen und moderne Instrumente, 4. Aufl., Wiesbaden: Gabler.

Krensel, C./Siemes, A./Afra, S. (2002): Stock Options als ein Instrument der Vergütung bei im NEMAX 50 notierten Unternehmen, in: Controlling, 14. Jg., S. 707–714.

Kreuter, A. (1999): Verrechnungspreise in Profit-Center-Organisationen, München, Mering: Hampp.

Literaturverzeichnis

Krugman, P./Obstfeld, M./Melitz, M. J. (2015): Internationale Wirtschaft, 10. Aufl., Hallbergmoos: Pearson.

Kunz, B. R. (1978): Kostenplanung und Kostenkontrolle in der Unternehmensführung, Bern, Stuttgart: Haupt.

Küpper, H.-U. (1985): Investitionstheoretische Fundierung der Kostenrechnung, in: Zeitschrift für betriebswirtschaftliche Forschung, 37. Jg., S. 26–46.

Küpper, H.-U. (1987): Konzeption des Controlling aus betriebswirtschaftlicher Sicht, in: Rechnungswesen und EDV, 8. Saarbrücker Arbeitstagung 1987, hrsg. v. A.-W. Scheer, Heidelberg: Physica, S. 82–116.

Küpper, H.-U. (1990): Industrielles Controlling, in: Industriebetriebslehre, hrsg. v. M. Schweitzer, München: Vahlen, S. 781–891.

Küpper, H.-U. (2002): Unternehmensrechnung, Struktur und Teilsysteme, in: Handwörterbuch Unternehmensrechnung und Controlling, hrsg. v. H.-U. Küpper, A. Wagenhofer, 4. Aufl., Stuttgart: Schäffer-Poeschel, Sp. 2030–2043.

Küpper, H.-U. (2013): Controlling, 6. Aufl., Stuttgart: Schäffer-Poeschel.

Küpper, H.-U./Winckler, B./Zhang, S. (1990): Planungsverfahren und Planungsinformationen als Instrumente des Controllings – Ergebnisse einer empirischen Erhebung über ihre Nutzung in der Industrie, in: Die Betriebswirtschaft, 50. Jg., S. 435–458.

Küting, K. (1983): Grundsatzfragen von Kennzahlen als Instrument der Unternehmensführung, in: Wirtschaftswissenschaftliches Studium, 12. Jg., S. 237–241.

Lachnit, L. (1976): Zur Weiterentwicklung betriebswirtschaftlicher Kennzahlensysteme, in: Zeitschrift für betriebswirtschaftliche Forschung, 28. Jg., S. 216–230.

Laibson, D. I. (2001): A cue-theory of consumption, in: The Quarterly Journal of Economics, 116. Jg. (1), S. 81–119.

Langen, H. (1966): Dynamische Preisuntergrenzen, in: Zeitschrift für betriebswirtschaftliche Forschung, 18. Jg., S. 649–659.

Langguth, H. (1994): Strategisches Controlling, Berlin: Verl. Wiss. und Praxis.

Laux, H. (2006): Unternehmensrechnung, Anreiz und Kontrolle, 3. Aufl., Berlin u. a.: Springer.

Leitch, R. A./Barrett, K. S. (1992): Multinational transfer pricing: objectives and constraints, in: Journal of Accounting Literature, 11. Jg., S. 47–92.

Lewin, C. M. (1912): Theorie und Praxis der industriellen Selbstkostenberechnung, Leipzig: Poeschel.

Lingnau, V. (2000): Systematik von Kostenzurechnungsprinzipien, in: Wirtschaftswissenschaftliches Studium, 29. Jg., S. 256–263.

Lipe, M. G./Salterio, S. E. (2000): The balanced scorecard: judgmental effects of common and unique performance measures, in: The Accounting Review, 75. Jg. (3), S. 283–298.

Listl, A. (1998): Target Costing zur Ermittlung der Preisuntergrenze: entscheidungsorientiertes Kostenmanagement dargestellt am Beispiel der Automobilzulieferindustrie, Frankfurt am Main: Peter Lang.

Littkemann, J. (2009): Verhaltensorientierte Ausrichtung des Beteiligungscontrollings, in: Beteiligungscontrolling, Band 2: Strategische und operative Unternehmensführung im Beteiligungscontrolling, hrsg. v. J. Littkemann, H. Zürndorf, Herne, Berlin: Neue Wirtschafts-Briefe, S. 19–51.

Lücke, W. (1955): Investitionsrechnungen auf der Basis von Ausgaben oder Kosten?, in: Zeitschrift für handelswissenschaftliche Forschung, 7. Jg., S. 310–324.

Lücke, W. (1960): Wesen und Bedeutung der kalkulatorischen Zinsen, in: Zeitschrift für handelswissenschaftliche Forschung, 12. Jg., S. 353–375.

Lücke, W. (1987): Die Ausgleichsfunktion der kalkulatorischen Zinsen in der Investitionsrechnung, in: Das Wirtschaftsstudium, 16. Jg., S. 369–375.

Malina, M. A./Selto, F. H. (2001): Communicating and controlling strategy: an empirical study of the effectiveness of the balanced scorecard, in: Journal of Management Accounting Research, 13. Jg., S. 47–90.

Malmi, T./Brown, D. A. (2008): Management control system as package – Opportunities, challenges and research directions, in: Management Accounting Research, 19. Jg. (4), S. 287–300.

Maltry, H. (1989): Plankosten- und Prospektivkostenrechnung, Bergisch Gladbach: Eul.

Maltry, H. (1990): Überlegungen zur Entscheidungsrelevanz von Fixkosten im Rahmen operativer Planungsrechnungen, in: Betriebswirtschaftliche Forschung und Praxis, 42. Jg., S. 294–311.

Mandler, U. (2002): Internationale Konzernverrechnungspreise, in: Das Wirtschaftsstudium, 31. Jg., S. 929–934.

Männel, W. (1983a): Grundkonzeption einer entscheidungsorientierten Erlösrechnung, in: Kostenrechnungspraxis, S. 55–70.

Männel, W. (1983b): Zur Gestaltung der Erlösrechnung, in: Entwicklungslinien der Kosten- und Erlösrechnung, hrsg. v. K. Chmielewicz, Stuttgart: Poeschel, S. 119–150.

Männel, W. (1993): Erlösrechnung, in: Handwörterbuch des Rechnungswesens, hrsg. v. K. Chmielewicz, M. Schweitzer, 3. Aufl., Stuttgart: Schäffer-Poeschel, Sp. 562–580.

Männel, W. (1994): Frühzeitige Kostenkalkulation und lebenszyklusbezogene Ergebnisrechnung, in: Kostenrechnungspraxis, S. 106–110.

Markowitz, H. M. (1959): Portfolio selection, New York: John Wiley.

Matschke, M. J./Brösel, G. (2013): Unternehmensbewertung, 4. Aufl., Wiesbaden: Springer Gabler.

Mayer, R. (1990): Prozeßkostenrechnung, in: Kostenrechnungspraxis, S. 307–312.

Literaturverzeichnis

Mayer, R. (1991): Prozeßkostenrechnung und Prozeßkostenmanagement: Konzept, Vorgehensweise und Einsatzmöglichkeiten, in: Prozeßkostenmanagement, hrsg. v. IFUA Horváth & Partner, München: Vahlen, S. 73–99.

Mayer, R. (1998a): Kapazitätskostenrechnung, München: Vahlen.

Mayer, R. (1998b): Prozeßkostenrechnung – State of the Art, in: Prozeßkostenmanagement, hrsg. v. Horváth & Partner, München: Vahlen, S. 3–27.

Mayer, R./Kaufmann, L. (2000): Prozeßkostenrechnung II – Einordnung, Aufbau, Anwendungen, in: Kosten-Controlling: neue Methoden und Inhalte, hrsg. v. T. M. Fischer, Stuttgart: Schäffer-Poeschel, S. 291–322.

McGowan, A. S./Klammer, T. P. (1997): Satisfaction with activity-based cost management implementation, in: Journal of Management Accounting Research, 9. Jg., S. 217–237.

Merchant, K. A./Manzoni, J.-F. (1989): The achievability of budget targets in profit centers: a field study, in: The Accounting Review, 64. Jg. (3), S. 539–558.

Meyer, C. (2011): Betriebswirtschaftliche Kennzahlen und Kennzahlen-Systeme, 6. Aufl., Sternenfels: Verl. Wiss. und Praxis.

Michel, H. (1964): Grenzkosten und Opporunitätskosten, in: Zeitschrift für betriebswirtschaftliche Forschung, 16. Jg., S. 82–93.

Mishel, L./Sabadish, N. (2013): CEO Pay in 2012 was extraordinarily high relative to typical workers and other high earners, Washington: Economic Policy Institute.

Monden, Y. (1999): Wege zur Kostensenkung, München: Vahlen.

Monissen, H. G./Huber, B. (1992): Sind fixe Kosten entscheidungsrelevant?, in: Zeitschrift für betriebswirtschaftliche Forschung, 44. Jg., S. 1096–1108.

Moxter, A. (1982): Betriebswirtschaftliche Gewinnermittlung, Tübingen: Mohr Siebeck.

Müller, H. (1996): Prozeßkonforme Grenzplankostenrechnung: Stand, Nutzenanwendungen, Tendenzen, 2. Aufl., Wiesbaden: Gabler.

Müller, W. (1974): Die Koordination von Informationsbedarf und Informationsbeschaffung als zentrale Aufgabe des Controlling, in: Zeitschrift für betriebswirtschaftliche Forschung, 26. Jg., S. 683–693.

Münstermann, H. (1966): Bedeutung der Opportunitätskosten für unternehmerische Entscheidungen, in: Zeitschrift für Betriebswirtschaft, 36. Jg., S. 18–36.

Mussnig, W. (2001a): Dynamisches Kostenmanagement, in: Controlling, 13. Jg. (3), S. 139–148.

Mussnig, W. (2001b): Dynamisches Target Costing. Von der statischen Betrachtung zum strategischen Management der Kosten, Wiesbaden: Deutscher Universitäts-Verlag.

Neßler, C./Fische, M.-T. (2013): Social-Responsive Balanced Scorecard, Wiesbaden: Springer Gabler.

Neuss, W. (1997): Verrechnungspreise – Rekonstrukion des Marktes innerhalb der Unternehmung?, in: Die Betriebswirtschaft, 57. Jg., S. 38–47.

Nitzl, C./Hirsch, B./Marx, U. (2015): Zur Genese von Vertrauen von Manager/innen gegenüber Controller/innen, in: Die Betriebswirtschaft, 75. Jg. (2), S. 97–127.

Nitzsch, R. v. (1992): Entscheidungsrelevanz aktionsfixer Größen in deskriptiver und präskriptiver Sicht, in: Die Betriebswirtschaft, 52. Jg., S. 605–619.

OECD (2010): Transfer pricing guidelines for multinational enterprises and tax administrations, Paris: OECD.

Ossadnik, W. (2009): Controlling, 4. Aufl., München, Wien: Oldenbourg.

Otley, D. T./Pollanen, R. M. (2000): Budgetary criteria in performance evaluation: a critical appraisal using new evidence, in: Accounting, Organizations and Society, 25. Jg., S. 483–496.

Pape, U. (2010): Wertorientierte Unternehmensführung und Controlling, 4. Aufl., Sternenfels: Verl. Wiss. und Praxis.

Pape, U. (2015): Grundlagen der Finanzierung und Investition, 3. Aufl., München: De Gruyter, Oldenbourg.

Paulo, S. (2002): Operating income, residual income and EVA: which metric is more value relevant – a Comment, in: Journal of Managerial Issues, 14. Jg. (4), S. 500–506.

Pausenberger, E. (1992): Konzerninterner Leistungsaustausch und Transferpreispolitik in internationalen Unternehmungen, in: Handbuch der Internationalen Unternehmenstätigkeit, hrsg. v. B. N. Kumar, H. Haussmann, München: C. H. Beck, S. 769–786.

Pellens, B./Crasselt, N./Rockholtz, C. (1998): Wertorientierte Entlohnungssysteme für Führungskräfte – Anforderungen und empirische Evidenz, in: Unternehmenswertorientierte Entlohnungssysteme, hrsg. v. B. Pellens, Stuttgart: Schäffer-Poeschel, S. 1–28.

Pellens, B./Rockholtz, C./Stienemann, M. (1997): Marktwertorientiertes Konzerncontrolling in Deutschland – Eine empirische Untersuchung, in: Der Betrieb, 50. Jg., S. 1933–1939.

Pellens, B./Tomaszewski, C./Weber, N. (2000): Wertorientierte Unternehmensführung in Deutschland – Eine empirische Untersuchung der DAX 100-Unternehmen, in: Der Betrieb, 53. Jg., S. 1825–1833.

Pfaff, D. (1998): Wertorientierte Unternehmenssteuerung, Investitionsentscheidungen und Anreizprobleme, in: Betriebswirtschaftliche Forschung und Praxis, 50. Jg., S. 491–516.

Pfaff, D. (2002): Budgetierung, in: Handwörterbuch Unternehmensrechnung und Controlling, hrsg. v. H.-U. Küpper, A. Wagenhofer, 4. Aufl., Stuttgart: Schäffer-Poeschel, Sp. 231–241.

Pfaff, D./Kunz, A. H./Pfeiffer, T. (2000a): Balanced Scorecard als Bemessungsgrundlage finanzieller Anreizsysteme – Eine theorie- und empiriegeleitete

Literaturverzeichnis

Analyse der resultierenden Grundprobleme, in: Betriebswirtschaftliche Forschung und Praxis, 52. Jg., S. 36–55.

Pfaff, D./Kunz, A. H./Pfeiffer, T. (2000b): Zu Risiken und Nebenwirkungen eines Ausbaus der Balanced Scorecard vom Planungs- zum Anreizinstrument, in: Balanced Scorecard, hrsg. v. J. Weber, W. Männel, Kostenrechnungspraxis, S. 129–132.

Pfeiffer, T. (2003): Anreizkompatible Unternehmenssteuerung, Performancemaße und Erfolgsrechnung: zur Vorteilhaftigkeit von Ergebnisgrößen bei unbekannten Zeitpräferenzen des Managers, in: Die Betriebswirtschaft, 63. Jg. (1), S. 43–59.

Pfohl, H.-C. (1981): Planung und Kontrolle, Stuttgart: Kohlhammer.

Pfohl, H.-C./Wübbenhorst, K. L. (1983): Lebenszykluskosten – Ursprung, Begriff und Gestaltungsvariablen, in: Journal für Betriebswirtschaftslehre, 33. Jg., S. 142–155.

Plaschke, F. J. (2003): Wertorientierte Management-Incentivesysteme auf Basis interner Wertkennzahlen, Wiesbaden: Deutscher Universitäts-Verlag.

Plötner, O./Sieben, B./Kummer, T.-F. (2010): Kosten- und Erlösrechnung, 2. Aufl., Berlin: Springer.

Poensgen, O. H. (1973): Geschäftsbereichsorganisation, Opladen: Westdeutscher Verlag.

Porter, M. E. (1985): Competitive advantage, New York: The Free Press.

Powelz, H. J. H. (1984): Gewinnung und Nutzung von Erlösinformationen, in: Zeitschrift für Betriebswirtschaft, 54. Jg., S. 1090–1115.

Powelz, H. J. H. (1989): Ein System zur Ist-Soll-Abweichungs-Ursachenanalyse von Erlösen, in: Zeitschrift für Betriebswirtschaft, 59. Jg., S. 1229–1234.

Preinreich, G. A. D. (1936): The fair value and yield of common stock, in: The Accounting Review, 11. Jg., S. 130–140.

Preinreich, G. A. D. (1937): Valuation and amortization, in: The Accounting Review, 12. Jg., S. 209–226.

Preißler, P. R. (2008): Betriebswirtschaftliche Kennzahlen. Formeln Aussagekraft, Sollwert, Ermittlungsintervalle, München: Oldenbourg.

Raby, N. (Hrsg.) (2008): International transfer pricing. o. O.: PriceWaterhouseCoopers.

Raffée, H. (1974): Preisuntergrenzen, in: Wirtschaftswissenschaftliches Studium, 3. Jg. (4), S. 145–151.

Rappaport, A. (1999a): New thinking on how to link executive pay with performance, in: Harvard Business Review, 77. Jg. (2), S. 91–101.

Rappaport, A. (1999b): Shareholder value, 2. Aufl., Stuttgart: Schäffer-Poeschel.

Reckenfelderbäumer, M. (1998): Entwicklungsstand und Perspektiven der Prozesskostenrechnung, Wiesbaden: Gabler.

Reese, M. (2002): Erlösplanung und Erlöskontrolle, in: Handwörterbuch Unternehmensrechnung und Controlling, hrsg. v. H.-U. Küpper, A. Wagenhofer, 4. Aufl., Stuttgart: Schäffer-Poeschel, Sp. 453–462.

Regierungskommission Deutscher Corporate Governance Kodex (2015): Deutscher Corporate Governance Kodex, o.O.

Reichelstein, S. (1997): Investment decisions and managerial performance evaluation, in: Review of Accounting Studies, 2. Jg., S. 157–180.

Reichelstein, S. (2000): Providing managerial incentives: cash flows versus accrual accounting, in: Journal of Accounting Research, 38. Jg. (2), S. 243–269.

Reichling, P./Köberle, G. (1992): Gemeinkosten-Controlling mit der Prozeßkostenrechnung, in: Controlling, hrsg. v. K. Spremann, E. Zur, Wiesbaden: Gabler, S. 487–510.

Reichmann, T. (1973): Kosten und Preisgrenzen: die Bestimmung von Preisuntergrenzen und Preisobergrenzen im Industriebetrieb, Wiesbaden: Gabler.

Reichmann, T. (2001): Controlling mit Kennzahlen und Managementberichten, 6. Aufl., München: Vahlen.

Reichmann, T./Lachnit, L. (1976): Planung, Steuerung und Kontrolle mit Hilfe von Kennzahlen, in: Zeitschrift für betriebswirtschaftliche Forschung, 28. Jg., S. 705–723.

Reiß, M./Corsten, H. (1990): Grundlagen des betriebswirtschaftlichen Kostenmanagements, in: Wirtschaftswissenschaftliches Studium, 19. Jg., S. 390–396.

Richter, F. (1996): Konzeption eines marktwertorientierten Steuerungs- und Monitoringsystems, Frankfurt am Main: Peter Lang.

Richter, H. J. (1987): Theoretische Grundlagen des Controlling – Strukturkriterien für die Entwicklung von Controlling-Konzeptionen, Frankfurt am Main: Lang.

Riebel, P. (1959): Das Rechnen mit Einzelkosten und Deckungsbeiträgen, in: Zeitschrift für handelswissenschaftliche Forschung, 11. Jg. (5), S. 213–238.

Riebel, P. (1980): Probleme einer Festlegung von Deckungsvorgaben aus produktions- und absatzwirtschaftlicher Sicht, in: Zeitschrift für betriebswirtschaftliche Forschung, 32. Jg., S. 1130–1145.

Riebel, P. (1994): Einzelkosten- und Deckungsbeitragsrechnung. Grundfragen einer Markt- und entscheidungsorientierten Unternehmensrechnung, 7. Aufl., Wiesbaden: Gabler.

Rieger, W. (1928): Einführung in die Privatwirtschaftslehre, Nürnberg: Krisch.

Riezler, S. (1996): Lebenszyklusrechnung – Instrument des Controlling strategischer Projekte, Wiesbaden: Gabler.

Rogerson, W. P. (1997): Intertemporal cost allocation and managerial investment incentives: a theory explaining the use of economic value added as a performance measure, in: Journal of Political Economy, 105. Jg. (4), S. 770–795.

Rollberg, R. (2001): Integrierte Unternehmensplanung, Wiesbaden: Deutscher Universitäts-Verlag.

Literaturverzeichnis

Ronen, J./McKinney, G. (1970): Transfer pricing for divisional autonomy, in: Journal of Accounting Research, 8. Jg., S. 99–112.

Rosen, R. v./Bednarczuk, P. (Hrsg.) (2001): Beteiligungssysteme für breite Mitarbeiterkreise. Ergebnisse einer Umfrage. Frankfurt am Main: Deutsches Aktieninstitut/Hewitt.

Rösler, F. (1997): Target Costing in der Automobilindustrie – Ein Anwendungsbeispiel des Zielkostenmanagements, in: Kostenmanagement. Aktuelle Konzepte und Anwendungen, hrsg. v. C.-C. Freidank, U. Götze, B. Huch, J. Weber, Berlin: Springer, S. 275–297.

Rost, K./Osterloh, M. (2009): Management fashion pay-for-performance for CEOs, in: Schmalenbach Business Review, 61. Jg. (4), S. 119–149.

Rouse, W. B./Morris, N. M. (1986): On looking into the black box: Prospects and limits in the search for mental models, in: Psychological Bulletin, 100. Jg. (3), S. 349–363.

Rückert, J./Hofbauer, M. (2015): Zielkostenmanagement im Produktcontrolling von Audi – Erfahrungen, aktuelle Methodik und zukünftige Herausforderungen, in: Controlling, 27. Jg. (3), S. 153–159.

Rückle, D./Klein, A. (1994): Product-Life-Cycle-Cost Management, in: Neuere Entwicklungen im Kostenmanagement, hrsg. v. K. Dellmann, K.-P. Franz, Bern: Haupt, S. 335–367.

Ruhl, J. M. (1995): Activity-based variance analysis, in: Journal of Cost Management, 10. Jg. (Winter), S. 38–47.

Ruhtz, V. (2001): Die Balanced Scorecard im Praxistest: Wie zufrieden sind Anwender?, Frankfurt am Main: PriceWaterhouseCoopers.

Rummel, K. (1939): Grundlagen der Selbstkostenrechnung, 2. Aufl., Düsseldorf: Stahleisen.

Sakurai, M. (1989): Target costing and how to use it, in: Journal of Cost Management, 3. Jg. (Summer), S. 39–50.

Sakurai, M./Keating, P. J. (1994): Target Costing und Activity-Based Costing, in: Controlling, 6. Jg., S. 84–91.

Sandt, J. (2004): Management mit Kennzahlen und Kennzahlensystemen. Bestandsaufnahme, Determinanten und Erfolgswirkungen, Wiesbaden: Deutscher Universitäts-Verlag.

Schäffer, U. (2001): Kontrolle als Lernprozess, Wiesbaden: Deutscher Universitäts-Verlag.

Schäffer, U./Matlachowsky, P. (2008): Warum die Balanced Scorecard nur selten als strategisches Managementsystem genutzt wird, in: Zeitschrift für Planung und Unternehmenssteuerung, 19. Jg. (2), S. 207–232.

Schäffer, U./Pelster, C. (2007): Zur Relevanz des Controllability-Prinzips für die Unternehmenspraxis, in: Zeitschrift für Controlling & Management, 51. Jg. (6), S. 422–436.

Schäffer, U./Weber, J. (2015): Controlling. Trends & Benchmarks, Vallendar: WHU – Otto Beisheim School of Management.

Schanz, G. (1991): Die motivationalen Grundlagen der Gestaltung von Anreizsystemen, in: Handbuch Anreizsysteme, hrsg. v. G. Schanz, Stuttgart: Poeschel, S. 3–30.

Scheffen, O. (1993): Zur Entscheidungsrelevanz fixer Kosten, in: Zeitschrift für betriebswirtschaftliche Forschung, 45. Jg., S. 319–341.

Scheffler, W. (2009): Besteuerung der grenzüberschreitenden Unternehmenstätigkeit, 3. Aufl., München: Vahlen.

Schehl, M. (1994): Die Kostenrechnung der Industrieunternehmen vor dem Hintergrund unternehmensexterner und -interner Strukturwandlungen – eine theoretische und empirische Untersuchung, Berlin: Duncker & Humblot.

Schild, U. (2005): Lebenszyklusrechnung und lebenszyklusbezogenes Zielkostenmanagement, Wiesbaden: Deutscher Universitäts-Verlag.

Schildbach, T. (1993): Substanz- und Kapitalerhaltung, in: Handwörterbuch des Rechnungswesens, hrsg. v. K. Chmielewicz, M. Schweitzer, 3. Aufl., Stuttgart: Schäffer-Poeschel, Sp. 1888–1901.

Schildbach, T. (2005): Entscheidung, in: Vahlens Kompendium der Betriebswirtschaftslehre, Band 2, hrsg. v. M. Bitz, M. Domsch, F. W. Wagner, R. Ewert, 5. Aufl., München: Vahlen, S. 1–41.

Schildbach, T./Homburg, C. (2008): Kosten- und Leistungsrechnung, 10. Aufl., Stuttgart: Lucius & Lucius.

Schiller, U./Lengsfeld, S. (1998): Strategische und operative Planung mit der Prozeßkostenrechnung, in: Zeitschrift für Betriebswirtschaft, 68. Jg., S. 525–546.

Schmalenbach, E. (1908/09): Über Verrechnungspreise, in: Zeitschrift für handelswissenschaftliche Forschung, 3. Jg., S. 165–185.

Schmalenbach, E. (1919a): Grundlagen dynamischer Bilanzlehre, in: Zeitschrift für handelswissenschaftliche Forschung, 13. Jg., S. 1–60, 65–101.

Schmalenbach, E. (1919b): Selbstkostenrechnung I, in: Zeitschrift für handelswissenschaftliche Forschung, 13. Jg., S. 257–299, 321–356.

Schmalenbach, E. (1930): Grundlagen der Selbstkostenrechnung und Preispolitik, 5. Aufl., Leipzig: G. A. Glöckner.

Schmalenbach, E. (1948): Pretiale Wirtschaftslenkung, Band 2: Pretiale Lenkung des Betriebs, Bremen-Horn: Industrie- u. Handelsverlag Walter Dorn.

Schmalenbach, E. (1963a): Gewerbliche Kalkulation, in: Zeitschrift für handelswissenschaftliche Forschung, 15. Jg. (8/9), S. 375–384.

Schmalenbach, E. (1963b): Kostenrechnung und Preispolitik, bearbeitet von R. Bauer, 8. Aufl., Köln: Westdeutscher Verlag.

Schmid, T. (2007): Strategisches Controlling in Wirtschaftsprüfungsgesellschaften im Spannungsfeld zwischen öffentlichem Auftrag und erwerbswirtschaftlicher Orientierung, Hamburg: Kovac.

Schmidt, L. (2002): Bilanzierung von Aktienoptionen nach IAS/IFRS – Der Exposure Draft ‚Share-based payment' des IASB, in: Der Betrieb, 55. Jg., S. 2657–2663.

Literaturverzeichnis

Schmidt, R. H./Terberger, E. (1997): Grundzüge der Investitions- und Finanzierungstheorie, 4. Aufl., Wiesbaden: Gabler.

Schneider, D. (1984): Entscheidungsrelevante fixe Kosten, Abschreibungen und Zinsen zur Substanzerhaltung, in: Der Betrieb, 37. Jg., S. 2521–2528.

Schneider, D. (1992): Wider den Grundsatz relevanter Kosten, in: Die Betriebswirtschaft, 52. Jg., S. 709–715.

Schneider, D. (1997): Betriebswirtschaftslehre, Band 2: Rechnungswesen, 2. Aufl., München, Wien: Oldenbourg.

Schneider, D. (2003): Wider Marktpreise als Verrechnungspreise in der Besteuerung internationaler Konzerne, in: Der Betrieb, 56. Jg. (2), S. 53–58.

Schneider, E. (1962): Einführung in die Wirtschaftstheorie, IV. Teil: Ausgewählte Kapitel der Geschichte der Wirtschaftstheorie, Tübingen: Mohr Siebeck.

Schopenhauer, A. (1988): Parerga und Paralipomena: kleine philosophische Schriften II, in: Werke, hrsg. v. L. Lütkehaus, Zürich: Haffmanns.

Schreiber, U./Rogall, M. (2002): Internationale Verrechnungspreise, in: Handwörterbuch Unternehmensrechnung und Controlling, hrsg. v. H.-U. Küpper, A. Wagenhofer, 4. Aufl., Stuttgart: Schäffer-Poeschel, Sp. 788–796.

Schulte-Zerhausen, M. (2014): Organisation, München: Vahlen.

Schweitzer, M./Küpper, H.-U./Friedl, G./Hofmann, C./Pedell, B. (2016): Systeme der Kosten- und Erlösrechnung, 11. Aufl., München: Vahlen.

Schwetzler, B. (1998): Die Kapitalkosten von Rückstellungen – zur Anwendung des Shareholder Value-Konzeptes in Deutschland, in: Zeitschrift für betriebswirtschaftliche Forschung, 50. Jg., S. 678–702.

Schwetzler, B./Darijtschuk, N. (1999): Unternehmensbewertung mit Hilfe der DCF-Methode – eine Anmerkung zum ‚Zirkularitätsproblem', in: Zeitschrift für Betriebswirtschaft, 69. Jg., S. 295–318.

Seibert, U. (1998): Variable Bezüge für Führungskräfte: Wertorientierung als Herausforderung, in: Unternehmenswertorientierte Entlohnungssysteme, hrsg. v. B. Pellens, Stuttgart: Schäffer-Poeschel, S. 29–52.

Seicht, G. (1979): Die dynamische Stückkostenrechnung, in: Kostenrechnungspraxis, S. 201–212.

Seicht, G. (2001): Moderne Kosten- und Leistungsrechnung – Grundlagen und praktische Gestaltung, 11. Aufl., Wien: Linde.

Seidenschwarz, W. (1993): Target Costing, München: Vahlen.

Sharpe, W. F. (1970): Portfolio Theory and Capital Markets, New York: McGraw-Hill.

Shields, J. (2007): Managing employee performance and reward, Cambridge: Cambridge University Press.

Shields, M. D. (1995): An Empirical Analysis of Firms' Implementation Expieriences with Activity-Based Costing, in: Journal of Management Accounting Research, 7. Jg. (Fall), S. 148–166.

Shim, E./Sudit, E. F. (1995): How manufacturers price products, in: Management Accounting, 76. Jg. (February), S. 37–39.

Sieben, G./Maltry, H. (2002): Zur Bemessung kalkulatorischer Abschreibungen und kalkulatorischer Zinsen bei der kostenbasierten Preisermittlung von Unternehmen der öffentlichen Energieversorgung, in: Betriebswirtschaftliche Forschung und Praxis, 54. Jg., S. 402–418.

Siegel, T. (1985): Zur Irrelevanz fixer Kosten bei Unsicherheit, in: Der Betrieb, 38. Jg., S. 2157–2159.

Siegel, T. (1991): Sichere Fixkosten bei Unsicherheit: Ein semantischer Dissens, in: Betriebswirtschaftliche Forschung und Praxis, 43. Jg., S. 482–490.

Siegel, T. (1992): Zur Diskussion um die Entscheidungsrelevanz sicherer Fixkosten bei sonstiger Unsicherheit, in: Die Betriebswirtschaft, 52. Jg., S. 715–721.

Siegwart, H./Senti, R. (1995): Product Life Cycle Management: die Gestaltung eines integrierten Produktlebenszyklus, Stuttgart: Schäffer-Poeschel.

Simon, H. (1995a): Preismanagement kompakt, Wiesbaden: Gabler.

Simon, H. (1995b): Preispolitik, in: Handwörterbuch des Marketing, hrsg. v. B. Tietz, R. Köhler, J. Zentes, Stuttgart: Schäffer-Poeschel, Sp. 2068–2085.

Simon, H./Fassnacht, M. (2009): Preismanagement. Strategie, Analyse, Entscheidung, Umsetzung, 3. Aufl., Wiesbaden: Gabler.

Solomons, D. (1965): Divisional performance: measurement and control, Homewood, Illinois: Irwin.

Speckbacher, G./Bischof, J. (2000): Die Balanced Scorecard als innovatives Managementsystem, in: Die Betriebswirtschaft, 60. Jg., S. 795–810.

Speckbacher, G./Bischof, J./Pfeiffer, T. (2003): A descriptive analysis on the implementation of Balanced Scorecards in German-speaking countries, in: Management Accounting Research, 14. Jg. (4), S. 361–387.

Stackelberg, H. v. (1932): Grundlagen einer reinen Kostentheorie, Wien: Julius Springer.

Steiner, M./Bruns, C./Stöckl, S. (2012): Wertpapiermanagement, 10. Aufl., Stuttgart: Schäffer-Poeschel.

Stelter, D. (1999): Wertorientierte Anreizsysteme, in: Unternehmenssteuerung und Anreizsysteme, hrsg. v. W. Bühler, T. Siegert, Stuttgart: Schäffer-Poeschel, S. 207–241.

Stewart, G. B. (1991): The quest for value – a guide for senior managers, New York: HarperBusiness.

Stoi, R. (1999): Prozeßorientiertes Kostenmanagement in der deutschen Unternehmenspraxis: eine empirische Untersuchung, München: Vahlen.

Sully de Luque, M./Javidan, M. (2004): Uncertainty avoidance, in: Culture, leadership, and organizations. The GLOBE study of 62 societies, hrsg. v. R. J. House, P. J. Hanges, M. Javidan, P. W. Dorfman, V. Gupta, Thousand Oaks, California: Sage, S. 603–653.

Literaturverzeichnis

Swoboda, P. (1966): Beziehungen zwischen betrieblicher Investitionspolitik und Preisbildung, in: Zeitschrift für betriebswirtschaftliche Forschung, 18. Jg., S. 1–11.

Tanaka, M. (1989): Cost planning and control system in the design phase of a new product, in: Japanese management accounting. A world class approach to profit management, hrsg. v. Y. Monden, M. Sakurai, Cambridge, Massachusetts: Productivity Press, S. 49–71.

Tanaka, T. (1993): Target costing at Toyota, in: Journal of Cost Management, 7. Jg. (Spring), S. 4–11.

Tang, R. Y. W. (1997): Intrafirm Trade and Global Transfer Pricing Regulations, Westport, Connecticut: Quorum Books.

Tani, T./Horváth, P./Wangenheim, S. v. (1996): Genka Kikaku und marktorientiertes Zielkostenmanagement, in: Controlling, 8. Jg., S. 80–89.

Tietze, J. (2014): Einführung in die angewandte Wirtschaftsmathematik, 17. Aufl., Wiesbaden: Springer.

Tietze, J. (2015): Einführung in die Finanzmathematik. Klassische Verfahren und neuere Entwicklungen, 12. Aufl., Wiesbaden: Springer.

Towers Perrin (2001): Stock options around the world, New York: Towers Perrin.

Towers Perrin (2009): Vorstandsvergütung DAX 2008. Geschäftsberichtsauswertung 2008, Frankfurt am Main.

Towers Watson (2015): CEO pay in the Eurotop 100, London.

Troßmann, E. (2013): Controlling als Führungsfunktion, München: Vahlen.

Troßmann, E./Trost, S. (1996): Was wissen wir über steigende Gemeinkosten? – Empirische Belege zu einem vieldiskutierten betrieblichen Problem, in: Kostenrechnungspraxis, S. 65–74.

Ueberbach, J. (1993): Kalkulatorische Kosten – ein notwendiges operatives Controllinginstrument?, in: Controlling bei fließenden Unternehmensstrukturen, hrsg. v. A.-W. Scheer, Heidelberg: Physika, S. 447–467.

Ulrich, H. (1978): Unternehmungspolitik, Bern: Paul Haupt.

Upchurch, A. (1998): Management accounting, principles & practice, London: Financial Times, Pitman.

Van der Stede, W. A./Chow, C. W./Lin, T. W. (2006): Strategy, choice of performance measures, and performance, in: Behavioral research in accounting, 18. Jg. (1), S. 185–205.

Virkkunen, H. (1956): Das Rechnungswesen im Dienste der Leitung, Helsinki: Betriebswirtschaftswissenschaftliches Institut.

Vormbaum, H./Rautenberg, H. G. (1985): Plankostenrechnung, Bad Homburg vor d. Höhe: Verlag für Unternehmensführung Gehlen.

Wagenhofer, A. (1992): Abweichungsanalysen bei der Erfolgskontrolle aus agency theoretischer Sicht, in: Betriebswirtschaftliche Forschung und Praxis, 44. Jg. (4), S. 319–338.

Wagenhofer, A. (2002): Verrechnungspreise, in: Handwörterbuch Unternehmensrechnung und Controlling, hrsg. v. H.-U. Küpper, A. Wagenhofer, 4. Aufl., Stuttgart: Schäffer-Poeschel, Sp. 2074–2083.

Wagenhofer, A./Riegler, C. (1994): Verhaltenssteuerung durch die Wahl von Bezugsgrössen, in: Neuere Entwicklungen im Kostenmanagement, hrsg. v. K. Dellmann, K.-P. Franz, Bern: Haupt, S. 463–494.

Währisch, M. (1998): Kostenrechnungspraxis in der deutschen Industrie – eine empirische Studie, Wiesbaden: Gabler.

Wall, F. (2001): Ursache-Wirkungsbeziehungen als ein zentraler Bestandteil der Balanced Scorecard, in: Controlling, 13. Jg. (2), S. 65–74.

Wallenburg, C. M./Weber, J. (2006): Ursache-Wirkungsbeziehungen der Balanced Scorecard: Empirische Erkenntnisse zu ihrer Existenz, in: Zeitschrift für Controlling & Management, 50. Jg. (4), S. 245–256.

Wallmeier, M. (2001): Renditeanomalien, in: Handwörterbuch des Bank- und Finanzwesens, hrsg. v. W. Gerke, M. Steiner, Stuttgart: Schäffer-Poeschel, Sp. 1793–1804.

Walsh, C. (2006): Key management ratios, 4. Aufl., London: Financial Times, Pearson.

Watson, D. J. H./Baumler, J. V. (1975): Transfer pricing: A behavioral context, in: The Accounting Review, 50. Jg., S. 466–474.

Weber, J. (2008): Von Top-Controllern lernen. Controlling in den Dax 30-Unternehmen, Weinheim: Wiley.

Weber, J./Hirsch, B./Rambusch, R./Schlüter, H./Sill, F./Spatz, A. (2006): Controlling 2006 – Stand und Perspektiven, Vallendar: ICV/WHU.

Weber, J./Schäffer, U. (1999): Sicherstellung der Rationalität von Führung als Aufgabe des Controlling?, in: Die Betriebswirtschaft, 59. Jg., S. 731–747.

Weber, J./Schäffer, U. (2000): Balanced Scorecard & Controlling, 3. Aufl., Wiesbaden: Gabler.

Weber, J./Schäffer, U. (2014): Einführung in das Controlling, 14. Aufl., Stuttgart: Schäffer-Poeschel.

Weber, M. (2002): Formen und Ausgestaltungsmöglichkeiten von Stock Options in der internationalen Praxis, in: Stock Options, hrsg. v. A.-K. Achleitner, P. Wollmert, 2. Aufl., Stuttgart: Schäffer-Poeschel, S. 25–44.

Weckes, M./Werner, N. (2013): Auswertung der Manager to Worker Pay Ratio 2011, Düsseldorf: Hans Böckler Stiftung.

Weilenmann, P. (1989): Dezentrale Führung: Leistungsbeurteilung und Verrechnungspreise, in: Zeitschrift für Betriebswirtschaft, 59. Jg., S. 932–956.

Weißenberger, B. E. (2003): Anreizkompatible Erfolgsrechnung im Konzern. Grundmuster und Gestaltungsalternativen, Wiesbaden: Deutscher Universitäts-Verlag.

Weißenberger, B. E./Arbeitskreis „Controller und IFRS" der International Group of Controlling (2006): Controller und IFRS: Konsequenzen einer

Literaturverzeichnis

IFRS-Finanzberichterstattung für die Aufgabenfelder von Controllern, in: Betriebswirtschaftliche Forschung und Praxis, 58. Jg. (4), S. 342–364.

Weißenberger, B. E./Maier, M. (2006): Der Management Approach in der IFRS-Rechnungslegung: Fundierung der Finanzberichterstattung durch Informationen aus dem Controlling, in: Der Betrieb, 59. Jg. (3), S. 2077–2083.

Wenger, E. (2001): Unternehmenskontrolle, in: Handwörterbuch des Bank- und Finanzwesens, hrsg. v. W. Gerke, M. Steiner, Stuttgart: Schäffer-Poeschel, Sp. 2096–2108.

Wenger, E./Knoll, L. (1999): Aktienkursgebundene Management-Anreize: Erkenntnisse der Theorie und Defizite der Praxis, in: Betriebswirtschaftliche Forschung und Praxis, 51. Jg., S. 565–591.

Wild, J. (1974): Grundlagen der Unternehmensplanung, Reinbek bei Hamburg: Rowohlt.

Wilms, S. (1988): Abweichungsanalysemethoden der Kostenkontrolle, Köln: Eul.

Wilson, M./Daly, M. (2004): Do pretty women inspire men to discount the future?, in: Proceedings of the Royal Society London, 271. Jg. (Suppl.), S. 177–179.

Winter, S. (1996): Prinzipien der Gestaltung von Managementanreizsystemen, Wiesbaden: Gabler.

Winter, S. (1998): Zur Eignung von Aktienoptionsplänen als Motivationsinstrument für Manager, in: Zeitschrift für betriebswirtschaftliche Forschung, 50. Jg., S. 1120–1142.

Winter, S. (2001a): Aktienoptionspläne und Motivationseffekte, in: Handbuch variable Vergütung für Führungskräfte, hrsg. v. D. v. Eckardstein, München, S. 85–105.

Winter, S. (2001b): Empirische Untersuchungen zur Managemententlohnung, in: Die Prinzipal-Agenten-Theorie in der Betriebswirtschaftslehre, hrsg. v. P.-J. Jost, Stuttgart: Schäffer-Poeschel, S. 491–539.

Witt, F.-J. (1990): Praxisakzeptanz des Erlöscontrolling: Symptom- versus Ursachenanalyse, in: Zeitschrift für Betriebwirtschaft, 60. Jg., S. 434–450.

Witt, F.-J./Witt, K. (1992): Erlösabweichungen, in: Betriebswirtschaft heute, hrsg. v. F.-J. Witt, Wiesbaden: Gabler, S. 49–93.

Young, S. D./O'Byrne, S. F. (2001): EVA and value-based management. A practical guide to implementation, New York: McGraw-Hill.

Zehbold, C. (1996): Lebenszykluskostenrechnung, Wiesbaden: Gabler.

Zentes, J. (2002): Preisgrenzen, in: Handwörterbuch Unternehmensrechnung und Controlling, Band 3, hrsg. v. H.-U. Küpper, A. Wagenhofer, 4. Aufl., Stuttgart: Schäffer-Poeschel, Sp. 1488–1498.

Zimmerman, J. L. (2014): Accounting for decision making and control, 8. Aufl., Boston: Irwin/McGraw-Hill.

Stichwortverzeichnis

A

Abbildung 28, 49, 60, 111, 203, 457
Abrechnungsperiode 261, 298, 309, 426
Absatzbudget 279–280, 293
Absatzerfolg 234–235, 238–239
Absatzhöchstmengen 173, 194
Absatzmengenelastizität 250, **505**
Abschreibung 75, 77–79, 100–103, 170, 259, 394, 436, 479–480
– **kalkulatorische** 97, 100, **505**
– lineare 101–103, 107
– nutzungsabhängige 101
– zeitabhängige 102, 311
Abweichung 299–301, 329–332
– Ursache der 23, 299, 342
Abweichung höherer Ordnung 314–315, 319, **505**
Abweichungsanalyse 30, 296–297, 302, 307, 309, 313, 316, 322–325, 433, **505**
– alternative 322–325, 327–328
– differenziert-kumulative 316–319, 323–327
– Fixkostenanalyse 306, 311
– Ist-Soll-Ansatz 322, 330
– kumulative 316, 319–323, 327, 328
– Leerkostenanalyse. *siehe* Auslastungsanalyse
– **Methoden der** 315, 321, 327–328, **505**
– Nutzkostenanalyse 310
– Soll-Ist-Ansatz 322
Activity-based Costing 134, 151, **506**
Akkordlohn 170, 269, 273
Aktienoption 465–467, 488–494, 496–500, **506**
Allowable Cost 202, 204, 221, **506**
Anderserlös 58

Anderskosten 55, 97, **506**
Anlagevermögen 47, 64, 105, 393–394, 425, **506**
Anreizsystem 37, 290, 460, 469, **506**
Anschaffungswert 64, 101–103, 483
Äquivalenzziffer 123
Äquivalenzziffernkalkulation 123–124
Aufwand 51–56, 62, **506**
– neutraler 55, **506**
Ausbringung 312
Auslastungsanalyse 306, **506**
Ausschüttung 46–47, **506**
Auszahlung 49–52, 74–78, **506**

B

Balanced Scorecard 450–460, **507**
Barwert 76–78, 220–224, 391–393, 444, 448, **507**
Bereitschaftskosten 150
Beschäftigung 97–98, 114–115, 137, 159–162, 244, 256, 259–261, 265, 274, 298–302, 307, 310, **507**
Beschäftigungsabweichung 274, 300, 308, 312, 361, **507**
Beschäftigungsgrad 300, **507**
Beschäftigungsplanung 274, **507**
– **Engpassplanung** 274, 276, **511**
– **Kapazitätsplanung** 274, 276, 281, **515**
Beständewagnis 110
Bestandsbewertung 236, 269, **507**
Bestandsdifferenzrechnung 48
Bestandsgröße 48
Beta 411–413, **507**
Betriebsabrechnungsbogen 112–113
Betriebserfolg 53, 65–66, 73, 93, 166, 170, 233–239, 430, 440, **507**
Betriebsrentabilität 440, **507**
Betriebsvergleich 24–25, **508**

Bezugsgröße 111, 113–115, 120–122, 125, 132–135, 140, 159–161, 260, 273–275, 307, 311, **508**
– Bezugsgrößeneinheit 122, 273–274, 317–318
Bilanz 28, 47–49, 52, 71, 102, 104, 278, 287–288, 385, 404–405, 446
Bonus 475, 478–480, 484–486, **508**
Bonusbank 484–486, **508**
Break-Even-Analyse 249, **508**
Bruttogewinn 170, 173
Budget 12–13, 38, 218, 255–257, 278–279, 281, 474, **508**
Budgetierung 12, 142, 255–257, 259, 278, 283, 290, 347
– **Koordination der 508**
Budgetsystem 37, 255, 278–279

C

Capital Asset Pricing Model (CAPM) 409, **508**
Cashflow 51, 70–72, 220, 392–400, 404, **509**
– **freier** 396, 400, 404, 418, **509**
CFRoI 476
Conjoint-Analyse 202, 208
Controlling 11–14, 30–38, **509**
– **Controlling-Instrumente** 36–38, **509**
Cost-Center 258, 266, 473, **509**
Cost Driver 140–141, 143–145, 150, 309, **509**

D

Dealing at arm's length. *siehe* Fremdvergleich
Deckungsbeitrag 170, 172–174, 177–182, 188–189, 191, 238–239, 242, 244, 265, 362–363, 425, 431–432, 451, 474, **509**
– **relativer** 173–174, 188, 362, **509**
Deckungsbeitragsrechnung 81, 157–158, 165, 238–249, **510**
Dezentralisation 344, 363, 368, **510**

Discounted-Cashflow-Methode 72, 389–392, 397, 401, 403, 418, 446, 476, **510**
Dividenden-Diskontierungsmodell 389, **510**

E

Economic Value Added 440, 445–447, 476, 481–487, **510**
Eigenkapital 47–49, 52–53, 56, 64, 73, 104, 289, 383, 385, 391, 396, 401, 409, 414–418, 419, 425, 435–437, 440, 445, 447, **510**
– Eigenkapitalkosten 401, 405, 409, 495
– **Marktwert** 17, 68–70, 383, 391–393, 401, 414–418, **510**
Eigenkapitalrentabilität 437–441, **510**
Einkommen 17, 46, 62, 389, 418, 475–478, 501, **511**
Einlagen 47, 52, 73, 389, **511**
Einsparung
– **absolute** 184, **511**
– **relative** 184–185, **511**
Einzahlung 49, 51, 53, 74–76, 225, 392, 396, 444, 452, 482, **511**
Einzelbewertung 62, 446
Einzelkosten 92, 97, 110, 113, 121, 124, 127, 134, 162, 170, 260, 267, 271–273, 283, 306, **511**
Einzelkostenbudget 260, 271
Einzelkostenplanung 260, 271–273
Endkostenstelle 112–113, 117–119, 122, **511**
Engpass 173–175, 181–184, 307, 312, 361–363, **511**
Engpasseinheit 173–174, 184, **511**
Engpassplanung. *siehe* Beschäftigungsplanung
Entity-Methode 391, 415–417, **511**
Entnahme 47, 52, 73, 389, 393, 512
Entscheidung 16, 165–167, **512**
– entscheidungsrelevante Größen 150, 152, 167–169, 241, 358, 376
Equity-Methode 391, 416, **512**

Stichwortverzeichnis

Erfolg 46–47, **512**
- **Erfolgsgrößen** 436–437, **512**

Erfolgspotenzial 23, 38, 150, 220, 429, 430, 442, 452, 486

Erfolgspotenzialrechnung 220

Erfolgsquellenanalyse 430–433

Erfolgsrechnung
- **kurzfristige** 91, 158, 233, 236, 288, 428, **512**

Ergebniskontrolle 23–24, 431, **512**

Ergiebigkeit 435, 440

Erlös 53–54, 57, 261–264, 329–330, **513**
- Erlösinterdependenzen 187

Erlösplanung 259, 261–263, **513**

Erlösrechnung 231–233, 259, **513**
- Erlösartenrechnung 231–233
- Erlösstellenrechnung 231–233
- Erlösträgerrechnung 231–233

Erlösverbundenheit 232, 263
- Angebotsverbundenheit 232
- Nachfrageverbundenheit 233

Ertrag 53, 58–59, 233, **513**

Ertragsteuern 396–397, 446

F

Fertigungseinzelkosten 125–127, 280–281

Fertigungskostenbudget 280

Fertigungskostenstelle 280, 316

Finanzmittelbudget 278

Fixkostenproportionalisierung 157, 165

Fixkostenstufe 242–244, **513**

Forderung 47, **513**

Forschungskosten 288, 428

Fortschrittskontrolle 24–25, **513**

Fremdkapital 47, 57, 71, 391–394, 396, 401, 403–405, 436–438, 445, 447–449, **513**

Fremdkapitalkosten 401, 405, 414

Fremdkapitalquote 415–417, **513**

Fremdkapitalzinsen 56, 97, 104, 404–405, 415, 438, 441

Fremdvergleich 370–372, 374, **513**

Führungssystem 15, 33, 36–37

G

Gemeinkosten 93, 97–98, 110, 117–120, 124–127, 132–134, 143, 273–275, **513**

Gemeinkostenbudget 260, 281, 285–287

Gemeinkostenkontrolle 316–325

Gesamtabweichung 299–306, **514**

Gesamtkapitalrentabilität 436–441, **514**

Gesamtkosten 132, 235–237, **514**
- **Gesamtkostenverfahren** 235–236, 244, **514**

Gesamtnutzungspotenzial 101

Gewinnvergleichsmethode 374

Goodwill-Abschreibung 480

Grenzkosten 159, 221, 352–356, 358–361, 366, 376, **514**

Grenzkostenfunktion 159

Grundkosten 55, 96, **514**

Güterentstehung 57, 60, 234

Güterverzehr 51, 54–56, 59–60

H

Hauptprozess 139–144, 151–152, 309–312, **514**

Herstellkosten 126–127, 133, 148, 232, 235, 237, 240, 283, **514**

Herstellungskosten 58, 127, **514**

Hochinflation 248–249

Hochpunkt-Tiefpunkt-Methode 164

I

IFRS 28–29, 37, 498

Informationsasymmetrie 42, 297, 388, **515**

Informationsbedarf 13, 31, **515**

Informationseffizienz des Kapitalmarkts 387–390, **515**

Interdependenz 35, 187–189, 348

Investitionsrechnung 29–30, 72–73, 79, 190, 217, 219–222, 241, 442–444, 446, **515**

Investment-Center 257, 348, **515**

Ist-Ist-Vergleich 25

Istkosten 91, 296–304, 309, 313, **515**

K

Kalkulation 110–112, 123–126, **515**
– Plankalkulation 276–277
– Prozesskostenkalkulation 148

Kalkulationssatz 122, **515**

Kapazität 114, 157, 167, 173–175, 187–189, 264, 274, 276, 310–312, 356–357, 359, **515**

Kapazitätsplanung. *siehe* Beschäftigungsplanung

Kapital 47–49, 56, 61, 104–106, 203, 207, 349, 401, 426, 435, 437–439, 443–445, 448, 489, **515**

Kapitalbindung 75–77, 104–106, 203, 217, 482, **516**

Kapitaldienst 107–109

Kapitalerhaltung 62–64, **516**

Kapitalerhöhung
– bedingte 489, 495, **516**

Kapitalkosten 57, 221, 401–413, 418–419, 438, 441, 443–445, 449, 481, **516**
– **gewichtete** 403–407, 418, 439, **516**

Kapitalwert 72–77, 79, 221, 398, 418, 442, 482, **516**

Kapitalwertmethode 72, 171, 220–224, 446

Kennzahl 210, 424, 476, **516**
– **absolute** 425–426, **516**
– **relative** 425–426, **516**

Kennzahlensystem 424, 439, 450–451

Kontrolle 23–29, **516**

Kontrollperiode 264, **517**

Koordination 22, 35–37, 255, 256, 350–355, 357–360

Koordinationsinstrumente 35–38, **517**

Kosten 53–55, **517**
– fixe 96, 121, 159, 161, 166, 169, 205, 238, 242, 264, 281, 286, 355–356, **517**
– **kalkulatorische** 64, 97, **517**
– **primäre** 96–97, 112, 117–120, **517**
– **relevante** 150, 152, 167, 170, 241, **517**
– sekundäre 97, 98, 113, 274, **517**

– variable 137, 151, 157, 159–161, 163, 165, 170, 183, 185, 188–189, 221, 242, 251, 264, 276, 279, 300, 302, 304, 308, 354–356, 359, 360, 432, 475, **517**
– versunkene 168, **517**
– wertmäßige 54, 182

Kostenart 96–97, **517**

Kostenartenrechnung 92–95, **517**

Kostenauflösung 162–165, 275, 299, 304, **518**

Kostenaufschlagsmethode 189–192, 371, 373–375, **518**

Kosteneinflussgröße 114–115, 159, 276, 306, 316, **518**

Kostenerfassung 93, 97

Kostenkontrolle 296–300, **518**

Kostenkontrollrechnung 297

Kostenmanagement 198–204, **518**

Kostenobjekt 113, 121, 135, **518**

Kostenplanung 259–271, **518**

Kostenrechnungssystem 80–82, **518**

Kostensenkungspotenzial 325–326

Kostenstelle 111–113, 257, **518**

Kostenstellenrechnung 110–123, **518**

Kostenträger 97, 111, 123, **519**

Kostenträgerrechnung 92, 123–127, **519**

Kosten- und Erfolgsrechnung 29, 80–82, **519**
– traditionelle 81, 90–115, 141, **519**

Kostenverantwortung 258, 266, 312

Kostenzurechnung 93–95, 113–114, 312, **519**

L

Lebenszyklus 21–22, 198–200, 202, 205–207, 217–222
– **Lebenszykluskosten** 205, **519**
– Lebenszyklusphasen 200

Leerkosten 281, 288, 307, 309–312, **519**

Leistungsverrechnung
– **innerbetriebliche** 98, 117–120, **519**

Stichwortverzeichnis

Leverage
– **operativer** 250, **520**
Linearitätsannahme 160, 163
Liquidität 18, 29, 38, 49, 53, 186, 255, 287–288, **520**
Lohneinzelkosten 280
Losgröße 136, 148
Lücke-Theorem 79–80, 84–85, 444, 483–485

M
Market Value Added 445, 448, 482, **520**
Markt
– **vollkommener** 363–364, **520**
Marktkapitalisierung 385, 448, 492, **520**
Marktportefeuille 413–417, **520**
Marktpreis-Buchwert-Verhältnis 386, **520**
Marktwertmaximierung 166, 385
Matching-Prinzip 428, **520**
Materialeinzelkosten 122, 127–128, 279, 281
Materialkostenabweichung 297
Mengenschlüssel 122, 133, **520**
Minimalkostenkombination 324, 327
Motivation 256, 344, 368, 455, 470–471

N
Nachhaltigkeit 19, 62, 462–464, **521**
Nachsorgezyklus 205
Neoinstitutionalistische Theorie 388
Neoklassische Theorie 388
Netto-Substanzerhaltung 64–65
Netto-Umlaufvermögen 394, 396
Netto-Vermögen 482
NOPAT 445–446, 450
Nutzkosten 307, 310, **521**
Nutzungsdauer 106–111

O
Opportunitätskosten 56, 104, 171–172, 182, 187, 361, 364, **521**

Optimalintensität 316

P
Partialmodell 171–173
Periodendeckungsbeitrag 239, 432
Phantom-Aktie 477, 494, 496, **521**
Planbezugsgröße 260, 275–276
Planerfolgsrechnung 260
Plankalkulationssatz 274, 277, 298, **521**
Plankosten 261–263, 277–283, **521**
– **verrechnete** 299, 300, 302–305, 309, **521**
Plankostenrechnung
– flexible 277–278, 305–309
– Grenzplankostenrechnung 277–278, 303–305
– starre 277–278, 298, 303
Plankosten- und Erfolgsrechnung 260–261, **521**
Planprozesskostenrechnung 81, 309
Planprozessmengen 276, 307
Planung 21–23, **522**
– **operative** 23–25, 30, 34, 278, **522**
– **strategische** 23–25, **522**
– **taktische** 23–24, 30, 37, 71, 190, **522**
Planungsebene 23–25, 37, 278, 450, **522**
Planungshorizont 21, 71, 217, 392, **522**
Planungsperiode 26, 161, 264, 265, 270–271, **522**
Planungszeitraum 143, 225, 399
Portfolio 67, 406–408
Portfolio-Theorie 406–409
Potenzialerfolg 66, 428, 442
Potenzialfaktor 21, 100, 137–138, 161, 199
Prämissenkontrolle 24, **522**
Preisabsatzfunktion 186, 190, 262
Preisabweichung 300–305, 313–315, **522**
Preis-Mengen-Kombinationen 190
Preisuntergrenze 186–190, 221–224, **522**

- kurzfristige 186, **522**
- langfristige 221–224, **523**
- liquiditätsorientierte 187, **523**

Preisvergleichsmethode 371–372, **523**

Produktgruppe 242–248, 263, 429

Produktlebenszyklusrechnung 27–28, 80, 218–222, **523**

Profi-Center 233, 257–258, 348, 369, 376, 437, 441–443, **523**

Prognose 220, 262, 267, 290

Prozess 523
- leistungsmengeninduzierter 144–147, **523**
- leistungsmengenneutraler 144–147, **523**

Prozesskostenkalkulation 148–152, **523**

Prozesskostensatz 145, 147, **523**

Prozesskosten- und Erfolgsrechnung 141, **523**

R

Realisationskontrolle 24–26, **523**

Realisationszeitpunkt 50

Rechnungslegung 37, 384, 462, 467, 488

Rechnungswesen 27–29
- **betriebliches 524**
- **internes** 28–31, **524**

Rechnungszweck 13, 29–30, **524**

Regressionsanalyse 163, **524**

Reinvermögen 47, **524**

Rentabilität 17, 203, 426–427, 435, **524**

Rente
- **ewige** 390, 398, 448–449, **524**

Repricing 500

Residualerfolg 79–80, 420, 443–447, 481–484, **524**

Responsibility-Center 257

Ressourcenaufbau 21

Ressourcennutzung 22, 115

Restabweichung 306, 319–321, **524**

Restwert 71, 392, 397–400, 418, **524**

Restwertverfahren 106

Return on Capital Employed 439–441, 453, 455, **524**

Return on Investment 38, 438–440, 442–443, 453, 481, 525

Revenue-Center 257–258, 280, 474, **525**

Risiko 108–109, 166, 356, 401, 406–413, **525**
- **systematisches** 410–412, **525**
- **unsystematisches** 410, **525**

Risikoeinstellung
- risikofreudige 409
- risikoscheue 166, 409, 486, 502

S

Sachziel 17, 36–37, 54–58, **525**

Scheingewinn 59–64, **525**

Schlupfvariable 178

Selbstkosten 124, 126–127, 158, 237–240, 276, 369, 374, **525**

Shareholder-Value 17, 68–74, 383–384, 391, 401, 418–419, 445, 453, 466–467

Simplex-Verfahren 175

Skimming-Strategie 203

Sofortabschreibung 76

Solldeckungsbeitrag 190–192, **525**

Solldeckungsbudget 191–192

Soll-Ist-Vergleich 23–24, 159, 296, 299–301, 308, 326

Sollkosten 299–306, **525**

Soll-Wird-Vergleich 25

Sondereinzelkosten 127–128, 272, **526**

Sparte 348

Spezialabweichung 300, 306, 323–325, **526**

Spread 447

Standardkostenrechnung 259–260

Steuerung 13, 15, 20, 23, 33, 256, **526**

Strategie 22, 202–203, 219, 261–263, 403, 450, 458–461

Stromgröße 48, 53

Stückdeckungsbeitrag 170

Stufenleiterverfahren 118–120

Stichwortverzeichnis

Substanzerhaltung 62–64, 103, 107–109, 233, **526**
- leistungsmäßige 63
- reproduktive 63

Sukzessivplanung 265, 278
Synergien 365

T

Target Costing. *siehe* Zielkostenmanagement
Teilabweichung 299, **526**
Teilkosten 81, 240–241, 374
Teilkostenrechnung 81, 159
Teilprozess 143–148, 307–312, 309, **526**

U

Überrendite 387, 418, 443, 447
Umlaufvermögen 47, 104, 393–394, 396, 439, **526**
Umsatzerlös. *siehe* Erlös
Umsatzkostenverfahren 234, 237–240, 288, **526**
Umsatzrentabilität 203–204, 207, 426, 439, **527**
Umschlagshäufigkeit 204, 207
Unterbeschäftigung 150, 173, 183, 307, 366
Unternehmensbewertung 29–30, 68–70, 73, 80, 389, 390, 397, 417, **527**
Unternehmenseigner 397
Unternehmensführung 60
Unternehmensrechnung 27, **527**
Unwirtschaftlichkeit 300, 320, 356, 361, 374
Ursache-Wirkungsbeziehung 121, 460–465
US-GAAP 384, 467, 498

V

Verantwortungsbereich 259–260, **527**
Verbindlichkeiten 49–51, 63, 405–407, **527**
Verbrauchsabweichung 306–311, 314–316, **527**

Verbundvorteile 348, 366–367, **527**
Vergütung 475–479, **527**
Vergütungsinstrument 478–480, **527**
Vermögen 49–50, 64–66, 438, **527**
- **betriebsnotwendiges** 104, 441, **528**

Vermögenserhaltung 272–277, **528**
Vermögensgut 63, 75, 78–79, 105
Verrechnungspreis 351–353, **528**
- grenzkostenorientierter 355–358
- marktpreisorientierter 366–369, 376
- verhandlungsbasierter 368–370
- vollkostenorientierter 361–365

Verrechnungspreismethode 352–353, **528**
Verschuldungsgrad 415, **528**
Verursachungsprinzip 121, 151, 158
Vollkostenrechnung 81, 95–98, 137, 139, 144, 150, 159–161, 238–241, 274, 279–281, 308, 358–359, **528**
Vorkostenstelle 112, 120–123, **528**

W

Wagnisse
- **kalkulatorische** 56, 97, 110–111, **528**

Währungsabweichung 434–435
Währungsrisiken 245, **528**
Währungsumrechnungsverfahren 246–248, **528**
Wertpapiermarktlinie 410–411
Wertschlüssel 122, 134–136, 266, **529**
Wertschöpfungskette 140, 454
Wertsteigerungsrecht 477, 490, 495–496, **529**
Wiederbeschaffungskosten 171–172
Wiederbeschaffungspreis 54, 56, 61, 63–64, 171, 268
Wiederverkaufspreismethode 371, 373–375, **529**
Wird-Ist-Vergleich 25
Wirtschaftlichkeit 296–298, 319, **529**
Working Capital 396, **529**

Z

Zahlungsmittel 49–50, **529**
Zahlungssaldo 50–53, 74–78, 392, **529**
Zeitvergleich 25, **529**
Zero-Base-Budgeting 132
Ziel 15, **529**
Zielgewinn 191, 202–204, **529**
Zielkosten 200–202, **529**
Zielkostenabweichung
– **relative** 213–215, **530**
Zielkostenbestimmung 202
Zielkostenindex 210–213, **530**
Zielkostenkontrolldiagramm 211
Zielkostenkontrolle 210–217
Zielkostenmanagement 198–201
Zielkostenplanung und –kontrolle 198–215, **530**
Zielkostenspaltung 207–208, **530**
Zielpreis 202–203, **530**
Zinsen
– **kalkulatorische** 57, 104–108, **530**
Zirkularität 414
Zurechnung 98–99, 110–115, 120–121, 124, 137, 141, 150, 157, 231–232, 306, 315, **530**
Zurechnungsprinzip 121
Zusatzauftrag 169–171, 187–189
Zusatzkosten 56–57, 97, 127, **530**
Zuschlagskalkulation 123–127, **530**
Zweckaufwand 55–56, 96